山右叢書·三編

山右歷史文化研究院　編

上海古籍出版社

四

目　録

少保鑒川王公督府奏議

〔明〕王崇古　撰

張志江　點校

少保鑒川王公督府奏議

〔明〕王崇古　撰

張志江　點校

點校説明

《少保鑒川王公督府奏議》十五卷，明王崇古撰。

王崇古（1515—1588），字學甫，號鑒川，明山西蒲州（今山西永濟西）人。嘉靖十六年（1537），舉於鄉。二十年，進士及第。初任刑部主事，歷任員外郎、郎中。二十八年，出知安慶府。次年，改知汝寧。三十四年，遷常鎮兵備副使，以斬倭功升俸。三十八年，改鄘延兵備副使，遷陝西布政使司右參政。四十一年，遷本省按察使。四十三年二月，遷河南右布政使。七月，以都察院右僉都御史巡撫寧夏。隆慶元年（1567），加兵部右侍郎，總督陝西、延綏、寧夏、甘肅軍務。在陝七年，屢次出兵搗毀敵巢，先後斬獲首級甚多。

俺答駐牧宣府、大同邊外，自嘉靖二十年起，擾邊甚至入犯達三十年。隆慶四年，以王崇古總督宣府、大同、山西軍務。是年十月，俺答之孫把漢那吉來降。崇古與大同巡撫方逢時建議授予把漢那吉官職，待俺答索取，責令縛送板升諸逆，然後以禮遣歸把漢那吉。奏疏至京，朝議紛然。大學士高拱、張居正力主崇古之議，隆慶帝遂下詔授把漢指揮使。俺答聞朝廷優待其孫，大喜過望，派使者通好求封，并請互市。崇古上奏獲准，俺答遂綁縛板升諸逆趙全等進獻。隆慶帝祭告郊廟，磔趙全等於市，進崇古太子少保、兵部尚書。崇古復議開通貢市，朝議復嘩然。崇古堅持己見，分列封賞、通貢等八事上奏，獲内閣大臣贊同，于是隆慶帝下詔封俺答爲順義王，并許互市。從此邊境和平安寧，軍民安居樂業，每年節省軍費十分之七。這一事件史稱“俺答封貢”，又稱“隆慶和議”，結束了自明初以來漢、蒙長達二百餘年的戰爭局面，維系了漢、蒙邊疆地區六十多年的和平，并爲清初建立統一多民族國家奠定了基礎。

萬曆元年（1573），召以太子太保、兵部尚書協理京營戎政。三年，改任刑部尚書。五年四月，改任兵部尚書。十月，上疏乞休，致仕回籍。十六年卒，朝議“忠猷夙抱，經濟不群；屢督邊鎮，勛著華夷”，遣官營葬致祭，贈太保，謚襄毅。著有《莊浪漫記》八卷、《少保鑒川王公督府奏議》十五卷、《山堂彙稿》十七卷、《公餘漫稿》五卷、《王督撫集》一卷等。

《少保鑒川王公督府奏議》十五卷，收錄王崇古總督陝西、延綏、寧夏、甘肅與總督宣府、大同、山西五年期間所上奏疏，卷一、卷二爲“宣大山西籌邊類”，卷三至卷八爲“宣大山西納款類”，卷九至卷十一前半爲“宣大山西籌邊類”，卷十一後半至卷十五爲“延寧甘固籌邊類”，是研究明代中後期政治、軍事、經濟、邊防和民族關係等方面的重要歷史文獻，舉凡訓練軍馬，分布戰守，蠲免錢糧，籌措糧餉，建築墩臺，修浚城壕，製造器械，清理鹽法，開墾荒田，召撫流亡，處置封貢，籌措互市，懲治庸懦、貪暴將領，優恤陣亡、負傷官兵，均有涉及。其中有關“隆慶和議”的內容，即“宣大山西納款類”，在該書中占相當大的分量，有六卷之多，其中又細分爲“處降”“執叛”“封貢”“互市”“善後”五類，堪稱研究這一歷史事件不可或缺的重要資料。此外書中收有《爲恭進虜王謝印謝經表文乞恩優賚番僧查給番經以昭聖化事》《爲恭進虜王謝恩表文請頒佛像番經并升效勞官僧職級昭國恩變夷俗以堅貢盟事》等奏疏，較爲詳細地記述了明朝廷向蒙古部族地區派遣喇嘛僧人，贈送佛像、佛經的詳細情況，是研究明代漢、蒙之間宗教文化交流活動的第一手資料，尤其值得注意。

此次點校以明萬曆二年刊本《少保鑒川王公督府奏議》爲底本。該書僅藏於北京大學圖書館，承蒙北京大學安平秋先生熱情紹介，北京大學圖書館古籍部主任李云先生大力支持，始獲影印該書全本以進行點校，在此謹致謝忱。

《督府奏議》序

　　蒲坂鑒川王公總督宣、大時殫威擄策，聲實震叠，未幾而虜酋俺答款公塞下乞降。公所爲撫受、處置、封貢、市馬及善後機宜，終始大略，神鬼闔闢，形揣竅决，既贍且密，皆手所條列具上。既事而得稿共十五卷，刻而索叙於余。

　　余惟昔者孔子退而序《書》删《詩》，其所載大抵皆虞、夏、商〔一〕、周治天下之迹，雖其主於禮樂經綸，而間有與夷裔戰處之宜、關天下安危之故者，亦無不載焉。而其大者則《禹謨》有苗舞干之格與宣王、方叔獫狁之裹，固皆聖人之所快心而并録之爲經以示後世者也。舜方天下雍熙，於三苗之小力足以鋤獮之，而顧不羞其出之不勝而還，以干羽僅收其驕横，而亦未有足紀之功。宣王承東遷之後，頓化其弱，而獫狁之獷桀能以淵閫之威薄伐而奏勝。二者雖并見於經，而概以馭夷常圖，則宣王執訊之功若尤有難者。乃孔子之尚論也必曰舜焉，"恭己"之嘆羨於語治，"盡善"之目見於聞《韶》。雖以武王蹈厲之樂曾不滿於并列，而宣王之功直概之《小雅》。先儒曰："《小雅》，事之小者也。"嗟乎，聖人之慮深矣！夷狄犯順，古今亦孰不欲快心於一勝以爲希世之侈談？是時舜、禹惟以文德休之，涵畜柔摩，使不再肆。在虞廷雖無可誇之捷，而其所謂如天地之無不覆載者乃所以爲有虞之盛，而後世善用兵者亦未嘗不推曰不戰之善也。至於雷霆之車發於六月之非時，奏膚之功矜於陣鞠之物故，雖其守成保境猷力不廢爲壯，而聖人止戈揖遜之衷亦豈其樂於踐骸而築觀也哉！

　　我朝十聖一統，邊防、國勢獨冠囊代，乃至虜酋俺答始稱煩盛矣。歲苦諸邊，皁囊之報劇於嘉靖之末，懷愶膺忿之士以長組之未繫爲國抱恨，此豈非獫狁之故技而亦何寙於有苗之勿率？屬者虜竪那吉自畔而乞降，此夷夏安危之介也。事方驟起，舉朝皆嘩，使酬不中宜，則勢未可量。而公以天挺忠猷，又久於揚歷，機潛籌測，孤危獨任。幸聖君賢相并資明斷，千載一時，洞悉利害於惟幄之中，力主公議而群言靡搖，卒定國是而稱上意。功既用迄，天下始識上所以受降，真同舜之天地覆載，而百萬控弦之虜亦遂蓐面嚙指，爲不畔之臣矣。即今五年之久，使九邊叢矛灑血之場成峙鉒觀艾之地，宵柝畫[二]覘之卒爲抱子娛妻之氓。每歲秋風初勁，邊檄不飛，所省調發費無慮數十萬計。而公猶預遵廟議，以其隙益練兵、增城、屯田，修戰守以備非常。余謂公方始事固忘身家，爲國爭利，繼又不以既臣虜輒忘計久遠。初報一疏即并列三策，而終之所以威懷而羈韝[三]之者，悉符公所料若券焉。若公者真可謂社稷之臣矣。大明全盛，意必有如孔子者出，攬雄圖以附於六經，則公之偉績誠不愧於大禹，使夫殫技極勢，幸一捷以快宣政之賀，而國家被其缺者不亦遠邪？公雄才大略具見疏中，讀者一覽得之，而余以此叙之者欲以明公茲録且得附於典謨之義云。

赐進士第、刑部左侍郎、前奉敕總督漕運、都察院右副都御史臨海王宗沐撰

校勘記

〔一〕“商”，底本多訛作“商”，以下徑改，不再一一出校。

〔二〕“畫”，據文意疑當作“晝”。

〔三〕“韝”，據文意疑當作“鞴”。

《少保王公督府奏議》序

　　貞不佞待罪晉臬，而是時少保蒲坂王公以御史大夫都督雲中、上谷諸鎮，屬虜大酋俺答之諸孫把漢那吉者闌入邊請降。未幾而不佞用憂去，數從田間傳邸報，大酋以那吉故款塞，縛叛人梟北闕下，諸夷解辮受封號，請世世比於屬國。而王公亦自大司馬、官保四命而至今官，予世禄親軍錦衣、太學上舍亦再三，而其錫有蟒綉、蜀蹄，勳親所不敢望者。天子既用威德臣古所不臣，告廟、飲至以風四裔，梯航重譯之邦相望於道路，而王公獨受上賞，人主所以寵靈而光大公者非一，天下固人人頌王公之功而猶未悉其所以然。

　　迨不佞入備九列，以通家子謁公，始得公所著《督府奏議》者伏讀之，乃作而嘆曰：“天下能頌王公功，不能頌王公所縣功也；天下之名知公者以公不戰而屈虜，能收功於易，而不知公之所以屈虜，其難固百倍戰也。”當那吉之始入塞也，邊吏以爲一孤童，亡所係中國輕重，而公獨亟爲上言：“此奇貨可居，俺答即急之，因而爲市，諭以執送叛逆趙全等還我，爲優待而遣之，陰中其舐犢之愛而制其命。其次，俺答即不急之，我因而撫納，如漢質子法，使招其故部居近塞。俺答老且死，而黃台吉立，勢不能盡有其衆，然後以一屠耆、谷蠡秩羈縻而置之塞外。其與黃台吉媾，我則兩利而俱存之；其弗與媾，我則興師以翼之。外不失興滅扶危之名，而内收其力。”報曰可。蓋不待發公之次策，而强虜之父子以及它族若按之股掌之上而惟我所使矣。然是時虜方擁十萬衆壓境，不能無所邀求；而老將利鹵獲，不欲兵寢，恣爲恫疑虛喝；廷臣守見故常，議汹汹不決。夫外有不可澤〔一〕之虜情，下有不一之將心，而上有不一之廷論，公謂不蚤斷則大事去，故外揚兵以脅虜，而內示之忠信，挺言辨爭以勝盈庭之議，而後事始決。藉令公一當生部、長平、冠軍之屬，粟轂騎而躪蒲類，逾皋蘭，釁溫禺，尸日逐，不過下軍令，申約束，取決片言，聽揮於一麈尾而已。吾故曰公之所以屈虜，其難固百倍戰也。

公在鎮凡三歲餘，後先所上疏積數十百萬言，不獨能得虜要害，使其權恒在我而不在虜，至于練兵實，選材官，斥奸宄，備要害，諸可鞭撻脣懲之具靡不備，使虜曉然知款我之利而犯我之害，其言固班班可考也。藉令公果一當生部、冠軍、長平之屬，粟轂騎而躪蒲類，逾皋蘭，釁溫禺，尸日逐，得志如漢時，而王庭之南北骨白而磷青者，豈盡匈奴、丁零之屬也耶？夫中國之費不過數大縣，一互市而坐致十萬之馬，虜空群而歸我苑圍之監，我不發一鏃而坐弱其兵，使之日媮衣甘食遨嬉而廢忘戰事，亡堅壚擊柝之勞，而安赤子於袵席之上，其功又何啻百倍戰也？

不佞嘗讀趙營平所上屯田封事與李太尉《會昌集》，其論羌虜、河北利害曉若指掌，以爲孝宣、武宗亡論明主，即中人亦能辨之，何況隆、萬之際稱明良者哉？夫晉蕞爾侯國也，林父以奔北之餘僅敗一赤狄於曲梁，獲賞狄臣千室而爲之主者，士貞伯亦遂有瓜衍之縣。魏絳因無終之請，納虎豹之皮以請和，而晉稍得志於鄭，遂舉鄭之歌鍾、鎛磬、女樂之半以酬絳，而享金石之奉乎陪臣。天子所以寵靈而光大公者，度不爲侈也。貞不佞竊因公之屬而爲序其所以，令後世知禦戎至明而始有上策，其與營平、《會昌》灼然并傳哉！

賜進士第、都察院右副都御史、奉旨提督鄖陽軍務吳郡王世貞撰

校勘記

〔一〕"澤"，據明萬曆五年王世貞《弇州山人四部稿》卷六十九《少保王公督府奏議序》當作"測"。

《督府奏議》序

　　夫大司馬鑒川王公者，晉之蒲坂人也。抱匡濟之略，負奇偉之器，自爲郡時聲稱勃勃然振焉。識者謂即取重鎮如九邊要害地付之，斯廢者舉，弛者張，衛、霍、韓、范之績蓋不足擬云。顧其時尚通以問遺納交爲賢，公獨與時相左，坐是屈抑淹滯者十五餘年。壬戌以後，蠹剔政肅，公道昭明，公始以僉都御史撫西夏。既以考績晉右副都御史，未幾晉兵部右侍郎兼右僉都御史，秉節鉞督三邊四鎮諸軍事。公在鎮凡二載餘，所條畫邊務至數百千事，咸炳炳鑿鑿當於事實。今試讀其奏議，斯綜理可得而悉也。至於開誠心，輸忠藎，勁節赤誠，爲人之所不能爲，言人之所不敢言，慨然以朝廷付托爲重，鞠躬盡瘁，不顧其他，斯又世之所難能云。嗟乎！古稱有社稷臣者，以安社稷爲悅，若公者非其人耶？

　　《奏議》凡若干卷，鉅者軍國至計，次者機宜興革，咸遠猷紆謀，便事奇策，超拘攣，破常調，不爲卑卑之論，至於奏凱陳謝則恭遜而推讓焉。語曰“勞苦而功高”，又曰“有功而不德”，公也蓋會其全矣。余既讀《奏議》而序之，復系之以言曰：“孰謂屹屹爲巨屏兮！孰謂岩岩爲長城兮！抑亦可超逾兮，不屏而不可超，不城而不可逾，於惟此《督府奏議》兮！”

　　隆慶四年庚午夏四月十日，賜進士第、嘉議大夫、應天府府尹、前大理太常少卿、吏兵都給事中、賜一品服治生長安王鶴撰

《鑒川王公督府奏議》序

　　往余有職辦于陝西，以行部所至，得諸見聞之及，輒興嘆任邊事者之甚難云。陝西設巡撫四，一開府西安都會，一寧夏，一甘肅，一延綏。成化前，套虜未盛，祇備靖虜耳，平、固、安、會之間尚遂休養，故即屬陝西巡撫提鎮其地。自弘治庚申火篩入寇，則固原所環匝，若黑水、紅古、板井諸城，西安州、海剌諸營，環慶之走馬、青平、甜水，蘭靖之鹽池、打剌赤、積灘諸堡，盡爲虜衝，于是始請設總制于固原。未幾報罷，已又復設，舉四巡撫鈐轄之地隸以控馭。至嘉靖己亥，又俾總制移鎮花馬池，當秋防，陝西巡撫提鎮固原諸邊。此建置、要束之大都也。

　　總制自襄毅秦公始，逮今鑒川王公，先後凡若干人。中多經濟名臣，其諸梓行奏議惜不得盡見，獨得見文襄楊公奏議。文襄有大略，能出奇無窮，所敷陳疏論罔不中機宜。乃今又得見鑒川公奏議。公以隆慶丁卯至固原，庚午遷總督宣、大去。公總督陝西諸邊逾二年，日夜發憤戮力，圖報天子休德。諸將卒屢立殊勳，虜入即不利。屢出塞，斬馘無算，流聲光甚遠。河朔名王知公名，多引去，不敢內侵，牧馬燉煌。瓦剌、屬賓、於闐、哈烈、都部多歲致鎧甲、弓馬來獻廊廟，玉門、酒泉橐駝使沿踵不絕貢道。方今四方洶涌于兵事，天子猶然無西顧憂，恃公居西塞，足以制胡。如茲《奏議》中所具，感恩命則懼顛越，飭巡守則協心膂，戒將帥則鼓志意，嚴保障則擇守令，剔蠹朦則列法程，恤卒伍則籌度支，勤訓練則簡精銳，設偵警則定期式，按地形則慎險厄，布遣發則示軌道，申號令則重律紀，明賞罰則本名實，靡鉅不任，靡細不舉，誠足媲美文襄且光大之。後有繼至者，前事不忘，此爲之師矣。

　　蓋我國家邊事之難，在文襄時已稱至難，然未有至難如今日者。虜生齒日衆，剽掠日甚，殘傷廣且深，是綏柔之難。兵士耗減，部伍寖削，以疲憊而駕桀驁，是震叠之難。文武材官朝界暮奪，能者未必用，用者未必能，如舉棋不定，不勝其耦，是任使之難。芻糧、繕修不能專，必待于請，請則有與有不與，是備事之難。封疆數千里，無一地不爲禦，其勢散，散則易攻，不能聚力以勝，是隄防之難。虜倏至忽去，風雨飄驟，先發則無補，待報則後于事情，是決策之難。每臨功罪，反覆勘檢，卒使吏議，刻核太至，是激勸之難。且料敵應變在相時審計，如操舟之人期舟濟耳，中制必敗，多言必惑，理勢然也。顧旁觀側目之徒手指口訾，苛責誣詆，繩以文法，不極不已，是孚信之難。其最下者偶偶齦齦，結疑慮之懷，得喪禍福回忮其衷，人責挈令之嚴，己抱求安之術，是自立之難。任邊事者身肩諸難之重，或有其才不能充以氣，有其氣不能運以智，有其智不能擴以量，有其量不能中以度，有其度不能行以果，有其果不能持以節，有其節不能立以誠，是以無裨安攘，終于困岨，若鑒川公可謂兼能矣。

　　然余又嘗聞文襄先以他官在陝久，故後總制諸邊所設施咸閎闊深遠，得之者豫也。今鑒川公先亦兩秉陝西憲事，一參陝藩，一撫寧夏，故後總督諸邊，功謀亦不可勝道。可見朝廷疏秩分治，惟不數易地，不數易官，使賢豪習熟于軌事，猷爲益彰顯，社稷卒賴先後禦侮之烈，斯無亦圖理任人之左驗耶！

　　隆慶庚午長至日，賜進士第、中憲大夫、都察院右僉都御史、奉敕提督軍務撫治鄖陽等處地方、前翰林院庶吉士如皋孫應鰲書

少保鑒川王公督府奏議卷之一

宣大山西 · 籌邊類

爲感激天恩自陳衰庸不堪調任乞賜罷斥以重疆場事[一]

本年二月初七日，臣得邸報，該吏部爲缺官事，宣、大總督員缺，會推臣及兵部侍郎楊□堪任。奉聖旨：“王崇古著以原職總督宣、大、山西地方軍務兼理糧餉，寫敕與他。”欽此。臣方抱病陝西固原鎮城，勉圖草上冬防事竣、慎飭春防諸務間，聞命自天，踟躕無地。

竊思事不避難者，臣子義分之當然；聞命趨事者，邊臣驅馳之職務。但封疆之事非精力無以負艱大之任，非經練無以中緩急之宜，非身親涉歷無以知山川之險易，非恩信素孚無以得將士之死力。臣歷任陝西，自副使、參政、按察使，先後十年，巡行邊腹，民情、邊務夙昔究心，以故年來受命督撫，凡地方衝緩、兵馬強弱、文武官屬賢否可以隨時劑量調遣。今逾六載，苦財力有限，虜患頻仍，邊工尚多未完，諸務半未底績，仰仗天威，幸免疏虞。今臣精力既衰，疲病日甚；生平未出三關，宣、大之地里不知；山西本屬原籍，官民之統轄未便；各鎮將士既非平日撫練，邊疆緩急，未諳戰守機宜；況虜勢素稱強橫，邊備久聞廢弛；即使臣勉承新命，冒昧赴調，衆心未孚，百務未知，非假以歲月必難周知，指日秋防以當驕虜，必將束手無措，重誤疆場，百死何贖？

夫封疆之臣當死其事，但死有重於泰山，謂有益邊事，可報主恩也；死有輕於鴻毛，謂貽患地方，枉誤邊計也。臣之衰病非一日矣，自撫夏咳血健忘，今已三年；自五十落齒脫髮，飲食日減，有目共見，同事共憐。今復投此艱大，竊恐一旦暈蹶難起，一死誠不敢自愛，恐重誤疆埸，貽憂君父，死且有餘辜矣。該部若將曾經該鎮督撫、素所服習諸臣，或見任三鎮撫臣，如昔臣以撫夏就近推代總督，則必能出其夙所經略、用其平日養練從事戰守，其視遠調愚臣，得力自當百倍。伏乞聖明俯念宣、大重鎮須得經練之臣，憐臣驅馳疆埸久疲待斃之情，將臣放歸田里，俾得就醫調理，少延殘喘，別推賢能往督重鎮，庶地方免匪人之憂，臣未死餘年得與野老共祝萬壽。臣不勝受恩感激、泣血懇乞之至。

奉聖旨："宣、大重鎮，以卿才略素著特兹簡用，豈可引疾求退？宜上緊赴任交代，不准辭。吏部知道。"欽此。

爲恭謝天恩急趨新任事

隆慶四年二月初八日，准吏部咨，爲缺官事，該部題稱總督宣、大、山西軍務兼理糧餉員缺，會推得臣堪任調補。奉聖旨："王崇古着以原官總督宣、大、山西等處地方軍務兼理糧餉，寫敕與他。"欽此。該臣自思積勞成疴，未諳北事，恐誤重地，披瀝陳請，乞賜休致。臣隨復力疾勉將全陝善後、未完事宜催查條議，慎戒春防，分督邊工，候新任督臣入境趨代間。本年三月二十七日，准吏部咨，該臣奏，爲感激天恩，自陳不堪調任，乞賜罷斥以重疆埸事，奉聖旨："宣、大重鎮，以卿才略素著特兹簡用，豈可引疾求退？宜上緊赴任交代，不准辭。吏部知道。"欽此，欽遵。

臣聞命感泣，尚思再乞天恩，攄衷陳免[二]，適報新任督臣行將入關。臣即日於固原城興疾起行，急趨前途，迎於總督王□□交代。顧茲疆場重任，適當虜勢猖獗，督寄久虛，兵力未齊，臣若再四陳乞，將致延誤秋防，重厪北顧，罪死何贖！展轉憂危，刺心飲血，誓竭犬馬之餘力，勉期裹革，敢緣事勢之艱虞自惜捐軀！但臣自固原迤邐至陽和，長途將四千里，委以疲病殘軀嚴程冒暑，不能飛身即至。且臣聞命兩月，尚未得代，比及出疆，例有舉劾文武、獎戒各屬之奏案，更須旬日方完。自陝入晉必由潼關渡河，雖路經家鄉，義不敢停駐時日。春防已逾，秋期早臨，計至陽和，五月將半。幸此身未即殞滅，容竭駑鈍，索緒求端，誓師戒防，仰副明命。果力窮不支，身先朝露，免逢忌詛，臣亦將無餘憾矣。

奉聖旨："禮部知道。"欽此。

爲遵命赴代嚴哨備以禦虜患事

臣先於本年四月初四日行次陝西邠州，本月初六日於新任陝西總督右都御史王□□交代，已經具疏恭謝天恩，及將赴任緣由具奏訖。本月十六日行至華陰縣，照例勉完陝西各屬文武舉劾獎戒題案。於本月二十九日由潼關渡河，經過臣原籍蒲州，未敢久延，隨於五月初七日自河東驛起行。途中累值暑雨河漲，阻滯速行，至本月二十九日始克北出雁門關，由廣武站赴代間，六月初三日，適先任總督右都御史陳□□東防蔚州，責委冀北道僉事韓宰咨送總督軍務關防一顆，"達"字一百九十八號符驗一道，令旗、令牌一十面副到臣，接管收掌，即於本月初六日抵陽和城任事外。途中連得山西、宣、大各鎮總兵官及各路參將等官差人傳報，各據降哨，虜情紛沓。

在山西鎮，則稱俺答自五月中糾聚各酋，分駐山西老營堡邊外寧遠河一帶，時遣精騎近邊撲哨。該鎮總兵官郭琥督同山西副總兵錢棟選丁防哨，遇賊衝戰，先被損傷軍丁十餘名，後次斬獲首級一顆，奪馬七匹。各賊已於五月二十九等日移營，東西分駐兔毛河一帶趁草住牧，去山西邊境稍遠。

在大同鎮，威遠署參將麻祿六月初三等日據長哨軍夜報稱，本路邊外好女坪、石人灣一帶，達賊約有五千餘騎下帳房，騎舊二邊住牧，降供營帳頗多。天城參將馬孔英報稱，據邊外墩軍走報，黃台吉聚五個小頭兒於青山尾，不知要搶何處。又據總兵官馬芳呈稱，五月二十五日選差通丁馬孔昭等由鎮羌等堡出哨，生擒達賊一名，斬首九級，奪獲達馬九百七十二匹、夷器一百八十六件枝。

在宣府鎮，據總兵官趙岢報稱，節據本鎮降哨供報，邊外黃台吉虜酋久已聚兵，謀犯本鎮柴溝一帶。本官已統正兵移駐該堡適中防禦，向無入邊的踪，等因，各到臣。

爲照點酋俺答向因春旱青山後無草移營近邊，趁草駐牧，時遣游騎沿邊窺擾，聲言入犯，乃其虛張故智，撓畏我兵。即今稍有挫折，兼以近邊草盡，雨後虻生，將見引去。虜酋黃台吉六月聚兵，勢難深犯，或零窺近邊，或誘兵困堡，凶狡叵測。但用兵之道不恃其不來，恃吾預待，庶伐虜謀。臣即於初三等日督發大同左衛副總兵麻錦統本路官兵，及行總兵官馬芳選發丁銳千名，同駐威遠、平虜一帶，相機防範，嚴哨好女坪原駐各虜，或剿其零騎，或趕其孳畜，或伏炮驚營，或揚兵示備，務逐遠去，免妨農牧。仍督發大同游擊尚智，及調臣標下防春未掣左掖標兵參將葛奈，各統兵會同總兵官趙岢及各路參將兵馬，專防黃台吉各酋聚犯虜衆，隨其向往，合兵迎戰，務阻狂鋒。但時已夏深，窺我有備，勢必解散。及行山西總兵官郭琥，再哨老酋營帳果移山後，將該鎮各營兵馬暫掣休牧，俟備秋防。連日關外各路大雨時行，秋禾頗蘇，近邊蚊虻漸生，虜馬勢難屯駐。雖大同各路、宣府西路各報有駐牧聚犯之形，各在近邊，未入我境，亦邊方之常態，其防範機宜在我時不可疏忽；但揆度時勢，尚非深入大逞之期。除臣備行各鎮鎮、巡，各道各路文武各官，詢察地方興除事宜、邊務調度機略，嚴戒秋防，另議題請外，誠恐遠近傳報周章，仰廑北顧，爲此今將趨任、防禦緣由謹具題知。

奉聖旨："兵部知道。"欽此。

爲虜謀异常查議各鎮兵馬預徵調以衛陵京明法紀以固邊防事

臣奉命總督宣、大、山西軍務，於六月初六日履任，適驕虜游牧近邊，春夏無寧，各鎮士馬疲勞，秋防期迫，夙夜圖維，不遑寧處。歷查邊圖，三鎮地方東自宣府火焰山，西抵山西老牛灣，邊垣綿亘幾二千里，無處不通大舉，虜勢猖獗，無時不謀內侵。宣、大沿邊城堡，始緣抽選入衛游兵萬餘，所在空虛。民屯小堡無兵分守，多被攻陷；險遠大堡聲援阻隔，日就孤危。繼緣分布南山防守，致將各鎮正、奇、游兵春秋移調東防，愈致各鎮士馬歲漸凋敝。即今三鎮正、奇戰兵聚不滿數千，既不足與戰，各路參將兵僅千餘，又不足自守，兵氣玩怯，久爲虜易。至於山西，原依大同爲藩籬，昔緣大同債帥通虜誘禍，誨寇內侵，外無可恃，遂致虜酋諗知山西各路內地殷實，每肆深入，攻城陷州，受害毒慘。兼以老營叛軍構煽，各路兵馬單弱，戰守俱困。每遇虜犯，軍門遠駐懷來，督兵赴援，道路紆遠，彼此觀望，緩不及事。且宣、大乃京師北門，拱衛山陵；山西爲畿輔肘腋，宣、大根本。邇緣虜患調度乖張，顧內忘外，坐致藩籬日疏，肢臂不仁。弊極須更，患至當弭，況今黠虜狡橫异常，動輒攻困城堡，思患預防萬不容緩。已經通行三鎮鎮、巡等官，各將該鎮各路兵馬備查沿革，揆度時勢，某路邊境虜衝，應留自守；某路地方切鄰，當聽互援；正、奇、游兵，某枝兵馬壯健，可備邀擊；某枝馬、步相兼，可備伏守。其南山原議官軍，某鎮當分地自守，某鎮當就近馳援，兵馬有無足用，錢糧應否衷益，務在毋分彼己，同心共濟。通行文武各官從長酌議回報，容臣定議請裁去後。隨准巡撫宣府右僉都御史孟□、巡撫大同右僉都御史方□□、巡撫山西右僉都御史石□□各咨到臣。

臣反復籌度，多方詢繹，諸臣之議雖各爲本境利害，察其論列，實圖內外兼防。臣職在內援京畿，外守邊圉，敢徇人言，自甘偏護？竊惟國家定鼎燕都，逐胡漠北，外列九鎮以守邊圉，內設重關以衛京師，二百年來，雖胡虜生齒歲繁，邊鎮數被侵軼，而京陵、畿輔未敢窺伺，良以宣、大二鎮守其北垣，遼、薊二鎮奠其東壁，門戶戒嚴，藩籬守固，拱衛神居，未或震驚。自嘉靖三十二年朵顏三衛陽順陰逆，交結北虜，外逾宣、大，內越重山，入犯薊門，游騎近薄都門，致塵先皇赫怒，誅罪本兵，大振邊圉，皇威所加，驕胡旋遁。乃被逆鸞倡爲馬市之議，抽邊兵以入衛，棄大邊而不守，納賄虜酋，自撤藩籬，行之數年，邊防大壞。鸞就伏誅，馬市禁罷，而宣、大之大邊內外虜營盤據，不可復守矣。薊鎮雖分地十區，召軍增餉，選練百方，竟未底績。九邊入衛之兵遠戍更番將二十餘年，士馬凋敝，供餉耗費，薊鎮虜患未見永弭，九邊兵氣日漸消耗。在陝西四鎮，去京稍遠，四時套虜每肆侵擾，各鎮兵將僅能自守，間遇大舉深入，亦止沿邊近地，旋即遁去，未能殘傷內郡。山西、宣、大逼近漠北，俺答兄弟父子，黃、把諸酋分處邊外，始以丘富逆黨教虜爲兵，近被老營叛卒誘引構亂，雲西、豐州開地萬頃，連村數百，驅我華人耕田輸粟，反資虜用。朵顏三衛外結北虜，東附土蠻，陽饗撫賞，陰懷狡逆，縱虜遮形，每導深入，馴致宣、大力難外固，不得已爲南山之修守，設險屯兵，拱護京陵。山西內外失援，每遇虜入，陷州攻堡，戰守俱困。今虜勢日愈猖獗，邊事歲就凌夷，三鎮鎮、巡各官身任疆場，患俱剝膚；臣愚謬司督寄，勢切然眉。若非割除夙謬，大事更圖，雖或苟延目前，終致釀禍後日，上孤聖明移調之恩，下負三鎮節制之任，罪死何贖？

臣再思各鎮前項請兵、留兵事宜，已經各官先後具題，乞敕兵部議行，臣愚覆議。即日秋防，若待部覆至日方行具覆，誠恐耽延時日，坐失事機，謹將各鎮原議事理總列條件，議擬上請。伏乞敕下兵部，早賜定議，免復仍行各鎮，轉相執拗，坐失兵機，疆場幸甚，國計幸甚。臣愚身任艱危，忌犯首事，亦不遑自恤矣。謹題請旨。計開：

一、選留宣、大入衛兵馬，除虛耗以濟實用

照得各鎮入衛兵馬，昔緣薊鎮土兵生長內地，未經戰陣，故選取邊兵，不惜勞費，以備衝戰。二十年來，土兵精練無期，坐享安閑；邊兵往返更番，遠近疲累。其軍士苦楚、九邊凋敝之狀，累經各鎮督撫及言官論奏，奚啻數千百言！竟未能稍議減免者，良以京畿為重，恐虜至無以為戰也。然節年虜犯薊鎮者數次，卒未能攝虜勝敵者，非邊兵不足語戰，實御兵之無定策耳。夫戰兵必資馬力，戰勝必恃氣藝。自修守之議行而人、馬不相顧，馬日餓損，兵無操練，技藝生疏，氣力勞瘁，一遇有警，衣甲破損，手足胼胝，或有馬而不堪馳走，或馬死而徒步難進，故守則奔竄山谷，戰則追逐不及，虛費供餉，何堪迎敵？顧復責罪各鎮選發未精，邊兵脆弱，豈其情哉！夫邊兵既不足依用，若可止矣，每遇各鎮請留，而該鎮竟未肯定議停免者，一以藉萬人以濟邊工，一以忌首事而恐虞後艱。故在各鎮受疲耗之實禍，在薊鎮執資戰之虛名，而客餉、馬價歲費百萬，各鎮官軍破家喪身，力竭難繼，公私受禍惟均，國家神氣日索矣。年復一年，各鎮將不能自固而薊鎮將無可繼用，是不可不深長思也。

臣昔撫夏督原，每見遣戍選補之難、回軍消耗之苦，馬匹倒死數多，軍士逃亡歲廣，亦嘗數次陳請，又該寧夏總兵官雷龍具實議奏，幸蒙聖明俯從部議，允自今歲始，陝西三鎮衛兵每枝准免五百員名、馬六百餘匹，開除、逃亡免復抽補，陝邊今歲稍蘇。兹臣奉命移督宣、大，查得大同每年入衛游兵二枝，宣府一枝，共三枝。每年正月調赴春防，六月始議擊放，回鎮未幾，即調秋防，年終始擊，一年往返二次，回鎮多則一月，少僅旬日。坐是馬匹倒死，軍士窮困，盔甲盡賣，操瓢乞食，去者尚未全回，征者復急選發，壯者瘦，弱者死，凡有家者俱蕩費盡矣。且大同二營每年死馬三千餘匹，該用馬價三萬餘兩，官司無可凑支，至以步軍隨衛，擔負盔甲，徒步跋涉，比至薊門，形神疲病，不堪備戰，率驅赴工，一年所修幾臺，在薊、在途糜費客餉數萬，坐使邊堡空虛，邊軍逃喪，國家亦何利而爲此公私耗蠹之調遣耶？

臣自六月初六日履任陽和，至本月十六等日，始有薊鎮放回春防二鎮官軍陸續過見，人疲馬弱，不稱軍容，死馬、病軍道路枕藉，呻吟號泣，不忍見聞。未及旬日，復准催調。各鎮鎮、巡等官目擊軍士疾苦已極，地方孤危日甚，據衷陳請，良非得已。臣嚴行各領兵游擊，查宣府該班一營，馬僅二千七百餘匹，大同鎮兩營共有馬三千餘匹，下班二營各止有馬四五百匹，秋防期迫，無可凑補。臣催行各鎮巡官，將回營官軍量行犒賞慰勞，馬匹暫發休牧，其不堪者量行免補，馬軍瘦病者即選步隊充伍。大同先儘有馬每營一千七百，宣府有馬二千五百，督發赴薊。餘宣府無馬軍五百名，大同無馬軍二千餘，照以兵部原議陝鎮減留事例，在宣府餘軍即應免發，大同仍應續發一千六百。但既係不堪備戰之步卒，今歲薊鎮秋工議停，至彼無用，可省往返內外之客餉。其大同來歲該班游兵二營，共缺馬五千餘匹，容臣會鎮、巡務須買補三千以備來歲入衛，餘貧弱步軍一體議免。況今俺答老酋糾衆駐牧大同近邊，近已窺犯五堡，聲言秋熟搶禾攻墩。各路邊堡在在空虛，各有入衛步軍留充守禦，稍可自固。是在薊鎮歲省客餉萬餘，免養難戰之兵；在宣、大歲免各路選補，各得守兵之力。伏乞敕下兵部，定議減留，每秋歲爲定例。其二鎮入衛各枝軍馬但有殘缺，即與選補，務各精壯，堪備敵戰，免仍枉調春防。如或薊鎮預計秋防擬有信地，仍乞行總督譚□，即於彼處已布兵馬酌量衰益以抵減留。庶內外兼濟，儲餉節省，不事入衛之虛名，各得戰守之實用。伏乞聖裁。

一、請發京營兵馬協守南山以固內防

照得宣府南山圍繞天壽山之後，東接薊鎮之渤海，西接懷保馬水、紫荆之關隘。先年宣、大守固，虜騎雖經犯宣府中、西各路，游騎嘗薄鎮城左右，或由獨石、四海冶、龍門直犯懷保、延永之間，該鎮兵馬隨路邀擊阻截，旋即遁去，未或敢近南山、窺岔道也。祇因二十九年大虜自薊鎮入犯，由鎮邊關內繞出岔西白羊口，及宣、大邊防漸壞，薊鎮數被虜侵，震驚畿輔，貽憂君父。先年督撫諸臣深憂過計，相度南山形勢可以列重垣，東護京陵，西連關隘，設重險示虜形勝，始築聯墩，繼築大牆，深浚重濠，每年分地列戍，邇復召軍駐守，年復壹年，足恃保障。但山在宣府之東南，虜駐宣、大之邊外，自邊至山，遠者二百餘里，近亦百五十里，內地各建重城堡寨，設有分守兵馬，非無拒防，可一蹴至也。且虜聚邊外，必有形聲，哨報先聞。既入大邊諸險，侵入腹裏重地，宣府兵馬當其前，大同兵馬襲其後，薊鎮兵馬禦其內，勢自難騁。故虜雖驕橫，志在搶掠，得利即旋，原非甘冒險阻，苦爲攻戰，而自取疲勞禍敗也。諸臣原議每年春秋盡挈宣、大、山西之兵，專爲并守南山之計。在山西則往返千餘里，士馬疲勞，遠不濟用，致疏本境之防；宣、大則內顧外疏，供餉耗費，坐失各路之守。是挈門户之兵以守堂奧，棄其所必攻而守其所不攻，以衞京陵，心則忠矣；以籌邊計，猶未爲萬全之策。

夫宣、大各守其境，雖未能阻虜之不入，而猶可邀虜境上，俾不能直至南山，而畿輔可保；宣、大挈兵内防，則虜入無忌，即可直至山後，而藩籬愈壞。是守宣、大乃所以奠南山，守南山乃將以棄宣、大矣。以故累經言官、按臣條議，皆爲[三]南山固當守，而宣、大之兵不可盡挈，軍門不宜偏處内隅，坐失三鎮之援。誠鑒於往歲山西石州之陷，連年山、大空虛，不能自固，軍門兵馬紆遠，不及赴援，連歲南山之守未窺虜形，徒滋老師之費故耳。既經科部定議，敕臣總督仍駐陽和居中調度，其南山之守責之宣府鎮、巡。但該鎮兵馬有限，兼備内外各路之守委屬不敷，且連年添設，守兵分屯。山後生齒漸繁，蹊徑日闢，伊邇熟夷，大啓戎心。向因重兵居守，虜謀坐伐；今驟减戍示弱，恐爲虜窺。今山、大之援兵既難議調，所據宣鎮撫臣議請京營兵馬二枝協守南山，誠非得已。

臣查得南山見設副總兵一員，召[四]屯守兵八千五百四十餘員名。近議東路游兵一枝三千員名春秋協防，每秋再發奇、游兵營無馬官軍一千八百三十五員名，各城堡鄉導疑兵二百五十名，自火焰山起至合河口止，分地擺守，似亦可守。如果虜形東犯，臣當提兵自西馳援，務抄出其前；總兵官趙岢自保安提兵，與同東路參將閭守中兵馬分據其險；該鎮奇、游各兵及大同原議正兵官軍即尾其後。虜雖强衆，自難飛度。但内守之兵，山長口多，兵分勢寡，必須量發京營兵馬一二枝，俾同李官、李浹邊兵相攙擺守，以壯神氣，斯内外咸備。守者拒險以待虜，戰者分道以邀擊，尤爲萬全。且京營之兵聞選練既久，精鋭頗衆，但未經戰陣，恐難卒用。若使更番戍邊，雖未與虜戰，亦可習見邊方之險易，聞戰守之機宜，即先朝邊方有警，選發天兵之遺意。

臣方具議題請間，適准兵部咨，該巡撫都御史孟□題，前事，奉聖旨："該部知道。"欽此。該本部議得，各邊兵馬額布已久，京營諸軍專備拱護神京。今欲請發營兵二枝，則是撤堂奧之守以禦戶樞，捐根本之備以援枝幹，事體頗重。況營兵素稱脆弱，未經戰陣，遽發防守衝隘，恐致誤事，俱當熟思詳慮。行臣會集鎮、巡各官計處具奏。

臣反復籌度，在京三大營之兵十數萬，原選各營佐擊兵馬本用聽征，非專令坐食京營，不習邊事也，且連年赴薊、赴通亦有定議。南山去京百五十里，一出居庸即安營壘，外未與虜接鋒，內協邊兵并守，每年僅止秋防數月，無大勞累，使其服習邊戍，實可壯其志氣。在京營發兵一二枝，未見不足；在南山增兵六千，愈壯神氣。本以護守京陵，非爲邊方征戰也。行之數年，則京營之兵皆知戰可用，南山之守愈固而宣鎮不至偏累矣。如蒙敕下兵部定議請發，以衛京陵，以固內守，斯練武、守邊并行不悖矣。伏乞聖裁。

一、免遠調山西無益援兵，責實戰守

照得山西西自偏頭關老牛灣黃河東岸起，東至老營堡丫角墩止，共長一百四里，是爲該鎮外邊，處處通賊，秋守邊而冬守河，極爲虜衝。又自丫角墩起，東至平刑關、石窰庵止，共長七百餘里，是爲三關內邊，中聯寧武、雁門、倒馬諸關，向恃大同爲藩籬。節遇大舉，大同不能堵截，每由內邊諸口直犯關南內郡。該鎮兵馬多係腹裏衛所，素非慣戰之兵，關內城堡星散，道路四通，又難爲扼塞之守，故虜入必飽豕欲，軍民累遭毒虜，是有兵尚難自固。若復將老營游兵及總兵官兵馬二枝，每春秋二防聽援南山，游兵則盡選老營一帶各堡之馬軍，預調合營遠戍，保安正兵則東駐陽方，去偏、老三四百里，一旦狡虜擁衆直犯老營，外而奸逆之誘煽，內而遠近之無援，非惟老營不可守，即汾、石、隰、吉諸州皆可蹴至，北而太原大川，南而平陽、汾、石，亦可深入，全晉之禍將不可支矣。今春俺酋密謀掩襲老營，一夕即至，幸哨報早聞，總兵官郭琥連夜趨防，兵方至城，虜即入境。向若移駐遠地，焉能速濟？近議老營堡在山西獨當虜衝，總兵官兵應議移鎮，免往返勞費，方俟查議，豈宜復聽東援，坐失西守？

歷查節年二防，山西援兵三營雖有分布之檄，自老營、寧武至保安、靈、蔚，往返千有餘里，皆係山程石澗，萬一有警，士馬疲勞，緩難濟用。向因老營不時有警，該路游兵每次議留，總兵正兵亦鮮東赴，惟北樓參將原設援兵不足三千，原調太原、雁門二營馬軍各不等，共合一營，聽調策應。臣近行前任參將牛相開報，各營原議赴援兵馬，每遇調發，路道隔遠，往往緩不及事，且兵非素統，烏合難用。本營近[五]年挑選各堡正軍陸續買馬，僅二千匹，即以本營見在軍馬亦可東援。所遺本路各口，俟督太原營兵馬代守。庶兵有紀律，將可專制，東西兼濟，誠得兵計。

近准兵部咨，據山西巡撫都御史石□□具題，前事，行臣酌議。伏乞敕下兵部，以後薊、昌有事，免調山西正、游兵馬東援，留充本鎮各路防守。其北樓參將營選定馬軍二千，如果虜犯宣、大中東各路，聽臣調赴蔚州、廣昌、靈丘一帶，防阻紫荊、馬水諸口。如虜勢移東，直赴保、慶，會合各路官兵，并援南山岔西各口。庶兵馬免遠道無益之調遣，山西獲本境戰守之實用，客糧歲省，推諉可免矣。伏乞聖裁。

一、嚴飭山西內郡兵務，專責任以伐虜謀

照得山西一省原設四府，關南內地分隸冀寧、冀南、河東守巡六道，關北大同分隸冀北守巡、兵備四道，沿邊三關累設雁平、寧武、岢嵐兵備三道，内外各分信地，間有專奉敕諭，職兼兵備，分轄各府州縣軍衛、有司，撫治軍民。其平時選練軍伍、民兵，修葺城堡，編立保甲，置備軍火、器具，盤詰奸細，督捕盜賊，催徵稅糧，乃其職守。每秋申嚴城守，嚴設哨報，有警督率有司分投收斂，扼塞險阻，處備供餉，保守疆圉，尤爲專責。在邊各道伊邇虜境，連年虜患頻仍，責任艱大，其經理邊務亦有成績。腹裏各道及府州縣各官向緣虜患鮮至，各以民事、訟獄爲職，未以修防、武備爲重。其腹裏衛所各官員冒饕[六]世祿，不通技藝，剝軍營私，優游坐食，邊事不知，騎射未慣，一遇盜賊生發，轉相畏避，無能追捕，尚望防禦虜患哉？

臣連年總督陝邊，查照敕諭總轄三邊四鎮文武各屬，分別邊腹責成各道，除訟獄、民事臣不經理，餘一切武備、軍儲各有考成。其軍衛、有司歲辦錢糧完欠、職官勤惰各有督查，遵先臣經略之懿矩，盡節制督理之職任，以故憲體昭肅，武備咸飭，緩急可恃。近奉移鎮之命，山西本屬臣鄉，民事、武備夙切疚心，邊腹地里尤所諗知。歷查節年虜犯山西者十餘次，沿邊則偏、老、興、嵐、河曲、保德、岢嵐、寧武、繁峙、五臺無所不至，近關則太原各屬忻、代、汾、石、壽陽、平定漸次侵掠，城堡多被攻毀，軍民累遭毒虜，游騎兩薄平陽、靈石、霍州之境，散搶已至潞安北境諸邑。比至石州之陷，深入五百餘里，殺虜數萬生靈，汾州僅餘孤城，沿鄉攻破百堡，軍民之害極矣。臣近由平陽歷汾西一路北出雁門，所至荒村破堡壘壘相望，雞犬稀聲，室廬焚毀，遺黎哭訴，骨肉殘傷，家業蕩費[七]，不忍見聞。

虜欲既盈，虜志愈肆，益以板升逆黨轉相構煽，垂涎平陽、澤、潞，欲肆深犯。萬一突入太原，則徐溝以南即可直上太行，侵擾冀南靈石以西，即可南越霍山，或由興、嵐、鄉寧直入石、隰，亦可徑出汾西，俱近平陽。内地處處無兵，城城鮮備，何恃自固？且虜入動稱數萬，沿山架梁，彌漫奔突，在邊兵馬既難力拒其衝，腹裏官兵尤難責以接戰。若非責成各道督率軍衛、有司各守信地，高城深池，扼塞險阻，慎固城守，預遣哨探，多方收歛，堅壁清野，人皆可戰，堡皆可守，使虜攻不能克，掠無所獲。虜既深入重地，沿邊兵馬前後邀阻，必有斬獲，自將遁去，免復垂涎深入矣。必須查照陝西議定事規，每年春和，各道各將所屬城堡嚴行有司逐一踏勘，舊修者是否城高三丈之上，城濠深闊二丈有餘，門櫓、橋鋪、敵臺、角墩有無全備。或責派軍民，或量動官銀，嚴限責修，務及秋完。仍選熟知道路土官逐境踏閱，何處通虜要路可以斷塞，何處受敵戰場所當防範，何山險隘可拒而阻遏，何溝紆深可伏而邀擊，何處可張疑以攝虜，何處可屯兵以示備。何處曾經虜患，民力可守，當令自固；何處僻在腹裏，民力脆弱，當設援兵。軍火、器械、衣甲、遮牌，凡守城禦虜之具，缺者補造，必多精完；無者修製，務極堅利。州縣大城，涌珠、連珠、三眼快槍大小火器千餘件，火藥二三千斤；鄉村城堡，各五七百件，火藥各千餘斤。各城堡內外之守選布有略，擊刺射打之法訓練精熟。備查所屬軍衛官兵、州縣有馬民壯額數，清除役占，選取精壯，編成伍隊，擇取知兵素任邊方軍職專司合營訓練。每衛所或千人，或五七百人，每州縣鄉保各千餘人，各分技藝，各攢伍隊，間日操演，弓矢、盔甲務各完備，騎射、放打務各中把，各存兵籍。仍將衛所各官各分布城堡，責令隨帶教師教演火器、守具。每秋定擬各道本境逼近太原大川及西路石、隰等口通虜衝要處所駐札居守，即將素練軍兵，或分布要險，或統駐境上，果虜騎入關，分援城堡，伏守邀擊，雖未能戰却大營之虜，亦可擒斬零搶之騎。虜知內地有兵，城堡堅固，必不敢肆志攻圍，遠越山險矣。

　　節年撫臣雖嘗分布責成，向未題奉明旨，上下玩愒，率視故常。今歲虜勢异常，秋防期迫，各道缺官，兼以文場典試，必須撫臣酌量地里之險易，定委各道以署管，或即擇各府佐貳分投經理，虜衝州縣正官免取科場供事。即如昔年汾州知州齊宗堯，初出試場，急回防守，始保州城，稍遲三日，幾至陷沒。其餘有司責以專城之守，示以失陷之罪，戒其驕縱慢令之暴，考以武備修守之略，以定其賢否。如或恃才妄作，傲上虐下，以搏擊爲豐裁而不恤民隱，依甲科爲怙勢而不修武備，致有疏虞者，聽各道指名參呈撫按及臣軍門，定行遵照敕諭，應拿問者徑自拿問具奏，應參治者會同參究。庶可保安全晉生靈，免罹毒掠虜患。

臣亦知督臨鄉土，若可襲故，勉成厚道，但目擊軍民之害剥床及膚，武備之弛緩急難恃，桑土綢繆之防當先陰雨，待虜伐謀之道必於未至。即如石州之陷，州官全家殺戮，督撫蒙辜，該道遣戍，上下交禍，悔將何追？伏乞敕下兵部，議行山西撫臣，查照陝西事規，分道分境責成修守，永保晉氓，坐伐虜謀，雖叢怨招尤，義所難辭。伏乞聖裁。

一、禁通虜、酌邊哨以懲夙玩

照得大同各路逼近虜巢，向緣將士怯懦，虜酋貪狡，索賄買和，苟延歲月，甚至沿邊各堡有月錢之科派，大邊墩哨有分帳之買賣，坐致烽火不明，邊防大壞。虜入則墩夜無傳，虜出則炮火始發。各該參、守信地不嚴巡哨，零寇不敢追逐，擁兵閉門，耕牧盡廢。每遇虜入，小失則隱匿不報，大虞則虛張虜聲，以十百爲千萬，動稱兵寡難敵，以媚虜爲舊規，詐稱追逐退遁，釀致沿邊軍民畏避殺虜，甘心出辦財帛，希求苟安。間有一二有志忠勇、誓絕交通、敢事迎戰者，衆疾其不類，多方譖擠，甚至誘陷喪生，衆反爲監。邊紀凌夷，藩籬破壞，蓋亦有年。虜欲無厭，虜志愈驕，邊堡日益孤危，邊民歲益窮困。國家歲以內帑、列省百萬之軍需養數萬守邊之將士，不足攝虜衛國，反以資虜損威，不忠不勇，罪死何逭？

臣履任一月，歷查大邊墩哨每墩十二名，二邊每墩七八名，俱月食糧二石；三邊内地接烽每墩三五名，月糧一石四斗五升。因地里之遠近，爲人糧之多寡，良以大邊遠駐虜巢，時被攻殺，故優其糧賞，厚其優恤，恩至渥也。訪得大邊哨軍，每二人貼一，全不坐哨，專事交通，時以糧銀私買貨物，深入分定虜帳，交結酋婦，展轉圖利。間得虜情，匿不實報；凡我兵動定，預爲虜傳。各路參、守等官選哨既不擇人，稽查又無嚴法，聽其往來傳泄，反爲虜用。是每墩以二十四石之糧銀養十二人之奸細，將焉用之？臣即欲盡掣大邊墩哨，歲省萬石行糧，收回墩軍，自備防守。衆議以爲此輩雖多畏虜結納，亦有懷忠實報，每遇大舉聚結虜形及虜中密謀尚可先傳各營深哨丁夜到墩，尚知進退。一旦盡掣，則哨丁不敢遠出，游騎將日近三邊，防範愈難。臣反復思惟，兵家云："三軍之事，莫親於間，賞莫厚於間。生間可使如期而知敵之情。"今欲選間入敵，勢所不能，必須先知虜情，方可投機行間。此輩雖鮮忠勇，頗諳虜情，因用爲間，亦可得力。要在厚其資糧，俾可用餌虜，不受撲殺；嚴其選查，俾畏法如敵，不敢欺誣。是亦兵家所不廢。

議行大同鎮、巡，通查各路大邊遠墩若干，每路止存衝險一二，餘俱掣哨免發。各路各選本城忠實老練，有妻子、身家軍夜二三十名，分爲班次，一月或兩月一換。每墩哨軍五名、夜役二名，令各相保結，報實虜情，一體給賞，誤事者同受責罰。除原支行月糧二石外，即以節省餘墩他軍行糧之銀每月給銀三兩，以充買道餌虜之資，即如各邊撫夷故事，免令分貼買閑。無事聽其深入虜巢，招降諜間，密察虜情；有警聽其專夜傳報，預我歛備。每次出邊必給號票，差官押送三邊，驗實糧米、衣物，無容夾帶軍火、違禁貨物，點名放出。返報必由暗門驗實放入，無容私自入城及家口不時近邊供饋傳泄。庶軍數既減，人心可齊；法令既嚴，傳報可實；恤賞既厚，撲殺可免；耳目不失，而招降反間次第可行矣。

其沿邊將領如遇小警，敢有傳報不實、虛張虜聲、惑亂兵機者，聽臣查實，先將各中軍寫字、哨瞭、墩夜拿赴軍門以軍法重治，將領等官指實參究，輕者遞降祖職，重者革職治罪，原係爲事官者照原犯發遣。有能追逐零寇、保全本境者聽行旌薦，或加升俸級，或贖免前罪。如仍通賄媚虜、閉門觀望者，參拿問死。庶法令昭赫，而夷夏大防可漸振起。

説者乃謂虜以得賄爲分定，猶可稍免不時騷擾。一旦禁革，恐虜欲不遂，日肆侵軼，邊患愈滋。臣思虜性貪躁，虜衆散逸，節年貪受結納者號稱走邊之猾騎，衆亦有數，而遠無求索者尚衆，虜若久索不得，必將厭遁。且每次大舉深入，何嘗因賄可免？是通賄者乃以構虜，而絕虜乃以自植。若沿邊之守可固，諸將兵勢相連，使虜小入則各自爲戰，動遭挫折；大舉則堅壁清野，合兵奮擊，難遂飽欲。春冬或選銳出奇，搗其巢穴；秋夏務拒險礪兵，禦其深犯。虜將相戒遠徙，何敢復冀賄賂耶？

但資哨行間，事出創建；絕虜致寇，勢所必至。若非大破常格，寬其文法，則諸將既懷苟延安便之私，復憚多事查參之罪，亦將搖首觸禁，莫敢奮立。伏乞敕下兵部，再加詳議，酌示機宜，優哨丁之撫賞，寬小警之罪罰，俾臣與該鎮鎮、巡諸臣圖惟更始，庶重鎮可漸保而邊防可慎肅焉。伏乞聖裁。

一、遵明例、省煩文、定紛議以免震驚

照得宣、大、山西各鎮内近京師，外逼虜巢，凡有邊報，旦夕即達，每煩科部申飭，仰廑聖明北顧，視陝西各邊去京隔遠，事體迥異。但胡虜以搶掠爲生計，我兵以哨備爲責任，虜之不能忘我，猶我之不能釋虜也。以故邊方零寇之出没，兵馬之接戰，時多斬獲，間有損失，自中朝視之皆爲邊警，在邊方當之亦爲常態。先年各鎮虜情、邊事，但有斬獲、損傷，鎮、巡會疏，每月一報；在宣、大、延綏，十日一報。近奉部議，宣、大、山西凡有獲功、損失，小警例應核勘，賞罰者每季終聽鎮、巡會稿類報總督軍門，轉咨都察院，類行巡按衙門核實定議，題請賞罰。各鎮遵行已久，國體、邊紀委屬慎重。

查得近時宣、大每遇小警，各鎮將官各懷規避之私，不敢具聞，私捏塘報，徑送科部；督撫諸臣恐嫌隱匿，每遇虜犯斬獲，不俟究結，亦即塘報科部；巡按、臺臣職司耳目，不容無言，或亦即具參題，每次震驚宸嚴。比及事完，率致功罪混淆，報勘互异，殊非臣子仰慰君父、慎重邊圖之義。夫糾查功罪，懸賞格，嚴軍法，皆臣與各撫臣敕諭專責。如果賞罰不當，功罪未明，隱罪要功，欺罔誤事，公議、國典，臣與諸臣何容苟免？如果自盡愚赤，極力斡旋，才力不逮，致有疏虞，罪亦自甘。若責之以心力所不能，求之於時勢之所難辦，每事搜索，制縛諸將如奴隸；輕聽傳報，易談邊事如運掌；決裂憲紀，縱小吏得以凌侮將領；每事牽制，致邊臣無能展布。臣等既不能弘濟於疆場，又無以鼓率夫將士，上孤聖明簡任之恩，下負平生不欺之志，臣亦將束手待斃已耳。

伏乞敕下吏、兵二部，查照節奉欽依省煩文、寬文法、優邊臣等項事理通行申飭。以後邊事，在邊臣當遵奏報之定規，小警俱免瀆報，大事不許隱匿，自取罪咎；在按臣照例核勘，遇警免即懸參。在京科部，在外監司，如將領等官有仍私開塘報，誘罪要功，或文武小臣承望風旨，私捏揭報，陷人行私者，行臣嚴查究治，以肅邊紀，以定衆志。仍乞天語叮嚀，敕下科部一體遵行，邊臣幸甚。伏乞聖裁。

奉聖旨："兵部知道。"欽此。

爲度虜勢酌援調分布三鎮南山兵馬以
備內外戰守事

臣以庸劣移督宣、大軍務，履任未月，秋防期迫，歷查三鎮兵馬之盈縮、戰守之機宜、節年秋防之分布、今歲虜勢之緩急，通行各鎮鎮、巡各官從長酌議，各將本鎮原議分布援守兵馬及今應減留防守本境緣由各咨呈到臣。

臣反覆揆度，布兵當察虜形，固內當嚴禦外。南山之守既有本山守兵，又有宣府東路游兵并該鎮各營摘撥步兵，共計一萬三千六百餘員名，及臣所請京營兵馬一二枝，防守亦嚴。其山西正、游兵二枝，大同游兵二枝，有馬不多，當令自守，免調東援。

在宣府鎮，如哨虜賊窺伺本鎮，巡撫孟□督率標下官軍與游擊劉付一枝駐札鎮城，慎固城守；總兵官趙岢統領正兵移駐新保安，北拒龍門、大小白羊等口，南防保安舊城、礬山、桃花等堡；副總兵劉國移駐赤城，北援獨石、雲馬之險，東遏龍門、雕鶚、海永之路；游擊李浹駐札懷來，以便東西駐〔八〕應。若哨明虜賊聚衆果漸東行，勢犯延、永等處，或薊鎮東哨土蠻別有窺犯，提調南山副總兵李官調度岔東、岔西一帶官軍晝夜嚴加瞭望，傳接烽火，擺守墩墻、隘口，據險防禦於內。游擊李浹移駐四海冶，副總兵劉國移駐永寧，與東路參將閻守中各聯絡聲勢。臣即督發標下右掖游擊朱瀚速赴懷來，總兵官趙岢移駐延慶，仍隨賊向往，督率正兵與臣標下選鋒家丁東西拒戰於外。懷隆兵備副使鄭洛駐本城，總理糧餉。如報西虜逼近東邊，東虜移營北犯，臣即提左掖參將葛奈兵馬急趨懷來或岔道，相度緩急，督率諸軍防護南山，聽援關內。

在大同鎮，除各路副、參、守、操等官各守信地外，總兵馬芳統領正兵，無事駐札鎮城，整練兵馬。如遇哨探虜賊窺伺本鎮，巡撫方□□督率標下官軍并都司王應臣、知府程鳴伊等駐札鎮城，一面嚴令將士慎固城守，一面分兵伏堡以防攻擊。總兵官馬芳東西隨賊截殺。游擊尚智游兵一枝，馬僅四百餘匹，駐札懷仁，防禦山、馬，捍衛應、朔。游擊邊大振游兵一枝，馬止五百餘匹，駐札右衛，協防中、西二路，兼援威、左地方。如虜犯山西或雲東、宣西，聽臣隨宜調遣。虜若聚衆由弘賜、陽和、天城境外東行，總兵官馬芳移駐陽和，一遏南下紫荆之路，一張東援宣府之形。西路無警，原布邊大振游兵調赴天城，隨賊向往截殺。虜若聚衆由宣府西路東行，勢向獨石、三間房等處，馬芳不待調遣，隨賊聲勢馳援南山，用伐虜謀。

　　在山西鎮，無事總兵官郭琥駐札寧武，整頓士馬。巡撫石□□駐札代州，嚴督各路副、參、游、守等官各守信地，操練兵馬。民壯擺守内邊，各分信地，修築險隘。如遇哨探虜賊窺伺本鎮西路，郭琥移兵老營，外據偏、老要衝，内攝不測奸宄。石□□督率標下官軍及分布雁門、太原各參將，汾州原設參將營兵，伏守城堡，預防内侵。西路游兵亦駐本境，與老營副總兵兵馬聲勢聯絡，外守關隘，内援興嵐、岢嵐、汾石、河曲。參將兵馬無事各守本境，有警聽鎮、巡隨時調遣，援守興、嵐、臨、德各内地。如遇大同應、朔、山、馬有警，郭琥移兵陽方等堡，一便捍衛内侵，一便策應靈、蔚。虜若聚衆由大同陽和、天城邊外東行，北樓口參將葛臣移駐渾源，兼備靈、廣。虜若聚衆由宣府西路東行，勢向獨石、三間房等處，葛臣不待調遣馳援南山，共成犄角。若虜衆悉已東行，而薊鎮的有警報，總兵官趙岢等各照原擬地方，馬芳移駐延慶等處，葛臣移駐新保安，聽候臣督調星馳入援。

　　萬一虜謀叵測，東西分道内侵，如去秋故事，一枝已犯應州，一枝復出柴溝牽制我兵，除南山布守及游擊李浹、朱瀚各兵馬居重待虜外，各該巡撫調度本鎮見在正、游官兵及各路參、守，各道兵備、守巡，并力協忠，隨賊戰守，庶免顧此失彼之患。

但虜形必深哨方可預知，虜情非降供不能詳確。狡虜每欲大舉，必將近邊營帳遠徙匿形，分遣精騎沿邊巡哨，逐絕降人，撲追哨役，恐防露泄。仍須責成總兵官趙岢、馬芳、郭琥，先期嚴督各邊參、守等官，選差慣哨通夜，懸以厚賞，押同大邊墩軍不時出境，深入虜巢，遠爲偵探，務得虜中聚結形情、向往消息，通行飛報，各趨信地。如無警急，各宜分地修守，據險待戰，不時操練技藝，振揚兵威。傳諭軍民，但遇禾熟，先剪穗粒，次割草梗，急收入堡，免餌虜食。但兵無定形，機難遥制，要在諸臣臨機應變，期保萬全，庶分布既定，哨探嚴明而戰守有據，內外可恃。尤須文武同心，主客協力，各懷同舟共濟之義，庶成捍內禦外之功。

訪得往歲虜入，或有司仇將領之驕抗，坐誤勦餉；或各道懷仄媚之私鄙，互相傾陷。有一於此，皆足大失將士之心，重貽軍民之害。應拿問者聽臣遵照敕諭拿問具奏，應參治者具實參革，大示戒懲，用肅邊紀。

謹將分布南山三鎮兵馬事宜開坐上請，伏乞敕下兵部再加詳議，行令各該鎮巡、將領、守巡、兵備等官一體遵奉施行。緣係前項事理，爲此具本謹題請旨。計開：

一、援南山、薊鎮兵馬

宣府鎮

哨探虜賊窺伺本鎮，巡撫都御史孟□督率標下官軍五百員名與游擊劉付游兵三千員名駐守鎮城，調度兵食，振揚威武，仍督責都司孫獻策等并原任守操胡進等提調原編保甲各趨分定信地，登城拒守。其懷隆兵備副使鄭洛，守巡口北道參議何榮、副使廖逢節，各照原議地方責任，整飭兵糧，慎固城守。總兵官趙岢統領正兵移駐新保安，副總兵劉國統領奇兵移駐赤城，游擊李浹統領游兵移駐懷來。

哨探虜賊聚眾東行，勢犯延、永等處，副總兵劉國駐兵永寧，游擊李浹駐兵四海冶，各照信地防禦。總兵官趙岢駐兵延慶，調度戰守。軍門標下右掖游擊朱瀚兵馬二千，聽督發隨賊往來，相機策應。

薊鎮的有警報，總兵官趙岢等聽候入援。

大同鎮

哨探虜賊窺犯本鎮，除原布正、游各營兵馬隨地戰守外，標下總理標兵原任總兵胡鎮統領左掖參將葛奈兵馬，聽督隨賊策應。

哨探虜賊窺伺本鎮，或由弘賜、陽和、天城境外東行，巡撫都御史方□□督率標下官軍八百員名并正、游、團練、神機等營存剩官軍三千餘員名駐守鎮城，調度兵食，振揚威武。仍督責司府官王應臣、程鳴伊等提調原編保甲，各照分定信地登城拒守。朔州兵備副使劉應箕、分守參議黃九成、分巡僉事韓宰、左衛兵備僉事崔鏞各照原擬地方責任，整飭兵糧，慎固城堡。總兵官馬芳統領正兵移駐陽和。

哨探虜眾由宣府西路膳房、張家等口邊外東行，勢向獨石、三間房等處，標下參將葛奈隨從軍門馳赴東援。總兵官馬芳自陽和隨賊聲勢徑趨延、永，并守南山原布西路游擊邊大振統領馬軍趨赴天城，聽調東援。

薊鎮的有警報，總兵官馬芳駐兵懷來，聽軍門督統兩掖標兵合營入援。

山西鎮

哨探虜賊果窺犯本鎮西路，照前分布，正、奇、游、守各兵隨賊向往聽撫臣調度截殺外。如虜由大同中、北各路窺犯內邊各關隘，巡撫都御史石□□督率標兵仍駐代州，會同總兵郭琥，除留西路奇兵一枝防守本路，仍提督三關大小將領、守操等官，酌量衝緩，分布軍壯擺列邊隘，設伏城堡，調度戰守。兵備副使紀公巡、僉事劉時秋、孫坤并各道守巡等官，各照原擬地方責任，整飭兵糧，慎固城堡。虜若深入關南，聽鎮巡官督統各枝官軍抄前邀堵，臣督大同各枝官兵及臣標兵尾後邀擊。如哨明大虜由大同陽和邊外東行，北樓參將葛臣統領援兵移駐渾源。

哨探虜眾由宣府西路而東，勢向獨石、三間房等處，參將葛臣自渾源隨賊向往，徑赴南山并守墩隘。

薊鎮的有警報，參將葛臣駐兵舊保安，聽候督調入援。

一、據險擺守南山墩墻

提調南山副總兵李官專管，岔東馬、步官軍并東路各城堡疑兵、鄉道，共六千八百一十九員名，內中軍官一員朱山，坐營官一員郝錦，千總官郭邦等四員，把總官龐時等一十八員；岔西馬、步官軍一千九百七十二員名，內千總官一員查欽，把總官邸然等八員；宣府派撥各營無馬官軍一千五百八十五員名。以上共計官軍一萬三百七十六員名。東自四海冶、火焰山、界石墩起，西至河合〔九〕口止，計聯墩四百三十三座，護口、鎮河、瞭望等墩一百二十一座，各照信地擺守。

岔東副總兵一員李官，提調無馬官軍郭邦等六千八百七十九員名，擺守隘口、墩墻，仍統領中軍朱山等有馬官軍六百三十三員名，有警不分左右，往來聯絡策應。

岔西千總官一員查欽，管理本邊并宣府發摘無馬官軍施勛等共三千二百五十七員名，擺守東自"懷"字一百九十七號墩起，西至合河口"懷"字一號墩止，計聯墩一百九十七座。仍帶領有馬旗軍三百名，有警往來應援。

奉聖旨："兵部知道。"欽此。

爲參治衝路庸懦飾詐將領乞賜易置究革急備秋防事

照得大同北東、北西二路參將，分管鎮羌、得勝、拒墻、拒門、助馬等外五堡及弘賜、鎮川、鎮邊、鎮河、鎮虜、破虜、滅虜、威虜、寧虜、保安等十堡，外處極邊，與虜爲鄰，内接鎮城，依爲藩籬，必須智勇忠謀之將庶稱干城。若以賣勇憒[一〇]事之夫，奚勝守禦？

查得大同北東路參將趙竭忠，生長腹裏，未經戰陣；幼讀兵書，慣事狂談。昔年領車營於山西，致覆全軍，僅以身免；近歲膺邊寄於該路，專事誇張，絶無功績。邊堡、邊墻倒壞未修，惟聽軍夜襲玩媚虜。邇因先任總督陳□□參論通虜二犯，致之刑辟。臣愚至邊，嚴禁交通，振肅邊紀。虜酋未得常賄，擁衆千餘，於六月二十八日指以蹂踐田苗逼索各堡舊例。竭忠等既無奮勇禦敵之略，坐失拒墻分地之守，乃仍虛張虜聲，報虜數千，及稱老酋俺答在邊插帳百餘，搖惑衆聽。

臣歷查前虜初伏二邊外張布袋溝一夜，竭忠原未瞭明，至次日辰時突入内邊，不過數百騎。總兵馬芳在鎮聞烽，統兵迎擊，自巳至申，奔馳八十里，虜見兵即出。臣料虜衆無多，故避兵即遁，尚恐設伏誘兵。臣即日督發原任總兵胡鎮統臣標下參將葛奈兵馬駐鎮川堡，會同馬芳七月初一日合兵齊出内邊，虜即自東遁西。兵至得勝堡，竭忠駐札堡門。竭忠尚不敢開門會兵，仍稱虜勢重大。既而虜自該堡邊外西犯拒門堡，係參將馮登信地，登亦未敢出兵拒堵，仍襲竭忠故套，接報虜騎五千。臣度虜勢必係東出西入，別無續添，迹其騎邊延住數日，不敢内侵，明係逼索賄賂，或仍調集衆虜圍困城堡，急應追逐，以伐虜謀。臣即會行巡

撫大同右僉都御史方□□添發標兵、步卒，責差旗牌官呂和賚執
令旗、令牌一面，嚴督馬芳、胡鎮各統標、正官兵，馬、步協
營，分道齊出內墻，東西兩路夾擊，用伐狂謀，以保五堡。虜見
兵至，急出墻口。官軍奮勇追剿，斬首三顆，奪馬二十餘匹，虜
酋狼狽夜遁。

臣隨出牌責諭趙竭忠、馮登，始不能固守信地，繼不能協力
出戰。通計七堡守操、參將馬步官軍衆至三四千名，分守五堡外
邊一百六七十里，以當千騎之虜，若果兵力素練，邊墻高堅，戰
縱不能，守城有餘。各官乃安於媚虜之故智，因循玩愒，幸虜不
至，坐致已修之邊墩日漸倒塌，守禦之器具一無設備。虜伏近邊
而不知，突入內地而罔覺，閉門自固，張虜惑兵，養兵用將，緩
急何恃？臣不勝憤恨，止因秋防緊急，先行戒飭，各令痛自懲
創，急修邊墩、城堡，分地畫守，練兵待虜，姑俟秋防完并議功
罪間。

訪得竭忠乃敢故違軍令，差子弟、親識赴京捏打塘報，稱言
虜駐近邊，逼要花紅。夫搶虜乃虜寇之常態，花紅係何人之聽
許？竭忠私意必謂衆若懼其入犯，必將任其交通，挾持上下，仍
容通賄，可遂苟延。且各兵逐虜遠遁，竭忠差哨已明，原呈在
卷。臣先因宣、大各將領誤事誇詐，要功隱罪，誣禍陷人，每次
亂打塘報，在京流播虛聲，上驚宸嚴，下亂名實，已經通行禁
示。凡有零寇，無容亂報，聽臣調度追剿；虜果大舉，容臣具
聞。各官初知遵守，竭忠乃敢故違，意將何為？其查得參將馮
登，雖無違令傳報，實同觀望畏怯，通應參革提問，以肅邊紀。

參照大同北東路參將趙竭忠、北西路參將馮登，一以狡猾虛
誕之徒戰陣未經，一以失事落魄之夫志氣久墮。共事邊圉，平時
既無修守；節遇虜患，比鄰不相策援。虛張虜勢而撓亂兵機，擁
兵閉門而縱虜出沒。律以守備不設之條，均應遣戍；究其挾持通

虜之詐，仍當重科。

除趙竭忠，臣已遵照敕諭拿問聽參，該路兵務委官署管，其地方失事、殺傷已行分巡冀北道僉事韓宰、大同兵備道參議崔鏞會勘參究外。時值秋防，各官員缺即應就近推補。查得大同見任游擊尚智、山西行都司僉書原於天，各年力精壯，志氣勇敢，原於天近該鎮、巡會委，見署趙竭忠營務，似應就近推補。及查得原任固原標下游擊、平涼衛指揮李光祖，年力精壯，禦敵忠勇。去歲委用守邊，力拒把都河入犯強虜，已蒙欽賞。先任被論都司科索坐贓三十餘兩，已經問結收贖。臣前累行旌薦，部擬待用，即應推補尚智員缺，聽候來年入衛。

伏乞敕下兵部，查果臣言不謬，將趙竭忠、馮登革任，仍聽勘問。尚智、原於天、李光祖推補各員缺，在鎮者令其急治秋防，在陝者催取赴任，整練衛兵，以備來歲入衛。庶邊將皆知奮勵，戰守可策，狡詐知警而通虜宿弊可盡革矣。

奉聖旨："兵部知道。"欽此。

爲地方遭虜懇乞天恩豁免糧草以蘇民困事

准巡撫大同右僉都御史方□□會稿，據山西布、按二司守巡冀北道右參議黃九成、僉事韓宰呈，蒙巡撫大同右僉都御史方□□、巡按直隸監察御史姚□□批，據應、懷等州縣并前、後二衛民餘王爵、任淮等告稱，被大虜攻毀陶家寨等村堡，殺死人口遺下隆慶三年分夏秋糧草無人辦納，乞要蠲免，等情。蒙批，仰分守道即會分巡道查議停妥詳報。蒙此，會行大同府并山西行都司查得，應州、大同、懷仁、山陰各州縣，大同前、大同後各衛，被虜搶殺男子遺下地頃夏秋糧石、草束各數目開報到道。看得應州、大同、懷仁、山陰四州縣并大同前、後二衛各被虜搶殺人丁，所遺隆慶三年分通共該夏秋稅糧二千二百五十七石一斗九升七合、馬草一萬三千七百一十九束八分零，委俱無人辦納，似難追徵。若不早爲呈請停免，惟恐戶部照依舊額查覆分數，難以奉行，相應呈請。合無將前糧草備行各該州縣衛查照，逐戶准令停免，以後召人佃種，照依額數徵派。其餘均徭等差俱各豁免，等因，具呈到職，會稿到臣。

　　臣會同巡撫大同右僉都御史方□□、巡按直隸監察御史姚□□議照，生財之要木[一]於有人，安邊之策惟在畜衆。塞上土瘠民稀，其來已久，況遭此虜患，殺掠之後，廢壋荒畦鞠爲沙草，加以今歲春夏亢旱，僅存之民生計轉艱，應辦錢糧委難措處。若不審勢量時，大破常格，曲加減免，有司畏負，照額追徵，必欲取盈，累及里甲，稱貸包陪，愁苦無聊，扶攜轉徙。鞭箠徒急，督責徒嚴，閭里無人，誰與輸納？上何裨於軍國，下祇促其流亡，其在中土已爲可慮，矧兹窮徼尤足寒心。臣等待罪封疆，不忍緘默，伏望皇上軫念邊氓窮困，敕下該部再加詳議。合無將前被虜州縣衛隆慶三年分前項夏秋糧草，備行山西布政使司於會計數內查照蠲免，責令本司將拋荒田地召人耕種，成熟之日照額徵派，如此庶遺黎免流亡之苦而邊境有寧謐之望矣。

　　奉聖旨："該部知道。"欽此。

爲東西大虜糾聚近邊聲犯宣大謀窺薊昌申飭內外戰守機宜以拱護京陵事

　　本年八月十四日，准兵部咨，爲酌議防邊切要機宜以弭虜患事，職方清吏司案呈，該本部議擬，合候命下，本部移咨臣嚴督各該鎮、巡等官，加謹防禦，深哨遠探，但虜酋果有東犯的確消息，即便星夜提兵東援，務要抄出虜前，拱護南山，毫髮機宜不□[一二]爽失，慎無致隔絕虜後，無益南山戰守。及差人移文陝西總督并延綏鎮、巡各官，預行孤山副總兵策援山西，等因。題奉欽依，備咨到臣。

查得臣先任陝西總督時，該山西巡撫具題，將延綏孤山奇兵一枝有警聽援山西，兵部覆議行臣。隨據孤山副總兵呈稱，本營原係分守之兵，數止八百，俱係沿邊各堡抽募。信地迫近酋巢，虜騎不時出沒，若使東援，所遺城堡空虛，倘虜突犯，未免顧此失彼。緣此，臣議行延綏鎮巡官，預定該鎮游兵一枝，但遇山西有警，就近由綏德州過河，抄出賊前，專援內地，已經咨部遵行。所據近議孤山營兵即應仍從原議，及行山西鎮、巡等官，即將該鎮西路偏、老一帶欽遵加謹防禦間。

又准兵部咨，爲塘報夷情事，該巡撫順天都御史劉□□塘報，東虜要搶冷口迤東、義院迤西一帶，西虜要搶古北迤東一帶。本部查與臣報俺酋糾衆東搶情節相同，議擬合候命下，本部移咨薊遼總督譚□并臣，嚴督鎮巡官督率各該大小將領，鍛戈屬甲，慎固封守。仍差人再行哨探，萬一虜果侵犯，即便并力捍禦。在薊、昌務使匹馬不入，方爲上策；在宣、大、山西務要相機戰守，共保無虞，等因。題奉欽依，備咨前來，隨經通行欽遵訖。

案查七月二十一等日，節據宣、大、山西墩哨、降人并臣原差薊鎮傳事官各報虜情，本月十九日，虜酋老把都自東赴下水海北岸親會俺答，各帶小帳房，趕吃食牛羊、馬匹，糾合在西諸酋，每虜騎牽馬三五匹，要搶出貂鼠地方及先年跌死人馬去處。又據降供，俺答已於本月二十四五起身，會調河西套虜襖兒都司即吉能等并兀慎、擺腰諸酋，聚結威寧海、腰帶山、孤山等處，先要搶田，後圖大搶。或稱老把都、黃台吉、察罕兒團結於東，俺答、兀慎、擺腰等合兵於西，意在分道并犯宣、大地方，搶田後還要大搶。或稱東虜土蠻糾調西虜及朵顏三衛達子要犯薊鎮義院、冷口，西虜老把都兒糾合俺答、黃台吉要犯古北等處。臣譯審降哨，揆度虜形，若謂先搶宣、大近邊，即俺答、黃、把諸部落自可入犯，無俟糾調河西及察罕、永邵卜諸酋，駄帳，趕吃食牛羊，爲久住之計。若必欲分犯宣、大，俺答諸酋已住腰帶山大同東北路近邊，必由弘賜、守口一帶直入雲東，由順聖西城直下洪、蔚大川。黃、把二酋會合各小酋已駐插漢腦兒，去宣府西路柴溝、西陽和[一三]不遠，必約會俺酋分道并進以牽制我兵，由宣府左衛直趨紅塘溝，由順聖東城亦犯洪、蔚大川。先據降供，要在有河水地方會兵，明係桑乾河、蔚、昌等處。此川秋禾頗盛，收穫正殷，久未經虜，人畜繁衍，虜素垂涎。且南可窺直隸紫荊、倒馬、浮圖峪，直入真、保，西可犯山西平刑、北樓一帶，直犯繁峙、五臺、平定、壽陽等處。然俺酋既已東駐板升，豐州一帶哨無虜營，山西大同西路事勢稍緩。臣已預調大同總兵官馬芳統兵駐札弘賜堡，原布雲西游擊邊大振、尚智二營馬、步官軍馳赴陽和、懷仁，留臣標下左掖營兵馬，責委原任總兵官胡鎮督同參將葛奈駐札天城，專備虜入迎戰。仍調山西總兵官郭琥統正兵二千駐渾源州，以防南犯平刑、北樓之衝。署北樓參將、原任都司李高統所部援兵二千預赴蔚州，協同該路參將張子鯨兵馬扼塞南越紫荊、浮圖峪諸口。及行宣府總兵官趙岢統兵沿邊於洗馬林、柴溝堡一帶揚兵示備，駐兵左衛宣府游擊劉付統該營官軍分駐萬全、右衛一帶，與該路參將補於漢合兵分守沿邊各堡。巡撫標下原任參將劉寶統領標兵三百駐張家口堡，以備黃、把二酋入犯之戰。仍布宣府副總兵劉國統兵駐赤城，隨賊向往，兼援獨石、永寧、四海冶之守。臣未奉之先，已於八月初七日統領標下右掖游擊朱瀚，初十日暫駐宣府鎮城，以便西援洪、蔚，東援南山，及塘報兵部去後。

　　本月十五等日，據大同總兵官馬芳塘報，據弘賜堡守備周橋呈，審得降人五奴骨氣供稱，在營時見得俺答原在威寧海北駐，已起往東去了。四日到東邊，迎遇黃台吉講話，講惱了，黃台吉使性子往東去了。俺答復又回西來，已到威寧海北岸，聲口說要搶大同地方抟田。若無了田，要攻困城堡。又據陽和大邊關兒溝墩軍報稱，探得俺答、黃台吉會話惱了，俺答起營往東行走，將到大白海子，黃台吉正北去訖。又據臣原差貓兒莊墩軍張大京深入虜營探得，俺答與黃台吉會話，要先入沿邊抟田。黃台吉不從，說伊兵馬遠來，恐馬力不敷，因此爭攘。後俺答見黃酋不從，亦同起營俱往東去訖。黃台吉留兀慎、擺腰二枝小酋守邊聽調。據此，臣料俺、把二酋東行已真，雖今未過宣、大邊外境界，可無西回搶田之患。其兀慎、擺腰二酋既不東行，必圖近邊窺逞，臣分行戒備間。

本日戌時，准兵部咨，該臣咨報前項虜情及分布內外戰守機宜，本部議擬，合候命下，移咨總督薊遼譚□，督行鎮、巡申令□〔一四〕該主、客大小將領，整兵秣馬，嚴加隄備，務使匹馬不入，方爲上策。一面移咨臣，審度虜勢，如果東行，的犯昌、薊，一面行令巡撫、兵備、司道督責參、守等官，慎固城堡，保障封疆；一面督發三鎮應援兵馬，先期星夜入關，協力夾剿。仍移文遼東、保定各鎮巡官，一體聽警入援，等因。題奉聖旨："這虜賊聚衆謀犯，着譚綸嚴督鎮、巡等官加謹防禦。王崇古等整搠人馬，相機策應。各要協心奮力，殺賊奏功。將卒有不用命者，都許以軍法行事。京城內外防守事宜，你每便詳議來說。"欽此。備咨到臣。

臣復嚴行三鎮鎮、巡督責兵備、守巡各道并大小將領，一面加謹哨備，慎防本境，一面整搠兵馬，聽援昌薊。及行順天巡撫，預將關內要路城池客兵本色芻糧多方儲積，以備入援兵馬食飼，免致臨時告乏。臣反覆思惟，薊、昌二鎮逼近陵京，急當扼險厚備以防突犯。縱諸酋擾我近邊，牽制我兵，當聽各鎮撫臣嚴飭各路參、守兵馬，各照信地自固防剿。仍咨行各撫臣，預選各鎮奇、游、標兵，果大虜東犯，相機出奇，搗其營帳，牽虜內顧，伐彼狡謀。其三鎮總兵趙岢、馬芳、郭琥兵馬并臣標兵二營及原定各枝援兵，預調各赴懷來，一以防護南山，一以俟備入援。臣身任兵寄，分當褁革，誓戒諸將共奮忠勇，各圖靖獻，時刻不敢怠緩。但各酋糾聚之衆將至二十餘萬，預備之具聲備一年之食。先據降供，要搶一條糧路城子及有河水地方札營。外而宣、大獨石、新平、洪蔚大川諸路，臣已戒備；內而薊、昌永平及通州張家灣一帶，不可不預爲戒防。萬一分道突入，未免緩急無措，震驚宸嚴。既該兵部通行申飭，奉旨戒備外，竊料各酋攜帳帶畜，行難急馳，且顧惜馬力，日行不過五七十里，若至獨石邊外老把都營帳，必有數日留連。今計十二日，自腰帶山祭旗東行，尚未過宣府東、北二路獨石、四海冶之境。臣已督發宣府游擊李泆兵馬駐延慶，臣於十八日提標兵一枝移駐懷來，以防突犯南山及黃花鎮近邊諸口。若果再哨諸酋勢已東去，臣當急調三鎮援兵，分駐近關，仍先遣兵馬二枝入關駐守昌平，拱護皇陵，以防關內阻截。其餘各營援兵，容臣繼後督率齊入居庸，擐甲以待。仰仗天威震懾，諸臣誓死效忠，必能阻虜邊外，未遂狂逞。臣當急督各兵出關，防彼泄忿宣、大之謀。萬一虜衆邊長，一隅不固，被虜潰入，臣當督率諸將抄前扼險，拒堵邀擊，務俾點虜大遭挫折，振揚國威，期奠畿輔。除再哨虜形另行具題外，緣係前項及節奉明旨事理，謹具題知。

奉聖旨："該部知道。"欽此。

校勘記

〔一〕"疆場"，底本多訛作"疆場"，以下徑改，不再一一出校。

〔二〕"免"，據文意疑當作"乞"。

〔三〕"爲"，明崇禎十一年《明經世文編》卷之三百十六王崇古《請發京營兵馬協守南山疏》作"謂"。

〔四〕"召"，同上文作"及"。

〔五〕"近"，同上書卷之三百十六王崇古《免遠調山西無益援兵責實戰守疏》作"逐"。

〔六〕"饔"，同上文作"襲"。

〔七〕"費"，同上文作"廢"。

〔八〕"駐"，據文意疑當作"策"。

〔九〕"河合"，據文意疑當作"合河"。

〔一〇〕"憤"，據文意疑當作"債"。

〔一一〕"木"，據文意疑當作"本"。

〔一二〕"□"，據殘存筆畫及文意疑當作"可"。

〔一三〕"西陽和"，據文意疑當作"西陽河"。

〔一四〕"□"，據文意疑當作"各"。

少保鑒川王公督府奏議卷之二

宣大山西

爲忠勇將領追虜誤殞乞賜優恤選官代任以保重地事

行據整飭岢嵐兵備副使紀公巡呈，副總兵錢棟十八日統兵於白道溝與賊對敵陣亡，遵蒙總督宣、大、山西右都御史王□□案驗，備行西路管糧通判尹祺帶領本道家丁一百名親詣老營堡，查得本年九月十八日卯時，有奇兵營家丁楊甫從老營堡內邊外地名松溝村買草，馱走回還至本堡，赴坐營指揮張汝紹處說稱，十七日二更時在路聽得達賊約有二百餘騎，順大同地名松溝往北去訖。張汝紹隨稟錢副將，即統本營見在有馬官軍一千三百四十二員名，於十八日辰時馳至本境長林。迎據賈家堡操守郝勛差夜不收汪進之走報，本日黎明哨見大同地名土圈溝達賊新踪三步寬往北去訖。錢副將恐前賊突犯本境各口，摘留把總張繼賢、隨操百戶黃天愛管帶哨司軍馬防範長林口一營，本官選統精銳前鋒、家丁、標兵官軍張汝紹等，由長林邊出口，馳至大同地名白道溝，離本境長林邊十五里，迎遇達賊二百餘騎，撲砍一處。對敵陣亡副總兵署都指揮僉事錢棟、坐營指揮僉事張汝紹、把總百戶喬文奎、軍丁賈經等六十四名，重被傷千總千戶彭臣、把總百戶王愛民、旗軍藺良必等八十九名，陣失操馬二百七十匹，得獲達馬一匹，并無斬獲首級、夷器等件。及查前賊原無侵入本鎮邊境，亦無搶掠人畜，於十七日俱從大同平虜衛參將所管石會梁墩西空進邊，其賊於十九日黎明時仍由本口出邊往北去訖。隨據署副總兵事、三關游擊劉滋揭帖開報相同。

臣會同巡撫山西右僉都御史石□□議照，用兵之道以全師全疆爲上策，以審勢審敵爲沉機。若知進而不知退，知我而不知彼，恃勇輕敵，皆取敗之道。臣自督臨三鎮將領，條示訓戒，申令再三，俾其無事深哨嚴備，保全疆圉；遇警撒塘列營，以決進止。零賊當奮追逐，不可出邊，自失重險；大舉當知避强，俟其散搶，方施雕剿。固不可怯戰以縱寇，尤不可輕戰以資敵。一時諸將頗知遵守，三秋各鎮幸免疏虞。今次原任山西老營堡副總兵錢棟，生長該城，夙憤奸逆之構禍；諗知地里，每追零騎以獲功。聞報疾馳，既無畏怯；先登出塞，冀收奇功。誤陷虜伏，良值厄數；身膏草野，躬蹈危機。雖一時委失慎重之略，實平時自負忠勇之志，且遇虜追襲，邊將職分，別無貪功貪利之情，委奮死事封疆之節，相應照例優恤，贈官錄廕，以爲將官奮勇效忠之勸。其同死坐營、把總官張汝紹等二員，同奮忠赤，駢首受戮，并陣亡軍丁賈經等六十四名，通應照例核實，一體升級優恤。

再照老營堡爲山西三關極衝要地，向因奸逆劉四等構煽，人心未純，今春幾被虜襲，方幸錢棟安撫大定，防禦有略。今復遭此失，主將既殞，精銳殆盡，人心惶惶，當慮虜窺。除臣會同撫院先委游擊劉滋統領本營官軍，駐城署事，凡一應防禦、安撫事宜悉聽會同該道及臣原委游擊周應岐，查照臣等先後示諭及錢棟原行編設巡防事規，督同守備孫錦逐爲經理。

其查得老營城外户軍丁數多，土著官軍漸少，既擇有身家大户立爲保長，以鈐制流移，尤須選本衛所官爲將領，庶可壓服衆心。向因錢棟生長本城，凡有舉動，人心服順。今已殞喪，若驟以他處將領代任，未免人心疑憚，地里未知，速難責效。該城查有原任大同總兵官、今充軍孫吳，年未五旬，族稱百口。發身武舉，清謹素聞；歷任大將，兵略夙諳。往緣搗巢損軍，致被參戍，其斬獲功級并未敘錄，見發陝西慶陽衛充軍，已該三邊總督取赴軍門立功報效，懲創既深，奮勵方切。今詢僉議，皆謂老營將領必得孫吳代充方可孚衆固守，凡以因地擇人，非故爲人諉罪。

其照賊經道路雖稱大同平虜衛參將所管邊境，先據該路參將劉廷玉差報，本月十七日哨有前賊二百餘騎從本邊白羊林墩東空進入，往南行走。本官亦即出兵按伏，近堡待虜，追逐其各虜，與錢棟敵戰雖相去隔遠，聲聞不及，但虜經本境有無疏虞，除行該道查實另究。

伏乞聖明軫念將官忠勇死事之苦、重地得人之難，敕下兵部，一面查例議請，將錢棟特賜贈官升廕，張汝紹等一體升敘，陣亡軍丁照例優恤。仍行山西巡按衙門，通查前項損傷兵馬是否止於前數，同城守備官孫錦果否觀望，不顧主將，或承委分管邊工，臨時不及救援，通議參報。并行宣大巡按衙門，備查前賊果否由大同邊內出没，有無別項失事，參將劉廷玉應否參治，各具奏歸結。將孫吳擬充爲事官，代守老營地方，令其立功，續贖前罪。庶生死沾恩，賞罰明信，而重地可免後虞矣。

奉聖旨："兵部知道。"欽此。

爲恭報督修見完宣鎮各路城堡邊工懇乞甄録效勞官員以勵人心事

准巡撫宣府右僉都御史孟□會稿，據山西布、按二司兵備、守巡口北道參政鄭洛、副使廖逢節、參議何榮會呈，准東路參將閻守中手本開稱，督同同知劉光大，操、防等官侯繼祖、童堂、程萬里、丁應麒、呂權、孫武忠、易綸、米國忠，修完上年遺下并今歲原議官修城堡六處，內黑漢嶺堡原議二年修理，今一年修完，自修完堡寨墩壕一十八處。

又准上西路參將補於漢手本開稱，督同通判張鳳羽、守備閻萬石、委官原任守備齊魯，武舉鎮撫張學，官修新開口堡一處，原議今年土築，來年磚包，今包修完東、北二面，自修堡墩七處。

又准下西路參將賈國忠手本開稱，督同通判柳世謙、守備馮大威、委官指揮王言，官修洗馬林堡，原議今年土築，來年磚包，今包修完東、西、北三面，自修完堡墩八處。

又准南路參將王國勛手本開稱，督同通判羅許、守備溫順禮，官修完順聖川西城南關厢一處，自修完原議并續勘出應修堡寨墩壕二十六處。

又准北路參將麻貴手本開稱，會同綜工原任參將高卿，游擊蘇啓、劉元勛，并督通判何鉦，守、防等官張國柱、李楠、邸然。趙汝琮、劉潤、唐彥文，修完上年遺下并今歲原議官修城、堡六處，自修完原議并續查出應修城堡墩牆三十四處。其未完上年原議龍門城中屯、前屯添修空心大墩二座，今年因修本城大工，軍夫寡少，未能興修，并龍門所未完瓮城、樓鋪，俱候下年修完另報。

又准中路參將潘忠手本開稱，督同通判劉必誠、操守李楹，修完青邊口堡官修邊牆一處，長八百七十二丈五尺，自修完原議并續查出應修堡墩牆壕二十一處。

又據通判邊拱、防守王懋賞、綜工百户仲堂呈開，官修鎮城雞鳴山驛堡一處，原議二年包修，今修完東、南二面，候來年再修西、北二面。

又據宣府前左右衛、興和所各掌印、管屯等官張繼勛等呈報，自修完續查出應修堡寨五十二處。

各於本年九等月內俱完，各將采柴、修工夫匠并架梁、防護官軍、馬匹支過口糧、料草、鹽菜等銀并一應督工效勞人員冊報到道。覆行查閱，城堡邊墩等項工程俱各高堅合式，完報如期。查得各處原議官修城堡、關厢、邊墻共支過客兵并上年修工支剩口糧一萬七千八百五十五石八斗二升四合五勺、料二百九十石五斗二升五合、草二萬九千六百六十四束五分、鹽菜等銀八千三百八兩三錢六分五厘，比原議節省口糧一萬二千八百一十石七斗三升三合、鹽菜等銀一萬一千七百九十兩七錢八分。其支過口糧、料草、鹽菜等銀俱係實用之數，并無冒破。節省前項糧、銀俱留作再議修築墩堡應用。原議來年應修城堡，完日另報。除將今年修完工程、用過錢糧備細造冊呈送巡按御史核實外，其督工參、守等官始終效勞，相應甄別賞賚以勵將來，等因，到臣。

臣奉命移鎮宣、大，查得前項城工俱屬保障重務，節經開具條約，屢次督催各道上緊修茸，及臣等不時往來提調，始於二月興工，終於九月落成。臣與巡撫孟□等覆行躬親查閱，工俱如法，足堪保障，真可以壯國威以伐虜謀。臣會同巡撫宣府右僉都御史孟□議照，宣府地方内護陵京，外控朔漠，委爲鎖鑰重鎮。五路城堡邊墩未築者或苦於工費之浩繁，已築者或壞於風雨之飄浸，隄防無據，任虜侵陵。以故前任總督、鎮、巡各官銳意經營，議擬修茸，誠有得於思患預防之策。乃今役不久勞而工遂就緒，財無浪費而用有餘資，委於邊防有裨。

除修完工程、用過錢糧，該道備細造冊，呈報巡按御史核實具奏，所據攄謀效勞人員，除先任總督、今升南京刑部尚書陳□□，經始邊功，永奠金湯；先任巡撫、今升兵部右侍郎王□，見任巡撫孟□，志切安攘，功存疆圉，節財固圉，戰守永恃。雖奉有近例，不敢互褒，但其責實修攘，功難概泯。

總理工程，如先任宣府、今調大同總兵官馬芳，見任宣府總兵官趙岢，或謀始而區畫周詳，節省幾至於數倍；或董役而稽查嚴密，驅馳不憚乎艱辛。以上二員勞績惟均，所當首論者也。

贊理工程，如郎中吳善言、右參政鄭洛、副使廖逢節、參議何榮，同心濟世，竭力殿邦。或供饋錢穀而出納均平，士馬有飽騰之氣；或監臨封疆而督催祇慎，工程無冒破之端。以上四員與有勞績，所當次論者也。

分理工程，如參將王國勛、麻貴、潘忠、賈國忠、補於漢、閻守中，或劈畫山川，冒櫛風沐雨之苦；或出入亭障，躬披堅執銳之勞。以上六員均效勤勞，所當并論者也。

見任同知劉光大，通判邊拱、羅許、柳世謙、劉必誠、張鳳羽、何鉎，守操等官閻萬石、馮大威、溫順禮、張國柱、李柟、邸然、趙汝琼、侯繼祖、童堂、程萬里、丁應麒、李楹、呂權、唐彥文、王懋賞、孫武忠，原任參游、守備等官高卿、蘇啓、劉元勛、張學、齊魯、劉潤、易綸、米國忠、王言、仲堂，或分支努餉，或散委經營，人雖殊能，事各底績，亦應并叙者也。

如蒙，伏望皇上軫念修築城堡邊墩干係安攘大計，乞敕該部再加查議，如果前工委於地方有裨，將總兵馬芳、趙岢大加賞賚，郎中吳善言、參政鄭洛、副使廖逢節、參議何榮優加賞賚，參將王國勛、麻貴、潘忠、賈國忠、補於漢、閻守中并加賞賚。其同知、通判劉光大等，守操等官閻萬石等，并原任參游、守備等官高卿等，俱容臣軍門分別獎賞。其原議下年應修未完工程，待來年完日另行奏報。節省見在糧一萬二千八百一十石七斗三升三合、銀一萬一千七百九十兩七錢八分，留作下年再議修理城堡應用，等因。

具題，奉聖旨："兵部知道。"欽此。該兵部覆題，奉聖旨："是。陳其學等各賞銀二十兩，吳善言等各十兩，王國勛等各五兩。"欽此。

爲仰仗天威攝虜伐謀保安京畿慎防邊圍事

案照本年七月二十一等日，節據降哨報稱，北虜掩答[一]聽其弟老把都自大同西路邊外下水海虜巢邀向東行，糾會東虜土蠻，謀犯薊鎮。臣於八月初七日提兵赴宣府，再哨虜形爲進止間。續據降哨報稱，八月十二日，老酋行至腰帶山，祭旗起行，聲勢重大。臣一面調集大同、宣府、山西三鎮總兵官，各統所部正、奇、游、援兵馬，及督臣標下左右掖軍丁，共二萬五千有奇，由三鎮邊腹分道東行，揚兵聲援。即八月十七日由宣府直赴懷來城，近關駐札。仍行各鎮撫臣嚴督標下及各路副、參、游、守等官，選練精銳，待虜酋果犯薊邊，分道出兵搗其巢穴，牽虜內顧。隨具題報，仰慰宸衷。

節據臣原差薊遼軍門接報官王寬傳報，薊鎮各路熟夷尖哨每日傳報，東虜土蠻聚兵舍喇母林，西虜俺答、老把都、黃台吉統領各酋聚兵插漢腦兒，聲言分道東西五路并犯古北、黃花、石塘、義院、喜峰等口。節准兵部咨，催責臣外防南山，內援昌、薊，以衛陵京。臣隨分布宣府東路游擊李浹駐札四海冶，副總兵劉國駐札永寧，各將所部官軍分守該路要衝以扼南山外險。添調宣、大減留入衛官軍一千五百及宣鎮原布南山協守各路馬、步官軍二千，責委閑住將官張楷、查欽，協同南山副總兵李官督率本山官軍八千，分守南山內垣。及委臣標下中軍、原任副總兵趙伯勛會同原任總兵官歐陽安前赴南山一帶岔東、岔西各墩墻、山隘逐一踏勘，原修墩墻、營城果否堪守，及各山口石囤、棚橋果否完固，各山溝通賊處所應否設險分兵，務保萬全。隨據各官將踏勘過應修山口、分布官軍緣由呈報到臣。又經覆行宣府總兵官趙岢、懷隆兵備道參政鄭洛，復將所議岔西修守事宜逐一詳議另報。除今歲修完外，餘候定議題請，來春督修。

臣查得先年虜犯京東，宣、大、山西各鎮兵馬入援，眾係烏合，兵無紀律，緩急難恃。臣隨通行三鎮總兵官，會同該道，將今次入援兵馬各分奇、正，各練選鋒。三鎮同行，預定前後左右之次；一鎮分遣，預圖戰守進退之機。誓師同心，鼓眾協力。師行示禁，無容騷擾所經；遇敵申令，無容觀望畏怯。務各輸所長，各協情便。會具條件議呈裁定去後。

隨據總兵官趙岢、郭琥會同參政鄭洛并臣下總理兩掖標兵原任總兵胡鎮，議將軍行序次、戰陣機宜，各奮忠赤、共圖報國緣由會呈到臣。臣又逐一申定軍中紀律，頒示賞罰號令，凡諭將訓卒，誓眾決機，一應入關遇敵事宜，通行各官一體遵守。每日分營開操，大張兵威，聽警策援間。

後據大同中北路降供，俺酋在白海子父子相閧，旋兵西回。臣疑其詐。續據臣原差大同大邊貓兒莊墩軍張大京深入虜營，哨得老酋俺答行至宣府中路境外小白海，勒令其子黃台吉同犯薊鎮。黃酋却欲西搶番夷，互相爭拗。適被板升逆黨趙全等因秋田霜死，媚俺答酋婦，馱送西瓜，備言大同各路選兵出搗，恐老酋東去，家口被殺，板升被毀，原住人口投降，遂致老酋哭憤西回，哨報已真。及查宣府北路獨石邊外三間房、大松枝係西虜東行犯薊必由之路，節行該路參將麻貴日夕接哨，絕無虜形。臣復撫令熟夷史二官等監同通丁，於八月終及九月初旬，深入朵顏三衛部落黑臭營內二次深哨，老把都、黃台吉亦未東行，聲言會同西搶番夷，及先犯宣、大近地，馱糧充食，尚未聚兵。本月初十以後，節據大同、山西各路報稱，俺酋調聚河西鐵匠家眾虜及迤北永邵卜諸酋聚兵泥河豐州灘，逼近各路，勢犯在即。

臣照得薊鎮事緩，山、大警急，節將原調二鎮總兵官馬芳、郭琥先已發回各鎮，自防本境，後發臣標下左掖兵馬一枝回駐天城，東西策援。臣尚慮黃、把二酋未定形踪，恐俟臣提兵西回，

待此月明仍糾東犯，決計暫駐懷來，東西兼備。至十二等日，節
據薊鎮傳到熟夷夷婦伯顏、主喇以銀鐲傳報，彼自俺答營回，親
見各酋西去，另無犯薊虜情。其東路熟夷哈卜、漢五、在狗子、
敖八等報稱，土蠻已駐牧克里楞地方打圍及謀犯遼東，亦無西犯
薊鎮之謀。

　　臣反覆揆度，檢查節年虜犯事案，在東虜土蠻，雖擁大衆，
非糾合俺答、黃、把西虜，未敢深犯薊、昌；西虜俺、黃部落分
駐宣、大邊境，非越過獨石境外，不能卒犯薊鎮。故先年部科建
議，在薊深哨熟夷或可預得虜情，在宣、大逼近虜巢即可預哨虜
形，必東西降哨情形相符，方可據憑戒備，誠得度虜預防之略。
今歲醜虜各酋始謀糾犯薊鎮情形俱自大同降哨預傳，薊鎮熟夷所
傳土蠻聚兵約期竟無實踪。繼而各酋中道散回，亦由宣、大降哨
瞭明。薊鎮各路將領編捏附會，詐稱差人在宣、大邊外深哨虜
情，查與各鎮原報背馳，尤屬欺誕。迹各酋既東復西、始聚終散
之實，誠非人力所能驅遣，萬仗天心助順，神武布昭，廟謨恢
張，兵氣稍振，俾各酋自懷携貳，懾逆黨深懼搗剿，卒致既聚之
虜離披解散，高秋肥馬遷延過時。指日冬初，草枯水凍，既可免
犯薊、昌，奠安陵京，震驚君父，實宗社、蒼生之福。臣等感戴
天威，暫逭罪譴，慶幸無地。今冬明春，縱東虜或犯遼左，西虜
突犯宣、大，皆邊境之常警，臣等封疆之臣自當隨勢防禦。

　　查得薊鎮熟夷節報，諸虜知修有敵臺、火器、車營，畏憚不
敢深入。在宣、大降哨亦稱，虜畏大兵入援，精兵出搗。或稱
宣、大兵馬非比往時，虜相戒避遁云者，多熟夷、降哨及各將領
附會逢迎之言，爲誇詐要功之地，臣每聞汗顏，實不敢貪天之
功，自蹈欺誕。但諸虜勞擾三秋，未遂一逞，意窺秋完，知我各
邊客餉有限，各路兵馬將掣，沿邊竊擾，搶糧充食，勢所不免。
除臣於十七日遵照節年部議，提兵回駐陽和，適中調度，俟飭冬

防。果諸虜深犯山、大西路，嚴令總兵馬芳、郭琥遵照臣原行相機戰守，互相策援。臣督遣標兵及宣府總兵官趙岢選銳分道出搗各巢，牽虜内顧。如諸酋或犯宣府各路，臣當仍督標兵東援，行馬芳一體出搗，各收奇功，務俾諸虜大遭挫折，仰伸國威。果各酋會兵西搶番夷，勢難卒返，容臣會各撫臣招徠板升被虜漢人，徐待冬春分道撻伐，逐虜遠遁，乘時修防，自固疆場，實臣與各鎮鎮、巡諸臣之職分，義難延緩。其薊鎮邊圍雖稱邊長備廣，但山險虜遠，非大勢不能深入，非西虜莫可突犯，且邊腹主、客官兵數萬，平時小警，當自爲戒備，非若山西、宣、大無險可據，逼近虜巢，四時戒防之比。若非大警，難恃陵京輕調外援，致煩内聳。在鎮尤不可徒事入援，自疏邊備。

　　臣方駐軍近關，伏睹聖諭大發帑銀犒賞薊邊官軍，即傳諭各鎮聽援官兵，果能入關獲功，聖恩必頒優賞，一時衆心感激，踴躍思奮。今仗天威全師全疆，雖未入關，其調遣奔走，各效驅馳，似應量加賞犒以均恩賚。伏乞敕下兵部，通行各鎮，以後哨報務見虜形，疆場務合自任，毋聽訛傳貽憂君父，無容將領飾詐要功，庶免老師賞[二]餉之虞，可得静以制虜之略，而不爲猾虜所撓亂矣。仍請恩命量頒犒賞調援三軍以鼓士氣。臣不勝感戴天恩之至。

　　奉聖旨："該鎮調來兵馬赴援勞苦，着兵部發銀一萬兩，交與王□□分别犒賞。"欽此。

　　隨該兵部題稱，臣等謹欽遵札行太僕寺動支馬價銀壹萬兩，差委經歷李復、塘馬官秦學押解，前赴該鎮交與總督王□□，宣布朝廷德意，將赴援官軍分别犒賞。事完之日，通將給散過官軍花名、數目徑自造册奏繳，青册送部查考，等因。題奉欽依，備咨解發前來。已經酌量地里遠近、官軍等差分發各鎮唱名給賞，造册奏繳訖。

爲恭謝天恩事

案查隆慶四年六月内，准兵部咨，爲嚴備秋防，分兵設伏，官軍斬獲首級，保安地方事。先於隆慶三年，該臣總督陝西三邊軍務，適值河東套内大虜西搶瓦剌，往來經過甘肅莊紅地方撲掠西番。臣督調蘭靖兵將過河西援，申嚴甘肅將領布兵邀逐，陸續斬首三十一顆，保全絶塞。該本部議得，臣先時分布將卒，每事必中機宜，奔走運籌，心力俱瘁，致有保境前功，應從優叙，等因。覆題，節奉聖旨："王崇古賞銀二十兩、紵絲一表裏。"欽此。案候間。

本年七月二十日，又准兵部咨，爲續報東西大虜浮河窺邊，預督官兵迎擊敗遁，節有斬獲首級，奪獲馬、駝，請行核議恤賞以勵戰功事。該臣於隆慶三年八月内督兵駐札花馬池防秋，適遇套虜會合河西莊浪賓兔黠虜三千餘騎，由靖虜衛五方寺渡口浮河内侵固原打剌赤地方。該臣預督標下中軍、原任副總兵白允中統領游擊楊鰲、哈欽，守備李昫等分道拒戰，逐虜敗遁，仍浮河西，斬獲虜級，保全内地，等因。題行兵部，覆行陝西巡按御史潘□□核勘明白，議照臣督邊有方，運籌能預，即應分別賞錄。該本部覆議，題奉聖旨："王崇古賞銀二十兩、紵絲一表裏。"欽此。

臣適奉命移鎮宣、大、山西軍務，本年十等月二十三等日，節該臣原差賫本鎮撫秦學於禮部主客清吏司節次領到前二項欽賞銀兩、表裏，賫捧到臣，臣當即望闕叩謝天恩祗領訖。

伏念臣以書生濫竽兵寄，督秦二載，方深尸素之慚；移晉三時，兩拜隆恩之錫。翻思莊靖臨封，套虜每沿河以出没；甘肅孤遠，番夷恒規利以交攻。往歲北虜西行，幸預得於晉報；及秋套衆南犯，適窺機於河烽。督將移軍，幸遏兩河乘虛之寇；分兵扼

險，僅保千里星散之城。卒致俺酋紆道東旋，未敢復窺肅境；賓
兔狼顧西走，獲遂保全邊農。茲豈兵力所遽能，實仗天威之遠
被。累拜溫綸，瞻天章之渙汗；連叨金幣，感晉錫之渥隆。銀分
內帑之珍，精含百鍊；衣頒在笥之錦，製侈五紽。謹製服以拜
恩，敬陳廩以犒士。誓竭犬馬之力，少效涓糜之報；敢貪天功之
庇，頓忘居寵之危。伏願神武布昭，永內順外威之化；皇仁溥
被，致華寧夷靖之休。岳瀆效靈，河西番夷絕馮河踏冰之患；神
氣丕振，幕南酋長格空幕款塞之誠。臣無任感戴天恩之至，謹具
奏謝以聞。

　　奉聖旨："禮部知道。"

爲撫臣憂制懇請就近推補錄功給恤以
　　光聖治事

　　本年十二月十一日，據山西行都司及大同府各申報，巡撫大
同右僉都御史方□□於本月初十日子時有母在任病故，等因，各
報到臣。

　　照得大同極邊重鎮，邇因獻逆歸降，時事多艱。適當俺酋會
眾納款，乞封通貢，百爾撫降議貢，向藉撫臣矢心共濟。今其老
母原係南產，不奈北塞之風寒；前遇虜患，心驚近郊之烽火。一
旦殞喪邊鎮，本官痛毀骨立，例當扶櫬歸葬，回籍守制。及查得
逢時奉命撫雲，夙懋忠勤，茲仗天威獻逆遣降，伏蒙部議優敘。
其母不幸遽亡，似應優賜恤典，示酬忠績，用溥聖澤。時方夷使
在鎮，一聞本官憂去，皇皇如失，必須就近查與臣同事地方、資
望相應官員推補，庶可刻期赴任，共肩通貢之議。伏乞聖明軫念
逢時宣力疆場微勞，重鎮撫臣當補，敕下吏部，將巡撫員缺即日
會官推補，一面查明本官前項功緒，賜給其母恤典，庶重鎮早遂
得人共濟邊圖，而逢時母子存沒永感天恩，當思銜結圖報矣，

等因。

具題，奉聖旨："吏部知道。"

爲預防虜患事

准巡撫山西右僉都御史石□□會稿，據山西按察司整飭岢嵐兵備副使紀公巡呈抄，蒙職憲牌，爲預理防冬事，仰本道即便會同鎮守衙門，查照節年防冬防河事規，酌以今年時勢，逐一從長議處，務要設備周全，緩急克濟，應行者就便舉行，應議者作速呈請詳奪施行。蒙此，已經會行鎮守山西郭總兵查議去後。今准手本回稱，查得上年前道所議分布起止地界、防守官軍支給錢糧事宜甚爲停穩，無容別議。但本鎮入任之初，親詣沿河沿邊逐一細加查勘，愚見險易少真。內西有樺林子等處，河墻低矮，五鋪梁、雕窩嘴、柳溝鋪、吳峪梁、胭脂鋪設有墩軍哨守，沿河東南河岸，內有天險石溝，石崖險峻，尚多通賊石壑小徑，虜賊常年竊入爲患。雖已該本鎮屢經會議，將墻垣加幫高厚，及石崖調集石匠、軍夫鑿打，壁立深峻。雖邊墻幫修稍有次第，石崖見修未完，惟恐難以保障。況今歲迭報虜賊聚結，聲言板升田禾霜死，要從老營進搶駝糧等情，秋期未遂狂逞，往年冬深俱在東西沿河臨邊趁草住牧，乘虛竊掠。偏、老沿河均屬緊要，又不可不深慮也。但老營城內將領時不可缺，沿河防守官軍數目亦難拘於先歲。奇、援、游兵三營，上年每營馬、步官軍五百員名，馬軍四百，步軍一百，分界防守。況馬、步俱要守墻，所遺馬匹占人喂養，又兼沿河尋買料草往返寫遠，喂養甚難，獸守有防，兩無濟用。

再照樺林子迤東未修通賊石壑小徑，該西路參將定撥軍夜不時往來巡守。樺林子迤西至唐家會，除修完石崖外，但有未完及有邊墻去處，俱應撥發步軍，酌量衝緩通均分布，搭蓋窩鋪，常川戍守。馬軍照依上年原擬地方駐札，遇警援守，方爲得策。今歲防冬奇、援、游兵，每營撥步軍五百名，量撥馬軍一百名。步軍專守前項邊墻，馬軍遇警往來并力援剿，等因。到道。

准此，看得防冬事宜，前道議有成規，今鎮守衙門覆議似亦允當。本道查得樺林子邊墻六里俱已幫修通完，又河墻一十六里亦各修完，足堪防守。中間鑿打石崖已完三分之上，未完七分見今鑿打，當如所議，責各將官撥發步軍分守修理，似爲周悉。但查各營防冬馬軍總計止一千一百七十餘名，不足戰剿，行令奇、游、援三營，每營除前步軍外，各撥馬軍二百名分駐村堡，遇警馳赴拒堵，庶克有濟。相應呈請，備行各該大小將領，河凍之期不待調遣，各將所部兵馬前赴各該地方擺守，一月一換，以均勞逸。萬一疏虞，各照信地坐罪，等因。到職。

看得議處已當，但奇、援、游三營兵馬較之上年所撥數多，惟恐錢糧不繼，已經批行再議去後。今據該道呈稱，查得上年奇、援、游三營防冬兵馬，每營馬軍四百名、步軍一百名，共五百名。今歲鎮守衙門因馬匹在河喂飼之難，議令每營撥馬軍一百名、步軍五百名，共六百名，以馬軍數少，故步軍多撥一百名。本道以爲馬軍不足援剿，議添一百名，委比上年各多軍二百名，誠恐錢糧不繼。合無行令三營，每營撥馬軍一百五十名、步軍三百五十名，不出上年五百名之數，發河防守，緣由回報前來。

續准兵部咨，前事，該本部題，看得時已冬初，天氣嚴寒，河冰將凍，蠢茲醜虜投間祇隙，勢所不免。在河東則山西、宣、大、薊、遼，在河西則延、寧、甘、固，俱各逼近虜巢，委當通行嚴備。合候命下，備行總督嚴督鎮、巡、兵備、副、參、游、守等官，近河處所各爲踏冰之備，無冰處所各爲意外之防，先將所部兵馬分布通賊要路，嚴加防備。仍不時差人哨探，遇有警急，互相傳報，策應截殺，務要酌量緩急，動中機宜。若有互分彼此，玩愒觀望，致誤事機者，聽巡按御史查參究治，等因。題奉欽依，備咨前來。

又准總督軍門咨，准兵部咨，同前事，准此，卷查先該職據分守延綏東路左副總兵高天吉塘報，十月初三日據黃甫川堡操守馮時泰收回降人潘守伏供稱，在虜營時聽得本帳房達子說要搶黃毛，未知去不去，又說等河凍搶南朝地方。竊意虜情極爲狡詐，防範機宜亟當早備，所有防河事宜，職已經預行該道會同鎮守衙門查議。職復躬至沿河樺林子一帶相度地勢，及行各將領多掘品坑、地網，修飭墻垣，鑿打石崖，但有未盡事宜作速整備去後。今據前因，等因，會稿到臣。

准此，照得臣前歲總督陝邊，查得榆林黃甫川、孤山堡一帶接境山西河曲、保德等處，每歲河冰凍結，或東虜由偏關直犯興、臨，或西虜由孤山、神木各口擁出，南犯葭米、府谷、綏德，或過河東犯河曲、保德內地。所據防冬事宜雖節年各有成議，聽各鎮自爲經理，但虜勢異常，兵難襲故，必須夾河各鎮互相策應，殊〔三〕虜首尾受敵，方可牽制深入。尤須隨地設守，及時斂備，冬深草枯，虜馬漸弱，自難久持。但將領多不知兵，士馬多不慣戰，守具未備，戰兵無策。勇者恃血氣而無勝算，聞警馳馬狂逞，不顧其後；怯者苟偷安而無遠略，閉門避虜，不知振勵。虜每入犯，將精兵埋伏沿河沙溝，故以數十零騎往來，或誘出兵馬，圍困邊堡，或黃夜詐妝公差，賺陷城守。將官不察虜形，率便輕出，往往中虜狡計，遂虜豕欲。近日老營錢棟之殞深可爲監。所賴山西、延綏各鎮撫、鎮同心，將士努力，選將布兵，申嚴紀律。或扼險設伏，使虜進退狼狽；或打開冰河，澆修凍墻，使虜騎不能馳驟；或安設伏炮於山險之中，疑虜不能深入；或分別火具於城堡之外，使虜不敢攻窺。務俾戰守有略，緩急有備。每歲冬初，臣嘗備開條件具題，及通行山西撫、鎮嚴督將領、守巡、兵糧等道，各將沿河一帶一體設備，共固冬防，以保疆圉。隆慶二年冬十二月間，套虜果由孤山一帶越犯河曲。該延綏東路副總兵牛秉忠及該鎮原布游兵官軍直過河東，邀出虜前，會同山西官軍并力夾攻，虜方退遁，未遂深入。

今照臣移鎮山西、宣、大，所有河防事宜即應查照原議一體通行各鎮東西策援。近准兵部咨議，將各邊防冬事宜題奉欽依，備咨前來，已經通行該鎮鎮、巡嚴督兵備、副、參、游、守等官，將沿河通賊要路一面查照上年事規及臣先任陝邊原行事理分布馬、步官軍，嚴加防禦，一面再加酌議，備咨前來，以憑會題去後。

今准前因，臣會同巡撫山西右僉都御史石□□議照，今歲點虜自春夏即謀犯老營堡，徂秋以來聚散無常，每圖窺伺，聲言板升田禾霜死無食，要從老營進搶駝糧，又稱要搶汾州等處。臣等屢次申嚴大小將領整兵晝夜防範，邊腹軍衞、有司多方收斂，慎固城守，幸爾未肆侵軼。往年此時撤防已久，詎意冬深俺酋因孫那吉來降，糾衆逼近平虜地方屯住議索，勢臨三關，該鎮防禦兵馬勢難解嚴。況據降供，套虜河凍要搶南朝地方，言或不虛。西路河曲、保德等處與套虜止隔一河，河凍之時虜馬一騁，瞬息可至。夫俺酋雖議遣降納款，尚未遠遁，復值防河屆期，東西兼備，則今歲防河比之往年事體尤爲艱重。河曲營副總兵薛邦奇乃其專責，老營副將、西路參將、三關游擊并各該守備、防守等官，舊例仍各摘撥馬、步官軍赴河分區防守。據今該道議處前項事宜頗亦詳悉，但稱奇、援、游三營前撥兵馬不足戰剿，每營欲再撥二百名。臣等以錢糧不繼，不敢加添，止照上年事規摘撥。其在偏、老大邊一帶者，仍要多撥兵馬，分布通賊要路城堡，一面防俺酋，一面防套虜。及行岢嵐兵備嚴督各該將領、守備、防守等官，查照原擬及節年事規，令各官軍同心戮力，打冰澆墻，加謹防禦。應瞭守、巡視者時常瞭守、巡視，應鑿打者時常鑿打。仍多差慣哨通夜輪番邊外及往陝西黃甫川、孤山堡一帶探報，如有小警，即傳鄰兵互相堵遏；若係大舉，星飛馳報。總兵官督并中、西二路將領，不待調遣赴彼援剿。臣等隨時添調兵馬，協力驅逐，及督責近河河曲、保德、興、嵐、臨縣、永寧、寧鄉等州縣掌印官，預各收斂人畜，堅壁清野，慎固城守。該道官亦要嚴行稽察。如有互分彼此、輕忽誤事者，聽臣等與巡按御史從重參究。

其各營官軍嚴寒禦敵，比之秋防，艱辛尤甚，容臣等不時犒賞以示鼓舞，期保無虞。仍乞敕下兵部再加詳議，乞行臣并陝西軍門及延綏、山西撫鎮，查照臣節年原議防冬事理，如套虜由沿河黃甫川、孤山一帶踏冰侵犯山西，必由本境沿邊內外經行，孤山副總兵及該鎮原布東路游兵官軍須過河東邀出虜前，會同山西該路官軍并力防堵；如東虜踏冰西犯延綏葭米、府谷一帶，山西游兵官軍亦須過河，一體并力策援。務夾河東西聲勢聯絡，共固河防，不許坐視鄰警，縱虜貽患，如有誤事，聽陝西總督及臣一體參究，庶各鎮有合一之勢，而諸酋無可乘之隙矣，等因。

其題，奉聖旨："兵部知道。"欽此。

續准兵部咨，前事，該本部議照，山西、延綏勢如輔車，其迫鄰套虜，僅隔一河，每歲隆冬時竊窺伺，所據前項援剿機宜委應申飭以備冬防。合候命下，移咨總督宣大山西王□□、陝西三邊王□□及山西、延綏鎮巡官查照前議，如套虜侵犯山西，孤山副總兵及延綏東路游兵即便過河策應；如東虜西犯延綏，山西游兵官軍亦星馳赴彼應援。俱不待調遣，隨賊向往并力夾擊，共保萬全不許推諉觀望，自甘國典。其各營官軍衝寒禦侮，聽督撫官不時犒賞以示激勸，等因。

隆慶四年十二月初四日，本部尚書郭□等具題。初六日奉聖旨："是。"欽此。欽遵，備咨前來，通行欽遵訖。

爲遵德意酌時宜修葺緊要邊堡以備虜患事

准巡撫大同右僉都御史方□□咨，隆慶四年五月十三日准兵部咨，該本職看得，永嘉堡、南紅崖、吉家莊等堡并鎮城東關共三十二處，設立極邊，墻垣低薄，壕塹淤淺，俱應加幫挑浚。合用人夫口糧米豆一萬三千四百九十八石四斗四升、鹽菜銀八千三百六十兩八錢五分，議動大同府庫貯吏農等銀六千五百三十兩有奇、班價銀三千三百四十四兩零、紙贖銀買米二千二百二十石七升，不敷之數於續到班價銀并客兵米内支給。其米新關等一百五十四堡所費不多，居民力能自修。本部議擬，合候命下，本部移文大同總督、鎮巡官，將解部吏農及給剩衣裝并庫貯支剩班價等銀俱准修工支用。其口糧巷〔四〕有不敷，亦許於客兵米内挪支。一面行令各該兵備道嚴督參、守等官，照依分管工程，并力挑築，務期高堅深闊，足堪保障，刻期完報，以備秋防。其民間私堡財力果不瞻者，亦要斟酌衝緩，量行犒賞。工完，通將修過工程、用過錢糧聽巡按御史核實，造册奏繳，青册送部查考，等因。題奉欽依，備咨前來，已經通行各道并各該參將、守操，州縣、衛所掌印等官督并夫役，查照原議丈尺興修間。

本年七月初十日，據山陰縣申稱，河水泛漲，將本城墻垣衝塌三百餘丈。本職看得，該縣地當邊徼，黠虜頻年窺伺，今城垣衝圮，相應及時修理。隨行先任游擊尚智帶領本營官軍督同該城軍民、夫役，一面分兵架梁防護，一面上緊修理去後。

今據山西布、按二司兵備、守巡冀北道副使劉應箕，參議崔鏞、黃九成，僉事韓宰呈，據東路參將馬孔英，新平參將楊爾干，北西路參將尚智，中威二路管參將事副總兵袁世械、牛相，北東路參將原於天，西路參將劉廷玉各呈稱，職等督同所屬守操等官李維等，修完永嘉、鎮口、鎮門、守口、鎮寧、平遠、助馬、保安、馬堡、破胡、殺胡、殘胡、威胡、迎恩、敗胡、滅胡、阻胡、得勝、鎮羌、拒墙，并鎮城東關及南紅崖、吉家莊、下關城、南辛寨、楊家莊、張羊寨、高山瞳、鄭家莊、三門城、西安驛，共三十一處。用過客兵米五千九十五石七斗三升五合、豆一百五十石六斗五升、紙贖米二千二百四十石一斗九升，又支過上年修邊下剩豆四十五石，班價、吏農等銀六千二百九十六兩四錢二分零。其瓦窑口堡工向因虜駐近堡未完，除候春和并工完修另報外。

續據山陰操守史大典并該縣申，蒙督撫衙門摘選游擊尚智帶領本營官軍一千六百四十一員名，并該城軍民、夫役七百六十八名，於本年七月二十二等日起，至八月初九等日止，將本城衝塌墙垣修理完備，俱各高厚堅固，以以^{〔五〕}保障。共支過客兵米五百二十四石四斗七升五合、班價等銀二百兩。

又據大同府申，據團堡住民曹登其等告稱，本村原係議准有警歸并友宰村，委因相離寫遠，情願擇地創建新堡一座。該府看得工程浩大，議撥土兵一百名，與同本村居民協力修完，共用過本院糶買備賑米四十五石九斗、客兵米四十五石九斗。又據神嘴窩村堡長張彥朋等亦告稱，本堡工程浩大，民力不敷。議撥土兵一百名修理完備，用過備賑米三十六石九斗。

又據左、雲川二衛呈稱，幫修完本城披塌墙垣并南關門樓，置買木植、磚瓦、石灰、鐵料等項，共用過班價銀六十兩九錢六分五厘，商稅、紙贖等銀一百三兩三錢九分零，歇役糧米九石四斗五升。

以上官修完城堡三十五處，通共用過客兵米豆五千八百一十六石七斗六升，紙贖、備賑米二千三百二十二石九斗九升零，又支過上年修邊下剩豆四十五石，歇役糧米九石四斗五升，班價、吏農、紙贖、商稅等銀六千六百六十兩七錢七分零，省剩米五千三百四石二斗四升、銀一千七百兩八分。

及稱督并軍民、夫役自修完米新關、常家寨、桃園堡、南河堡、西要泉、谷崖、小堡、馬家阜、高家店、柳樹屯、許家堡、南孟家莊、石莊兒堡、方澗堡、王進堡、姜家舊堡、枳兒嶺堡、上梁原寨、富家寨、按馬西溝寨、北沙嶺堡、南沙嶺堡、金家莊、金盆屯、上泉堡、滴滴水堡、潘家屯、雙寨堡、汪家屯、古城堡、吳家河堡、北徐家屯、中塔兒村、橋頭堡、南杏園兒堡、石墻匡堡、西汪家屯、破虜堡、雲岡堡、拒門堡、滅虜堡、威虜堡、寧虜堡、雲西堡、東紅崖堡、張家墳堡、北新莊堡、黃家店堡、董半川堡、張家堡、包官人嶺堡、臘雞屯、觀音堂堡、代堡村、羅家堡、上沙家疃、下安銀子堡、周家莊堡、莊里堡、北小湛堡、韓家房兒堡、劉回莊、蕭家寨、曹娘子堡、義井堡、北房兒堡、石橋兒堡、上橋頭堡、大黃巍子堡、大西頭堡、乃河堡、泉武營堡、馬圈頭堡、河會村堡、瓦窰頭堡、北邵莊、王東莊、安子村、亂道溝堡、賈家莊、神武村、王萬莊、絞澗堡、顧家店、井坪城、晏頭堡、海子堡、鎮子堡、灰泉堡、陳家店、里八莊、劉晏莊、南家堡、新莊子堡、第三作堡、乾溝堡、南河堡、清水河堡、艾家莊、利仁皂堡、南息堡、駞子堡、靳家窪、韓林莊、王家莊、周土莊、圪垎山、孤店堡、三十里鋪、趙石場堡、大辛莊、寺兒寨、趙麻寨、柳東營、上深澗堡、善利村、弘賜堡、鎮川堡、鎮邊堡、鎮虜堡、鎮河堡、獨樹兒堡、上深井堡。

又據靈丘參將張子鯨呈稱，修完渾源、廣靈二州縣所屬遠望峪口、炭崎峪口、長江峪、要子溝、南梁庵口、中盤溝、西盤道、直峪口、東嘴、白道子溝、寺峪溝、西梁、火燒嶺、紅峪嘴、大歪脬子溝各石墻一道，灰石嶺口、驢糞坡、歪脬子溝、狼兒澗、石門兒各斬崖一道，逼列石溝挑壕三道，趙壁溝挑壕一道，牛欄子嶺、亂石嶺關各築完土墩一座，林關口、唐山口、紅沙坡各修完土墻一道，紅花林、紅石梁、滴水崖各斬削墻壕一道。

以上官修并居民自修完堡寨、墻壕、墩臺通共一百八十五處，中間或墻垣低薄，或壕塹淤塞，或樓鋪損壞，或門橋脫落，或有圍墻而無壕塹者，或有壕塹而無圍墻者，或有敵臺而墻垣不堪者，或有墻高而敵臺低矮者，或山險陡峻而傍有小徑者，或僻路坡漫而未曾斬削者。職等遵照督撫衙門原議工程丈尺逐一修理完備，俱各堅固高深，堪以禦守。尚有欒玉等三十餘堡亦應幫修，但係腹裏稍緩之處，俟來春再行補葺，各緣由并修完城堡工程丈尺及用過錢糧各數目開報到道。

隨委通判陳寵、吳增光、孫緒先，經歷范經略等，親詣前項城堡逐一遍行閱驗，修完工程俱各堅固，足堪保障，用過錢糧亦無糜費、冒破情弊，通行查核明實，并將管工效勞人員職名開報到職。惟恐不的，又經復行各道親詣核勘明實。其瓦窰等堡工程待完另報外，今將督工效勞文武各官分別等第，咨請具題獎賞，等因，備咨到臣。

接管卷查，先准兵部咨，前事，隨該前任總督右都御史陳□□通行該鎮上緊查照修築間。繼臣奉命之初，又經催督乘時修防，自固疆域。及查得鎮城南關土城一座，居民十分稠密，墻垣低薄不堪；懷仁、山陰、馬邑三城雖經土築堅完，俱各地勢平坦，況當虜衝，一遇夏月水發，時被浸塌，仍應用磚包砌，庶可經久，去後。

今准前因，爲照禦戎之要莫先於自治，安攘之圖惟藉於修守。矧今大同重鎮地當絕塞，虜歲憑陵，軍民屯堡多被虜攻，見存官堡率多低薄，其設險樹防尤其所急。以故撫臣方□□志切籌邊，目擊城垣之低薄不足以衛民生，壕塹之淤漫不足以遏虜馬，鋭意經營，疏請修浚。荷蒙皇上軫念邊鎮，俯賜俞允。臣自移鎮以來督催再四，而各該司道等官各能仰承德意，恪遵軍令，宣猷共濟，致工告成。計今官修、民修共完一百八十餘處，屹然成三雲之巨防，且工程堅固，財能節省，具見保障綜核之實效。

除修完工程、用過錢糧，該道備造文冊呈報巡按御史核實徑自具奏，并瓦窑等堡工程完日另報外。所據攄謀效勞人員，除先任總督、今升南京刑部尚書陳□□協力督理，功成保障。原任巡撫大同右僉都御史、今丁憂方□□忠誠體國，殫慮籌邊，撫綏未及一載，修建既餘百城。雖奉有近例，不敢互叙，其忠勤偉績實難概泯。

兵備副使劉應箕，參議崔鏞，分守冀北道參議黃九成，分巡冀北道僉事韓宰，山西行都司掌印王應臣，大同府知府程鳴伊、推官張簡，謀猷精確，經畫審固，或稽查密而財無虛費，或鼓舞勤而人樂趨工。以上七員勞績茂著，所當重加優賞者也。

東路參將馬孔英，北西路參將尚智，中、威二路管參將事副總兵袁世械、牛相，靈丘參將張子鯨，西路參將劉廷玉，新平參將楊爾干，往來督勸，早夜經營，或孤兵防禦而障塞有嚴，或盡瘁經營而設險足恃。以上七員所當并加賞賚者也。

守備永嘉堡李維、助馬堡周鎮、殺胡堡廖綺、威胡堡張應元、馬邑城張士英、應州城李迎恩、鎮羌堡張元寶、迎恩堡周卿，操守守口堡曹惟忠、鎮寧堡張潤身、保安堡王安、馬堡梁國寶、破胡堡柴應麒、殘胡堡王愷、山陰城史大典、西安驛堡計安國、阻胡堡李繼功、敗胡堡崔景榮、滅胡堡李繼勛、拒墻堡王弼，委官原任參將孫輔，正兵營千總指揮劉賓，西路通判孫緒先，南路通判吳增光，朔州知州丁世臣，應州知州吳守節，大同縣知縣田子堅、斷事馬三省，馬邑縣知縣宗鏞，山陰縣知縣張宗信，大同府經歷范經略、檢校王登，文武之職掌雖殊，督理之勤勞則一，或身冒衝險而地利之要害計慮明如指掌，或心切憂勤而糧餉之盈縮稱量平於懸衡。以上三十三員所當量賞以示激勸者也。

如蒙，伏望皇上軫念各官均效修防之勞，乞敕該部再加查議，合無將副使劉應箕等重加優賞，參將馬孔英等并加賞賚，守備李維等俱容臣軍門分別獎賞，以示激勸。其節省米五千三百四石二斗四升、銀一千七百兩八分留作今歲修工應用，等因。

具題，奉聖旨：“該部知道。”欽此。

續准兵部咨，前事，該本部卷查前項工程，本部原議修築完日聽巡按御史核實具奏。今總督王□□題報工完，要將各該效勞文武官員議加賞賚，但未經核實，遽難題請。除將修過工程、用過錢糧并效勞文武官員行巡按御史核實至日另議外，合咨前去，煩將節省五千三百四石二斗四升、銀一千七百兩八分留作今歲修工應用，等因。准此，通行該鎮接修支用訖。

爲核功實更賞格以塞邊軍弊源以開奔民歸路事

據宣、大、山西總兵官趙岢、馬芳、郭琥各呈繳隆慶四年正月初一日起，至本年十二月終止招過虜中來降人口數目文册到臣。及據大同總兵官馬芳呈，蒙臣鈞票，備仰本職即將發去招降告示一百五十張作速分發所屬沿邊城堡參、守等官，各置長柄木牌，黏貼於上，遍給各該墩哨，插於邊外賊行要路，務使被虜漢人及西番、瓦剌、黃毛人等知曉，乘便歸還，用孤虜勢。蒙此，遵依通行鎮屬，多方招過男、婦一千六百六十七名口，騎來馬、駝、騾、牛、驢、羊一千八百七十八匹頭隻。内有河曲縣民人王釗爲首率領男、婦陳氏等二十三名口，崞縣民人侯登爲首率領男、婦陳澤等二十一名口，降人敖喇赤率領奴愛兒等二十三名口，真夷歹通率領男、婦腦各素等四十八名口，降人虎兒器率領男、婦宰土忽等二十九名口，俱應照例授以世襲冠帶總旗，仍各賞銀十兩。應州民小宇子爲首率領男、婦火力太等一十九名口，宣府龍門城人吳可氣爲首率領男、婦虎不害等一十一名口，俱應賞賚。

又據宣府總兵官趙岢呈稱，遵依將臣發去招降票示一百五十張置牌黏貼，分發各路遣插邊外各水頭，招過來降人口三百三十二名口，騎來馬、駝、牛三百二十九匹頭隻，并無成起率眾爲首降人。

又據山西總兵官郭琥呈稱，遵臣發下招降票示一百五十張，貼牌遍插沿邊，招過男、婦二百二十七名口，騎來馬匹、騾、驢、牛、駝一百四十六匹頭隻。內真夷那一賣爲首率領夷漢男、婦四十二名口，例應授以冠帶總旗，仍賞銀十兩。其軍夜張伴川等雖未招至五十名以上，亦應照數給賞，等因。

卷查先准兵部咨，前事，該總督侍郎翁□□題，議照諸邊頻年招引人口，率皆中國被虜奔命投歸。各該將官中間，或有陰縱家丁、悍卒齕歸人以冒升賞者；有家丁、悍卒、守墩、出哨通同擅殺，捏報將官，而將官反爲庇護者；又有歸人叩邊，墩軍不在，或坐視而不肯引送，歸人出不得已，乘空而入，經過地方有司盤獲，因無左驗，誣爲奸細而竟坐以斬者。傷天地之和，阻來歸之路，虜中消息不聞而黨類日熾，職此之由。必嚴殺降之誅，重招徠之賞，歲終各該官員將招過人口開報兵部，總計總兵官招至七百人以上，參將至四百人以上，守備、把總、備禦官至三百人以上者，各議升一級，不及數者照常給賞，等因。

又准兵部咨，該前總督王□□題，前事，該本部議擬，覆奉聖旨：「這招回人口，參將、守備等官各自効力，難得數多。總兵官合集眾力，數多爲易。今後參將每四百名，守備等官每三百名，各升一級。總兵除七百名升一級外，再多者計數加賞。」欽此。又准兵部咨，前事，該前總督右都御史陳□□題稱，大同、山西副總兵官各有分轄地方之責，以後招徠降人，如果數至五百名以上議升一級，不及數者照常給賞。節該本部覆奉欽依，備咨前來，俱經通行欽遵訖。

臣自奉命移鎮之初，遵照詔旨并題准招降事例，一面嚴禁殺降通虜之弊，一面刊發紙票，通行三鎮將領，各置木牌，遍插沿邊通賊要路，示諭被虜軍民及西番、瓦喇〔六〕、黃毛人等：

若等雖有中國、外番之不同，皆遭北狄驕虜搶虜，家口被其殺害，財畜被其劫掠，分賣各帳。男子牧放、挑水、打柴，婦人鞣皮、擠奶，備極辛苦，常遭不道臊酋狠毒札打，各懷怨恨，不敢脫身歸降，恐逢追殺。又被板升逆犯媚虜遮攔，反仇中華，逆天犯順，理數當誅。即今聖明御世，逆虜數窮，天心悔禍，神人效靈。大雪裂風，嚴霜震雷，冬春殺草揚沙，牛馬多死，天降酷罰，老酋殆斃，神靈共厭。朝諭九鎮，選練精兵百萬，火器千般，一二年間奉行天伐，分道出邊，掃犁虜穴。凡爾被虜華夷，各懷滅虜之憤，當攄效順之誠。矧爾被虜軍民本吾赤子，雖被板升諸逆誘陷虜中，豈無天理良心？清夜仰天，能忘戀土？

示諭爾輩，各宜共仇驕虜，各思脫禍。有力者或殺獲虜酋，例得加官進爵，賞銀各千百兩，立致富貴。有謀者或勸道諸人歸順，數多亦同爵賞。其餘獨力不能謀爲者各窺機便，或馬、步投邊，或率衆歸正，自有應得賞卹。如仍畏避執迷，甘爲虜中奴僕，或聽諸逆，反役虜地耕納，人心已死，天道必誅，將來進兵，盡從剿殺，投生無門，悔將何及？凡識字者密傳與不識字者，中國人傳與西番、黃毛、瓦喇諸種，一體知悉。

及責成墩哨、通夜設法招徠去後。

今據前因，臣查得三鎮一歲共招徠男、婦二千二百二十六名口，騎來馬、駝、騾、牛二千三百五十三匹頭隻。中間精壯男子願充通丁者查給月糧，令其隨營報効；老幼并婦女願告回籍者，俱給腳力、口糧，差人伴送寧家；馬匹、頭畜令各自行變賣，仍加優恤外。爲照宣、大、山西均屬邊鄙，實被虜華人南歸之路。昔緣不肖將領殺降冒功，坐致歸人絶迹，淪没虜中。先臣洞徹弊源，有此建白，一時人心頗知悛畏。仰荷皇上好生之德，屢頒明詔，廣示招徠。臣自莅任之初，奉揚德意，再四申飭。是以虜中喁喁向化、傾心歸正者，不獨華人接踵而來，夷種亦多舉帳效順。節據降人傳報，虜中諸人節將臣招降牌諭密相傳記，或相對感泣，故一歲之間歸降數逾二千有奇，至于酋孫那吉之降，尤爲熙朝盛事。

所據各該官員既有前例，相應題請。內除收送四十名以下并已經參革及山西副總兵孫吳、西路參將劉滋俱各新任未久免叙外，如大同總兵官馬芳招至一千六百六十七名，副總兵官麻錦招至一千二百六十七名，中路參將袁世械招至七百八十九名，例應升級，仍加賞賚。宣府總兵官趙岢招至三百三十二名，山西總兵官郭琥招至二百二十七名，大同威遠參將牛相招至二百三十七名，大同右衛城守備王江招至二百八十三名，俱應厚賞。大同西路參將劉廷玉招至一百八十八名，北西路參將尚智招至一百一名口，宣府北路參將麻貴招至一百一十五名，西路參將賈國忠招至一百七名，大同威胡堡守備張應元招至一百六名，俱應量賞。大同北東路參將原於天、鎮羌堡守備張元寶、拒門堡操守儲邦、左衛城守備張奇、殘胡堡操守王愷、馬堡操守梁國寶、殺胡堡守備廖綺、破胡堡操守柴應麒、鐵山堡操守郝廷章、平虜城守備王楠、威遠城守備毛恭、雲石堡守備苑宗儒、宣府獨石城守備李世勛、山西水泉營守備陳一言，俱招至四十名以上，相應量犒。

再照被虜漢人王釗、侯登、敖喇赤、虎兒器、小宇子、吳可氣，陷身腥羶，不忘中土，既各懷忠而效順，尤能率衆以來歸。

真夷歹通、那一賣本皆夷類，各慕華風，倡衆納降，誓志報效，誠爲可嘉。較之人數多寡固有不同，查例均應升賞，榮以冠帶，以慰忠順。墩軍張伴川等招徠數雖不足，效勞亦難泯絶。如蒙敕下兵部，查例將馬芳等各升職級，仍加賞賫，趙崑等厚加賞賫，劉廷玉等量加賞賫，原於天等并墩軍張伴川等俱聽臣動支官銀分別犒賞，以示激勸。降人王釗、侯登、敖喇赤、虎兒器并真夷歹通、那一賣，查照率領男、婦三二十名口以上來降事例，俱各授以冠帶總旗世襲，仍各聽臣賞銀十兩。降人小宇子、吳可氣亦聽臣分別賞賫，以溥天恩。

奉聖旨："兵部知道。"欽此。

爲仰仗天威懾虜伐謀保安京畿慎防邊圍事

據山西按察司整飭朔州等處兵備副使劉應箕呈稱，遵照臣擬定賞格等第，已將欽賞銀兩各另分鑒，一面督同標下兩掖將領率統兩營官軍、通丁，一面選委陽和衛經歷甘貴前赴天城，亦將宣府奇兵官軍俱於演武教場內逐一唱名給散，宣布朝廷德意，令三軍感恩思報。并節准山西寧武兵備僉事劉時秋、雁平兵備副使朱裳，宣府懷隆兵備參政鄭洛、分巡口北道副使廖逢節，大同分巡冀北道僉事韓宰關稱，各將給賞過原調該鎮聽援各營官軍緣由并各花名文冊到道。本道遵臣案驗總類文冊呈繳，到臣。

據此，案照今秋東虜土蠻糾合西虜把都兒、黃台吉、俺答謀犯昌、薊，該臣調集宣、大、山西三鎮各枝正、奇、游、援兵馬并臣兩掖標兵二萬七千有奇抵關聽援，仍行鎮、巡各官選擇精銳出搗虜巢。繼緣已獲板升逆犯趙全等慮恐我兵搗巢，及因板升乏食欲糾沿邊刁搶糧食，計媚俺答酋婦，調回各酋，遂寢犯薊之謀。臣隨題報，旋師陽和，聽警調度。及伏睹聖諭犒賞薊邊官軍，比例乞恩，請賫三鎮入援兵將，以均恩賫，等因。題奉聖旨："該鎮調來兵馬赴援勞苦，著兵部發銀一萬兩，交與王崇古分別犒賞。"欽此。隨該兵部題行太僕寺，動支馬價銀一萬兩，差委經歷李復及臣塘馬官秦學押解前銀到臣，咨行臣事完之日通將給散過官軍花名、數目徑自造册奏繳，青册送部查考。

　　准此，臣即行朔州兵備道秤收貯庫，一面通行各鎮查明軍數開報前來，臣酌量奔馳地里之遠近，定擬官軍賞格之等差，責成沿邊各道各就近給散。朔州兵備副使劉應箕給賞臣標下兩掖并臣調到天城宣府奇兵營官軍，分巡口北道副使廖逢節給賞宣府正兵并南山擺守各營減留入衛各路官軍，懷隆兵備參政鄭洛給賞南山副總兵、宣府東路游兵、協防南山新游兵等營官軍，寧武兵備僉事劉時秋給賞山西正兵營，雁平兵備副使朱裳給賞北樓參將營，分巡冀北道僉事韓宰給賞大同正兵并減留入衛游兵等營各官軍。及行各道宣諭朝廷恩德，賞畢俱令望闕叩謝，呼祝萬歲。仍面諭各官軍，今歲聽援尚未入關，聖恩俯從臣請頒給大賚，恩出異常，今後各要齊心奮力，效忠殺虜，感報皇恩。即以欽賞之銀修置兵仗，無容營私花費。如有逃亡、事故，即行扣除貯庫。近日遇敵效勇陣亡官軍，仍給家屬收領示恤，不得聽信該管官員代人重冒，侵克官銀，查出重治。完日各將給散過官軍花名、銀數備造文册，轉送朔州兵備道，總類奏青、文册呈報以憑奏繳去後。

　　今據前因，臣會同巡撫宣府右僉都御史孟□、巡撫大同右僉都御史方□□、巡撫山西右僉都御史石□□、宣府總兵官趙岢、大同總兵官馬芳、山西總兵官郭琥議照，京城為天下根本，奠九重之宸居；皇陵實天地奧區，奉列聖之寢園。向緣驕胡匪茹，每肆突犯薊邊。震驚宸嚴，既徵兵以入衛；謀窺昌鎮，當誓師以內援。臣等職守外垣，力不能遏虜之內犯；心懸魏闕，義必當赴鬥以急君。幸仗天威遠懾，夷虜銷魂於北漠；軍聲丕振，萬旅雲集於近關。坐收全疆全師之功，仰荷殊恩殊錫之寵。歡騰將士，真同挾纊之仁；感并文武，胥效嵩呼之祝。慶兹恩威之昭宣，馴致點虜之納款。臣等躬逢大賚，思奉揚夫皇仁；感拜溫綸，用鼓舞夫士氣。既分等以犒士，特優給於將臣，爰及兵道，下逮幕司，共沾有事之恩，務遍無前之澤。伏願聖武奮揚，恒屈兵於不戰；皇圖鞏固，永格虜以來庭。俾列鎮坐息邊烽，錫萬旅歲閑興衛。臣等無任感戴天恩激切屏營之至。除青冊送部查考外，謹將給賞過官銀、官軍備造文冊一本，理合進繳奏謝以聞，等因。

奉聖旨："該部知道。"欽此。

爲參究將官違令要功科扣媚虜以肅邊紀事

行據整飭大同左衛兵備道參議崔鏞呈，隆慶四年十二月十三日，蒙臣牌，仰本道依蒙行提犯人牛伯傑等到道。審據牛伯傑供，年一十九歲，係萬全都司保安衛指揮同知、見任分守威遠城管參將事副總兵、散拘在官牛相下第三男。狀供隆慶四年九月內，有虜酋俺答孫把漢那吉率妻投降，蒙督撫衙門題奉欽依升賞。本年十月初一日，有已處決叛逆趙全等糾引俺答同子黃台吉分兵勒索，節被我兵極力拒剿退遁。本年十一月內，俺答未遂強索，差中軍打兒漢等投遞番文，情願執逆求降，及輸誠請封通貢。蒙督撫衙門譯審明白，具本題奉欽依。本月十五日，俺答差夷使將趙全等縛送雲石堡。當蒙督撫遵照明旨，亦將那吉從伯傑父牛相所管邊口以禮遣還。比伯傑每於夷使往來隨行跟看。後有原差旗牌鮑崇德差送那吉妻比吉出邊，比伯傑就不合私自跟隨鮑崇德同到虜營，俺答同眾通丁送與伯傑馬一匹回還。

續蒙總督王尚書通行沿邊城堡，禁止軍民人等，再不許與虜交易貨換馬匹，及差人出邊窺探，致惹邊釁，各遵行間。

本月二十五日，伯傑要得貪功圖利，又不合向父牛相說稱："我前到虜營，有隨侍那吉虜酋恰台吉說，要將叛逆馮豪傑、張豪傑、楊天下、劉五等送來，著我出些段匹請功，等語。”牛相亦不合聽從，當於本日令伯傑同在官家丁敖八、敖臘治各不合依從，私備黑青紵絲五彩挑綫草獸衣一件、青段襖子一件、綠段襖子一件、段二匹、鍍銀鞓帶一根，私從雲石堡邊鎮河墩空出口到於虜營，向恰台吉言說：“我將衣物拿來，你將馮豪傑等送我，若成功再謝。”比恰台吉回說：“如□□□〔七〕得了把漢那吉，念經謝天，禁止打牲等項。一月以後念經已滿，方送劉五等，你且回去。”恰台吉回與伯傑馬二匹、鞓帶一根、小刀一把、解錐一個，又與敖八等馬駒一匹，各入己，於本年十二月初一日伯傑等仍從前口暫回。比雲石堡守備、散拘在官鎮撫苑宗儒，明知伯傑等私擅出入，不合不行攔阻，畏懼牛相本管，亦未敢申報。比伯傑未到，兄牛伯奇見任牛心山堡守備，相離雲石堡七十餘里，并不知伯傑貪功通虜情由。

隆慶五年正月十八日，恰台吉差夷人小廝瓦喇器到雲石堡邊說稱，要下威遠城與牛相說話。苑宗儒又不合依從，將小廝等留在本堡，差未到軍楊銳稟報牛相，說稱恰台吉已將劉五等五名擒住，要獻與軍門大太師，等語。本日酉時，牛相又不合差未到旗牌張鏊，亦不合聽從，前去雲石堡審問前夷是否真實。十九日子時，張鏊向牛相處回稱是實。本日寅時，牛相又不合票行苑宗儒，再差的當通事與同差去旗牌張鏊出口探聽虛實。比張鏊又不合與苑宗儒下未到親丁羊羔子等俱出邊外，復入虜營探聽。

至本月二十一日，恰台吉又差夷人刻探到於雲石堡，說稱達賊要獻劉五等七人，索要大銀二十個，共該銀一千兩。傳稟牛相說稱：“各邊得首級一顆止給銀五十兩，今要許多銀兩，我出不起，你再減些”，等語。因講不定，刻探出邊。張鏊回報牛相，又不合帶領散拘在官、中軍指揮僉事徐世臣并在官僉書軍邢九朝，識字軍霍希用、馬良，各不合依從跟隨牛相前到雲石堡，假以看邊爲由，復令張鏊，又不合與牛相未到次男牛伯英，亦不合聽從私擅出邊，向恰台吉索要逆賊劉五等七名，言定銀八百五十兩、段五十匹、水獺皮五十張、三梭一百匹。張鏊先回，牛伯英在營等候。至二十二日四更時分，恰台吉又差夷人刻探前來雲石堡驗看，貨物停當，拿送各逆；若無貨物，著守備寫立文書。苑宗儒不從，牛相又不合說稱：“功是兩家之功，守備出一半，我出一半。”苑宗儒執稱無錢，不敢依從。牛相又不合惱怒，行至堡前尋事點軍，內有打柴公差不到銷名軍，就行捆打重責，以致各軍逃避。又將本堡未到把總管隊軍馮澤等帶赴威遠城責打監禁，追要正月糧銀。各役慌懼，向本堡未到客人宋計亮揭銀四十兩，馮澤等湊借銀一十兩，共銀五十兩，央人向牛相答說饋送前銀。尚未接受，隨將馮澤等保放出監。牛相因許虜銀貨湊處不前，就將原來夷人刻探阻回虜營，亦將牛伯英放回威遠城訖。

苑宗儒思因牛相逼要許虜銀貨不遂，尋事點軍捆打，恐後貽累，隨將牛相假以看邊尋事點軍銷名，捆打逼要許虜銀兩等情具揭呈稟。本道備由具呈總督王尚書處照詳，蒙批，審得苑宗儒執稱牛相通虜要功，挾索宗儒出錢媚虜之情俱真。其違令遣子出邊，交結虜酋恰台吉，換馬結拜，要功生事之情，本院先已訪明，原非苑宗儒揭報。今虜方懇求退貢，相等乃復誘虜通賄，致驕虜志，貽患啟釁，法當參究。仰道即日取招參報，立候參問，繳。蒙將伯傑等行提前來，研審前情明白。及參稱參將牛相擅違軍令，坐要邊功。遣子以交結虜酋，私出境外而無忌；捏詞云討回人口，甘蹈欺罔以行私。逆賊劉五等，俺酋久欲縛送成算也，乃許虜重賄以驕其志。把總馮澤輩，守備督令采柴公務也，顧尋事監責，欲索其財。核實雖無入己之贓，據法難逭貪橫之罪。守備苑宗儒職守衝城，聽牛伯傑之出入邊口而不行攔阻。中軍徐世臣責專營務，任牛副將之橫起事端而曲爲順從，但事非得已自專，情實由於畏勢。均屬有違，法當參究，等因，具呈到臣。

案照先該臣自去年十一月北虜投降納款求貢以來，誠恐各鎮將領故違禁令，仍蹈故轍，媚虜私通，致驕虜志，阻壞貢議，紊亂邊紀，再四通行申禁，務要比常加謹戒備，慎固封守，嚴我自治，伐虜狡謀，不得恃虜款塞，怠忽邊守，及假以偵哨，妄遣通丁出邊生事，致啓釁端，違者參拿不恕。

續據遣送那吉官通回報，參將牛相差伊子同通丁潛入虜營，交結虜酋恰台吉，求逆要功，違令饋送蟒衣諸物，得回馬匹。經過牛心山堡，該堡守備牛伯奇係相長子，私容出入，等情。已經牌行大同兵備道逐一查究明實，具呈參報間。

臣切思逆賊劉五的係已處決逆犯劉四親弟，并諸逆親黨，法當連坐，向在虜營，恐復煽亂爲逆，及訪得周元詐死等情，查照法司原議，設法行間，向俺酋父子索取。節據俺答遵臣宣諭，累遣夷使投遞番文，意在執獻求賞，臣許以送邊代爲題請間。今牛相乃敢竟持媚虜故習，故違申飭禁令，許虜厚賄，致驕虜志。若不遵照原奉敕諭事理拿究示戒，恐致不肖將領乘茲虜使往來聞風效尤，蕩廢邊紀。即行大同總兵官馬芳差官將牛相并本官下中軍、僉書人等拿解到臣，俱以軍法責究，批發該道查照先今所犯一并參報通詳。及行委南路參將張子鯨速赴威遠代管牛相參將事務以慎春防去後。

今據前因，除批該道將牛相并本官下中軍、僉書人犯俱各監羈，聽候參奏明文至日施行外。臣會同巡撫大同右僉都御史劉□□參照，威遠城管參將事副總兵、萬全都司保安衛指揮同知牛相，狡猾之性慣事矯飾，悍悖之行敢行貪橫。昔守北樓，縱軍凌民，渾、應官民受禍既深；升調衝路，疏防畏虜，沿邊墩堡遭虜莫救。向緣遣降執叛，道出本疆，累經戒慎禦防，示我有備。相乃不思效忠宣力，求蓋前愆；乃復懷私要功，故犯明禁。許虜重賄，何知上損國威？挾衆扣糧，敢肆下剝軍餉。向非臣等預知嚴究，幾致虜志再驕，邊紀陰壞。其承許虜賑，尚未入己；然假公逞威，害及屬官。查照通虜事例雖或有間，究其媚虜故習尤須重懲。其二子牛伯傑、牛伯英不能爭父之惡，各懷冒功之私，法應并究。援兵營中軍、威遠衛指揮僉事徐世臣，明知主將生事要功，乃敢隨從通同挾騙。雲石堡守備、平虜衛鎮撫苑宗儒，始畏主將之威勢，縱使通虜而不報；繼懼罪惡之及己，方事揭呈而未悉。均屬有違，通應提究。

再照威遠地方極係衝邊，雖今北虜款塞，但貢議初定，虜謀叵測，一路戰守責在參將，誠不可一日乏人。查得大同南路參將張子鯨持身端謹，夙諳戎務，才識老成，堪調衝邊以補牛相員缺。但本官歷任南路，積有年勞，必須量加副總兵職銜，一如牛相事例，令其分守威遠，責實修防。其南路員缺，兵馬無多，地偏腹裏，聽臣等另行酌議應否裁減更調，具議上請。如蒙敕下兵部再加參詳，將牛相亟行革任，仍聽臣等行該道與各犯究問，如律奏請發落，所遺員缺即以張子鯨調補，庶幾憲典昭彰而狡詐知戒，選代得人而衝邊有賴矣，等因。

具題，奉聖旨："兵部知道。"欽此。

該兵部覆奉聖旨："是。牛相革了任，并牛伯傑等及徐世臣、苑宗儒，著總督衙門會同巡按御史提問具奏。張子鯨依擬用。"欽此。

校勘記

〔一〕"掩答"，據文意疑當作"俺答"。

〔二〕"賞"，據文意疑當作"費"。

〔三〕"殊"，據文意疑當作"庶"。

〔四〕"巷"，據文意疑當作"若"。

〔五〕"以以"，據文意疑當作"堪以"。

〔六〕"瓦喇"，據上文疑當作"瓦剌"。下同。

〔七〕"□□□"，據殘存筆畫及文意疑當作"今俺答"。

宣大山西·納款類_{處降 執叛}

爲仰仗天威夷酋款塞酌議安置善後事
宜以弭邊患事

准巡撫大同右僉都御史方□□會稿，准臣咨，爲真夷來降事，備咨本職，一面將二次來降真夷把漢那吉等多方譯審是否的係俺酋之孫，中間有無詐僞，若果因抱憤投降，萬一老酋索取爲患，應該作何防禦；一面將各夷嚴加防範，務在安置得所，勿容於各營降丁交通及諸奸人相接，致有構煽。庶幾慮謹於始，謀善於終，方得防微弭患之略。仍將安置并議處過緣由咨報以憑會題施行，等因。

准此，未蒙之先，本職着令通事譯審得，把漢那吉口稱係俺答第三子鐵背台吉親男，自幼四歲喪父，祖母奶奶一刻哈屯撫養長大，替伊定下歹慎的女兒名號比吉，係俺答女婿的女，過門已經六年。那吉復尋下兀慎家達子取兔扯金的女，要娶間，俺答將我兒都司定下不知達名家女强娶爲妾，彼都司家生氣構怨，俺答却將那吉原尋下取兔扯金的女與了我兒都司。那吉因此惱怒，背了祖父、祖母逃向南來，等情。本職惟恐不的，又經行令山西行都司掌印王應臣、大同府知府程鳴伊等覆審相同，具報間。

續據大同西路參將劉廷玉塘報，九月二十二日據敗胡堡操守崔景榮塘報，本日卯時，東北山墩軍韓文選招送真夷一名克窯，騎產馬一匹到堡，番說有小頭兒把漢那吉娘們、男、婦八名口來尋隨那〔一〕投降。後俺答着人趁回克竅雕騎産馬前來，有俺答說，如今把漢那吉過南朝去，恐所管的達子俱都走了，調衆頭兒寫了文書，將搶回子的達子調來，也不搶了，也不打牲，都要到邊上問大太師討要他孫子，若不與要圍困城堡。又據大同右衛參將袁世械報，本月二十四日據右衛二邊西馬頭墩軍王青報，瞭見邊外從北來人口歹通等數名到墻報稱投降。本官同巡撫標下原任副總兵麻祿，把總胡應時，守備王江、廖綺等帶領兵馬出口，接至大邊外亮馬臺，迎接降人六十名口，隨趕馬七十八匹、駝一十四隻、牛八十五隻、羊五百九十二隻、帳房六頂，收遂入城。又據大同左衛副總兵麻錦塘報，本月二十六日據馬堡操守梁國賓送來降人真夷討討兒等四名、漢人一名、馬九匹。又據大同東路參將馬孔英塘報，二十七日據鎮門堡操守劉恩伴送投降夷人啞兒兔同妻那蘭住并妹哈喇慎、男般不害、女綽胡兔，俱係兀慎部下真夷，各思想南朝好過，聞得俺答孫子來降，各先後脫走投順。各報到職。

　　據此，看得真夷把漢那吉譯供降情查與續到諸降情詞相孚，似非詐降。本職隨給各降衣服、花紅、酒飯以安其心，安置鎮城空閑房屋居住。其日用食物，行令司府查動官銀，務令豐足，仍五日一次犒勞。但狼子野心恐居久思還，別生他念，防微弭患不可不謹，仍責令巡捕、巡邏官員并通事人等相伴羈候，及嚴禁閑雜人等，不許與降人往來窺伺探聽以防交構。

　　近據傳報，俺酋調兵欲來求索，如不與要圍困邊堡。本職深慮殺胡、破胡、殘胡、敗胡、阻胡、威平六堡正當虜衝，兼以各軍貧寒，恐難保守，已經備行副總兵麻錦將所屬各城多餘軍內每堡添撥一二百名，與同本堡官軍協力固守。及行分守、兵備二道，查有堪動糧穀，將前六堡軍士量行賑貸以濟饑饉。如遇虜賊圍困，軍士乏食，許支該堡備禦糧米准作月糧正數。若無警報，不得一概混支。仍行沿邊大小將領整兵待戰外，等因，備稿到臣。

准此，案查先據大同總兵官馬芳、參將劉廷玉等各塘報，降夷把漢那吉、克竊等先後投降，稟報□[二]臣，看係真夷。且把漢那吉稱係俺答親孫，因爭一□[三]遽爾投降，中間夷情真偽，似涉可疑。已經備行該鎮鎮、巡多方譯審有無別故，一面嚴加防範，安置得宜，計議允當，作速咨報以憑會題去後。

今准前因，臣會同巡撫右僉都御史方□□議照，封疆邊事，臣等職任攸關；夷狄歸降，國家體統所係。詎容輕率，馴致貽患？歷查虜酋俺答擁數萬之衆，橫行塞外幾五十年，威制諸夷，侵擾邊圉，最爲強橫。把漢那吉的係俺答親孫，素所鍾愛，平時驕貴，非諸夷之比。今乃祖孫相忤，輕棄其親，千里來降，夫豈人力所致？茲蓋恭遇我皇上神武不殺，至仁無敵，格天心之助順，攝外夷以來王，適虜運將衰，神厭夷德，使之蕭牆啓釁，骨肉叛離，致此內變。臣歷考古昔漢唐盛時，夷狄歸附往往有之，當時處置互有得失。謂其異類，因而殲之者，固非王者；大一統之仁，矜誇好大，寵幸逾制者，尤非尊中國、賤夷狄之義。非仁無以柔遠，非義終以召禍，古有明徵，今可爲監。茲把漢那吉之來降，雖若甚微，其關係華夷之分，實當慎重，始之不謹，將貽後艱。

臣等再思，把漢雖俺酋之孫，乘憤而來，黨與寡少，非率衆歸附之比。但宜給之宅舍，授之職銜，豐其餼廩，易其服用，以悅其心；嚴防出入，禁絕交通，以虞其詐；誘之[四]話言，示之以大義，攝之以兵威，亂之以醉酒，以察其志。歲月既久，果無異心，徐爲錄用，俾其自效。若俺答果肆勒兵近邊索取，則明行曉告，許其生還，諭以禍福，因與爲市，責令俺酋將板升諸逆賊首趙全等生擒解送，被掠人口悉放南歸，然後優加賞給，以禮遣還，一以陰中其老牛舐犢之思，一以潛奪其凶頑啖噬之氣，彼雖豺虎，寧不知恩？昔逋猿梟亦獲正法，策之上也。

若俺酋倚恃桀傲，稱兵强索，不可理諭，申飭諸將嚴兵固守，隨機拒戰，俾再遭挫折，必思悔禍。如構患無已，則明示盡殺以撓其志。彼若望其生還，必懼我之制其死命，其心既奪，其氣易沮，計必不敢大肆狂逞而吾策可行，策之中也。

若老酋昏悖，不顧其孫，棄而不求，則當厚加資養，訓以德禮，結以恩信，如歷代待外國之質子。其部下餘衆有相繼來降者，就於各邊從便容收駐牧，責令把漢統領，略如漢人置屬國、居烏桓之制。俟老酋既死，其子黄台吉必兼領其衆，因將那吉加以名號送還本土，令其收集餘衆自爲一部。舊存部落見故主之得歸，勢必響應。黄酋聞其侄之復反，勢必忿爭。彼若兩族相持，我則兩利俱存；彼若互相仇殺，我則按兵稱助。蓋推亡故〔五〕存，把漢必知懷德；掖此扞彼，黄酋亦自畏威。在彼將無暇侵凌，在我亦遂得休息，策之終也。若循習舊例，安置海濱，使之抑鬱愁苦，不過爲中國禁錮之囚，使老酋聞其生存，日切南望，侵擾不已，後雖曲處，徒取夷輕。尤不宜給配諸將，使之隨營殺賊，立功報効。彼恃驕貴之素，不受驅策；駕馭失道，怨望斯生。頓興揚去之心，終貽反噬之悔：均非長慮却顧、禦虜安邊之宜。

再照那吉之降，本以少年，未敢自决，皆係本夷乳母之父，夷俗名爲奶公，各夷視同親父，即夷名阿力哥者主持其行止。若可各賜一官以慰其志，尤鼓舞之大機，使遠人遂歸化之心，點虜得制馭之略。

伏乞敕下兵部，廣集衆議，如臣等所言不謬，酌定機宜，覆示臣等，相機禦防，庶國體尊崇，恩威廣被，而封疆獲寧謐之休矣。恩威出自朝廷，臣等未敢擅擬，等因。

具題，奉聖旨："這夷酋款塞事情，兵部議處停當來説。"

欽此。

該本部覆奉聖旨："這虜酋慕義來降，宜加優撫。把漢那吉且與做指揮使，阿力哥正千戶，還各照品賞大紅紵絲衣一襲。該鎮官加意綏養，候旨另用。其制虜機宜，著王崇古等照依原奏用心處置，務要停當。"欽此。

爲虜酋擁眾入邊索降嚴督官軍防禦乞賜定議處降事宜申飭各鎮協力策援以伐虜謀事

卷查先該臣因俺答老酋聚兵雲西，自懷來具題回防，行至萬全左衛，據大同總兵官馬芳報稱，九月十八等日，有俺答親孫把漢那吉率妻比吉同真夷男、婦十名口，自大同鎮西路平虜參將劉廷玉所管敗胡堡投降，解送鎮城。隨該撫、鎮各官譯處安插，備報到臣。

臣於二十三日回駐陽和，隨調各降至陽和城覆審明白，押赴教場，陳兵示威。各降伏俯聽宣諭，恭設香案，示以朝廷不殺之恩，責令東向叩謝天恩，量用銀牌、綢段撫賞，發回鎮城。咨行巡撫右僉都御史方□□另院安插，選撥官軍出入關防，會議題請候命間。臣即慮老酋秋來既東復西，聽從板升諸逆，久謀入犯搶糧充食，今乘氣憤必將速入索討，已行撫、鎮及沿邊將領焚燒野草，收斂人畜，慎固城堡，整兵待虜間。

十月初三日，據參將劉廷玉報稱，初一日卯時，從大水口進入達賊五千餘騎，後面灰塵不斷，住東南行走。臣隨行總兵官馬芳統領該鎮正兵軍丁六千員名馳赴西路相機追剿，繼發臣標下兩披標兵三千五百員名，責委原任總兵官胡鎮、參將葛奈、游擊朱瀚統領，兼程西趨朔州大川迎堵決戰去後。

本日據副總兵麻錦押送降人沈世庫到臣，審係應州人，其父係畫匠，見在俺答營，給有妻子。其生母、弟妹前年被搗巢人馬捉來，彼思想母弟，因隨俺答營入邊，乘便同伴三人投降。説稱俺答領兵一萬餘，要討他孫子，叫趙全等商議。全等教俺答領兵誘哄人馬出城，攻搯城堡，俺答聽信前來。衆達子背後怨憤，説："二十年前各營無漢兒人，真達子不走。今因趙全等衆多，將主兒也走了。他還教我們入邊要人，今大同人馬非比往時，把漢那吉到中國，就是裝在櫃兒裏衣服，怎麼得出來？莫若把趙全、周蠻子二人送與大太師，換他出來。"尚未敢與俺答禀説。今賊已入邊四五十里，尋有水灘裏下營，原調衆頭兒未到。

臣見降虜言語利便，有父在虜營，所報虜數反多，疑係趙全等主令詐降，探聽那吉下落及兵馬消息，隨將本降羈住。復慮虜謀持久誘兵，該鎮戰兵無多，仍行大同北東、北西、東路參將馬孔英、原於天、尚智，各將該營精鋭有馬軍丁各選千名或七八百名，聽警共合一營，督發應援。仍調宣府副總兵劉國統領該營馬軍二千餘馳赴陽和，聽隨臣迎剿。及行各路堅壁清野，勿輕與決戰，中其誘衝，以鈍其鋭氣。備諭各領兵官，如果老酋近堡，差通事漢人答話，問討伊孫，令慣曉夷語通丁回答：天朝聖恩，不殺伊孫。伊逆天道，不行哀求，乃敢聽信趙全等擁兵強索，定將那吉斬首梟示。如能悔禍效順，還我板升叛逆，聽臣督撫奏准聖旨，再爲議處。如敢攻圍墩堡，已調各鎮兵馬十萬與他決戰。今趙全等哄伊進兵，怕伊將各人來換那吉，要殺他投降，問俺答知否。如此看有何言，彼中必將内外攜貳。通行各官遵照嚴備去後。

初五日，據東路參將馬孔英報，據大邊土山兒墩軍崔大雄深哨黃台吉營，有西北來游賊四騎，内一通事名啞禿智，説俺答差人調黃台吉往西行走，兀慎、擺腰跟隨黃台吉亦往西行。又差達子調孔的力哈。臣思黃酋久與其父相忤，兹被調西行，實因那吉係伊親侄，向爲俺答寵愛，所遺部落後將盡與那吉統領。今既投降，彼將收撫衆虜爲用，勢將愈大。即厚犒哨役，責令迎入黃酋營，詐稱爲虜報事，虜必不肯撲殺。令向黃酋報稱，入邊探得那吉在內供稱，其祖俺答無道，奪他妻小，不聽他言，專聽板升趙全等主使，要與其伯黃台吉爲仇，將我一家教唆不親。我今投降，待我伯父黃台吉殺了趙全等，望乞萬歲爺天恩放我回去，跟我伯父黃台吉過活。又聽得趙全等差人傳報說，害怕俺答將他們來換那吉，要哄俺答入邊，同謀殺首級授降，等情。故意走報以示爲虜之私，黃酋必深信，與父議殺全等以索降人，是亦兵家用間之道。如果計行，臣許大雄定遵詔例奏請授官，本役欣躍而去。

臣尚慮其未能追及黃酋，中途被害。本日申時，又據臣原差關兒溝墩軍劉月自兀慎營回報，初二日黃台吉尚駐十八兒太，去邊三百餘里，等候老把都消息，如不來，他也不西去，先遣夷兵一半西去，等因，到臣。則前役一二日即可追及，其計或可行矣。

本時，又據總兵官馬芳差夜役報稱，初四日早，威平邊內原駐虜營起往正西平虜地方行走。初七日申時，據臣標下胡鎮差人報稱，本官統領標兵於初六日辰時至大同左衛，據原差探賊家丁武花等報稱，初五日早探至平虜衛城，哨得原入達賊在本衛東南不遠駐牧。隨據臣原留本衛協守管隊官雷震揭報，連日達賊近城答話，說稱索要投降那吉，隨要多少牛、馬、駱駝或板升首級。若不放出，移營帳入邊內駐札，精兵深入鎮城大川搶掠。該城將領未敢承許，緣係游騎傳言，恐非老酋的確情詞。本日戌時，據總兵官馬芳差原哨夜不收樊見口報，本役初四日夜四更時步爪至平虜北城下，近城尚有零賊。初五日寅時，城上瞭見達賊約有二萬餘騎，起往東南地名大小莊窩、羊順坡、南北祖等處一帶，離平虜城六十餘里各山梁札立，俱未散搶。後本官接差夜不收陶伏仁哨探報稱，前賊本日晚復有零騎近平虜城南、城東巡哨行走。本日，該總兵官馬芳督同副總兵麻錦，遵照軍門原行出奇搗剿事理，挑選精銳七百餘名出邊哨剿去後，等因，各續報到臣。

除行馬芳、胡鎮等會哨虜形，分趨南路朔州、馬邑一帶邀堵南犯，及行西路副總兵麻錦、威遠參將牛相、平虜參將劉廷玉各慎固城守，仍傳諭沿邊將領，如遇虜酋近城答話，查照臣先次傳諭事理，令其退兵邊外，盡送板升諸逆，許爲會請，待有老酋的確傳遞情詞，聽各官飛報，臣督撫酌量防禦應答外。臣復慮果如降供，老酋盡調河東、河西諸酋會兵壓境，必須添調各鎮兵馬萬數，大張兵威，方可奪其強橫之氣，行我所欲得之謀。預行山西、宣府撫鎮，虜衆果已西入大同，內地各鎮可無他虞。在宣府鎮，一面挑選銳丁出奇搗黃酋之巢穴，以牽其回顧，一面整搠正、游各兵聽調南防洪、蔚，西援渾、應。在山西鎮，一面督各枝守兵慎守關隘，防虜分犯偏、老、三關，仍整搠正、援二兵五千，聽援山、馬及會兵攻剿。務俾驕虜內無可搶，索降莫遂，果能悔禍，納款退兵，容臣查照前次議請事理隨機宣諭，俾諸酋自相攜貳，必思有以應我，庶可攝虜弭患。

再照招降有詔例，受降有賞格。前次那吉之降，在邊既難扼阻。老酋俺答今秋始謀糾犯薊鎮，既爲板升諸逆請誘西回，日謀搶糧充食，縱其孫不降，亦必思一逞。臣自八月以後即慮諸酋深犯山西，分犯宣、大，已經具題回軍陽和，適中調度，不敢拘泥舊規，久駐懷來。中途即聞老營堡失事，臣隨分發官兵禦防，及得降酋，多方譯處，皆係疆場之職務，除具議題請外。今虜雖入邊數日，止屯近邊，未敢深犯。臣督撫、鎮各路官兵日夕戒嚴，未敢張皇馳報，仰崖北顧。節經塘報，兵部累奉科部申飭通行各鎮撫、鎮、副、參、游、守及邊、兵各道，共奮忠猷，保固疆圉，勢不能阻虜不入，誓不敢時刻怠弛。伏乞敕下兵部，早議處降機宜，通行三鎮撫、鎮諸臣永肩共濟，庶臣犬馬餘力獲遂展布。事寧之日，容查明各官功罪據實題報，俟行各巡按衙門核實賞罰。臣不勝激切待命之至。

奉聖旨："兵部便看了來説。"欽此。該兵部覆奉聖旨："是。"欽此。

爲黠虜糾衆突入索降嚴督各鎮官軍分道邀堵仰仗天威驅逐出境乞請核實功罪以勵戰功事

查得本年十月十二日酉時，據大同北東路參將原於天差大邊猫兒莊墩軍衛天臣報，十一日午時，瞭見從大邊外地名海子北岸原駐黃台吉虜酋糾合兀慎、擺腰及老把都部落達賊五百餘騎往西南行走，備報到臣。

臣即慮前賊或窺知我兵向因俺答老酋入犯平虜近邊盡發西援，糾衆乘隙窺伺大同北路弘賜一帶，當寫手札傳調總兵官馬芳回兵弘賜截剿，原任總兵胡鎮等統臣標兵暫住懷仁縣，聽警東西馳援。隨即咨行巡撫都御史方□□，及用紅旗、長牌二次傳諭各路副、參、守、操等官，收斂隄備，慎固城守。仍差人催促宣府總兵官趙岢自萬全左衛馳赴懷安，聽警西援去後。

至十三日卯時，據鎮川堡守備秦松報，十二日申時，瞭見從正北來精兵達賊約有一百餘騎，到弘賜堡邊石彥莊溝拆口，後山眼不對後有灰塵不斷。本日辰時，又據參將原於天報，牛心山前懷東北來達賊約有五百餘騎，後面灰塵不斷，約犯弘賜堡、祁皇山地方。臣即督發原調駐陽和聽援宣府副總兵劉國、東路參將馬孔英統兵合營，西馳聚落店探賊迎剿，及差旗牌官呂和賫執令旗監督各官營陣，發通事官晁三隨營，如遇虜酋索降，宣諭退兵去後。

續據各路節報，自十二日晚至十三日未時，陸續進口達賊聲言二萬，實亦不下萬五千餘騎，各騎牽馬匹、穿戴盔甲望南行走。本日晚，有前哨達賊二千至大同城東十里海子札營，其餘在城東二里東塘坡下營。內黃台吉遣一騎近城答話，索要原降那吉等，隨該巡撫方□□差通事一人赴虜營答話間。

本日二更時，該總兵胡鎮自懷仁聞報，督統參將葛奈、游擊朱瀚兵馬三千五百迎北馳援。本日戌時到於大同城東關外，哨見達賊在城東海里村、駱駝房一帶下營。胡鎮等摘選精銳通丁一千餘名并大小炮火於本日夜三更時行至東塘坡，迎見撫院原差通事土乎赤并真夷啞都雅，稱說是黃台吉家人，差來往大同與把漢那吉說話，未曾相見。各官復問此來爲何，本夷說稱止是要小官兒。各官當將臣連日傳示詞語申諭：若要那吉，不當擁兵入犯。見今調兵與虜廝殺，誰肯輕將那吉與他？虜若無禮，就將那吉殺了與看。本夷伏聽，與土乎赤赴虜營講話去訖。

胡鎮等當統官丁臺營，直近虜營海子東岸，號令官軍一齊向賊放炮擊打以張兵威。又該巡撫方□□選差精銳官丁馮大恩等一百五十餘員名，各持火炮亦在東塘坡放炮警營。其賊驚惶，滿營喊叫，至五更時起往東南行走。胡鎮、劉國、馬孔英并參將原於天各分哨追襲。

臣料此虜既向東南，必犯許家莊，謀窺東、西二城，洪、蔚一帶，連夜差人催令趙岢自萬全左衛由叮嚀口徑趨西城許家莊一帶迎剿。

十五日子時，據劉國、馬孔英各報，十四日寅時，瞭見達賊從海窪起往東南，料犯許家莊等處，各官追奔地名山自造堡。前賊約有一萬五千餘騎，望見人馬，分遣精兵數千，各披戴盔甲撲來。晁三方向陣前責問，未及數言，各虜執稱"我要搶些吃的"，擁眾攻衝。各官督軍齊用神火器敵打死達賊數多，就陣奪獲鈎槍一十二根，收獲打折刀箭、盔纓數件。自卯至申，連衝數陣，賊眾始退，酉時起往東南許家莊行走。各官仍隨賊追剿，天晚露宿札營。

又據胡鎮節報，該營兵馬直抄賊前，相逼臺營行走。賊眾未敢開營，亦未敢近兵刁搶。本官督統標兵直前乾莊子一帶迎堵，俟其開營撲剿零騎。

本日辰時，據劉國、馬孔英報，十五日黎明時，哨見前賊俱在許家莊東南夾河南北行走，俱未開營。料前賊必從天城米新關等口回遁，各官帶領兵馬前往天城前途杏園各莊堡邀堵，等情，各報到臣。

臣查許家莊去西城六十里，虜營去西城二十餘里，若虜十五日果犯該城地方，趙岢兵馬已至，自能追擊，勢必回趨陽和、天城大川北遁。隨調宣府柴溝堡參將賈國忠、大同新平堡參將楊爾干合兵二千在天城，并標兵二枝仍聽胡鎮分布，劉國、馬孔英各兵伺候邀截，虜必狼狽速遁，連日野無所掠，虜營人馬無食，或可挫虜獲功間。

十五日，又據會遣立功官田世威報稱，前赴威平堡，適俺答差人至邊索降，與彼答話。隨留真夷二名在雲石堡質當，即差撫院標下通事鮑崇德同守備苑宗儒親弟苑宗偉同赴虜營。親見俺答，哭要伊孫，許以永不犯邊，每年進馬三百。若不准與，必調各夷在邊騷擾，死也不顧。崇德當將臣等傳諭，示以天朝不殺降之恩，諭以板升逆犯構禍之罪，令其執送趙全等各犯，生還板升被虜人口，永不犯邊，每歲進馬，許爲奏請聖旨，准遣伊孫回還。老酋承許，賞與崇德馬一匹作信物，約十八九日回話。并該鎮正、奇官丁出邊搗巢，生擒、斬首一十八名顆等情，備由塘報兵部聽議間。

本日未時，總兵官趙岢差報，十五日早統兵到順聖西城，將游兵五百發東城西八馬房一帶村堡設伏，本官哨賊向往相機迎剿。本日酉時，胡鎮差官樊大友口報，本日巳時，本官領兵由橋頭到乾莊子梁，哨見達賊俱在洪州迤西三十里，騎河兩岸札營未開，後留精兵達賊約有五六千騎專頂人馬。本官同參將葛奈、原於天設伏大白登，游擊朱瀚設伏四百戶，等因。臣慮各兵既伏北路，總兵趙岢自東邀擊，虜必避兵仍回西路北遁，當夜催督胡鎮等仍統兵逼虜邀擊，無仍延待，致誤事機。

十六日卯時，據趙岢差夜不收高千口報，十五日酉時，本官領兵到大石莊迤南渡口等處，迎遇達賊一千餘騎。本官摘選精銳通丁二千五百員名，過桑乾河南撲砍一處，就陣斬獲首級四顆，奪獲戰馬三十一匹，陣亡通丁李計等三名，被傷通丁趙甫等三十一名，對敵射死總兵官下自己馬一十八匹、官馬二十二匹，促死馬二十匹。宣府南路參將王國勛營奪獲戰馬二匹，游擊劉付營奪獲戰馬一匹。其賊退往西北地名碾頭村下營。本官馳至地名新莊兒等處堵截橋口。

本日未時，據胡鎮差官楊大用口報，本官於十五日四更奉臣催發，當同參、游葛奈、朱瀚、原於天從大白登起兵，由傅家寨往西南峰刀山，行至惡風澗南梁，迎遇登梁哨馬達賊約有五百餘騎，各穿盔甲，撲砍對敵，其賊收入大營去訖。辰時分兵至正峰店，其賊大營徑往西北行走，當遇精兵達賊約有一千餘騎，見兵衝撲前來。各官督令官兵各用火器、弓矢、悶棍射打數陣，傷死賊人賊馬數多，賊近大營，不能斬首，俱被拖去。本日午時，兵至地名陳家窰，正抄賊營前。各官一面嚴令官軍靠堡列營，一面督摘精銳官丁二千餘員名，一齊奮力直逼賊營，射砍死傷達賊人馬數多，不能斬首，當被前後精兵達賊約有二千餘騎驟馬衝敵前來。各官見得賊勢眾大，號令官丁且戰且走，奔回本營，奪獲羊二百餘隻，被虜男、婦蔡宇等二十餘名口。其賊橫直衝敵，各官督令官軍各用涌珠快槍、三眼等銃、弓矢、悶棍極力射打數十餘陣，賊多死傷。自未至申，賊見兵勁，方纔稍遁，四面圍繞。中傷本營通丁虎喇赤等三名，陣失官馬四匹，中傷官馬五匹。

十七日，據胡鎮差夜不收趙堂口報，十六日未時，趨至大同四十里鋪，與副總兵劉國、參將馬孔英合營，蒙軍門原差旗牌官呂和監督各兵，於本日夜二更時摘遣軍丁各執火器直去虜營一齊擊打。其賊驚惶，收聯一塊，叫鬧一夜不安。至十七日黎明時，哨得前賊大營從本鋪東南往西北行走。胡鎮等會統各兵隨賊向往，馳至三十里鋪迤東，從南來披戴盔甲達賊五千餘騎一擁衝來。各官督勵官軍各用神火器械齊力敵打，連衝數十餘陣。左掖營就陣斬獲首級一顆，奪獲戰馬四匹。右掖營斬獲首級一顆，奪獲戰馬六匹。陣亡胡鎮下親丁管隊官胡子忠等二名、兩掖通丁顧月等六名，中傷通丁趙良良等八名，陣失官馬一十匹，射砍傷馬三匹。劉國營斬獲首級一顆，奪獲戰馬一匹。其餘射打死傷賊人賊馬數多，彼眾拉去。鏖戰自辰至申，賊見我兵勇猛，退往西北行走。各官會定放賊過半，剿尾墜後，追戰至地名馬鋪山，當有收尾達賊約有一千餘騎衝來，與兵混砍一處。左掖營復斬首級二顆，奪獲戰馬五匹。右掖營復斬首級一顆，奪獲戰馬四匹。陣亡兩掖官丁程七十等七名，中傷官丁葉仙同等一十九名，陣失官馬二十五匹，射砍傷官馬二匹。劉國營復斬首級二顆，奪獲戰馬四匹，陣亡軍丁李羊等五名，中傷軍丁任堯相等一十二名，射死官馬一十一匹。參將馬孔英營斬獲首級一顆，奪獲戰馬一匹，陣亡軍丁馬尚賢等三名，中傷家丁王貴等六名，陣失官馬四匹。其賊由大同馬鋪山往北行走。

十八日申時，據大同總兵官馬芳差夜不收陶伏仁報，本官十四日在井坪聞報虜入，回兵東行，至十六日夜二更時，自西安驛統領正兵官軍隨向截殺。十七日卯時，兵至獨角寺迤東，哨見大舉達賊從背家皁勢向西南。本官嚴督官軍迎鋒邀截，至蔡家莊，當有哨馬精兵達賊衝來。本官督兵敵退，掣往西北奔走。追至水泊寺，大賊歙向馬鋪山，往西北行走。又該方巡撫發標下把總胡應時、游擊邊大振前來合營，抄前邀擊，馳至牛馬站迤北，與精兵達賊混戰數陣。賊退北去。

本日又據參將原於天報，哨見虜賊苗頭，料犯舊路，本官於十六日遵奉軍門軍令回到弘賜堡原入邊口，督同守備周橋安設將軍、連珠、涌珠大炮待擊間。十七日申時，前哨達賊果到石彥莊溝，分爲二股，一從溝進，一從弘賜河東。本官統領馬軍邀砍，步軍河岸點放火器射打，死傷達賊數多，賊後擁衆前來，不能斬首。奪獲戰馬二匹，中傷軍三名。

十八日寅時，據胡鎮、劉國報，挑選各營精兵由間道抄去沿邊邀堵。賊見東西兵至，急趨邊外行走。

十九日卯時，據原於天報，十八日申時，哨見收後達賊五十餘騎奔邊，本官帶領家丁向前撲砍，斬獲首級二顆。趙彥莊堡鄉民并設伏家丁生擒達賊一名。

又據山西振武衛餘丁趙龍報稱，同張廷宗、蘇禄於十五日從南山收麻，前來陽和販賣，行至地名大土莊迤南，瞭見達賊三騎撲來。龍等奔跑上山，用石打重一賊，斬首一顆。

本日時〔六〕，據弘賜堡守備周橋報，十七日未時，從南來大舉達賊到本堡石彥莊舊口。本官督令步軍各用槍炮敵打，不能速出，又見東西兵馬追急，各賊惶懼，於兩坡拆口數處出邊，至十八日酉時方盡，等因，各報到臣。隨行各營將領收兵回陽和，查驗斬獲功級，傷亡軍丁先行恤賞間。

本日，隨據臣原會委立功官田世威差夜不收李朝卿伴送俺答原差真夷一名安刻、通事一名火力赤到臣，譯審得先該俺答遣騎赴邊，會遣通事官鮑崇德傳諭朝廷威德，責以執送板升叛逆，納款進貢，許還伊孫。俺答逐一應承，送一真夷在邊質當。適因黃酋入犯，臣疑老酋奸詭，未遣崇德等返報。俺答差騎赴雲石堡外問訊。隨該田世威執問原留真夷，俺答既求討伊孫，何如黃台吉復領賊入犯。本夷執稱，俺答先時原約黃台吉東西分路進邊索討那吉，搶至朔州會合。黃台吉不知近日俺答差人答話等情。各夷回報，俺答老酋隨令二夷持彼號箭來調黃台吉退兵，求欲親見那吉，等因。該巡撫方都御史將各通夷解送到臣，及稱各夷到鎮，黃台吉諸虜已被官兵追剿出邊，并未令其相見。臣適集兵驗賞，將各夷引赴公廳，大陳兵仗，備示天朝威武，查驗斬獲首功，頒示銀幣賞具。各夷俯伏震懾，聽命惟謹。

本日准兵部咨，該本部以前處降事宜議覆，奉聖旨："這虜酋慕義來降，宜加優撫。把漢那吉且與做指揮使，阿力哥正千戶，還各照品賞大紅紵絲衣一襲。該鎮官加意綏養，候旨另用。其制虜機宜，著王□□等照依原奏用心處置，務要停當。"欽此，等因，備咨到臣。隨咨撫臣及行總兵官馬芳一體欽遵，譯諭那吉等感謝天恩，傳語俺答來夷，俾知感戴。當遣鮑崇德與同來夷宣諭俺答，令其輸誠納款，寫具番文乞恩盟誓，永不犯邊，歲修進貢，執送板升諸逆，聽臣奏請遣還伊孫。

據來夷供報之言，老酋夫婦死欲得孫，若遂生還，百凡依命。及稱先年北虜原有進貢，後被奸人構結壞事，致成仇殺。今伊孫子天神主使投降南朝，伊看番曆羊馬年該當講和。天朝原是上國，敢不依從，等語，似出真情。臣隨將來夷給賞馬、段，以示答賞崇德馬匹之意，計旬日可遂返報。臣復慮黃酋被挫抱憤，或肆報復，每據降供，平日怨父俺答偏愛那吉父子，今雖承父調遣索降，原無顧戀那吉誠意，即行沿邊各路嚴哨黃酋出邊遠近，是否解散，有無復聚西行，一體戒備外。

案查先於本月初十等日，節據墩夜報稱，俺答老酋傳調黃台吉、兀慎、擺腰及老把都部落西駐威寧海北岸，聲言犯邊索降。

比時俺答尚駐大同西路平虜邊，總兵馬芳、副總兵麻錦選遣官丁，遵臣軍令搗巢牽虜，斬獲、生擒男、婦十八名顆。繼報黃酋自海北南移牛心山，望南行走。臣即慮二酋糾謀東西并犯，隨批手札，行馬芳、胡鎮會計分兵，西防朔州，北防弘賜，預調宣府副總兵劉國統奇兵二千移駐陽和，聽警策應。十一日，傳報老酋初八等日移衆出邊，臣即塘報兵部，仍行該道查明虜入搶掠、斬獲的數，并議地方各官功罪，聽分別議請賞罰間。

本月十三日辰時，弘賜堡守備周橋差報，黃酋擁衆二萬直犯弘賜，自邊從入，夜以繼日，至十三日申刻始盡，駐札營場延長十餘里，逼近鎮城，遣騎索降。隨該撫臣差通事傳諭朝廷恩威，點虜似知感戴。胡鎮統臣標兵聞報回軍鎮城。臣督發劉國兵馬及傳調天城參將馬孔英合兵三千，馳赴鎮東防剿。臣即慮各營官兵數僅七千，虜衆兵寡，勢難拒敵，即調宣府總兵官趙岢統調該鎮正、游各兵西向策援，催行馬芳，如西路虜遠，速回東防。仍行沿邊、腹裏各副、參、游、守等官加慎歛備，選□〔七〕通事官晁三隨劉國營，如遇虜衆近兵索降，照以會定宣諭詞語勒令回兵，聽爲奏請間。

十四日四更時分，虜衆自鎮城移營東向。臣思狡虜久謀搶糧，今雖駕言索降，必將乘勢搶掠，誠恐東犯洪、蔚，即連夜差人催調總兵趙岢由左衛直趨順聖西城迎堵。本日辰時，虜衆行至山自造堡，與劉國、馬孔英兵馬對敵，隨有零騎向前誘兵索降，與晁三等答話未畢，前哨精兵即擁衆攻衝，當被官軍用軍火大器敵打數陣，傷虜人馬數多，自辰至申，方行解去。胡鎮等兵馬逼近虜營。虜未開營，東行六十餘里，即地名柳樹屯，夾桑乾河札營。鎮等慮賊十五日或由天城、陽和川北旋，當夜各將兵馬分伏兩川大堡，待其開營刁搶或撒散經行，可遂邀擊。虜知北路有備，十五日徑向東南，去順聖西城二十里，適總兵趙岢統該鎮

正、游兵萬餘兼程馳至，夾河西向，奮勇迎敵，大敗虜衆，斬獲
雖止四級，傷虜委衆。虜勢披靡，向晚結營旋復西向。臣即夜三
更差官督催胡鎮、劉國各統官軍於十六日早向南迎擊，一日三
戰，虜衆首尾莫顧，雖少有斬獲，中傷頗多，未敢肆搶，奪獲人
畜、鈎杆，虜勢大挫。十六日，臣分發參將原於天回守本路墻
口，安置伏炮，俟賊至擊打。各賊於十七日仍由弘賜堡石彦莊北
行，申時前哨到口，夾溝行走。本官督率軍丁點放大炮，打死數
多。賊分二道沿邊急馳北行。

本日，總兵馬芳始自西路馳至，遇有護口達賊接戰。胡鎮、
劉國復自東馳來，各虜被逼仍拆墻口數處，擁衆出邊北遁。計虜
自十二日申刻入邊，至十三日未時方盡，其夜於鎮東海里村小海
子空處屯札。十四日沿河東行，遇劉國等官軍接戰半日。十五日
將近西城，即被總兵官趙岢拒戰敗北。十六日節遇各營官兵環繞
接戰，人馬未得休息，四野無草，屯堡難攻。雖歛餘莊寨或有搶
掠，間被奪回，其連戰打傷虜賊人馬甚衆，戰處血流滿道，死馬
亦資軍食。節據臣監陣旗牌官呂和及拘山自造并大同三、四、五
十里鋪堡長人等供報相同。

其查俺、黄各酋三秋糾聚，既東復西，縫袋曬肉，日思窺
搶，雖無那吉來降，勢必東西一逞。前次老酋入犯平虜，既無多
獲；今次黄酋突犯鎮東，痛遭挫折。虜謀由宣府西路張家口出
邊，志在深犯洪、蔚，即遇總兵官趙岢力拒西旋，虜謀頓伐。節
被原任總兵胡鎮會合副總兵劉國、臣標下奇援參將葛奈、馬孔
英、原於天，游擊朱瀚督統官軍兩日數戰，陣前斬級奪馬，生擒
雖僅十七級，其弓矢、火器射打中虜無算。官軍對敵，各有損
傷。兩鎮內地幸遂保全，是豈臣等兵力所能即致，實皆仰仗天心
助順，神武布昭，致兹點酋父子中爲降酋羈絆，又兼動犯非時。
在我兩鎮官軍倏忽雲集，在虜東西奔馳，動遭損折，庶可外挫點

虜驕橫之勢，以折其强索之謀，内可行我宣諭之策，以要其納款除叛之誠。即其連遣真夷，調回人犯之虜，急候回覆之命，則執叛輸情計日或可必遂。

查得兵部申明事例，止以血戰爲功，不以損傷爲罪，若能保全地方，雖無斬獲，仍以功論事例，通應優叙，所據效忠奮勇將官例應核實優録以勵戰功。其該地方觀望、疏失、誤事各官，法應通行勘究以昭國憲。

照得宣府總兵官趙岜，夙負才勇，久懷忠憤。練兵製器，三軍銳氣倍充；選銳摧鋒，二萬强胡遁北。保全本境之軍民，急援鄰鎮之警急。即其一日夕之間奔馳三百里山程，不顧艱險；遂使蓄三秋謀犯之虜僵尸敗衄，莫遂豕奔。既有血戰斬獲之功，尤著保全兩鎮之績，功應首論。本官去歲大同失事，降革祖署職級，改鎮宣府。訓練有略，士馬精健；懲創既久，奮勵日新。似應復其原職，仍加賞賚，作其志氣，以慰兩鎮官軍之望。

其該鎮副總兵劉國，志氣忠勇，年力精壯。平時清操偉略，將士咸推；臨敵奮勇先登，戰功獨最。臣標下原任總兵胡鎮，承委提調標兵，經年不辭艱險。練兵恤士，衆心既孚；陷陣摧鋒，精神銳健。夏月五堡之戰，共逐强胡；今次三日之捷，躬冒矢石。親丁二被陣亡，勞苦宜從優録。且節年提調標兵，斬獲通計百餘，迹其誓死報國之忠，可贖薊鎮疏縱之罪。似應准與并叙，量復祖職。

參將葛奈、馬孔英、原於天，游擊朱瀚，同奮忠勇，共輸死力，各有斬獲之功，均效血戰之力，奪獲人畜、鈎槍，既可驗徵查審。各屯軍民皆知感仰，力拒强虜，共保疆圉。雖虜入自原於天信地，本官以一路數百之軍焉能當二萬之虜？既有首尾數戰之功，可贖信地虜入之罪。臣標下旗牌官吕和，老練知兵，忠勇敢戰；督兵有略，共冒兵革。監陣多獲，功宜并叙。所據各官均應先行賞賚以旌忠勇。

其照大同總兵官馬芳，素負勇名，職守專閫。初禦老酋西犯，未收全功；今遇黃酋北入，坐失策應。且本官雖駐井坪，去鎮三百餘里，今虜衆出没七日，趙岢以鄰鎮將領承調而日夕奔援，血戰却敵；本官以本鎮主將慢令致期，觀望後至。即其信地疏虞，難誃顧此失彼，向非臣督調各枝官兵連戰逐剿，萬一重鎮有失，究將誰誃？平虜參將劉廷玉，納降本路，固難拒絶；遇虜來索，絶無應答。墩莊攻搶，平時修守未力；臨警倉皇，極邊孤城何賴？且縱容無賴家丁挑搶居人財物，九月零寇入邊，既失追逐；卒致鄰將陷殁，坐誤策應：并應勘究。

其鎮城東南各處莊宅壯夫共斬獲首級一十一顆，撫院標下官軍斬獲首級二顆，各營共擒斬首級三十名顆，在鎮西者通候撫臣查明逕報。餘虜經地方參將、操防等官均有地方之責，或歛備失嚴，或探報未的，雖大虜勢衆，難責與戰，其損失多寡例應勘治，臣即行守巡各道作速查明參報另行。獲功官軍，查照兵部原行俱係就陣斬獲强壯虜級，願升者候行核報，願賞者查有兵部原發陣前斬獲賞功銀兩，即應查給各欽降銀五十兩以鼓衆氣。餘陣亡、重傷官軍照例優恤，奪獲達馬、器械即給原獲軍丁充賞。

竊恐虜酋索降未得，反遭挫折，雖老酋在西納款，傳箭調回各酋，似出誠心，但恐黃酋被挫羞憤，仍謀復犯，在我防範時不可疏。況老酋聲調部落擁駐近邊，板升諸逆中懷疑懼，展轉構煽，難恃通使自疏戒備。除行山西、宣、大各鎮撫、鎮、副、參、游、守等官，遵照兵部節奉欽依申飭事理，各將本境嚴加飭備。仍留原調宣府副總兵劉國奇兵一枝暫駐天城，一則東防本境，一則西援雲東。山西正、援兵馬駐札廣武，俟援山、馬。大同正兵七千，半駐弘賜，半駐朔、應，與見駐山陰署游擊胡吉兵馬相爲犄角。及行户部管糧郎中，兵糧、守巡各道處備糧餉，申嚴欲備外。

伏念臣等三秋幸遂瓦全，冬初兩經虜犯，無能攝虜不侵，未遂斬獲多級，雖勢竭駑鈍，勉效驅馳，顧適遇納降，反滋多事。時當地方警急，處降未定，固未敢避難陳辭，其督屬疏虞，罪誠難逭。除一應處降、禦虜事宜查照兵部題奉明旨，內示那吉等以授官賜衣之天恩，俾知感戴，外諭老酋以納款執叛之大義，務令輸誠，另議會請。伏乞敕下兵部，查照節年議允事例，將明立戰功、別無罪狀各官趙岢等先議優賞以旌忠勇。餘東西二次虜入地方有無失事，各枝官軍搗巢、接戰功罪，通行宣大巡按衙門核勘明實，參行賞罰。并趙岢應否復其署都督及祖襲原職，胡鎮應否准贖被參情罪，通議上請，以作戰功，以保封疆，俾諸臣感戴隆恩，愈勵忠報，而各邊將士咸知感奮矣，等因。

具題，奉聖旨："兵部知道。"欽此。

該兵部議照，俺答、黃、把諸酋糾聚群醜東西分犯，雖稱索來降之虜，實欲肆虜掠之計。今被我兵奮勇逐剿，遭創奔北，足以挫窺伺之謀，絕強索之念，各該有功官員委應先議優賞以旌忠勇。所據宣府總兵官趙岢謀勇克壯，兩鎮保全，功當首論。副總兵劉國、原任總兵胡鎮戰功為最，勞瘁居多，功當并論。參將葛奈、馬孔英、原於天，游擊朱瀚均效轉戰之勞，各收斬獲之績，標下旗牌官呂和勇敢督兵，通宜并敘。

及照原於天雖有逐虜斬獲之功，亦有虜入信地之罪；大同總兵官馬芳觀望後至，信地疏虞；平虜參將劉廷玉修守未力，防禦無策：俱當勘究。其該鎮東西虜入地方有無失事，各枝官軍搗巢、接戰等項有無功罪，并趙岢、胡鎮應否贖復職級，亦應勘處。合候命下，先將趙岢厚加賞賚，劉國、胡鎮并加賞賚，葛奈、馬孔英、朱瀚、呂和量加賞賚。一面移咨都察院，轉行宣大巡按御史查勘二次賊經地方，要見虜賊的有若干，從何隘口進入，原係何官所管信地，緣何不行堵截，有無殘破堡落若干，搶虜人畜若干，及地方再有無重大失事并別項隱匿情由。先將劉廷玉并失事有罪人員通行勘究，仍查勘馬芳有無觀望逗遛、故違節制等情，并趙岢應否復其署都督及原襲祖職，胡鎮應否准贖被參情罪，原於天應否功罪相准，逐一核勘明實，議擬上請。并獲功、陣亡等項應該升賞、優恤官軍一并造冊具奏。

再照總督宣大都御史王□□，忠誠為國，偉略籌邊。發縱中乎機宜，威令伸于撻伐。東援而陵京恃以為固，西向而雲谷藉以無虞。矧降夷方塵經畫，則勞勩宜膺上賞。巡撫方□□，戰守胥賴，保障方嚴，據賊退遁之速，足徵防禦之力。亦應量加優賞以酬其勞。但恩典出自朝廷，非臣下所敢擅擬。

奉聖旨：「是。這虜賊退遁，該鎮督撫等官防禦有功。王□□先賞銀三十兩、紵絲二表裏，趙岢、方逢時二十兩、一表裏，劉國、胡鎮十五兩，葛奈等十兩。其餘事情，巡按御史作速勘明具奏。」欽此。

爲北虜黠酋納款乞封執叛求降乞賜廟議查例俯允上尊國體下慰夷情永弭邊患事

案照隆慶四年九月十七日，適有北虜酋首俺答嫡孫把漢那吉率其妻、奴八人，自大同西路敗胡堡投降。隨該分守平虜衛參將劉廷玉呈解巡撫大同方都御史，行委山西行都司掌印都司王應臣，會同大同府知府程鳴伊譯審明白，會同鎮守大同總兵官馬芳咨呈到臣。臣方自懷來具題回軍至萬全左衛，聞報驚疑，恐降夷蓄詐，備行撫、鎮嚴加防範，多方譯審，的無詐情，原因俺答以祖奪那吉先娉一婦與他夷，致那吉以孫怨祖，率眾投降。隨該臣等查係虜酋嫡孫，非平時降虜比同，聞老酋素所種[八]愛，必將稱兵來索，已經具議題請候旨間。

十月初一等日，節據參將劉廷玉報稱，俺答會調各枝虜酋，擁眾數萬，聽逆犯趙全等主唆，聲言圍困邊堡，索取那吉。隨該臣等選差標營通丁樊倉、周大敖等前赴平虜城譯諭各酋回兵邊外，差伊親丁赴城下答話。老酋節差親丁到邊，臣會同撫臣選委立功原任副總兵田世威隨帶通事官鮑崇德前駐近邊雲石堡，適遇夷使至堡，質留一人，令崇德直入虜營，宣諭朝廷不殺降之恩，明示督撫優待之意，諭以中國叛逆趙全等構亂之罪，許以執叛納款，定與奏請遣還伊孫之約。俺答聽命，遂遣二真夷隨同崇德返報，尚不欲以伊孫抵換全等，必欲先見伊孫，後送叛逆，等情，到臣。臣恐部議未示，坐誤應籌，隨將俺答擁兵索孫及崇德等往來諜報之詞具題，請敕兵部速示定議，聽旨復遣崇德申諭間。

本月十八日，隨准兵部咨，該本部議得，把漢那吉以憤激來歸，心志未定，其相繼歸降部落情狀難測。如欲令把漢統領，於各邊容收住牧，則狼子野心，終非可馴之物，而封疆近地當為意外之防。所據督撫、鎮巡諸疏固已目擊其詳，然事體重大，最宜長慮。今俺答兵已臨境，其擁眾屯住以索來降之夷、分散攻搶以肆虜掠之計又勢所必至。合候命下，移咨總督王□□，會同彼處巡按御史并鎮、巡等官，查照所議再加譯審，把漢那吉果係俺答親孫，同降夷口果係輸誠無詐，資養、防範等項悉如所擬，把漢那吉并阿力哥先姑首給官服以繫其心。其原題計處把漢及相率來降之虜容收近邊住牧一節，相應再行議處停妥，無貽內憂。見今俺酋糾聚近邊，如索求來降把漢那吉等夷眾，必須令其執獻逆賊趙全等，及送還被掠人口，投戈款塞，然後具奏遣還。如其恃桀擾邊，則拒之勁師以挫其鋒，挾之盡殺以撓其志，務相機度勢，處置得宜，等因。

奉聖旨："這虜酋慕義來降，宜加優撫。把漢那吉且與做指揮使，阿力哥正千戶，還各照品賞大紅紵絲衣一襲。該鎮官加意綏養，候旨另用。其制虜機宜，著王□□等照依原奏用心處置，務要停當。"欽此。欽遵，備咨到臣。會同撫臣通行該都司恭設龍亭，將那吉預給衣冠，引赴仗前，宣諭明旨，令其叩謝天恩，仍朝夕防範，逐日養贍間。

本月十二等日，節據弘賜堡守備周橋報稱，達賊二萬餘騎於本堡邊空拆墻進邊，屯住大同鎮城東南，聲言索降。巡撫方□□專差通丁直入虜營，諭以天朝不殺之仁，勒以退兵納款之議。各虜陽許東出，陰圖刁搶。隨該田世威即差原留伊處真夷赴俺答營責問，伊既通使求降，黃台吉等何復入犯。隨據俺答添差真夷齎執夷箭回稱，原約黃台吉分道進邊，黃酉原不知通講緣由。即令來夷執箭調回黃酉兵馬，夷使尚未至鎮。隨該臣督同撫、鎮催調各枝官軍前後迎擊，日夕追逐，於本月十八等日將各虜敗遁出邊訖。

臣料俺答父子外示未知，中藏凶狡。俺答西困平虜，每以甘言求降，故緩我兵。黃酉擁眾萬餘東犯鎮城，意乘我虛深入搶擄。幸仗天威遠震，兵將雲集，逐虜全疆，可伐強索之謀，庶固納款之志。即於本月二十日因老酉差人赴田世威處探信，特遣鮑崇德同伊原使真夷二名回諭。臣慮崇德一時言詞錯亂，楷書宣諭詞語一通給付崇德，備述朝廷不殺降之仁，聖明賜給那吉官服之恩，責問伊令黃台吉入犯之罪，開示禍福，曉以逆順，及告以趙全等叛逆犯法，構亂伊父子、祖孫之情，令其速與執送，等因，去後。

本月二十六日，崇德北至俺答營，備將臣原示宣諭緣由，令俺答屏去餘人，只留親信數人，逐一譯說。俺答尚未深信，疑係崇德編捏，崇德當將臣原給揭帖出示。俺答大喜，說伊空活一世，不知道理。夷中以邊臣爲太師，當說："中國有太師這些好言語，我無不依從。先年我原是進貢中國來，被丘富、趙全等到我邊，哄説我該坐天下，許我大同左右衛城，教我攻掏城堡，亂了這幾年，兩家厮殺，都不得安生。今我孫子是天使，過南朝講和兩國大事。我今年老，若天朝封我一王子，令我掌管我北番，各酋長誰敢不聽？我永不犯邊搶殺，年年進貢。我的位兒我孫子該坐，他吃穿了你中國的，他敢不知感？"

崇德就要俺答先將諸逆執送進邊，後爲題本請旨，送還那吉。俺答尚不憑信，崇德當説："你既不憑我，須差你親信頭目去見督撫，與他定説。"俺答當令被虜漢人王世科書寫番文一紙，内開："軍門、鎮巡兩家不許説謊，對天發咒。今差打兒漢守領哥等五名見皇上，大取和兩家都好。或封王則一統天下，羊年取和，兩家都好。三堂啓皇上，我乞討把漢那吉并吉囊女，你若與我，你問我要甚麼，并不阻隔。你把我孫子送出來，我後邊與趙全、李自馨、劉四等三人。軍門、三堂會奏乞討，等語。"後開夷使五名，及用一硃篆番印并各夷使名。各夷賫執入邊。隨該撫臣譯審前情，看驗番文各明白，連各夷使於十一月初一日押解到臣。

臣復陳列兵仗，督同朔州道兵備副使劉應箕譯審得，一名打兒漢，係俺答中軍酋首，一名亞都善，係黃台吉親丁，餘俱係俺答親丁。張彦文原係大同後衛千户，先年隨總兵劉漢截殺被虜虜去，向被俺答拘留，隨營領兵。臣隨將張彦文執問從虜之罪，本犯執稱被虜拘留，不能投還，今乘使間隨回投生。雖中情未委真的，但既係俺答番文有名差來，姑應收候另議。臣隨將彦文責令陽和守備奚元羈候，勿容與諸夷使同處，恐伊懼罪懷奸，傳泄債事。方將各真夷面譯得，打兒漢執稱俺答使伊來禀稱，伊先年原有進貢，後被丘富、趙全等勾引，將好路兒斷了。連年遠處搶去，怕中國搗巢，殺了老小，趕了馬匹；近邊駐牧，被中國將草燒了，只得沿邊刁搶，兩邊都不得安生。他有文書到邊上，也不得達上。今他孫子天使過南朝，是天教兩地取和。若與了他孫子，情願將趙全等有名號的五人送回，餘人如蒿草不值錢。若天朝肯封他一名號，他老年有名聲，管束各枝部落，永不犯邊，年年進貢。恐怕人傳言不信，故教他中軍來。及審亞都善，執稱係黃台吉家丁，前在大同城上親見撫院。先時俺答調黃台吉、兀慎、擺腰分道入搶，索要那吉。黃台吉有誓不搶南朝，被伊父調，不敢不來。到裏邊，被各處人馬射打，死了達子六七十，傷重了許多，丟了許多馬匹，射傷了三個小頭兒。中國人馬硬，搶不得甚麼，那吉也要不出來，本意要由東邊出去，被人馬當回來了。今聽俺答要講和，若加黃台吉一個官，情願隨著以後永不犯邊。

各夷又稱："但我北番沒鍋使，沒段子、布匹穿。若講和了，須一年與我們些鍋，我却將破鍋交來。"又稱土蠻達子是俺答大爺家子孫，今小輩兒常要欺負他。若封他個王子，他好與土蠻抵對。他無禮就與他廝殺，不怕他不隨從進貢。

臣復曉示以聖朝恩威、夷虜罪惡，即今天心助順，夷運已衰，聖武布昭，士馬精健，正思剿平胡種、汛掃穹廬以伸國初三犁虜庭之威，以雪連歲邊氓之憤。今俺答嫡孫自降，明有神使。彼既悔禍輸誠，願修職貢，我聖朝如天尊嚴，東有高麗、日本，西有天方、土魯番諸國，南有交趾、暹羅、大小琉球，萬國來朝，各有封號、貢期，希罕他這一種胡虜？但我天朝德政如天地，無所不包容，其待外夷，來則不拒，去亦不追。今俺答既納款乞封，聽臣等當為伊乞恩奏請，取自聖裁。但不許他蒙恩復叛，自取征伐，逆天犯順，自速禍敗。各夷情願對天盟誓，臣隨將各夷量用銀牌、段匹給賞。隨各俯伏領言，許以返報俺答，速將平虜近邊游騎掣回，聽候敕旨。各夷欲見那吉，臣隨會行撫臣，令其一見以示生存，一以慰俺答夫婦懸望之情，一以示那吉諸夷生還之恩。隨令鮑崇德仍押各夷回報，令其安心候旨訖。

　　竊慮趙全等各逆犯連日見崇德等往返虜營，俺答屏去左右，每與密言，伊懼被殺，必將反覆構煽，其沿邊戍守各營戰兵雖係冬深，尤須慎備。所有投到番狀，雖有印信，不成文理，止可留以備照，不敢塵瀆聖覽。緣虜中素無文役，亦無前規，有難責備。除將原文附照，通行鎮守總兵馬芳駐兵朔、馬，防剿該路零虜；游擊邊大振分統正兵一哨駐防弘賜，副總兵麻錦兼統右衛參將袁世械分駐左、右衛，署游擊事胡吉統領本枝游兵仍駐山陰，宣府副總兵劉國兵馬暫駐天城，臣標下兩掖軍丁仍駐陽和，東西策援。及行參將劉廷玉慎守本城，分給軍民備虜米、炭，以防攻困外。

　　臣會同巡撫大同右僉都御史方□□議照，天下有道，守在四夷；聖王法天，治大一統。惟茲北虜，種類實繁，稟氣剛厲，帝王不能臣，歷代不能綏，自古為中國患。始盛於六朝之分治，再橫於胡元之混一。天命皇祖掃除逐北，復中華帝王之統；再命成祖三犁虜庭，奠萬年夷夏之防。二百年來，每緣胡運之盛衰，馴致邊疆之安危。在弘治初年，小王子尚有自大同三貢之例，先撫臣許進志錄具存。在嘉靖初年，亦嘗開馬市數年，稍示羈縻制御之策。聽其强弱去來，惟有因其勢而禦防之耳。惟茲俺答黠酋，雄據漠北，侵擾九邊，攻城陷州，越關犯薊。其收用中國妖逆，搶虜番夷部落，年逾六十，衆至十餘萬。東脅朵顏三衛為嚮導，西調河套吉囊子孫為羽翼，歲遇秋高，狡謀糾犯，震驚畿輔，流毒九邊。征之勢難蕩平，禦之每患寡分，兵疲於入衛，財匱於供邊，仰廑君父之憂，下貽軍民之害，皆此酋為之禍首。茲者仰仗天心助順，聖武布昭，孼孫那吉偶以小忿而來降，獷子黃台吉既肆突犯而被挫，遂使老酋坐伐强索之謀，頓興效順之念。臣等適當其難，身任其危，仰遵廟謨，誓同撫、鎮多方宣諭，委曲開誘。當老酋厭兵悔禍之時，適黃酋畏死戒侵之運，既已投詞納款，仍各專使懇乞，冀得授一爵之寵榮，永爲皇明之藩夷。

查照國初忠順王舊制，及西番土魯番沙壇滿速及沙速王近例，似應俯順夷情，量爲封錫，定其歲貢之額期，示以賞賚之等第，俾其統率諸酋，各居漠北，永爲番國，免貽邊患，聿光皇朝大一統之盛治，式昭聖明賓四夷之至德。在朝廷不惜一命之渙頒，於國威爲益振；在邊疆可絶驕虜之侵擾，於國體爲益尊。責以執送叛逆，許以生還那吉，并黃台吉亦如那吉量授一官，以固結其父子、祖孫之心，是假以位號以羈縻胡虜，非以鱗介而易我冠裳也。

但封錫之典上關國制，未可輕允。或先給二酋以賞賚，嘉其納款之誠，責令另具真正番文，如各國體式，奉表稱臣，後議封爵。先令執送逆犯趙全及弟趙龍、丘富孽子丫頭、李自馨、劉四、劉五，其周元、楊孟秋，俺答既稱各以軍民被虜，原未教誘攻戰，伊欲留用寫字，姑容在虜，令其書寫番文，教道禮式，先許遣還那吉以昭威信。其善後之圖，責在疆場，既須慎始，尤當慮終。夫夷狄之服食雖與中國异，而日用之布帛、鍋釜不能不資中國以爲用，故連年深入搶虜，凡民間鐵器、衣物無所不携。今一旦許其通貢，則酋首歲有優賞，自可充用，絶其搶掠；則虜中萬衆衣食將無所資，而沿邊刁搶鼠竊之患勢必難免。故虜使於乞和之初即有求討鍋、布之懇，必須許以市易，以有易無，則和好可久而華夷兼利。

查得各邊如遼東、開元、建昌、肅州、西番諸夷，限其開市之時月，估其物價之定值，擇其邊外近地，各設守市官兵，許其兩平貿易，以濟華夷。嚴應禁火藥、兵刃諸物通販之禁，立奸民圖利詐騙之罰，庶虜衆不困於衣食，而鼠竊之患可免矣。

再照夷虜之性鷙急而狐疑，兵家之機易失而難轉。今老酋急於得孫，誓絕群言，矢志納款，冀得名號，雄於醜類。若一失其望，則孫亦不恤而憤必狂逞，雖防禦之具未敢坐弛，其疆場之擾勢必延蔓。伏乞敕下兵部，會同禮部廷臣早爲集議，定擬上請，敕示臣等遵奉施行。豈惟趙全等叛逆即可立致正法，則俺答未死之年，那吉承繼之後，必將感恩思報，誓絕侵擾，疆場幸甚，臣等幸甚，等因。

具題，奉聖旨："兵部看了來説。"欽此。

續准兵部咨，前事，該本部議照，天地生成萬物，每隆曠蕩之恩；帝王統禦夷狄，誕敷懷柔之義。今把漢那吉率衆來歸，稽顙臣服，朝廷即已命官頒賚，固無復遣還之理。顧俺酋恩愛未絕，既不勝舐犢之私；我國家威德方新，曷可靳放麑之惠？況其懇懇以執逆陳貢爲請，則其嚮風慕義此可概見，揆之事理，遽難峻絕。合候命下，移咨宣大總督王□□，會同鎮、巡并巡按御史備察虜情，如俺答、黃台吉果遁伏塞外，歛兵自戢，將逆賊趙全等執獻境上，即辨審真正，逐名驗收，然後將把漢那吉遣人以禮送還，用昭天朝聖武不殺之仁。

夫把漢那吉率衆來歸之舉，實其平日向化之心。今既遣還，尚冀天恩量加錫賚以旌其誠，庶醜類懷恩，穹廬生色，是亦制禦夷狄之一策也。至於俺答、黃台吉乞封一節，果否悃誠，遽難深信；況封錫之典上關國制，事體甚重。須其款塞心誠，另具真正番文，如各國體式，稱臣乞封，該鎮督撫等官方可請命朝廷，會官集議，恭候宸斷，等因。

隆慶四年十一月十二日，本部尚書郭□等具題。本月十三日奉聖旨："是。虜酋既輸誠哀懇，且願執叛來獻，具見恭順。伊孫准遣還，仍賞彩段四表裏、布一百匹。其乞封、進貢一節，著總督、鎮巡官詳議停當具奏。"欽此。

爲仰仗天威虜酋執獻逆犯遵旨遣還降夷請議 獻俘梟示以昭國法事

本年十一月二十一日，據大同兵備道參議崔鏞揭報，本月十九日酉時，據大同副總兵麻錦會同立功原任副總兵田世威、通事官鮑崇德押各逆犯八名到大同左衛城。二十日，本道公同各將領審得，趙全、李自馨、猛谷王、趙龍、劉四俱係先年白蓮教叛逆投虜正犯，當該軍門原差先降官晁三、王器等認識是真。其馬西川、呂西川、呂小老三名無人認識，令趙全等互相供結，俱係板升頭領、白蓮教從犯。聽具呈解審外。

本日，本道仍與把漢那吉同伊妻比吉各具卓席，并來送真夷五名及田副將、鮑崇德俱食卓筵宴。陳設香案，本道與胡總兵、麻副總兵等及各官俱侍立，開讀明旨，及備諭軍門傳札，逐一誦讀講解，仍將原札給彼，令其感恩圖報。將欽賞段布并督撫給賞俺答、黃台吉銀、段一一傳示訖，其節次督撫犒賞把漢那吉衣物等件逐一點明，就將數目手本交付打兒漢收去，各夷望闕謝恩。仍令俺答上表稱謝乞封，聽與奏請。

眾議恐俺答背約，將把漢手下隨來人到彼殺害，令打兒漢鑽刀說誓。本夜安歇，約二十一日早將把漢送去，仍留來夷二人東赴鎮城，領賚欽賞。其阿力哥已留，一同各犯解上。又公同胡總兵、田副總兵將賞過段綢、布匹另呈外。此事仰仗天威，成百年未有之奇功，服五帝不臣之荒屬。邊人傳聞，轉相慶賀；職幸躬逢，何勝忻躍？

續於本日夜，據原任總兵胡鎮差官報稱，二十一日己該各官禮送把漢那吉夫婦出城，仍撥兵馬，令鮑崇德同諸夷使隨送。本夷瞻戀垂淚，向北去訖，等因，到臣。

案查先該臣題，爲北虜黠酋納款乞封，執叛求降，乞賜廟議查例俯允，上尊國體，下慰夷情，永弭邊患事，已經具題候旨間。臣等責差通事官鮑崇德隨同各夷前赴邊外俺答營返報，期以十五前後回還去後。

本月初八等日，俺答差夷兵執拿板升白蓮教叛逆趙全并弟趙龍、李自馨及先年老營堡叛軍劉四兒各到邊外。據鮑崇德同夷使赴雲石堡傳報，田世威轉報臣等，俺答隨於雲石堡西十里王石匠河駐札，預將平虜邊内零賊俱調出邊，隨從餘虜數千屯駐邊外，未敢入犯。崇德懼恐那吉行遲，各夷不奈久候，親赴鎮城催禀間。隨該田世威恐各犯日久展轉生變，會同雲石堡守備苑宗儒各將親丁送入虜營爲質，先將趙全等收入雲石堡鈕鐐收禁，許以赴鎮禀取那吉，等因。

未奉明旨，未敢擅發，先行兵備道查動臣等原發官銀，多買牛酒、餅炒等物送發俺答，犒賞衆夷，令恭候恩旨。各夷每日於雲石堡討訊，俱不帶兵仗，地方無虞。至十六日晚，臣原差夜役抄捧兵部覆奉聖旨：「是。虜酋既輸誠哀懇，且願執叛來獻，具見恭順。伊孫准遣還，仍賞彩段四表裏、布一百匹。其乞封、進貢一節，著總督、鎮巡官詳議停當具奏。」欽此。賷捧到臣。

臣不勝感激忻慶，即會同巡撫都御史方□□，於本日未時責委臣預發標下提調標兵原任總兵胡鎮統領參將葛奈、游擊朱瀚，率兩掖標兵四千駐札大同城外，令胡鎮親赴城内，到於把漢那吉住所，諭以俺答求索之情、臣等代請之意，令其起行。本夷戀戀不忍去，聲言伊受天朝厚恩，加伊官職，及臣等養贍賞賚，未曾報效，死不甘心回去。隨該巡撫方□□又差中軍康綸等反覆曉諭，仍誘以統兵到邊按伏。本夷先率夷從三名同胡鎮西行。次日，撫臣責差康綸將那吉妻小并其餘夷衆起發隨行，各於十八九日俱到左衛。隨有俺答原差親丁火力赤、猛克二名求見那吉，各官責令相見。那吉隨將中國厚待之恩説與各夷，仍言伊決不回去，及言"俺答無道，故此來降。今要我去，以後我還要回來"，等語。各夷聽言，及將那吉弓箭一副帶去。該道會同胡鎮、田世威等責令鮑崇德隨同夷使，務令俺答將趙全等并續獲各犯通送左衛，方容那吉回還。崇德到虜營，備將聖恩許伊奉表請封通貢及准與伊孫賞錫備語俺答。老酋忻喜感戴，當差真夷打兒漢等五名將趙全等正犯八名於十九日押送左衛。隨該參議崔鏞會同各官查審明白收禁。

次日設宴那吉，備將明旨開讀，及臣原給曉諭詞語逐一譯諭。隨設香案，責令望闕叩謝天恩，并將臣等原給俺答、黃台吉及那吉賞賚、衣服、綢段、布匹責令打兒漢等查照收領，以歆艷夷心。仍令各夷對天說誓，即於二十一日早責令鮑崇德送回那吉。比去，臣已預行各官諭留原降阿力哥及俺答夷使二人赴鎮見臣等，領賚欽賞段布。臣等待至日，仍備諭以聖恩國威，許伊奉表乞封通貢給賞，永爲藩夷，誓絕犯邊，及板升尚有未盡餘孽，責令投降續送。

今據該道及各官揭報前因，除將各犯會行朔州、大同各兵備，冀北分、巡各道副使劉應箕、參議崔鏞、僉事韓宰，責行山西行都司大同府掌印、理刑各官，逐一研審各犯二十年來一切從夷犯邊、攻城破堡、僭號稱尊、殺官陷州等項情罪，及虜中一應隱秘夷情。

又據原差王器稟稱，各犯在邊執稱若容不殺，各願報效破虜，法固難容，計或可采。臣仍行各官誘以不死，俾令各陳蕩平板升、殄滅胡虜方略以備采擇，通候問明另行會請。尤慮老酋得孫之後或肆侵掠，故留真夷二名，令其赴臣領賞，陰示爲質。及行總兵馬芳仍駐井坪，沿邊各將領原布各枝官兵各駐守信地，申嚴歛備，須待諸酋遠遁，別無虜踪，方許撤兵解嚴，毋容即肆玩息，致有疏虞去後。

臣會同巡撫大同右僉都御史方□□議照，匈奴款塞，實昭國運之興隆；大逆斯得，允賴王綱之丕振。惟茲俺酋父子兄弟，雄屯漠北，盤據河套，招亡納叛，內犯外侵，華夷均受其禍，番漢俱驅爲兵。五十年來衆既難敵，益以中國白蓮教叛逆丘富、趙全、李自馨等及反賊劉四、張彥文，各先後稱兵謀叛，背華投夷。攻州陷堡，荼毒邊民；築城設墩，保障虜地。開豐州萬頃之膏腴，驅中國數萬之赤子，爲虜耕納，資虜食用。構結沿邊奸逆，傳泄各鎮邊計，坐致宣、大三關無年不被侵凌，城堡攻掏殆盡，軍民日不聊生。累次誘犯薊邊，震驚畿輔，積罪滔天，流惡瀰地。朝廷懸賞千金，構擒一犯莫得。今幸仰仗天心助順，聖德格遠。孽孫慕義來降，誠莫爲而自致；老酋傾心納款，非人謀之預能。臣等據實陳請，伏蒙聖恩俞允，廟謨恢張。輔弼紆籌，每授成於督撫；科部定策，未搖惑於群言。卒致俺酋始既執叛以求孫，終將稱臣而奉貢，上慰宗廟、社稷之神靈，下雪邊鎮軍民之憤恨。所據見獲逆犯趙全等誠宜查照歷朝事例獻俘廟社，明正典刑，挫尸梟首，傳示九邊，以昭國法，以振國威。其向來效勞各官，或出入虜營，履虎穴以構虜情；或躬蹈白刃，狎豺狼以結誠款。揆之懸賞之例，俱應厚加升賞，容候事完查明分別奏請。

及照招降有詔例，殺降有律禁，方該路之納降，初不虞爲酋孫，自難拒之邊外，被虜追殺，上孤招降之仁；撫降有賞格，處降有差等，臣能譯真虜情，自難視爲泛常，致生意外之虞。當其具議題請，即慮老酋來索，未免後艱；今幸得叛懷夷，地方未受大害，誠出天幸。歷查各邊事體，但遇重大夷情，必行各道、諸將詳議。近各省者，必行都、布、按三司會呈，或通詳撫按各院會請。今次夷情事出异常，機在倏忽，雖奉部議，聽臣會同巡按、鎮巡酌議，適當諸臣駐札統兵，道路即已隔遠，意見或各未同。臣恐事機一失，即難復遘，節奉明旨，敕臣處置具奏。臣惟遵奉明旨，就近會同撫臣矢心共濟，利鈍毀譽罔敢避恤，克期計程，尚恐遲誤，若拘文役期會，何能決策成事？

今俺酋駐邊旬日，遵令候旨，調回駐邊游騎，送還先擄人口，亦見誠款，其奉表乞封計日可待。臣等不勝慶幸，誠恐諸臣仍以臣等爲專擅欺誕，故敢披瀝具聞。其今次審過逆犯，應聽各道通詳巡按衙門會審會題，候旨處分。伏乞聖明照察，敕下該部定議，允覆備行臣等遵奉施行，等因。

具題，奉聖旨："兵部便看了來説。"欽此。

續准兵部咨，前事，該本部看得，總督等官王□□等具題前因，除俺答乞封進貢一節已經奉有明旨，聽總督、鎮巡官詳議具奏，無容別議外。爲照逆賊趙全、李自馨、猛谷王、趙龍、劉四、馬西川、呂西川、呂小老，亡叛窮凶，悖亂元惡。據板升爲淵藪，敢肆負嵎狂圖；勾腥膻爲腹心，自謂跳梁得計。震驚內地，每廑宵旰之憂；流毒邊氓，備罹屠戮之慘。歷數十餘年，先帝懸購已久，俘馘未聞；邊臣備禦甚嚴，強橫如故。邇者天厭夷運，祐我皇明，鴟鴞懷我好音，豺狼化爲馴擾，把漢稽顙內附，俺酋俯首乞哀。遂將逆賊趙全等駢首縶繫，生獻邊庭，策運伐謀，功收不戰。是皆我皇上格天無私，禦夷有道。樹威昭德，神武振勘亂之鴻圖；雪恥除凶，聖孝闡犂庭之駿烈。誠數十年未有之事，曠今日而僅見者也。

伏望敕下總督王□□，將趙全、李自馨、猛谷王、趙龍、劉四、馬西川、呂西川、呂小老八名差委的當官員械獻闕下，明正法紀。本部一面咨行禮部，議請祭告郊社、宗廟，以昭武功之競，以答貺佑之隆。

再照勞以定國，固臣子職分之常；賞以酬功，實朝廷曠世之典。據總督王□□威揚闞外，猷壯師中。決策運籌，克建繫頸之績；執俘獻馘，坐收奏凱之功。此一臣者所當首錄者也。巡撫方

□□氣欲吞胡，才克濟變。協心體國，腥膻之譎詐輸誠；偉略籌邊，叛逆之渠魁盡獲。此一臣者所當優録者也。輔臣大學士李□□、高□、張□□、殷□□，一時摧陷廓清之烈，皆四臣發縱指示之助，尤宜特加恩寵以酬其勞勩者也。仰祈天恩，將大學士李□□、高□、張□□、殷□□，總督王□□，巡撫方□□，先加升廕以隆激勸之典。其有功將領等官并一應效勞人員，即行總督分別具奏，等因。

　　具題，奉聖旨："是。這叛逆元凶頻年糾虜入犯，荼毒生靈，罪惡滔天。仰賴上穹錫佑，宗社垂庥，虜酋效順，執縛來獻，足泄神人之憤。朕心嘉悅，依擬奏告郊廟，獻俘正法。内外有功人員宜加恩數，你部裏查例來看。"欽此。

　　該兵部題，卷查嘉靖三十年該本部等衙門會題，該薊遼總督等官何棟擒獲逆酋哈舟兒、陳通事，該禮、兵二部覆題，節奉聖旨，郊廟奏告舉謝，内外大小臣工并各該效勞員役俱奉欽依升廕、賞賚有差外。又查得隆慶元年，爲欽奉聖諭事，該本部等衙門會官集議得，一、廣招納。合無通行各邊總督、鎮撫，凡華人之陷入虜中者，有能計斬逆賊，如趙全、周完等，函首來獻，升都指揮僉事，世襲指揮同知，仍賞田宅銀一千兩。奉聖旨："是。"欽此。俱經通行欽遵外。今該前因，查呈到部。

　　看得哈舟兒、陳通事彼時止在該鎮地方，流毒尚淺；趙全等則内窺畿輔，外擾山、大，遭其荼毒者非止一時，罹其攻陷者非但一處，罪惡滔天，神人共憤。向所獲者止哈舟兒等二人，今則渠魁縶繫直至九人之衆。向設計成擒，今則德威遠振，致驕虜慕義執獻，曾不煩兵革之威。揆之事理，其功尚在擒哈舟兒、陳通事之上，取擬前例似不相合。至查會官題奉欽依"廣招納"事例，計斬逆賊趙全等一人函首來獻，即膺重大升賞。今元惡九人一時生獻闕庭，比之前例懸購之賞格又遠過之。是勘定已得上策，茂著勛庸；然寵錫出自特恩，難泥舊例。等因。

奉聖旨："虜酋執叛效順，内外諸臣運謀宣力，功委可嘉。王崇古加太子少保、兵部尚書兼都察院右副都御史，廕一子錦衣衛正千户世襲，還賞銀五十兩、大紅紵絲蟒衣一襲，照舊總督。方逢時升兵部右侍郎兼右僉都御史，廕一子錦衣衛百户世襲，賞銀三十兩、大紅飛魚紵絲衣一襲。郭乾加太子少保，廕一子入監讀書，賞銀三十兩、紵絲二表裏。谷中虛、王□各升俸一級，賞銀二十兩、一表裏。李汶升俸一級，賞銀十兩。吳哲等各五兩。兵科都給事中章□□升俸一級，賞銀十兩。其餘的五兩。總兵、守巡等官有功的，分別另擬具奏。"欽此。

爲仰仗天威虜酋執獻逆犯遵旨遣還降夷
請議獻俘梟示以昭國法事

據山西布、按二司兵備、守巡冀北道副使劉應箕，參議黃九成、崔鏞，僉事韓宰，會同口北道分守參議何榮會呈問得趙全招由，議得趙全等所犯，劉天麒除軍士謀殺本管指揮，張彥文除知總兵討襲外番機密大事而輒漏泄於敵人，各又與趙全、李自馨俱除謀叛各罪名外，趙全、李自馨、張彥文、劉天麒俱合依謀反但共謀者不分首從律皆凌遲處死，趙龍、呂西川、馬西川、呂小老、王廷輔俱依謀叛但共謀者不分首從律皆斬決不待時，照出極刑。趙全、李自馨、張彥文、劉天麒、趙龍、呂西川、呂小老、馬西川、王廷輔俱照例免紙。未到馮世周等七十餘名口，招稱俱在虜營，遽難擒拿，應聽後圖。李孟陽、李義、韓龍岡、李香另行緝結，通詳到臣。

據此，臣會同巡撫大同右僉都御史方□□參照，逆犯趙全、李自馨、王廷輔趙龍、呂西川、呂小老俱以白蓮教故犯丘富之餘黨，張彥文、劉天麒、馬西川各以邊堡之官丁，背叛中華，甘投北狄。教虜爲兵，攻城陷堡奚啻數百；誘虜深犯，殺擄軍民動以萬計。敢尊僞帝，起蓋朝堂，犯天怒而不懼；謀危民社，詐陷邊城，積人怨而愈恣。流禍三鎮幾二十年，坐致邊鎮之殘傷；開設板升沿數百里，反資北虜之强富。仰廑宵旰頒詔招降，絕無歸正之心，歲貽封疆之害。積惡滔天，擢髮不足數其罪；流毒瀰地，寸斬不足盡其辜。今仗天威遠振，虜酋咸面縛以送邊；憲典昭明，據例應獻俘以正法。但查張彥文雖係先次爲虜遣還，究其叛逆罪狀，查與各犯實同，大同闔鎮官軍抱恨切齒。今本犯與趙全、李自馨、劉天麒既各問擬凌遲處死，已服極刑。其餘五犯雖聲勢不及全等，內王廷輔、呂西川、呂小老、趙龍俱係傳習妖術、同謀爲叛之人，馬西川尤係近日造意誘獻老營、謀危民社之首惡，罪狀惟均，似難止擬斬首。且各犯連年隨虜入犯，陷陣破堡，軍民闔門被殺，每致數十名口，律以殺一家非死罪三人之律，尚不足抵一二姓之命。伏乞敕下法司再加詳議，將各犯俱擬凌遲，請旨處決，梟示九邊，庶虜中見在餘黨咸知以全等爲□〔九〕，各思歸正，而各邊被殺軍民、被害人戶生死可紓忿怨矣。

　　再照趙全等妻子家衆尚在虜中，聞俺答念其數年媚彼，容留未殺。全等各有心腹從犯，向各領兵，必爲虜用，誠恐三五年後聲勢復振，逆狀復萌。除臣密行間諜，傳示俺、黃父子二酋，示以全等密令各黨爲彼報復，謀殺各酋，各圖歸正，令其盡從剿除，或執獻送邊，如全等故事，聽臣督撫衙門分別給賞。一面遵照招降原例，選遣通哨深入板升，賫執全等招誘手書，令其解散歸順，永消禍本。其餘豐州一帶板升村落多至數百，華夷雜處將至四五萬衆，勢難驅除。已諭各酋，凡以前被虜中國之人願回者不許阻截，除不願回及西番、黃毛各種聽在彼住種，若俺答既亦通貢內附，資其耕種，虜中亦足充食，自可永弭邊患。

　　通乞敕下該部早爲定議，酌示邊臣遵照施行。除逆犯趙全等九名，臣會巡撫都御史方□□責委臣提調標兵原任總兵官胡鎮、臣標下中軍原任游擊周應岐、山西行都司僉書都指揮嚴畏、旗牌官周堂，賚執令旗、令牌，選撥軍丁管押解送兵部告投外，等因。

具題，奉聖旨："這逆犯著法司會同兵部、錦衣衛問擬具奏。其餘事情，兵部看了來説。"欽此。

續准刑部咨，該本部會同都察院、大理寺、兵部、錦衣衛等衙門會問招罪相同，參照逆犯趙全等九名，假左道以惑愚民，背中華而就黠虜。勾引俺酋入犯，包藏禍心；盤據板升爲巢，深懷异志。起朝堂，上僞號，甘爲媚虜之謀；窺陵寢，毀王墳，大肆滔天之罪。損軍戮將，宗室亦受其凶殘；破堡陷城，邊氓盡遭其荼毒。震驚畿輔，仰塵宸衷，覆載之所不容，神人之所共憤，雖擬重辟，猶有餘辜。又審得趙龍等五名，所犯事情與趙全等四名無异，亦難別議。再照各犯律當緣坐，家屬見今俱在虜中，一時難以盡法。合候命下，將趙全、李自馨、張彥文、劉天麒、趙龍、王廷輔、呂西川、呂小老、馬西川押赴市曹，照例會官處決，仍各梟首咨送兵部，傳示九邊懸挂。其各犯見在虜營家屬并逆犯馮世周等移咨總督衙門計處，脱逃李孟陽等移咨都察院轉行各該巡按御史緝獲問擬具奏，等因。

奉聖旨："是。這逆犯既會審明白，依擬會官處決梟示。"欽此。

校勘記

〔一〕"那"後，據文意疑當有一"吉"字。

〔二〕"□"，據文意疑當作"到"。

〔三〕"□"，據文意疑當作"婦"。

〔四〕"之"後，《明經世文編》卷三百十六王崇古《爲夷酋款塞酌議事宜疏》有一"以"字。

〔五〕"故"，據同上文當作"固"。《商書·仲虺之誥》："推亡固存，邦乃其昌。"

〔六〕"時"前，據文意疑脱一字，待考。

〔七〕"□"，據殘存筆畫及文意疑當作"發"。

〔八〕"種"，據文意疑當作"鍾"。

〔九〕"□"，據殘存筆畫及文意疑當作"戒"。

少保鑑川王公督府奏議卷之四

宣大山西·納款類封貢

爲遵奉明旨酌議北虜乞封通貢事宜以尊國體以昭威信事

案照先於本年十一月初一日，北虜俺答遣使納款，乞封通貢，獻逆求孫，誓不犯邊。臣等據實會請，隨蒙敕下兵部覆議，奉聖旨："是。虜酋既輸誠哀懇，且願執叛來獻，具見恭順。伊孫准遣還，仍賞彩段四表裏、布一百匹。其乞封、進貢一節，著總督、鎮巡官詳議停當具奏。"欽此。欽遵，隨於本月初八日俺答執送逆犯趙全等八名到邊，臣等已於本月二十二日將伊降孫那吉遵旨以禮遣還訖。

續據俺答復遣夷使執文來謝，申訂前盟，仍請討表式、表箋，臣許以咨行禮、兵二部定議查發。及候咨部請發韃靼館譯字生，待其表使至日以便譯處間。

查得俺答原來番文內雖於臣等俱頓首稱謝，但稱吉囊、大把都未曾意會，伊父子部落四萬，永不犯大同地方，中間似有詭譎推諉之情。且老把都係俺答親弟，部落三萬餘，見駐宣府、三衛迤北；吉囊係俺答故兄夷名，其子孫吉能等眾酋盤據河套、河西，爲陝西、延寧、甘肅之害，俱係俺答嫡親弟姪。其親族兀慎、擺腰、永邵卜、哆囉、土蠻等酋，俱各分駐山、大沿邊，尤爲俺答本統親枝，設有一枝未附，即可推諉爲奸。必須俺答大爲會合，同心內附。在俺答行輩爲尊，眾莫敢違，或可封一王號，其各酋長必須各授一官，如三衛故事，方可羈縻衆酋，免復東西窺犯。臣即面命各夷，仍書宣諭傳示俺答，務令會合老把都、吉能同表進貢，方爲准請。其土蠻一枝，原係俺答各夷故主，近伊恃强背負，每思仇殺，今俺答自稱彼力不能招徠。臣訪得老把都外與土蠻交往不失，內與黃台吉親依尤切。本月初五日，適黃台吉差真夷來謝，臣亦諭令會合其老把都，傳示土蠻，同爲內附。雖土蠻從否難期，亦可破三衛交構之私，歆土蠻來歸之念。果俺、把各酋既已來歸，則土蠻之勢自孤，而薊鎮之患可免。即如今秋俺、黃諸酋一不東行，則土蠻聚兵止犯遼左，未敢復窺薊、昌，蓋土蠻每資俺、黃諸酋之兵力爲輕重，而河西吉能部落尤依俺酋爲聲援。故必令會合諸酋，方可允其錫封，許其通貢，均弭九邊之患。否則一枝未附，即可推諉爲奸，虜情多狡，有難遽信。

今據俺答糾合老把都、吉能、永邵卜各部落議允內附，各遣夷使一十八名，仍賫番文，內開：俺答俱已糾會各酋，同心進貢，各令夷使於本月初十日見臣示信。臣督同總兵官馬芳，兵備參政鄭洛，副使劉應箕、廖逢節詳審，各夷執稱各酋俱知聖朝曠蕩之恩，悔從前侵擾之罪，以後願戒，不犯各邊，專心通貢開市，以求華夷各遂安生，情已真的。臣復諭以須各守盟誓，不許背逆天道，敗盟負恩，自取征討，夷對天發誓承允間。

隨據吉能夷使八名懇稱，自今以後河套各酋誓不犯邊，但各鎮兵馬慣事搗巢趕馬，恐失大信。今願傳諭榆林、寧夏、固原各邊外住牧虜賊不許擾邊，仍乞臣傳諭延綏、榆林、寧夏、固原、莊凉各沿邊一帶將領，不許遣丁出邊，遠地燒荒，趕馬搗巢，共結和好。臣思夷狄之狡性難馴，朝廷之法令當一。臣今既要俺答合各酋同事納款，誓不入犯，必須請旨行各邊禁止搗剿，庶可昭聖朝之威信，大慰夷心；絕構怨之近圖，永弭邊患。

其表式、譯字生之議發，節准禮、兵二部咨開，查無各國體式，聽臣自撰給虜，譯字生必須臣題請方可議發。臣方咨請之時，日望各部據爲議題給發，已約各夷克期來領。今夷使再至，而部議未發，臣將何以應虜？除摘留夷使數人在鎮守候，仍遵照明旨，分投差人咨行陝西督撫諸臣，各照節年事例，慎戒冬防，一體暫免出邊搗巢趕馬，以安夷心，共俟通貢外。

伏乞敕下該部，查照臣先今題議事理，一面馬上差人通行陝西總督、各邊鎮、巡等官，申戒沿邊將領，無容出邊生事，自開邊釁；一面會同禮部查將各夷國表式抄發下臣，聽爲擬撰給發夷使，令其書寫真正番文，遣真夷捧進。更乞請發譯字生一人赴邊，俟其表至，譯審詞語果否恭順，或有觸犯，庶便就近發迴，勒令更正。上昭聖皇大一統之至治，各邊庶無異政；下慰臣思安九邊之赤忠，各夷可要同盟矣。

題奉聖旨："該部便看了來説。"欽此。

該兵部議得，馭夷須圖遠猷，作事貴當謀始。蓋北虜之性狡黠靡常，先年通貢開市，旋即背盟，肆行搶掠，往事可鑒。先該總督王□□題，爲北虜黠酋納款乞封，執叛求降，該本部議覆，節奉聖旨："其乞封、進貢一節，著總督、鎮巡官詳議停當具奏。"今本官復題前因，止憑一二夷使之言，未見會同鎮、巡詢謀僉同之處，事關國家大計、夷夏巨防，相應再行詳議。合候命下，本部移咨總督王□□，仍遵照明旨會同鎮巡官逐一詳議，各夷乞封通貢作何規制，封疆內外作何界限，開市有先帝禁例，應否復行。即如方行乞請，即要我以不燒荒、不搗巢，倘既允之，後再要我以不修邊、不設備，橫索以難繼之物，人心玩愒，或有意外之變，作何究竟。懲前顧後，謹始慮終，酌議停當，務圖萬全，然後方可請命朝廷，會官集議，恭候宸斷。

其板升密行間諜、明諭虜酋等事，兵機貴密，悉聽區畫。本部一面仍行各邊督撫諸臣修築墩墻，訓練軍士，慎固城堡，明烽堠，勤偵探，萬分加謹，不可少有疏虞，致貽内患。其陝西三邊搗巢一節，姑暫停止，候議另行。一面咨行禮部，先發譯字生一名前赴該鎮，以便查譯番文應用。

奉聖旨："是。"欽此。

爲點虜獻逆索降納款乞封遵旨查録效勞有功文武官役以溥恩賚事

准兵部咨，該臣案查本年九月十八日，北虜俺答嫡孫把漢那吉自大同西路參將劉廷玉所屬敗胡堡操守崔景榮本管邊境投降。續該俺答聽信逆犯趙全、張彦文等主謀，糾衆於十月初一日由平虜大水口入邊，屯駐近邊，聲言索降，不與，圍困邊堡。臣發總兵馬芳及臣標兵應敵間。至初七日，臣標下原任總兵胡鎮選差丁夜潛入平虜城答話，諭以退兵出邊、遣使講求之機，示以擁兵深犯、必殺那吉之威，俺答即於初八日退兵出邊。臣先會巡撫大同都御史方□□定委立功贖罪原任副總兵田世威駐札沿邊雲石堡，待有虜使至彼，遵照臣諭相機酬應。初十日，俺答果遣夷使四人赴田世威處問訊。世威遂留夷使爲質，即遣撫臣原選通事官鮑崇德同入虜營，遵照臣等原議，勒以執送板升諸逆獻邊，許以奏請生還那吉。俺答久緣親用趙全等供饋食物，尚執詭詞，未即承許，往返講議間。

適伊原調黃台吉遣其二子糾合兀慎、擺腰衆酋東入弘賜堡邊，直迫鎮城，聲言索降。該臣調發胡鎮統領標下兩掖參將葛奈、游擊朱瀚兵馬，於十四日晚西自懷仁趨鎮迎敵，次督宣府副總兵劉國、大同東路參將馬孔英合營南援，於十五日遇賊於山自皂村，血戰敗虜，追向南行。繼臣催調宣府總兵官趙岢，連夜兼程西援洪州。隨該宣府撫臣孟□督發該鎮東、西二路游兵合營策應。十五日未時，趙岢迎拒大虜於西城桑乾河渡口，戰敗虜衆，追逐西旋。十六日，臣復督催胡鎮、劉國等兵馬於大同鎮城三、四、五十里鋪一日三戰，逐虜至邊。大同總兵馬芳聞報，自西路井坪馳回追敵。於十七日，各酋仍於原口出邊。

田世威差夷使責問俺答以其子入寇之情，老酋佯爲未知，遂遣夷兵持箭傳調示信。繼臣等復差鮑崇德持帖宣諭俺答，責以調兵入犯之罪，勒以執叛贖孫之約。俺答方遣中軍打兒漢等赴臣等持番文納款乞封，許以獻逆迎孫、進貢內附。臣等向因平虜邊內零虜出没未退，復遣崇德入虜，責以盡退游騎，約期議請間。俺答即於十一月初伍等日調回平虜邊內零騎，送回被虜人口八十餘名，遣兵於初八日執送諸逆至邊，急欲得孫。臣等未奉明旨，未敢擅遣。夷性躁急，擁衆駐邊，雖未敢搶掠，但不勝寒餒，每日向雲石堡噪擾。守備苑宗儒恐或中變，當會撫臣原差標下旗牌官總旗李寧、舍人張惟忠并宗儒十二歲嫡子苑國圁、弟苑宗偉、苑宗伊各投虜營，取易趙全等四犯入雲石堡收禁，及以臣等原發牛酒犒賞夷衆以安其心。臣隨差旗牌周堂督同原自板升投降官王器赴該堡，認識各犯俱真。比臣既奉明旨，許以遣還那吉，向慮虜情變詐，恐肆劫盟，預行大同副總兵麻錦統兵五百屯駐威遠以援該城，督發胡鎮率臣標下兩披參將葛奈、游擊朱瀚統二營標兵送那吉於左衛。撫臣續發中軍原任游擊康綸統標兵五百護送那吉妻孥同赴左衛，會同大同兵備道示知虜使，勒送各逆犯於威遠。次日始送那吉出邊，胡鎮等仍押各犯赴鎮。

此納降、處降、遣降、得叛之始末也。通計兩月之間，調度驅遣，協謀經理，雖由臣與撫臣之同心，其承委驅馳、分猷幹濟則實藉諸臣之宣力。中間或出入虜營，往來邊地，率不知有身；或躬冒矢石，奮身血戰，皆誓欲效死。兩鎮撫、鎮諸臣義均車輔之依，雲鎮文武將吏心切子弟之衛。卒能東挫强虜，坐伐强索之謀；西保危城，免受圍困之害。那吉夷孫歸感天恩，尚思圖報；俺、黄各虜遣使復謝，各乞貢封。倘遂納款内附，即可永息邊烽。凡此皆仰仗天威遠振，格天心之助順；神武布昭，致我武之維揚。輔弼協忠，碩矣折衝尊俎；廟謨紓遠，允焉帷幄運籌。卒致媚虜親昵之叛逆，一旦面縛以入獻。

臣反覆思惟，格降有道，非有振懾招徠之機，則酋孫何歆慕而來庭？制虜有由，非恃德威并施之略，則黠虜難格心而懷畏。故必有奪人之心而後可攻心以伐謀，必有戰勝之威然後可不戰而屈兵。且俺答父子雄據漠北，親信板升諸逆，流毒三鎮三十餘年，向緣將玩兵怯，坐致虜驕逆横，臣等私切憤恥。今歲五月，俺酋突犯五堡，臣誓督總兵馬芳、胡鎮三日三戰，力逐出邊。老酋致中流矢，裹傷宵遁，既足大挫狂圖。逮至秋時，糾衆東犯。臣已提兵東援，仍行三鎮張聲出搗，卒致酋婦畏懼力挽回兵。累據降供，每言各鎮兵馬非比舊時，或稱恐虜衆北行，致遭搗剿，事有明徵，上下共知。時遇冬初，俺、把二酋已會兵北搶番夷。其孫那吉留之不從，既畏我兵乘虛之搗，素聞各鎮撫降之恩，遂因奪婦之小忿，傾心慕義而來降。節審虜情，明知各鎮兵非故怯，虜中戰每失利。此皆先攻其心而致降爲有由矣。既而俺答調其子姪分道内侵，明思强索，連被我兵或拒之境上，野無所掠；或敗之圍中，傷其酋長。既未得降，復無□[一]獲，五日六戰，死傷甚衆，是後伐其謀而歸降非示怯矣。雖後次通使講議、防護獲逆之功固當優叙，其節次攻心伐謀、格降畏虜之績尤當并錄。

查得兵部見行招降詔例："有能計斬逆賊，如趙全、周元等，函首來獻，升都指揮使僉事，世襲指揮同知，仍賞田宅銀一千兩。"今次一時并獲八逆，執獻雖由夷虜，勒議明賴各役，比之招誘計擒尤爲明正。所據通事官鮑崇德，出入虎穴肆次，反覆執議百言，激怒老酋而不懼，力拒衆虜而無怯，功當首論。相應遵照擒獲一逆之詔例，授以都指揮僉事，世襲指揮同知，量賞田宅銀數百兩，以酬其輸死效忠之勞。

原問死罪、今立功原任副總兵田世威，虜情夙諳，智慮周詳。揆度虜勢，每窺機而應變；制禦强胡，能運籌以宣忠。迹其忘身殉國之心，可贖往歲失守之罪，刭得攻州陷陣之首惡，足雪軍民千夫之仇恨，相應准其贖罪。及查得本犯今春宣鎮領兵出邊，親斬一級，部下斬獲二十七級，已經核實，并應查叙，復其原職以示優勸。

臣標下提調標兵原任總兵胡鎮、左掖參將葛奈、右掖游擊朱瀚，夏冬五堡、鎮東之戰，既能力拒强胡，多收斬獲儼虜之功；月來平虜、左衛之役，尤能遣諜防夷，竟致威降獲逆之績。據胡鎮先後效忠五年，同二臣累次擒斬百級，胡鎮應免被論之提問，准復祖職，仍聽推用，葛奈應量升實職一二級，朱瀚應准復原職，以勵忠勇。

臣標下中軍原任聽用副總兵趙伯勛、原任聽勘游擊周應岐、巡撫標下中軍原任游擊康綸，或諭夷獻謀共贊軍機，或送叛居降備極勞瘁，即其始終之憂勤，竟致上下之議乎，且年力、才勇各優，俱當及時擢用，仍與胡鎮等各須量加賞賚以旌其勞。

雲石堡守備指揮僉事苑宗儒，職守極邊，適當虜衝。始供夷使之往來，既多曲盡之勞費；繼欲諸逆之早獲，不惜子弟之入質。巡撫標下旗牌官高山、衛前所總旗李寧、大同右衛舍人張惟忠，當虜性噪擾之時，矢奮不顧身之志。始能先得四逆，慰勞虜心；繼能入虜宣諭，勒定盟貢。即應各於職役上准爲升級，仍加賞賚以旌其忠。内苑宗儒之子苑國圍，幼負壯膽，性復穎拔，既能媚安老酉之心愛，復能潛得虜衆之隱情，充其器識，可卜遠到，即應先給冠帶，優給月養，俟其承襲，加升實級以示優異。

大同副總兵麻錦，當虜衆之索降，防範本路既鮮疏虞，協力

出搗間有斬獲；及虜酋之獻逆，一得罪人不憚宵奔，諸降未歸能
飭撫禦：亦應量議升賞以酬共濟。

朔州兵備道副使劉應箕，沉毅多謀，每贊處降之議；飭兵有
略，共成禦撫之功。大同兵備道參議崔鏞，飭兵極邊，平時賴督
練之多方；歸降本城，臨敵恃處置之周慎。所據二臣當茲大賚之
會似應量加俸級，仍賜賞賚以酬同功。

分守冀北道參議黃九成、分巡冀北道僉事韓宰，居降處餉，
夙效籌畫；防虜勵兵，允資忠幹。大同府知府程鳴伊，守邊郡而
修防報績，居降夷而防撫周詳。山西行都司都指揮王應臣，節承
居降審逆之委，能盡周防詳慎之勤。以上各官同任邊疆，共贊處
降，亦應量賞。

臣標下兩掖營原差始事傳宣丁夜樊倉、周大敖、薛玄、張大
經，通事珊瑚，并撫院節差往來虜營總旗楊安、夜不收李朝卿，
或以夜丁冒險突圍，傳諭有功；或以旗役往來虜營，共出死力。
各應准授旗役，量給冠帶以備差遣。

臣標下旗牌官周堂、呂和、王器，把總楊亮，撫臣標下旗牌
官杜承恩，或揚兵邊城共效驅馳，或伴降送歸冒履艱險，均應量
行賞賚。

敗胡堡操守崔景榮、平虜城守備王楠，或納降本境，當錄首
事之功；或共保邊城，大得眾心之依：俱應量加賞賚。

原差傳諭被殺夜役許的、張顯、董臣、邵安、張定，奮忠臨
虜，冀立尺寸之功；殞身鋒鏑，莫救毒戮之慘。律以平時被虜，
其子當升小旗；今適承遣被殺，尤非無事之比。各應升襲二級，
仍給冠帶以慰忠魂。

此一時本鎮處降、獲逆效勞文武大小之官，遵奉明旨所當分
別優敘者也。

再照同時共事，鄰封協忠，如宣府巡撫右僉都御史孟□，夙

負壯猷，早宜忠略。當薊門之警急，戒師東援，期固南山之守；聞雲東之虜入，督兵西禦，真切震鄰之憂。共成却虜之膚功，全藉宣鎮之兵力。仍寓書贊臣，當留趙岢提兵陽和以示備；傳示諸將，當越宣境分路以夾攻。推其憤虜吞胡之志，頓忘鄰己异地之嫌，雖處降獻逆不由本境，其威虜伐謀殊藉同心，尤當并賜優錄以慰忠勤。

大同管糧郎中楊愈茂、宣府管糧郎中吳善言，給餉勵兵，既竭紆籌；調護協謀，多贊戎機。兩鎮事體攸同，均應量行賞錄。

懷隆兵備道參政鄭洛、分巡口北道副使廖逢節、分守口北道參議何榮，或修防供餉，永奠南山之守；或審逆贊襄，共翊通貢之盟。邊計既預同功，忠猷均應量賞。

宣府南路參將王國勛、東路游擊李浹，或虜迫信地，能捍禦以獲功；或承調禦虜，能兼程以却敵。共伐驕胡東犯之謀，用保該鎮洪、蔚之境，亦應量賞以勵戰功。

此鄰鎮效勞所當并叙者也。

其餘臣標下左右兩掖中軍、坐營等官席紹祖等，俱應聽臣等量爲獎賞。

及照大同總兵官馬芳，當俺酋初犯平虜，委蓄誘兵擒將之謀，機固難與輕戰；後黃酋再入弘賜，適該鎮西調朔、馬之遠，馬力不能卒旋。西禦東援，雖無斬獲之功；獻逆歸降，均效撫禦之略。且夏時五堡三戰，即足振神氣以攝虜魂；冬初右衛一搗，亦可牽虜顧而張兵威。本官職守專閫，夙著威名，既獲群逆，績亦難泯。平虜參將劉廷玉，納降本境，馴致獲逆，應論首事之功；被虜駐境，出没彌月，能保孤城之守。雖沿邊墩莊不無疏失，緣衆寡不敵，有難責戰。部下斬獲二級，似應准與贖叙。所據二臣先因信地疏虞，已經臣等參論聽勘。今既獲逆歸降，蒙恩大賚，似應宥罪錄功以溥隆恩。

臣軍門書吏王朝臣等、大同撫臣方□□下書吏賈盈科等，均應并行優敘。

伏乞聖明軫念宣、大二鎮大小臣工共事疆場，撫臣、各道撫降儶虜均著勞績，將領、官通驅馳斡旋各輸死力，臣等蒙恩優敘，諸臣奉旨甄錄，恩應溥遍以勵邊功，等因。

具題，奉聖旨："兵部知道。"欽此。

該兵部看得，總督宣大都御史王□□具題前因，大率謂處降獲逆功績非常，要將各該文武臣工并大小效勞員役通行論敘各一節。除總督王□□、巡撫方□□先經本部論敘，已奉欽依升廕賞賚，無容再議外，爲照前項有功人員，既經總督王□□開敘前來，通應議擬上請。合候命下，將孟□厚加賞賚。楊愈茂、吳善言、鄭洛、劉應箕、廖逢節、崔鏞、黃九成、何榮、韓宰、程鳴伊、王應臣十一員均加賞賚。內崔鏞仍升俸級，劉應箕已升巡撫，仍當厚加賞賚。鮑崇德量升千户職級，仍加賞銀五十兩。田世威准贖罪開伍，給與冠帶，責令殺賊立功。馬芳、劉廷玉姑免勘究，量加賞賚。胡鎮准免提問，與朱瀚俱准復祖職，仍與周應岐、趙伯勛、康綸俱附記在簿，酌量推用。麻錦、葛奈各升實職一級，仍與胡鎮等通加賞賚。苑宗儒、李寧、張惟忠三員各升二級，張惟忠仍給冠帶，俱加賞賚。苑國囿准給冠帶，月給優養。王國勛、李浹、王楠、崔景榮量加賞賚。其樊倉、周大敫、薛玄、張大經、珊瑚、楊安、李朝卿俱量給冠帶，與周堂、呂和、王器、楊亮、杜承恩并標下中軍人等及都司嚴畏、同知馬呈書等，俱聽總督分別獎賞。被害夜不收許的、張顯、董臣、邵安、張定五名，各將應繼兒男起送赴部，加升一級，仍給冠帶。王朝臣、段廷臣、賈盈科、陳雲路、游良鑒、郭仲梧、楊銓、王鎧、喬濟民、王鍵、花澍、鄭大化、張士元，各候役滿之日免其考辦復考，照依本等資格附選。內喬濟民已滿冠帶，合無准與揀選一等雜職，免其省祭附選。尤宗仗、李安、杜文朝、張夢麟、陳鳳鳴五名，各量給冠帶。秦學并巡撫賞奏舍人各量升一級。但恩典出自朝廷，非臣等所敢擅擬，等因。

具題，奉聖旨："是。孟重賞銀三十兩、紵絲二表裏。楊愈茂等各二十兩，内崔鏞還升俸一級。鮑崇德升副千戶，賞銀五十兩。田世威准贖罪開伍，仍給與冠帶。馬芳、劉廷玉免勘問，各賞銀二十兩。胡鎮免提問，與朱瀚俱准復祖職。麻錦、葛奈各於祖職上升一級，與胡鎮等還各賞銀十五兩。苑宗儒等各升二級，賞銀十兩。王國勛等各五兩。其餘俱依擬。"欽此。

爲再奉明旨條議北虜乞封通貢事宜以尊國體以昭威信事

臣查得先年開市之議起於逆犯仇鸞媚虜之私，故虜志方驕而叛盟、搶市之禍立至。今日乞封之議起於老酋老年厭兵悔禍之情，及感戴天朝歸孫、賞賚之恩，既納款乞封爵於求孫之始，復遣謝請表式於得孫之後，遵諭糾合其弟侄，傳語各部落，永不犯邊，駐塞候命，頓首稱臣，萬非昔時兩地爲市、辱國費財、玩寇自寬之比。虜若奉職通貢，國制即有待各夷國之常典。彼若叛盟不至，各邊自有邊防之守具、撻伐之兵威，何能要我難繼、干預我中國之邊備耶？況今次虜酋納款既非請開馬市，其中議開市一節，如遼東開元、廣寧開市，聽夷、商自相交易，亦非以官爲市，糜費京運銀、段之比。已行三鎮鎮巡、各道、將領等官，查照節行逐一從長計議，各夷乞封通貢作何規制；封疆內外作何界限；開市有先帝禁例，必難復行，其今次通貢事理有無與開市相同；查照弘治年間北虜通貢事理應否准許間。

准兵部咨，爲循職掌，陳愚見，議處國家大計以圖萬世治安事，該兵科都給事中章□□等題稱，臣等竊惟天下之事，懲前方可以善後，謹始乃所以慮終。方今四夷之中北虜爲强，而北虜諸酋之中俺答父子爲最，頻年以來擾亂我邊疆，蹂踐我人民，荼毒之慘所不忍言。幸賴天心助順，宗社顯靈，皇上神武宸斷主持於中，邊臣宣力效勞區畫於外，啓那吉之慕義來降，致俺酋之執逆奉獻，使叛逆賊子明正典刑，伸中國之氣，懾羶裘之心，誠爲處置得宜，無容別議矣。

但修表稱臣、進貢開市一節，利害禍福所關於國家者甚大。臣等反復思惟，夷狄之患自古有之，方其强也，雖漢、唐全盛之世且不免平城之圍；及其衰也，當元、成積弱之時亦嘗有稱臣之舉。故自古帝王之於夷狄，來則拒之，去則不追，惟治之以不治而已。今俺、黄諸酋控弦擁衆、屯牧邊外不下數萬，其强可知。近以伊孫那吉得遂生還，又蒙聖恩賞賚撫恤，恩威并著，渠乃因欲奉表稱臣，入貢開市，固諸酋懷德畏威之心，而其實亦欲假此以邀中國之利也。臣聞北虜不耕不蠶，衣食之用資於搶掠，既云通貢，則在彼當有進獻之儀，在我當有撫賞之費，今當議和之初，正宜講求之際。假如進貢人有若干，在何處候旨，撫賞當有幾次，用錢糧幾何；或酋首雖不犯邊，而零賊侵擾者作何區處；或部落潛入虜掠，而推諉別賊者作何禁止。至於馬市一節，先年已曾准開，不旋踵而即渝約叛盟，已蒙先帝嚴旨禁行矣。今俺酋乃復以此爲請，臣等竊料狼子野心必不能如約；縱諸酋如約，而群虜閧然規利，勢亦不能使之不叛也。凡此皆今日所當講究酌議者，乃總督王□□奏内曾未見明悉前後事宜。臣等職掌所關，竊以爲此舉乃國家大計、宗社安危之所係，不厭詳悉慎重，此所以不能已於言也。

伏乞敕下兵部，移咨宣大總督王□□，會同撫、鎮、守、巡等官從長計議，不可徼一時之利而貽萬世之憂，不可爲目前之圖而忘久大之慮。務使國體常尊，永奠磐石之固；邊氓安堵，得遂生養之休。如或虜性驕黠，心懷不測，則寧閉關謝使，整我師旅、修我邊備以拒其來，甚不可墮其徂詐之術以受其坐困之禍也，等因。

奉聖旨："兵部知道。"欽此。

隨該本部議覆，仍行臣查照本部、該科先今題議事理，會同鎮巡官逐一從長計議停當，作速具奏定奪，等因，備咨到臣。

案查未奉之先，臣翻思北虜通貢事體重大，固非臣曖昧所能揆度；而虜性靡常，尤非時日所能逆料。必集眾思庶廣忠益；必協輿情始堪經久；必考諸歷代禦夷之籌略，方可破群疑而定國是；必徵諸國朝歷年通貢之事例，方可擬規制以信夷狄。通行三鎮鎮、巡，布、按二司，守巡、兵備各道，副、參、游、守等官，查議該鎮某路可以通貢道；某城可以居虜使；某路道路適中，防範爲易；邊外有何近地可爲市場，某兵可以歲遣守市；虜馬之進貢每歲應許若干；酬賞之價或以段布，或以官銀；應否定以馬匹年齒、尺寸以爲價之低昂，防彼以老弱濫貢，枉費官價之弊；虜中之交易，何物可聽客商自相交易，何物當官府禁防。與其各部落撫賞之規、各酋長酬贈之等、每年納貢之期及平時沿邊禁革通虜趕馬之例、各路守兵墩堠防範之略、防秋應否減調兵馬之數、每年應否稍省客餉之費，與夫未盡事宜，逐一詳議開呈，以憑再加詳定酌議具題間。

今准兵部咨議，前因，除復行各鎮通議去後。

續准巡撫大同右僉都御史劉□□咨開，節准兵部咨，該臣及兵科都給事中章□□等各題，職反覆細玩，蓋爲邊情重大，必須裒集眾議，庶爲停妥，其爲國家慮至深遠也。但兵家之事勢難遙度，而邊方之舉動必邊臣之親閱夷情者乃爲周知。即此俺酋請封乞貢一事，職戴罪陽和，日與總督王□□計較論量，蓋亦籌之熟矣。懸爵位之虛號以邀荒裔之臣伏，開入貢之舊道以紿狂虜之奔趨，定交易之規則以示中國之羈縻，古今控馭北虜之上策恐無出於此者。陛下之視崇古，豈爲輕躁之士而寡謀之人哉？

夫夷狄之爲中國患，從古以來五帝三王未有能臣之者。今一旦改慮輸誠，求欲内附，稱臣上表，乞貢索封，茲乃天地、祖宗之靈，皇上恢弘之烈，顧可以輕阻之哉？而議者比之於馬市，職竊以爲過矣。夫往年之開馬市者，虜騎充斥，憑陵中土。逆鸞受世宗皇帝之重委，不能建功沙漠，乃爲此媚虜之計，欲以此中俺答之欲以求緩旦夕，與宋之納幣何异？其事既不出於俺答之本心，而益以起狂虜之驕志。是以東堡交易，西堡殺人，虜焰日燎，莫可收拾，往事具在卷籍者可考也。

今俺答卑詞遣使，奉表稱臣，自比屬國，如西漢左賢王之例。其兩次貽書於督撫，殷勤請托，非如昔日擁兵壓境，挾其驕横之勢而坐索也。其夷使之來者稽顙請乞，俯伏階庭，非如昔日倨傲抗禮，奔走中國使臣而奴使之也。故每一會審，職與督臣竊嘆以爲呼韓稽顙，單于接踵，古今聖帝明王之盛復見於今日，非我聖天子建中和之極，精誠上格，神化罩敷，曷克致是哉？

職封疆之臣，非不能爲大言抗絶以聳動宸聰，但俺酋既已兩次遣使，若重爲拂逆，非惟阻其向化之念，抑亦挑其忿懥之心，職恐邊方自此又多事也。蓋許其通貢者，非恃其和好并中國之防範戰守之具而悉撤之也。俺答果向順也，年年進貢，則華夷得所，中外兩安。即此天未陰雨之時，正我綢繆牖户之日。自此修頻年不可修之堡，自此耕塞外不可耕之田，自此練春秋不可解之甲。一年安静，一年之修備也；十年安静，十年之整頓也。萬一俺酋弗率，違背前好，侵我邊疆，即將閉關絶使，整戈秣馬，與之馳驅疆場。今其稽顙向順乃拒之而不納，及其跳梁怒背又撫之而不能，不幾於朱策耶？

伏願陛下大奮乾綱，主張於上；輔臣昭鑒，贊翊於中。成此古今帝王未有之鴻烈，光照千萬世無疆之曠典，誠邊方莫大之幸也。若議論不決，計畫不定，數月之後，虜使難以久羈，彼亦將中阻矣。機會一失，不可再得；虜心一變，不可再強。是在聖明之獨斷也。除具題外，備咨到臣。

又據鎮守大同總兵官馬芳并山西布、按二司參議黃九成、崔鏞，僉事韓宰，宣府總兵官趙岢，并山西布、按二司兵備、守巡口北道右參政鄭洛、副使廖逢節、參議何榮，又據山西按察司整飭岢嵐兵備道副使紀公巡、山西布政司分守冀寧道右參政孫枝各呈。

又據臣標下中軍官原任副總兵趙伯勛、游擊周應岐呈，審據原差旗牌官李寧、楊亮供稱，隆慶四年十二月十五日，蒙差往俺答處責問老把都仇殺屬夷之故。職等本月十七日到於俺答營講說：“屬夷史大等見受中國撫賞，你既同你弟侄求貢，緣何老把都兒近日又擾屬夷，犯我邊境？顯是變詐不誠。”俺答說稱：“因屬夷時常偷趕老把都營馬匹，因此我兄弟搶伊報仇。今日南朝太師既差你們來講，我就添差夷使安克等二名，同你兩人，一則往永邵卜家、老把都家親問同貢事情，見我的實心；一則就將先次賞他的衣物帶去，着他快差人往南朝太師上辯罪。”

職等本月二十日同夷使安克等起行，路甚遙遠，又兼狂風大雪連落九日，平地雪厚二尺有餘，至隆慶五年正月初一日始到永邵卜帳內。職等嘲探求貢真偽，本酋夫婦并部落賊衆歡喜不盡，俱稱情願和順，彼此求安。永邵卜又說：“我等夫婦說誓，乞貢結好。”職等回說：“你既真心，太師原有賚來賞賜。”就將督撫原賞段匹等物送與。本酋陳設香爐，同衆頭目望南拜領。時有中國被虜識字，又會打造器皿漢人侯天祿，夷名威敬達而漢，號稱“筆寫契”，專與永邵卜、老把都兒、察罕兒即土蠻三家主事。永邵卜即令此夷寫完番文，托本夷并差乞探等四名同職等於本月初四日起行，至十三日方到老把都帳内。

職等備問老把都侵擾屬夷情由，老把都説稱："屬夷累次偷趕我的馬匹，我先要與他仇殺，被我兄弟俺答傳説，已與南朝講求通好，約我同貢，我心甚喜，因此不與他仇殺。近日他二次又偷趕我的馬二百餘匹，我纔忍他不過，方行搶他。差去人誤將中國人畜搶過七口、驢二頭，我已送回了。後蒙軍門太師傳諭，令他將原捉我的達子放回。我聞此令，就將先捉定他的兒子擺三兒放去。你們在太師上替我禀容通貢，誓不犯邊。"又説："近來你們兵馬專劫我們房子，趕我們馬匹，晝夜防範，不得安生。今既許貢，彼此都好。再乞太師與我禁治屬夷，今後不許趕我馬匹纔好。"

職等見得老把都既無他意，亦將原賫段綢等物送與。本酋當率妻子及各頭目將段安置供神車上，望南羅拜收訖。職等復説："如今我們各鎮軍丁因太師准了你們進貢，恐怕斷了他們搗巢趕馬的利路，俱各懇告不要容貢。你今既是實心乞貢，我們就報太師題本。"彼稱既是許貢，兩家都要管束部下，方纔不失好意。説畢亦令威敬達而漢書寫番文，就令本夷及夷使把兒器首領等六名同職等於十七日離營起行。

職等在各虜營奔馳四十餘日，經過黄台吉部落，沿途聽得各帳房常有哭聲。職等即問同行夷使，各帳房因何啼哭。各夷回説，是去冬入犯大同折了的達子家哭里。職等誘説："我們各營止殺了你們一百八十餘顆首級，緣何有許多哭的？"衆夷説："你們那樣大炮、火器打死了我們許多達子，我們都馱出邊外埋了。"又職等在營時，正遇察罕兒家達子二名前來把都兒營内探事，當有把都兒次男密與職等説稱："你們見他言詞硬着，使他怕懼。"因此職等與各夷力論交兵勝負，及將先年棒椎岩殺了他一二千賊一節問他，各夷漸有畏色。職等却以温言諭説："如今我們太師因俺答各家同懇奏准萬歲，許封他每官職，容他進貢。你們可快去報你頭兒，也來乘此機會同貢，一體重大升賞。他若不來，我們中國也不稀罕。"各夷欣然應諾去報。職等同各家夷使一十三名於二十五日方從大同新平堡邊界入境投見，等因。又准巡撫宣府都御史孟□咨，各到臣。

臣復面審各家夷使，感畏相同。適巡撫宣府右僉都御史孟□特因貢議來赴陽和，臣會同巡撫大同右僉都御史劉□□，會審俺答、老把都、永邵卜、吉能各夷使，看詳番文詞意先後無二，督同宣、大總兵官趙岢、馬芳，兵備、守巡各道逐一詳議明白。

議照帝王治夷以不治，拒其犯順，而不拒其來庭；先皇惡虜之反側，禁開馬市，而未禁其納款。蓋事理有逆順，虜情有誠偽，要不可執一論也。歷查俺酋乞封請貢之意，起於初求降孫那吉之時，既書寫私印番文，復專遣中軍夷使。臣等據實陳請，尚疑夷情變詐，恐朝廷不與伊孫，故不惜卑詞哀懇也。既蒙聖恩許其獻逆遣降，臣等尚慮其劫盟背負，或執叛未真，得孫逸去也。仍多方防範，嚴兵振懾，未敢輕聽甘言，弛我厚備。既而俺答割親信諸逆執送邊城，遣中軍酋長入謝聖明不殺其孫之恩，畏天朝神武振懾之威。自思年老病衰，其子黃台吉年已近衰，誓不犯邊，非昔年父子強壯之時。子忤孫逆，真夷多降，諸逆既執，板升人心已散，內外失手足之助。年來各鎮選將練兵，蓄丁修堡，戰既難勝，攻亦難克，每遭趕馬搗巢之害，歲絕邊堡通虜之賄。凡昔年依強憑陵之故智率未可遂，而將來眾叛親離之禍自不可保，故爲此乞封通貢之詞，由於厭兵悔禍之誠，非先年初搶畿輔，環駐近邊，挾我開市云也。

歷查嘉靖二十九年開市之議，始因北虜各酋擁犯薊鎮，執馬房內臣楊淮等九十二人，許以奏請開市，得釋生還。既而糾聚駐邊，累言要挾，動稱不許則入搶，詞甚誖謾。當時邊臣具聞，先帝初未允許，既而大發帑銀三十萬爲修戰具，擢咸寧侯仇鸞爲大將，聲示撻伐。鸞握重兵，出邊搗巢，遇虜失利，畏虜復犯，乃遣家人時義等遠出漠北，陰賫金幣厚媚俺答，許請開市，苟逭罪譴。先帝既誅仇鸞以構虜，嚴垂禁旨，以復容開市者斬，蓋深惡仇之媚虜欺罔，大誤邊計也。今且二十餘年，諸虜侵犯無常，邊臣隨時戒備，何敢重蹈覆轍，媚虜請市，以故違禁旨，自陷重辟耶？

且虜勢既非昔强，我兵亦非昔怯，雖不能窮追以滅虜，時出搗勦以宣威。虜雖嘗糾衆而深入狂逞，天即降罰而人畜死亡。即如隆慶元年，老把都、土蠻糾犯薊東，則棒椎岩千騎一時落岩盡死。俺酉父子深犯石州，則人馬道死萬數。臣自撫夏督原凡七戰，每督陝西、延寧各鎮官兵出邊搗勦，節年共斬首千餘級，其陝西四鎮五年之間斬獲虜首通計三千有餘，套虜之披靡已甚，而老把都之被禍已深。即虜使自訴，彼近邊駐牧則分番夜守，日防我兵之趕馬搗巢；遠搶番夷則留兵自守，時被我兵之遠出撲殺。在虜既未遂安生，故游騎不時近邊擾我耕牧，大舉每歲窺逞勞我慎防，在我亦無時解備。華夷交困，兵連禍結，故思一容通貢，各遂保全，審時度勢，萬非昔年開市之比。今部科之議乃以禁例爲援，夫先帝禁復開馬市，未禁北虜之納款。今虜求許貢，後容伊買賣，如遼東開元、廣寧互市之規，夷、商自以有無市易，不費官銀，不專市馬，亦不過通貢中之一節，非復請開馬市也。臣等雖至愚，苟無利於國家，有違於禁旨，何甘身冒重辟而爲虜請乞？

但歷查俺酉父子兄弟之橫行各邊者凡四五十年，而累犯薊鎮者三五次。當其震驚宸嚴、流毒畿輔之時，孰不欲飲其血而食其肉？然發言盈庭，文移充棟，空抱滅胡之志，未收遏虜之功者，雖勢力之未能，亦緣議論太多、文法牽制使邊臣無所措手足耳。

昨歲秋時，老酋糾衆東行，三衛綽風傳報，京城戒嚴，至倡爲運甎聚灰之議、擁門城戰之圖，率以爲禦虜長策，其不至貽笑於虜者幾希矣。今虜酋納款，乞貢內附，乃必欲定久要、守尺寸以可保百年無事，他日有失，究首事之罪，豈惟臣等所不能逆料，雖俺酋亦恐能保其身而不能保其弟侄，能要諸酋於目前而不能制諸酋於身後也。

夫拒虜甚易，執先帝之禁旨，責虜酋之難保，數言可決，虜必發憤逸去。在宣、大，近以遣降之恩、兵馬之力或可保數年之不侵；在薊、遼，東有土蠻之擁衆，中有三衛之構結，必將歲糾俺酋父子爲聲援以窺近郊；而陝西三邊，則吉能子弟部落河套既不能容，賓兔諸酋久已分駐河西大小松山，頻年侵擾番漢，不時過河內侵，甘肅、延寧四時戒防，蘭靖、洮河久將難支。九邊無息肩之日，財力有莫繼之患，雖有智者，恐無以善其後，求不戰屈兵、全師全疆不可得矣。

臣等反覆思惟，俺酋今日之乞貢實關國家之氣運，非天心助順，宗社垂休，則那吉未必輕身而來降，諸酋何甘俯首而聽命？趙全等二十年構虜之元凶何能一朝盡得？是在天時既不可違，當皇上明良共政之時，際國家百年中興之運，適諸酋衆叛親離、衰老厭兵之會，正九邊兵力稍振、時可自治之日。允其封貢，倘各邊有數年之安，則開荒屯、修破壘以充實邊境，除器械、練士馬以精習戰具，省客餉、清屯鹽以充裕財用，免調遣、減分戍以節[二]勞費。縱將來或老酋死而諸酋叛盟，或土蠻憤而互相仇殺，我以蓄養數年之財力從事戰守，不猶愈於終歲戒備，自救不暇，如近歲云耶？說者不察九邊之時勢，不度虜情之誠僞，未究開市、乞封始末之异狀，未恤邊臣力任艱大之苦情，概執大義，諉禍微臣。臣等一身不足恤，恐事機一去不可復轉，虜情再縱不可復馴，則疆場之憂、勝衰之數，臣等將不知所終也。

及查得國初北虜原有通貢之例，正統初年也先以克減馬價而稱兵，載在《天順日録》可查。夷種亦有封王之制，如哈密忠順王，原以元種，聖祖封之哈密，以爲我藩籬，後爲土魯番所執，尚取其子養之肅州，收其印貯甘州庫，先臣王瓊處置土魯番奏議具存。其弘治初年迤北小王子由大同二年三貢，前撫臣許進題允志刻見傳。夫揆之時勢，既當俯從；考之典制，非今創始。堂堂天朝，容胡虜之來王，昭聖王之慎德，以傳天下後世，以示東西諸夷，以光中興之大烈，以覲二祖之耿光，實帝王之偉績、清朝之盛事，何諸臣疑憚而未深長思耶？

其通貢一應善後事宜，除陝西三邊已咨行彼處督撫衙門定議，臣於去冬十二月初已預行宣、大、山西各鎮鎮、巡，布、按二司，沿邊守巡、兵備各道會議，各令克期議報間。近准部科之議，又經催行各鎮遵照欽依速議，咨呈到臣。

復會同宣、大撫臣孟□、劉□□逐爲面確，務參酌衆議，裁定畫一之規條，成八事。伏乞敕下兵部，大集廷議，特賜宸斷，明示臣等遵奉施行。伏候敕旨，計開：

一、議錫封號、官職以臣服夷酋

照得北虜各部落惟土蠻爲小王子之裔，屯駐遼、薊東北，衆十餘萬，其控弦帶甲者不滿數萬，虜種雖衆，而兵未精強，故難獨逞。俺答、故兄吉囊并其弟老把都三人原係土蠻臣屬，分駐宣、大迤北雲州青山、河套內外、河西大小松山，連年搶虜番漢，盔甲、器械既多，益以板升奸逆教虜爲兵戰陣，攻擊尤健，兵號精強。但衆勢分據，未易卒合，故每次入犯必糾會於數月之前，聚衆至十餘萬方敢深犯。否則各分邊境，趁草駐牧，時遣精騎撲搶窺農。此虜中之大勢也。

今俺酋乞一名號，雄制諸夷，除土蠻不隨伊調度外，餘虜行輩惟俺酋爲尊，或可錫以王號，頒給鍍金印信，如忠順王及西番諸國例，俾彼可號召其弟侄子孫，爲國藩夷。其餘大枝，在東如老把都，在西如吉囊長子吉能，并俺答長子黃台吉，俱宜授以都督職銜，如三衛故事。

各枝子孫，如兀慎、打兒漢台吉、擺腰、小把都兒台吉。俺答尚有三子，第四子賓禿台吉，第五子野兒鄧台吉，第七子不他失禮；孫男四人，扯力哥、那木兔、跛兒啞都、小把都兒台吉，俱黃台吉子。老把都五子，長子把都黃台吉，二子青把都台吉，三子來三兀兒台吉，四子滿兀四台吉，五子滿兀帶台吉。吉能弟三人，打兒漢台吉、銀定把都兒台吉、筆寫契黃台吉；子二人，長子把都黃台吉、次子綽庫兒台吉；侄七人，賓兔台吉、扯力兔台吉、大家阿不害、合手計黃台吉、切侵黃台吉、禿退阿不害、朵兒見台吉。哆囉土蠻四枝，哆囉土蠻把都黃台吉，麥力艮台吉，着力兔台吉，克鄧台吉。永邵卜三枝，歹成那言、把兒谷阿不害、阿落氣把都台吉，俱老把都侄男。歹成那言子二人，長子阿不害，次子挨四阿不害。委兀兒慎四枝，着里兔台吉，滿克賽台吉，旭胡弄台吉，褚叱把都台吉，俱俺答族侄。哈喇慎二枝，打剌名啞台吉，把都兒台吉，俱老把都侄。共四十六枝，大者衆至萬人，次者數千人，小者或千人，或數百人，雖衆寡強弱不齊，俱係俺答親枝，酋長俱須授以指揮職銜。

其俺答帳下恰台吉、打兒漢、諸女婿他不浪十餘枝，俱聽老酋統調，各須授以千戶，如把漢那吉、阿力哥近例，各賜之冠服，俾知臣禮，庶大小酋首均知感戴天恩，榮被衣冠，各統部落，不敢侵犯各邊矣。且虜性好強而恥卑，若名位同而恩典异，必不相下，而憤怨爭奪之端易生。是假名器而臣服強胡，以衣冠而羈縻夷虜，即如各處土官、朵顏三衛事例，在朝廷無大煩費，庶各酋咸知榮感矣。伏乞聖裁。

一、定貢額以均賞賚

夫夷虜之進貢，各獻馬匹，名雖效敬而實欲希賞；朝廷之頒恩，厚往薄來，本以懷夷而尤宜均被。各酋既有封號、官職，每年令其進貢一次。須令俺答每次進馬十匹，夷使十名；老把都、吉能、黃台吉各八匹，夷使各四名；各酋首聽俺答各以部落之大小分定馬匹之數目，大者不過四五，小者止許二匹，夷使各二名。連那吉通計四十七枝，每年進馬不得過三百匹，夷使不過百人。如虜再求加多，馬不得過五百匹，使不得過百五十人。

馬分三等，每次選上馬三十匹進御前驗收，餘馬上等給官價十二兩，中等十兩，下等□[三]兩，餘不堪老瘦之馬不准充貢。馬匹分給宣、大、山西三鎮官軍騎操，各支椿朋以充馬價。夷使每年定以六十名進京，餘留在邊，分駐三鎮沿邊市場城堡，給之廩餼，陰示為質，候京使還鎮，各以馬價從官易買綢段、布匹諸物，令其帶回邊外，分給各枝酋首以為酬賞。其各酋欽賞之額，聽禮部查照三衛及西番各國事例頒給。庶朝廷有公溥之惠，邊方得虜馬之用，而各酋歲歲均被恩賚，無紛奪之虞矣。伏乞聖裁。

一、議貢期、貢道以便防範

夫虜以秋高馬肥為驕逸之時，以春月青黃未接為馬病畏怯之候。今俺酋乞封納款雖出誠心，其夷性變詐不常，尤須陰示防範，且許以貢使之入，容其互市買賣，則當擇馬弱之時，庶伐狡謀。恭惟萬壽聖節適屆首春，其四夷來庭祝賀當惟其時。每年期以正月初旬，令俺答糾聚各枝夷使、馬匹，恭具表文，自大同左衛叩關驗入。各夷不許身帶兵器，聽該城副總兵會同兵備道逐一辨驗明白，量給犒賞。俺答部下及河西吉能各枝夷使，除許俺答四人、大枝二人、小枝一人進京外，餘俺答、吉能各枝應駐邊者，即留本城夷館居駐，其餘俱差官通起送大同撫、鎮驗明，各給花紅、牛酒，挨程差官通押送陽和，赴軍門驗賞。沿邊挨程送赴宣府撫、鎮驗賞畢，即將黃台吉、老把都夷使，除進京外，應駐邊者留駐宣府鎮城夷館，餘差官通押送，由居庸關進入，務及聖節前由昌平進京，赴四夷館安插，聽禮部照例管束、給養。事完，仍差官由原途押回，至陽和軍門照發回還。

其經過去處，各地方官務須傳報各將領盛陳兵仗，示之威重。安歇公館，內外選撥通丁防範，不許各城奸徒交通傳泄。馬匹務撥各營官馬各送一程。肉食廩餼務足夷使食用，動支應動官銀，無容刁難減短，致恣[四]嗟怨。沿途各營撥精壯官軍防範，無容四出觀望。其進京馬匹料草，各撥軍喂飼，無致瘦損。如或夷使不遵約束，及沿途供備不周，聽各道查明究治，夷使呈軍門，候回日定行俺答究治。或謂居庸道路近京，不當令虜使往來，殊不察喜峰口去京伊邇，見爲三衛貢道。若容由紫荊入關，必經真、保定腹裏經行，不惟騷擾內地，亦恐得以窺我虛實。非若邊地各有兵馬防範，皆虜素所諗知，公私省使。其經過驛城，必須每年聽各撫臣於驛遞供需內量議增加各三五十兩，專備夷使往返之支。庶入貢當聖節之期，可尊賀典；交易當馬弱之時，可免外虞；貢道由邊地經行，可杜窺伺之漸；供養既有定額，公私斯無煩費矣。伏乞聖裁。

一、議立互市以利華夷

照得北虜散處漠北，人不耕織，地無他產，虜中鍋釜、針綫之日用須藉中國鑄造，綢段、絹布之色衣惟恃搶掠。今既誓絕侵犯，故虜使於乞封之初即求聽伊買賣充用，庶可永免盜竊，非謂求開馬市也。其買賣之規，查得弘治初年北虜三貢交易，虜以金銀、牛馬、皮張、馬尾等項，聽各鎮商販以段綢、布匹、鍋釜等物。各於虜使入邊進貢之後，擇日令各枝虜酋各差一的當首領統夷兵三百駐札邊外，各鎮各令本路副、參等官各統本枝精銳官軍五百駐札市場，仍令各酋派定各枝夷種交易日期，大率以一月爲期，聽挨次分日而至。虜執畜物先赴夷酋驗明，送赴市場估值定易，即時遣出，一起完又送一起，一枝完方許別枝。如以不堪老瘦牲畜及不值價、不堪用之物交易者，發回夷營，不准入市。其各鎮客商貨物一時或不足交易者，聽行各道於各城查發，務使客商有利，夷價無虧。嚴鋼鐵、硝黃違禁之物入市貪利發遣之禁，戒邊人出邊盜竊交通之防。每場互市完，將各客商發賣過貨物及得獲夷價銀物，各道委官逐日查明造冊，繳報撫、鎮查考。如貢使既回而交易未完，姑令駐邊旬日，務完同遣，以示要質。其客商易獲馬匹，如各營缺馬，聽從官印收照原估值給價於商，勿容虧減。如官司不用，聽給執照與商，令其入關販賣，不許關津留難。

及查得遼東開元馬市，凡夷馬、商貨各有稅例，每年即以收獲稅銀充撫賞之用。聽臣行該鎮查明成例，量議起徵以充撫賞。其各鎮市場，除陝西三邊有先年原立場堡，聽各鎮督撫衙門詳定議請外，其大同應於左衛迤北威虜堡邊外，聽協守副總兵、該城兵備道經理；宣府應於萬全右衛張家口邊外，聽上西路參將、分守口北道經理；山西應於水泉營邊外，聽老營副總兵、岢嵐兵備道經理。每年互市之期，沿邊各城堡官軍、墩哨各守信地，申嚴哨備，不許出邊私易虜馬，交通罔利。違犯者許諸人訐發，拿赴軍門，以軍法捆打，枷號游營。構惹邊患者，斬首徇眾。罷市之後，如有虜騎近邊求索騷擾者，不許容聽，查問各枝部落、夷名，據實開報撫、鎮，聽行俺答及各酋長查究。但有賫到各酋首番文，許爲轉呈撫、鎮，查明緣由議處。如係乞討諸物，量議給發。如有變詐夷情，呈達軍門議行責問、戒備。其各鎮一切昔時通虜媚虜之夙弊，俱照臣近行嚴革，違犯者從重參究。庶虜中得衣食之急用，斯可永絕盜心；而客商歲得虜貨之利，將源源自至。防範既嚴而通夷之夙弊可革，交易既廣而不均之騷擾可免矣。伏乞聖裁。

一、議撫賞之費以求可繼

照得各鎮每年四時戒防，既多兵馬調遣客餉之支；春秋布防，尤費擺邊行糧、料草之用。各營有深哨、夜役之行糧，各墩有常瞭行、月二糧之定額，為費不貲。且一歲之間，深哨、丁夜每被虜殺，每鎮多者百十人，少者不下三五十人，每年各鎮年終類報可查。每名例應給優恤銀二三十兩，向因錢糧不敷，每名量給銀三五兩。各鎮每歲零斬虜級多者百十顆，少亦三五十顆，除願升外，願賞者每顆應給銀五十兩，仍先有銀牌、花紅奮勇當先首從之賞。其陣亡、中傷之優恤，哨丁報實之賞犒，皆係額外之支，各鎮或以督撫紙贖，或以各城商稅，或以各項公費、地租，衰益支用，每歲不下數千金。今既容虜通貢，則哨丁可免深遣撲殺之患，即去歲十一二月至今，并無損失一人，每歲每鎮可保百人之命，即可省優恤三五百金矣。各鎮墩哨後可漸減三二百名，即可歲省行糧三五千石矣。既無斬獲、中傷之賞恤，每歲可免賞功數千金之費矣。凡此皆可移而為撫賞各夷之資，但議事之初，眾未察以後之省積而止慮目前之匱乏，誠恐虜使之往返與守市之撫賞費用無出，後將難繼。

臣等終夜籌計，每歲各邊除各以歲省賞功、優恤之費專充撫賞之用外，仍每鎮先於年例客餉內動支三五千兩，買備綢段、布匹分發各道，專充夷使往來及守市夷兵撫賞之用。凡守市夷兵，每人布二匹，酋長段二匹、綢二匹。餘以事到邊者，酌量來使之大小、所議之事理，果係恭順通好之使，量以綢段，餘以布匹，或以酒食。通計每鎮撫賞過銀物，各計數奏繳，今歲之餘即充來歲之支，無容別用。以後果虜志已定，邊患果息，調遣、擺邊可免，則所積之客餉可出陳為主餉之支，而以主餉仍備客餉之積，數年之後，則客餉或間歲可省，或年可半給，而節省內帑將不可數計。夫移各邊恤賞之公費及量移客餉以充撫賞，既非糜費不經，亦非額外請給，庶經久可行而公私攸便矣。伏乞聖裁。

一、議歸降以杜啓釁

照得朝廷懸招降之例以開華人歸正之門，各邊納眞夷之降以充家丁衝戰之用，行之已久。每年被虜華人歸正者十七，而眞夷因事忿爭，或拐帶婦女犯罪畏殺投降者十三。在華人，或伴送寧家，或願充哨丁，中鮮外志。其眞虜每有詐降窺伺，旋即逸去，往往諗我虛實，爲虜嚮導，反貽邊患。各將領利其驍健，喜爲招納而不虞其後，識者亦切憂之。故去年御史燕□□及近時兵部主事李承式亦各形之條議，慮其難馴，欲行禁防，誠以此輩狼子野心，鷹飽思揚，將貽邊城之患耳。

除已前收用及歲久各有身家、授有官職者聽從養用外，餘近時投降眞夷，今既許虜封貢，尤須察其誠僞，量其勇力，或加其糧犒，或分處各營，以安其心，無令用度不足，致生怨望。以後凡眞夷來降者，不分有罪無罪，俱免收納以杜各酋之索擾。華人被虜歸正者，據夷使之懇告欲免收納，緣中國之歸人制難允阻。臣已再四開諭，以後但遇歸正人口到邊，審明別無拐帶虜中財物、婦女，及被虜年月、原籍鄉貫、虜中主家，即與放進，騎來馬匹收住邊堡。如有虜騎追趕，即以原馬給去，量以撫夷綢布，每一人給綢一匹、布二匹。原人伴回原籍。無事可免招降，致啓邊釁。

歷查虜中華人俱被節年搶虜人數，其精壯老幼殺死者不預焉，每次搶殺奚啻千百人，一歲之歸降者幾何？皆係爲虜奴隸，不能自贍之輩。其各背華從夷罪徒，雖懸招降之恩典，何嘗有一人來歸？今既誓免侵犯，則邊氓以後可免被虜。其從前之在虜者，復聽其自至，則在我收撫歸人之恩不失，而虜中反側逋逃之奸可絕，邊釁無由啓而貢議可保久而無變矣。伏乞聖裁。

一、審經權以嚴邊備

照得夷狄之於中國有順有逆，帝王制禦之策有經有權，無預中國之盛衰，惟視夷類之强弱。間有勢雖强横而中實披離，故規利而納款，如漢武以百戰之威而慴呼韓以來歸，遂孤左賢之勢；亦有畏威厭兵而苟全生便，如唐張仁愿以朔方之守而致突厥之乞降。要非我力能制其命，實由天運陰奪其魄故耳。惜也漢武好大喜功，竭三輔之力以迎降胡，故汲黯病其費；逮唐張仁愿之議築受降三城，舉朝賢者咸議其非。然漢武致海内之虛耗，而仁愿貽唐世之美利，豈惟始事之難，率以後艱莫可逆定耳。故必有制禦之經，無忘有事，庶常勝常尊之勢在我，而狁胡無所乘其隙；必有羈縻之權，不拘文法，庶操縱誘間之機可決，而邊臣得以效其謀。至于目前之利鈍、日後之變態，其始也固當多算而預防，其終也誠難逆睹而要定。自古懷忠負智之士爲國家立尺寸之功，率是道也。

臣等愚昧，其才識、威略萬不逮古人，而一念報主之忠，誓古今無二。今次俺答乞封納款，始緣伊孫之降，自知天心厭惡，衆叛親離，故降其平時桀悍之氣，懇求封號，冀自雄於諸夷。繼感聖明生還其孫之恩，復遣使申請，尚恐其弟侄未從也。既而遵臣札諭，糾合老把都、吉能、永邵卜、哆囉土蠻，盡河套迤北各親族部落同事納款，凡虜情之誠僞、各邊之兵力，臣等前亦具陳矣。今環駐近邊凡三月，一塵不聳，使命絡繹。既免沿邊之侵擾，邊氓樵采無忌；復絕邊堡之求索，官軍戍守無擾。一時效順之誠，似可暫弭九邊之患。臣等會同各官譯審再三，宣諭數四，非甘聽一二夷使之誑言，故犯先帝之明禁，爲虜乞容，苟圖自寬也。在虜既有呼韓、突厥款塞之誠，在我當有優遇、受降之恩。今部科之議必欲要其後之不變，嚴其始之峻防，令其一遵法理，永絕背逆，固爲守邊之經。臣等歷考古昔春秋之列國、漢唐之封建，雖中國友邦同姓，尚不能守法信度，定盟帶礪，而欲責之夷虜，恐非達權之宜也。夫在虜者雖事變不可期，而在我者當乘時以厚備。每譯夷使，審得俺答年近七十，其弟老把都，子姪黄台吉、吉能各年逾五十，皆非十年前强壯之時。倘各酋未死之年，那吉輩繼承之後，邊境有數十年之安，則宣、大、山西殘破之城堡可以漸充實，荒蕪之屯田可以漸開耕，河西延、寧之大邊可數年報完。薊鎮邊臺雖修，腹裏城堡可以次而修建；主兵既練，入衞之兵馬可以次減撤。各鎮練兵設險、積餉除器之務乘其無事，計日課工，務急自治。三五年後，兵氣振揚，邊備嚴整，縱虜有反側，我得以數年蓄練之精力，以守可固，以戰可勝，是不失經常之守而可省財力且無算矣。雖今日天朝暫假爵職之名器，示以榮錫之恩，每歲暫借客餉十之一二爲撫賞酬貢之費，是一時羈縻之微權而保固疆圉、生全邊氓將不可數計矣。釋此不事，則拒虜甚易，而滅虜實難。虜將窺隙而東西歲擾，我必隨勢而遠近戒防，士馬疲於奔命，財力匱於徵輸，是爲不能達權，將并經常之守不可繼矣。

臣等不敢爲一身之謀，苟目前之計，須廷臣勿徒逆將來之變而不恤剥膚之憂，酌經權以定國是，通行各鎮督撫，凡以縻虜自治之策悉心籌度，永肩共濟，仰慰君父宵旰之懷，臣等亦可釋首事之懼而免後艱之憂矣。伏乞聖裁。

一、戒狃飾以訓將略

照得朝廷分閫授節重將帥之權，賞延世爵隆報功之典，待武臣可謂厚矣。其效忠宣力爲國屏翰，忘身徇國爲王干城，乃其職分。兵家曰：“君不擇將，以其國與敵也；將不知兵，以其卒與敵也。”必忠義誠怛[五]以宅心，必仁信智勇嚴以御衆，方能視國如家，視卒如子，明於料敵，勇於戰鬥，知進知退，能勇能怯，以收衞民制虜之功。歷觀古之名將，以韓、彭之智勇，虜勢方強，不能解白登之圍；以衛、霍之威略，胡運未亡，不能滅左賢之種。由知天地之道，中華爲陽明，理有常尊；夷狄爲陰類，勢難盡滅。故天下有道，守在四夷，治以不治，有由然也。

今之爲將者，或勇力粗悍而不諳兵機，或心行奸詭而未識忠義。平時蓄丁選銳，伺虜隙以搗巢趕馬爲要功罔利之圖；遇警觀望畏避，幸虜去爲諉禍脫死之計。今當虜酋之乞貢，既乏任事之忠，復懷後時之懼，務爲誇詐之言，陰肆傾擠之術。若以爲將可恃戰，不宜聽虜和以沮其氣；虜方畏兵，惟當奮兵力以立奇勛。果如所言，是有將兵而不能用，失時勢而誤兵機，臣等之罪夫復何逭？臣果何利，甘爲怯懦負國之夫哉？但其言似忠而其心則詐，其力似健而其識則昏，二三年來虜之犯宣、大者屢矣，何嘗有堂堂正正一戰而立却虜勝敵之功？惟事觀望規避以甘冒欺罔之罪，中外所俱知也。其或間出搗巢，斬獲老幼婦女，不足爲虜重輕；遣丁趕馬，得獲老騍群駒，反足構虜騷擾。國家亦何利而養此輩以重誤疆場耶？昔樊噲阻婁信和戎之策，請以十萬衆橫行匈奴中。漢臣斥之，謂噲可斬也，昔白登之圍，噲獨不在耶？當時稱其直。趙充國上金城屯田之便益，諸將咸笑以爲怯，而卒能制垂盡之先零，後世頌其勛。今之諸將不及樊噲之勇而敢事誇詐，未識充國之略而安貪戰功，其搖奪國是，重誤邊計，罪可誅也。

伏乞敕下兵部，即行九鎮將領各務實心報國，奮勇練兵，戒平時驕悍之習，乘今日糜虜之暇，修製戰具，蓄養丁銳，使虜知我之有備，不敢復叛。或虜果陰懷异志，則揚兵伐謀，使虜不能乘我之虛。毋容偷安驕惰，玩愒時日，營私弛防，坐誤厚備，永收全師全疆之功，共底不戰屈人之績。果數年之後，華夷□□〔六〕，邊備增飭，即錄其功。如或挑怨構釁，□〔七〕備疏防，即治其罪。凡今有造言飾詐、陰壞貢議者，外□□□□〔八〕巡按衙門，內聽部科指實參治，以肅邊紀，以□□〔九〕玩，庶狡惰無所容，貢議不孤而邊防增飾矣。伏乞聖裁，等因。

奉聖旨："兵部看了來説。"欽此。

隨該兵部覆議，爲照我國家威制四海，德式九圍，茫茫大地之生齒皆其臣民，區區小醜之貢享何足輕重？□〔一〇〕據督撫所奏封貢、互市各一節，係關國典，事體重大，相應議擬題請。合候命下，本部備將本官原題并酌議八款刻成書册，仍附發書格紙各四葉，分□〔一一〕應議諸臣，每款各出己見，悉心詳議應行應止緣由，通限五日内送部。再加□〔一二〕釘，仍持赴議所共同商確停□□□〔一三〕，□□□□〔一四〕。□□□官員有避嫌推諉、不行開議者，即□□□□〔一五〕疏。及雖不與議者别有見聞，亦聽另自爲疏，本部一并覆議，恭候宸斷，等因。

奉聖旨："是。"欽此。

隨該臣兵部刊刻書册，分送五府、六部、科道各衙門官，各開具議單送部。臣乾等會同後軍都督府掌府事、太子太保、英國公臣張□等，吏部左侍郎兼翰林院學士張□□等議照，夷狄來王乃古今盛事，而因以羈縻實制御長策。今北虜俺酋因伊孫得遂生還感激聖恩，輸誠乞貢，此我皇上至德格遠、中興無外之盛治也。既經總督王□□等勘議前來，又經臣等會同多官計議，相應酌處。除行宣、大并陝西三邊暫止搗巢、趕馬，其燒荒係節年奉敕舉行，似當仍舊。陝西三邊貢市，行該鎮督撫從長計議，另行具奏外。合就開列前件，議擬上請定奪。

計開：

一、議錫封號、官職以臣服夷酋

前件，臣等會議得，北虜桀驁，歷代爲中國患。乃今俺酋一旦感恩乞封，督撫之臣爲之具奏，國家亦何惜名器不以畀之？顧夷虜之性狡詐靡常，今集廷臣之議，内禮部尚書潘□等皆言王號本不可輕授，只如朵顔三衛授以都督等職銜始爲得體。若或事有成議，勢不可回，然必須俺酋率眾先行款塞入貢，然後朝廷錫以封爵之典，仍任其各自為部，不必假以統率之權。事關典禮，委宜慎重。合候一二年後，各虜果皆恭順，不擾邊疆，奉貢惟謹，然後議加封號，庶錫予為有名而典禮為不褻矣。伏乞聖裁。

一、定貢額以均賞賚

前件，臣等會議得，貢額之議，督撫諸臣議意甚詳，但夷情叵測，往年每遣奸細入我中國，陰為偵伺。今若容其六十人入京，則道路之從入，關塞之險夷，京師之紛華，未免或啓戎心，尤須長慮。今集眾議，大率相同，合令虜使不必至京，俱留邊城夷館，原議入貢馬匹，督撫差人代進，應得賞賚差官齎付督撫宣諭給散，餘馬給軍照數給價，易買綢段帶回分散，庶機宜不失而事體為長便矣。若虜酋或貪求無厭，馬匹、夷使逐年漸次欲再增加，即閉關謝絕。伏乞聖裁。

一、議貢期貢道以便防範

前件，臣等會議得，虜使既不許進京，貢道無容別議。其貢期當以二月之後虜馬疲弱之時方為穩便。若必拘於萬壽聖節之前，恐或愆期，似非事體。伏乞聖裁。

一、議立互市以利華夷

前件，臣等會議得，先年北虜求開馬市，旋即搶掠，已經奉有先帝明旨嚴禁。今督撫王□□等則為互市之說，令商人販賣交易。又云如各鎮客商貨物一時或不足交易者，聽行各道於各城查發，謂入貢、開市必為相須，然後可免侵擾。其說似矣。但邊人苦無厚資，抑且素畏虜人之積威，縱有客商，孰肯冒險以赴市？倘一時貨物無出而交易不繼，虜人搶掠仍舊而肆市不終，則邊防大計關係匪細。

今集廷臣互市之議，中間言其可行者十之三四，言其不可行者十之六七。臣等參酌眾言，即當報罷。但督撫之臣業已為之題請，事在邊疆，勢難中止，合無今歲聽其暫一行之，以觀其事機之如何。其市馬須定以數目，所市段絹、綢布、針綫并防範機宜俱如所擬，鐵鍋并硝黃、鋼鐵俱行嚴禁。若虜人如約，兩平交易，別無爭擾，每年即許其一行。一或驕縱憑陵，搶掠如故，即便明白具奏，以罷其市，永示拒絕，用保邊圍。慎不可曲意優容，故爲掩飾，致貽後日之厲階。伏乞聖裁。

一、議撫賞之費以求可繼

前件，臣等會議得，夷使撫賞之費委不可缺，督撫之臣計移各項優賞及客餉以充之，是誠得權宜濟變之術矣。但守市夷人雖可犒賞，而以事到邊求賞者當以議裁，科臣所見良是。在督撫之臣臨時斟酌以制經用，庶客餉可免動支而撫賞之用亦不至於匱乏矣。一時經用不足，聽督撫官另行酌議，具奏施行。伏乞聖裁。

一、議歸降以杜啓釁

前件，臣等會議得，華人被虜之歸正，真夷畏罪之投降，歷年邊境率以爲功。今據督撫之議，除真夷聽其查處外，其華人之陷於虜中者日夜思歸而不可得，今虜人既效誠款，自當盡數歸還。合無以後仍大開招徠之路，廣示撫恤之仁，務使虜人不得阻遏，遂彼生還，庶昭天地之大德，而夷夏巨防亦不至於有潰矣。每歲各鎮仍將招撫過華人照舊具題施行。伏乞聖裁。

一、審經權以嚴邊備

前件，臣等會議得，督撫經權之議援古證今，反覆極論，大略謂此時馭夷安邊之要在外示羈縻，內修戰守，其論誠是。但臣等所慮正恐胡虜狡黠，難以羈縻。又恐羈縻之後人情因循玩愒，不惟不能修舉戰守，抑且戰守之懈弛益甚。倘一旦虜人敗盟，突然有變，緩急無備，則昔人所謂養寇如養癰之喻甚爲可畏，非惟不足以行權，將并經常之守而亦失之矣。然事在得人，言必可行。今照總督王□□猷略、威望迴出一時，而又毅然以身任國事之重，且爲諸夷信從，中外咸有長城之倚。合將羈縻、戰守事務即以付之，假以歲月，久任責成，用羈縻之微權，修戰守之實事，先後緩急隨宜處置，務使經權并用，期臻實效。果數年之後懋著成績，外而夷虜之患既弭，内而戰守之務畢舉，疆圉奠安，保障永賴，即當加以殊恩，用昭國典。否則建大議而不得竟其作爲，恐代之者意見不同，才力亦异，設施措置一或罔效，則邊防安危關係不小。伏乞聖裁。

一、戒狡飾以訓將略

前件，臣等會議得，督撫王□□等謂今之邊將務爲誇詐之言，陰肆傾擠之術，誠爲狡飾當戒。但介胄之士言征伐自昔皆然，況虜酋雖稱内附，然强詭變詐，遽難盡信。即使入貢、通市皆如所期，而枕戈秣馬，朝夕防範，又彼將帥之不得不然者也。即使各將狡飾，亦宜督責鼓舞，使知同利同患而後事可攸濟。苟彼之志氣消沮，或卒然有變，將展轉推諉，果何所責成以爲萬全計耶？合行令各邊諸將，凡一切戰守之策當日夜圖謀，比常倍加嚴謹，修置戰具，蓄養丁銳，整飭城堡，務使常勝之勢在我以備不虞。如或仍造言飾詐，却乃玩愒晏安，致邊務或至廢弛，即如原議治罪施行。伏乞聖裁，等因。

奉聖旨："這事情重大，所議未見停當，還再詳議來説。"欽此。欽遵，恭捧到部送司，案呈到部，臣等切惟，邊臣建議固達經權之宜，廷臣集議亦求忠益之廣。第諸臣所見各异，或未盡合機宜。今奉明旨容令詳議，臣等仰體聖意覆議得，總督王□□所擬八款，惟錫封、進貢、互市最爲吃緊，蓋夷狄來庭禮當奉表，必須名號庶便稱臣，而入貢、互市事勢相因。今照總督王□□所題，議封號、職銜，則擬錫俺酋以王號，把都、黄台吉、吉能授都督，兀慎、打兒漢台吉并恰台吉等俱授指揮、千户。議貢額，則擬夷使多不過一百五十名，馬不過五百匹，以上馬三十匹進御前，餘馬俱留邊城給發官軍。夷使六十名進京，餘留在邊。議互市，則聽各鎮商販以段綢、絹布、鍋釜等物與夷人交易：其規畫、防範等項機宜亦各周悉。至謂互市與馬市不同，則又執議甚堅。臣等反覆思之，事在邊疆，惟邊疆之臣真知之，亦惟邊疆之臣能任之。總督王□□爲謀既忠則其區畫必審，持議既堅則其擔當必力，矧今業已就緒，審時度勢，誠難中止。除酌撫賞、處歸降、審經權、戒狡飾四事已經臣等會議明白，無容另議外，所據封、貢、互市三事相應再擬上請。

合無將俺酋准錫封號，其餘各枝酋首俱准授都督、指揮、千戶職銜。本部一面移咨禮部，查照國朝錫封外夷舊典徑自題請。其都督、指揮、千戶，本部查照朵顏等衛屬夷事例一體施行。仍行宣大總督、鎮、巡，傳諭俺酋約期率領各枝頭目俱至近邊適中處所，選差機辯官員教習跪拜禮儀，候欽命至日焚設香案，望闕叩頭祗領，務極恭敬。受封之後，具番表謝恩。其進貢夷使、馬匹悉如原擬名數，進京夷使統留邊城夷館，不必赴京。應貢御前上馬三十匹，督撫差官代進。各酋首應得欽賞，聽禮部查照三衛數目差官齎發，督撫領給。貢期每年一次，俱以二月爲期。但今歲過期，聽於三四月後一行以慰諸夷之望。至於互市易啓釁端，必須將入市馬匹預定數目，商、夷兩平交易，毋致忿爭。硝黃、鋼鐵并鐵鍋等物嚴禁，不許入市，違禁盜賣者處以重典。其原議規畫、防範事宜悉如所擬。既市之後，諸夷如有分外乞討，一切拒絕，不許更議給發以屬溪壑之欲。以後年分如進貢求增名數，或互市不聽約束，即便明白具奏，閉關謝絕，不得曲爲掩飾。蓋邊情惟開市關係最重，夷虜之所甚欲者在此，中國之所甚難者在此。督撫等官務要處置詳慎，羈縻得宜，毋蹈往日之覆轍，毋貽後日之屬階。

其吉能并伊弟侄打兒漢台吉等俱係陝西套虜，彼中夷情事體與宣、大不同，封貢、互市可否允從，行該鎮督撫酌議停當具奏，以憑另議施行。

再照封貢、互市乃係一時權宜，原非恃此以爲安攘長計。總督王□□原議反覆極論，亦謂外示羈縻，內修戰守，果如所議，邊城誠爲有賴。但天下之事急則理而緩則忽，常人之情嚴則慎而安則懈。即今封貢、互市以羈縻北虜，固可冀目前之安，倘在我因循玩惕，武備漸弛，反貽日後之憂，此臣等之所深懼也。故今日之事，以及時內修爲良圖，以久任責成爲要務。仰祈皇上天語叮嚀，令總督王□□，巡撫劉□□、孟□等照依原議，城堡如何充實，屯田如何開墾，邊牆如何修築，兵馬如何訓練，并一應戰守事務逐一乘時料理，加意整飭，務使常勝之勢在我，意外之變無虞，上紓宵旰之憂，下慰安攘之望。蓋諸臣咸抱體國之忠，必肯任此事；負出群之才，必能幹此事；而又中外屬望，夷虜信從，必能成此事。果數年之後茂著勛庸，照依臣等前議重加殊恩，用昭報功之典。此得人以用微權，久任以責實效，爲今日第一義也，等因。

隆慶五年三月初八日，太子少保本部尚書郭□等具題，本月初九日奉聖旨："這事情你每既酌處停當，都依議行。還著王崇古悉心經畫，務要穩妥，仍督率鎮、巡等官比常倍加防守，毋得因而懈弛以致疏虞。"欽此。

校勘記

〔一〕"□"，據殘存筆畫及文意疑當作"所"。

〔二〕"飭"後，據文意疑脫一字，待考。

〔三〕"□"，據《明經世文編》卷之三百十七王崇古《確議封貢事宜疏》當作"八"。

〔四〕"恣"，據同上文當作"滋"。

〔五〕"怛"，據同上文當作"坦"。

〔六〕"□□"，據同上文當作"安堵"。

〔七〕"□"，據同上文當作"弛"。

〔八〕"□□□□"，據同上文當作"聽臣等及"。

〔九〕"□□"，據同上文當作"儆怠"。

〔一〇〕"□"，據殘存筆畫及文意疑當作"所"。

〔一一〕"□"，據殘存筆畫及文意疑當作"送"。

〔一二〕"□"，據殘存筆畫及文意疑當作"考"。

〔一三〕"□□□"，據殘存筆畫及文意疑當作"妥具題"。

〔一四〕"□□□□"，據殘存筆畫及文意疑當作"請自宸斷"。

〔一五〕"□□□□"，據殘存筆畫及文意疑當作"不列名會"。

少保鑒川王公督府奏議卷之五

宣大山西·納款類封貢

爲感激天恩遵奉明旨經畫北虜封貢未妥事宜伏乞宸斷以光聖治事

准兵部咨，該臣題，爲遵奉明旨酌議北虜乞封通貢事宜，以尊國體，以昭威信事，奉聖旨："兵部看了來說。"又該禮、兵等科給事中張國彥等各題議，前事，俱奉聖旨："兵部一并看了來說。"隨該本部會同廷臣集議臣原議八款事由，具題，奉聖旨："這事情重大，所議未見停當，還再詳議來說。"欽此。又該本部定議，內開除酌撫賞、處歸降、審經權、戒狡飾四事已經臣等會議明白，無容別議外，覆將錫封、通貢、互市三款酌議具題。奉聖旨："這事情你每既酌處停當，都依議行。還着王□□悉心經畫，務要穩妥，仍督率鎮、巡等官比常倍加防守，毋得因而懈弛以致疏虞。"欽此。欽遵，備咨到臣。

臣反覆參詳廷臣集議、科臣指陳，無非仰尊國體、俯順夷情，各效忠謀、共濟邊圉至意。中或有未亮臣衷，未歷邊任，據往失以責後艱，泥古法而昧時幾者，既蒙聖明睿察、輔臣忠謨敕下該部定議，俯允敕臣經理區畫，務求穩妥。臣感激天恩，飲血垂涕，誓當裹革致身，何敢避難自諉？適虜酋執送餘逆四名到邊，臣即宣諭虜使打兒漢等，使知聖皇浩蕩之恩、廷臣執法之議，令其傳諭虜酋感恩候命，永圖報效去後。臣反覆思惟，臣原議所請中有部議參酌、科議未協者三事，必須遵旨申請，庶得穩妥，以免後時紛擾、首事難圖也。故敢披瀝血誠，仰祈宸斷。

歷查乞封通貢之請，始於俺答乞討降孫那吉之時。臣據實陳請，即以封貢重典尚俟廷議，先要俺答獻逆納款，許還伊孫，再觀情僞，另議具聞。荷蒙聖恩普照華夷，許其獻逆遣降，容其後議封貢，非臣愚一二邊臣敢肆輕許也。既而老酋得孫遣謝，夷使打兒漢等執稱，俺答感戴天恩，誓伊祖孫四萬達子不犯大同地方。臣慮虜情蓄詐，尚有俺答弟姪老把都東住宣、薊，吉能西住河套，既不會合，必將東西影射爲奸，諭令必糾合各酋不犯各邊，方准具請。俺答聞諭，即遣夷丁東糾老把都、永邵卜，西糾吉能，各遣使牽馬入邊，向臣等陳謝示信。吉能仍請臣分遣通丁，隨同伊使赴河西內外傳諭。臣方據實議請，非聽一二夷使之言即爲妄奏也。

蒙敕兵部覆議，行臣再加詳譯。臣因老把都圍搶屬夷，雖未侵掠我邊，送還人畜，已嘗越入我境，又聞套虜冬深嘗犯延綏雙山堡，竊計俺答祖孫輸誠無二，恐餘虜狡詐，情款未一，復遣通丁楊亮、金鳳隨同夷使分投老把都、吉能巢穴，諭以天朝威德，責其背盟侵擾，再察情僞，仍責俺答申諭各酋，候爲具聞。隨據各官役復同夷使回報，老把都止因屬夷史、車二酋偷趕伊馬仇恨，故要仇殺，誓不搶虜中國人畜，今已悔罪。吉能執稱，雙山堡犯寇係未傳之先，因延綏家丁趕馬追入內地，彼原不知。即日復行各子姪，各書夷名，各給木牌，向陝西軍門、延綏撫鎮投詞納款，等因。臣方幸各酋聽受俺答統率，不犯各邊，庶可稍救各鎮剝膚之災，可爲九邊桑土之計，遂將各鎮鎮、巡、各道議過條件開具題請，亦非臣等損威媚虜，如逆鸞故態，別有私要也。

今據內而科部之議，既謂河套吉能應聽陝邊督撫另議封貢，其陝西總督尚書王□□，又復執議，必令吉能子姪二年後不犯，方請封貢，其尊國體、逆虜情在諸臣固爲有見，但未察吉能、俺答親爲叔侄，勢若常蛇，聲勢相依，首尾相應。先年吉囊尚存，每遇黄河凍解，入套則患在延、寧、甘、固，出套則患在山西、宣、大。近年虜衆日强，東西分據，河套不能容住，數枝占住莊、寧山後久矣。小掠則各枝自爲窺逞，大舉則東西互相糾聚，事案具存，往患可監，非可口舌爭也。今許俺答封貢而不許吉能，是收其叔而縱其侄，錮其首而舒其臂。在俺答必將呼吉能之衆就互市于河東，宣、大之商販必不能給；在吉能必將糾俺答窺搶於陝邊，而陝西四鎮之憂方大矣。中國既失大一統之治，夷虜反得遂影射之私，臣前時必令俺酋糾會各酋之謀亦徒矣。他日陝邊有失，虜志復縱，則今日之封貢必不能保其久而不廢也。臣前謂夷虜性急而耻卑，今吉能在俺答子孫中班行、年齒既尊，而獨不預封職之榮、入貢之賞，臣恐發憤糾合其子侄侵擾延、寧，如近年黄甫川、筆架城、鎮静堡之攻陷，瓦楂梁之殺戮，恐陝鎮之兵力且將不支矣。凡陝之虜情、兵力，今兵部尚書郭□及臣先後繼任督撫歲久目擊其狀，身任其艱。而之誥在陝一年，偶因套虜西掠諸番，一秋免虞，頗收斬獲，亦間損傷，即欲扼其吭而制其命，雖使之誥在陝亦未可知也。是封貢之議在吉能不可獨拒，必當俯容以溥皇朝一統之治，以杜諸酋影射之奸者一也。

其互市之議，既蒙允行於宣、大、山西矣。在陝西三邊，臣原議應聽彼中督撫查照先年事規議行各鎮分投設立，一以分虜勢以便防範，一以便虜私以免搶掠。今該鎮之議謂三尺童子亦知不可容市，將士扼腕謂不當許貢，至稱因昔開馬市致套虜轉弱爲强，是聽諸將狡飾之議而未究套虜先後之勢也。臣歷任陝邊，先後十二年，歷查套虜在昔，吉囊未死，部落未分，九子少壯，各統其衆，東則俺答、老把都聽命惟謹，北則土蠻睥睨莫能拘制，故在嘉靖初年，九邊騷動，損將陷兵，無歲不逞，强横已極。自吉囊之死已二十年，部落既分，諸子多死，吉能老而不能制其子侄，酋首衆而各肆殘虐。部落生齒日繁[一]，套中不能容住，真夷多降，各鎮各蓄丁壯，每出趕馬搗巢，終歲不能安居。今視吉囊存日，衆雖加倍而勢反涣漫，故一旦聞俺答之傳即欲歸順，乃自欲求安，非傳[二]爲感歸降之恩也。雖未可謂比昔勢弱，實未見視昔轉強也。其所需於中國者段布、鍋釜之類，視東虜皆同，而不容互市，諸酋豈甘心伏首聽命、不搶不市已耶？果各鎮之兵力能制其死命耶？抑套虜之衆富於俺答耶？三者既非，是教之叛盟而勒其必犯也。

且鐵鍋爲虜中炊煮之日用，每次攻城陷堡，先行搜掠，以得鍋爲奇貨。今與之衣而不與之食具，虜衆何能自贍？廷臣之議謂鍋係鐵斤，恐滋虜打造之用，殊未知虜中不能鍊炒，生鍋破壞，百計補漏用之，不得已至以皮貯水煮肉爲食，此各邊通丁所具知也。前虜使欲以破鍋換易新鍋，情可知矣。及查得遼東開元、建寧之市以廣鍋入市，蓋廣鍋生鐵不受炒鍊，行之已久，此可仿行。及查得宣、大沿邊山程險遠，鐵鍋鮮至，亦多用廣鍋。即當容照遼左三衞例，以廣鍋容入市易，商、夷攸便也。其陝西之市亦須速行彼處定議容市，以免西虜東市之擾。此互市之當議者二也。

又撫賞之資，各邊原無多積堪動錢糧。臣前所議暫借客餉，每鎮三五千兩，佐以各鎮撫賞之公費，或可充用。科臣議謂臣議動客餉，必至減兵弛備，是未察主、客邊餉之异支及恤邊鎮之窘乏也。夫主餉以養主兵，分地畫守，軍有定數，守不可罷，軍不可銷，則餉不可輕減固矣。客餉專備春秋有警調遣兵馬之支，連歲邊報頻仍，四時戒防，糜費鉅萬。今虜既納款，則邊鎮無警而調遣可免也，邊隘有守而邊外深哨、腹裏接烟哨役可省也，其歲省客餉且無算矣。即如去秋今春，臣往返宣鎮南山僅月餘，而該鎮東路客餉每備三萬兵馬數月之支，今盡省矣。據報隆慶三年之召買初支，而四年之召買全未動，今歲即可停召買，該路所省當七萬餘金矣。大同鎮去歲春虜駐威平，客餉糜費數萬。自去冬十一月至今春將盡，一兵不調，而上年之召買及以前之積貯未動。如今秋虜果遠遁，則各枝兵馬分駐各城團練聽警，止支主餉，而各路客餉亦所省不下鉅萬。山西鎮客餉原少，自冬深三春無警，河防止支正餉，未多調遣，所省亦多。臣初欲於各鎮客餉內動支三五千金，是省十而用二三，非他有所費也。必欲虜無所撫賞而剖腹束手聽命焉，既非中國撫四夷之宜；必令各鎮自爲處給，邊鎮各項錢糧各有定支，年來文法日密，拘促已極，何所搜括充用哉？

查得薊鎮三衛之撫賞，每歲銀一萬三千餘兩，而該鎮扣軍糧、權采辦以佐之，尚不下二萬餘兩。遼東海西、建州之撫賞，亦歲不下萬金。宣府屬夷止數千，而一歲之撫賞費亦僅一萬。彼遼、薊二鎮入貢之虜多不過萬餘，其撫賞之厚，各夷所知也。今俺酋、老把都、黃台吉及永邵卜、哆囉土蠻、兀慎、擺腰諸部落衆至十餘萬，既容貢市，而撫賞全不議給，徒令臣等以空言應酬，無可示恩，何恃固結？恐非天朝撫夷之大體。其間討賞濫賞之費，在臣等自知撙節，而守市、遣使必不可已之賞則不可省。即如臣每遣通丁入虜，虜必賞之以馬。臣每令通丁不許領受，虜即來告云，非此無以示好。故臣於虜使之來亦須分別大小，以段布充賞，亦華夷之分所當然也。此撫賞之費必不可省，須當查照遼、薊事例，姑無論夷虜之衆寡，每鎮每歲令於節省客餉量動萬金，以備互市撫賞之資，或一時商販無資，權充商本，令其買貨充市，得馬給軍，以濟公私者也。

餘督修邊堡，選練兵馬，開墾荒田，嚴飭邊備，臣已申令再三，及時自治。即今各路修工已興作，邊民爭買牛具，告耕荒田，至有欲開邊外之田者，臣已禁止。各路兵馬分日操練，未敢時刻疏怠。其互市之防範，虜中之戒諭，臣督行各撫、鎮相機固防，務保無虞，免廑北顧。伏乞聖明俯念臣等邊臣任事之苦難，稍寬廷議文法之牽制，敕下户、兵二部，早賜定議。除俺、把各酋部落子孫的名，近准兵部咨查，再行俺答查明，咨部聽行議請。及吉能子倖夷名，已該陝西督撫諸臣據夷使開報具聞，必須一體請授官職，許其隨同俺答通貢、給賞、互市。行各鎮速行議立廣鍋，容臣等募商或京城量發以濟市用。撫賞查照遼、薊撫賞事例，准令動，奉敕下臣等遵奉施行，等因。

具題，奉聖旨："該部便看了來説。"欽此。

該本部看得，總督尚書王□□具題前因，大率欲從權馭夷以安邊圉。但三邊總督王□□題稱，西虜止可准其入貢，不可許其互市，其論之也確。今宣大總督王□□則稱西虜封貢、互市當與東虜一體，其説之也詳。蓋疆場各有責任，事勢各有緩急，是以督臣各持議論，誠難以強而同之也。干係夷情，必須勘議停妥。

至於鐵鍋，先該本部題請嚴禁，不許互市，蓋恐虜得之以打造兵器。而總督王□□乃謂廣鍋不受鍊炒，未審曾否試驗，相應通行議擬題請。

合候命下，本部一面移咨陝西三鎮總督戴□，查照先今題覆事理再酌議，西虜所乞封貢、互市應否照依東虜一體准從，其互市尤當慎重。如其可從，即宜協衷共濟，勿分彼此。如不可許，便當審始慮終，不必遷就，作速明白具奏，以憑覆議。一面移咨宣、大、山西總督王□□，先將東虜封貢、互市悉心料理，不必候陝西總督回奏，以致耽延。其廣鍋行督撫官親視匠作鎔化，如果鍊成鋼鐵，堪以打造器械，仍督禁勿以與虜，另以他器易之。若果不可鍊炒，不堪打造，方許召商市易。其撫賞之費勢不容已，且動支積餘客餉又非額外請乞，移咨户部徑自議覆施行。

奉聖旨："是。"欽此。

又准户部咨，同前事，該本部議照，邊防錢糧，除主兵原有定數，無容再議外，其客餉所用惟在督撫等官調遣得宜，稽查任法，此錢糧支費多寡所由懸絕也。今本官題稱，去冬今春未曾輕調一兵，錢糧見今有餘，可停召買，宣、大、山西三處所省不下數萬，欲每鎮每歲量動銀一萬兩，是所省數多，所請數少，目前應用既非浮於正額，而更加撙節尤可冀於將來，相應依擬上請。

恭候命下，如蒙准議，本部移咨總督尚書王□□及宣、大、山西各巡撫都御史并札付管糧郎中、主事等官，查將該鎮每歲每鎮節省過客兵銀内量動銀一萬兩，聽備前項互市撫賞之用。仍咨本官於内自行節縮，凡一應支放、稽查、催督等項悉照題内事理，益加殫竭忠赤，務使事有程度，用有贏餘，以後久之不違原議，則貢市有資而國計後艱非所虞矣。其用過銀兩及撫賞過夷人數目、姓名造册奏繳，青册送部查考。

奉聖旨："是。"欽此。

爲恭報虜酋感恩獻逆華人懷忠首妖乞賜賞恤以光聖治事

案照先因北虜俺答執獻妖逆趙全等到邊，臣等審得各犯餘黨尚多，恐復構患，節因虜酋納款乞貢，累書宣諭詞語及面諭夷使傳諭各酋，令其執送全等餘黨以表誠敬去後。節據俺答面向通丁鮑崇德等執稱，板升尚有説伊有天分、誘伊獻老營正犯，前因拿趙全等俱各逃避，候皇朝許伊封貢再行執送。續訪得分守威遠管參將事副總兵牛相聞知俺答許送妖犯，欲希功賞，差子牛伯傑隨送那吉出邊，以衣物求媚俺答義子恰台吉，許以厚賄，令執餘黨送伊報功，等因。已行大同兵備道，將牛伯傑拿送大同府究問。隨有恰台吉將執獲四犯許送牛相，索銀二千兩，段、綢、布諸物數多，牛相即向所屬各堡科派間。臣據守備苑宗儒揭報，催行該道查明，會同巡撫都御史劉□□，遵照敕諭將牛相拿赴軍門，責問明白，行道具招參報。

俺酋見事覺發，當寫番文，內開：有孫那吉事，兩家和好，天下人都知道，今二月盡，還未見示。下有三鎮的達子，我都調來進表許多，一向人無吃的，馬匹瘦損。有太師問我要的白蓮教四人：山西二名張寶、趙天玉，俱祖家嵐縣；穆天節，老營堡人；孫天用，係李祖家徒弟。我不失信，今差恰台吉兒、流唐文、打兒漢，首領土骨氣、羊羔子，賚番文向臣投遞。

臣仍差官通珊瑚同李寧、鮑崇德賚臣宣諭責問俺答，既獲妖逆，不行獻送，縱令部落私通邊將，等情。本酋愧憤，執稱不管，伊是原被牛相、恰台吉等誘哄，委是伊不是。復寫番文，內開："有太師差來李寧、鮑崇德、珊瑚、趙景敖等拿送逆賊四名，我差恰台吉兒、流唐文、安克、把獨兒臺實、打兒漢，首領土骨氣等伴送前去，上報朝廷賜孫官職，下達太師厚愛之恩。我方知中國仁德，欲要求和兩國久遠，乞望早行方便。"俺答因知臣請發譯字生在邊，又稱"乞討寫番字人來，寫畢送回。有達子在邊上討賞，我并不知，我再行禁約"，等情。隨差夷使打兒漢等將原獲四犯同珊瑚等押送入邊。臣當咨會撫臣行大同兵備、守巡冀北各道會問，量以銀幣酬賞老酋及各夷使外。

照得各犯即係俺酋先日所言許伊天分、誘獻老營城白蓮教正犯。臣自去冬聞俺答前言，歷查原問逆犯趙全等各處招內并無各犯姓名，密訪沿邊官民亦無知據，尚疑其詐，每遣通丁回送夷使，即令於虜營被虜諸人密探前項妖犯構虜的據，計行索捕。續據虜營節年被虜生員計龍，民人王道科、趙景庫，各因識字爲虜拘留書寫，近來與臣往返番文俱其傳寫，深夜密向臣原差通丁珊瑚垂涕，附耳報稱，伊等各以中國生儒、軍民被虜拘羈，未得便歸。先時山、大沿邊白蓮教妖逆內外構煽，要獻老營城堡等，密向水泉營哨丁報知，幸郭總兵人馬速到，未遂奸謀。今各逆犯往來板升，詐降潛入，構結爲患。伊等不敢輕言，恐泄漏被殺，各以家鄉住坐、弟侄的名令傳報於臣，聽取一人同衆差人赴虜營親見，有投詞付遞，各效忠心，异日歸降，希求恤賞，等因，到臣。

隨取趙景庫弟趙景敖至臣審明，責令珊瑚仍以隨送夷使同至虜營，計龍等當將各犯姓名及構虜情節備書一紙，夜縫景敖衣中，傳遞到臣。內開：“搶汾州、攻石州俱是逆賊白蓮教勾引。隆慶四年二月初二日，張從庫等三十名出口。本月初四日，到大板升，趙全、周元、李自馨等會說，今羊馬年，該咱白蓮教起手坐天下，會同俺答先開老營堡，後開平虜衛，西行開偏頭關，南行開汾州等城。四月初四日，王道科等三人密差通事說與紅門守備陳一言的通丁，白蓮教會通俺答要攻老營堡成事，衆達子初七日到大邊，初八日到二邊，初九日進口攻城。守備隨報總兵官，初八日領人馬進城。有俺答進口，知有兵馬，此事遲了。有老營堡管隊石倫又差出張輝來說，殺豬二口，殺牛四隻，與俺答、趙全等食用。說初九日燒草場，馬操兒等十名；開城門，黃二等一百餘名；在披塌城處獻城，李三等一百餘名。被石倫又差張輝出來說，城內有兵馬到了，在城擺守，別擇日期。石倫正名，號名石丘山，係管隊。旗牌趙六軍、孫四係孫家窰子住，本年四月初十日同李韶欽出口到營，五月十五日從老營堡正北入口，十六日被老營堡官拿定解代巡，被孫四到半路逃走回營，在大板升住。馬操兒、李道兒、黃二、李三、張槑子、李四子俱軍，閆先兒寫字的，鄭廷玉管隊，李樊二司一隊夜不收，張環原在老營堡住，二司工[三]隊夜不收。白蓮教頭兒張從庫號名張三，身上有黑記爲號，右手不全，無須。男二，名丑出驢、丑出狗，在汾州東南離城三十里辛莊里村東街路北住。趙全等與騾子一頭，五月十五日從滑石澗瓦四送入口，賣藥生理。白蓮教頭兒趙傑，號名趙普明，係文水縣舊古城住，二月十五日入口。白蓮教頭兒李佛兒，有鬚，磚井兒住，二月十五日入口。李南，原號名，係榆次縣人，三月初九日又同張輝等八名出口。趙全、李自馨等與馬四匹，白馬一匹墻下品窰內跌死，虎喇馬一匹，老營堡印官棄留馬二匹。一匹印官價銀八兩，一匹騎回家去，在偏頭關久住。岢嵐州兵備道緣事爲人命，有黃鬚，正名不知王大花，係汾州大南關住。有二字王妻，係王大花姑娘。奚大用、奚大真、奚大秀係汾州香尼公住。張從庫徒弟張輝四年在老營堡大街路西賣酒飯住，往還營內走十一遭，原籍靜樂縣分洞溝住，寡腮，黃鬚。馬朋係張輝一處。王道兒係靜樂縣黑油口住，賣雨爲生，有大板升走去人口，將他在板升內祈雨見來，在靜樂縣知縣處告下存照，四月十五日入口。李彥學，號名李道原，五月十五日入口，係嵐縣西門上住。兄李彥實、父在黃千嶺住。李天元，年二十八歲，小名根元。亡兄根枝先年事犯，拿去陽和打死。父李三鬍子，并李天元見在大板升趙全管家，遺下妻在嵐縣東門上住。朱月乃河住，男朱朝宰在喬三板升住。閻鶴父子五名，六月二十五日從天橋兒出口，在王道科板升住，係嵐縣，遺下妻，在郭見房住。説稱李祁河家金子有一二斗，若去攻了拿來，與俺答造鍋用。"

　　臣得此不勝駭憤，隨即各照地方密行邊腹各道及有司、將領密行緝捕去後。節據靜樂縣知縣劉受報稱，拿獲妖犯張輝、王道兒，審據鄉鄰執稱，二犯各以祈禱爲名，專一書符咒水鼓惑愚民。每出數月不回，中有窺知虜中往返。及聞王道兒自稱原騎俺答撥馬，鄉民畏禍，不敢訐發。王道兒被拿之夜，念誦妖咒，將本身鐵韋、鐵繩盡行開卸。應捕官快急報劉受，當用狗血塗抹收禁。又據分守冀北道報稱，拿獲妖犯朱月，方赴滑石澗賣布，欲潛出邊，遂即拿獲。審得本犯有子見在板升，及供同起餘人，該道另行密捕。又據老營堡副總兵孫吳報稱，拿獲該營有名獻城獻門逆犯石倫、閻先兒、馬操兒，未敢輕審，恐干礙人衆，致生激變。已行岢嵐兵備道調審，及行孫吳出示諭衆，但有被各犯誘惑者令其自首免罪。又據分守冀寧道稟稱，拿獲逆犯張從庫、王大花即王大華、邢大真、邢大秀、張丑出驢、張丑出狗、趙傑即趙節、李佛兒即李壽，俱發太原府監候，審明具招詳報外，仍有奚大用即邢大用，未蒙之先前往武當山進香未回，汾州差人押發戶長迎拿另報，等因，各稟報到臣。

看得前項逆犯半在腹裏，半在沿邊，有礙對審，必須會官鞫問方得歸一。臣即通行分守冀南道參政張憲、冀寧道參政孫枝、分巡冀寧道僉事張希稷，會同岢嵐道兵備副使紀公巡、雁平兵備副使朱裳，通將緝獲前項逆犯押赴代州適中地方，各道共同虛心研審，務將各犯背叛虜地、同謀構引、獻城攻堡實情逐一究明，通詳軍門、撫按諸臣定擬會聞。及咨山西撫臣石□□行令各道作速捕問，出示曉諭各處軍民，但有被惑共謀者許令自首，以恤無知，以防激變。一面催行大同守巡、兵備各道，將北虜執送逆犯上緊審取略節供由，通行呈報，各去後。

續據分守冀北道參議黃九成、左衛兵備道參議崔鏞、分巡冀北道僉事韓宰會審，趙宗山等往來虜中結構，誘賊入境，駕言天命，供報趙全、李自馨等在虜妻妾姓氏、子女的名、住居房舍，及頭目馮世周、張豪傑等姓名歷歷可據，實爲趙全等心腹黨類無疑，情真輸服，等因，備供會呈到臣。

臣會同巡撫大同右僉都御史劉□□、山西右僉都御史石□□議照，中國白蓮教妖術每次煽惑愚民，稱兵作亂。虜中板升群逆節年構引內黨，誘虜憑陵。自丘富之叛入虜營，逮趙全之繼統虜衆，明爲宣、大各鎮之害，陰貽山西沿邊各州縣之禍，二十餘年，上下具知，莫能究詰。茲幸天威震動，廟謨恢張。一人有慶，弘四夷來王之化；四輔同德，莫蠻夷率俾之助。遂使黠虜效順，板升巨逆既獲，執獻闕庭，邊境嚴肅；內地妖逆難遂不時出没，固可暫弭邊患，尚未剪除禍根。臣等先聞俺答初報，尚有説伊有天分諸人在虜未送，日切殷憂，百計誘取，久無的據。兹者俺酋感戴聖恩允伊封貢，及念臣古慰勞誠信，既親執外逆以送邊，而虜中忠義漢人聽臣密諭復書内逆以潛報，卒致數十年邊腹構虜之妖逆一旦盡遂拘執，將致板升萬衆、白蓮教之逆黨難復構煽，沿邊、内地之愚民可免誘惑爲奸，而三鎮攻陷之危機可絶内應生變，實仗天心助順，宗社垂庥，懾虜發奸，允光聖治。臣等叨事封疆，祇切欽戴，除將内外各犯通究明實，參酌情法定議具聞，請行正法外。但俺答老酋自去冬十一月以來感聖明歸孫之恩，嚴戒部落莫敢窺邊，糾合弟侄遠近納款。一聞臣責問老把都、吉能冬深窺擾屬夷，遠犯雙山，即遣夷丁遠近切責。又因其子黄台吉諸婦邊堡索賞，即傳諭黄酋，如或再肆，即收其部落，殺其妻子。凡軍士出邊樵采，虜未敢近。或零寇竊盜墩軍衣、米，必加重罰。即今春農遍野，采積鉅萬，遠近具聞，軍民歡忭，雖夷虜之性若難深信，而獻逆之誠宜示褒嘉。伏乞聖明俯順夷情，敕下該部，將俺答并其先後執送諸叛頭目恰台吉、打兒漢特加優賞，令其感恩圖報，將板升未盡逆黨陸續執送以見誠款。餘往返虜營及被虜懷忠傳報各官役通丁，候事寧之日比照招降事例，一體優賜官職以慰忠勤，庶華夷上下均戴天恩，邊腹地方咸荷覆庇矣。

奉聖旨：“該部知道。”欽此。

兵部議照，趙宗山等惑民誘虜，貽患邊疆久矣。兹者俺酋感朝廷封貢之恩執逆來獻，被虜生員□□等密首妖黨亦似返邪歸正。伏望皇上將俺答優賞，恰台吉等量賞，使虜仰戴懷遠之仁。本部仍咨總督宣諭俺答，將板升逆黨陸續執獻，不許混執被虜之人希賞。其逆犯趙宗山等四名押解赴京會審具奏。李孟陽等行督撫再審真審，不許奸徒懷私妄首報復。餘往返虜營與被虜懷忠傳報官丁，候事寧聽督撫查照招降事例奏請，等因。

覆奉聖旨：「俺答執逆來獻，誠順可嘉，賞銀三十兩、彩段四表裏。恰台吉、打兒漢各十兩、一表裏。其餘依擬行。」欽此。

爲審時度虜酌議貢市先後機宜以昭威信以慰華夷事

案查先准兵部咨，爲遵奉明旨酌議北虜乞封通貢事宜，以尊國體，以昭威信事，該臣會題，前事，該兵部議得，虜酋俺答聽禮部題請封以王號，其弟老把都、子黃台吉等各授以都督、指揮等官職。每年以二月爲期，聽其進貢一次。貢使既入，各邊容與互市，待貢使回日罷散。今歲二月已過，權令於三四月舉行，等因。題奉聖旨：「這事情你每既酌處停當，都依擬行。還著王崇古悉心經畫，務要穩妥，仍督率鎮、巡等官比常倍加防守，毋得因而懈弛以致疏虞。」欽此，備咨到臣。臣即將奉到明旨用黃表紙恭抄一通，選差通事官楊亮等賫捧，前赴邊外虜營宣諭。俺答率諸部落望南叩謝天恩，聽糾集弟、男諸酋候命間。

本年四月初一日，該臣賫本官鎮撫秦學抄傳邸報，該禮部准兵部咨，將俺答封王緣由議題，奉聖旨：「是。俺答著封爲順義王，寫敕與他，還賞大紅五彩紵絲蟒衣一襲、彩段八表裏。」欽此。備抄到臣。復將明旨抄黃，差官賫捧傳諭俺答以聖恩封王賜蟒服之恩。本酋歡呼感謝，即差伊中軍打兒漢等賫番文向臣等束謝。臣仍宣諭，令各酋備辦貢馬，恭候敕使至日表謝進貢。

續准兵部咨，查各酋部落枝派。臣隨譯審各夷使覆查明白，咨報兵部，於本月二十日將各夷授官緣由題奉聖旨：「是。這各夷官職都依擬給授，昆都力哈、黃台吉還各賞大紅獅子紵絲衣一襲、彩段四表裏，寫敕與他。"欽此。備咨到臣。臣復將明旨抄黃，差官通賫捧傳諭各酋糾集候命去後。

即今五月將半，各酋自去年十一月乞封，至今已逾半年，山陝、宣大、延寧、甘固各邊東西數千里一塵不聳，耕牧遍野，商旅安行，虜志頗誠。近蒙聖恩許允封貢、互市，三奉明旨，已復月餘，臣等久候敕使未至。虜見沿邊修守日嚴，各路操練時勤，咸謂彼亦安心聽貢，我實未嘗忘彼，漸生疑懼。且近邊青草蹂踐殆盡，五月邊外蚊虻漸生，每歲虜必移住大青山後暫避虻、暑，累差夷使問信，及稱每年五月各酋俱赴河套祭祖一次，恐誤迎接敕使。臣等節差官通鮑崇德等傳諭，天朝法紀嚴肅，敕書撰寫、用寶禮有定式，朝使遣發、經行例有定期，或難遽到。各酋既蒙聖恩封王加職，自當恭候塞外，免復疑懼去後。

但夷虜之性，狐疑狼貪乃其故智，避暑趁草襲有常期。且封貢止於酋長，其餘部落俱候互市以有易無以慰衆私。今沿邊駐牧既久，草盡虻生，大衆難延，勢必解去。若待秋高方容貢市，時當秋防屆期，在我防禦當嚴，在夷馬壯弓勁，尤難控禦，皆非所以示威信以懾虜情也。臣等日夕憂皇，揆度時機，詳察虜情，急應議請。伏乞聖明俯念夷虜封貢之初不宜久事拘羈，致生疑阻；衆夷互市之期當在五月，不宜候至初秋，致難防範。敕下輔部大臣速賜定議，希將敕使早請遣發。如此月中旬到邊，容臣等令俺答遵照原議率其弟、男先受敕封，旋遣貢使，即容互市。如或敕使未可即遣，容臣等傳諭各酋，查照三鎮原議市場先容互市，聽夷衆市完陸續解去，只留各酋迎候敕使，上表謝恩，繼修貢事。蓋事機有先後，時日有炎涼，既難拘於成議；而虜衆有利害，虜情有從違，尤難制以文法。向因事難速濟，豈惟臣等每失期於諸酋，雖俺答亦自稱將不信於所部矣。若仍遵原議，衆夷求市不得，酋長候命未至，萬一疑懼解散，上失朝廷之威信，下失華夷之祝望，臣等罪復何逭？臣奉旨專責區畫，務求穩妥，今時勢急迫，即欲隨宜容市，誠恐中外諸臣不察時機，指爲違議媚虜，展轉憂危，不得不據實陳請，伏候宸斷。臣不勝激切待命之至，爲此謹題請旨。

疏到京，適兵部覆奉欽依，差官齎捧敕賞，閣部催發出關，此疏未上。

爲恭報北虜敕諭禮成仰慰宸衷事

隆慶五年五月十二日，准兵部咨，該參將鄒沂、鴻臚寺署丞王勛齎捧敕諭十一道、欽賞順義王俺答及都督同知昆都力哈、黃台吉各蟒龍、獅子衣服、表裏先後到臣。臣一面責差通事官鮑崇德、李寧等傳諭俺答，糾集弟、子老把都等及親枝有名授職各夷齊赴大同北東路得勝堡邊外。臣先已預行該道及該路參將搭葺蘆蓆棚廠一所，聽候迎敕、受封、謝恩、納貢。一面嚴行宣、大、山西鎮、巡，督同沿邊各路副、參、游、守等官，各查照臣原議分定責任各守地方，練兵淬器，嚴飭哨防，以示有備。仍行定委監市、守市各道、將領、有司、軍職各照原議分任市事去後。

臣隨於本月十七日自陽和統領標兵二枝馳至弘賜堡，會同巡撫大同右僉都御史劉□□，督同總兵官馬芳及該鎮兵備、守巡各道，各路副、參、游、守等官，定議克期遣行封賜典禮。隨據鮑崇德等押同夷使打兒漢等回報，執有俺答與臣督撫書柬，內開：伊等各頭目因久候不見朝使到邊，天熱虹生，近邊難駐，各漸次移帳稍遠，一時糾合難齊，稍待二三日俱到，惟俺答先統見在附近頭目於十八日亦至近邊。臣隨令夷使伏睹敕賞及令叩見齎敕賞各官鄒沂、王勛，以重朝命。

二十日，復據夷使及哨探夜役報稱，各酋先後俱已到邊，惟黃台吉先因熟夷訛言懷疑，遣其二子先至，伊尚未到，俺答復差人催調。臣原卜二十一日適遇施恩、封拜吉期行禮，難因一酋延待，當日責委臣中軍原任副總兵趙伯勛，撫臣中軍原任游擊康綸，聽用原任副總兵田世威，參將方琦、張咸，各賫捧敕諭、欽賞，仍令夷使打兒漢及那吉夷使克漢等隨班演習禮儀。臣等同撫、鎮諸臣陳設香案於公署，叩拜敕賞畢，大張旗鼓，迎送出邊，即赴棚廠。臣預行該道陳設黃幛、香案，仍書宣諭傳示俺答率領見在諸部落恭迎敕賞入棚，先行謝恩。禮畢，分班俯伏，聽將抄黃敕諭開讀，責令官通逐一傳諭俺答各夷，俾知上感天恩，下誓衆虜，永不許背叛犯邊，世守臣職，歲修進貢。各酋咸呼萬歲，各將敕諭、賞賜分領訖。

臣會撫臣預設筵宴，量動撫賞官銀，將俺答以下各有職名頭目及伊親枝、正妻、女婿，查得成祖錫封和寧王各有賞賚，并寫表夷使各分等第，各用銀花、臺盞、段綢、絹布、牛酒宴賞，以重欽命，以溥隆恩。

隨有河套吉能遣其子姪切進黃台吉、威進恰他不浪、莽會台吉，向在俺答及臣處，乞請同起進貢。臣復諭以見奉欽依，聽陝西督撫諸臣爲伊議請，令其守盟聽命。竊慮各酋羞憤構患，亦各以花幣一體宴賞，以示羈縻。

本日晚，趙伯勛、康綸等回還報稱，賫捧敕賞出邊，俺答亦先於棚廠率衆夷酋伺候廠外，恭迎入棚，安置黃幛。伊遵行迎敕禮，望南俯伏四叩。各官開讀敕諭畢，又行謝恩禮，又俯伏四叩。伊執夷禮，以卸帽叩拜爲敬。分受敕賞，各官陳設筵宴，俺答盡日歡慶，具言感戴天恩及臣等爲伊乞請之意，自誓伊本誠心，老死子孫再不犯邊，永遠進貢，華夷各遂安生。其進貢表文、馬匹，俺答亦預令善寫番文三夷於市場會同譯字生馬繼志眼同書寫，候臣與看封代爲封進，仍擇日聽其互市外。

臣會同巡撫大同右僉都御史劉□□督同總兵官馬芳議照，夷狄來王，昭明王之慎德；酋虜錫爵，實聖主之洪恩。臣等仰仗天威，昭宣德意，幸古今仇敵之虜一旦格心，數十年强悍之酋恭執臣禮。臣等躬逢景運，奉命曲畫，慶封錫之禮成，睹華夷之歡忭，不勝感戴忻躍。仰思宸衷時廑北顧，即應恭報以昭盛典，除貢使入邊另具題報外，爲此謹具題知。

奉聖旨："兵部知道。"欽此。

爲恭進虜王表文鞍馬請給恩賚以昭盛典事

先該臣會同卜吉，責委管臣中軍事原任副總兵趙伯勛等各賫捧敕賞出邊，預令俺答等率領諸酋及各部落於邊外原設棚廠處所欽遵恭迎，望南謝恩，及將各夷分别宴賞。臣等隨將封貢禮成緣由於二十二日具本題報訖。

續據順義王俺答令河西吉能侄切盡黄台吉撰寫番表，糾合都督同知昆都力哈、黄台吉，指揮使把漢那吉，指揮同知永邵卜大成台吉、哆羅土蠻把都兒黄台吉、哈剌慎、著力兔、把都兒台吉、禿兀兒慎、著力兔台吉等，指揮僉事擺腰把都兒台吉等，正千户兀慎打兒漢台吉等，副千户阿拜台吉等，百户恰台吉等六十五名，各貢馬匹不等，共貢馬五百九匹。及差夷使扯布、哱羅、不散台、布柏兒、杜老、剌赤、周介、拖布、八答奈、野生持、帶克兒、鄧襖、八拖拖、户撒兒、答剌、舍力害、舍剌黄、阿兒撒、莫太、著力太、克力拖拖、拜兀、哈氣、啞兔赤、扯郎、瓦四、血的貴、那不素、啞都、赤撒、户兒小厮、鐵寧幺兒、吃太燕兒、馬水、世我、叫把氣、合豸害、扯剌害、拖羅害、多害拖拖、户瓦撒、岳師庫、老撒、火力赤、羊羔兒、八答哈賈、啞赤些兒、賽豁兒、赤好慎、米合著兒、大卯、肯克、大那害、卜只素、呵太、歹兒害、襖八、鐵利、召兔、克甚、火力赤、舍藍、太吃、克吉小厮，共六十四名，賫捧番表一通，内進上馬二〔四〕

十四、鍍銀鞦轡馬鞍一副，到臣。

臣當將表文督同譯字生馬繼志譯得，內開感戴大明仁聖皇帝封王許貢，賞賜段布、買賣，中多參以佛語，雖詞極恭順，尚欠文理。臣責令原差寫表夷使台實、榜實等六名通同馬繼志，將伊原稿照臣先次撰次表式逐一更正，另寫表文，封收表匣，原來夷稿附照。及將各夷使先行宴賞，分發三鎮夷館，一以監同互市，一以候領欽賞。應進上馬三十匹，臣等逐一選定，誠恐夷馬初入內地，水草不服，自邊至京，經過邊關，間致病瘵，有礙進御。臣謹於原貢馬內揀選各色青白、紅黃、銀合、棗騮騸馬四十匹，開具毛色、齒歲咨送禮部，聽到京選進，餘馬發回。見在馬四百六十九匹，分給三鎮官軍領養騎征。其酬賞馬價、進貢夷使賞格，咨行禮、兵二部查各國事例，或應在京發價以示天恩，或應在邊給領以慰夷情，聽其易買段布、貨物，通候市完起發出邊。

臣會同宣、大、山西巡撫都御史孟□、劉□□、楊□議照，北虜封貢，在高皇、文皇朝，各夷封王進貢，典制具存；在孝廟、世皇時，節容貢馬、開市，成議可據。每因夷虜臣叛不常，隨該朝議旋復報罷。今次俺答乞封通貢之請本於感恩歸孫之誠心，其各枝弟男子侄之隨同實由各邊搗巢趕馬之受禍，撥之弘治初年原未承受爵職者事體未同，較之嘉靖二十八年虜勢方強、仇鸞媚虜容市者尤爲不類。伏睹明旨，仰賴上穹錫祐，宗社垂庥，格虜安邊，豈緣人力？臣等考之古史，呼韓來朝，漢史侈爲美談，而中國耗費；番夷內附，唐宗誇示王會，而胡越分凌。何如今日酋王稽首以稱臣，夷種俯伏而奉職。表文重譯，皆感天戴聖之真言；萬衆住邊，悉遵令受約之誠款。胡馬百乘而入貢，駉駉雲錦之群；銀鞍精製以獻琛，蔚蔚虎豹之鞟。誠可遠追唐虞來王之休風，近紹祖宗封貢之盛典。是皆我皇上一德格天，揚神武不殺之大烈；輔弼大臣協忠翊運，顯折衝樽俎之忠謨。內而本兵、臺諫各獻紆籌，外而按臣、諸司共矢匡濟。臣等濫竽疆場，躬逢景運，宣布恩威，幸逭罪譴，實未敢貪天之功。但自去冬以逮今夏，已逾三時；自宣、大遠至甘肅，既遍七鎮。一塵不聳，萬旅免鋒鏑之危；億畝盡開，三農遂耕耘之業。國運荷神明輔佑之烈，禮宜報成；臣民戴聖明覆育之仁，分當賀謝。兼以海內頻年時警虜患，沿邊列省歲治秋防。今遂平寧，似應詔告中外，昭示華夷，永光聖治。事干國典，臣等未敢輕議，謹將夷表一通并進上馬匹、鞍轡，遵照原議會差臣等督撫下中軍官原任副總兵趙伯勛，原任游擊康綸，原任參將陳議、常齡恭代捧進。其應給馬價，即查各鎮缺無積貯。貢使六十四名及各枝貢馬頭目，既各授以官職，似應照朵顏三衛事例各給賞賚，在禮、兵二部俱有成例。但北虜素稱驕悍，賦性貪詐，久爲邊患，原非臣屬，今當納款之初，似宜優其恩賞以慰夷情。

伏乞敕下禮、兵二部，查明成祖錫封和寧王賞格及孝皇北虜三貢馬價，早賜定議，請給解發，或仍賜敕諭，容臣等分給夷使起發出邊。其切盡黃台吉係河套夷酋吉能親侄，兼通番漢佛經，極知恭順臣禮，迎敕、撰表多效誠款。俺答累書告臣，請爲乞恩授職。本夷竊見俺答弟男子孫封錫之榮，懇請伊親枝吉能等貢市之期。臣以本夷係在西部落，當聽陝西督撫議請，權給花幣以示優賚。通乞敕下兵部，將河套諸酋貢市之議早爲催定，免致羞憤敗盟，庶華夷均感洪恩而貢市可保有永矣。爲此謹題請旨。計開：

一、進上馬三十匹、鍍銀鞍轡一副。

一、留邊分發三鎮，聽候給軍騎征馬四百六十九匹，大同鎮馬一百八十匹、宣府鎮馬一百八十匹，山西鎮馬一百九匹，等因。

具題，奉聖旨："禮、兵二部看了來説。"欽此。

該本部會同兵部看得，中國之患莫大於夷狄，而北虜爲甚；帝王之制禦夷狄也莫嚴於北虜，而得其臣服爲難。若今俺答上感天恩，率其親屬以傾心向化、稱臣修貢，誠千古所曠睹，爲我朝之盛典。除報成、賀謝已蒙允請，詔告天下恭候另行外。所據順義王俺答并昆都力哈等六十五名，夷使六十四名進過馬五百九匹，相應給賞。

臣等議得，順義王俺答素非臣屬，今乃感激天恩，一旦革心嚮化，率其親屬奉貢稱臣，殊效恭順，誠有如該鎮官所議，宜優其賞賚以慰夷情者。查得先年和寧王阿魯台乞降納款，伏〔五〕。十四名，輸心服役，守候邊庭。續據該鎮總督尚書王□□咨開，内小頭目六名，合各給彩段二表裏、素紵絲衣一套、木綿布二匹，散夷五十八名，各給彩段二表裏、木綿布二匹，以充犒賞。其吉能俺切盡黄台吉，該鎮既稱迎敕、撰表多效誠款，兼爲順義王懇乞恩典，合無比照指揮等官量賞彩段二表裏、闊生絹一匹、織金紵絲衣一套、木綿布四匹，所授職銜從兵部該司查酌另行題請。如此則順義王而下弟男孫侄凡厥族類靡不均沾天賚，仰戴國恩，以後進貢年分擬合遵照此例施行。

其酬賞貢馬一節，合無於内進上馬三十匹比照三衛及先年北虜貢馬賞例，每匹賞彩段二表裏、闊生絹一匹。但係臣貢之初及稱上馬，似應加賞彩段一表裏。其餘留邊馬四百七十九匹，合無權於太僕寺樁朋銀兩内借支五千兩解邊，聽該鎮官量貢馬等差爲酬賞多寡，俟夷使出境，即以所貢留邊馬匹解本寺給軍騎操。或別有擬議，一并奏請定奪，以爲永遠則例。臣等愚蒙不諳邊事，參酌舊典，體順夷情，冒昧議擬。但恩典出自朝廷，不敢擅便，統俟聖裁。所有順義王俺答等進貢、賞賜，合無恭候命下，比照先年仍行工部製造木櫃、扛索、氈席等項發部以便裝盛，會同兵部差通事官一員、武職官二員管運到邊，聽督撫衙門照名頒給、奏繳，更惟聖明裁定，等因。

奉聖旨："是。俺答奉表、貢獻鞍馬，誠順可嘉，賞大紅蟒、白澤紵絲衣各一襲，彩段十五表裏。伊妻也賞大紅五彩紵絲衣二套、彩段四表裏。其餘的都依擬。"欽此。

爲懇乞聖恩俯容辭免升廕事

隆慶四年十二月二十九日，准兵部咨，爲仰仗天威，虜酋執獻逆犯，請議獻俘梟示以昭國法事，該本部議得，臣功當首録，仰祈天恩，將臣等先加升廕以隆激勸之典，等因。奉聖旨："是。這叛逆元凶頻年糾虜入犯，荼毒生靈，罪惡滔天。仰賴上穹錫佑，宗社垂庥，虜酋效順，執縛來獻，足泄神人之憤，朕心嘉悦。依擬奏告郊廟，獻俘正法。內外有功人員宜加恩數，你部裏查例來看。"欽此。隨該兵部欽遵查例及酌議得，見奉明例，計斬逆賊趙全等一人函首來獻，即膺重大升賞。今元惡九人一時生獻闕庭，比之前例懸購之賞格又遠過之。是勘定已得上策，茂著勛庸，所據內外有功人員委宜加恩，均示優異，等因。覆題，節奉聖旨："虜酋執叛效順，內外諸臣運謀宣力，功委可嘉。王崇古加太子少保、兵部尚書兼都察院右副都御史，廕一子錦衣衛正千户世襲，還賞銀五十兩、大紅紵絲蟒衣一襲，照舊總督。"欽此。備咨到臣。

臣恭聞寵命，感切赤衷。除欽賞銀五十兩、大紅紵絲蟒衣一襲例不敢辭，恭候頒給，另具陳謝外。伏念臣本一介書生，遭際兩朝恩遇。撫夏督陝，既叨右憲之崇階；誓師逐胡，重荷銀幣之寵錫。感恩莫報，矢志未酬。茲者遵詔納降，偶獲酋孫之歸順；蒙恩優遇，感茲點虜之輸誠。既獻逆於邊城，再乞封於陛闕。萬仗聖德聖恩夙昭格於華夷，實惟天運天威足振慴乎强虜。廟謨紆遠，幸獲奉以周旋；密勿運籌，慶禮成於獻俘。臣等從事封疆，

職有專責；偶獲群醜，數值幸成。方深感激之私，重拜隆恩之
錫。思青宮少保爲輔德之重臣，念兵部正卿實司馬之要職，兼以
錦衣親軍，榮列金吾侍衛。自分微臣，深慚負荷之莫勝；下逮臣
裔，尤懼世恩之難稱。捫心增愧，揣分奚堪？若不攄衷辭免，切
恐乘負致寇，盈滿招尤，臣循省身心，實未敢旦夕安處也。伏乞
聖明察臣止足之義，鑒臣感懼之私，收回成命。容臣以原職查明
禁例，懾服奸萌；勉完貢議，稍濟疆場。臣不勝受恩感激悚仄屏
營之至。

奉聖旨："卿處降獲逆茂著忠勞，加恩已有成命，不准辭。
吏部知道。"欽此。

爲恭謝天恩事

准吏部咨，該本部議覆，節奉聖旨："王崇古加太子少保、
兵部尚書兼都察院右副都御史，廕一子錦衣衛正千户世襲，還賞
銀五十兩、大紅紵絲蟒衣一襲。"隨該臣原差賚本鎮撫秦學領到，
望闕謝恩外。恭惟格降懾虜，萬仗天休之震動；獲逆獻俘，實遵
廟謨之恢張。臣濫竽督寄，勉效驅馳。功微福謭，何勝高厚恩
榮？迹遠身危，奚稱絲綸褒嘉？拜命至再，感激切衷，謹稽首以
陳詞，效華封而敬祝。

恭遇皇帝陛下，德懋日新，治敕時幾。振威聲於大閱，我武
惟揚；耀神武而不殺，降胡恩遣。功光列祖，坐收不戰屈兵之鴻
圖；治邁周宣，允致內順外威之駿業。明良際會風雲，華夷率
俾；輔弼協忠鼎蕭，文武承休。顧臣庸菲，幸際熙昌。肅將天
威，幸群逆之面縛；奉揚休命，感諸虜以輸誠。昭天心之助順，
九圍熄烽；荷宗社之垂庥，萬姓安堵。聖恩汪濊，叨膺虎拜之
榮；天語温諄，累荷龍章之寵。官階濫竽宮孤，方深輔德之羞；
職任兼攝部院，夙切負乘之懼。金吾世廕，下逮渺孫；錦衣通

籍，永光寒胄。服緋蟒以拜賜，示夷使睹華袞之章；頒帑鏐而溥恩，率三軍共嵩呼之祝。一時榮過，萬夫具瞻；三錫覃恩，百世光被。臣敢不誓竭犬馬之力畢志疆場，矢傾葵藿之忠誕敷威德。外糜點胡，期遂邊圉之寧謐；內督將吏，務懷桑土之永圖。仰紓宵旰之懷，少效捐糜之報。

奉聖旨："該部知道。"欽此。

爲比例乞恩俯容移廕重明旨勵邊功以圖補報事

准兵部咨，該本部議擬，覆奉聖旨："虜酋執叛效順，內外諸臣運謀宣力，功委可嘉。王崇古加太子少保、兵部尚書兼都察院右副都御史，廕一子錦衣衛正千户世襲，還賞銀五十兩、大紅紵絲蟒衣一襲，照舊總督。"欽此。又准吏部咨，爲懇[六]聖恩俯容辭免升廕事，該臣披瀝具奏辭免升廕，等因。奉聖旨："卿處降獲逆茂著忠勞，加恩已有成命，不准辭。吏部知道。"欽此。備咨到臣。

除具疏恭謝天恩外，准兵部咨，取臣應承恩廕子孫的名以憑題請。臣查得臣有二子，長男王謙已中鄉試，次男王益、長孫男王之楨先蒙恩詔及臣督陝獲功，節奉欽依俱承廕入監讀書。今奉恩命，緣係軍功世恩，例應嫡長子孫承襲，議將嫡長孫男王之楨改承今廕錦衣衛正千户，待十五歲以後到任供職，原廕國子生請移次孫王之幹補廕。及查得臣孫之楨雖奉恩旨准送入監，向緣年幼尚未赴監。其應否移廕，聽兵部議擬題請。隨准兵部咨稱，查得移廕一節，本部查無事例，難以議覆，行臣聽將應廕千户定擬的名咨送議題，等因，備咨到臣。

查得接管卷內隆慶三年七月內，准吏部咨，爲參論違例祈恩并乞申明定制以杜覬幸事，該吏科都給事中鄭大經等題。本部查得嘉靖二十七年該本部申明廕子事例，今後除奉特旨錄廕外，凡廢子未仕而故者止許補廢一人，其有先由錄廢而後中科目者亦許補廢一人，等因。題奉欽依，將前項贈廢事例刊刻揭帖，分發各處總督、撫按衙門通行遵奉外。

今准前因，查得臣長男王謙已中鄉試，次男王益并長孫王之楨先蒙恩詔及臣總督三邊兩月三獻捷音，節奉欽依先後承廢入監讀書。今荷蒙特恩錄廢世襲千户，例應嫡長子孫承廢。及查吏部前題事例，內開先由錄廢而後中科目者許補廢一人，無非推廣天恩、優勵臣節之典。竊照臣孫之楨前承恩廢向未入監，今奉特恩當承世廢，比之未仕中科者事事體攸同。查有前例，似應比照移補次孫一人以重恩例。伏思臣兩任督邊，前後五載，誓竭愚忠，勉效驅策，仰仗天威，累奏膚功，洊蒙寵渥，實出一時殊恩，原無前例可查。伏乞聖明俯察臣私，乞敕該部將臣長孫王之楨准承今廢，請授錦衣衛正千户世襲，待十五歲以後到任供職。其原廢國子生俯賜允移次孫王之幹照例補廢，以重恩命，以勵邊功。臣當率臣子孫世竭捐糜，仰圖報塞。臣無任感激天恩披瀝祈望之至，等因。

具奏，奉聖旨："該部知道。"欽此。

爲北虜執送惡逆境內緝獲妖犯請敕審決除禍本以正法紀事

據山西布、按二司朔州兵備道副使申佐，大同兵備道參議崔鏞，守巡冀北道參議李鶚、僉事許希孟會呈，蒙總督軍門批，據山西布、按二司，守巡各道左布政史直臣，右布政于錦，左參政紀公巡，右參政孫枝、董堯封，署按察司事副使馮謙，兵備副使朱裳、蔡可賢，僉事張希稷、趙世相，會問過犯人張從庫等招由，蒙案行在邊各道，責與監犯趙宗山等覆審明實，定議會呈。

蒙此，遵依會問審得，犯人趙宗山、穆教清、張永寶、孫天福原係張從庫、李孟陽、王道兒同黨，其往來虜中，背叛中國，誘虜天分，道引進兵，襲陷邊城，謀爲不軌，悖逆天道，外爲虜酋執送虜使對審已明，內據各犯審執、各官查問真的，別無冤枉。鞏江、石倫、馬庫、趙廷相、黃朝卿、李壽傳習異教，交通虜賊，叛出復入，往來構煽，爲彼心腹，導引搶掠，謀陷城堡，罪惡攸同。以上一十三名俱應擬以極刑。朱月、張哲、賀松、李道兒、趙節、李朝宰、張環、閻廷美、韓尚登違背中國，叛投虜營，結構夷人，殘傷華夏，透漏邊情，罪惡深重，俱當擬以死刑。覆詳無異，將宗山并張從庫等四十二名口各開具小招、年甲、籍貫在卷。

會議得，趙宗山等所犯趙宗山、穆教清、張永寶、孫天福、張從庫、王道兒、鞏江、石倫、馬庫、趙廷相、黃朝卿、李孟陽、李壽俱除謀叛及妄稱白蓮教煽惑人民，李朝宰除境外奸細入境內探聽事情，張環、張哲除反獄，賀松、李氏俱除縱容妻與人通奸，奸夫奸婦各又除不應，王金哥兒、王長受兒、李義、李氏又除革前罪名，俱不坐外。趙宗山、穆教清、張永寶、孫天福、張從庫、王道兒、鞏江、石倫、馬庫、趙廷相、黃朝卿、李孟陽、李壽俱合依謀反但共謀者不分首從律皆凌遲處死。朱月、張哲、賀松、李道兒、趙節、李朝宰、張環、閻廷美俱合依謀叛但共謀者不分首從律，韓尚登依境內奸細走透消息於外人者律，與張哲等皆斬。張從庫等財產并入官，俱決不待時。韓尚登秋後處決。張丑出驢犯罪時幼小，事發時長大，依幼小論，與張丑出狗俱依謀反子年十五以下，張益、鞏香化、謝氏、大王氏、王氏、李氏、王氏俱依謀叛妻子，給付功臣之家爲奴。王大華、刑[七]大真俱依凡奉制書有所施行而違者律各杖一百。邢大秀、李香、李義、曹承德、邢永秀、劉九林、李懷智、王金哥兒、王長受兒俱依不應得爲而爲之事理重者律各杖八十。王大華等俱有大誥減等，王大華、邢大真各杖九十，邢大秀等九名口各杖七十。王大華、邢大真等俱民，李香係小旗，李義等係軍，王金哥兒、王長受兒俱樂婦。各照例王大華、邢大真俱免杖，定發邊衛永遠充軍，招達兵部知會；邢大秀、李香審俱有力，各納米折價贖罪；李義、曹承德、邢永秀、劉九林、李懷智、王金哥兒、王長受兒審俱無力各的，決與供明溫朝要等各發寧家隨住。緣趙宗山等二十二名俱重刑，牢固監候，會審轉詳，待報處決；李懷智先該榆次縣問擬絞罪，今辯杖罪：通候奏請決發，等因，會呈到臣。

　　案照先該臣已將俺答感戴天恩，執獻構虜爲患叛逆趙宗山等，及拿獲被虜生員計龍，民人王道科、趙景庫各效忠義，密帖傳報內地白蓮教出入虜地、誘虜天分、謀陷邊城逆犯張輝、李孟陽、王道兒、朱月、石倫、張從庫等各緣由，一面具本題報，并請旌賞俺答等以勵效順，一面催行山西腹裏布、按二司各道將沿邊、腹裏見獲逆犯逐一會同從實究問類招，通呈撫按諸臣以憑會題，其未獲逆犯上緊嚴拿以杜禍本，各去後。

　　隨據朔州兵備、守巡冀北各道副使申佐等會呈趙宗山等招由到臣，覆審明實案候類題間。臣復慮內地各逆交結朋黨，構煽稱冤，窺隙生變，又經節行各司道分收各禁嚴行防範，作速詳問。續據各官節報，拿獲石倫等，究明呈詳間，忽被各逆乘隙雨夜於太原府監打死獄卒反獄脫走。臣即切責該府衛官戴罪分投襲捕，仍行沿邊一體防捕，務期必獲。續據各官先後報，將各逆照名緝拿收禁，具招呈詳到臣。參詳情罪輕重未合本律，臣復駁批改正外。

　　臣會同巡撫大同右僉都御史劉□□、巡撫山西右僉都御史楊□、巡按直隸監察御史劉□□、巡按山西監察御史饒□□、巡按山西等處監察御史武□□議照，天下之患，外莫大於夷狄之侵擾，內莫大於妖逆之煽亂。故各邊設兵將以防虜，特嚴奸細之

誅；列省頒律誥以訓民，首重妖言之辟。凡以嚴夷夏之防，弭奸
凶之亂也，未有中國妖逆構結胡虜，内外憑陵，爲疆場害者。自
嘉靖二十八年丘富以白蓮教妖術叛入北虜，構結朋黨，遍布邊
腹，誘虜天分，教虜爲兵，攻城陷堡，越關犯薊。流毒之慘，卒
致三鎮之凋殘；貽禍之深，遂使列鎮之疲耗。自昔夷狄、妖逆
逆[八]之患未有如近年之烈者。今歲仰賴聖德格天，荷天心之垂
祐；神武懾虜，致夷孫之來降。俺答初執逆首趙全等以納款，既
除外逆之凶謀；繼執趙宗山等以效誠，益絶内逆之交構。臣等百
計誘訪，懸賞設機，鼓陷虜士民之忠心，報構虜群逆之罪狀，幸
二十年媚虜叛賊兩月盡獲，數千里邊腹隱禍一舉潛消，外弭夷虜
之犯邊，内平妖言之惑衆。臣等躬逢時幾，運際熙昌，幸罪人之
斯得，慰蒼生之積憤，曷勝忻慶！

　　所據各犯即應遵照部議械繫京師，請敕法司會官鞫訊，獻俘
梟示以正法典。但查各處白蓮妖術鼓惑愚民，遠近傳習，在在潛
伏，累禁未除。近日拿獲王道兒即能以妖咒自開杻鎖，張哲、石
倫等又復雨夜越出府監。實因黨類人衆，各懷疑懼，雖出示解
散，尚慮遠近窺伺，恐或中途疏虞，反致奸逆脱網，貽患官民。
伏乞聖明特賜乾斷，敕下兵部，會同三法司將各犯原問招由參詳
定議，或仍械京審決，或行各該巡按諸臣會官審決，傳首梟示。
其各逆犯親屬不限籍之同異，依律通應給付功臣之家爲奴，財產
俱應抄没入官。通候命下，行山西、大同各道嚴行各原籍，除招
内見獲外，仍拘親族、地鄰逐一查詰有無隱匿，另行奏解、給
配、没官。未獲各犯，在虜中者俟臣等仍行順義王俺答逐一執
獻，在内地者通行各地方巡捕官緝捕。

　　其節年老營、滑石、乃河一帶守邊參、守等官并提墩、巡
邊、守哨官夜畏虜攻圍，百計媚虜，或辦納月錢，或管顧虜食。
縱容奸細出入，絶無禁防；窩隱妖逆潛住，莫敢舉首。養成地方

之大患，幾至邊城之陷没。除隆慶二年二月以前年遠人衆，更代不常，遇蒙恩詔姑免追問外，隆慶三、四年來，各犯出入虜營招有年月、地方，各官雖有更代，俱應參治，軍夜通合提問，以肅邊紀。應行沿邊各道，逐一挨查官軍的名，一體參問。并李孟陽、王道兒、鞏江節次事發官司，李懷智枉問死刑，失入失出各官通應查明革前革後、見任去任律例提問歸結。李懷智查無餘情，即與疏枷釋放以恤久冤。其軍犯、輕犯俱聽法司參詳合律，軍犯送兵部定衛，輕犯准擬發落。餘招照未盡事理俱從原案查照歸結。其往返虜營并虜中傳報、懷忠效勞官役通候另案查明，仍照招降懸賞詔例請叙外。

緣趙宗山等係奉欽依解京審決人犯，與張從庫等俱重刑，事干法典，威命出自朝廷，臣等未敢定擬，伏乞聖裁。

奉聖旨："法司知道。"欽此。

該本部議照，犯人趙宗山、穆教清、張永寶、孫天福罪大惡極，原係奉旨械京人犯，其繼獲犯人張從庫、王道兒、鞏江、石倫、馬庫、趙廷相、黄朝卿、李孟陽、李壽、張哲、朱月、賀松、李道兒、趙節、李朝宰、張環、閻廷美、韓尚登所犯情罪與趙宗山等大略相同，本宜遵照前旨通行題請械京審決，以昭示中外，以泄神人之憤。但該總督王□□等題稱，解京路遠，恐致疏虞，欲就彼處會官審決，似應俯從。合候命下，移咨總督王□□等轉行各巡按御史，通將逆犯趙宗山等即便會同各該司道等官覆審明確，就彼會決，傳首梟示。其奏内發遣、發配、抄没、給配等項事情，既經彼處問明，參詳律例俱合，相應聽令查照原擬處分，事完一并回奏，伏乞聖明裁奪，等因。

於隆慶五年八月十九日本部尚書劉□等具題，本月二十一日奉聖旨："是。趙宗山等都著巡按御史就彼會官審決梟示。"欽此。

校勘記

〔一〕“繫”，據《明經世文編》卷之三百十七王崇古《爲遵奉明旨經畫北虜封貢未妥事宜疏》當作“繁”。

〔二〕“傳”，據同上文當作“獨”。

〔三〕“工”，據文意疑當作“二”。

〔四〕“二”，據文意疑當作“三”。

〔五〕以下底本缺一頁。

〔六〕“懇”後，據文意疑當有一“乞”字。

〔七〕“刑”，據文意疑當作“邢”。

〔八〕“逆”，據文意疑衍。

宣大山西・納款類_{互市}

爲遵奉明旨恭報北虜三鎮互市事完昭恩
信以慰華夷事

准巡撫大同右僉都御史劉□□咨，據大同兵備崔鏞等會呈，本鎮得勝堡互市自本年五月二十八日起，至六月十四日止，官貨易過順義王俺答部下夷馬一千三百七十匹，每匹各用貨物不等，共值價銀一萬五百四十五兩三錢三分零。內派給各營官軍騎操九百八十九匹；分派商店變賣過三百八十一匹，各價不等，共賣銀三千四百六十六兩三錢。各路參、游、守、操，衛所掌印等官及各城商民易過馬、騾、驢、牛、羊六千七百八十四匹頭隻，衣〔一〕物、皮張數多未查。二項官民共易過馬、騾、驢、牛、羊八千一百五十四匹頭隻。宴賞夷酋及撫賞監市各頭目段布、花紅、牛酒并在市效勞官員、人役犒賞等項，共用過本鎮撫賞銀九百八十一兩七錢七分零。

又據朔州兵備道副使申佐呈，本路新平堡互市，七月初三日起至本月十四日止，官貨易過虜酋都督同知黃台吉及指揮僉事擺腰、正千戶兀慎各部落夷馬七百二十六匹，每匹各用貨不等，共值價銀四千二百五十三兩三錢一分零。內派給各營官軍騎操七百二十匹；分派商店變賣過六匹，各價不等，共賣銀五十五兩六錢五分。該路參、守、操、防，衛所掌印等官及各城商民易過馬、騾、牛、羊三千二百三十三匹頭隻，夷物、皮張數多未查。二項官民共易過馬、騾、牛、羊三千九百五十九匹頭隻。宴賞夷酋及撫賞監市各頭目段布、花紅、牛酒并在市效勞官員、人役犒賞等項，共用過本鎮撫賞銀五百六十一兩一錢二分。

又准巡撫宣府右僉都御史孟□咨，據分守口北道參議何榮呈，本鎮張家口堡互市，六月十三日起至本月二十六日止，官貨易過虜酋都督同知昆都力哈及指揮同知永邵卜大成各部落馬一千九百九十三匹，每匹各用貨不等，共值價銀一萬五千二百七十七兩八錢零。內派給各營官軍騎操一千一百七十六匹；分派商店變賣過四百七十二匹，各價不等，共賣銀四千五百七十兩五錢；查給各衛官折俸三百四十五匹，扣留官庫銀三千二百九十八兩五錢。官銀易過屯主牛七十二隻，官軍自備貨物易過騎操馬七百七十二匹，商民易過馬、騾、牛、羊六千九百一十二匹頭隻，夷物、皮張、馬尾一千五十一件。各項官民共易過馬、騾、牛、羊九千七百四十九匹頭隻。宴賞夷酋及撫賞監市各頭目段布、花紅、牛酒并在市效勞官員、人役犒賞等項，共用過本鎮撫賞銀八百一兩七錢二分。

又准巡撫山西右僉都御史楊□咨，據分守參政紀公巡、岢嵐兵備副使蔡可賢等會呈，本鎮水泉營互市，八月初四日起，本月十九日止，官貨易過順義王俺答，指揮同知多羅土蠻、委兀慎部落夷馬二千九百四十一匹，每匹各用貨不等，共值價銀二萬六千四百兩有奇，盡行派給各營官軍騎操。各路商民易過馬、騾、驢、牛、羊四千四百五十一匹頭隻，夷物數多未查。二項官民共易過馬、騾、驢、牛、羊七千三百九十二匹頭隻。宴賞夷酋及撫賞監市各頭目段布、花紅、牛酒并在市效勞官員、人役犒賞等項，共用過本鎮撫賞銀一千五百兩有奇。

又據三鎮撫臣、各道咨呈，各稱仰仗天威，遵臣原行各赴市場，節日不等，順義王及各酋長先後至市，各於市場仍設黃幄、香案，各酋謝恩筵宴畢，陸續入市。三鎮商民獲利頗厚，遠近歡騰，携貨如山，趨市如水。虜酋被賞，衆夷得貨，各舉手加額，感戴皇恩，祝天稱慶，市場無擾。并各市一應效勞人員備咨到臣，等因。

准此，案查先准兵部咨，爲遵奉明旨酌議北虜乞封通貢等事，該臣開列八款議題，俱經題奉欽依，備咨前來，節次通行三鎮欽遵。臣慮互市之初，誠恐商民鮮至，致難應酬，又經通行各鎮，一面權將各庫貯馬價并各營肉臟、朋合專備買馬銀兩及各項聽用官銀，每鎮查明各營缺馬之數，照以每匹官價十二兩，各湊二千匹馬價銀二萬餘兩，選委官員并召有身家鋪户分投先期置買綢段、梭布、水獺等貨，聽易獲夷馬。正項馬價即給軍騎操，免官軍陪累之苦，借支別項官銀，扣明馬數，變價還官。一面查照原議分投修理市場間。

復據虜王俺答，因威虜市場邊外無水，求欲於北東路得勝堡先年原立馬市處所改修市場一所。又黃台吉遣夷使持書，内開伊素忤其父，先次未敢同父受賞，今求另開市場，容彼謝恩、通市。臣查得本酋素稱悍鷙，部落萬衆，一時擁擠一市，恐生爭擾，議於大同東路新平堡邊外另修市場一處，聽其父子分市，以便防閑。

大同鎮節行大同兵備道參議崔鏞，會同守巡冀北道升任僉事韓宰、新任參議李鵲、僉事許希孟先後經理得勝堡市；會同大同副總兵麻錦、北東路參將原於天，各統精兵三百設法防範。選委都司軍政劉承宗、原任游擊魏寶、鎮羌堡守備張元寶、弘賜堡守備周橋、高山城守備王力、殘胡堡操守王鎧等，指揮李翰卿等，分理驗馬、交易、防檢諸務；大同府升任同知馬呈書，西路通判孫緒先，朔州知州丁世臣，大同府經歷范經略、照磨孫芳，及各衛經歷沈應辰等，各州縣縣丞、主簿、典史、吏目崔沾等，各分理出納貨物、查支撫賞等項事務。

朔州兵備副使申佐經理新平堡市務，會同新平參將楊爾干、臣標下右掖營游擊朱瀚、大同游擊文良臣，各統部兵三百於該路設伏防範。選委原任參將馮詔、王鈺、孫麒、補於漢，督同新平堡守備趙鵬、平遠堡守備洪福、保平堡守備梁文，本道下把總周尚義、指揮等官李應時等，各分理驗馬、交易、檢防諸務；大同府升任中路通判陳寵、應州知州吳守節、各衛經歷甘貴等，俱各分管出納貨物、宴賞諸務。

宣府鎮節行升任守巡口北道副使廖逢節、參議何榮、見任懷隆僉事姜廷珷，先後接管張家口市，會同宣府副總兵劉國、西路參將李浹、入衛游擊楊振，各統部兵不等遠近防範。選委管屯都司李國珍、張家口守備范恭、指揮等官陳賢等分理驗馬、交易諸務；宣府在城通判邊拱，南路通判羅許，上西路通判張鳳羽，下西路通判柳世謙，管保安州事府同知嵇巔，各衛經歷王雍、傅珪等，各分理出納貨物、宴賞諸務。

山西鎮節行岢嵐兵備升任副使紀公巡、新任副使蔡可賢，雁平兵備副使朱裳，先後經理市務，會同山西副總兵孫吳、偏關參將劉滋、老營游擊張世臣，各統部兵東西防範。選委水泉營管守備事游擊陳一言，岢嵐守備蔡元熙，原任守備蘇來后、馮恩，指揮、經歷等官唐彥等，分管驗馬、交易諸務；西路管糧通判尹棋〔二〕、保德倉同知西乾等，分管出納貨物、撫賞諸務。

仍行各將領布兵防護務各嚴慎，各委官出納錢糧務各明白，及將官通鮑崇德、楊亮、李寧、珊瑚、金奉、瓦四、郭斌、程光祖、安天爵、張大經等發派各市，講定馬價，酬應夷虜，俱各預行選委，分任責成。

臣又慮虜性變詐，或見利紛奪，如先年東市西掠之狀，仍應戒備，預行三鎮總兵官馬芳駐弘賜，宣府趙岢駐萬全左衛，山西郭琥駐老營堡，各統勁兵千餘以示彈壓。

臣復查得，互市撫賞在各市應聽該鎮自辦。其俺答等各酋初受敕封爵職，係干國典，必須宴賞優厚，庶可溥示皇恩。緣係三鎮公事，應該三鎮均辦。及查自去年十月起，各枝夷使通使、納款絡繹赴臣，投遞番文，求通貢市，每以銀牌、綢段、梭布充賞以昭國恩。臣衙門原無積餘錢糧，每於賞功各項銀內湊備。既經請有正項撫賞，即應於户部前准各鎮歲動客餉銀內支用。議於宣、大二鎮各調取銀一千兩，山西鎮歲發數少，量調五百兩，轉發朔州兵備道，責成大同東路通判衙門收貯官庫，明立文案，專備臣軍門撫賞往來夷使并置辦封貢各酋夷使宴賞支用間。

臣隨將各市場禁防巡緝、夷漢互市規制、畜價貨價低昂、宴賞夷人等第俱各詳列簡明條款，大書榜示，分發監市各道臨期張掛，曉諭華夷。及先期備書宣諭，差官通鮑崇德、李寧備告俺答，一體傳諭各部落遵守以肅邊紀。

除俺答接敕受封、奉表納貢緣由先已具聞外，六月初二日，都督昆都力哈、指揮同知永邵卜大成績至得勝邊外。臣仍行大同兵備道再設筵宴，差委原任副總兵田世威，通事官鮑崇德、楊亮、安天爵，令其會同順義王赴宴謝恩。即日各酋申訂盟誓，傳語各部落備寫盟誓番書送臣，內開："如有那個小官胡言壞事，三家自有法度處治。若三家有一人不齊心不從者，兩家處治。若有做賊説謊的達子，或偷了各邊的貨物，或偷搶了頭畜，查訪出、有人告來果係真實，該罰頭口七匹，拿獲人賞頭口一個。若各邊人若偷盜，照依如此。有那個小官兒説要搶，我聽的説與你漢兒人。有偷做賊的，你説與我。我差每城兩個好官、達子二十個，領着人看着。各地方若有做賊説謊的，拿在我根前，我重處治他。你差二個好人領着人在各邊口看着，若有做賊説謊的，你們禁治。穿的也賞了，官也升了，止是少些吃的，望後求討買賣些米糧。"及稱:"東有昆都力哈、永邵卜大成,西有襖兒都司,我三家相愛相敬往還,但有一家安藏歹心的,就着天殺了。我預先傳的你知道,你好預備兵馬在何處,我會同處置他,等語。"各夷對天說誓畢,備書送臣收照,各擇日分投赴市。

臣選遣旗牌官費執旗牌,隨帶通夜,預書大牌分發各市,嚴禁商民,不許夾帶違禁兵刃、硝黃、鋼鐵并龍蟒衣物一概與虜交易,自惹重譴。仍曉諭華夷各守誓禁,不得在市喧噪,紊亂邊紀。各虜均效誠順,亦各遣差有力量小酋十數名,或親赴市場監守市門,禁戢猾賊,是以市場鎮静無擾。

順義王俺答部落自五月二十八日起在得勝堡市,至六月十四日止市完。夷使打兒漢持書向臣報謝,及稱多羅土蠻、委兀慎二枝部落住遠,向未到邊,約誓原分水泉市,恐到彼爭擾,容彼回帳暫避暑熱及近邊虻蟲,待七月終親統赴市,庶便管束。臣譯審無他,許伊暫回訖。

都督同知昆都力哈、指揮同知永邵卜大成各部落自六月十三日起在張家口市,至本月二十六日市完回散。

其黃台吉初因熟夷傳言臣等誘伊至邊擒剿,繼因順義王俺答責伊不赴得勝堡迎敕,要行處置,本酋疑臣密會其父誘彼謀剿,展轉疑懼,不敢赴市。臣節次差人拘獲造言熟夷五欒責治示信,及宣諭朝廷恩威,如彼不赴市謝恩,即當閉關絕市,會兵剿殺。本酋畏憚天威,復冀市利,自大東三衛克臭夷婦帳西來,率領妻子,同指揮僉事擺腰、正千户兀慎各部落於七月初三日方至新平堡市。臣行副使申佐照各酋一體設筵,仍遣田世威率領武舉官程光祖,通丁郭斌、張大經監同,令其望南謝恩。伊率子侄各酋謝恩叩首四次,亦如順義王禮,復誓衆向世威等執稱,伊久要求貢,各邊投遞番文,無人代奏。伊近年誓不犯邊,以後別人反了,他定不反。備書番文,投臣收照。至本月十四日止市完北回訖。

　　臣節差通丁催令順義王俺答早赴水泉營完市。本王於八月初四日如約率原議各枝酋眾至水泉營互市。臣復先期遣田世威率領通丁金奉、珊瑚、瓦四等，仍書牌遣旗牌官呂和賷執令旗、令牌前去監市間。

　　續據昆都力哈、黃台吉各遣夷使再四懇稱，伊各部落遠夷後至，市場已閉，未得賣馬均沾恩惠，各懷怨望。懇容續市馬各三四百匹以慰眾心，乃前市未完之數，非敢再求復市，以後年分不敢再求續市，等因。臣再四拒阻，各酋求詞誠懇。臣查得軍民備貨赴市者尚眾，未遂易馬，亦懷覬望。各夷前市原有續到未賣馬匹向在近邊屯駐，勢難阻回，酌行各該道責成各該地方將領，仍差旗牌官賷執令旗、令牌，委官召集商民，量准賣馬各三二百匹，一體禁防。續據各酋各遣酋長率領有馬夷眾仍赴各場，官民續易過馬共七百餘匹，各夷歡慰回散。順義王已於八月十九日水泉營市完回營訖。

　　節查臣原行各鎮市例，上馬定價十二兩，後估值段綢、梭布兼搭，共用實價八九兩；中馬十兩，貨估實價七兩四五錢；下馬八兩，貨估實價六兩三四錢。其民間以故衣、雜貨易換兒、騍，大小馬、牛，每貨值銀五七兩即易馬、牛可值銀十餘兩，梭布每匹易羊一隻，布衣一件易皮襖一領，各得倍利。若以費過銀貨照依官價每馬十二兩計算，每二三馬之價可易四五馬。其撫賞之用雖議請支，實不出此省價之數。

　　行據各道查得，先次封授順義王俺答并昆都力哈、黃台吉，指揮、千百戶永邵卜大成等六十五員，各給賞金色段二匹、潞綢二匹、銀花二枝，虜王及各都督、指揮大頭目各加臺盞一副，共用過金色段一百三十匹、潞綢一百三十匹、銀花六十五對、銀臺盞三十三副，并其餘各枝領兵頭目、夷婦段布、水獺、針綫、糖果、筵宴、牛酒等項，共用過臣原調取三鎮協濟撫賞銀九百八十八兩四分三厘二毫，與各鎮互市撫賞俱各造冊在卷，通候年終類繳。

除臣復行各鎮將前官易馬匹，給軍騎操者督責軍丁加意喂養，毋致倒損；已變賣者價貯官庫，以繼後用。原借銀兩查有兵部近議，各鎮馬價銀每鎮一萬兩聽各鎮買馬騎征，即應各照用過銀數、見在馬數以官價補庫，餘銀候下年買貨易馬正項支銷。其用過馬價、易獲馬匹給過官軍、扣補過官銀并用過撫賞、宴賞銀兩各數目，聽臣等各另造冊奏繳外。

臣歷查三鎮互市之初，適衆心疑憚，市規無前，況當貨利之交，雖曰中民市尚多規利喧爭，況華夷交易，情語未孚，豈免紛擾？雖分委各道諸將，仍須撫、鎮自行就近督理，方可振服虜情。在大同向因錫封納貢，會撫臣劉□□各提標兵親赴弘賜堡，去得勝市十餘里，遣使捧敕、頒恩、設筵，要定初盟，始容入市。在宣府因昆都力哈既次市場，專使邀撫、鎮至邊爲榮重，撫臣孟□冒雨至邊，開誠示虜，大慰虜情。在山西先任撫臣石□□區畫市務，處備商本，既維其始；見任撫臣楊□銳志經畫，多方湊濟，往返邊城，動經旬月。以故承委各道各遂展布。

臣於四市每日令各官揭報，但有未妥即書札示，每聞虜情即遣宣諭，每市不下數十道，日夕無寧，寢食俱廢。但各虜初市之日必先以老小之馬試我，兼索高價。臣預行各道務初市示難，馬必揀選齒壯、高大如議，貨必昂其原價，要與定值。寧厚犒其主市之酋俾爲我用，無容初市之易致後喧爭。臣每遣原任副總兵田世威隨帶通丁每市監理，面與諸酋定議，卒遂四市一體，萬虜同規，軍士免買馬之陪累，各營得夷馬之强健，軍民倍獲夷利，夷虜各得衣物。華夷交歡，公利[三]兼利；秋成無擾，客餉盡省。臣等不勝慶幸。今據市完，通應查明題報，仰慰宸衷。

臣會同巡撫大同右僉都御史劉□□、宣府右僉都御史孟□、山西右僉都御史楊□議照，帝王莅中國而撫四夷，恒昭無外之仁；聖君樂天德而保天下，嘗撫有苗之格。蓋貉夷猾夏，今古爲然；而揆文振武，長久并用。周宣振威順之治，必張仲在朝而吉甫始成薄伐之功；漢季絶和親之辱，猶關市不絶以得虜情而後收制勝之績。非際明良之共政，必致中外之疑危。以趙充國、張仁愿之壯猷，未免賢相之异議；以李德裕、富弼之忠幹，幾遭讒妒之陷擠。甚矣，邊臣任事之難而成功之不易也！

洪惟聖祖開基，逐胡漠北，猶未惜忠順王之建以施繼絶之恩；成祖定鼎，三犁虜穴，尚不吝和寧王之封以示柔遠之德。歷傳列聖每因胡虜向背酌定撫禦機宜，即今遼東海州諸夷累朝俱有貢市、撫賞之定例。先年小王子瓦剌部落，孝廟嘗容三貢於款塞之時。先朝名臣碩輔無非因勢度虜、安夏攘夷以奠安宗社，仰報君父，未嘗執絶虜構怨之議以貽患疆場也。先皇御極四十五年，適北虜諸酋盤據各鎮近邊，歲時侵擾，春秋糾犯。攻城破堡，荼毒邊民；犯薊越關，震驚畿輔。雖嘗斬使閉關，未遂犁庭繫頸，兵連禍結，戰守俱困。幸際聖明御極，適當國運中興，孽孫慕義以來歸，諸酋被挫而悔禍。納款求孫，既蒙生還之恩；獻俘乞封，重奉嘉允之旨。敕下臣等譯審夷情誠僞，議上貢市便宜。

隨該兵部查據先皇禁止馬市嚴旨，剖示機微。臣深思貢、市相須，允否難异。外遣通丁遍赴各酋譯審虜情，勒取番文；內行三鎮撫道各具詳議，據爲題請。在廷諸臣各思尊主籌邊，深慮虜情變詐，或謂宜允修貢而禁其互市，或謂宜惜封爵而勒令投戈，或慮容市爲違禁，或慮忘戰而弛防。兵部致難定議，各鎮間事推諉。臣近與撫臣劉□□日夕憂危，每思封市之不允則慮[四]患叵測，允貢不允市則貢將依違，虜情中變，臣等罪死何逭？亦將身家利鈍付之數定，日惟焚香露天，祈天地、宗社、神靈之鑒祐；

刺心飲血，乞聖明、輔弼之照察。上荷上穹錫祐，宗社垂庥，諸虜候命十月，未敢渝盟。感蒙聖明乾斷，群臣建議紛紜，莫惑天聽；輔臣協衷翊贊，入獻忠謨；講筵面奏承休，大破群疑。始也封貢之禮成，神人胥慶；茲當互市之利溥，華夷交歡。套虜聽命，陝邊秋高未敢他逞；東虜勢孤，遼海坐伐犯薊狂謀。列鎮蒼生各遂安堵，臣等孤悰獲免譴責。實熙朝之盛事、我皇上中興之大烈，揆之歷代爲獨隆，質之二祖爲有光矣。

臣等躬際熙昌，誓當畢志疆場，圖惟善後；敢復偷安歲月，自貽後艱？一應戰守機宜、修防急務，防微杜漸之略，桑土綢繆之計，近該輔臣建議，本兵條示，按臣指陳，臣等分可自爲、力所當勉者未敢時刻怠緩。節經申飭將吏，責效課功，俱有緒緒，未敢瀆聞。其三五事當議請者，容臣等另具題請外。

竊思往歲秋時，土蠻糾合北虜諸酋謀犯薊、昌，震驚宸嚴，臣提兵候援，中外騷動。今歲秋深，萬寶告成，九邊寧謐，功收不戰，謀定全疆，豈臣等綿薄所能力致？實賴國家景運方隆，廟堂處置得宜，使封疆之臣獲遂宣展。所據內閣輔臣功存社稷，簡在帝心，揆之先朝令甲應從優叙。其兵部議給馬價，允停調遣；兵科每事匡維，俾各鎮免疲勞匱乏之憂；禮部優請虜犒，戶部允給撫賞，使華夷均沾優渥之澤：各矢忠謨，共濟疆場，功當並叙。其山西、宣大巡按、查盤諸臣肅紀清餉，飭防督市，雖近例無容互推，其忠藎實難盡掩。恩典出自朝廷，臣等無任僭擬。至於臣等，職任邊寄，裹革分甘；受恩高厚，未報涓埃。實未敢貪天之功，自貽後時追論。但向來貢市效勞各官及通丁人等，或出入虜營，不避艱危；或奔走市場，克任勞怨；或親見酋王而抗禮示款，或日狎夷衆而撫賞昭恩。推其忠幹之勞，共收格虜之績，似應叙錄以勵臣工。伏乞敕下兵部，早爲酌議內外諸臣應否加恩，在朝者請自聖裁，在邊者容臣分別具奏，溥示恩賚，以爲後時貢市之勸。除各鎮用過銀貨，易過馬、騾、牛、羊，聽各撫臣各另造冊奏報外。

奉聖旨：“兵部知道。”欽此。

爲遵奉明旨恭報北虜三鎮互市事完昭恩信以慰華夷事[五]

准兵部咨，臣查得北虜封貢、互市先後舉行，其封貢效勞各官，臣先於代進夷表、貢馬本内已經推叙，向因互市未完，各部尚未叙録。今既查叙監市勞績，其前封貢各官仍應并叙。

查得臣軍門標下中軍原任副總兵趙伯勛、原任游擊周應岐、立功原任副總兵田世威，大同巡撫標下中軍原任游擊康綸，宣府巡撫標下中軍原任參將、充軍立功開伍充爲事官陳議，山西巡撫標下中軍原任參將常齡，大同鎮通事副千户鮑崇德、百户李寧，或任督撫中軍，久贊幄幕之畫；或代進虜王表貢，共輸享獻之誠。趙伯勛、周應岐自昔歸降、獻俘應酬虜使，撫諭多中機宜；田世威、鮑崇德、李寧先後要盟、定市鈐制諸酋，操縱悉有膽略。世威仍奔走四市，贊襄市規，雖出入虜營而不辭；崇德能爭定物價，力抗虜索，雖致忤虜王而不懼。歷查各官前次獻俘間蒙恩叙，田世威雖准與贖罪，充爲事官立功，今次克完四市，似應准復祖職。鮑崇德、李寧中各准授千户、百户，查照恩詔，遘獲妖逆趙全等一人即賞銀五千兩，授都指揮使，准世襲指揮僉事事例，各官遘捕九逆，止授前職，未准世襲，似賞未酬功。今復能力定馬、貨之價，永貽各鎮之利，公私咸賴，華夷共知，似應量爲升級，准其世襲，以爲忘身徇國之勸。趙伯勛已經推升朔州參將，應復其副總兵原職。周應岐、康綸應從原議叙用。陳議原係充軍立功開伍人員，似應准復原職，與常齡各准録用，仍與各官均給賞齎以重貢典。

臣原請發四夷館韃靼館譯字生馬繼志，精習夷字，兼通文理。氣識溫雅，不參[六]作養之英；志負忠藎，克贊貢市之略。日狎虜使，書寫表章；鄭重虜王，足光國典。即其驅馳邊塞，冒罹寒暑；獨寓梵宮，自甘淡薄。志操既屬可嘉，勞績即應優叙。近蒙欽賜冠帶，雖足榮身；似應量授一職，以酬邊勞。

大同鎮得勝市監市左衛兵備道參議崔鏞，先任分巡僉事、今升四川參議韓宰，分巡冀北道僉事許希孟，新平市監市朔州兵備道副使申佐，宣府張家口市監市先任分巡口北道參政、今升甘肅巡撫廖逢節，先任分守口北道參議、今升四川副使何榮，山西水泉市監市先任岢嵐兵備副使、今升分守冀南道左參政紀公巡，新任副使蔡可賢，雁平兵備道副使朱裳，咸負忠藎，各輸籌略，或始事贊謀而身任艱大，或繼任趨事而不辭險難，或監市狎虜而恩威之并宣，或親遇虜王而抗禮以示信，率異地而一心，卒同功而共濟。除已經升任外，內崔鏞資俸獨深，申佐處置黃酋極有機略，所當特與升級。餘歷任方新，通應量加俸級，仍均賜優賚，責俾經略後市者也。

山西布政司左參政使史直臣、右布政使于錦，分守冀寧道右參政孫枝，分守冀北道參議李鶚，分巡冀寧道僉事張希稷，寧武兵備道僉事趙世相，懷隆兵備道僉事姜廷珤，大同府升任知府程鳴伊、見任知府李遷梧，大同府推官張簡，或司句宣而處備商貨輳濟多方，或任邊道而內外經畫給發無匱，或職邊府而參謨供辦之有略，或任近關而贊謨招易之底績，均之效勞貢市，通應并加優賞。

宣府原任管糧郎中吳善言、見任管糧郎中陳九仞，大同原任管糧郎中楊愈茂、見任管糧郎中姜密，夙司邊儲，克襄市議，各節客餉，輳濟賞資。吳善言、楊愈茂俱經升任，各應賞賚。陳九仞見任地方，襄完市事；姜密先任山西管糧，先後贊襄：通應優賞。

大同二市升任府同知馬呈書、西路通判孫緒先、中路通判陳寵、朔州知州丁世臣、應州知州吳守節，宣府市西路萬全右衛通判張鳳羽、柴溝堡通判柳世謙、在城通判邊拱、南路通判羅許、山西市西路通判尹祺、保德倉監收同知西乾，承委監市，克效忠勤；分司市資，胥矢慎潔。或居塞久而冒暑衝風，日狎虜群；或歷任深而茹苦履危，克贊貢議。用費既節而出納既明，賞易有經而才力俱竭。雖資俸深淺不同，升遷、見任既異，所當分別優叙，仍加賞賚以示衆勸。

管保安州事府同知嵇巕、萬全都司斷事陳力、大同府經歷范經歷、大同左衛經歷沈應辰、陽和衛經歷甘貴、天城衛經歷李世寧、鎮虜衛經歷梁仲選、懷安衛經歷傅珪、開平衛經歷王雍、萬全右衛經歷樊應乾、保安衛經歷張補、萬全左衛經歷許用晦、蔚州衛經歷王茂松、宣府左衛經歷任璽、振武衛經歷唐彥、陽曲縣縣丞王珠、岢嵐州判官丁一元，或出納市貨，衰益適宜；或分供撫賞，幹辦克濟。或專司市籍而稽察詳明，或分管檢閱而華夷無怨。雖係卑官，各盡心力，通應量加賞賚以鼓趨事。

大同總兵官馬芳、宣府總兵官趙岢、山西總兵官郭琥，各司專閫，共襄邊圖，雖先時貢議各邊□□之懷，其議定市開頗效幹濟之力。或設策督屬易馬以濟市資之歉，或遵令提兵臨邊以示威重之略。其餘練兵製器，修堡建墩，各思桑土之防，咸資保障之力，通應特加賞賚以重閫寄。

其各鎮監市，大同得勝市副總兵麻錦、新平市參將楊爾干、宣府張家口市副總兵劉國、山西水泉市副總兵孫吳，承委監市，各宣勞力。麻錦、楊爾干智慮周詳，才勇優贍。素諳虜情而操縱有略，卒致驕酋之格心；堅持成議而始終無怯，克贊該道以奏績。劉國、孫吳雖忠幹不逮二臣，而防範亦各嚴慎。即市事既克美完，其勞績亦應并賞。在麻錦仍應升級，楊爾干似應准復祖職，以示優錄者也。

大同北東路參將原於天，撫院標下原任原任游擊魏寶，原任參將方琦、張咸、吳昆、馮詔、王鈺、孫麒，山西行都司掌印王應辰，巡捕都司劉承宗，陽和城守備奚元，鎮羌堡守備張元寶，弘賜堡守備周橋，威平堡守備韓文，鐵山堡操守郝廷章，破虜堡操守柴應麒、原任守備余乾，新平堡守備趙鵬，平遠堡守備洪福，保平堡守備梁文，新平參將營中軍武舉鎮撫程光祖，撫院旗牌官楊安、朱國相、逯源，總兵下旗牌官夏天臣、李經，朔州兵備道中軍任秉公，宣府西路參將李浹，萬全都司掌印李高、管屯李國珍，撫院標下原任參將劉寶，旗牌官王璉、解宗堯，總兵下旗牌官唐良、王世勛，張家口堡守備范恭，宣府前等衛指揮韓崇恩、陳賢、牛希龍、王鳳鳴，山西原任參將林爵，偏頭關守備董大衆，或以責任地方而防範慎嚴，或分司市易而檢驗詳確，或力抗胡虜而奪其貪索之氣，或撫諭酋使而得其忻感之情，或握司篆而供備財貨裒益有方，或守重地而應酬夷使終年無失。內吳昆係閑住聽用將領，先經部調秋防，夙稱忠勇。張咸係立功調衛犯官，始代京使出邊，給虜示信。劉寶宣鎮部下節有斬獲，向俟并贖。林爵、馮詔、方琦各係充軍在伍，奚元原係充軍開伍。守備吳昆應聽敘用，張咸似應贖免調衛，奚元似應准復原職，劉寶、林爵、馮詔、方琦各應姑給冠帶，仍同各官均加賞賚，以俟來年貢市之用者也。

臣標下差委分領執牌通丁監市，得勝市千戶周鏜，新平市指揮張珍，張家口市原任守備高蘭，水泉市原任操守呂和，通事把總指揮楊亮，千戶胡天福，冠帶通丁金奉、張大經，通丁珊瑚、安天爵、郭斌、瓦四，執旗者宣令市場，不避勞怨；通譯者出入虜營，能得虜情。虜衆每依以質成，官民咸賴以護持，通應量加賞録。內周鏜、呂和先以監戰蒙賞，并張珍、高蘭俱年力強幹，效勞有年，俱宜及時推用，楊亮、胡天福、程光祖、金奉量升俸級，珊瑚、安天爵、郭斌、瓦四量准冠帶，仍通加賞賚以慰勤勞。

臣標下右掖游擊朱瀚、原任參將補於漢、宣府游擊楊振、大同游擊文良臣、山西西路參將劉滋、三關游擊張世臣，各承調遣，胥布周防，或張疑揚威以伐虜謀，或率衆列圍以肅市易。臣標下左掖參將葛奈，提兵慴虜，夙著勇名；隨標淬兵，多效忠略。均有成邊防禦之勞，通應量加賞賚。

其餘各市分委州縣佐貳、衛所千百戶等官，大同二市崔沾等六十一員，宣府市江汝楫等一十二員，山西市楊一名等一十七員，均效奔走供辦之勞，共成互市美利之績，應聽臣督撫衙門分別等第犒賞。

其照臣軍門吏部原撥書吏王朝臣、段廷臣并大同撫臣書吏賈盈科、陳雲路，去秋處降獻俘，蒙議免其考辦復考，向未超叙；今歲貢市議煩，書辦日夕勤勞，似應并議優錄。其宣府、山西各撫臣下書吏均有書辦之勞，亦應分別一體叙錄。臣下寫本舍餘馬鎮、張士魁，書寫章奏，效勞有年，今際多事，尤極勞苦，似應量給冠帶以示優勞。賷本鎮撫秦學，往歲獻俘查照報捷事例，雖各鎮承舍均得授官三級，緣學原係職官，止准實授一級。迹其奔走封貢，親見虜王，面授夷語，囑其轉達京部，輸彼誠款，非他不預。邊勞止賷奏捷之比，似應准與世襲，或特與升級，以酬勤勞。

臣非敢示恩濫請，竊念北虜貢市伊始，人心觀望，所關狡飾將領多懷貪利委禍之私，承委人員尚持疑懼避事之念，向非各官共矢報國之忠，期成格虜之績，則僨事敗盟、激虜啓釁之禍將不可知矣。況來歲貢市原議首春，須得經事各官分投監理，庶克有

終。除一二在市爲奸、鄰市規利者，聽臣查實參治及以軍法懲治
外，今將封貢效勞三鎮四市文武各官分別等第議擬具題。伏乞敕
下兵部，查臣前疏一體叙録，庶中外大小臣工均荷隆恩，圖報罔
極矣。

奉聖旨："兵部知道。"欽此。

該兵部議照，蠢兹俺酋，包藏禍心，流毒邊徼。席彼上世
之桀驁，士馬精强；用我中華之叛逆，智術詭譎。小則俘人掠
畜，大則陷郡攻城，無一歲不擾於疆場，無一鎮不遭其蹂踐。
頃者天厭其凶，神奪其魄。皇仁無外，幼孫慕義而來王；聖武
維揚，老酋稽顙以款塞。當是之時，發言盈庭，有同築室。仰
賴聖皇在上，廣離照之明，運乾剛之斷，納輔臣之嘉言，任邊
臣之宣力，遂使貢市告成，華夷胥慶。傾巢舉落，感德爭先；
髡首椎髻，畏威恐後。二百年之寇一旦歸心，數千里之邊三秋
安堵，大省轉輸之費，允底蒸民之生。仰視太祖驅逐之光、成
祖犁庭之烈，先聖、後聖真同一揆。所據一時諸臣，固不敢貪
天之功以爲己功，但惟化成咸賓，功收不戰，相應懋賞以示
激勸。

在内則如大學士高□、張□□、殷□□，用夏變夷，竭忠體
國。一德咸有，共輸入告之猷；九塞同清，茂著外攘之績。狄武
襄威行嶺表，實維龐藉之功；後將軍旅振金城，允賴魏相之力。
中外咸推，法當首叙。在外則如總督尚書王□□，鋭志匡時，
赤心報國。督戰五堡，酋首之膽已寒；文告一章，醜類之心盡
服。任人所不敢任之事，始終獨見其擔當；成人所不能成之
功，番漢均切於愛戴。公論大明，法當特叙。巡撫大同都御史
劉□□，力贊貢封，威信已揚於闉外；經略互市，壯猷益著於
師中：法當優叙。巡撫山西都御史楊□，矢志調度，聿成格遠
之功；巡撫宣府都御史孟□，注意經營，竟樹安邊之績：法當

并叙。總兵官馬芳、趙岢、郭琥，分閫龍沙，均稱虎將，雖封貢之議初有异同，而互市之成終多幹濟，止擬賞資，似屬未盡。其餘效勞大小文武臣工，總督官知之既真，劑量斟酌俱已允當，相應通行依擬。

合候命下，將大學士高□、張□□、殷□□厚加升賞世廕。王□□特加升賞，仍與優叙。劉□□同加升賞，楊□、孟□量加升賞，馬芳、趙岢、郭琥并加升賞，申佐、崔鏞俱加升賞，朱裳、蔡可賢、許希孟升俸優賞，廖逢節、紀公巡、何榮、韓宰、程鳴伊、史直臣、于錦、孫枝、李鶚、張希稷、趙世相、姜廷瑤、李遷梧、張簡、陳九仞、姜密俱加優賞，麻錦、劉國、孫吳、楊爾干俱加重賞。内麻錦仍與升級，楊爾干准復祖職，趙伯勛仍復副總兵職銜，田世威准復祖職，陳儀准復原職，常齡、周應岐、康綸俱准録用，鮑崇德、李寧各升級世襲，仍與趙伯勛等通加賞資。伏候聖裁，等因。

隆慶五年九月二十二日，少傅兼太子太傅、吏部尚書管理兵部事楊□等具題。本月二十四日，奉聖旨："北虜臣服，邊境輯寧，該鎮各官效有勞績。王崇古加太子太保，給與應得誥命，還賞銀四十兩、紵絲二表裏。劉應箕升俸二級，楊彩、孟重各一級，還各賞銀二十兩、紵絲二表裏。馬芳、趙岢各升實職一級，并郭琥各賞銀二十兩、紵絲二表裏。申佐、崔鏞各升一級，朱裳等各升俸一級，并廖逢節等還各賞銀十兩。麻錦等各賞銀十五兩，麻錦還升實職一級。鮑崇德、李寧各升一級世襲，還與趙伯勛等各賞銀十兩。吳善言等各賞銀八兩，楊亮等各升俸一級，嵇巔等、劉滋等各賞銀五兩。其餘都依擬。本兵及該科經畫、建議均有勤勞，楊巍賞銀五十兩、紵絲二表裏；谷中虛三十兩、二表裏；王緝賞銀十兩，遇有京堂員缺推用；章甫端升俸一級，還賞銀十兩。"欽此。

爲遵奉明旨代進套虜表文馬匹請給恩賚以昭盛典事

准總督三邊軍務右都御史戴□咨，内稱看得套虜吉能等恭順之心既出真誠，應貢馬匹遵照選完，遣夷賚送到鎮。除應留邊馬一百七十五匹聽候分發延、寧二鎮給軍，并存留夷使一十六名照各坐落地方收館監市爲質外，今將選完進上馬二十匹，餘馬五匹以備沿途水草不服補用，分別毛齒，及夷使四名，咨送查驗，差官代進。餘剩馬匹仍附來官解回，等因。於九月三十日到臣，案候間。

隨據順義王俺答差夷使土骨氣、台實、武攬汗恰小厮賚番文，内稱感戴天恩，許允河西吉能各家納貢，大事已定，買賣已完，進貢馬從裏口去了，乞將賚去表文聽臣處更定進上以見誠款，等因，到臣。

臣督同譯字官馬繼志逐一譯得，番表内感戴聖皇，許伊侄孫授官納質，中間詞語雖極恭順，但參以佛經，未合表式。臣督馬繼志照臣先次撰寫表式逐一更正，另寫表文封收表匣，原來番稿附照。及將原來夷使四名并後差賚表夷使三名量動撫賞銀兩先行宴賞，仍發回該鎮夷館監同互市，候領欽賞。應進上馬二十匹、餘馬五匹，謹開具毛色、齒歲咨送禮部，聽到京選進，餘馬發回，轉給該鎮官軍騎征。其吉能等酬賞馬價、進貢夷使賞格，咨行禮、兵二部，查照宣、大俺答弟、男事例，一體議請給賞以慰夷情。通候市完，聽該鎮起發出邊，徑自具奏外。

爲照陝西黃河套内係古朔方郡故地，唐張仁愿築三受降城以處降胡，遺址猶存。至宋没於西夏，金、元遂爲虜巢。高皇帝逐胡漠北，河套遂空。當時陝西經略諸臣議以東勝故地地方寥遠，土曠人稀，棄置未守，定以綏德爲鎮，内守延、慶。至成化初年，虜酋火篩、呵羅出等部落先後入套，侵犯延、寧。先臣余子俊議建榆林鎮城，東西分築二十四城堡，列戍於延山無定河之外，橫當套口之衝。彼時虜種未蕃，未敢常川住套。正德以後，北虜生齒日衆，中國逃亡勾引，河套遍爲虜巢，延、寧歲遭虜患。至嘉靖初年，吉囊點酋率其子弟分駐套中，糾會東虜，春深河開，出套則犯宣、大；秋冬凍結，入套則犯延、寧。軍民被其毒戮，城堡每遭攻陷。非惟秦晉疆場歲無寧時，循致內帑供億時有增加，五十年來各邊受禍已極。

今據吉能乃吉囊之長子，吉囊雖死，遺能兄弟子姪數十人，各分部落，盤據河套。近年套內不能容衆，蔓至河西莊涼、大小松山、寧夏賀蘭山後。往來四鎮，番漢俱被憑陵；糾會俺答，東西任其侵軼。各鎮分地自守，無所不寡；每秋擺邊設防，攻潰莫禦。雖延、寧官丁時有搗巢趕馬之獲，其沿邊耕牧每遭撲搶殺虜之患，坐使邊境蕭條，屯牧盡廢。先臣倡復套之議，雖勞師費財而勢難成功；各邊陳防禦之策，日增兵修邊而迄無底績。近年因瓦楂梁失事，虜勢益肆猖獗。臣撫夏四載，督秦三年，選將募丁，東防西禦。親督標兵每奮撻伐，先後斬獲虜首八百餘級，收獲馬、駝、牛、羊七千餘匹隻；嚴督各鎮每歲搗巢，斬獲頗多，哨丁不時趕馬，歲各千數。以致套虜畏兵，不敢遠出近牧，未遂乘秋大逞。

茲者仰仗天威遠震，國運中興，俺答感歸孫而納款乞封，吉能思悔禍而率衆內附，昭聖明之神武，光祖宗之大烈。臣等躬慶遭逢，矢必籌畫。當俺答夷使乞請之初，向未糾合套虜，臣慮諸虜原係親枝，聲勢相依，若容逆順异態，必將東西影射爲奸，特令糾會吉能同心內附，方許代奏。後俺酋會合吉能，遣使執文求臣內外分道傳諭，伊各枝子姪不許竊犯，仍行各邊官兵免復搗剿。臣遣官通金奉等西傳蘭、靖，能遣夷使亦至莊、紅，往返數千里，延至經年，諸虜恪守空盟，未敢違犯。向緣該鎮督撫諸臣遷代不常，持議未定，臣雖累行宣諭，幾致虜衆疑阻。今幸萬虜格心，七鎮烽息，豈臣等人力所能遥制？實仗天心助順，宗社垂庥。聖德格遠，致蠻夷之率俾；輔弼紆籌，運尊俎以折衝。秦晉蒼生稍遂息喘，内帑供億歲可省節。臣謬肩首事之危，庶免罔終之懼。今據虜王遵議代進表、馬，吉能部落輸誠修貢，詳審夷使，譯正番文，俱極恭順，遵照明旨即應恭進。伏乞敕下禮部，會同兵部查照近日順義王進貢事理，將吉能子俻等照依昆都力哈等并各夷使一體議請敕賞，仍將順義王再加賞賚以酬糾率之誠，分發臣及陝西督撫諸臣查明頒給，溥施均被之恩，大昭無外之化，等因。

　　具題，奉聖旨："禮部知道。"欽此。

　　節該本部尚書潘□等先後題奉聖旨："是。俺答賞大紅白澤紵絲衣一襲、彩段八表裏。吉能等照宣、大例給賞，吉能還賞彩段四表裏、五彩紵絲衣一套，切盡黄台吉、威正恰各賞彩段二表裏、織金紵絲衣一套。"欽此。

爲互市告完查參欺誤將官以肅人心以振積玩事

　　准巡撫山西右僉都御史楊□會稿，議照人臣事君以不欺爲本，一涉於欺則必誤，法所必誅。況將在邊疆，關係尤重，可容欺邪？項[七]八月初四日，該順義王到水泉營互市，一時仰仗皇上威德，諸夷慴服，市事安靜。十九日市完，酋王北遁，邊境宴然，公私俱利，真我國家中興盛美、無前偉烈，非細故也。除易過官民馬匹并撫賞過錢糧及有功效勞人員候督臣會查另題外，然與事諸臣間有正法、待獲虜犯另會追問外，所據孫錦致寇隱罪，法當拿究，臣復行總兵官郭琥拿解臣軍門究問間。

今准前因，臣會同巡撫山西右僉都御史楊□參照，游擊管水泉營守備事陳一言，狎邪小人，貪庸巨蠹。數年借虜為重，搖惑多端，豈知原無深計？近日隨事而驗，諸奸敗露，可能更肆虛張。邊牆廢而不修，所司何事？軍糧扣而入己，所得不資。委驗馬而輒購馬，公私暗受其病；因管市而就取市，關防奚望其嚴？向來邊圉多故，不得不為其壅；近日虜款已通，不復更容其垢。此一臣者相應亟賜罷黜以遠後患者也。

老營守備、今調平刑關孫錦，志非端愨，才乏老成。携重資以入市，迹涉漫藏；致伏賊以殺人，責將推〔八〕諉？況互市方畢，形迹可嫌；又且稟報不先，訛言由起。不無有傷市體，將來恐惑人心。此一臣者所當提問以示重懲者也。

如蒙，乞敕該部再加查議上請，將陳一言亟為罷黜，別推忠義敏練之臣，仍以守備職衙銓補前任；孫錦行巡按御史嚴行提問，應否去留一并議處。庶欺誤既懲則邊將知警，市規可飭而西路修守亦從此可責實政矣，等因。

具題，奉聖旨："兵部知道。"欽此。

又該巡撫山西都御史楊□咨保，原任神池守備馮恩、原任河曲守備夏芳才識警敏，歷練老成，俱堪任水泉營守備，相應預咨以備選擇。

又准總督宣、大、山西尚書王□□咨開，天城守備張暉先因守備不設奉旨提問，既復灰心墮事，大肆貪索，已行朔州道勘問。該城衝邊，守備員缺即應選補。山西平刑關新調守備孫錦，向日守備老營，主將被傷，臨事莫救；近管水泉互市，慢藏誨盜，規利行私，隱匿邊情，致壞貢議。除會參、提問外，所有平刑內關員缺亦應選補。

照得宣、大二鎮缺多官少，一時稍可者已經選用，闒茸無用者有難推補。查得陝西各鎮榆林衛指揮王昱、原任守備陳保、西安衛原任寧夏都司牛應詔、奇兵營千總來臣、武舉鎮撫陳琦、指揮李孝、千戶屈漸伸俱各年力強幹，才識英敏，節經薦舉，似應查照推補，等因。通抄案呈到部。

爲照前項應革應補官員，既該督撫官王□□等題咨前來，相應通行議擬。合候命下，將陳一言、孫錦、張暉俱行革任，孫錦、張暉仍咨都察院轉行山西、大同各巡按御史提問具奏。所遺各員缺即以原任守備馮恩補水泉營，復職指揮同知王昱補平刑關各守備，俱照例以都指揮體統行事。原任寧夏都司、提問未結牛應詔量充爲事官，補天城城守備。本部備查各官原擬責任，應請敕者請敕，應給札者給札，令各欽遵行事。餘下咨保各官附記將材簿內，另行酌量推用，等因。

隆慶五年十月初五日，少傅兼太子太傅、吏部尚書管理兵部事楊□等具題，本月初七日奉聖旨："是。"欽此。欽遵，備咨前來，通行山西、大同二鎮催任、提問訖。

爲感激天恩辭免加秩以圖報稱事

本年十月初四日，准兵部咨，爲遵奉明旨恭報北虜三鎮互市事完，昭恩信以慰華夷事，該本部覆議，在內則如大學士高□、張□□、殷□□，用夏變夷，竭忠體國。一德咸有[九]，共輸入告之猷；九塞同清，茂著外攘之績。狄武襄威行嶺表，實維龐藉之功；後將軍旅振金城，允賴魏相之力。中外咸推，法當首叙。在外則如總督尚書王□□，銳志匡時，赤心報國。督戰五堡，酋首之膽已寒；文告一章，醜類之心盡服。任人所不敢任之事，始終獨見其擔當；成人所不能成之功，番漢均切於愛戴。公論大明，相應特加升賞，仍與優叙。并將三鎮撫、鎮文武各官分別議擬賞格具題。九月二十四日，節奉聖旨："北虜臣服，邊境輯寧，該鎮各官效有勞績。王崇古加太子太保，給與應得誥命，還賞銀四十兩、紵絲二表裏。”欽此。備咨到臣。

臣聞命感激，捫心垂涕，除銀幣優賞恭同諸臣祇候領受外。伏思春宫太保，躋一品之崇階；特恩誥封，逮三世之曾祖。在朝廷爲優渥之恩，在臣子爲特達之遇。顧臣駑駘下品，何幸躬逢？臣祖先寒微士庶，奚堪負荷？恭誦綸音，實切冰兢；思臣祖考，幽同悚仄。仰惟聖朝孝治天下，凡臣子受職一考，例得封贈所生；人臣竭忠報國，非位列孤卿，未容褒贈曾祖。適際國運熙昌，致格黜虜款塞。四夷咸賓，昭聖皇之慎德；九圍安堵，仗廟謨之恢張。臣仰值天幸，俯藉群力；謬肩貢議，幸遂息烽。實未敢貪天爲功，尤未宜饕竊异數。今輔弼元功既允辭恩，同事撫臣示荷進秩，惟臣愚昧獨被隆恩，揣分既逾，反躬增愧。再思臣先任三品，幸蒙恩詔，祖、父已拜追封，惟臣曾祖行孚鄉評，慶貽後裔，未遂沾恩，臣父祖有靈，幽同祈望。兹者獲拜温綸，特給誥贈，但荷一命之榮，光慰三世之思，臣之父祖子孫矢當永圖銜結，未敢均冒極品之封，重招盈滿之損。

伏乞皇上察臣止足之義，鑒臣披瀝之誠，收回加秩成命，俾臣以原職供事疆場，或容以見職貽封曾祖，以光達孝之典，以溥勸忠之恩。臣不勝感激天恩懇乞候命之至。

奉聖旨：“卿忠誠任事，茂建奇勛，加恩已有成命了，不准辭。該部知道。”欽此。

爲虜衆内附邊患稍寧乞及時大修邊政以永圖治安事

准兵部咨，該少師兼太子太師、吏部尚書、建極殿大學士，掌管吏部事等官高□等具題，前事。本年十月初六日，該行人易仿之賫捧敕諭：“朕受天明命，君主萬方，内夏外夷，無不欲其得所。昨歲北虜款關求貢，議者紛紛，可否互异。朕方欲廣并包之仁，故不責既往，納其貢獻，授以官職，許爲外臣。然夷狄之性叛服不常，制馭之方自治爲要。近該輔臣建議請降敕諭，申飭各鎮文武諸臣及時整理邊務，誠爲安攘至計。兹特諭爾，除職掌所係照常修舉外，乘今邊患稍寧，嚴督鎮、巡、兵備等官，將一應戰守事宜著實整理，撙節費用，務有贏餘；修築險隘，務堪保障；訓練兵馬，務皆精壯；修整器械，務極犀利；召種屯田，務廣儲積；清理鹽法，務使疏通；收買胡馬，務得實用；招徠逆黨，務令解散。其事有不便，應合改弦易轍者，亦要明白具奏，請旨定奪，毋得拘泥陳説，因循自誤。以後每年聽行邊大臣查核紀驗，果能事事整飭，著有實績，此[一〇]照擒斬事例重加升賞。如踵襲故套，推諉誤事，即照失機從重擬罪。爾爲總督重臣，通貢一事既已屢效忠謀，尤須慎終如始，廣集衆思，悉心區畫，毋以目前無事而遂忘戒備之心，毋以一時權宜而遂爲經久之計，務俾邊政修舉日勝一日，馭虜之算萬全無遺，斯副朕委托之重，高爵懋賞，朕不爾吝。如或怠玩廢弛以致債事，責有所歸，爾其慎之慎之。故諭。”欽此。

欽遵，該臣督率文武、兵備、參游、師生，於臣駐陽和衛城外館恭設龍亭、香案，祗迎入城，瞻拜開讀，欽遵祗領訖。臣即督行宣、大、山西三鎮鎮、巡、兵備、將領等官遵照敕諭內開載事理，各將一應邊務趁今邊烽寧息悉心整理，務臻實效。中間有應改弦易轍者，容臣等會議另行具奏外，等因。

具題，奉聖旨：“該部知道。”欽此。

爲趁秋成糴買隆慶六年糧草省價值以裕邊儲事

會同巡撫宣府右僉都御史吳□、大同右僉都御史劉□□、巡按直隸監察御史劉□議照，邊餉原分主、客，主餉有定支而客餉當預備；兵馬歲有調免，調出支客餉而停調可免支。然調遣相虜勢爲動止而預備視積貯爲盈縮，故在主餉則歲不可省而在客餉則時有可節。歷查宣、大、山西客餉，向因虜患頻仍，節年歲有增加。宣府鎮自設南山之守，布春秋之防，歲增客餉至十四萬。山、大二鎮因入衛陝西各鎮兵馬往返經過本鎮，客餉已漸增加，各至十餘萬。

今幸北虜納款，邊烽暫熄，各鎮各路之兵各守信地，既省調發按伏之支，南山春秋二防已免遠戍株守之役，則客餉之節自當倍蓰。歷查各城倉場積貯糧草陳腐數多，以先年貴買之糧被風雨、雀鼠之耗，真可痛惜！及訪得每年秋收之後雖或時估稍平，但邊方地狹，收穫有限，一遇召買，各鎮數萬之銀即至米豆騰貴，軍民受貴糴之艱，商富苦高估之累，公私交病。

今查各倉場積貯既多可備一歲之支，虜患暫寧可免兩防之調，則見積陳腐近方議爲出易之圖，其歲買之銀即可收貯以備後時之用。其中或有一二城堡客支缺乏者，查有隆慶四年支剩及以前出陳扣出主餉銀兩，已行各道衰益支領，分投召買，用備不時之需。

臣復查得，今歲冬初大同各城堡在邊者米斗一錢，蕎、豆將及二斗，腹裏者每銀一兩買米六七斗，較之倉斛，已將一石，此數十年所無，軍民稍蘇。各庫積貯客餉銀各十餘萬，山西鎮近據查報見貯亦六七萬，共計三鎮省積年例客餉三十餘萬，亦可免邊鎮虛耗之患。雖來歲之豐歉難虞，而各路之積貯已預；虜情之誠僞或殊，而各兵之調遣無歉。臣等非敢要節省之名，貽匱乏之憂，實欲寬各路商富之力，免民間貴糴之害，則該年鹽糧之估亦可視連歲稍增，而屯糧亦可及時催納矣。

伏乞敕下戶部定議，准將隆慶六年欽買及各鎮召買銀兩解發該司庫，以備來歲不時之需。其見在各倉場積陳米豆、草束，通行各道查照臣近議查明的數，俟備來春正、二、三月附近營堡主兵之支，仍將各營衛來春官軍應支折色銀兩預支主餉，聽分發各道，趁今冬時估稍平召買本色，另貯廠垛，專備來歲客兵之支。倘遂數歲無警，則挨陳之糧草亦可如例出易，而年例之給發尤可益充積貯。果三年可省一年之支費，一歲常有二歲本折之餘積，則國計、邊餉永遂充裕矣。

奉聖旨："戶部知道。"欽此。

該本部議照，兵馬芻糧視調遣以爲盈縮。往年邊警弗寧，調遣不時，兼以錢糧出納不經查惜，以致每每冒破、耗費，動稱缺乏。今邊方安靜，兵馬無調發之勞，南山無株守之役，客餉充裕，獨見此時。緣該鎮督撫諸臣始則控馭有道而納降撫順坐成安堵之功，終則調度得宜而養兵抹[一]馬絕無虛耗之弊，心既忠誠，功實難泯。除候年終總計省積錢糧數目奏報前來，開造進呈御覽外，所據題稱停止召買一節相應依擬。

合候命下，本部移咨該鎮督撫等官，查將極衝地方并缺乏倉場，先儘隆慶四年支剩客兵銀兩及以前出陳扣留主餉銀兩，趁時召買，刻期上倉，不許用積年奸商包攬及領銀出半月之外以致侵欺，虛出通關。仍催督原派鹽糧，當此商富停買之時、糧價寬平之際，作速糴買上納，并將先今應納屯糧趁此秋成嚴限催比，照數完報。其原發糴買銀，宣、大二鎮共一十五萬兩，俱照督撫、巡按等官所奏，轉發管糧郎中收貯在庫，以備隆慶六年客兵正項支用。不許奸貪將領窺知此項銀兩收貯在庫別生事端，或爲覓兵買馬之說，或爲修城增堡之議，希圖糜濫及侵冒等情，督撫、巡按等官即據實參奏，以憑從重議處。至于客兵米豆、草束果有積久應該易換者，聽從督撫及各道查明，俟來春陸續支給主兵，預扣主兵銀兩趁時糴買，庶無陳腐浥爛之患而有主、客相濟之益矣。

奉聖旨："是。"欽此。

爲恭謝天恩事

本年十月二十二日，准吏部咨，吏科抄出，該臣奏，爲感激天恩，辭免加秩以圖報稱事，奉聖旨："卿忠誠任事，茂建奇勳，加恩已有成命了，不准辭。該部知道。"欽此。備咨到臣，謹率將吏陳仗祇迎公署，恭謝天恩外。

猥念微臣兩膺督寄，累拜隆恩。往年奮撻伐於秦邊，蒙錫俸廳，思陳謝而未遑；兹歲肩貢議於諸虜，再荷封陟，恭辭免而未俞。感三錫之殊恩，誓百身以莫報。臣無任誠惶誠恐、稽首頓首謹上言陳謝者。

伏以帝王莅中國而撫四夷，恒文武之并用；人臣尊天朝而膺戎狄，務經權之互施。故唐虞三代當治教休明而無忘詰戎奮武之略，漢唐歷世雖國運隆盛而猶事和親、關市之圖。良以內夏外夷，尊卑之分相懸；而陰盛陽衰，消長之機每定。惟在我得於制勝，斯中國可以長尊，稽古有徵，於今爲烈。

兹者恭遇聖帝陛下，履乾開泰，膺運中興。聖德日新，格天心之純祐；神武時敕，昭國威之振揚。始緣胡雛之來降，馴格酋王之內附。稱臣納款，委歷代之無前；奉表獻俘，在皇朝爲僅見。上覲二祖之耿光，師不勞而費節；下奠九圍之駿業，內順治而外嚴。實帝德廣運之明徵，賴輔弼和衷之既濟。臣身任邊疆，數值天幸。慶明良之遭際，奉德意以周旋。報國輸忠，敢身家利鈍之自恤？集衆廣思，盡人臣職分之當爲。初圖封貢禮成，冠履分定；繼飭互市竣事，中外歡騰。苟有利於國家，誓必竭乎犬馬；冀可慰夫宵旰，甘躬冒夫艱危。仰承廟謨，深思善後之當豫；再膺綸綍，尤慮慎終之惟艱。百廢具修，寸心殫竭，方矢裹革；上副鴻猷，詎荷殊恩，均被存沒？攄誠陳免，委安義分之宜；奉旨褒崇，倍切冰淵之懼。明傳將吏，共戴高深；幽告祖先，永圖銜結。篤忠誠以任事，敢忘知遇之恩？愧勛業之未奇，何稱茂建之獎？乘時修練，敢忘桑土之謀？揆機撫防，益慎羈鈐之略。嚴媚虜損威之戒，慎弛防玩寇之懲，伏願聖修無怠無荒，恒保四夷來王之化；皇圖允文允武，永綏萬年有道之長。紹虞繼周，德業邁皇王而獨盛；陋唐鄙漢，名壽配天地以無疆。臣不勝感戴天恩激切屏營之至。

　　奉聖旨："該部知道。"欽此。

校勘記

〔一〕"衣"，據文意疑當作"夷"。

〔二〕"棋"，據文意疑當作"祺"。

〔三〕"利"，據文意疑當作"私"。

〔四〕"慮"，據文意疑當作"虜"。

〔五〕據底本卷前原目錄當作"爲遵奉明旨恭報三鎮互市效勞官員等事"。

〔六〕"參"，據文意疑當作"忝"。

〔七〕"項"，據文意疑當作"頃"。

〔八〕"推"，據文意疑當作"誰"。

〔九〕"右"，據文意疑當作"有"。

〔一〇〕"此"，據文意疑當作"比"。

〔一一〕"抹"，據文意疑當作"秣"。

宣大山西·納款類善後

爲虜衆内附邊患稍寧乞及時大修邊政以永圖治安事

隆慶五年十月初六日，恭奉敕諭，見前卷准兵部咨，該輔臣大學士高□等題，臣等竊惟，來者不拒，王者馭夷之方；忘戰則危，聖人保邦之訓。頃者北虜俺答率衆款塞，稽顙稱臣，奉貢闕下，數月之間，三陲晏然，一塵不擾，邊氓釋戈而荷鋤，關城熄烽而安枕。此自古希覯之事，而今有之，實我皇上聖德誕被、神武布昭所致，中外臣民所以歡忻忭舞，戴頌於罔極者也。然初議之時，發言盈庭，而臣等所以仰奉宸斷、贊成大計者，其説有三：

夫夷狄之性，譬之禽獸，適其欲則搖尾乞憐，違其願則狂顧反噬，爲中國計，惟當順其所利而因以制之，固非可以禮樂馴服而法度繩約者也。昔嘉靖十九年北虜遣使求貢，不過貪求賞賚與互市之利耳，而邊臣倉卒不知所策，廟堂當事之臣憚於至計，直却其請，斬使絶之。以致黠虜怨憤，自此擁衆大舉入犯，或在宣、大，或在山西，或在薊、昌，或直抵京畿，三十餘年迄無寧日。遂使邊境之民肝腦塗地，父子夫妻不能相保，膏腴之地棄而不耕，屯田荒蕪，鹽法阻壞，不止邊方之臣重苦莫支，而帑儲竭於供億，士馬罷於調遣，中原亦且敝矣。此則往歲失計之明驗也。今天祐國家，使其裔孫來降，朝廷處置得宜，彼遂感恩慕義，請貢稱藩，此實天以安攘之機與我也。我遂因而制之，則不惟名義爲美，而可以息境土之踩踐，可以免生靈之荼毒，可以省內帑之供億，可以停士馬之調遣，而中外皆得以安，此其一焉。

我國家時當全盛，自可鎮撫四夷，況彼輸誠叩首，稱臣請貢，較之往歲呼關要索者萬倍不同。彼既屈服於我，我若拒而不受，則不惟阻其嚮順之意，又且見短示弱，將謂我畏之而不敢臣，非所以廣明主威德於海內也。故直受而封錫之，則可以示輿圖之無外，可以見桀獷之咸賓，可以全天朝之尊，可以伸中華之氣，即使九夷八蠻聞之，亦可以堅其畏威歸化之心，此又其一焉。

然斯二者猶非要領之圖、本意之所在也。夫虜自庚子猖獗以來，先帝常切北顧之憂，屢下詔諭修舉邊務，然勞力費財、卒無成效者，非徒當事之臣苟且支吾而然也。虜時內侵，應接不暇，雖有修爲，隨經殘擾，方尺寸之未成，忽尋丈之已壞，是故不能有所積累以就一事，徒勞費而無功也。今虜既效順，受吾封爵，則邊境必且無事，正欲趁此閑暇之時積我錢糧，修我險隘，練我兵馬，整我器械，開我屯田，理我鹽法，出中國什一之富以收胡馬之利，招中國携二之人以散勾引之黨，更有沉機密畫不可明言，皆得次第行之。雖黠虜叛服無常，必無終不渝盟之理，然一年不犯則有一年之成功，兩年無警則有兩年之實效。但得三五年寧靜，必然安頓可定，布置可周，兵食可充，根本可固，而常勝之機在我矣。當是時也，彼若尋盟，我仍示羈縻之義；彼若背約，我遂興問罪之師。伸縮進退自有餘地，虜狂故態必難再逞，而中國可享無窮之安，此則要領之圖、本意之所在也。

由前二說，乃目前之謀，既皆驗於行事；由後一說，乃深長之計，方取必於將來。此則在本兵及邊方督撫、將領諸臣加意而已。若能仰承廟謨，實心修舉，使邊事日勝一日，是爲長治之基。若不思社稷之長計，不識朝廷制馭之微權，苟見一時寧息，遂爾怠玩偷安，無復備戒之慮，沿習故套，摶弄虛文，止圖苟免一時，罔顧貽患來者，則不惟良時一過不可再得，而從此邊備寢弛，久愈難振，卒然有變，將何以應？則是利未得而已博其害，虜未制而反制於虜，所謂病加於小愈乃大亂之道也，而臣等一念謀國之忠他日翻成誤國之罪。此在今日不敢不以明言者也。

伏望敕下兵部，嚴敕各該督撫、將領諸臣，務要趁此閑暇之時，將邊事大破常格著實整頓，有當改弦易轍者明白具奏議處，毋得因循自誤。仍乞賜敕一道戒諭邊臣，責其成效。此後每年特差才望大臣或風力科道官二三員分投閱視，要見錢糧比上年積下若干，險隘比上年增修若干，兵馬比上年添補若干，器械比上年整造若干，其他屯田、鹽法以及諸事俱比上年拓廣若干，明白開報。若果著有勞績，當與擒斬同功；若果仍襲故常，當與失機同罪，而必不可赦。何也？往歲疆場多壘，欲爲而不得，則其無功猶可恕也；今既無事，可以爲矣，而仍復玩愒，致誤大計，則實有欺君僨事之罪，又何可以恕哉？如是則邊方之實政日興，中國之元氣日壯，廟堂得坐勝之策而宗社有永安之庥，臣等區區謀國之忠亦可以有終矣。天下幸甚，臣等幸甚，等因。

奉聖旨："邊境既寧，邊政正宜及時修舉，覽卿等奏，具見爲國深遠忠猷。着兵部看議來行。"欽此。

該兵部覆題，奉欽依及請賜各邊督撫諸臣敕諭，差官頒賫前來，節經通行三鎮各官一體申飭去後。

臣伏讀聖諭嚴重，輔弼忠謨，感君、輔明良都俞之鴻休，仰本兵經權并用之偉略，凡在邊臣身任疆場，外幸暫寧，敢忘內憂，坐誤時幾，自甘罪戾？伏思臣等當北虜求降納款之初，即懷首事貽患之懼，嘗於請貢市之疏條列"審經權"一款。見前卷既奉兵部議允，責臣身任修攘，言必責實。既允諸虜之貢市，累飭邊臣以戒防。一歲之間，查照原議，凡以外示羈縻、內修戰守之務，日不暇給，月無寧時，文移之督理至再至三，錢糧之處湊錙銖不遺。工程有期限，職名之稽考；修製有月報，日省之規製。操練定大小分合之教習，農牧有招派撫助之資示。仰稽敕諭開載、輔部紆籌，條列八事，俱邊臣職任急要之圖，即臣等經歲督理之務。節准大同撫臣劉□□、宣府新任撫臣吳□□、山西撫臣楊□咨，及據三鎮總兵、守巡各道、副、參、游、守、府衛等官，各將查議過一應修防、善後事宜，各照款開八事緣由咨呈到臣。

今將查議過緣由擬合照款開報，伏乞敕下兵部查明，應議請者酌議覆請，敕下臣等遵照督行；應閱視者照例行巡按衙門閱驗回奏；應附案者明立文案，聽候來年欽差大臣逐一閱視有無成績，是否虛報，分別當事臣工之賞罰。庶可答聖明責實之敕命，慰輔臣謀國深遠之忠謨，而臣等首事憂危之苦衷、終年驅策之微勞不至泅沒重貽罪累矣。

謹題請旨，計開：

一、積錢糧

前件，照得邊鎮孤遠，恃積貯為命脉；內帑經費，視邊費為盈縮。向緣邊患頻仍，欲節省積貯而未能；今當虜通貢市，誠宜省煩費以倍元氣。查得宣、大、山西三鎮主兵、馬匹各有近年議定額數，除各鎮民屯歲徵、鹽糧歲派外，各有補支京運銀兩不等。今軍馬不可減銷，錢糧僅供歲用。若遇歲豐多解之歲月，鹽糧時估稍增，計積貯稍有贏餘；一遇歲荒穀貴，解少支多之時，即將匱竭不可繼矣。須當使歲有所積，斯可免非時告匱；須折數年之中，方可定實積之數。臣等備查，今歲在大同、宣府，主餉一時似有積餘，其山西日收尚不足正支，誠未敢以一歲一月之數即指為節省實數也。

其客餉，往年北虜猖獗，侵犯無時，東征西剿，月無虛日，兼以春秋兩防，盡宣鎮之兵布南山之守，調山、大之兵協南山之援，遂使山、大之勢日漸孤危，沿邊之城堡多被攻陷。在我既爲失策，在虜得以牽制，每遇秋高，或示形於東犯，輒擁衆而西侵。諸將藉口南山，彼此觀望，老師費餉，誠爲非計。臣自奉命移鎮，目擊兹弊，故於去秋并今歲春秋兩防酌議分布，俟警調遣，節勞省費，三鎮共知。況今北虜納款，審時度勢，保無他虞，而春秋分布亟當改圖以責實效，伐虜牽制之謀，厚我三鎮之備。平時聽臣督行各該鎮、巡、兵備、各道、將領等官，飭兵理餉，繕冶[一]戰具，修茸城堡，申明哨諜，以嚴自治。春秋各防，本境有警，聽臣酌量緩急，隨宜調遣，互相策援，庶歲免分布之煩，時勤修防之實，以節士馬之疲勞，以省客餉之糜費。

臣查得往年秋防，各營軍馬指以調遣，咸支行糧、料草三四月。今軍馬各住本城團操，行糧盡省。其馬匹秋月原無正支，若不量給料豆，必致冬深瘦死。除初秋青草尚茂外，議於九月准支客兵料一月以備九月、十月馬飼，其真夷家丁准支行糧三月以補月糧之不足，中間調停衰益，歲省頗多。

及查得各鎮倉場積陳客餉糧草數多，漸致濕爛。今兵馬既省調遣，客餉即免支用，若不審時計處，將今歲欽買銀仍循舊例糴買，未免上費國儲，下累商富，積久陳腐，深爲可惜。復行宣、大撫臣、各道，會同管糧郎中查議明白，會同巡按衙門題請暫停欽買，即將預發六年客銀收貯各庫去後。兹蒙廟議申飭，又經通行欽遵。

查得宣府鎮議將六年欽買銀七萬兩并五年所省召買銀兩俱收貯庫以備後時緩急，大同鎮議將六年欽買銀八萬兩并下剩召買銀四萬兩俱收貯庫以備後用，山西鎮據撫臣題報及咨開見貯客兵銀六七萬兩，計三鎮省積年例客餉數至三十餘萬，可備後支。

其主兵錢糧，近據查盤武御史題議，各項清汰過官軍及各項雜支撙之節年，歲有所省。今方議補練官軍，增買夷馬，未敢輕議減免。如蒙敕下戶部，查照臣等原會題及兵部覆議事理，將各鎮額派主兵鹽銀每年照數給發。客兵錢糧今歲雖有積貯前數，來歲仍須照數解發，聽各鎮查明來歲之支，如本色不足，即以今貯預發六年之銀召買聽支，仍以七年之銀收貯，聽候挨買。如果下年無警，見在客餉積久無支，則仍免召買。查臣原議，聽以見在客餉出陳，准主兵之支，扣留主兵折色，復備召買新糧。或扣貯該年屯糧，聽備客兵正支，八年客餉即可停發。務使邊鎮客餉之積本、折常可備二年之支，庶神氣日壯，即有緩急，亦可免貴糴、匱乏之憂。其見在各倉場積貯客餉，聽臣督行三鎮巡撫并管糧郎中、主事如法收垛，務要大示撙節以裕國計，及時那移出易以免陳沮，庶儲積殷厚而邊餉益裕矣。

一、修險隘

前件，照得方今守禦必恃設險，保民全賴城垣，王公設險守國之要圖也。臣自去歲奉命移鎮之初，即慮督屬宣、大、山西地方均係衝邊，俺答諸酋日伺侵擾，兵力既難戰勝，地平無險可守，所恃城池高深、守具充裕，方可保障軍民免被攻陷。嚴行三鎮撫、鎮督責兵備、守巡各道并各參、守等官，備將所管邊腹軍民城堡、內外邊垣逐一查理，節年修築足堪保障者若干，如有雨水衝壞，即當修補。整飭戰具，添備火器，廣積木石，編派保甲，分遣教師演習射打，以慎防守。其餘凋殘不堪者，某堡牆垣低薄，應該幫加高厚；某堡堡曠人疏，應該於內添修避虜墩臺，或應截修牆垣；某堡修築無益，應該急議歸并；某堡土脉沙鬆，應該深浚重壕。其訪得虜每攻城，以上牆為入圈，輒肆攻圍；以守壕為硬守，未敢攻犯。仍令城下壕邊添築越牆一道，高五六尺，底厚三尺，收頂二尺，多開箭眼，專備守禦。每堡城郡以民間牛車數輛，上製遮箭板，外守門橋以備出入。某堡雖稱堅完，仍應添築敵臺、瓮城，或應磚包，或應土築。并查邊腹緊要墩臺，某處四衝，應該創築；某墩低矮，應該幫加；某墩無益瞭望，應該裁減以省行糧。務要墩堡高連女墻四丈，壕深三丈，闊二丈五尺。分別緩急，見議修築者上緊修理；未經議修者，或應官修、自修，或應官民協修。合用軍夫應於何處撥派，口糧、鹽菜應該作何區處，明白勘報，次第修理。查勘官員俱要躬親踏勘，盡心經畫，不得或仍襲節年故套，虛文塘[二]塞，自取重究，等因。

又經題奉欽依，將山西邊腹各該司道照依陝西事體專責修防，務臻實效。及查得宣府南山岔東、岔西原修聯墩虎尾墻，棄山守麓，緩急難恃。定委宣府總兵官趙岢、前任懷隆道參政鄭洛，率同原任總兵官歐陽安、見任南山副總兵胡鎮前赴南山一帶，查勘沿山險隘，另議扼險修葺營寨，據險設守，以重陵京。節據各官議報前來，俱經批行勒限督修去後。去冬的據兵備、守巡各道參政鄭洛等呈報，修完官民城堡、關廂、村寨、墩臺、壕塹共一百八十三處；大同鎮參議崔鏞等呈報，修完官民城堡、墩臺、山寨、衝口、壕塹共一百八十五處；山西鎮副使朱裳等呈報，修完城堡、墩臺、壕崖共九十七處：俱各完固。此四年已修完之工，節經批行閱視明白，分別勤惰，將各地方官量行賞罰，節會撫臣題報訖。

續因北虜款塞，乞封通貢，邊烽寧謐。臣復再四嚴行三鎮，各將上年未完并今歲應議城堡邊工，與夫大同鎮城南關及所屬山陰、馬邑、懷仁、應州各城務須磚包以求經久，難惜勞費，乘此暇時急圖修繕，及行各路課工修築去後。

本年九月中節據總兵、兵備、守巡各道，宣府鎮僉事姜廷珤等呈報，修完五路磚包、土築并加幫、補葺官民新開口、蘇家莊等城堡并永安等墩臺。大同鎮參政申佐等呈報，修完加幫、補葺、創築鎮川等官民堡寨并乾莊兒等墩臺、瓮城。山西鎮總兵郭琥、副使朱裳等呈報，修完、加幫、創築北樓、中、西等路土築、石砌邊臨大小墻垣并剗削石崖。節報到臣，臣復查得，各鎮歲修之工，除支給錢糧、定有委官者工多堅完，其餘各路報修完工中間虛文搪塞，有今歲報完，來年即壞，或原未實修，苟且剗削補葺，即報完工，各道未經親閱，軍夫經年疲勞。又經查取委官職名，各工所務造本管官、夫姓名，刻立磚石牌面，立五年損壞包陪懲究之法。其各鎮未完并來歲應修工程并臣今秋會同山西撫臣楊□題修山西西路野猪溝邊垣，除已完丈尺尚未報到，未完之工與諸應修通俟明春興築。

今蒙廟議申飭，允爲設險保邦之要，所據前項已、未完工程通應立法課工，乘暇督理。伏乞敕下兵部，通行三鎮撫鎮、兵備、守巡各道、大小將領、軍衛有司等官，務各仰遵廟謨，各勤職業，各將所轄疆圉照臣節行事宜酌量地勢緩衝形勝，乘此北虜通貢之秋，將二年已完之工來歲逐一查閱，如有披裂、坍塌隨時補葺，毋致大壞，重費工力；未完之工及時分別衝緩，定議官民來春土融分投督修，工小者務期一歲通完，工大者期以二年完報。凡采積窰柴，打完磚坯，冬月春初燒造成磚，專備包砌城堡之用，不足之數來歲一體采積燒造。趁此冬深，凡邊外有產木山場，督軍擇日采打木料，堆積城堡，報數在官，專備修理城門、鋪舍、營房之用。民間每月限以三次出邊，聽地方官督同巡邊夷丁采打柴薪二次，以資炊爨。庶月計不足，歲計有餘，二三年之後沿邊成[三]堡盡用磚包，腹裏城垣半可磚砌，斯禦虜衛民永恃保障，廟謨不孤，而臣等諸臣督修之志可不負矣。

一、練兵馬

前件，照得制勝之要必恃强兵，而兵之由强必須素練，有兵不練以將與敵，兵法所忌。臣於移鎮之初訪得三鎮操練之法不過走營妝塘、搖旗放炮，雖若可觀，無益實用。且有兵不練與無兵同，練兵無法與不練同，玩愒時日，虛糜糧賞，急當改圖。已經通行各鎮總、副、參、游、守操、坐營等官，每營各置操簿一扇，每軍爲一格，各分技藝。各路每日輪定一哨，鎮城正、游、標兵於教場分東、西、中亦日輪一哨，或一司東西，各安碗口射把，分演弓矢、槍炮，爲小操。每朔望爲大操，合營演陣，各照官軍原定隊伍赴教場，各中軍、千把總官各據簿照隊挨點。每軍九箭、槍炮三出，各令比藝較射，中否各注空內，三次不中者各軍量責五棍。每月終，鎮城赴撫院查考，餘聽各道會同各將領查責以驗精否。每年終通會中否多寡，量行動支弓矢、銀、布給賞行罰。其風雨、祁寒、盛暑之日，間日分營以節勞逸。及查各邊步兵不習槍法，止執悶棍，俱非兵家長技。宜將臣造發藥弩并該鎮原有鳥嘴銃、長槍各色軍器，但可步軍執把習練者，聽該道具呈撫院，分派習練以備長技，必須練兵精藝，方可折衝禦侮以壯兵威去後。續據各營呈送格眼操簿前來，臣即印發各官遵照操練外，各具執把技藝、練伍花名文册在卷。

兹蒙廟謨申飭，誠爲礪兵耀武至意。及查各鎮官軍春夏秋時固多趨事修築，而乘暇操練全在三冬、首春，又經嚴行三鎮撫、鎮督責大小將領，查照臣節行事理，值此冬寒各照地方，不必團調糜費公私，查明原派技藝，選立教師，一人教十，十人教百，百人教千，定擬日期，分哨操練，務使三軍技藝精強，衝演熟諳，庶緩急禦虜方可制勝克敵。該道不時稽核，通候來春聽臣及各撫臣巡行各邊，按册閱視以行賞罰。

乞敕兵部嚴行三鎮撫鎮、兵備、守巡各道，分督大小將領，各將所部兵馬遵照臣節行事理，不許偏護家丁，聽習驕惰，凌侮軍士，無容包占雜役而致誤軍技，俱要一體操練。如果練有成效、師成節制者，聽臣等分別獎賞。如或玩常，全無成效，伍不成伍，罪責伍長；隊不成隊，罪責隊長；司不成司，罪責把總：俱以軍法捆打。如果營伍不成，容臣將違玩將領從重參革，該管兵備、守巡各道一并罰治，如此庶操練既精而緩急攸賴矣。

一、整器械

前件，照得器械不備，以卒與敵，兵法所忌。中國長技，火器爲先，國制攸嚴，必使所在器械堅精而後可恃懾虜却敵。臣自督臨之初，查得各鎮官軍盔甲止係領兵頭目并各將領親丁頗稱堅利，其餘部伍軍丁率多損壞不堪，其守城守邊軍壯甚至盔甲、弓矢全無，率恃木棍，空拳搏虎，遇虜即潰，良可寒心。臣即通行各鎮撫、鎮督責各該將領，各將所部官軍器械完備者整飭堅利，舊壞不堪者督令更造，全無者各於該鎮庫貯給領，一切旗幟、戰具逐爲整頓以壯軍威。

至於禦虜火器，力能及遠、火力雄猛、可破大敵者，獨涌珠大炮爲最。若使備之既廣，置造如法，教演有素，戰勝守固，虜自難逞。臣昔督陝邊，用之克敵，累收捷功。宣、大、山西尚缺此炮，雖有毒火飛炮及各色大炮直筒皆可裝用，但輕重不一，或難隨營。及查節年所造火器，據各將領册報若足備用，訪究其實，各營城堡不過册報十之三四，而民瞳僻堡甚或全無。雖有循環，不過沿襲虛文，數尚未的，何堪實用？或有火器而無火藥，有藥而無鉛鐵子，即有火器、藥、子而教練無師。製造多不如法，或火眼未通，及粗大打放無力，眼高反致倒坐傷人，或鉛子、炮口不相吻合，緩急難用，藥、器空費，何能中虜？況北虜凶狡，加以板升華叛百計導誘，高臺大堡率被攻陷，將領既不能救援，軍民橫被殺虜。平時又不教以守具，臨警是棄民驅衆以滋虜掠。

及查陽和城係軍門駐札之所，神機庫火器、火藥無多，緩急尚不敷兩掖兵馬領用，何恃分給各鎮之急？即行陽和守備奚元，查動該城庫貯鐵料，調集匠役分投打造涌珠樣炮，備開造法，分發三鎮，責成都司、兵備、守巡各道，近邊州縣等官，大破常格，處動官銀，多方置買鐵料，時近秋防，各先打涌珠炮百十位以備急用。仍行朔州兵備道，動支臣軍門養廉地租銀二千兩，分發山西澤、潞、陽城各府州縣收買硝黃、鉛、鐵等料。仍督奚元就近呈支前地租官銀，先行置買鐵料，各一體分局廣爲置造。

又行各該撫臣，嚴督各道查照分轄地方，備將各營伍城堡、疃寨逐一查理，要見實在各樣火器的有若干，責令匠役逐驗堪用者若干，年久損壞不堪、應該改造若干，火藥、火綫、鉛子等類各若干，酌量衝緩，有無足用。着落本管官保先期定撥軍民丁壯執把，即於所在營伍選擇火器教師分發各該城堡、鄉村，立把教演，務令放打中虜。不敷之處即呈撫臣，先儘該鎮庫貯鐵料、硝黃，調集匠役成造分發。仍各選差的當官舍，賫文關內各道多方買運，并將見在各庫三眼銃、盞口炮、毒火飛炮與夫火藥、火綫、鉛子等項，生鐵、炸炮、磁炮，兼派分發以資保障。其製造之法務要煉折精熟，無容裂縫、沙眼，火眼必鑄近底筒內，必務平直。各造鐵匠姓名，以便稽考。炮口、炮子必須吻合。除舊有外，每城大者給派各樣火器四五百件、火藥三五千斤，大堡給派二三百件、火藥二三千斤，小堡給派一二百件、火藥一千斤，鉛鐵子、木馬俱要完備足用。係虜垂涎之所，尤貴多多益善。其各庫如無應動官銀，即爲借處，俟議補還，務速製造以伐攻陷虜謀。又行山西撫臣轉行布政司，動支無礙官銀一體置買鉛、鐵以備成造。

臣又翻思，戰車固難用之山坡追逐，亦可用步卒推挽，施之平原，恃以解圍修邊，可伐虜馬馳騁長技。又經通行各鎮整備，俱務足三五百兩，列營教習各去後。

去冬今春月日不等，節據各該將領呈報，遵依整過營伍、軍裝、器具文冊在卷。及據宣大都司、各道呈報，造完涌珠大炮、連珠炮、三眼銃、炸炮、鐵子鈎頭炮、火藥，俱行分發各鎮正、奇、游、援并臣標下兩掖等營及各所轄城堡、民瞳，選擇教師演習備禦訖。去歲黃酋索降，遇各營兵馬迎敵，仍襲故智，圍繞攻衝。各營掩放大炮，打死賊人賊馬數多。夷使往來，一見前炮，尚多咬指畏懼。

又據山西布政司呈稱，臣前發銀二千兩買解完鉛、硝、硫黃、熟鐵，陸續分解陽和官庫，見今專備成造火藥、鉛子，打造軍器應用。

臣復查得，臣昔在江南，曾用藥箭小弩，馬上放打，便利中遠，比弓矢教習爲易，且箭短有藥，人馬中之即斃，難復返射，臣撫夏督陝俱嘗造習備用。但邊地無竹，案行懷隆兵備道，查動軍門先年買鐵下剩地租銀兩於張家灣收買茅竹，調取陝匠，如式造完藥弩一千張、藥箭十萬枝，亦發三鎮各營路着實演練。

續因北虜通貢，士馬稍休。查得各鎮各衛所各有年例額造軍器，半被管局官占匠侵料，造作不堪，及太半拖欠。又經通行各鎮撫臣，嚴督各道將各屬衛所、州縣軍三民七歲造軍器、料銀清查三年内完、欠的數，徵收在官。責令各道各於駐札城内調匠立局，委官團造，將各營素無臂手官軍造給雙鐵臂手一副。及補修盔甲，責令有身家官軍自行置買甲面，俱要鋥磨鮮明；貧窮軍丁官爲造給。各州縣官民城堡務令有身家壯丁各造盔甲，大者百副，小者五七十副，專備戰守間。

今蒙廟謨注念邊陲缺少軍器，欲令應解工部軍三民七銀兩留在本處給軍自造，或應別項討給，責成查議，深荷周給窮邊、製器待用至意，已經通行三鎮酌議外。

查得三鎮事體不同，在宣府有采辦之銀，每歲數計不多；在大同名有尖丁之銀，各衛俱有定額，一歲每衛所額造盔甲僅三五十副，俱係本鎮軍局歲造之需，原非解京之數；其軍三民七之銀惟山西腹裏衛分有之，似應留解，專備該鎮製造支用。臣又查得各鎮軍火、器具歲徒置造，未堪實用；其各歲辦軍器、銀兩額數徒存，徵無完報。伏乞敕下工部，將宣、大、山西三鎮每鎮量發料價銀，或各萬兩，或五七千兩，聽臣分發各鎮撫、鎮等官，各將見造戰車督責委官如法置造，務期堅完，時勤演練，務住可爲營，行可爲陣；應用軍火、器具務各完備，各定車營，專官教演統領。仍嚴行各該兵備、守巡各道，各將所轄營伍、城堡應造官軍臂手、盔甲并缺乏火器去處，遵照臣原行一一着實徵收料價，估計用物，調集匠作，選委文武職官，嚴定工程，克期置造。料銀不足，量以部發銀補湊，及行各道隨宜設處。務要各營各城查臣前定之數，甲冑堅利，火器無缺，示我有備。仍要一體稽查邊隘、城垣塵埋火器，以免遺棄。其各見在營城、邊隘一切軍火、器械俱備細查明，各城守操官另置循環，逐樣登記，按季赴道倒換。在庫并各城堡、邊隘擺設者，嚴令如法安置，禁約看守軍匠，毋致銹泥、侵盜。在營者如有炸損不堪，即行改造給軍，必須追舊入官，方給新造執把。各營將領各立循環，赴撫臣稽考，以防侵隱。凡遇各路營城請給火器，必委文職官員按冊查實，如果缺乏，方准給領，以防虛冒。其各衛掌印、管局官催徵丁銀，查照原額勒限追徵，置料造器，無容仍復侵欠。十分爲率，如能全數徵完者即行優獎，八分以上者姑免究治，八分以下者重行懲戒，如有侵費、坐贓參究。果能催徵有方，三年無欠，即行錄用，以示激勸。庶造作專而器械有備，稽核嚴而夙弊可袪，二三年後，原無者歲可增加，原有者咸可堅利，以戰可勝，以守可固矣。

　一、開屯田

　　前件，照得國家屯田塞下以資軍餉，寓兵於農以省内供，制本盡善。國初虜勢既衰，軍民饒裕，開墾日廣，額賦歲增，士飽馬騰，誠如時議。五十年來，虜勢日驕，邊備漸弛，沿邊虜患憑陵，耕牧坐廢，內地山水河流衝沒太多。既失農利，益以清查二次，概增開墾虛額，故拖欠愈廣，兌支無實，軍餘逃移，重為邊累，若非大示寬恤，何能責實供輸？臣於蒞任之初通行三鎮及刊發條約查清，分行委官丈勘，分別田地肥磽[四]等第、定徵糧額多寡，一體備造魚鱗文冊呈報。衛存衛總原額，一所一屯，務求坐落之據，無容軍民地混淆影射，節經催造前來。間有地土未清、起科未均者，又經駁行復勘去後。

適遇今歲春初北虜議請封貢，邊烽暫熄，臣復行各鎮撫臣督同各道、司衛等官，乘暇撫眾，開墾荒田。又經出示曉諭軍民，招撫逃移，務將境內節年拋荒田土，或係地歇、民田，或係養廉、牛具，不拘名色，勸令廣為墾闢，姑免起科。如有煢子之民缺乏牛具、子種，官為借貸，收穫之日照數還官，以濟困苦。待候三二年間，地果成熟堪耕，民果安心未耜，虜果守盟不擾，方行呈請酌量地之肥埠、邊腹衝緩，定擬起科等差。恢復民業，永興屯利，庶幾國計、邊儲大有裨益去後。

續據大同朔州兵備道呈報，分屬陽和、高山、天城、鎮虜四衛招派過官民餘舍佃種荒蕪屯地六百三十一頃二畝，靖虜堡告認山坡地一頃五十畝；左衛兵備道呈報，分屬城堡勘出拋荒屯田等地八千七十一頃五十八畝；分守冀北道呈報，分屬城堡勘出拋荒軍民地六千三百九十二頃八十三畝；分巡冀北道呈報，分屬前後二衛分給正兵營軍士領種屯田、荒地一千頃二十四畝六分；宣府懷隆兵備道呈報，分屬永寧縣開墾過荒地三頃二十畝；分守口北道呈報，分屬東西等城開墾過荒地八十七頃九十四畝；山西岢嵐兵備道呈報，分屬鎮西、保德、偏頭三衛所勘出未開、拋荒屯田等地一百五十頃八十八畝九分；寧武兵備道呈報，分屬寧武所開墾過屯田荒地三頃五十畝：各數目到臣。

查得荒田惟大同鎮沿邊最多，而宣府鎮地多山岡，山西鎮田多開種，雖荒田數少，實因各道前後交代，春時坐誤開墾，夏秋即難開種，中間已開未報之數尚多。臣仍行新任各道盡將應開荒田今冬查明坐落、頃畝，定擬春首早行招墾。即今山、大沿邊收穫頗豐，每銀一錢糴米一斗一二升，少不下八九升；豆一斗四五升，少亦不下一二升。且邊方半大，每市斗六斗三升即充官斛一石。十餘年無此賤估，軍民鼓舞樂生，明係開種既廣、收穫粟多之驗。從此鹽糧亦可倍得，本色召買可省官銀，公私均利。

今蒙廟議申飭、敕諭切責，臣又覆行三鎮撫臣，兵備、守巡各道，恪遵廟謨，多方曉諭軍民人等，稍候來春，勸令已開者督令布種，未開者召人墾闢，永為己業。原係拋荒者永不起科，近年拋荒果係民屯額地者定擬徵科，仍須人各給與由帖執照去後。

臣查得前據大同巡撫劉□□條陳，欲要該鎮添設屯田僉事一員，專管屯田，無非務專責任、期興屯利之意。及查得山西三關先年原設有營田參政一員，專管營田，後復裁革。今查宣府鎮地里不遠，分屬懷隆、口北守巡三道兼管屯田，又萬全都司屯田都司一員自可監理，惟大同一鎮接連山西三關，地里既遠，荒田極多，守巡、兵備各道各有兵糧、軍民、訟獄職務，委難專責兼理。查得山西按察司原設有屯田僉事一員，兼管邊腹屯田。在腹裏者向來該道巡歷難周，亦屬遙制，即應查照陝西事例行腹裏守巡道各照地方就近兼理。在三關者原係本官職掌，合無將本官移駐代州，請敕一道，聽其專管山西沿邊三關及大同鎮屯田一應清查、開荒、招佃、徵納事務，專責經理，庶官不增添而山、大衝邊屯田可冀盡開。其各屬原有水利去處，亦要設法疏通。每年終將招墾過屯地數目、實徵原額及加增屯額的數，各撫臣造冊奏繳，以驗各官之殿最，庶責成既專，歲有稽查，屯務可復國初之舊、鹽法可資賤估之利矣。

一、理鹽法

前件，照得召中鹽引飛挽邊儲夙有成議，邇年各司鹽法阻滯，邊商無利，坐致召納無商，邊餉匱乏。雖鹽銀數萬，計所納糧草不及銀易之半，間多停積無售。在運司者難即疏通，在各鎮者須宜調停，庶可稍濟本色之用。臣於移鎮之初歷查三鎮鹽糧，主兵專責戶部，客兵分責各道，每遇開派，酌城堡之衝緩爲鹽糧之多寡，審年歲之豐歉定時估之高下，行有定規。若使時估適平，召納以時，倉場禁常例，填勘無淹滯，商衆雖無大利，猶可免陪本之害。但事干貨利，往往上下避嫌，不查鹽引時價，止拘開派定額；不恤脚運轉費，概依民間時估。遠商鮮至，市戶遍拘，舊報未完，新鹽復坐。或聽商衆指攀，累及小販、農家，無益國儲，勞擾軍民，甚非撫安邊氓、導利濟餉之宜。

已行三鎮巡撫及刊布條約通發管糧郎中、各道，將主、客鹽引備查歲額，今後開派以十分爲率，淮鹽應派幾分，蘆鹽應搭幾分。及查得長蘆鹽引近年反有微利，議將二司鹽引各另招報，分別城堡緩急，查各倉場見在糧料的數，衰多益寡，定擬應派數目。長蘆鹽引時估應稍加，或派衝遠城堡。淮鹽無利，時估查照近議比之銀買寬減四分之一，必以該城時歲豐歉以爲時估低昂。如二司鹽不便另派，則酌淮鹽之中制爲時估之增減，或通照銀易之估免與寬減。開派之時，先儘各鎮銀易商戶搶中，餘聽遠商報納，無容鹽利歸遠商，銀易累土著，庶無偏累。如在八月中完，當照上年之估，八月後報方查當年定估。務要乾潔米豆，無容仍以貨物兌軍。完日務責該路通判官監收、查盤明白，如法收貯，出給倉收，填給勘合。其填勘之法，各倉場投到實收於戶部管糧郎中、撫院、商衆未及均知，多方營探，吏識[五]得肆求索。填出勘合封發，各商衆不及見，往往鹽糧磨對不明，到司或致駁查，俱貽商累。臣於巡撫寧夏時立法，公門置一牌面，每遇商人投到實收，挨次書牌，懸示衆見，但完及一勘，許商衆赴禀，即與填給。仍將原勘先不印封，責發衆商自行磨對無差送院，方爲印封。斯吏胥無容科索，商衆曉然自明，免赴司駁查之害。

續據三鎮兵備、守巡道并管糧郎中開報：在宣府，隆慶四年原派主兵淮、蘆鹽一十五萬四千二百六十三引五分五毫，兩淮鹽每引官價五錢，長蘆鹽每引官價二錢。又節年殘鹽一十七萬五千五十引五分二厘五毫，分作六年搭派，本年該攤鹽三萬引，各折不等。該銀六萬四千二百九十九兩一錢二分三厘五毫。客兵該年除部議存積三分外，派發淮鹽二萬九千四百引、蘆鹽一萬九千六百引，共該價銀一萬八千六百二十兩。隆慶五年額派淮鹽四萬二千引、蘆鹽二萬八千引，共該價銀二萬六千六百兩。節年俱已召納本色通完。在大同，今歲開派主、客淮、長鹽一十一萬八千三百七十九引，共該銀四萬五千六百八十九兩五錢。在山西，額派主、客兩淮鹽六萬六千七百八十一引五十斤、兩浙鹽四萬八千九百九十九引二兩，每引價銀三錢五分；山東鹽六萬三千六百一十引一十九斤五兩九錢八分六厘三毫，每引價銀一錢五分。三司鹽共一十七萬九千三百九十引七十四斤七兩九錢八分六厘三毫，該價銀六萬八十二兩六分二厘五絲。俱經先後召商，查照臣原議催納陸續報完，并無停閣未開未報之數，邊餉稍濟。

又准山西撫院咨，據各兵備道呈稱，鹽行於運司而引派於九邊，鹽通則引通，鹽壅則引壅，故引價之貴賤視鹽利之通塞，斗頭之多寡視引價之貴賤，鹽壅則引不得不賤，引賤則不得不減價以求售，其勢然也。然則疏通鹽法者，當求之運司而不在九邊。但今之病鹽法者非一端，工本之加派，餘鹽之割没，各色鹽斤之通行。每官引一道例該掣正鹽二百引，今可掣三引之鹽，行鹽地方如故，産鹽竈户未增，而掣鹽數多，何方變賣？且各司坐司大商各收有邊商鹽引，多者數十萬，少者亦不下數萬，足供數年之掣用。一遇邊商鹽勘到司，變賣則無主承買，守支則無資不能挨及，聽其勒減價值。淮鹽費本五錢，止三四錢；浙鹽費本三錢五分，止賣一二錢；山東鹽僅賣五七分；惟長蘆鹽引原原[六]額數少，近年直隸各處鹽法疏通，每年用引數十萬，故一時引價每引比原本尚有微利。此各運司鹽法之大略也。

夫商以規利而爭趨，引以遲速爲貴賤。果引價增貴則以五錢之本而賣至七八錢，則在邊原納糧草時估自可加增而商無苦難，即爭相報中，可復飛挽之舊。今照各司鹽引壅滯，則不得不減時估，苟求完報以濟歲支也。查得前任屯鹽都御史龐□□曾立邊商、司商兼掣之法，定邊商引勘價值之例，責司商承買邊引之規，凡司商告掣，務令續買有新鹽，方准挨掣舊引，立蘆鹽歲增之額，一時邊商稍蘇。

今本官去任，復爲司商在司貪緣更議，無惑乎鹽法之復壅也。其邊方買窩賣窩占中之弊乃鹽引有利之時豪強圖利之爲，今官召無應，坐派不甘，自無占中之弊矣。

茲蒙廟議申飭，臣復嚴行各道并管糧郎中，在邊者極力調停，禁革夙弊，及時召納外。在各運司者，伏乞敕下戶部，通行各巡鹽御史并運司等官，於凡掣鹽割沒之大濫、行鹽壅滯之夙弊痛行裁革。查照龐□□原議定邊商引價之定值，分司、邊各商兼掣之定例，於司商積引之家務令承買新引，遇掣支之時須驗有新引，方准掣舊，庶邊商不至坐困，鹽勘有售主之微利，而召中自樂從矣。每年終聽各該巡鹽御史查將該年該司奉到新勘若干，掣過鹽引若干，司商分撥過邊引若干，各數目轉達戶部知會，庶源清流浚，夙弊可革而鹽法可望疏通矣。

一、收胡馬

前件，照得夷虜以孳牧爲生，以馬匹充市；各邊資馬力爲戰，而邊軍以買馬爲苦。固也三十年來，北虜猖獗，徵調旁午，馬多倒死，請乞日煩。兵部或請兌本色備用之馬，間多老弱，未堪騎征；或議給折色，每馬十二兩之價，軍士買馬，陪累萬狀，公私交困。今幸諸虜遵約貢市，士馬既免疲勞，軍民更獲馬利。臣嘗當互市之初開具宣諭榜例，要定虜中上等扇馬一匹擬價十二兩，搭配段布，官貨一分實值銀八兩餘；中扇馬一匹定價十兩，貨實值銀七兩餘；下扇馬一匹定價八兩，貨實值銀七[七]兩餘。其在商民，概以故衣、雜貨，每值銀七八兩即買兒、騍馬一匹，可賣銀十餘兩，各以次從便加減，率得厚利，遠邇歡騰。今日邊地孳牧漸多，將來軍士尋買且易，此收胡馬利中國之明效也。

　　但查今歲各鎮貢市之馬既多給軍，所用官貨即係各鎮椿朋、馬價正支，間有借支別項銀兩，已將市馬變賣補還訖，一時各鎮馬額雖未盡補，亦可備緩急戰具。近蒙科臣建議，將北直隸、河南、山東三省歲俵馬匹暫停本色，權以折色，每匹銀二十四兩，解部動發三鎮，收買胡馬，分給戰士，誠可內寬民力，外資邊馬。夫民間折價一馬二十四兩，解部發邊，每馬以十二兩，是一馬已充二馬之用。今在邊以八兩之貨而易一虜馬，即二馬之價可充三馬之易，公私內外俱獲便利。但歲市之馬在邊，年復一年，必致太多，有難盡給官軍，多費芻餉。其在京各營應用之馬既停俵解，或將缺乏。臣已屢行三鎮撫臣，除查明今年互市下剩銀貨及近日部發馬價并來年應扣椿朋各銀兩，通融計算，已足來歲互市支用。其所易之馬，除補解今歲借支過太僕寺酬賞貢馬銀五千兩，該馬四百一十六匹外，餘馬欲盡給軍，不惟七年互市之資將不可繼，抑且一時增餉之費且不可支。

　　今奉廟謨深遠，部議查覆，無非欲市馬可充官用、官價不至枉費至意。伏乞敕下兵部定議，每年春請發山西、宣、大三鎮各馬價一萬二千兩，聽易上等虜馬千匹，市完定赴各關，俵兌京營官軍騎征，或給戶寄養。如馬數不足，即以下年應解之銀扣減其各鎮椿朋馬價銀兩，并餘價、銀貨易獲馬匹，聽給各鎮軍士騎征。起俵之馬，在途給以草料，各軍即以餘價各給盤費以免賠累。馬匹仍造毛齒明白，用一官印，以防抵換。庶在京以半價而得一夷馬，在邊藉內價而免匱乏。雖馬匹高壯或不及民俵，而筋骨慣耐寒苦，比內省馬力倍健。其在陝西各邊，雖難俵兌解京，即可充入衛官軍騎征，省在京本、折歲給，庶三省之民可久免俵馬之累，太僕寺庫將歲獲餘價之積矣。

一、散逆黨

前件，逆黨之禍起於丘阜、白蓮教之投虜，成於趙全、李自馨、劉四等之繼叛，初時尚未敢教虜爲兵、擁眾內犯也。後阜等百計求媚，教虜攻城鈎杆之技，饜虜誘開屯堡之利，遂致宣、大各路城堡攻陷者十五，而被丘阜等誘陷者大半。人口殺戮，室閭燒毀，死者肝腦塗地，生者無家可歸。漸開邊外豐州川萬頃之田。立板升數百村之居，驅我被虜軍民，資虜耕戰厚利，中間有欲歸而不得、既歸而被殺者甚眾。今在板升之眾多係被虜軍民，非盡皆甘心從虜之逆也。近年復有內地妖逆，如今獲梟示張從庫、李佛兒、王道兒輩，各以白蓮妖術鼓惑軍民，出入虜營，交結趙全等，誘虜入犯，甘爲嚮導，甚至陷州獻城，又皆內逆構煽，非專板升外逆謀爲。

今仗天心悔禍，黠虜納款，外逆趙全等既被俺答執獻伏誅，內逆張從庫等復爲臣等構捕典刑。其在板升之眾欲圖招徠，必須沉機審勢，要難取速。今俺答之眾依板升漢人種田以資食用，事勢未便，中間乘機遘會、遺謀密畫有不可明言者，事在各鎮隨宜審處，務使逆黨不至再熾，華人可遂漸還。但今大可慮者不獨在板升之逆黨，而腹心之禍尤在內省之白蓮教妖術。雖張從庫等俱已顯戮，然各省有徒實繁，時肆竊發，通應禁緝。必須外而各邊謹巡邊隘，內而各省申嚴禁防，使內地之妖逆不能外附，其板升被虜人口聽其自歸，則諸逆之勢不散而自孤，虜心可安，虜眾不至乏食，而守盟可久矣。

伏乞敕下兵部，酌議通行山、大撫鎮，督責兵備、守巡各道并各參、守等官，遵照臣節次申飭，謹巡邊隘，嚴防投虜逆叛，以肅邊紀。仍禁諭邊腹軍民各保身家，用享太平之福；禁習異教，毋取滅門之禍。庶貢議無壞而後患可弭，其制虜安邊之謀久將底績矣。中尚秘略，未可傳泄。

奉聖旨："兵部知道。"欽此。

該兵部看得，總督宣、大、山西尚書王□□條陳八事，具見本官恪遵廟算，殫竭忠猷，方當貢市之初即能持經權之議，正當貢市之時又能勤戰守之圖，殊可嘉尚。但邊計之已完者必須備行巡按御史逐一閱視，庶不爲紙上之虛文；邊計之方興者亟當申飭鎮巡衙門刻期舉行，庶可望修攘之實效。除"積錢糧""開屯田""理鹽法"三事係戶部，"整器械"一事係工部，聽其徑自議覆外，所據"修險隘""練兵馬""收胡馬""散逆黨"四事，合就開立前件，議擬上請定奪。

奉聖旨："依擬行。"欽此。

又該工部議覆軍火、器械，奉聖旨："是。銀兩准給發。"欽此。

又該吏部議覆，將山西原設屯田僉事移駐代州，請敕一道，專管山西沿邊三關及大同鎮屯田。奉聖旨："是。"欽此。

又該戶部議覆"積錢糧""理鹽法"二事，上請定奪。奉聖旨："依擬行。"欽此。

爲預陳邊事隱憂懇乞聖明申諭邊臣早爲計處以保萬全事

隆慶五年八月十三日，准兵部咨，兵科抄出，巡按直隸監察御史劉□□題稱，臣惟天下之事固無全利，亦無全害，惟擇其中之利多害少者爲之，又於其中預知其害之所在而早爲之圖焉，斯國家享萬全之利矣。方今沿邊鮮炮火之警，而居民遂耕牧之休，一時羈縻之近利似亦有可觀者，顧中間事機利害往往相爲倚伏。臣待罪地方，竊抱杞人之慮，今幸互市已畢，謹以耳目之所見聞漸不可長者爲陛下一預陳而酌議之。內開：一曰封疆弛守之漸，二曰熟夷疑叛之漸，三曰將領推諉之漸，四曰塞下虛耗之漸，五曰勇士散逸之漸，六曰市地增加之漸。及稱立國之本必始於自強，而禦虜之方在明於料敵。今俺酋頗狃其餌，秋防似可無虞。第黃台吉之桀驁變詐，上不肯仰遵其父叔之命令，下不能約束其部落之恣肆，故新平之市雖幸無大故，然較之伊父得勝一市大不相類。部落食糧之請業已再三，而遷徙熟夷之言至今未已，犬羊之欲本自無厭，中國之財勢難常繼，倘西番之搶不果，勢必乘秋蹂我田苗，掠我穀粟，竊恐异日之患必自此酋始。文武諸臣正當日夜淬勵，城堡之當修者及時修之，甲兵之當勵者及時勵之。板升叛逆之未歸，此外患之最急者，作何招徠；雲朔遞年之殘破，此內患之最急者，作何經理。沿邊極衝之城堡得無乏三月之儲乎？所以防其坐困者當早爲之慮；沿邊荒蕪之屯田得微有遺棄之利乎？所以廣其開墾者當早爲之修。凡所以先爲不可勝以待敵之可勝者務俾其在我焉，俟其敗盟，大加挫衄，庶幾外足以寒氈裘之膽，而內足以發舒吾華夏之威，如此而後可保數十年無事。若戰守不修而徒啖之以撫賞，中之以互市，自謂已安，無復他慮，正恐今日之所以羈縻乎彼者未必非自誤之階也。乞敕兵部轉行邊臣，務要相機觀變，審時度勢，一應安內攘外、順治威嚴之策亟爲詳議，可貢則貢，可守則守，可戰則戰，常使其機在我而不在敵。宗社幸甚，生民幸甚。等因。

奉聖旨："兵部知道。"欽此。欽遵，抄出送司，案呈到部。

　　看得巡按直隸監察御史御史劉□□具題前因，大率謂北虜互市已畢，羈縻之術似亦可觀，而隱憂潛伏，漸不可長。乃開具"封疆弛守""熟夷疑叛""將領推諉""塞下虛耗""勇士散逸""市地增加"六漸，責成邊臣早圖預待，且欲及時修城堡、勵兵甲、招狹叛逆、經理殘破、廣儲糧餉、開墾屯田各一節。

　　爲照北虜貢市原爲外示羈縻，内修戰守。即今貢市已完，邊警暫息，乘此閑暇，正是可以有爲之日。但惟總督王□□身當鎮鑰之司，心切安攘之計，經始之勞既在可録，善後之策必能預處。事在閫外，相應通行申飭，等因。題奉欽依，備咨到臣。

　　臣反覆思惟，巡按御史劉□□開陳"六漸"，及申飭邊鎮諸務，中有先經輔弼陳謨，旋奉敕諭責成，臣節經通行各鎮申飭，另疏回奏，未敢玩愒自寬。今幸按臣同事地方，自可同心經理，督察欺誕，共責實效。其查原議"六漸"，外度虜情之誠僞，當思預防；内慮人心之怨怠，當圖撫飾。本官身歷疆場，究心邊務，言皆有據，謀出忠猷，通應議處。

　　除"塞下虛耗之漸"原因宣鎮先任撫臣初慮互市無商，招派軍民充市，繼慮馬多費餉，議將市馬變價備用，一時文武各官奉行未當，致衆騰怨。此該鎮一時之失計，非臣原議之貽累也。近該按臣巡歷大同各路，查無前弊，亦免向來殷憂。以後諸虜果守盟互市，各鎮查照臣原定規度遵行，將致虜馬歲多，孳牧漸蕃，軍民獲利既厚，塞下可望充裕，庶免虛耗之漸。其"諸將推諉之漸"，誠如本官所指，當貢議之初，各懷避難諉禍之私；方貢市之際，猶肆觀望依違之念；今既貢市告竣，間有不遂要功罔利之素，仍飾玩虜忘戰之談。凡此皆不忠不誠、驕悍誇詐之徒，絶無爲國全疆之念。查其歷履，何嘗有威虜制勝之能，不過恃丁壯爲搗巢竊馬之計。今責以務實修練，必須大示賞罰，破其奸詭，方可責成。臣於議市之初已經開款指言，戒狡飾以策戰功。近奉廟謨，仍責以練兵待閱，照依戰獲、敗績嚴行賞罰，自可肅眾志以責武略，難復肆推諉之奸。所據二事俱無容別議外。

其稱虜酋黃台吉桀驁變詐，他日之患必自此酋始，蓋深見夫黃酋不聽父叔之命，既非順義初盟可制；多肆非分之求，尤非諸酋誠信可同。豈惟按臣慮之，臣亦反覆籌之矣。歷查黃酋去冬入犯索降、被挫敗遁之後，即遣夷使亞都善隨同俺答夷使打兒漢同赴臣處投遞番文，內開：伊自兔年誓不犯邊，伊有占卜，謂入犯當死於南朝。累向各邊投文求貢，無敢代奏。去秋伊曾阻其父叔不犯薊鎮，今不意那吉來降，反將他原謀不遂。其先次入搶，原爲父調，非其本心，又被挫折，未敢深入。今願隨伊父叔永遠進貢，永不犯邊。別人反了，他也不反。

臣向聞本酋悍驁，恨怨其父偏愛後妻及那吉，今那吉容還，無與彼輕重，或未必隨父納款也。及見彼番文，再審夷使，雖執詞無異，尚未敢深信。復差通丁隨同原使面見本酋，或哭或訴，執稱其父不聽伊言，常謀入犯。今伊始遂初心，永遠進貢，免受禍害。臣方幸此酋既格而餘酋可無難也，詎意得請之後累忤其父，互生嫌隙。初聽熟夷之訛傳，謂臣等阻絕貢市，輒自東奔。既見伊父領送伊敕賞，又疑臣謀同父叔將以害彼，憚不赴市。臣一面反覆宣諭，一面嚴行其父遣夷招狹，始至新平。該副使申佐陳設香案，勒令望南謝恩數四，監市如約。本酋深信無他，始感天朝之厚恩，嚴禁部落之喧擾，偶於擺腰小酋爭忿，至欲棄妻子以投降，直至市門，輕身扣關。副使申佐相對邊城，多方宣諭，妻子環泣扶掖，竟日始回。既而罷市遣謝，俱極誠順。雖索討熟夷、糧食、降人之言累次懇求，臣與該道每以法理諭阻，彼亦知不可得，移帳北去。節因各部落歸降，多至百餘，各帳失馬數四，執係熟夷偷趕，聽諸奸夷唆弄，以書復求臣處治熟夷，歸還降人，內稱他達子本求封貢安生，今人口都走盡了，馬匹復被偷趕，不如不和。若臣不與伊追還，彼和不成了。彼亦不搶中國，自與熟夷仇殺邊上，不要阻當，意在挾求所欲。

臣思此酋驕悍性成，漸不可長，即書宣諭，責其無誠無禮，乍順乍逆。熟夷、降人皆中國臣民，法難與彼及聽彼仇殺。如敢背盟，臣即內謂官兵，外招其父叔，會兵剿滅，決不輕貸。本酋聞言羞憤，恐臣即行搗剿，不敢復駐近邊。臣以彼之變詐遣告順義王，即差夷使責罵，許以若敢他逞，必會臣及調各酋剿殺。俺答仍獨行出帳，密告臣通丁金奉，謂彼若再入降，囑臣容入，設計殺之。本酋自知勢孤，乃復假以打獵，至宣鎮西路近邊窺探動定。臣思彼既畏威不敢狂逞，仍須加恩以示操縱，密行總兵官趙岢陽示不知，以酒食饜之。伊即歡慰，投書撫、鎮，內稱伊前得罪於臣，求為轉道，勿與伊計較。伊係虜人，不知中國法理。

十一月二十五日，本酋復書番文，責差伊親信頭目真夷影克及被虜王繼禄等八名由新平堡求見臣謝罪，持書二紙。一紙內開彼夷狄不知中國法度，粗魯，前次寫書得罪。聞臣惱怒，要調兵剿殺，就莫措望了。故央宣府撫、鎮轉央陪禮，不知曾轉到不曾。一紙囑令來夷待臣若不惱方投，內開前次降人原系通丁許尋與他，不是他敢要。今求臨年賣幾個牛羊過年，及求討些米糧吃用。要與熟夷對面講和説誓，以後不許再偷伊馬，詞俱恭順。臣初聞夷使之至，不容進城，繼令中軍官再四譯審明白，方與引進，仍令各官跪求寬貸，臣方逐一責問本酋罪狀。各夷伏俯哀懇，備言黃酋性行不常，每因酒醉發狂。前被臣通丁郭斌以直言激聒羞憤，故要與熟夷仇殺，原不敢侵犯中國。近日單身在邊打圍，一畜不敢輕犯。彼父叔各家俱歸順，亮他一人敢復何為？若容他領回敕賞，做些小買賣，與熟夷講和，再不敢胡言。臣備審王繼禄，具言本酋與各酋不和，其子侄亦各背逆，必不敢背盟。臣復責令各夷使於原差通丁説誓無他，方准許以原頒酬貢、敕賞給發。

時當冬至令節，適順義王及那吉夷使七名亦至臣處，執送水泉市截路賊夷，及求討番經。臣令通丁率領各夷使於公署原設龍亭、丹墀隨同各官瞻拜，山呼萬歲，行慶賀禮，使知天朝禮法。及將山西布政司送臣隆慶六年《大統曆》名用黃紙包封，順義王、黃台吉各頒一冊，令尊朝廷正朔。仍差通事官楊亮押同夷使出邊去訖。

臣隨行宣府總兵趙岢，調取熟夷史大、史二，諭以黃酋與伊講和之情，責其部落盜馬說謊之罪，仍差官通押令熟夷與彼講和，以免各夷反覆構怨。仍許以牛羊百數赴新平市場與民互市，一以慰彼夷情，一以大溥民利。此黃酋始末虜情及臣處置操縱之詳，其往來番文與臣宣諭事案具存，向未敢塵瀆天聽，良以夷狄之性本類犬羊，喜怒不常，貪饕無厭，既難責以中華之法理，尤難聽其溪壑之請求，必隨勢裁抑，設策牢籠，使其中有所慕而不能舍，外有所畏而不敢肆，方可攝其悍驁之勢，以永貢市之盟。未可一事姑息，損威媚虜，致後難繼；亦不宜急遽怒絕，致虜羞憤，自速敗盟也。

歷查黃酋素負強衆，眇其父叔。昔年圍困大同右衛，攻破宣府雞鳴驛等堡，沿邊侵擾，視各酋尤極凶狠。自被乾莊軍民重打，奪獲盔、刀，及在東城教場幾被火炮打傷，稍知悔禍。節被子、妻勸誘，深信占卜不吉，以故久蓄求貢之心，誓戒入犯之舉。近復衰病侵尋，父惡子逆，部落亦各怨散。不則，那吉之歸否既無與彼之忻戚，俺答之威令久不能制其狂悖，其此番之內附未必其一，聞臣使諭即投款詞，累被切責，未敢逸去也。今既遣使謝罪，誓永無他，雖豺狼之性難保其終，然既得善言，即宜優慰，庶安反側以免跳梁。此臣與按臣同憂共濟之圖，非敢有所隱匿異同也。

其餘"封疆弛守""熟夷疑叛""勇士散逸""市地增加"四事，節經會同三鎮撫臣申戒定議，通應照款開列具題。伏乞敕下兵部查議，酌示便宜，覆請明旨，通行臣等遵奉施行。庶防漸杜微，可免童牛之牿；華寧夷靖，可永率俾之化矣。

謹題請旨，計開：

一曰封疆弛守之漸

前件，爲照天下有道，守在四夷，四海以康，慎固封守，帝王固圉保邦之經也。矧沿邊各鎮與虜爲鄰，宣、大大邊既失，僅守三邊；山西外邊既撤，惟守內界。封疆之守四時戒防，墩哨之役日夕巡瞭。虜雖納款，豈容少弛？臣於北虜求貢之初即慮各邊怠玩常守，通行三鎮，爲嚴飭邊備，禁輕率，杜釁端，以固疆圉事。看得各邊參、守等官分守專閫，責任攸關，或恃虜通貢怠弛邊防，或縱軍民出邊開荒耕牧，或任居人樵采抵邊牧放，或墩哨襲弊交通潛行，或巡察不嚴縱容哨夜私離信地，漸廢邊紀，通應嚴飭督責沿邊將領，務各比常加謹防範，慎固疆圉。其牧放必須夜收入堡，日牧附近，仍責各軍隨帶器械守牧，用保不虞。嚴禁墩哨，不許貪騙夷物，私相交易，自惹邊釁，各去後。

本年八月初七日，據宣府西路西陽河署守備徐垣報稱，有本邊西界臺長哨夜不收桑六、馬文寶出口取水巡哨，被達賊四騎撲趁牆下，用尖刀將桑六札死，馬文寶札傷。隨行懷隆兵備道嚴行查究。續據該道呈稱，審據本臺墩軍郭江等執稱，委係黃台吉部下不知名四賊到邊要做小買賣，馬文寶、桑六拿燒酒、麵餅與四夷吃用。桑六將一夷人皮襖轉藏，用自己布襖抵換。本夷酒醉，惱怒憤爭，用刀將桑六札死，馬文寶札傷，跑走訖。

本月十二日，又據宣府西路參將李浹報，初十日有達賊七騎從新河口邊小西臺進入，往西到洗馬林地方，捉去牧放官馬二匹。又據柴溝堡參將賈國忠報，本日正北來達賊十一騎，從洗馬林鎮河臺進入，搶去官馬六匹。有本臺并馬主將前賊連人馬捉獲二名曹通事、娃娃，供報夷酋二，名猛磕、綽賴，餘賊仍從原口出邊去訖，等因。

隨行分守口北道查得，本年四月以來該路收納過降人四十一名口，已送寧家。本月初十日，有黃台吉部屬小頭兒猛磕、綽賴引領通夷曹通事、娃娃及真夷九騎，拿黃台吉番文，從洗馬林邊明入，執向該堡索降。比時守備李三極執例無與，止備酒肉撫賞。各夷吃醉惱恨，口稱"你等說無降人難信，且將牧放馬質當幾匹"，遂將董威等牧放馬六匹趕去。李三極督令軍夜趕至墻下，將曹通事、娃娃二名連原騎夷馬捉回。本日達賊肯只貴等七騎從新河口堡邊進入打牲，亦到洗馬林地方，忽遇在彼牧放馬二匹，亦趕出邊。各官稟報軍門，備行本道查究間。又蒙軍門責差通丁安天爵執牌向黃台吉責問。本月十六日，小酋他不害等將前趕去馬六匹送回，并肯只貴亦將原馬一匹及陪補青馬一匹從新河口邊送回，俱給各軍收領。及審本邊墩哨眾稱，諸虜二次入邊，各無兵仗，口稱見官索降，原非侵犯。各該參、守等官平時既失嚴慎，遇虜輒復隱實，臣隨行各道提問，及將誤事官張極、徐垣拿赴軍門以軍法責治。隨將曹通事、娃娃拿解軍門，臣責審明白，送發黃台吉以夷法重懲訖。

臣又思諸虜部落數十萬，平時專恃搶虜為生，今既禁絕侵犯，中間窮虜沿邊竊擾，虜酋隔遠，豈能盡防？且三鎮各邊墩哨夙有媚虜常例求免撲殺，今已盡絕，或奸夷仍襲故智索討，或墩軍出入貪利交易，內外華夷通應嚴禁。各酋自求安設巡邊夷兵，以防做賊說謊之奸。臣初未允，適遇秋深人畜遍野，恐復有如前零寇，致難責問，傳諭順義王俺答并都督昆都力哈、黃台吉等，各分定邊口，每口定派頭目二名，率領散夷一二十名，各照分定地方往來巡禁。但有猾賊，或向邊墩求索，或沿邊騷擾，巡邊夷人拿赴酋王以夷法處治。自酋首各給信牌二面，有事聽差夷使執牌由各市場邊口驗入，市場地方官揭報，臣等允示，方許差官夜押送臣督撫衙門，審發事完，仍差通夜押送出邊。

臣又查得前時各邊墩軍每將行糧貨賣花紅媚虜，月有定例。虜既不敢索擾，墩夜可安坐哨，即應於哨糧多者量減，專備犒賞巡邊夷兵。通行三鎮撫、鎮責成各路參將查將大邊、二邊墩臺，除月食行糧三斗照舊外，其餘一石或五七斗者俱各准其半支。所減之數收貯各路參將，置立循環，明白登記，專備犒賞巡邊夷丁支用。臣復定立犒賞規則，每月赴臣倒查，各該守操不許另外科賞。歷查扣收糧、銀各有積餘，仍可備平時夷使往來撫賞。即今沿邊肅清，猾賊斂迹，無敢竊擾。

臣復行守邊各參守官，選差提墩監哨官於各夷兵住巡邊口各擇近墩住守，內外防範，無容奸詭私相構結。置立傳籌，晝夜巡哨。其沿邊有不堪邊墻、墩臺，除今歲儘修外，來春踏行修築，務比未貢之前加高幫厚，無容恃虜款塞漸弛厚備，庶內外戒嚴而邊防愈固矣。

二曰熟夷疑叛之漸

前件，照得夷狄之性，非我族類，其心必异。因其內附，厚其撫賞，收充藩籬，古今制禦之微權。然畏威規利，饑附飽揚，夷性之常，誠不可不慎其牢籠以安反側也。查得宣府熟夷史大、史二原係近故夷酋史雞兒之子，本朵顏三衛種類，車夷達雞、伍樂等初爲老把都部落，與史夷連姻。隆慶二等年，自老把都營投托熟夷營內附，撫、鎮議允一體撫賞，俱在宣府東、北二路靖胡堡、龍門所等邊外住牧。該總兵官馬芳先任宣鎮，選銳養贍，令同通丁哨探北虜消息，爲我藩籬，撫賞既久，頗得其力。史夷去年父死，該鎮給之衣棺，容葬近邊，尤切感戴。但各夷住近黃、把巢穴，頻年各將官時遣通丁糾合各夷收趄二酋部落馬匹，殺獲首級報官，一體分賞，以致二酋抱恨，每思收搶，向依我兵，未遂仇殺。今各夷因二酋通貢，既失偷馬斬級希賞之利，又恐該鎮無所用彼，或減其大小撫賞，各懷疑懼。中間史夷撫賞已久，部落牲畜頗多，已足自贍。惟車夷各酋前被老把都搶擄牛馬殆盡，貧不能自給，時常竊出偷伊馬、牛，以致二酋抱憤，每遣夷使投遞番文，要行撲殺。臣一面遣差通事齎札戒阻，一面申禁史、車二夷，鈐束部落，不許仍肆盜竊，致被仇殺。各夷頗知謹畏。

前據車夷伍樂誤聽內地流言，謂臣陽許貢市，密圖搗剿，傳語黃酋，致被疑阻。臣遣通丁查問明白，執獲伍樂，與各酋夷使面對是的，量以軍法責治監候以示威信。近據二酋遣夷執文，又稱各夷近日復盜伊馬、牛數次，乞行移住邊內，免令為盜，致壞貢布^{〔八〕}。黃酋又稱伊近年收納史二一女，求與史大兄弟面見講和。臣已行總兵趙岢諭令二夷，許為講解，以免彼此仇憤，內外影射為奸。及行宣府東路參將白允中，每月選差通丁住哨各夷營內，無容盜馬，造言構釁。各將部落收附險峻處所住牧，固守本巢。其伍樂發令史二收領，容將妻小近邊住牧，稍待黃、把二酋遠遁，方許放還。

查得各夷每年宣鎮大小撫賞之費既逾萬金，收養之久已逾十年，內而戀撫感恩，自不敢懷异志；外而避仇畏搶，亦未敢輕附諸酋。但其鼠竊之性累戒未悛，禁防之令須宜嚴慎，即其撫賞之中特示勸懲之機。臣前取史二等至臣軍門，諭以遵令守法者當加其歲賞；違令盜竊者當革去月犒；再四造言阻壞貢議者，查對明實，即執赴軍門以軍法斬首，頭畜、家小儘各家分用。各夷亦叩天發誓，遵令戒眾，各圖安便。後有違犯，如議賞罰，以示懲勸，庶久附之夷不至疑叛，而新附之虜免生釁端矣。

　　五曰勇士散逸之漸

　　前件，照得猛虎之力食必全牛，壯士之養人必倍食，故欲得丁壯之死力須當厚其資養，欲收真夷爲我用必當飽其所欲。若使養之不厚，用度缺乏，則衆將怨憤散逸，理勢所必至也。歷查三鎮諸將率各招畜家丁，本爲衝鋒破敵，中間原係舍餘、各有身家者，照常與軍一體月給糧賞外。內有降虜，不慣粒食，邊方肉價騰貴，月糧委不足用，況無戶丁、家業資贍。在偏俾[九]各將，每營不過數十名，各有養廉地土，歲收租糧各數百石，有志立功者尚能自備養犒。惟宣、大總兵官，馬芳營通丁六百九十六名，內原無家產一等真夷六十八名，二等通丁二百八十九名；趙岢營通丁一千二百四十一名，除在本鎮久住外，一等真夷二百五名，二等通丁三百三十三名。往年搗巢趕馬，間或得利自贍。今已容虜通貢，既絕外獲之資，丁壯數多，別無內養之計，漸生愁怨。臣切虞之，每行各將官厚加撫恤，待今貢市事竣另行議請優養間。節據各撫臣咨議，查將各營逃亡軍糧扣收在營，量爲給恤，及容於防秋三月照節年調遣例，聽權支客餉及馬匹料草，以資人馬食用去後。

今據按臣議慮散逸，欲要查給荒田，聽其耕種自贍，深得撫恤丁壯、安慰降虜之略，委應議處。查得臣昔撫寧夏，嘗因收用降虜數多，月糧不足養贍，具議題請，每月每丁除月糧外加肉菜銀五錢，妻子至五口以上，各查有幼丁，月給糧三斗。兵部覆奉欽依允給，夏鎮真夷頗得其力。今照三鎮真夷、通丁即應比照前例請給，合無敕下兵部，查照臣先年原議，將三鎮各營一等真夷每名每月該糧一石，各軍本折三七間支，本色價貴，每月折色七錢，今歲尚可買米五六斗，前歲止買米三四斗，各丁各有妻子，何能充食？議須每月准支本色五斗，折色五斗照例折銀參錢五分，馬匹草料春夏全給，仍月給肉菜銀五錢。二等通丁每名月支本、折糧一石，仍給肉菜銀三錢。家口衆多至五口以上者，准收幼丁糧一二口，每月三斗。至於奇、游等營并各路援兵家丁，行各將領查明，一體分等文[一〇]給。其應支糧銀，倉庫查給。餘外給肉菜、幼丁糧銀，聽各道備查節月各營逃亡、事故官軍臨放扣除還官之銀哀益支給。如無逃亡之糧，或銀少不足，許會行各道，於各營無丁應扣之銀湊支，無容增加歲額。

及查得宣、大二鎮各總兵營每年養廉地租及草場草價收納各數千兩，各官各思體國，仍須每年各分千金以養死士，雖以防虜，實資自衛。臣軍門兩掖營及各撫臣標下間有真夷、通丁，亦須一體撫賞。及查審各丁多係降夷，不善耕種，既無餘丁，有難撥給荒田。如蒙照議允給，庶公帑不至增費而勇士可免散逸，緩急可備戰守矣。

六曰市地增加之漸

前件，互市之議本以撫安夷情，市場之設陰示分披虜勢。臣當議貢市之初會同三鎮撫、鎮諸臣條議市場，在宣府於西路張家口，在大同於左衛威虜堡，在山西於西路水泉營，各邊外築立市場，聽其互市，已經具題訖。續准大同撫臣劉□□咨稱，近據俺答累遣使投遞番文，再三哀懇，威虜堡山高，水草不便，欲改從得勝堡先年舊遺市場交易。及稱若將黃台吉令於俺答部落一處互市，二酋父子素不和諧，虜衆數萬，嫌釁易生，應照二酋住牧之所令其東西交易，庶可分彼虜勢，免生意外之患。合無將黃台吉部落改移宣、大交界，或新平、平遠臨近堡分，另立一市，責令朔州道并宣府西路大同、新平二參將公同經理，庶免他虞，等因。該臣向慮宣府錢糧缺乏，迤東有老把都、永邵卜部落各數萬，勢難再容一市。今慮俺、黃二酋臨場生憤，即應於大同東路新平堡另立一市，既可杜二酋父子之閧，尤可分二酋擁衆之勢。隨行朔州兵備道副使申佐、新平參將楊爾干監理，仍將大同原備俺、黃二酋市貨、撫賞分發二市，聽二酋先後互市訖。

後因虜酋昆都力合、大成市完，節差夷使再四懇告，彼各枝遠夷用度缺乏，一時互市勢難齊到，乞於彼營就近獨石邊界，每月容其量以馬、牛數匹隻易換布、物充用。臣查有先年兵部題准，獨石出哨三間房，春秋兩防五日一報薊鎮事規，值今北虜通貢，哨丁既難遠出，聲聞阻絕，虜形無據。傳報事干薊鎮機宜，必須月容夷使往來，本路因差通丁深入虜營窺探，方可實得虜形，已經備行該鎮撫、鎮轉行本路參將查議應否允從，及作何哨報去後。向未回報，原未允於獨石增開市場，致危孤懸重地也。今據按臣指議，謂該鎮各官俱謂獨石孤懸，難容續市。臣亦隨却虜使，令有續到夷畜，每一二月開具番文，仍赴張家口原市具報撫、鎮，容其招集軍民於虜互市。今既數月，昆酋部落求市二次，各賣牲畜六七十隻。永酋隔遠，再未續求。

及查得各酋互市原議，一歲貢使既入，三鎮并容一次。節據各酋市後懇告，率稱虜衆分駐迤北，遠近相距各數百里，一時擁擠市場，不便應酬。且貧富不齊，富者以馬易段帛，貧者各以牛羊、氈裘諸物易布匹、針綫等物，一歲數日之市，焉能遍及萬衆？乞容每月准附近邊外續市一次，如遼東開元三衛事例，以濟衆虜之用，免致不均生怨敗盟。臣已反覆拒阻，各夷懇求未已。臣思今時若拒絕不容，來歲之市必將擁擠，萬衆難遂速完。歷查漢唐和戎，首以關市不絕以中其欲。國家撫夷，如開元、海西，薊鎮各有月市、月賞，良以虜種衆多，欲其均沾市利，資用不乏，方可免生他變也。

及查三市所易馬、牛牲畜有限，多係各酋親戚、家人、頭領及餘部落，衆虜原未沾被。今既容安設巡邊，即可容與沿邊各參將住札城堡邊外，每月令巡邊諸夷同願市夷虜各以牛羊、皮張等物報知參將，塘報臣與撫、鎮，量其來之多寡，每事裁抑，容招軍民聽即各邊暗門外，參將監督嚴檢違禁衣物，聽以布、貨變易，率一二日即完。民間得利頗厚，聞市爭趨；虜衆得市[一一]資用，夷情大慰。照例抽稅，可充撫賞，各酋感恩遣謝，無復他請，公既不費官貨，私可均利華夷，在宣、大雖爲創始之規，其在遼、薊已有見行事例。臣訪得吉能部落在延、寧亦容每月各路續市一次，華夷安便。夫夷虜種類既同，貢市無二，若在遼、薊三衛則容月市，在諸虜則拒阻不容，是我中國待彼既有厚薄差等，則彼夷類又焉肯帖服無怨望耶？臣身任疆場，首主貢市，凡可上遵國體以昭聖皇無外字小之仁，下慰夷情以溥華夷永遠之利者，遵照敕旨隨宜籌度，務求穩妥，不敢煩瀆天聽，按臣所具知共鑒也。今關市不絕，通使絡繹，諸虜雖分駐沙漠而聲聞每日可聞，不猶愈於閉關株守、虜情阻隔而緩急難虞耶？行之既久，非惟市場無俟增加，而將來大市亦可免眾擁擾，虜眾既慰而虜情將愈感戴，貢市可保有永矣。

隨該通政使司類進，奉聖旨："兵部知道。"欽此。

續准兵部咨，前事，該本部看得，總督宣大山西尚書王□□具題前因，大率詳陳黃酋始末逆順之情、軍門處置操縱之法，具見壯猷。除"塞下虛耗""諸將推諉"二事辯析已明，無庸別議外，所據"封疆弛守""熟夷疑叛""勇士散逸""市地增加"四漸，合就開立前件，議擬上請定奪，等因。

隆慶五年十二月十八日，少傅兼太子太傅、吏部尚書管理兵部事楊□等具題。本月二十日，奉聖旨："依議行。"欽此。欽遵，備咨前來，已經通行三鎮撫、鎮并各道、將領等官一體欽遵訖。

計開：

一曰封疆弛守之漸

前件，臣等參詳所擬，甚得慎固封守之義。合無備行宣、大、山西總督、撫鎮官傳諭順義王俺答等，照依分定邊口，定派頭目率領散夷往來巡禁，但有猾賊求索騷擾，擒拿處治。其墩夜哨糧准令減半，收貯專備犒賞。仍嚴督提墩、監哨官隨夷兵往巡邊口，內外防範，不許內逆奸詭私相構結以啓釁端。少俟來春土融，將沿邊不堪牆壕、墩臺修浚加幫，務期高深，防守足恃，通候大臣至日查閱施行。伏乞聖裁。

二曰熟夷疑叛之漸

前件，臣等參詳所擬，無非俯順夷情以保貢市萬全之意。但黃、把二酋變詐弗常，有求無不曲聽，在我反爲褻恩，終非制馭之常。史、車二營款服已久，緩急不爲之處，在我似爲損威，殊非弘覆之義。合無備行總督王□□公同宣府撫、鎮等官，如果黃、把二酋仍以仇殺史、車二營爲詞，即便諭以大義，大率謂軍門即當嚴禁二營夷人，不許再來偷爾馬匹，掠爾人口。二營夷人如或不知省改，定行拿赴軍門以軍法重治，仍將月犒查革。今爾要將二營夷人押送爾營處分，自無此理。渠若不從或別有反側之迹，明白具奏，即不得已而至於用兵，其屈在彼，其直在我，以後貢亦可常，市亦可久。其史、車二營部落，仍行彼處參將，務各收入險峻去處，多方護持，毋令爲虜魚肉。未盡事宜，仍聽閫外徑自施行。伏乞聖裁。

五曰勇士散逸之漸

前件，臣等參詳所擬，計處俱當。合無備行宣、大、山西總督、撫鎮官轉行兵備各道，將一等真夷、二等通事[一二]月糧、肉菜并幼丁糧銀、馬匹草料如議查給養贍。其軍門兩掖、巡撫標下及奇、游等營，各路援兵，各家丁查明，一體支給應支糧銀，倉庫查給。肉菜、幼丁糧銀聽各道備查節月各營逃亡、事故官軍臨倉扣除銀內支給，不足之數於各營無丁應扣之衆[一三]湊支，無容增加歲額。至於宣、大二鎮總兵官果能每年將養廉地租、草場草價各分千金養士，尤見潔己體國之忠，各該撫按官奏請獎賞以示激勸。伏乞聖裁。

六曰市地增加之漸

前件，臣等參詳原議，每歲止許互市一次，既市之後，如有分外乞討，一切拒絕。今若月月互市，未免內外奸人往來構結，殊非嚴限華夷之義。合無備行宣、大、山西總督、撫鎮官，仍照原議，除每年春月互市外，如有分外乞討，即便嚴加禁約。仍行順義王俺酋傳諭各部落，不許往來近邊騷擾。如敢縱放零虜要求續市，許巡邊夷酋拿赴軍門，押送順義王帳下重處。其互市地方，三鎮各在原所，決不可輕易加增一處。至於各該夷酋傳報邊情，投遞番文，但係公事，督撫官應該撫賞犒勞者，徑自隨便酌處，本部難以遙制。伏乞聖裁。

校勘記

〔一〕"冶"，據文意疑當作"治"。

〔二〕"塘"，據文意疑當作"搪"。

〔三〕"成"，據文意疑當作"城"。

〔四〕"曉"，據文意疑當作"饒"。

〔五〕"識"，明崇禎十一年《明經世文編》卷之三百十七王崇古《條覆理鹽法疏》作"胥"。

〔六〕"原"，同上文無此字。

〔七〕"七"，據《明經世文編》卷之三百十七王崇古《條覆收胡馬疏》當作"六"。

〔八〕"布"，據明萬曆十二年劉良弼《刻中丞肖岩劉公遺稿》卷二《預陳邊事隱憂以保萬全疏》所引王崇古該疏當作"市"。

〔九〕"俾"，據同上文所引王崇古該疏當作"裨"。

〔一〇〕"文"，據同上文所引王崇古該疏當作"支"。

〔一一〕"市"，同上文所引王崇古該疏作"利"。

〔一二〕"通事"，據文意疑當作"通丁"。

〔一三〕"衆"，據同上文所引王崇古該疏當作"銀"。

宣大山西・納款類

爲恭進虜王表文鞍馬請給恩賚以昭盛典事

據整飭朔州等處兵備參政申佐呈繳頒給過順義王俺答等各敕賞彩段、表裏等項及分給過三鎮馬匹毛齒各數目文冊到臣。案查先准禮部咨，會同議照，順義王俺答糾合都督昆都力哈等差夷使六十四名，共貢馬五百九匹，賫捧番表一通，内進上馬三十匹、鍍銀鞦轡馬鞍一副。該鎮會差官代進到京，已經禮部驗過，題進御馬監。所有順義王俺答并昆都力哈等六十五名、夷使六十四名進過馬五百九匹，相應給賞。查照先年和寧王阿魯台乞降納款，成祖文皇帝頻頒厚賚，逮其妻孥事例，議將俺答欽賞紵絲一十五表裏、五彩紵絲衣二套，加恩仍乞給賜敕諭以示褒獎。其都督同知昆都力哈、黃台吉比照三衛各職賞例，似應特加優厚。其切盡黃台吉既稱迎敕、撰表多效誠款，合比照指揮等官量賞彩段三表裏、闊生絹一匹、織金紵絲衣一套、木錦布四匹。其酬賞貢馬，議今歲上馬三十匹，比照三衛及先年北虜貢馬賞例，每匹賞彩段二表裏、闊生絹一匹，係初貢上馬，應加賞彩段一表裏。其餘留邊馬四百七十九匹，今歲權於太僕寺椿朋銀内借支五千兩解邊，聽該鎮官量貢馬等差爲酬賞多寡。俟夷使出境，即以所貢留邊馬匹解本寺給軍騎操，或別有擬議，一并奏請定奪，以爲永遠則例，等因。

題奉聖旨："是。俺答奉表、貢獻鞍馬，誠順可嘉，賞大紅蟒、白澤紵絲衣各一襲、彩段十五表裏。伊妻也賞大紅五彩紵絲衣二套、彩段四表裏。其餘的都依擬。」欽此。備咨到臣，謹將頒給過諸夷敕賞馬價及分給過官軍馬匹毛齒理合造冊一本奏繳。奉聖旨：「該部知道。」欽此。

爲恭謝天恩事

本年二月初五日，據臣原差千戶秦學，該禮部主客清吏司，爲遵奉明旨，恭報北虜三鎮互市事完，昭恩信以慰華夷事，責令本官賫捧欽賞臣銀四十兩、紵絲二表裏及總兵等官郭琥等各欽賞銀兩到臣。臣謹督率在城官役望闕叩謝天恩，分給祗領。其在各鎮地方者，即差本官逐一頒給，令各祗迎叩謝，取領回照外。

案查先准吏部咨，該臣奏，爲感激天恩，竭力圖報，積勞沉痾，乞賜休致，重邊圉以全臣節事。奉聖旨：「卿經略邊務茂著忠勩，朕方倚任，豈可引疾求退？宜盡心供職，不准辭。吏部知道。」欽此。欽遵，備咨到臣。

臣恭誦綸音，感激殞涕，奮策駑力，強勉藥食，幸一息之尚存，誓百身以圖報，仰答聖明優眷勉任之恩，俯慰華夷新歲貢市之望，未敢再四請乞，即思具疏陳謝。重懼夙疾未瘥，新病時作，自入新春，右手因積勞而傷筋，書寫艱辛；左目乘木旺而昏花，雲翳內瘴。竊恐一旦病勢日深，有負重任，展轉憂危，寢食漸廢。茲荷恩賚溥被邊臣，文武將卒均戴皇仁，三鎮官軍共沾渥澤，例當臣古率屬并謝。伏思臣等職守封疆，愧無仇凶滅虜之功，偶際虜王納款之會，恭遇皇帝陛下聰明仁聖之德克享天心，神武廣淵之化允光祖烈。格降構逆，荷朝廷處置之得宜；允貢錫封，敕疆場撫禦之有略。嘉輔弼之忠謨，明良啓泰；頒夷酋之爵賞，雨露滂施。互市而均利華夷，萬仞天休震動；經年而邊圉寧謐，適昭國運熙昌。臣等幸際明時，躬逢盛典。奉命區畫，雖臣愚矢竭赤誠；共事驅策，實諸臣同宣忠力。荷恩均厚，報稱無能；奉命維新，感奮咸切。臣敢不播溫綸於將吏，仰答聖明倚任之隆；申經略於邊圖，期副玉音盡心之敕。服彩知榮，示夷使之具瞻；奉金珍襲，傳孫子以永保。臣等無任瞻天仰聖激切感戴之至。

奉聖旨："該部知道。"欽此。

爲虜王修貢乞恩酌議貢市未妥事宜慰華夷以永安攘事

案查本年四月初四日，准兵部咨，爲邊政久頹，積習未振，乞敕著實舉行，并議重任督撫官員，以預疆場後圖事，該兵科都給事中梁□□題稱，宣、大、山陝貢市届期，文臣沿習舊套，粉飾詞華；武臣藉口封貢，弛意戰守。降夷、通丁漸生渙散之心，硝黃、鐵器未盡奸宄之禁；車夷去留，史夷安插；撫賞盈縮，市期遲違，各一節。

該本部覆議，合候命下，通行九邊總督、撫鎮官，遵照敕諭開載及本部先今題行事理，在宣、大、山、陝降夷、通丁既不搗巢趕馬，必如何優恤以收其渙散之心；硝黃、鐵器當此華夷雜集，必如何關防以革其私通之弊；屬夷安插、撫賞作何區處，不得仍前克扣，斂怨於軍；互市撫賞作何措辦，不得徒事節省，失信於夷。應計處者徑自計處，應奏請者明白奏請，務要從實修舉，的有成效，通候大臣至日查閱施行，等因。題奉欽依，備咨到臣，通行宣、大、山西撫鎮，守巡、兵備等道及各副、參、游、守等官，查照科部申飭事理逐一遵行，具議回報間。

又爲敷陳邊慮以永治安事，准兵部咨，該巡按御史劉□□題，謂今日北虜貢市，客餉節縮頗多，生靈全活甚衆。俺酋款伏，把都老死，即黃酋跳梁，終屬孤立，近與察罕兒構隙，當用間成彼外患。及稱巡邊之夷日漸加增，哨糧之減歲計數萬；虜使入京似難輕諾，鐵鍋禁例當爲申飭，各一節。

該本部覆議，看得巡按御史劉□□具題前因，計料方來之事，周思曲慮，極其剴切。所賴總督大臣王□□自許孤忠，人稱多算，凡御史之所言者必能加意行之。大抵貢市已成，人口保全，錢糧節省，已非托之空言。即使虜果渝盟，彼運已衰，我兵方銳，以戰以守，自當出虜人之上。係干重計，相應如擬申飭。合無聽本部移咨督撫官尚書王□□，都御史吳□、劉□□、楊□，公同總兵官趙岢、馬芳、郭琥，查照御史劉□□所陳，虜果效順則照舊撫賞，一或叛逆即閉關謝絕，如敢侵軼，徑自相機截剿。但不許將領等官因而生事開釁，失信損威。黃台吉果肆凶狡，量加裁抑以示牢籠。察罕兒構隙既多，宜用間諜自令撓亂。撫賞之外，如果邀求有名，布帛諸物亦當量與；若是求請無厭，華靡服用決不可給。至於巡邊之夷、哨糧之減、虜使之入京、邊墻之修理、軍器之查、鐵鍋之禁及一應事宜，審時度勢，務求至當，固不宜過激以失彼嚮慕之心，亦不宜因仍以致我凌夷之漸。仍望皇上特勤天語明示邊臣，以意嚮所在，令其便益從事，等因。

奉聖旨："這所奏著王崇古督率各鎮巡官酌處停當行。"欽此。欽遵，又經通行三鎮各官一體酌議撫飭，及累差官通書諭順義王早修歲貢，各去後。

據本王書報，伊弟佺病重將死，坐致貢馬未得如期。臣又復差通丁分投赴各酋存問，及催伊如期進貢。隨據吉能生前先將貢馬一十五匹、夷使四名送赴順義王處，昆都力哈亦差夷[一]求臣，稍待病好同貢間。

續准順義王俺答差夷使娃娃、臘物等投遞番文，內稱："先年討印信，言待今歲進貢奏討。今年進貢事情，我先將他三家人調來，會定古[二]時進貢去，人隨馬赴京。舊歲進貢使者未曾去京，今他各家相會，隨馬進京。兩家即是一家，緣何將鐵鍋不賣？虜衆無鍋煮食難過，望開大市之時准賣。乞早傳[三]，臨期不誤。"查係臣初貢原議事理，臣權宜許爲奏請間。

後據本王書報："東西昆都力哈、吉能是我背膊，今日他二人没了，我心甚是不安，要與他二人念經超度。進貢的事，待我造完鞍轡、弓箭先進，等因。"復行書諭本王，查伊弟侄承繼子孫的名開報，許與奏請，死者優恤，生者准襲職間。

本年四月二十二日，准本王番文，内稱"今差中軍打兒漢等前去，進貢馬九匹、鍍銀鞍轡、鍍金撒袋并刀箭全副。有小子不答失禮進貢馬一匹、全鞍轡一副，差人一名。小孫大成那吉進貢馬二匹、全鞍轡二副，差人一名。原議貢馬五百匹，昆都力哈、大成分進馬二百五十匹，我分進馬二百五十匹。有恰台吉、打兒漢、首領威静宰生外進馬一十五匹，有陝西襖兒都司先進馬一十五匹，有昆都力哈、襖兒都司餘馬未進，他已没了。先前會事時，他二家差人二十名，我差人十名，一同求請進京。今吉能家只有四人，我今差人十名，乞爲奏請進京。起初一場大事，我不知事體，仰望成就。進貢表文、馬匹規矩字意亦不知，望加美言膳抄。土骨氣、台寶、計龍外進京馬二匹，起初殷勤，望奏請賞賜有。我原不知看經念佛道理，今從西番請來剌麻公木兒榜寶、公實榜實、黄金把實、恰打兒漢前來教我看經念佛，戒不殺生靈。後又蒙大明仁聖皇帝欽差二剌麻并二徒弟前來，與同在營剌麻經典相同，善言教道，我已歸善道。乞將在營剌麻并欽差剌麻，請聖上封他等名號。我看下大青山前可修寺奉佛看經，永遠相和，乞賜匠役、顏料。又有通事官金奉往遠[四]，大事多有勤勞，與同前人一并奏請。至祝至望，等因"，到臣。

隨該本王差原寫番表夷人大都榜實賫捧番表一通并各馬匹、

鞍仗到臣，住札陽和城，臣隨安插夷館。責令原差譯字生叢文光逐一譯出，原來表文詞語與原書大意相同，中間文理不合表式，臣隨照伊原文另爲撰次，責令本夷會同叢文光恭寫番表，仍行本王遵照外。

爲照中國之有夷狄，猶陰陽、晝夜之倚伏；帝王之御戎虜，惟有戰、守、和之三策。古昔以漢高、漢武之兵力，尚事和親、關市之圖；國朝仗聖祖滅胡犁庭之威靈，猶不惜和寧部落之封錫。每因夷虜之盛衰，馴致疆場之安危，古史之所載，今邊人耳目之睹記，昭昭可考。未有合東西數十萬之强虜受封効職，上表稱臣，貢馬獻琛，如今日之盛者也。國家二百餘年，九邊列鎮每遇大虜深犯，殺戮動至數千，內帑供需歲費數百萬金。先皇暮年春秋戒防，時廑北顧。皇上履元，晉、薊交侵，震動宵旰。凡在臣民，空抱吞胡忠憤，迄無滅虜長策。茲者仰仗天心助順、宗社垂庥，啓夷孫之來降，感虜王之臣服，昭聖德格遠之化，顯明良中興之烈，追唐虞蠻夷率俾之盛，陋漢宋和親歲幣之辱，治以不治，臣所不臣，允得御戎上策矣。今經二載，山、陝七鎮一塵不聳，萬姓安堵。邊屯盡開，米斗值錢[五]，客餉歲省鉅萬，屯鹽征納鮮逋。各邊軍民舉手加額，歌頌太平；中外臣工外寧內謐，免憂虜患。揆之五十年來邊境之安危、國儲之省費，利害懸絕，凡有血氣，咸所見聞。臣未敢貪天之功坐弛邊備，修防訓練，製器開荒，當邊紀久廢之後，興萬夫勤動之役，勞來撫飭[六]，日不暇給。凡敕諭之開載、輔臣之敷陳，於按臣所指議、臣愚所條奏，矢皆責實督行。即今邊工城堡處處興作，荒田破壘在在安葺。凡規畫調度，雖各撫臣之紆籌，其內而劑量督議，外而酬應諸虜，臣寢食不遑，心力俱竭，未敢恃虜貢而肆玩弛，他日閱視自見，臣未敢欺誕取罪也。

其撫賞諸夷，原臣題請每歲各鎮量動節省客餉一萬兩，臣軍門每歲於督屬三鎮酌取前銀二千五百兩，充一歲撫賞、貢市之費及應虜酋請乞之資。去歲用過之數，臣於各鎮俱經造册奏繳，各用過不等，或僅動三五千，或尚餘大半。軍民絲毫禁無科擾，商民塞邊各趨互市，大獲虜馬之利，內外歲省軍民俵買馬價數十萬，邊腹均被利益，公私外無煩費。各鎮出納有稽，文案俱存，歷歷可數。

今之議者不察從前之禍害，而惟虞後時之利弊；未知公私歲省之無算，惟惜有限之小費。動以文法責臣，以疑刑示虜。或見虜酋有所求乞，臣等有所給賞，則以爲媚虜、賄虜；或因各邊巡邊夷衆月減哨糧、撫賞，則以爲剥軍資敵。務欲勒其日用不可缺之具，責以中國不可守之法。夫虜性狡詐多算，素善用兵，非盡愚癡；虜衆數十萬，夙稱强盛，今非衰寡；虜中無粟帛，素依搶虜爲衣食；虜地無物産，每依華器爲資用；兼以中國奸逆在虜數多，轉相交構。今既不能滅其種類，絶彼食用，而百爾禁絶，不輕施與，徒責臣以甘言孤忠固結强虜之心。縱虜王未忍渝盟，其衆部落散處各邊，貧富不齊，饑寒切身，慈父不能保其子，恩信不孚，軍民尚慮激其變，矧可責之强虜久而不變哉？倘至叛盟，臣身不足恤，將使七鎮軍民重遭毒戮，內帑供費歲將不繼，即使議者身任其事，臣不知其何以尊主庇民、滅虜仇凶也。

節據虜王之所陳乞，一求貢使進京，一求鐵鍋互市，一求給印示信，一求各酋女婿、窮夷恩賞，皆去歲虜衆初請封貢之詞。中間不可從者，臣亦拒阻；可從者，查照各夷事規，臣會各鎮撫臣督同各道定議陳請。當時廷議慎重恩禮，逆虜挾詐，未即許允。臣恐虜聞憤逸，坐失時機，仰負委任，亦權詞應虜，待彼久無變態，再爲奏請允否，恭候上裁，虜各聽信。今經二年，虜王忠順無他，修貢惟謹，雖其弟侄之死，貢馬未遂遄齊。

節據臣及宣府撫、鎮差官通劉寶、蘇天佑等報稱，承臣等差遣祭吊老把都，伊老婦因夫死傷痛及近日天雷擊死夷馬慌懼，方圖擇日祭天，未受吊祭。本婦素稱狡悍，兼聽奸逆鼓惑，尚疑中國魘鎮夫死，抱恨未釋。其子青把都、其女太松阿不害各遣夷密語各官通，屬拜臣等免行嗔怒，伊等勸導伊母，務遵順義王原令，不敢誤貢趨市。待彼事定，差夷陳謝。順義王已累次差夷諭催。且昆都力哈未死前數日，曾差夷三名求臣，稍待伊病痊修貢，意本誠順，惜速死未遂。永邵卜大成方催老婦諸子，恐誤伊貢市。若復差人催問，恐泄威重，姑宜示之不屑，靜待夷求。

在西虜吉能部落，節據延綏撫、鎮書揭及順義王書報，吉能長子把都兒黃台吉西去搶番，聞父死已將回。其能弟那木漢、婿威靜恰等差人投書該鎮告哀，求請貢市，誓永無他。能生前已送貢馬十五匹於順義王會進。切盡黃台吉去歲西搶，累於甘、寧撫鎮投書謝欽賞，今聞伯死，未否回套。此酋忠順知禮，必能糾率套虜永修貢市。

惟黃台吉黠酋素稱貪狡，臣會宣府撫臣年來多方撫諭，近已輸誠，預納貢馬四十五匹，同父充進。其先次二婦因親勾虜屬夷家口一百三十七名口，已遵臣諭遣其夷婦送回近邊，乞請依住，一體撫賞。節該宣府撫、鎮收納屬夷，量給撫賞，阻回二婦。臣近差官通楊亮等，要伊赴市，定議撫賞去後。此酋雖於多羅土蠻因爭一婦有隙，在我惟當明示恩信，密授幾微，聽其自變。前多羅土蠻求市、求衣，臣已許與，明言黃酋無禮，彼真難容。各酋以書復謝，謂臣言自是天理。難復用間泄機，致褻大體。

及查史夷安駐近邊，原無他志。車酋頭領史雞兒、五樂近俱出痘死，臣會撫臣行史酋會車夷各部落另立酋長代領夷眾。其餘酋革固等向隨黃酋婦，至彼既無資養，尚多凌奪，中即有投赴察罕東夷者。在黃酋勢力必不能撫存，在諸夷隨去實非本志。今既容給舊賞，安撫近邊，保無他虞。諸俟臣待黃酋入市，更與訂盟，會撫臣定議撫防具聞。

　　此諸虜今歲存亡誠僞之狀。據虜王之書、使，誓死無他。黄酋既已納貢，難復別逞。惟昆都力哈之亡，妻子志意未定，外雖示彼不肯[七]，内當密嚴戒備。臣已行宣府撫、鎮相機戒防，聽其自至去後。

　　臣反覆思惟，凡科臣之憂疑與按臣之指議，率虜後艱之難繼，預安攘之良圖，節經部議，覆奉明旨，敕臣：“督率各鎮巡官酌處停當行。”欽此，欽遵。仰見聖明洞照夷情，俯鑒臣赤；輔弼大臣察臣謀始之艱，責臣克終之圖。臣不勝感泣痛思，今日邊事匪言之難，而行之爲難；非徒[八]夷酋所當曲防，其内而奸凶尤當禁伏。故臣於議貢市之初亦嘗乞定群言、戒狡飾，庶可定國是以懲奸萌。今經年餘，朝議既定，惟一二凶狡將領不遂私圖，敢撓公議，臣不得不爲皇上預陳也。夫有聞即報，有見即言，按臣之體也。狡飾輩久懷怨望，陰伺凌擠，每以甘言冷語窺機暗投，賣直沽勇，陷仇侮衆。甚至捏污上下，顯己清直；誇昔戰功，示今忠憤。聽者未識深奸，誤爲忠己，故即其所言，謂貢使入京未可輕諾，而未查各夷貢使今果全未入京。先年北虜三貢，昔果原未容入，則臣輕諾代請，臣之罪也。鐵鍋之議，虜必用以煮食，今庶人之家每歲尚需數口。虜中既無所出，又禁搶虜，墩軍絶按月勒鍋之患，各邊禁交通竊販之奸，以虜所必用而我故勒之，虜既不能絶食，又焉能甘心自困耶？凡此二事皆臣於初議貢市之疏反覆議請，在虜非今日之要求，在臣非例外以徇虜，乃必欲抑阻激虜以成其言而快其憤，他日虜果叛盟，臣未知彼果能扼虜抗敵而致其死命否。稽其舊時欺詐貪懦之態，益以近時縱欲衰憊之形，一有警急，臣恐貽害疆場不淺也。

　　其減哨軍之糧以充巡邊夷衆撫賞，臣往歲已經具聞。蓋各鎮各路哨瞭有行糧，昔因衝緩爲多寡，有二斗、五斗、七八斗及一石之支。今既虜貢烽熄，在虜無向時扼困求索之患，在各役衝緩一體安閑，行糧止當均給三斗充食，餘可減省。臣非不欲可充正餉，可幸省節之名。但虜志方定，後患難虞，一經減支，後將難復。且臣既令各夷各安巡邊，夷兵分路巡緝零賊竊犯，防護邊人出邊樵采。近日各路修邊，責令隨工防護，頗得其力。其每年每口酋長定以二段八布、散夷十布之賞，每月五日以羊一、餅百、酒一罈充犒，即以各路所減糧銀充用。在大同各路歲扣僅足歲支。在宣府哨糧向支七八斗既多，東、北、南三路逼近內地，臣向未容安設巡邊，惟西、中、柴溝三路邊境狹而巡邊少，故東、北、中三路扣減之銀爲多。臣皆行各道各照地方經理，明立循環，聽以虜使經行分別衝僻，月給參、守各官有差，一犒巡邊，一供應虜使。每月各參將仍將用過之數登簿，赴臣軍門查考。他日虜果渝盟，則巡邊絕支，各哨役自當仍舊支用。即今見在之銀并續市稅銀分貯官庫，臣督撫衙門止據各官報數，絲毫無與，近方議充撫賞窮夷之用。而狡飾輩向利墩哨歲辦不等，今既禁革，故倡非言。事關出納，按臣不得不清查，議充修邊工費也。今必欲撫賞、減哨之銀一聽按臣之稽察，臣督撫重臣非惟靦顏無以示華夷之具瞻，即使各道及各參、守各官，凡遇虜使往來求乞、巡邊防護酒食且將畏縮觀望，無敢伸縮支用，何以慰虜情而永貢市哉？

　　夫撫賞與媚虜、賄虜名實不類，按臣亦明言矣。無問古昔，即據宣、大、山西近事追論，大同總兵衙門舊有納進之例，近年方革；各路均有賄虜之弊，累經詰發。其墩軍月辦之糧、布，宣府西路、山西三關昔亦同之。四年之夏，虜眾尚索常例於大同五堡。適臣初至，始督兵一戰却之。在彼時謂之媚虜、賄虜以自便宜也。今天朝不惜王號以錫封，內庫不吝彩幣以頒賞，而臣等分別部落之貴賤，查其求乞之可否，以欽定節餘客餉之官銀充萬虜經年貢市之撫賞，名義既正，體統已尊，既非媚虜私交，又何用賄彼泄威耶？雖前老把都酋婦之貪索，黃酋諸婦之瑣求，臣等每次裁抑，十未給五，向諭虜王明爲戒止。各夷每送馬數匹，求易銀幣諸物。臣即估給官軍，支價易給，良以國體當尊，糜費可惜，虜欲難饜，虜志當定，臣未敢曲意徇虜，自失威重也。狡飾輩欲假此以污督撫，故以昔所共見共給之物指爲珍奇，昔所同議許允之圖執爲曲從，至欲按臣稽查減哨，充修邊之用。夫修邊之費自有正支，巡邊之費歲不可省，科臣欲寬文法，責重邊臣矣，今一錢不與擅支，部將敢憑藉爲奸，將何恃肅邊紀以待虜耶？

臣訪得近日宣鎮將士上下私言，咸謂按臣所奏皆主帥之密言，督撫決難阻違。其道路喧傳，皆謂諸虜變在旦夕，貢市決難復恃，必使虜犯薊鎮，方信彼言，方可立功自見。遂使撫臣搖惑，不能自裁；各道觀望，莫敢持議。當此老、永二枝貢市未入、黃酋東行未迴之時，若奸凶輩內挾督撫，外事構結，致生他變，臣當察實逆謀，明正罪狀，參拿正法以重國典。尚慮流言至京，致滋紛議，不得不披瀝預爲敷陳。

今將虜王請乞四事開款具聞，伏乞聖明憐邊氓初遂安生，虜衆初入臣服，溥四夷同視之仁，察邊臣憂危之苦，天語叮嚀，示該部以意嚮，免照去歲執議阻抑，以慰虜衆之乞望，以定虜王之忠志。臣等幸甚，疆場幸甚。

爲此謹題請旨，計開：

一、請給印信

順義王俺答當乞封之初即求給賞王印，臣於原疏亦嘗查照聖祖封忠順王事例具題，該部向未議給。今本王既蒙欽封王爵，日思得印榮示諸部，以便表貢行使，每次求乞輒稱聖朝不給印信，彼亦虛受王爵，將來憑何傳襲？臣愚伏思聖朝既不惜敕封王爵之賜，即給鍍金雜銀本王印信，在朝廷全封爵之典，在虜王爲世襲之珍。他日子孫以得印爲榮重，以失印而紛奪，在我尤得以印信得失而施其操縱之權。若竟靳不與，非惟老酋將不以王位爲榮重，而將來子孫亦將不知所依着矣。本王又稱若聖朝不與鑄印，給與金銀，聽彼自製。將必如往時任意鑄造，體制僭逾，尤非政體矣。伏乞聖裁。

一、請貢使入京

夫有表貢必有夷使，歷查四夷各國及各鎮屬夷、土官，西番僧族皆同。當弘治元年、二年，北虜小王子由大同三次求貢，向未受封，蒙孝廟准其貢使每年一千五百餘名，安駐大同夷館，內進京四百三十五名。弘治三年，加至二千二百名。見今朵顏三衛，每年貢馬三百匹，貢使三百名。海西建州各夷，每年貢馬一千五百匹，貢使一千五百名，各容進京。俺答素所見知。臣訪得華夷皆傳，先年彼未受封，威脅朵顏三衛，每年每衛分帶俺答、老把都、黃台吉三家夷使各十名入京，分賞十分。今各酋既蒙封王授職，容修歲貢，自稱與三衛同爲藩臣，外絕私入之途，所有貢使例得入京，以示大公之體，中間裁抑務少，防範當嚴。臣於初議亦嘗再四諭曉，勒定各枝止貢馬五百匹，每授官有名酋長一人，貢使二名。各都督大酋量加二名，俺答十名。授官四十七枝，共准貢使六十名、上馬三十四匹進京，餘馬給軍，餘使百名分駐三鎮監市候賞，計數不及三衛貢使之什二。當時廷議或謂虜使入京將得窺我虛實，闞我道路，其慮似遠，而不查番夷均一夷也。在朵顏三衛，昔爲藩籬，今爲嚮導，北虜前時之入犯皆三衛夷人之指引。且虜中被虜華人奚啻數萬，其我之虛實、道路，彼何所不知？而必待數十之貢使方慮爲窺探耶？且臣原議經行由宣、大各路邊境以入居庸、昌平抵京，令各地方參將、總兵官設兵防護其出入，禁絕紆道窺探之奸，自可免如諸臣所過慮。議者又謂居庸去京陵爲近，恐爲虜知。夫三衛夷人由喜峰口入，去京爲尤近。大虜三十二年由古北口初犯近郊，回由白羊口直出宣府岔西，當時又誰爲之指引耶？我兵近歲西防懷來，虜衆咸知近援京陵，故得東西牽制，又何嘗不知遠近道路哉？

今不嘉其效順之誠，惟虞其後時之叛，中國既失敦信之度，虜衆能免逆詐之憤耶？是示之疑形而激之速叛也。故臣於去歲納貢之時諭以諸夷，初貢衆志未孚，直難容許，待彼輸誠已久，中外咸信，再爲陳請。今據虜王書使，止求伊子、侄、孫貢使十五名入京，餘各枝聽貢馬至再議，則人數愈少，意向愈誠。其審十五人半皆華人，內眞夷俱選恭順省事、不飲酒之夷，虜王亦示以賞罰，華人俱思效忠，非若三衞猾夷、遼東悍虜之比。伏乞聖明俯容前使恭賚表貢，聽臣查照原議，選差官通沿途防範，送至京館，俾得俯伏闕廷，仰瞻天朝威靈，俯盡虜衆誠款，免致漸生羞憤，使臣親領欽賞，愈堅修貢之心，可免邊臣扣減之疑矣。伏乞聖裁。

一、請鐵鍋互市

照得虜衆需鍋煮食，虜衆不習炒煉，遼、薊以廣鍋充賞，虜中非用鐵打造，臣去歲二次疏議詳矣。此非臣之私言也，凡曾經邊任、生長邊方者皆知之。臣先聞廣鍋輕而不受炒煉，向因虜王懇求，得如薊、遼例以廣鍋充市。既而科臣有言，兵部議行臣責各道以廣鍋炒煉，如可成鐵，即禁勿與。行據各道呈稱，責匠以生廣鍋十斤煉得鐵五斤，尚未堪打造。繼因宣、大廣鍋價貴而販少，諸匠謂潞鍋生粗，炒煉倍折，乃以潞鍋一口責匠炒煉，每生鍋十斤，僅得三斤。若舊鍋用久破裂，僅得二斤，價賤三倍。夫一鍋大者不過二十斤，中者十餘斤，小者五七斤耳，炒煉得鐵幾何？虜雖至狡，孰肯以難得日用煮食之具而自毀煉耶？臣仍責以舊易新，虜衆每以舊鍋久已棄毀，今當尋覓充易，恐難全得。臣復諭以但得斤重相當，即與准易。詢之降人，皆稱虜中鍋漏則補

塞充煮，破裂即隨地抛棄，原不知炒煉充用。今虜衆經年無從得
鍋，間有臨帳借鍋而煮食，或以馬易鍋、抱憤欲叛者，以故虜王
累次懇求，實欲資衆急用以永貢市耳。科臣嘗議以砂鍋給虜，夫
砂鍋易敗而難大，虜以鐵柱、石塊爲竈，以鐵叉、木杓爲器，砂
鍋焉能禁其擊撞？往歲各市嘗備數百，即賞夷亦不正視，率謂馬
馱不便携帶，狹小不能容煮故耳。

臣已遵照部議，計廣鍋、潞鍋價值之貴賤、炒煉之多寡，以
價賤而煉少者許諸虜以破舊赴官市易新鍋，嚴禁商民，無容私
市，違者照例治罪。蓋鍋釜重器，商民携藏難便，況無厚利，孰
甘輕犯？將來得獲舊鍋之鐵，可爲鑄新〔九〕充後市，庶虜衆免急
迫愾望之叛，邊墩免將來迫索凌奪之虞矣。伏乞聖裁。

一、請給虜酋親屬窮夷撫賞

夫虜中以粟帛爲衣食，故捐生搶掠而無忌；虜俗視子女爲一
體，故衣食必共而不吝。節據俺答暨黃、把各酋投書，每稱伊各
有丈人、女婿、姊妹、外甥的親，諸人各領部落，大者一二千
人，小者數百人，去歲求臣同各夷授官，臣未許允。今各子孫俱
有官賞，各親屬未蒙授官給賞，衆咸羞怨。每將伊得賞賜分給，
不足充用。又各部下窮夷原無馬、牛可市，止依打獵、刁搶度
生。今既不敢雲犯邊境〔一〇〕，日無一食，歲無二衣，實爲難過。
天朝恩澤如海，望乞請給撫賞以度生命，等因。在順義王，臣諭
以彼拘留板升被虜萬人，種田千頃，歲收可充衆食。邊方錢糧有
限，養軍尚不足用，何能兼給萬虜？本王亦知自給，尚爾求索。
老、永二枝去邊隔遠，求索亦少。惟黃台吉部落延近住邊，素稱
窮悍無賴，冬時尚恃打獵，春來愈見狼狽。有畜者每次於巡邊各
口求官權易，一牛易米豆石餘，一羊易雜糧數斗。無畜者或馱鹽
數斗易米豆一二斗，挑柴一担易米二三升；或解脫皮衣，或執皮
張、馬尾，各易雜糧充食，其瘦餓之形，窮困之態，邊人共憐

之。臣密遣通丁往來虜中，察其情狀，皆謂平時自〔一一〕搶充食，今以畜物求易，尚禁不與。各通丁即以趕馬、搗巢、殺戮責問，間有夷回稱：無命者被官軍殺戮，有命者尚得衣食；有馬者被搶趕，無馬者亦無懼怯。今既不敢犯邊，惟有坐以待死，不知各王子何故求和，致衆受苦。此虜中急迫之情，若不量爲撫賞，將來必有諸酋不能制、沿邊肆竊犯者，將致擾農耕而妨工作、阻樵牧以壞貢議矣。此事勢所必至，不可不預爲撫防也。

伏乞聖明擴好生之德，溥浩蕩之恩，容臣等行各酋查將伊親戚女婿，每酋不過一二十人，各照地方於各鎮原議撫賞內各量給每人綢段各二匹、布十四、米一石，餘針綫、茶果之類亦如各酋婦例給賞，以結各酋長之歡。仍每酋於春月貢市時各給布數百匹，米、豆各一二百石，令各散給所部窮夷，以安反側之衆。其巡邊各口，每遇虜酋執書求小市，查照臣原議聽參將、守備官，准令邊外各以牛羊、皮張、馬尾等物，聽軍民以雜糧、布帛兩平易換，量抽稅銀以充撫賞。庶虜中貴賤貧富各遂安生，共感皇恩；沿邊軍民各獲虜利，免憂竊犯。如各鎮原議撫賞不足，即以收獲市稅、減哨及原備賞功、公費充用，歲終通計用過之數奏繳。或容於各鎮節餘客餉內每鎮再准三五千兩，專充正支。庶國用費少而省多、華夷均利而永賴矣。伏乞聖裁。

奉聖旨："該部知道。"欽此。

又該兵科都給事中梁□□等題，爲議撫賞以一虜志、以杜釁端事；禮科都給事中陸□□等題，爲慎酌封貢未妥事宜以杜後釁事；吏科都給事中雒□等題，爲懇乞聖明嚴諭議臣預止虜使入京以永防後患事，各等因。俱奉聖旨："該部知道。"欽此。

隨該兵部會同户部尚書張□□等、禮部尚書兼翰林院學士吕□等議照，自北虜納款以來，邊氓免鋒鏑之苦，所全活者其徒實繁；帑藏減轉輸之勞，所存省者其麗不億。外虞屯息，内治聿修，即一時寧謐之功，誠千載休明之會。所據總督王□□具題前因，先列一綱，後分四目。在總督則殫力苦心，無非俯順夷情以爲安內之權；在臣等與科臣則長顧却慮，無非仰尊國體以爲攘外之經。要之，以權濟經者無礙法典，豈敢抑阻？以權爲經者有礙法典，不敢俯違。詞若相左，意實相成，合就開立前件，議擬上請。伏望皇上特賜宸斷，仍令王□□嚴諭俺答，以後不許年復一年輒肆請求，以負效忠之名，以成啓釁之漸。邊臣幸甚，臣等幸甚。

奉聖旨："依議行。"欽此。

計開：

一、請給印信

前件，本部會議，爲照朝廷制馭夷裔惟名與器。酋首俺答荷蒙聖恩封爲順義王，已有其名，印信之器自難吝惜，況有先年哈密忠順王事例。合無俯從所請，容臣等禮部照依本王封號鑄給鍍金銀印一顆，差官賚送總督官處，聽俺答祇領，一應表章俱要用印恭進。領後先具番表謝恩，以彰天朝優异之典。伏乞聖裁。

一、請貢使入京

前件，本部會議，爲照貢使不許入京，俱留邊城夷館；應貢馬匹，督撫差官代進。先該兵部會官議擬，奉有欽依。乃今吏科則稱臣工軍民皆心知其不可，仰知聖心亦必以爲大不可，禮科則稱容其入京有五不可，無非杜漸防微以謹華夷之辨，委難別議。但查得各處夷使入京，必蒙欽賜筵宴，簡命勛臣待宴，仍厚加賞賚。合無將今次順義王俺答貢使一十五名并各枝夷使，聽王□□開名送部，除本鎮總督、撫鎮官從宜宴賞外，容臣等禮部題差光祿寺署丞一員，賚捧各夷使應賞表裏等物親詣該鎮頒給，仍就動支官錢，查照本寺規格備辦欽賜筵宴優待，待宴重臣就命該鎮鎮守總兵官。伏乞聖裁。

一、請鐵鍋互市

前件，本部會議，看得總督尚書王□□所陳前因并都給事中梁□□等題稱，鐵鍋虜中食用之具，必不可缺，華夷之所以盛衰亦不係此，各一節。爲照廣、潞二鍋，以煉精雖有多寡之別，以鐵斤均犯斷絕之禁。但虜中食用既不可缺，必須別爲區處，方見懷柔之意。臣博往年巡撫甘肅，屢嘗擒斬虜寇，見其奪獲夷器，其中多有銅鍋。詢之歸正之人，咸謂虜人晝以炊食，夜以司警，蓋即古刁斗之意。且遼東開市，止是撫賞方用廣鍋，原無以鐵鍋交易之例。即使准市鐵鍋，此時方行奏請，固已緩不及事。合無聽總督王□□嚴行三鎮撫、鎮等官，動支官銀，或咨行兵部處發官銀，於出產銅鍋地方差官收買，運至邊鎮，止照鐵斤價值給虜。較其價，銅貴於鐵，鐵賤於銅，在今日無事之時似覺稍費；論其質，鐵可爲兵，銅不可兵，在他日有事之時自是無傷。若虜必要粗重之鐵鍋，不要輕巧之銅鍋，則其藉兵資糧之意明白顯著，益當禁斷無疑。臣等愚見如此，伏乞聖裁。

一、請給虜酋親屬、窮夷撫賞

前件，本部會議，看得在總督王□□，則極言虜中窘迫之狀，勢不可已；在都給事中梁□□等，則計虜[一二]塞上轉輸之艱，後恐難繼。臣等反覆參詳，虜之入寇也，人得肆掠，利則歸於部落；虜之納款也，賞獨專給，利則歸於酋長。飢寒困苦出於無聊，鼠竊狗偷勢所必至。但一枝既得撫賞，各枝必然覬覦，錢糧有限，求乞無窮，必須處分得宜，庶幾經行可久。合無行令總督王□□將請給虜親、窮夷撫賞事宜公同撫鎮官再加斟量，定爲畫一之規，既不宜拒之弗予以失天朝無外之仁，亦不宜與之無章以虧中國有常之費。其各鎮原議撫賞銀兩如果不足，准于減哨并原給公費、賞功銀內充用。此外仍聽每鎮再動節餘客餉銀各一萬兩，歲終備造文册開送户、兵二部查考。伏乞聖裁。

爲恭進虜王表文鞍馬弓矢照例請給恩賚
以昭盛典事

本年四月二十二等日，節據北虜順義王俺答投遞番文，内開遵臣書諭，本年二月間即催東西伊弟侄昆都力哈并侄吉能及各子孫遵照貢期進貢。向因昆都力哈、吉能各病重，至三月初三等日先後俱故，致誤貢期。今蒙臣諭，催糾伊子孫都督黄台吉，指揮、千百户把漢那吉、多羅土蠻、把都兒黄台吉、委兀兒、慎著力兔台吉、擺腰把都兒台吉、兀慎打兒漢台吉并本王下酋首恰台吉，共遣夷使中軍打兒漢等三十四名，并原寫番字夷人大都榜實，賫捧番表一通，共進貢馬二百五十匹。及稱本王各枝原許貢馬五百匹，伊原議派伊弟昆都力哈、伊侄永邵卜大成二枝分進馬二百五十匹。今伊弟并永邵卜貢馬未到，伊子孫各枝先進本枝馬匹。内進上馬三十匹，留邊馬二百二十匹。其河西吉能上年原許進貢馬二百匹，以二十匹進京，今年乞仍容照上年例進貢。吉能生前同伊子侄指揮、千百户隱布台吉、威正恰把不能等遵照原議先後遣使莊郎土忽赤等七名，已將進上馬二十匹、備餘馬四匹送到本王處同進，東西共該進上馬五十匹。又俺答恭進鍍銀鞍轡一副、鍍金撒袋一副、達弓一張、雕鴒達箭十五枝，伊幼子不他失禮鍍銀鞍轡一副，伊孫把漢那吉鍍銀鞍轡二副，俱隨表、馬恭進。

臣會同宣、大、山西巡撫都御史吳□、劉□□、楊□議照，北虜貢市之議已有定盟，虜王今歲之貢增製鞍仗。雖其弟侄病亡，坐違春月之期；即其東西糾會，深懼後時之罪。今率其子孫各貢上馬、銀鞍，允孚玄黄之貢；恭獻弓矢、金叙，足追肅慎之琛。感先皇歸孫封錫之恩，表貢於聖駕臨御之時，誓老死永無他志；戴聖皇登極容市之命，易表於繼統頒詔之後，萬虜同切慶誠。今宣、大、陝西七鎮軍民久免烽火之警，薊鎮、京畿兩歲春秋既絕西虜之迹。生靈保全，未可數計；邊餉節省，百萬有奇。昭先皇格遠之德，遠追唐虞而有光；顯聖明應運之隆，近紹祖宗而益烈。臣等躬逢盛事，幸保邊圉；日共軍民，沐浴休澤。雖東虜昆都力哈之婦侄痛死懷疑，聽奸構唆，貢馬未遂同入。近據其子婿遣使赴臣督撫哀告無他，順義王連催永邵卜大成及調侄青把都納貢赴市，行將續至，縱肆叛盟，孤雛何能獨逞？除臣等陰示不屑，明張有備，待其自至另議奏進外。

其本王下寫表夷人大都榜實、寫書被虜衣巾生員計龍、應州軍餘小土谷氣臺實，并把漢那吉下原隨夷使安克黃台吉、節差夷使啞都赤、被虜總旗王繼祿，生異華夷，心同效順，奔走貢市，書寫傳報，俱效勤勞。既爲虜王及各子孫向臣等請求給賞授官，似應比照恰台吉、打兒漢事例欽授一官，令其在虜供事，愈效忠幹。其套虜指揮僉事切盡黃台吉，賦性通敏，議事明達。雖係吉能侄子，前與能婿指揮僉事威正恰把不能先後主張貢市，極效恭順。先時授官視衆同例，頗懷怨望。近日西搶瓦剌，經過甘肅境上，投遞番文，禁約部落，戒搶熟番，許護西域各國貢使，詞極恭順。已該甘肅撫臣具聞，備咨到臣，行順義王傳諭。況吉能已死，其子孫皆其弟侄，咸視二酋爲輕重。似應仍將切盡黃台吉、威正恰把不能各於原職稍爲加升以示優異，俾其主張套虜，永保貢市。其虜王各枝女婿、外甥、外父親戚，臣已行各酋令查報的名，每酋不過一二十名，容臣等遵照原議量給撫賞。其各枝窮夷數多，每年即大市各量給各酋布百匹、米豆百石，聽其自行分給，以示聖朝公溥之恩。無容濫給糜費，致不可繼。

伏乞敕下禮、兵各部，查將今次虜王進貢表文、馬匹、鞍仗、弓矢譯驗明白，卜日恭進，查照各國及本王上年進貢事例議請欽賞，并將切盡黃台吉、威正恰把不能各於原職量與升級，真

夷大都榜實、安克、啞都赤，被虜計龍、小土谷氣臺實、王繼禄
合照打兒漢等例量授百户一員，以慰虜情，以重間諜。臣等不勝
懇切祈望之至。爲此謹題請旨，計開：

一、順義王俺答各子孫共進上番表一通、貢馬二百五十匹，
內選進京馬三十匹，其各毛齒備咨禮、兵二部外，又進上鋄銀鞍
轡四副、鋄金撒袋一副、達弓一張、雕翎達箭十五枝。留邊馬二
百二十匹，內分給宣府鎮馬五十匹，大同鎮馬八十匹，山西鎮馬
六十四匹，軍門標下兩掖營馬二十六匹。

一、河套已故都督同知吉能部下共進貢馬二百匹，內選進京
馬二十匹，其各毛齒備咨禮、兵二部訖。留邊馬一百八十匹，已
該彼中分給延綏、寧夏二鎮官軍騎操訖，等因。

具題，奉聖旨："禮、兵二部知道。"欽此。

續准兵部咨，該本部覆議，除俺答等進貢表文、馬匹、鞍
仗、弓矢請給欽賞，聽禮部徑自議覆外。爲照套酋切盡黃台吉等
既稱主張貢市，極效恭順，真夷大都榜實等、被虜計龍等奔走傳
報，各效勤勞，俱應叙録以示羈縻。至於昆、永二枝，一則酋婦
痛死仇生，一則鄰夷搶掠報復，若果事出有因，以致貢市遲違，
委應寬假以俟續至。既該督撫官王□□等具題前來，相應通行議
擬上請。伏望皇上俯從督撫各臣所請，將切盡黃台吉、威正恰把
不能於原職指揮僉事上加升一級，與做指揮同知。大都榜實、安
克、啞都赤、計龍、小土谷氣臺實、王繼禄，照打兒漢等例量授
百户。本部仍咨總督尚書王□□宣諭俺答，令其曉諭切盡黃台吉
等，使各仰戴浩蕩之恩，益堅效順之志。其虜王各枝親戚并窮
夷，查照原議量行撫賞，不得濫給以致糜費。并諭昆、永二枝，
再爲寬假，許令續修貢市，督撫官另行奏請。仍與查明應襲子孫
的名，奏請承襲故酋原職。如或故意遲延，另爲酌議。若果別有
隱匿、變詐情由，即便閉關絕市，嚴兵固守，務保無虞，等因。

隆慶六年九月初五日，本部署印左侍郎石□□等具題，本月初七日奉聖旨："是。"欽此。

又准禮部咨，前事，該本部覆議，看得北虜素稱桀驁，歲爲邊患。今戴先皇封爵之恩，仰皇上繼統之烈，奉表陳貢，愈加恭順，則朝廷待之自宜優其恩賚。查得隆慶五年，順義王俺答先次日〔一三〕進本枝表貢，賞過大紅蟒白澤紵絲衣各一襲、彩段一十五表裏，伊妻大紅五彩紵絲衣二套、彩段四表裏。後次代進套虜吉能表貢，賞過大紅白澤紵絲衣一襲、彩段八表裏。今歲率其親屬并吉能部下貢獻馬匹，增製鞍仗，仍應查照上年事例、數目特加優賞。并查照上年事例議賞都督黃台吉彩段八表裏、闊生絹二匹、五彩紵絲衣一套、木綿布四匹，指揮使把漢那吉彩段五表裏、闊生絹二匹、織金紵絲衣一套、木綿布四匹。指揮、千百户等官賓兔台吉等二十九員，每員彩段三表裏、闊生絹一匹、織金紵絲衣一套、木錦布四匹。夷使三十四名，每名彩段二表裏、木錦布二匹。內小頭目十名，每名加賞素紵絲衣一套。河西已故套酋吉能部下指揮同知打兒漢台吉等二員、指揮僉事把都兒黃台吉等二十九員、正千户卜失兔阿不害等一十三員、百户討太把都兒拓不能等六員并夷使三十五名，亦俱照各前例給賞。內貢上馬夷使莊浪土忽赤等七名，內小頭目一名，遠赴宣、大貢馬，比照小頭目例加賞。及將順義等仍各給敕獎諭。其指揮僉事切盡黃台吉、威正恰把不能主張貢市，極效恭順，各加賞彩段三表裏。指揮僉事不他失禮係虜王愛子，又恭進鋄銀鞍轡，比照把漢那吉例加賞彩段二表裏。夷人大都榜實、計龍等六名，在鎮書寫、傳報俱效勤勞，比照小頭目例各賞彩段二表裏、素紵絲衣一套、木錦布二匹。進上馬五十匹，每匹彩段三表裏、闊生絹一匹，仍照上年半給銀五兩，并留邊馬價，俱於該鎮椿朋、馬價銀內處給。恭候命下，行翰林院撰寫敕書，仍差光禄寺署丞一員賫捧各夷應賞表裏、衣服等物親詣該鎮頒給，仍就彼動支官錢，查照本寺規格備辦欽賜筵宴優待，待宴重臣就命該鎮鎮守總兵官。聽督撫衙門將欽賞照名頒給，仍將賞過各夷員名并馬價銀兩數目徑自造冊奏繳，等因。

隆慶六年九月初五日，本部左侍郎兼翰林院侍讀學士王□□等具題。本月初七日奉聖旨："是。俺答奉表，增獻鞍馬、弓矢，益徵誠順，賞大紅蟒、白澤、獅子紵絲衣各一襲、彩段二十三表裏。伊妻還照例賞大紅五彩紵絲衣二套、彩段四表裏。其餘的都依擬。"欽此。欽遵，備咨，隨差光禄寺署丞申用中、鴻臚寺序班佟印管運前項各夷欽賞前來，已經案行朔州兵備道轉行東路通判惠之翰查照部發擺單辦宴間。據各夷使告乞，願折宴價，以便携帶回營。據此，俯順夷情，除待宴官上卓三席不折外，每頭目一名中卓一席折銀二兩，散夷二名下卓一席共折銀二兩。本部仍量動官銀置辦酒卓，照議委令大同總兵官馬芳同朝使申用中等領率各夷望闕謝恩，宴待、頒給敕賞。及行各鎮取給馬價，添遣官通同各夷使賫給各該納貢虜王并各酋長收領。及宣諭加升虜酋切盡黃台吉等、新授官職大都榜實、計龍等各一體遥望闕庭扣恩訖。

爲恭進虜王謝印謝經表文乞恩優賚番僧查給番經以昭聖化事

本年八月十八日，准兵部咨，爲虜王修貢乞恩，酌議貢市未妥事宜，慰華夷以永安攘事。該臣題請，順義王俺答求給印信，榮示諸部，以便表貢行使。該禮部議照，朝廷制馭夷裔惟名與器。酋首俺答荷蒙聖恩封爲順義王，已有其名，印信之器自難吝惜，況有先年哈密忠順王事例。合無俯從所請，容臣等禮部照依本王封號鑄給鍍金銀印一顆，差官賫送總督官處，聽俺答祇領，

一應表章俱要用印恭進。領印後先具番表謝恩，以彰天朝優異之
典，等因。題奉欽依，隨該本部委官會同內官監鑄完鍍金銀印一
顆，并印池、印匣、印箱、大小錦袱咨送兵部，差委原任參將管
英賫捧到臣，查驗明白。

　　照得順義王俺答方約期赴得勝堡市場互市，臣隨用黃紙備抄
咨文，責差官通傳報虜王，令其即於市場給領。本王遵諭，於八
月二十七日赴市。臣預行監市分巡冀北道僉事許希孟、大同兵備
道僉事隨府會同大同副總兵麻錦，查照上年臣議定事規筵宴、開
市，令其糾緝部落恭候領印。臣於九月初一日將原降印信、印
池、箱袱等件預爲添製印色，外包皮箱，責差官通常銳、楊亮等
公同管英賫捧至大同近邊弘賜堡，會同大同巡撫都御史劉□□，
責差在市聽用閑住參將原於天、楊縉、方琦，該路參將張世臣，
盛張鼓樂、彩幢迎送出邊。臣於撫臣各備彩段賀禮，仍爲設筵，
送至虜王互市處所。本王恭迎祇領，逐一驗視收掌，望南二次叩
謝天恩。

　　臣仍作書宣諭本王，備開臣於本年三月內奏請先皇，允給王
印。今遇皇上登極，聰明仁聖，聽閣下大臣定議，造給鍍金王印
一顆、鍍金印池一面，如各國王體製，永爲伊北番傳世之寶。先
前伊家祖夷原係我皇明天朝臣屬，我太祖高皇帝封元遺裔爲忠順
王，住守哈密城。後因衰弱，將王印被土魯番搶去。中國征順土
魯番，沙壇滿速將印獻出，見收肅州官庫。我成祖文皇帝封北虜
阿魯台爲和寧王，亦給印信。後因伊子孫違天作歹，將王爵罷
封，印信失落。今伊既知恭順天朝，歲修職貢，蒙先皇天恩封伊
王號，皇上聖明鑄給王印，伊子孫英俊，部落眾多，須當感恩，
珍重收藏，每年進貢表文用印示信，其餘小事不可輕用。仍遵奉
欽依，恭具番表謝恩，各去後。

　　適俺答會同其子黃台吉同赴宴所，聞各通丁傳示臣言，俱各

感泣。自謂臣言有據，伊亦知前世曾封二王，俱是各夷自壞好事，今當永爲保守。當求部差官一見，各官通辭以京差官非奉旨不敢出邊，本王隨具馬七匹爲酬勞。宴畢，將印恭領訖。

本年九月初捌日，據順義王俺答差夷使公實把實等賷捧謝恩番表一通，內開："上天的道理，生來大明仁聖有福的皇帝，今蒙賜我順義王金印到了。許久因不與印信，不好行事。今賜印來，蒙上天的造化、佛祖造化、大明仁聖皇帝造化、臣俺答造化，天與的福，交我孫那吉投降，我將白蓮教綁送去了，對天說下重誓，達子、漢人兩國和好，人馬不動，道理上行。今後不拘誰家壞事，我定不肯壞事。不拘誰家有行惡意，我就報與軍門知道。今蒙差官賜到金印，臣甚歡喜，感戴天恩，以後文書皆以印信爲照。軍門傳說鐵鍋莫有。臣部下達子三四十萬，莫有鍋煮食，累次求討，軍門不肯容買賣，只此一節，終究不便。"隨用黃紙書寫，上用油印鈐蓋，賷捧到臣。仍具書求臣，自稱伊不通文理，望臣再加美言，代伊改正。

臣督令譯字生叢文光譯辯明白，遵照禮部原議即應代進。但原來表文黃紙油印字畫粗拙，有礙代進。臣復案查本年三月初九日，先准禮部咨，爲北虜悔禍戒殺，事佛請經，希議給發，順夷情、變夷性以維貢市事，准臣咨，據順義王俺答累次具書，內開伊營有西番僧一人，教伊衆虜看經事佛，戒殺修善。向臣乞討金字番經數部，并剌麻番僧一人，爲伊傳誦經典，證明佛教，等情。節該本部查得，金字番經只得三部。題奉欽依，行順天府共造完金字經三部，又將舊金字經二部、墨字經五部妝飾整齊，共經十部。行據僧錄司中呈，節選得剌麻僧星吉藏卜、堅參扎巴俱通經有行，堅參扎巴曾經西番封王傳習教法，堪備差遣。又據鴻臚寺主簿廳開送西番館通事署丞蔡江堪以伴送番僧，至臣軍門。番僧聽候轉送虜營傳經，務要闡揚慈教，啟發善心，使貪殘犬羊一變夷俗，永知静守邊徼、遵奉朝廷，不負中國差遣之意。待其回日，另行題請量加恩賚以示勸酬。仍乞敕總督尚書王□□選差的當通事人役伴送入虜，照依原題事理嚴加防範，事完早回，毋得過期淹留，致生他虞，等因。題奉欽依，咨差通事官蔡江伴送二僧隨帶二徒領占班麻、星吉堅到前來。

准此，隨該臣看得，二僧遠入虜庭，衣食不便，須各帶徒僧，庶便供寫佛事，通應處備衣食，以示中華崇尚佛教之意，庶忻虜情。即行委官動支撫賞官銀，製給各僧綢段禪衣、褊衫、坐具各四件，選差旗牌官常銳，通事官金奉、珊瑚賫捧番經，由大同左衛，仍行副總兵麻錦用漢僧八人陳列法器迎送出邊。仍動支市稅銀兩買備米麵、茶果、調料、蔬菜并紅黃紙札等項，選差廚役供備各僧飯食。另置佛堂貢器一具，給令番僧至彼傳誦經典應用。嚴諭諸僧務要闡揚佛教，珍重傳習，戒其迷惑之凶習，誘以福果之善念，務使虜王尊信，虜衆歸依，方稱任使。

臣先期作書，預差官通諭令虜王迎迓，具述二僧捧欽降真經，奉地藏十王神像前來。臣念彼奉佛修善，乃天地、神靈、佛祖三寶及伊祖宗啓佑，使北番數十萬生靈俱歸善道，戒殺去暴，全天地好生之德，受佛祖慈悲之教，消除今生惡孽，積作來生功德，蒙地藏佛净土之超度，免十閻羅王地獄之折磨，永得人身，不變畜魔，此是清净明心、慈悲戒性佛祖如來大乘教法。送去《心經》《華嚴》《金剛》《觀音》諸經俱係梵王初傳妙旨，不比傍門邪法。佛家有七十二傍門傳法降魔，俱非正宗，虜王或未盡知。我中國儒、佛、道三教并行，惟我儒流兼通佛教，所言俱有根源，不是口頭浪語。若講儒佛道理，千言萬語説不盡，總歸"清净真空，明心見性"八字。令其聽去僧從容講解諸經，傳示諸部落通曉，共脱苦海迷津，永歸諸天真境，伊即爲北番佛祖矣。

臣恐先在虜營番僧多習咒法，二僧未知，被虜輕慢，仍責問俺答，見在番僧不知係何國法師，今去老僧曾經二次西域封王，備知西方大乘教法。中國有禁，不敢習傍門邪法，恐彼僧不尊不信，即非真僧。傳經畢，當做一道場，謝三寶圓滿功德，各去後。

俺答聞知二僧至邊，即遣夷衆遠迎三四十里之外，邏拜，恭迎入帳，遵臣書諭，日與西番原在虜營住僧哈望噴兒剌及彼營傳習夷僧公木兒把實、公實把實、大都把實、黃金把實、恰打兒窖[一四]查對諸經字句明白，互相傳誦。續據各僧備將虜王尊崇佛教，夫婦祖孫日夕參拜佛像，傳習經旨。各部落萬衆分起陸續前來參禮，各求設受。臣節給綢段、布匹四十餘匹，米麵十餘石，聽其傳習做齋。

至本年七月二十二日，據順義王俺答差夷使公實把實、安克等二十名護送剌麻僧堅參扎巴等師徒四人回還。本王及所部各虜感戴先皇遣僧教化之恩，累給各僧大小夷馬先後共七十餘匹，駱駝、牛、羊百頭隻，各製禪衣一套、段布數十匹。仍具番表一通叩謝，內開："蒙大明仁聖皇帝位下差二剌麻教臣行善。臣照臣北番夷俗，升二剌麻大國師職。有那吉天遣投於中國聖皇位下，我與侍郎寫書，將臣孫子與了，臣將白蓮教捉與，報送臣孫之恩。因此事說重誓，兩國取和，不拘誰家壞事，我定不肯壞了大事。不拘誰家有行惡意，我密報與侍郎知道。聖上遍地俱是金銀，不拘賞賜甚物，聖上尊意。聖上與我一心，將寫譯字生并韃靼經多賜幾部，我傳念學好。有西番經并漢經通好，我一字認不的。在營西番剌麻并內剌麻與我設醮念經二七。"

又具番書謝臣，求臣更正表文，為伊代奏請討。臣驗得本王原來番表情雖恭順，表式未合，且虜王表文惟於貢馬之時當用，其餘尋常所投番表止宜備詞八本具聞，有難一一瀆奏，以褻國威。及查得順義王長子都督同知黃台吉累次差夷迎請各僧爲伊傳經做齋，向因各僧未回，許以回送。所據虜王表文，應待二僧事完代奏。除將虜王差來送僧各夷使設宴，仍張鼓樂導迎陽和衛公館，即令剌麻僧徒陪宴，各以銀牌、綢段、布匹賞給以示國恩。衆夷歡忻，收領回巢，諭令候二僧黃台吉營回日并奏聞。適因黃台吉與伊子侄爭奪部落，央臣與伊講解。臣已作書密諭順義王收合子孫，免相忤逆，以永貢市。黃台吉遵臣傳諭，親投父帳隨住講和，久未回巢。臣隨差通丁省諭黃酋，以各僧出差日久，恐違部限，有難遣送，去後。

今據虜王送到謝印表文，先後二表詞意大略相同，逐爲代進，恐嫌煩瀆。臣隨將原送二表前後情詞撰次一通，責令譯字生叢文光書寫本紙，表文用黃綾表匣，一如中國體式。及選差通事官胡天福賫捧，臣仍作書傳諭順義王，以彼原來二表未合體式，有難瀆奏，今代伊類成一表并謝天恩，庶合禮制，令其遵照用印。仍差吏書隨去虜營，用硃鈐印。及先將各僧咨送禮部查收，各去後。

本月二十三日，胡天福回自虜營，賫捧用印表文及順義王書各一通，內開謝臣更類表文，遵照用印完備，求臣早爲代進。又稱伊營復有自西迎來剌麻僧三人，求討茶、米，等因，到臣。

爲照順義王俺答自昔納款之初即求印信，未蒙賜給，日切冀望。自去歲互市之後累求經、僧，雖知事佛尚未通曉，節蒙皇上鑄給金印，既足誇示諸夷，永襲珍藏。前荷先皇允給經、僧，尤可大破夷習，誘歸佛教。即今萬虜以佛爲宗，以僧爲師，日念佛傳咒，同戒殺生，化凶殘興慈悲之念，易豺狼受獅象之馴，是豈人謀之可能，萬仗天心悔禍，感孚有因，實緣佛道無量，普濟華夷。且虜王既知得印爲榮，重感臣令其子孫保守之言，思前世忠順、和寧二王失印之辱，必將傳示各部落珍重守盟，永修職貢。

虜衆既知奉佛敬僧，後將痛戒殺戮，自求福果，不敢復事凶殘。是朝廷給印賜經之典真可感孚虜情，諸僧轉移化導之幾尤足永保貢市。議者乃謂印器不可輕假，佛教原非正道，是豈知通變制夷之宜哉？

臣查得祖宗朝思以羈縻西番，俾從內附，敕建弘化、闡教諸寺於洮河各處，寫給金字藏經，封以法王佛子，令其尊禮佛王，永應納馬差發，遠封禪教等王，令其分制西域，無非因俗立教、用夏蠻[一五]夷之典。惟茲北虜未通佛教，無道可誘。今虜王乞請韃靼字番經以便誦習，似應查給，以昭天朝大一統之化。其原差剌麻僧堅參扎巴、星吉藏卜，僧徒領占班麻、星吉堅到奉命出塞，遠入虜庭，宣布國威，闡揚佛教，堅虜王向善之誠心，孚萬虜歸依之善念。與在營原請西番住僧哈望噴兒剌、公木兒把實、公實把實、大都把實、黃金把實、恰打兒罕既能開導虜衆，又能互相傳誦。即諸僧在營數月艱辛，萬虜邐拜，其易暴爲良，真逾以殺禦暴，論功似不在斬獲之下，即今虜王乞恩請授一官以示榮重，似應俯從，以彰天朝神道設教之化。

如蒙，乞敕禮部再加議擬，行內府經廠查有韃靼字番經，俯賜虜王數部，將剌麻僧堅參扎巴等各授僧錄司一官以酬其勞，虜營番僧哈望噴兒剌并公木兒把實等各授一僧官職名，仍查照西番各僧寺事例給以禪衣、坐具、僧帽等件以忻虜衆，庶諸虜感恩遵教而貢盟愈堅、邊圉永寧矣，等因。

具題，奉聖旨：「禮部知道。」欽此。

續准禮部咨，前事，該本部議照，俺酋自去年互市之後累討金字番經，已經本部題奉欽依造給去後。今復請給前項番經，查得內府經典俱已焚毀無存，隨行僧錄司拘集各寺番僧逐一訪問，俱執各寺原無韃靼字番經，番僧止習本教，不曉虜字，本部無憑查給。其原差番僧堅參扎巴、星吉藏卜，僧徒領占班麻、星吉堅

剌，并在虜營原請番僧哈望嘖兒剌，僧徒公木兒把實、公實把
實、大都把實、黃金把實、恰打兒漢[一六]，一則奉使虜庭能闡佛
教，一則開諭夷衆傳習番經，所據各僧勤勞，委當叙錄，既經總
督宣大尚書王□□題請前來，相應酌量授以番國職銜以示酬勸。
合無恭候命下，將番僧堅參扎巴、星吉藏卜、哈望嘖兒剌授西番
覺義職銜，僧徒領占班麻，星吉堅剌、公木兒把實、公實把實、
大都把實、黃金把實、恰打兒漢量授西番都綱職銜。其原差番僧
堅參扎巴等四名，本部照例給與札付。其在虜營番僧哈望嘖兒剌
等六名，係覺義者移咨吏部請給敕命，係都綱者行文翰林院撰給
敕諭，俱令住坐虜地，化導諸夷。仍行內府各局成造禪衣、坐
具、僧帽等件，差人賷捧前去頒給各僧，以彰朝廷優厚之意，堅
諸夷向化之心。伏乞聖裁。等因。

　　隆慶六年十月十六日，本部具題。十八日奉聖旨："是。"欽
此。欽遵，備咨前來，已經備抄，并原降敕書五道、敕命一軸、
敕匣一副、鎖鑰縧全包敕袱一條、匣外紅錦布包袱一條、紅錦三
兩，覺義哈望嘖兒剌，都綱公木兒把實、公實把實、大都把實、
黃金把實、恰打兒漢共六員，每員禪衣、坐具、僧帽各一件，責
差官通賷捧出邊，頒給虜王轉給各僧收領訖。

爲虜王表貢事竣乞錄譯字忠勤并議接差慰華
夷以光聖治事

　　案查本年閏二月初四日，准兵部咨，該臣咨，照得北虜順義
王貢期在即，應進番表中間詞語、字畫果否恭順，必須查照原議
咨請譯字人役赴邊譯明，方可代進，庶免衝襲。兼以近日節據虜
王書報及夷使口報，伊節奉敕諭，彼中習字者認讀未的，請求譯
字生賷執番文，與虜中習字諸夷查對字意，以便撰進。虜情誠
順，似應俯從。合咨貴部，煩請移文禮部，查照上年題奉欽依事

規選發精通譯字生一人，隨帶譯字番文克期前來，聽候虜王表文至日譯明恭進，仍責令與諸夷傳正番文以重國體，等因。該禮部儀制清吏司行據四夷館選送韃靼館譯字生叢文光到部，相應轉送。合候命下，移咨兵部，將譯字生叢文光轉送宣大軍門應用，待譯完之日即送回京。以後凡遇貢期，俱照此例施行，等因。題奉欽依，咨送前來。准此，隨該臣將譯字生叢文光行令陽和城守備奚元安置驛館，給以廩餼，候驗番文間。

節據順義王俺答傳聞本生到邊，遣使投遞番文，懇求本生齎帶番文赴營，與虜中習字夷人查對節奉敕諭字意及傳習書寫，以後庶便撰進表文。臣察虜情恭順，隨查本生原帶字譜內有本館番字忠、孝二經，即可化導虜俗。本生負氣慷慨，不憚出邊；習藝精練，允堪傳習。臣隨傳諭虜王，朝廷遣官生教導虜眾，恢弘文教，須當感恩知重，敬禮本生，以尊朝使。本王遵依。仍行大同副總兵麻錦，量動市稅銀兩買辦米麵、蔬菜，責差官通楊亮、金奉等伴送本生同赴虜營，日與諸夷傳授番文，較對字意，講明忠孝大義。虜王以夷禮迎款，朝夕伴處，夷眾歡忻，留住旬餘，各仍以夷馬酬謝，差人送還。

又節據東西各虜聞風遣使，各齎番文，懇求較正。本生逐為譯辯撰寫，各夷使率尊以師禮，邐拜聽受。在邊在虜，延住八月，上尊國體，下慰虜情。今照貢市事完，即應遵照部議送還回京，除咨禮部查收外。

照得虜中真夷雖間習番字，未識字義，每與臣等書帖，皆用被虜漢人傳寫漢字。中間奸逆鼓煽，字語穿鑿，往往書詞與中傳背馳，有難據憑。間有送到番文，緣無譯字官生，無從辯譯，華夷均屬未便。今照譯字生叢文光精通夷字，雅負忠猷。深入虜營，宣布國威，致虜王之敬禮；久寓邊地，贊襄貢市，格諸虜之知名。那吉、擺腰二夷官以習夷字而傳習忠孝之經典，公實、大都諸虜使因訂表而甘下師長之禮拜，既足光同文之化，尤可服夷隽之心，即其勤事之勞，宜膺授官之典。查得隆慶四、五年，因虜王封貢禮成，臣原請差譯字生馬繼志既蒙推恩授以鴻臚寺序班。所據叢文光住邊月久，入虜績著，比之繼志，勞瘁尤最。伏乞敕下輔臣議行禮部，將叢文光一體授職以酬其勞。其以後年分似應查照喜峰口驗放三衛夷人事例，責差官生輪番住邊，專備譯審番文，庶免訛傳反覆。及查馬繼志、叢文光連年住邊，虜王諸夷俱已認識，虜情、表貢俱經習練。合無敕下禮部，查照喜峰口事例，每年即於繼志、文光二員名内令其輪差一人，常川住邊，專一備驗番文，以重國典，惟復別有定奪，均乞聖明裁定，等因。

續准兵部咨，該禮部儀制清吏司查取譯字官序班馬繼志，咨送兵部轉送邊庭應用，事完咨送回京，等因。備咨前來，除將本官收用訖。

爲議處財用定經制以垂永久事

准巡撫山西右僉都御史楊□會稿，行據山西布、按二司雁平兵備等道副使等官朱裳等會呈，據東、中、西三路管糧通判及各供億等官各將該管倉場，自隆慶三年冬起至隆慶四年，春秋及禦冬防河，并河曲、水泉等營募軍、馬匹月糧、布花、料草，汾州參將營馬匹、料草，本鎮防秋及陝西入衛客兵支存銀、糧、料草，各數目册報：

舊管隆慶三年分代州庫支剩客兵銀一千五十兩四錢零，沿邊各關堡倉場支剩糧一萬五千九百九十七石零、料二萬九千八百四十七石零、草九十二萬一千九百二十八束零、棋炒七百一十石零、銀一百一十六兩八錢零。東南路等州縣驛倉糧八千六百六十七石零、料一萬六千九百六十二石零、草五十一萬四千三百七十二束零。

　　新收隆慶四年京運，并隆慶三年民壯支剩工食准抵隆慶四年客兵及各營軍逃馬倒行糧、料草還官，并各衛所營堡、隘口軍士采打秋青草折銀，共一十一萬四千二百二十二兩七錢零。節次議允於內動支召買沿邊一帶倉場及各州縣預備防秋、防冬軍餉并陝西入衛兵馬經行等處地方糧一萬五千七百九十三石零、料一萬四千三百六十四石零、草三十五萬四千四百七十四束零，召買東南路各州縣驛倉場預備陝西入衛兵馬糧四千四百三石零、料五千一百二十九石零、草一十六萬七千四百一十四束。

　　供億本鎮實有官軍、通事、民壯等兵四萬一千九百三十七員名，塘馬官軍一千三百六十八員名，馬、騾一萬八千一百八十七匹頭。原議本年六月初一日上邊，時緣虜警稍緩，繼因錢糧不敷，酌量撙節。又遵照題奉欽依議罷擺邊，止撥沿邊城堡團練并各州縣城堡防禦，定於八月初一日各赴信地防守。內將支折色行糧民壯，遵照先年改擬間支事規，每名支行糧七合五勺。又將支本色月分官軍遵照前巡撫萬侍郎案驗，若該支本色月分有願告折支者，若價賤於折色，則例照各城堡見行時估折給；若價貴於折色，則例照原議折色則例放給。俱至九月終撤散住支。并兵馬起撤往還及陝西入衛兵馬并河曲、水泉二營募軍月糧、布花，馬匹料草等項，共開除已支過前項舊管、新買等項沿邊一帶關堡倉場本色糧一萬七千七百六十九石零、棋炒一十二石零、料一萬五千四百五十一石零、草四十五萬一千五十二束零，照各時估用過召買沿邊并東南路各州縣驛倉糧、料、草束及折支、折色等項，共用過銀一十萬七千六百兩零，東南路各州縣驛倉場本色糧四千三百六十二石零、料五千八百二十石零、草一十九萬四千八百八十九束、粳米八石零。

　　仍貯沿邊關堡倉場，實在糧二萬四千二十石零、料三萬八千七百六十石零、草八十二萬五千三百五十束零、棋炒六百九十八石零。代州庫銀七千六百七十二[一七]兩零，各倉場銀三百二十五兩零，共銀七千九百九十八兩零。東南路各州縣驛倉場糧八千七百九石一斗零、料一萬六千二百七十一石零、草四十八萬六千八百九十七束零，等數由冊報各道。

　　該雁平帶管寧武兵備副使朱裳、岢嵐兵備副使紀公巡、分守冀寧道右參政孫枝、分巡冀寧道僉事張希稷，會同戶部管糧主事姜密逐一重覆核實查，以上收支俱係實用之數，并無虛糜、冒破情弊。議照客兵錢糧，議定銀數節年俱不敷用，皆仰借別項銀兩湊補。隆慶四年，因虜西侵山西，邊疆稍寧，因將防守官軍、民壯止按伏、團練二個月，依期撤散，所以剩有京運等銀七千九百九十八兩零，及民壯支剩工食銀八千六百一十兩零，并各倉場剩有前項實在本色糧、料、草束。今隆慶五年本鎮防秋各營兵馬合用本、折錢糧，各倉場雖有支剩前數，但各分貯零散，多寡不等，而各處衝緩不均，各不相當。若移兵就食，其勢不便；而移食就兵，其費反多。止可以備下年應用，免再召買之難，少處即當買補以備今歲，務足三個月之支。其腹裏州縣城堡酌量衝緩，量備一月。及照近題，本鎮有事，調遣延綏、大同等處兵馬應援要害去處，亦當量備三五日軍餉，并新添河曲、水泉二營募軍、馬匹月糧、布花、料草銀兩，俱在往年額數之外，總計今歲合用錢糧，除見在本色外，應該添買糧、料、草束并折支、折色等項，共用銀一十二萬七千九百五十八兩零。除有支剩客兵等銀七千九百九十八兩零，隆慶四年民壯支剩工食准抵五年客兵銀八千六百一十兩零，并戶部預發見年京運銀一萬兩、續發銀五萬兩，共七萬六千六百八兩零，尚少銀五萬一千三百五十兩零。合無早爲題請議發，庶先期有備，臨時不誤，等因。

　　會呈到院，接管卷查先爲前事，嘉靖四十五年，該本鎮督撫題，該户部議，該鎮客兵銀兩每年除額扣民壯工食銀一萬餘兩，添發銀九萬兩。以後督撫等官務要遵照議定銀數具奏前來，本部照數題請，陸續解發。如有贏餘，留作下年支用，免行逐年會計。督撫等官如有不圖節省，仍於額外輕議增討者，聽本部、該科具奏。隆慶二年，又該户部議，新增汾州參將營兵馬行糧、料草銀一萬兩，等因。俱題奉欽依，備咨前來。除欽遵外，續該前撫臣將隆慶五年防秋合用錢糧已經備行各道查報去後。

今據前因，除隆慶四年支存錢糧數目核查明白，造冊另行奏繳，青冊送部查考外。本院定議得，客兵銀兩該部擬有年例定額，但聲息每年有緩急，而我兵上邊、撤邊因以有遲早，即增減一日之間所省所費便至數千，虜情、兵機呼吸轉換，可能預定？所以知該部所擬者大概以無事時言耳，一遇有事，措注即難。職往任雁平兵備時，目擊當事之臣臨警措注，進念國計之艱，退迫燃眉之急，搜括計算，狼跋猶預，其情甚苦，乃今職適當之。又念職才不逮諸臣而難同之，萬一有事，職之艱苦殆有甚焉。幸今仰仗廟謨，封貢議定，邊圉之間諒有數年無事。但犬羊無常而中國防禦機宜便不可忽，所以一切擺守、團練兵馬自當照常分布而軍需客餉一毫所不得省減以圖苟幸者。各道會議，應備芻糧總計用銀一十二萬七千九百餘兩，皆係計兵計日，審時察勢，委不容少者，況所議撫賞仍動前銀一萬兩，又在會計劑量之外耶？

職又惟河曲、水泉二營募軍月糧、布花，馬匹草料，原議將每年防河別營兵馬免調，省下客兵銀兩以抵二營支用。緣此時酌盈濟虛以計兵食，搏節經制，意非不美。但未查往年防河調用所支行糧不滿萬兩，今二營募軍、馬匹實該銀二萬四千四百餘兩，盈以補虛，相去懸絕。況防河或遇一年有事、無事，猶得酌量時勢，稍有搏節，自一入主兵作為正數，則升米束草不得那減，豈能取足？又況二營防秋之時亦有分派地方，行糧、料草法得一體，迄今三年以來尚未議及，人心嗷望，事體不妥。該前任撫臣石□□亦嘗議欲處畫鹽引等銀，又以管糧衙門計算不協，竟未果行，所以該部原定客兵年例益苦不敷。除河曲、水泉二營兵馬月糧、料草，職等另議具題外，伏乞敕下該部，查將本鎮額定客兵年例銀一十萬兩，及新增汾州參將、今改守備營兵馬行糧、料草銀一萬兩，共一十一萬兩，內除上年支剩客兵并民壯支剩工食及戶部二次發銀共七萬六千六百八兩零外，尚該銀三萬三千三百九十一兩零，早爲給發前來，以備今歲防秋兵馬添買糧草及折支之用，等因，備稿到臣。

准此，卷查先據各道會呈，該鎮本年應用客餉緣由到臣，詳批，據議節年之經制固不可缺，即今歲之虜情或當節省。其河曲、水泉、汾州三營兵馬之支係主兵歲供之數，例難常支客餉，并近議每年撫賞之銀，當有省支定項，方可經久，已經批行各道從長再議通詳去後。

今准前因，臣反覆詳核節年該鎮會請文案，通計該鎮主、客供餉，在昔虜患剝膚，擺邊列戍，邊腹俱防，費委難節。益以河曲、水泉、汾州三營募兵歲費主餉三四萬兩，先年原無正支，概稱以擺河節省客餉充用。每歲客餉所省不及萬金，不足三營歲支之半，是以客餉而支主兵，卒致主、客交匱。當事諸臣憚於議請，歲徒支吾，以故該鎮各營兵馬在秋防調遣尚有三月之支，餘春冬禦防絕無隨軍之餉，每次從征遠戍支過客餉，仍扣官軍月糧充補。軍士困斃難遣，人心怨望不定，率由供養不充，無以結其心而作其氣耳。幸今虜酋受命通貢，邊烽暫熄，雖修防之嚴不可徹議減省，而調掣之期、多寡之數在臣等所可裒益。倘可每年省三秋一月，萬旅之支則歲省自當萬計。但今歲貢市方始，河曲、水泉二營官軍歲支銀二萬四千四百餘兩及汾州參將營改定官軍歲餉一萬兩、撫賞銀一萬兩，俱皆取給該年客餉之數，縱秋防客兵有可節省，恐不足供三項之正支。

伏乞敕下户部，將山西鎮本年客餉俯從撫臣原議，姑照節年年例請給，待秋防既完，容臣等通計一歲盈縮，除將河曲等三營兵馬歲支的數另議改正主餉，以後年分邊腹秋、冬兩防定擬兵馬之數、調掣之期，務使沿邊客餉不致匱乏堪備緩急之需，年例帑銀稍有節省免致中外之累，庶今歲可濟急用，將來可免混淆矣，等因。

具題，奉聖旨："户部知道。"欽此。

續准户部咨，前事，該本部議照，該鎮客兵銀兩，先該本部會計明白，每年除額扣民壯工食銀一萬餘兩、添發銀九萬兩，續因新增汾州兵馬一枝，加添銀一萬兩，共銀一十萬兩。除二次解發銀六萬兩并上年支剩及民壯工食銀一萬六千六百八兩九分零總算外，仍該銀三萬三千三百九十一兩九錢零。查得山西本省拖欠該鎮民運本色糧四千二百八十二石、折色銀六萬三千四百兩有零，係本省額派錢糧，升合不容拖欠，若嚴限催完，亦可通融接濟，本當照數抵扣。又巡撫石□□上年題將民壯工食等銀糴買粟穀，專備客兵，銀四萬兩見貯該鎮，亦應照數扣除。但督撫俱稱貢市方始，積蓄未多，合姑照節年年例給發以便區處。其巡撫石□□所題銀四萬兩係在年例之外，仍存貯在彼，以作來歲年例之數。相應題請，恭候命下，移咨總督倉場本部左侍郎陳□□札付管理太倉銀庫主事魏勳，查將庫貯銀內動支銀三萬三千三百九十一兩九錢一分，差官解送該鎮督撫衙門轉發管糧主事處交收，與前節次發去銀兩并該鎮支剩及民壯工食等銀，嚴督各該兵備、守巡等官聽備本、折通融支用。又先該總督尚書王□□題稱，山西客餉原少，自冬深三春無警，河防止支正餉，未多調遣，節省亦多。所據前項未完民運及發去銀兩，合咨督撫更當比照大同等鎮加意搏節，務使年例漸省，庶見忠誠體國之意。防秋畢日，通將用過、支剩錢糧逐一查算明白，具數奏報，以憑開具簡易揭帖進呈御覽。其差去解銀委官合用裝銀車輛、木鞘、箍釘、廩給、夫馬、皂隸及沿途護送官軍，行移兵、工二部照例應付施行。伏乞聖裁，等因。

隆慶五年六月初八日，本部尚書張□□等具題。本月初十日，奉聖旨："是。銀兩准給發。"欽此，欽遵訖。

爲修餙極衝邊垣保固疆圉以防虜患事

准巡撫山西右僉都御史楊□會稿，據分守冀南帶管岢嵐兵備道左參政紀公巡、雁平兵備帶管寧武兵備道副使朱裳會呈，抄蒙職憲牌，前事，仰各道即將野猪溝迤北工程以二丈五尺爲則再一估議應用軍壯若干，每日每名該鹽菜銀若干，共實該銀若干，幾月可完，至於墩臺、暗門等項工程與牆工人數月日不同，各另估議，具一簡明守册，刻期送院，以憑核實題請施行，等因。

蒙此，依蒙行據委官修守太原府同知王世康、保德州知州王甫桐呈稱，職等親詣原議工所，公同本路參游、守備官員沿牆履險覆勘得，野猪溝第三敵臺起至高八臺止山弦一道，沿長七千四十八丈，計三十九里零五十六步，地勢高聳，止有大莊窩、庵兒溝水口二處，又且窄狹。今議於此山弦改修邊垣一道，高二丈五尺，底闊一丈八尺，頂闊一丈二尺，女牆五尺，通高三丈。每二里築墩臺一座，共墩一十九座，俱騎牆修築。除一面靠牆外，應修三面，每面底闊四丈，頂闊二丈，高二丈五尺，女牆五尺，通高三丈，共長七十六丈。每座上蓋墩房一間，共一十九間。工程雖大，然水患不侵，牆墩得其永久，較與舊邊建在低窪、雨水年年衝塌者相去懸絕。但工程雖一而山有土石之异，石山雖同而取土有遠近之分，工難取一，每軍壯日修工程分寸不等。今總并裒益折算，軍壯一名每日修工俱以一寸爲準，共用軍壯九千六百七十五名。窑兒峁并紙房溝創建土堡二座，每座周圍共長二百四十丈，牆垣底闊二丈五尺，頂闊一丈三尺，身高三丈，女牆五尺，通高三丈五尺。每軍壯一名日修工一寸，每堡用軍壯三百二十五名，共用軍壯六百五十名。并以上牆墩工程俱約七十四日可完，通共用軍壯一萬三百二十五名。以三分爲率，查撥各營步軍一分，該軍三千四百四十二名，除月糧外，每名日給行糧米一升五合，照依彼中時估折銀一分五厘，又日給鹽菜銀一分，共用銀六千三百六十七兩七錢；各州縣民壯二分，該民壯六千八百八十三名，除工食外，每名日給鹽菜銀一分，共用銀五千九十三兩四錢二分。合用提調委官三員，每員日給廩給銀一錢、小菜銀五分；常行馬一匹，料草銀五分；跟隨書辦、厨役三名，每名日給口糧銀三分。散委官四員，每員日給食米銀五分、鹽菜銀一分；每員帶領書辦一名，日給口糧銀三分。共用銀九十一兩二分。通共用銀一萬一千五百五十二兩一錢四分。内遇防秋之日自有行糧，口糧停止，臨時計算。其建堡并官廳、營房應用木植、磚瓦等項，候邊堡牆完另行估計。合用匠作應有口糧、鹽菜等項計人計日，俱動官銀支給。建堡完日各添設防守官一員，於岢嵐、老營二守備營量撥軍旗防守，等因。并將勘過工程起止、丈尺及合用委官、軍壯錢糧數目等項造冊呈報到道。

據此，案照先蒙前巡撫山西石都御史案驗前事，備行職等，會同鎮守衙門選委的當官員，公同本路參、守等官親詣自野猪溝迤北起至丫角山止，但係缺牆處所逐一踏勘，要見某處披塌牆長若干，某處應該工築，某處應該剗削，某處應該浚濠幾道，某處極衝，某處次之；某處原係不修之處，即今應否修築；合用軍壯若干，何日興工，幾時可完；或一年難完，則先其所急，後其所緩；查照往年事規，每名日給鹽菜、行糧若干，大約用銀若干，應於何項錢糧内動支；其督工除各將領分理外，仍該文職官幾員，應於附近某處選取。擬將各文武官分定地段，竪立石碑，明開起止、數目。厥後如有修理不如法，虛費錢糧，旋致披塌者，定名就拿原委官從重究問，雖有去任，仍一體追論以示警戒。務要計議明白，開呈本院以憑參酌，及時修飭施行，等因。

蒙此，行間，又蒙本院案驗，准鎮守山西總兵官郭琥手本，亦爲前事，備仰職等速將該鎮所言前項事情再加計議，改修邊牆果否相應，恐本鎮與大同地方混淆，有無妨礙，各營軍兵單寡，應否分撥，明白呈奪，等因。

蒙此，又蒙本院案驗，准總督宣、大、山西軍務王尚書咨，爲急議修築保彰以弭虜患事，備行職等將應修緊要墩臺逐一查閱，某處應該創築；某墩應該幫加；某墩無益瞭望，應該裁減，節省行糧；某邊牆某處披塌，應該漸次修舉。拒虜長壕衝淤，即應修浚；某山漫坡，虜易侵凌，即應斬修。務要墩高連女牆四丈，壕深三丈，闊二丈五尺。分別見議、修築者各若干座，未經議及、今應修復者各若干座，合用軍夫應於何處撥派，口糧、鹽菜應該作何區處，某工易舉應於當年報完，某工浩大可限兩歲修理。勘議明白，作速册報，以憑會題施行，等因。

蒙此，又蒙本院案驗，爲嚴飭邊臣預防虜患事，准軍門咨，准兵部咨，該本部議擬，合候命下，本部備行各邊總督、鎮、巡等官，各查該鎮牆垣傾圮者速行修築，城垣低矮者速行加幫，水口衝決者速行閉塞，應施行者徑自施行，應具奏者徑自具奏，等因。

題奉欽依，備咨前院，案行職等，欽遵查照施行，等因。

蒙此，職等會同鎮守總兵官郭琥，行委保德州知州王甫桐、正兵營坐營指揮李汝華，已將野豬溝起至接頭墩止改築、幫修等項工程并合用委官及修工軍壯錢糧數目勘議明白，具呈職等，備由呈報前院外。今蒙前因，復行委官勘議前來。該職等會同鎮守山西總兵官郭琥覆議得，各官今次勘報野豬溝應修工程合用委官、軍壯錢糧及建堡、防守等項事宜俱已詳悉，前項工程似宜亟[一八]時修築。但工力浩大，恐一年不能就緒，須應次第修築，無拘年限，庶免潦草。

合無請乞本院，將東、中二路修工民壯停其所緩，調發西路，與同該界步軍，查照前議興工修理。專責副總兵孫吳總爲提調，督同游擊張世臣、守備孫錦分工管理。合用散委管工官，岢嵐道臨時查取委用。其合用修工軍壯行糧、鹽菜，委官廩糧、食米等項銀兩，查有保德倉收貯隆慶二年修邊支剩，并代州庫積貯議定修築鹽課等銀內動支，行委通判尹祺經理，隨工給散。其窰兒峁、紙房溝極爲衝險，議設防守官員，待築堡完日，聽本院與鎮守衙門選委，及於附近營堡酌量撥軍常川住守，其合用軍火、器械就於各營撥來軍士隨帶應用。事完通將用過錢糧各數目造冊呈報查考，等因，具呈到職，會稿到臣。

准此，案查先該臣於去秋督臨，照得三鎮邊垣、邊壕日漸坍淤，城堡亦多雨壞及被虜攻毀，保障無資，通行督修問。繼慮北虜輸誠款塞，邊烽寧謐，正我乘暇修防、自固疆域之時，又經節催各鎮鎮、巡，兵備、守巡各道，參、守、操、防等官，即將所管邊腹關隘、邊牆、壕塹與夫官民城堡選委勤幹職官逐一巡行，遵照查閱計估工程及應用錢糧，候會議題請，著實督修以固保障。臣復慮得，大同西路平虜等城僻處危邊，孤懸特甚，牆墩久壞，況當去春虜殘，及冬深俺答索降之後，亟應經略，已經通行大同撫、鎮、各道逐一查議，修飭破殘，改移參將，聯絡兵勢，招撫逃亡，開墾荒蕪，各去後。

今准前因，除大同平虜改移參將、修理邊工等項事宜候議停妥另行具題外。臣會同巡撫山西右僉都御史楊□議照，山西三關以西路偏、老等處爲門戶，最稱要害，而西路一帶又以野豬溝、長林、紅門等處爲極衝。該先任撫臣楊□建議修繕西路邊牆，南自老營堡丫角山坐鶯峁起，西北至偏關老牛灣止，至今屹然成一巨防，馬站、八柳樹等處遂漸無零騎之擾，此修邊之明效也。獨野猪溝迤北至高八臺止，即緊接坐鶯峁之界，烽火相連，要害均一，至今牆垣披塌，水口衝決，年久未一議修。其議者謂此地之外即屬大同平虜衛地方，若可恃以無恐。殊不知大同久不守邊，又墩堡稀疏，烽塘不接，十數里之間人烟寥闊，虜穴縱橫，甚不足恃。所以節年虜從該衛響石溝、鄭家山溝、橋東土溝、子長峪、乃河、松溝等入犯長林、吊子、紙房溝、關河口等處，若蹈無人之境，無慮十數次矣。前項地方委屬一體衝要，牆工亟當修舉。及查原牆基址坐落低下，每秋受水衝塌，苦亦難修，且舍高就卑，自失地利，乘障之人不便瞭守。今據議將牆基改修山弦高阜去處，且去舊基不遠，既無水患，又得乘高，免節年加修之勞，有兩防守望之便。況及此時貢議方定，虜無侵擾之虞，我省架梁之費，桑土綢繆，計甚閑暇。既經總兵官郭琥及各道會議并工程錢糧冊報前來，臣等參酌無異，俱應依擬。

伏乞敕下該部再加查議，如果臣等所言有裨邊防，議擬上請，行令臣等欽遵督責該道及副總兵孫吳等分工總理、提調，仍選委分管員役管領額在軍夫、各路民壯，將前項應改、應幫工程各照丈尺先其急者自北而南，與建堡築墩等項事宜，悉照原議着實修築，務要堅固如法，以圖永久。其舊基仍令存留，以明兩鎮界限。如果人力不敷，秋凍又早，今年不能卒完，則儘其見在人力，約期分定工程，截日完報。其餘未完仍候明年接修，明年不完，後年接修，務在實幹，不嫌遲久。工程錢糧必須完日爲的，與今日大約之數不嫌互有异同，庶乎修一日則有一日之功，修一工則有一工之效。通完之日，該道查明，就令委官將所管工程界至各立石刻存記，仍備造文冊收照。中間如有委官不肯用心修築，致三年之內工有披塌者，容臣等查明分管界至參處懲治，縱有升遷，一體追論。其效有勞績者應薦應賞，聽臣等分別具奏以示激勸。管工員役并軍壯合用廩糧、行糧、鹽菜銀兩，查照議定應修工程合用數目，容臣等搜括節年修邊支剩及鹽課支剩等項銀兩那補湊用，不敢煩討內帑。窰兒峁、紙房溝二堡應用防守官軍，俟牆堡完日容臣等選委相應官二員，軍於附近營城查照撥發，量給安家銀兩，令其常川住守，亦不必分外召軍，致費錢糧。中間未盡事宜，聽臣等臨時隨宜區處，事完將修過工程丈尺、用過銀兩各數目造冊，并管工效勞人員一并分別奏報，仍聽巡按衙門核實施行，庶財力無枉、工程有用，而西路之鎖鑰益嚴且固矣，等因。

具題，奉聖旨："兵部知道。" 欽此。

續准兵部咨，前事，該本部議照，山西三關，西路最爲要害，而防守之計惟修牆築堡爲急。先年自老牛灣起至丫角山坐鶯峁修築牆垣，與大同相接，至今屹然，賴以拒堵。惟坐鶯峁迤南至野豬溝一帶亦係極衝地方，原築邊垣多在低窪，時遭水決，傾圮已久。今議改置高阜，增築墩堡，既免水患，尤便瞭望，委於防守有益，況當北虜款塞之暇，正我桑土綢繆之日。既該督撫官王□□等建議修築，并將合用軍夫、糧鹽等項數目籌畫詳妥，具題前來，相應依擬。

合候命下，本部移咨總督王□□、巡撫楊□，即將該鎮野豬溝一帶工程，查照原議專委副總兵等官孫吳等，嚴督軍壯自北而南約期興舉，分段修築，務要高厚堅固，足恃防守。仍將各委官姓名刻石登記，若三年之內披塌傾圮者，聽總督、撫按官參究重治，縱有升遷，一體追論。舊牆基仍令存留以明界限。如今年工程不得全完，先要修完緊要去處，未完者候來年接修。事完，通將修過工程、用過銀兩各數目造冊，并效勞人員一并奏報，聽巡按御史核實奏請。其紙房溝、窰兒峁二堡應用官軍等項，悉聽督撫官臨時徑自酌處施行，等因。

隆慶五年七月十四日，本部署印左侍郎谷□等具題。本月十六日，奉聖旨："是。"欽此。欽遵訖。

爲秋防屆期酌議調遣機宜以保重鎮以衛畿輔事

照得防邊禦侮謀貴預嚴，而審勢度虜機宜通變，誠不可因習故常，株守坐困，尤不可守所不攻而舍所必救也。歷查宣府南山一帶實乃陵後重地，尚居該鎮五路之南。在嘉靖四十二年以前，當事諸臣相繼經略，或因險添築墩臺以資薊、昌之烽堠，或延築虎尾邊牆以樹宣鎮之藩籬，一遇虜窺，隨警督剿，虜退撤兵，未嘗有膠柱之守、分布之名，是以兵無牽制，虜難并窺。繼至四十二年虜入薊垣之後，先臣私憂過計，盡宣鎮之兵布南山之守，調山、大之兵協南山之援，老師費餉，咸稱非計，遂使山、大之勢日漸孤危，沿邊之墩堡多被攻陷。在我既爲失策，在虜得以牽制，每遇秋高，或示形於東犯，輒擁衆而西侵。諸將藉口南山，彼此觀望。昔年石州之陷，前歲應州之搶，坐失策援，足爲往鑒。臣自奉命移鎮，目擊茲弊，故於去秋今春兩防酌議分布，俟警調遣，其節勞省費，三鎮共知。今值七月初旬，又往年題報分布之時，若復因循夙案，仍復題布，在宣府重失門戶之防，在山、大均誤信地之守，誠非禦虜長策。臣去歲親至懷來，備閱南山岔東、岔西諸隘節年先後督臣經略，改築大牆，增修營城，挑浚重壕，添將募兵，內成一路。臣於去秋復將岔西山下不堪聯墩小牆議減戍守，儘將昌鎮邊外沿山險阻、經行隘口，如大山、瑞雲諸口，定議修建敵臺、營城，增修墩房，改築水門，安置拒馬、籤木，抗塞衝口，塹山湮谷，內於昌鎮邊垣爲表裏，聲勢聯絡，隱然有虎豹在山之勢。縱虜猖獗狂逞，內恃薊邊之守，外藉南山險峻，中有專將守兵。近有宣府正、奇各路之兵，或當其前，或尾其後；遠有臣標下及大同兵馬聞報襲烽，由南路直衝其中，恐彼黠醜卒難飛度。矧大虜平時志在乘隙搶掠，而南山道險林密，既非可入之隙，入山禁地又無可搶之物，在我雖當慎守，在虜素非垂涎。況今北虜納款，通貢受封之初，審虜度勢，保無他虞。而春秋分布亟當改圖以責實效，伐虜牽制之謀，厚我三鎮之備。平時聽臣督行各該鎮、巡、兵備各道、將領等官，同心共濟，飭兵理餉，繕治戰具，修葺城堡，申明哨諜，以嚴自治，春秋各防本境；有警聽臣酌量緩急，隨宜調遣，互相策援。蓋兵無常形，誠難逆料，惟在臨機應變，轉環不滯，方可濟戰。

臣受恩高厚，負閫外之重寄，一切戰守、防虜事宜自當遵照原奉敕諭，矢心籌畫，殫力宣勞，期收保障懾虜之功，免復據案陳瀆、歲報分布。合無今後南山時常之修葺、春秋之防守責成本山副總兵，隨時修練，因地布防，內防熟夷之窺伺，外伐大虜之陰謀。遇春、秋二防，聽臣查照節年布防之規，通行各鎮淬兵聽調。如賊突犯宣府，哨明大舉勢窺南山，本山副總兵督率馬、步主兵并各營無馬減留入衛官軍分據險要，擺守墩牆，拒堵於內；東路援兵、游兵二枝聯絡延、永一帶城堡，隨賊攻戰於外；該鎮正、奇、游兵抄出賊前，遏剿於左；臣督調山西正兵、北樓口援兵二枝，大同正兵一枝及臣兩掖標兵衝擊於右：使賊道[一九]尾受敵，進退失利。如果南山無警，虜窺大同或山西地方，其宣府正、奇、游兵聽臣臨機酌量虜勢緩急一體調遣剿遏，不得藉口南山，互分彼此。如虜東西并犯，當以南山為重，山、大之警聽各撫臣徑自調度戰守，臣督標兵并酌虜勢徵兵防護南山，相機禦虜。如虜窺犯薊邊，果係土蠻一枝侵犯薊東，山西、宣、大兵馬可免入援徒勞士馬。設若糾合三衛，陰邀西虜，深犯薊西，臣當遵照節年原議督率前項兵馬星馳入關策援，仍留各鎮守兵分投出搗巢穴，以誅背逆，以彰天討，虜退撤兵。庶歲免分布之煩文，時勤修防之實效，以節士馬之疲勞，以省客餉之煩費。中間如有鎮巡、兵備、守巡、將領、有司等官故違節制、推諉誤事者，聽臣指名參奏，應拿問者徑自拿問，以示懲戒，共勉邊圖。庶在外各遂本鎮之守，在內不誤薊鎮之援，內外兼備，援守無失，而宣鎮公私省便當無底極矣。伏乞敕下兵部再加詳議，如果臣言有據，議擬上請，行下臣等遵奉施行，等因。

具題，奉聖旨："兵部知道。"欽此。

續准兵部咨，前事，該本部覆議，看得總督軍務兵部尚書王□□具題前因，可謂言之切而說之詳矣。爲照南山一帶拱護陵寢，委爲重地，初議盡宣鎮之兵分布擺守，調山、大之兵遠爲應援，蓋亦急其所重，原非過計。先該本官條陳三鎮機務，內要留宣、大入衛之兵，免山西入援之兵，及請發京營兵馬出守，已經本部酌議，覆奉欽依，行令照舊防守。乃今復爲此議，蓋其久熟邊務，深知虜情，故其執議甚堅，任事甚決，審勢酌時，相應依擬。合候命下，本部移咨總督王□□，將南山布防、修守及策援昌、薊兵馬進止等項事宜，俱各查照本官所題一一遵行申飭。中間鎮巡、司道、將領、有司等官敢有故違節制、推諉誤事者，即便遵照敕書，應參奏者指名參奏，應拿問者徑自拿問施行。

再照夷虜之性變詐叵測，而軍旅之事機宜莫定，要在邊疆之臣隨時審勢，調度適宜。今總督王□□偉略雄才，長駕遠馭，安攘重寄既已身任之矣。伏望皇上天語更加叮嚀，令王□□悉心經略，戮力修舉，以圖萬全，庶外不失各鎮之防守而內不誤薊鎮之應援矣，等因。

隆慶五年七月十七日，本部署印左侍郎谷□□等具題。本月十九日，奉聖旨："是。"欽此。欽遵訖。

爲更置要路將領責實修防以固邊圉事

　　行據山西布、按二司守巡冀北道參議李鸚、僉事許希孟會呈，蒙臣批，據先任守巡各道參議黃九成、僉事韓宰會呈，蒙臣案行，會同大同總兵官馬芳，查議靈丘參將始於何年添設，所統召募土兵共若干，即今果否成營，有無實用。本路北接朔州，東接平虜，西連偏、老，皆係靈、廣門戶。其朔州守備原分守邊牆三十餘里，將無專守，邊多疏空，連年虜易窺侵。朔州大川城堡、墩臺攻掏殆盡，軍民失業。山西偏、老每被潛入，損將陷兵，莫能防禦。以昔較今，應否將靈丘參將改駐朔州，春秋二防駐防井坪，仍分兵一哨駐防乃河，以慎門户之防。所統兵馬，或應彼中量帶，或於分守道標下及山、馬、懷、應，或於正兵營，或於朔州一帶衛所官軍，各酌量定撥，專聽參將統領，無事操練武藝，有警協同威、平各參將內外策應，務俾聲勢聯絡，邊腹咸備。其靈、廣、渾、應近關各該隘口，責成各城守備查照分管地方，平時撥軍勤加修築、剗削，每遇春秋有警，聽撫、鎮傳調，量其隘口衝緩，督發土兵防禦。如有大舉深入，仍聽撫、鎮將存班入衛游兵量撥一枝前去，協同各守備官兵專備銀釵、驛馬嶺一帶關外防禦，爲紫荊、倒馬各關外援，事寧撤回。庶官不虛設，兵有統馭，而轉移之間內外均有裨益。查議明白，通呈軍門、撫院以憑會議具題施行。

　　蒙此，查得靈丘參將原係嘉靖三十二年因大虜猖犯浮圖峪，該原任經略兵部楊侍郎議題建設參將，募兵三千，駐札廣昌，專備銀釵、驛馬嶺之守。三十七年，因宣、大兩鎮錢糧互相推延，軍門議將參將改駐靈丘，專聽大同管轄。敕諭內原該統召募義勇、礦兵三千員名，所轄渾源、靈丘、廣昌三城守備。其廣昌守備城池軍馬原食宣府錢糧，兼聽宣府鎮、巡節制。即今見在馬、步、土兵二千四百一十八名，内原召募廣昌、靈丘各城無馬義勇軍五百八十八名，又募靈丘東山槍頭嶺、南山上下寨、廣昌東山團堡等處無馬礦兵一千一十七名。隆慶二年，召募流來寄住新軍二百九十九名。計准渾源州有馬土兵一百六十四名，靈丘縣有馬土兵一百九十七名，廣昌縣有馬土兵一百四十六名，及有京關馬屯田軍人七名。其三州縣土兵、百姓合户自買馬三百一十五匹，新准家丁領本營庫扣朋合銀買馬五十匹，共見在該營馬三百六十五匹。春秋兩防，節年定議該鎮守衙門呈請軍門，將前項無馬步軍分防渾源亂嶺關并渾源、蔚州、廣靈、靈丘、廣昌，伏守民堡及緊要外山口，餘通兩關内口無軍伏守，止遺前有馬軍丁三百六十五名，參將統領聽調應援。

　　及議得大同一鎮，靈丘在於東南，僻居山峪之中；朔州在於西南路，當山、大之交。先年虜患猖獗，外入朔州，内越鎮城，直逼紫荆、倒馬兩關，故經略大臣議設參將，召募兵勇，分守諸隘以爲三關之外援。既因兩鎮分屬，督臣議將參將移駐靈丘，以爲應、朔之内守，慮至遠也。近年軍門駐札陽和，修守頗嚴，兵威稍振，靈丘、廣昌之間，零寇既不敢入，大舉久亦未到，靈丘官軍坐食無用。其朔州地方西連偏、老，南接寧、雁，北抵平、井，東通山、應，相距陽和四百餘里，去大同幾三百里，道路既遠，應援甚難。先年原議軍門駐札該城，屯兵集將，爲山西、大同依衆〔二〇〕，後因宣、大警急移鎮陽和，朔州一路遂致單弱。以故先年大虜一入大邊，直犯井、朔，則朔州大川七十城堡一秋盡攻；徑趨寧、偏，則岢嵐、汾、石之間攻陷莫禦。朔州城内止有守備一員，官卑兵少，僅能固守，不敢與戰。近年建議欲將朔州設一參將，領軍三千，專備内外戰守，向以財用匱乏，募軍銀兩無出，事竟中止。惟將井、朔二城入衛兵馬議留，朔州守備統領，增給敕書，仍聽平虜參將節制。但守備權輕，號令難施於鄰境；參將异城，事機多阻於遥制。今若將靈丘參將移駐朔州，與平虜參將畫地分邊，春秋兩防駐防井坪，仍分遣一哨駐防乃河，事竣撤回。平虜參將分屬平虜、迎恩、敗胡、阻胡、滅胡五城堡，其井坪、乃河、朔州、馬邑、山陰割屬朔州參將，及查應州、懷仁縣、西安驛堡原隸鎮守大同總兵官節制，今合分屬朔州參將，共八城堡。各官敕書，平虜參將題請換給，朔州參將題請新給。二參將平居則選練兵馬，督修堡寨；臨警則申嚴固守，內外互相策應。

其朔州參將例當統領人馬三千名匹，目今度支告匱，召募銀兩難請，合無將靈丘參將營見在家丁、馬匹及有馬官軍量帶三百五十名，軍火、器具量留一半靈丘守城，一半帶赴朔州應用。冀北分守道標下量撥有馬旗軍二百五十名，正兵營有馬旗軍量撥三百五十名。再於各城新舊軍內挑選，朔州城守備營有馬軍士一百五十名、無馬軍三百名，山陰城三百五十名，馬邑城一百名，應州城三百名，懷仁城三百名，西安驛堡二百名，通計六城堡共軍一千五百五十名，俱令隨朔州參將營征操，務要精壯，以資戰守，以責實效。尚少四百五十名不足三千之數，合於朔州山、馬、懷、應舊有調赴鎮城等處團操官軍盡數掣回本城，免其調發，共可合四百五十名，湊足三千之數。馬匹添備一千匹，動支都司庫貯樁朋銀，行該營參將親選殷實有勇力軍士五百名，每名給該鎮開市近日易獲達馬一匹，餵養騎操。尚有軍士二千名缺少馬匹，但今草創之初一時遽難完備，待立營安插之後，以後年分貢馬、易馬漸次補領。以上官軍糧賞，隨朔州征操者責令朔州衛另造一冊，在山、馬、懷、應者責令馬邑、山陰二守禦千戶所，安東中屯衛，懷仁城後千戶所另造一冊，赴分守道稽查掛號，移文戶部管糧衙門按月關支。其原在鎮城、靈丘等處各守備營關支名數即日開除。

其靈丘參將原敕內分管南山一帶隘口，行令靈丘、廣昌、渾源、廣靈各守備官時加修築、剗削。每遇春秋有警，聽撫、鎮傳調，量其隘口衝緩，預布土兵守禦。如達賊擁衆深入，仍聽撫、鎮將該鎮游兵量發一枝前去協力防守，事寧掣回。其靈丘參將營召募新軍二百九十九名，原係四外游食之徒，盡行罷免糧賞開除。各州縣原有礦兵、土兵，責令渾源、靈丘、廣昌各守備管領，春秋防禦，緣由具呈到臣。

臣復批，據查議似明，但靈丘參將之設專爲拒守銀釵、驛馬嶺諸隘，保障紫荆、倒馬二關。今議改設朔州，在邊城固爲得力，在關外尤當兼備。須將各隘口分定各城守備，專責修守。原募各州縣土民、步騎官兵，仍須分別各口衝緩布兵多寡，務不失原分防之略，庶於原議無背。今設參將於朔州，實爲三關之外禦，外不能阻虜而令直至三關，則參將株守以待，亦難支矣。仰會總兵官再加詳議會呈，聽會撫院議請，繳。

又蒙巡撫大同右僉都御史劉□□批，據兩道亦會呈前事，蒙批，據議處置周悉，妥帖無遺，仰候會題施行，繳。

又蒙臣案驗，前事，仰各道即便會同總兵官，再查朔州山、馬、懷、應原調鎮城團操官軍，或係常年防秋調發攢營之數，或係先年撥發久住鎮城，應否掣回。如果年遠置有產業，難以移動者，仍須查明，取各地方鄰佑不致扶捏甘結在官，勿容游猾棍徒寄名鎮城以圖安逸，畏彼差操，一概影射。仍查靈丘參將原住該城，每年歲用錢糧若干；今移朔州并罷免新募軍士，彼中可省若干；正兵營量撥有馬旗軍三百五十名，免調鎮城，每歲所省行糧若干。今設參將調集各處官兵，防秋防春及遇警團操應否量加行糧，及該營一切廩餼、供需之用在靈丘者應否移支，在朔州者有無堪動錢糧，俱當預計明白。仍將銀釵、驛馬嶺諸隘口分別衝緩，查照原批呈事理預布守兵，定擬分屬各城守備管轄。作速查議明悉，以憑會題施行。

蒙此，職等接管，會准鎮守大同馬總兵手本回稱，行據山西行都司呈，行據守備靈丘城指揮孫鷥呈稱，查得靈丘城相離倒馬、紫荊二關各一百八十里。渾源城所轄隘口五處，衝要四處磁窰口、遠望峪口、照壁口、亂嶺關口，稍緩一處炭寺峪口。靈丘城所轄隘口五處，衝要二處銀釵嶺、槍頭嶺口，稍緩三處槍鷥嶺口、奔菜溝口、暗門峪口。廣靈城所轄衝要隘口四處，虎林關口、唐山口、直峪、紅沙坡口。及查往年有警，有馬土兵跟隨參將防護倒馬、紫荊二關并歪嘴兒、西窰峪、爐子溝、黃草庵等四隘口，以保畿輔重地；其義勇、屯軍并無馬土兵分防渾源、廣昌、靈丘三州縣民堡及亂嶺關口，廣靈城土兵分防本城所轄隘口，亦聽參將調度。今靈丘參將既議改移朔州，合無將原統馬、步官軍仍聽各該守備管轄，每歲春秋兩防責成廣昌守備分防歪嘴兒、西窰峪、爐子溝、黃草庵等隘口，靈丘守備分防銀釵嶺、槍鷥兒嶺、槍頭嶺、奔菜溝、暗門峪、林關、唐山、直峪、紅沙坡等口，渾源守備分防磁窰口、遠望峪、照壁、炭寺峪。其亂嶺關定發大同、懷、應三州縣土兵，仍聽渾源守備調度，一體防守。各有封疆之寄，無事時加訓練，有警并力拒堵，共保無虞。

及查得朔州山、馬、懷、應四衛所官軍先年調撥大同鎮城團操，見在正兵等營騎操，俱有房產，似難更移。其靈丘參將每年歲用廩米九石，原在廣昌香山驛、靈丘太白驛動支；又折色銀一十八兩，在渾源州上盤鋪驛、王家莊驛動支；心紅、日用、紙張并造冊等項銀一十七兩八錢四分，在於渾源城中前二所尖丁銀兩動支。今木[二一]、折廩給應改朔州城東、懷仁西安、應州安銀子三驛均支，紙張、造冊應於朔州衛尖丁銀兩動支。又本營官軍二千三百八十六員名，每年歲用月糧、布花并馬匹料草共領銀億庫銀一萬九千六百三十三兩三錢零。罷免召募新軍二百九十九名，每年可省月糧、布花銀二千四百七十八兩七錢一分；正兵營有馬旗軍三百五十名免調鎮城防秋計三個月，可省行糧四百七十二石五斗、料豆九百四十五石、草三萬一千五百束：誠通變宜民救時急務。該營兵馬如遇防秋、防春擺邊及有警征調，合用行糧供需照依鎮城常規各隨應守地方倉場聽候明文支給。

及查銀釵、驛馬嶺各口連年派撥官軍不等，俱聽參將臨時酌量緩急分派。隆慶四年防秋，蒙臣并撫、鎮衙門會議，將懷、應、渾、靈、廣、蔚擺口土兵、旗軍存留各州縣護守本城，止是亂嶺關口撥派靈丘參將營步軍八百名，照舊防守；磁窰口改議大同縣土兵二百名防守；仍議游兵一枝聽警趨赴靈丘一帶，兼同參將隨向堵遏。今議參將改移朔州，其南山隘口守把軍兵自應照舊派撥。合將靈丘參將原統見遣渾源、靈丘、廣昌軍兵一千七百六十九名分屬各該守備孫鸞、吉釗、管一方等統轄。酌量衝緩，亂嶺關口於前遣兵內派撥四百名，再撥大同縣土兵一百名、懷仁縣土兵一百名、應州土兵一百名，共七百名，責委的當把總官一員統領防禦。長柴嶺該軍十名，磁窰口與懸空寺各該軍一百名，俱於渾源城土兵內派撥。遠望峪派撥大同縣土兵二百五十名，銀釵嶺派撥靈丘城參將營遣兵八十名，林關口派撥廣昌城土兵一百四十名、蔚州土兵六十名。槍頭嶺該軍六十名，暗門峪該軍十五名，奔菜溝、槍鷥嶺各該軍二十名，俱於靈丘城參將營遣兵內派撥。炭寺峪該軍六十名，照壁口該軍五十名，俱於渾源城官軍內派撥。紅沙坡口派撥廣靈土兵二百名，唐山口派撥蔚州土兵一百名，直峪口派撥蔚州土兵一百二十一名。亦聽守備孫鸞等責委官員管束，據險守要，多備火器、旗幟，廣積礧石等項，張疑防禦，仍不時稽查，遇警恃險堵遏。其懷、應、渾、靈、廣、蔚六城，除撥發守口外，應州城尚有官軍、土兵一千餘名，懷仁城尚有官軍、土兵五百餘名，渾源城尚有官軍、土兵四百餘名，廣靈

城尚有土兵四百名，蔚州城除聽屬宣鎮官軍一千六百餘名外尚有
該州土兵一百四十一名，靈丘城尚有守城土兵四百名，用備城
守。仍有布剩靈丘參將營遺兵八百七十名，每秋聽總兵官行守備
分發與各民堡防禦，緣由到道。

看得靈丘初設參將，原爲保障倒馬、紫荆二關，而朔州川一
帶又係靈丘等處藩籬，尤爲緊要重地。若外無兵馬以捍禦之，則
虜衆深入，雖靈丘之有將兵，亦恐勢不能支。今參將移住朔州，
春秋兩防駐防井坪，分兵一哨駐防乃河，事寧撤回，實得捍外衛
內之宜。其所遺原統馬、步官軍并靈丘、南山一帶衝緩隘口，既
分定各該地方守備官員管轄，則責成各有其人，亦不失原分防之
略，內外俱可恃以無虞矣。

其參將廩給、供需應在朔州城東驛支給，日用、心紅、紙張
等項銀兩於朔州衛尖丁銀內動支給領。本營官軍月糧、馬匹草料
查照各營各城事規各另造冊，赴分守道稽查挂號，移文户部管糧
衙門銀億庫按月關支。

及照朔州懷、應、山、馬四衛官軍，雖係先年調撥大同鎮
城，名雖團操，實爲在彼投跟衙門，希圖安閑，兩相影射，坐食
俸糧，況各官內有考選掌印官員，應該各回原衛所掌管，難容照
前恣肆安閑。及查原議靈丘參將應帶家丁、馬匹及軍火、器具，
并各營各衛所、州縣新募軍丁各照前議分撥，共合一營軍丁三
千、馬一千之數。其廣昌、靈丘、渾源、廣靈各守備官，將前分
定衝緩隘口各照信地各給鈞帖，每歲春秋兩防，如遇有警，帶領
官軍即赴各照原議地方并力拒堵，以保畿輔重地。仍行山西行都
司，將前朔州山、馬、懷、應四衛所大同團操官軍盡數督發各回
原衛，官員照依考選掌管印信，旗軍撥給參將隨營征操，俱爲有
益。伏乞早爲題請，庶地方得以安妥而禦虜之長策在是矣，等
因，會呈到臣。

案查先該臣查得，靈丘參將節奏欽依先設廣昌，招募土兵三千名，專備拒守關隘，隱[二二]宣、大軍門節制。嗣因地屬宣、大兩鎮，各軍月糧推諉難支，改移靈丘，專屬大同，分管渾源、靈丘、廣昌各守備，無非因時制宜、慎重關輔、捍外衛內之意。今查得該營原議募兵三千，向未足數，議將各城守備官軍摘撥統領，每秋聽大同撫、鎮分布各關隘防守，參將止遣標下馬軍不及五百，且於各城僉撥土兵春夏歸農，秋冬操練，不成營伍，徒有參將虛名，原無兵馬實數，平時統練未專，緩急戰守何濟？況銀釵、驛馬等嶺，磁窰、亂嶺等口，天造地險，真一夫當關，萬夫莫敵，連年修劖高峻，已足拒守。每年春融，責成各城守備各照信地修劖；防秋有警，各守備布兵拒守，仍發該鎮游兵一枝相機策戰，自可保固關隘。及查朔州地方川原廣漫，東接山、馬、懷、應，北連井坪、平虜，西近大水口、滅胡、迎恩、乃河等口，接連山西偏、老邊境，俱係通虜要衝，內地原未設兵，邇年點虜諏知，每從左、右、威平突入，直犯朔、應大川。該城守備既無勁兵可恃；總兵兵馬與左衛、威平將領被虜阻隔，不能策援；靈丘參將既無兵馬，遠隔南山，尤難輕調。坐致朔州大川村莊、墩堡十存二三，州民尺籍半空，屯田地土荒蕪，額賦歲逋，孤城無援，良可痛憂。即今點虜納款，正我綢繆牖戶之時，其修復破壞，招撫游移，開耕屯畝，必須示衆有守，聯絡聲援，示兵不孤，方可定衆志而振神氣。臣已悉心查議，詢謀僉同，節經咨行該鎮巡撫案行守巡各道，會同總兵官查議靈丘參將應否改移朔州以慎門戶之防，其原守山隘分責各守備以固關輔之守，并應舉應罷等項事宜，從長議報。

　　續據升任參議黃九成、僉事韓宰會議前來，又經駁批，行新任該道巡察地形，考核兵實，具議前來。復經帖行總兵官馬芳，將分布各隘口土兵及調撥參將兵馬覆查的數，分布明白，呈報到臣。

臣會同巡撫大同右僉都御史劉□□議照，用兵雖無常形而制兵須有定籍，設將雖有定守而用將須責實效，庶兵不徒設而將無虛位，兵可常用而將可自獻。若擁虛位，守虛籍，株守其所不攻而棄其所當守，皆非計也。歷查先年大虜深犯靈、廣之間，勢近紫荆、倒馬關隘，震驚内地，故當事諸臣隨宜經略，添設參將一員，召募土兵三千，始則駐札廣昌，繼而改移靈丘，據險布兵，慎重關輔，誠爲得策。邇年以來，外而邊備漸嚴，内而關守日固。天城、新平二路北當紫荆、倒馬之衝，既各改設參將，增重外防；北樓、紫荆各關南當萬山之口，每歲分布秋防，嚴備内守。靈、廣邇年虜騎鮮至，紫荆、倒馬賴以奠安，靈丘參將平時不成營伍，緩急無可調用，官屬坐閑，餉屬枉費，當此兵糧匱乏之時即應罷設。但查朔州一帶北當威平各邊之要衝，南爲三晉諸邑之門户，實乃戎馬之場。昔緣山、大并守大邊，軍門駐札該城，兵力團聚，虜尚憚窺。繼今山、大外邊撤守，軍門移駐陽和，紫荆諸隘歲益奠安，而朔州山、馬虜患日熾。即如嘉靖四十二年大虜侵陵州川，攻毀殺掠，極其荼毒。守備兵微，力難拒阻，而正、奇諸兵隔遠三百里，聞警發兵則追逐不及，先期按伏則糜費不資，城空兵寡，孤危日甚，審時度勢，亟應措置。矧當北虜通貢之初，正我乘時自治之日，故更置周防，計不容緩。

其山西西路野猪溝一帶邊隘，切與大同平虜等城脣齒相依，臣已近會山西撫臣題修邊牆，添設衝堡，以拒南犯之虜。今改靈丘參將駐札朔州，與大同西路平虜參將，山西偏、老兵將聯絡兵勢，協禦東窺之寇。其各分轄邊界，在西路當以平虜、迎恩、敗胡、阻胡、滅胡五城堡爲屬，在朔州當以該城并井坪、乃河、馬邑、山陰、應州、懷仁、西安驛八城堡爲屬，俱仍聽總兵官節制。所遺靈、廣銀釵、驛馬、磁窑等口，責成渾、應、靈、廣各守備照議分轄。平時俱要選練兵馬，督修堡寨，設險樹防，以爲先事之備；臨警務各申嚴固守，收斂堅壁，互相策應，期收保障之績。至於春秋兩防之時，朔州參將統兵駐防井坪，仍分遣一哨駐防乃河。萬一北虜叛盟，哨明虜踪，如虜窺伺本邊，與同平虜參將會合并力拒剿；如虜西窺山西偏、老地方，該營兵馬通赴乃河以爲聲援；如虜東窺洪、蔚，聽撫、鎮當擬入衛歇班游兵一枝預發靈、廣協守諸隘，事寧撤回，共圖保障。庶轉移之間將不增設，軍不移伍，衝緩得宜，戰守攸賴，且歲省月糧、布花銀二千四百七十八兩有奇，行糧、料豆共一千四百一十七石五斗，草三萬一千五百束，其於籌邊理財之方均有裨益。

臣自督臨年餘，揆度虜勢、稽考軍實已真，見靈丘參將之兵將平時坐閑，緩急難恃，已將原任參將張子鯨請調威遠，原缺停補，該營兵馬暫行靈丘守備坐營管理，將該營更置緣由通行撫、鎮、各道查議，覆行駁查明白，時届秋防，即應會請。如蒙，乞敕兵部再加酌議，如果臣等所言有據，早爲定議，將靈丘參將員缺免行推補，朔州新設參將須推本鎮謀勇素著將官一員，充分守朔州等處地方參將，請敕一道，勒限任事。責其會同朔州駐札冀北分守該道，將本境原分管邊疆分別衝緩逐處經修，應設伏守城堡逐段定設，沿邊作何巡瞭，腹裏作何防守，外接平虜、威遠、偏、老作何會哨，內連山、馬、懷、應作何控禦，逐一經始，會呈臣等，逐爲裁定督理。其各官應領敕書，在西路者應請換給，在朔州者應請新頒，庶責成既專，幹濟難諉，不惟井、朔、山、馬之間可遂奠安，內而三關，遠而靈、廣，均有屏翰之賴矣，等因。

具題，奉聖旨："兵部知道。"欽此。

續准兵部咨，前事，該本部覆議，爲照朔州地方西連偏、老，南接雁、寧，北抵井坪，東通山、應，最爲衝要，向來山、大并守大邊，軍門駐札該城，兵力團聚，尚可防守。近緣山、大大邊撤守，軍門移駐陽和，該城止有守備一員，雖將井、朔二城入衛兵馬留付統領，權輕兵寡，勢自難支。以故大虜一入邊界，直犯大川，西突寧、偏，徑抵興、嵐，雖汾、石內地亦被攻掠。所據添設參將，平時駐札朔州，臨警移防井坪，在外則可為威平內應，迤西則可為偏、老聲援，而三關重險又得屏蔽，誠為得策，且兵馬、糧餉計處既已停妥，相應通行依擬。

合候命下，聽本部推舉謀勇素著將官二員，疏名上請簡用一員，充分守朔州等處地方參將。照依今議，管領靈丘等處馬、步官軍三千員名，平時駐札朔州，春秋兩防統兵駐防井坪，仍分遣一哨駐防乃河。如本邊有警，與同平虜參將并力拒剿；偏、老有警，則通赴乃河以為聲援。其本路所轄朔州、井坪、乃河、馬邑、山陰、應州、懷仁、西安驛八城堡，西路所轄平虜、迎恩、敗胡、阻胡、滅胡五城堡，各另定擬責任，應請敕者請敕，應換敕者換敕，行令欽遵行事。靈丘參將員缺裁革，所遣前項隘口、兵馬悉照原擬，聽軍門責令各該守備加意修守。若洪、蔚有警，仍聽撫鎮官預發游兵一枝，先期分布緊要隘口以備緩急。至於朔州地方一切經始事宜，聽新任參將會同該道議呈督撫衙門徑自裁酌施行，等因。

隆慶五年八月初五日，少傅兼太子太傅、吏部尚書管理兵部事楊□等具題。本月初七日，奉聖旨："是。"欽此。欽遵訖。

為更置守備官員扼要地以資戰守事

准巡撫宣府右僉都御史孟□會稿，據整飭懷隆等處兵備僉事姜廷珤呈稱，職抵任以來遵例巡視東路迤北地方，自小河由舊縣出黑峪以抵靖胡，復由靖胡東北出暗門，過梅子峪，越滴水崖，至於許家衝大邊。又西北出河口，過龍王寨，亦至滴水，越馬市口至於龍門大邊，策馬杖緣，陟巔履險，周回竟日，然後知此堡最爲緊要。方今虜酋率衆納貢稱臣，目前之患萬無可虞；但事變無常，預當隄備。若使虜由許家衝而入，則可以達周四溝，逾黑漢嶺，真抵四海冶；由龍門而入，則可以達馬市口，逾龍王寨，越黑峪，直抵懷、保；由黑峪而入，則可以達舊縣，逾永、延，直抵南山。是謂胡[二三]堡者乃獨石、龍門之内障，永、延、懷、海之外藩也。又況屬夷史大、史二、于頭目等旋擾于其旁，撫賞錢糧等項屯聚于其内，先年召設馬、步官軍千有餘名屯守此地，不爲不重，而獨于職官則以操守當之。夫操守一札委官耳，以力則不能以抗獨石、龍門之參、守，以勢則不足以服屬夷觀望之野心，以權則不足以制千軍用命之死力。先年正兵坐營指揮董暘、江瀚敗績于馬市之大舉，良以此也。故職以爲守獨石、龍門者大邊也，守靖胡堡者二邊也，守黑峪東西聯墩者三邊也。守必鼎列而後險始固，將必棋布而後守始均，則此靖胡堡者誠不可不守之險也。

查得永寧縣有永、延二衛，有參將官一員，有守備一員。夫參將者謂其東援四海，西應懷、延，北控黑峪，而乃與守備同處一城，不亦犯疊床架屋之禁乎？愚見欲將永寧守備改駐靖胡堡，另請敕書，俾其清勾逃亡，兼管撫賞。居常無事，則覘探虜情，修設牆壕，喂飼馬匹，操練軍兵，修飭器具；緩急有警，則東堵許家衝、梅子峪之險以障四海冶，西堵龍王寨、馬市口之險以障懷、保，南遏黑峪口聯墩諸峰之險以障舊縣、永、延諸處，而分守參將居中調度，懷、保守備應於西，四海冶守備應於左，延、慶附近守備又有以助其不及焉，則聲勢聯絡，首尾相應，以戰可齊，以守可固。其永寧守備所遺原統兵馬二百并黑峪一帶邊墩改屬參將，責令坐營官兼管訓練，是官不加增，軍不加多，糧不加益，而於邊備未必無少補云，等因，具呈到職，會稿到臣。

准此，案查先據懷隆兵備道僉事姜廷珤具呈前事，隨該臣批，看得據議移永寧兵備於靖胡，可資保障，誠爲有見。仰會鎮守官再一定議，仍呈撫院會請易敕、更調，庶官不必添，軍不移堡，地方均賴。在永寧有州有衛有參將，守備誠贅員也。速議報繳去後。

今准前因，臣會同巡撫宣府右僉都御史孟□、巡按直隸監察御史劉□□議照，安邊固貴於設險，禦侮莫先於任人。靖胡堡切近虜巢，護持陵寢，北接獨石、龍門所之警，南防永寧、四海冶之衝，最爲緊要重地，先年建置此堡亦未嘗無深意也。但其中召募官軍千餘，遂設操守一員，論以事權，誠難鎮攝。今該道身親經略，慮及虜衝，欲將永寧守備改駐靖胡，酌此有餘，注彼不足，委爲補偏救弊、固圉殿邦之大計也。臣等反覆思維，事體允當，相應准從。如蒙，乞敕兵部再加酌議，如果臣等所言不謬，就將永寧見任守備車相改駐靖胡堡，仍聽東路參將節制，令其清勾逃亡，兼管撫夷。其餘一應事宜，并永寧守備所遺原統兵馬及黑峪一帶邊墩改屬參將，責令坐營官兼管訓練，俱如該道所議施行，庶責任頗隆，邊方無患矣，等因。

具題，奉聖旨："兵部知道。"欽此。

續准兵部咨，前事，該本部覆議，看得總督尚書王□□具題前因，官不增設。邊防允賴，相應依擬。合候命下，將永寧城守備車相仍以原職指揮僉事照例以都指揮體統行事，改駐守備靖胡堡地方，仍聽東路參將節制，令其清勾逃亡，兼管撫夷。本部定擬責任，札付本官欽遵行事。所遺原統兵馬及黑峪一帶邊墩改屬參將，責令坐營官管練，等因。

隆慶五年八月二十五日，少傅兼太子太傅、吏部尚書管理兵部事楊□等具題。本月二十七日，奉聖旨："是。"欽此。欽遵訖。

校勘記

〔一〕“夷”後，據明劉良弼《刻中丞肖岩劉公遺稿》卷三《虜王修貢等疏》所引王崇古該疏當有一“使”字。

〔二〕“古”，據同上文所引王崇古該疏當作“吉”。

〔三〕“傳”後，據同上文所引王崇古該疏當有一“論”字。

〔四〕“遠”，據同上文所引王崇古該疏當作“還”。

〔五〕“值錢”，同上文所引王崇古該疏作“减值”。

〔六〕“飭”，同上文所引王崇古該疏作“綏”。

〔七〕“肴”，據同上文所引王崇古該疏當作“屑”。

〔八〕“徒”後，同上文所引王崇古該疏有“外而”二字。

〔九〕“鑄新”，《明經世文編》卷之三百十八王崇古《酌許虜王請乞四事疏》作“新鍋”。

〔一〇〕“雲犯邊境”，同上文作“犯邊”。

〔一一〕“自”，同上文作“恃”。

〔一二〕“虜”，據文意疑當作“慮”。

〔一三〕“日”，據文意疑當作“自”。

〔一四〕“窖”，據文意疑當作“罕”。

〔一五〕“蠻”，據文意疑當作“變”。

〔一六〕“恰打兒漢”，據文意疑當作“恰打兒罕”。下同。

〔一七〕“二”，據文意疑當作“三”。

〔一八〕“亟”，據文意疑當作“即”。

〔一九〕“道”，據文意疑當作“首”。

〔二〇〕“衆”，據文意疑有誤，待考。

〔二一〕“木”，據文意疑當作“本”。

〔二二〕“隱”，據文意疑當作“聽”。

〔二三〕“胡”前，據文意疑當有一“靖”字。

宣大山西·籌邊類

爲感激天恩竭力圖報積勞沉疴乞賜休致重邊圉以全臣節事

臣以駑努[一]歷官中外三十餘年，沐先皇作養之恩，位躋撫臣，自甲子之秋履任寧夏。恭遇聖明御極，邊務更新，撫夏四年，洊陟督寄，陝邊將歷三載，宣、大經防二秋，慚無滅虜報國之功，每有崇階晉錫之寵。累陳衰病，未荷賜閑；策駑驅馳，幸免覆餗。蒙龍誥極品之封，光裕祖考；錦衣國子之廕，澤逮子孫。感激聖皇優異之恩，誓裹革以仰報；幸際明良熙昌之運，矢畢志於邊圖。實愚臣之夙願，亦臣子之義分也。

但念臣往歲當秋防孔棘，既戒師以東援；幸薊門熄烽，旋率兵而西禦。適遇虜孫之來降，繼逢諸酋之索犯。處降禦虜，日夕未遑；構逆獻俘，寢食坐廢。仰仗皇穹錫祐，宗社垂庥；聖德廣被，天威遠懾。俺答感恩乞封，諸虜慕義納款。臣念時幾之易失，慶遭逢之匪偶。竭忠陳請，冀[二]寬北顧之憂；執議異同，恐甘欺誕之罪。又或因公挾私，備極醜詆。臣以積勞衰病之軀，處孤危憂懼之地，日惟露香叩天，刺心飲血，上祈天地、宗社、神靈昭鑒，下期各鎮文武同心。仰仗聖明獨斷，輔弼忠謨，籌度經年，憂勤萬狀。凡議奏之頻煩，虜使之應酬，貢市之規畫，邊務之申飭，固藉群策之共濟，每敷一己之腎腸，坐致心血盡耗，衰疲滋甚。痛思恩深莫報，詎意福過災生？秋時尚可支持，冬來愈覺狼狽。觸咳血之夙疾，夜每數四；益怔忡之痼疾，日復再三。腰膝酸痛，起拜艱辛，雖犬馬之齒未及六旬，而蒲柳之質恐先朝露，豈惟各鎮文武諸臣所共見知，雖往來虜使亦皆駭問臣形容非故也。幸今東西諸虜各守約盟，山、陝諸邊免驚烽火，一時在邊諸臣皆身親貢市，共效忠猷。既非疆場多事，似及國家閑暇，臣若不攄衷陳請，乞骨讓賢，倘病勢難支，驅策罔效，上負聖明優遇之恩，下昧臣子止足之義，臣一身不足恤，萬一重誤封疆，臣死有餘辜矣。

再思臣前被人言，時方貢市未完，誓不敢避位免禍。今幸諸務有緒，若仍顧戀寵榮，不思引去，人將謂何？竊思姬旦大聖也，夾輔周室，尚謂「臣罔以寵利居成功」；班超漢賢也，久事西域，亦嘗以生入玉門爲衰懇。臣之菲劣，學慚希聖，功愧定遠，萬非先哲比倫。但人臣出處之義當明，盈滿之損當戒，精力有限，伎倆已窮，欲其尸榮而無濟職務，孰若得賢代理，俾出新圖，維扶成緒，猶可因人共圖報稱之爲得耶？

伏乞皇上鑒臣血誠，察臣衷苦，憐臣八年在邊之疲勞，宥臣叩恩未報之死罪，將臣特賜放歸田里，勉就調攝。倘未即殞滅，稍遂爽健，他日疆場有事，惟命驅使，臣死亦不敢辭難；若終遂首丘，臣亦可無餘憾。庶臣愚稍逭曠官之咎，而在人亦可免患失之譏矣。臣不勝感戴天恩泣血懇乞之至，等因。

具奏，奉聖旨：「卿經略邊務茂著忠勩，朕方倚任，豈可引疾求退？宜益盡心供職，不准辭。吏部知道。」欽此。欽遵，備咨前來。

爲摘陳緊要修守以責實效事

據山西布政司分守冀北道右參議李鵬具呈，節奉督撫案驗，行據大同府推官張簡呈稱，本職親詣應、懷、山、馬四城，公同各城州縣掌印及各守操等官，將磚包各城牆垣工程逐一查估。除將般運石條、灰炭脚價及補修門櫓等項合用車、牛、物料，議令借軍民之車夫兼有司之設處，仍令該城有身家軍民量助磚石充用，不動官銀，無容別議外，其合用包城磚工、軍民、夫匠、口糧、工價、鹽菜等項及量助燒灰、燒磚炭價銀兩俱查估明白。但此四城頻遭虜患，民素貧窮，專責之民恐難濟事。合無請發內帑幫濟軍民，庶工易成而民不擾。緣由造册到道，等因。

據此，看得應州、懷仁、山陰、馬邑四城俱臨邊境，率多土脉沙鬆，經年修理，徒費工力，相應用磚包砌。今將各城合用磚數分派軍民餘丁，定以等則數目，議估明白，俱自隆慶六年三月初一日興工，先各包修緊要城垣一面并門櫓，定以本年九月終完，隆慶七年包修一面半，隆慶八年包修一面半，通計三年修完。已經行令各州縣并守操官各查照原派軍民戶級等第勸借車、牛，各赴該城近處山場載運石炭。及查各城車、牛甚少，惟恐不敷，應該量助炭價。

合候詳示，備行管糧衙門，將前應支口糧行令南路通判轉行各城該倉客兵糧內支給，工價銀兩於議徵河南節年續解班價銀內動支，或於銀億庫客餉內給領。仍行朔州參將趙伯勗總理督工，應州知州吳守節、守備李迎恩，懷仁知縣蕭大讓、守備王卿，山陰知縣王淑民、操守蕭鋏，馬邑知縣岳汴、守備張士英各提調管工。先趁冬月春初運炭運石，燒造磚、灰，處備鍬钁、窩杵、繩索等項，聽候來春三月興工。本道往來親臨督工，事完將修過工程丈尺、用過錢糧數目并管工效勞官員備細造册，繳報查考，等因，開呈到臣。

據此，隨該臣批，據查估工程、糧銀已悉，但軍民不可慮始，須與出示明白，每戶每名雖派有磚數、炭數，責令三年辦造，止各出工力采炭打坯，同衆燒造，不責以自燒自買。或每民十户、軍二十名爲派一窑，聽其打坯運炭燒造，自陪食米，定每窑燒磚若干、用炭若干，行有司估燒明白，即以所派車、牛、炭價聽給窑頭。軍民有力者，聽其自爲造運。庶民志定而可免逃避焉。每年燒磚若干，務以前數不堪者追賠，燒造好磚者量賞。備示各城知悉，分派定出榜示衆遵行，具由繳。前議尚候會撫院議請，候部示遵行，惟采辦、燒造可速行示諭勿滯去後。

案查先爲增修城池以保萬全事，臣於四年督臨之初照得懷仁、山、馬均通威、左邊衝，應州係虜垂涎之所，比之腹裏他處迥不相同。即使高城深池，尚恐難恃保障，況皆低薄不堪，何以衛民弭虜？且虜狂狡异常，攻困是計，而邊郡城隍尚爾未固，良可殷憂。即於本年七月内案行分守冀北道逐一委官查勘，要見周圍城垣原舊高厚丈尺各若干，務要遵照臣查修城堡事規。隨經咨行撫臣，復爲查議間。

又准兵部咨，該巡按直隸監察御史劉□□題議，四州縣城工急應議修。本部議擬，合候命下，本部移咨大同督撫官王□□、劉□□，查照先今事理，即將四城先行估計停當，一面會同具奏，一面刻期興工。其餘各堡，或應并行修築，或應以次修築，另行議處回奏，等因。題奉欽依，備咨前來，又經咨行撫臣，案行該道議估去後。

今據前因，除沿邊官堡應該磚包者三十七座已經查估明白，備咨兵部議請外，臣會同巡撫大同右僉都御史劉□□議照，防邊禦虜固藉於修戎，而保衛居民實賴乎設險。方今北虜款塞，地方無事，正邊臣綢繆桑土之期。況應、懷、山、馬四城切近虜巢，且地勢平坦，土多沙鬆，兼以水患時發，隨修隨壞，是以軍民歲無休息，錢糧日有耗費。臣督任之初查閱得四城牆垣單薄，不堪禦守，行令該道估計費用銀、米頗多，驟難措辦。當於隆慶五年二月二十五日會同巡撫劉□□具本，題請河南班軍暫免赴邊，徵解價銀接濟工程。荷蒙皇上俞允，臣等已經會行該道再估具奏間。

又該巡撫劉□□復建前議，臣職任封疆，敢不仰體廟堂節行整飭事理及時修舉，敢有一毫曠廢，又經催行該道復估。四城合用口糧米五萬七千八百四十七石九斗零，工價、炭價、鹽菜共銀三萬一千四百八兩二錢零，石條二萬九千一百三十六丈二尺，灰九萬九千九百二石九斗零，磚一千九百六十八萬九千二百二十個。

臣切慮前項銀、米若請給內帑，恐非邊臣仰體廟謨節省之意。查得大同府見貯修理墩堡班價銀一萬八千五百一十二兩三錢零，俱堪本項修理動用。內少銀一萬三千八百九十五兩九錢零，合於隆慶六、七年續解班價銀內支取。其夫匠口糧無從區處，及查得本鎮見在客餉頗有贏餘，節年修邊修堡動調官軍例得支用客餉，且前項完報期在三年之後，又非一時驟支，似應逐年動用。如蒙皇上軫念修防大計，敕下該部再加查議，如果臣等所言於地方有益，將前應用口糧姑於客兵糧內動用，其工價等銀聽臣等於討准班價銀內分給。各該守操、州縣掌印等官查照原議工程丈尺上緊如法包砌，臣督鎮巡官馬芳等、參議李鶚、參將趙伯勛不時往來督率勸相，勞來鼓舞，務期三年之內通行告完。如有曠日糜費、苟且了事者，聽臣等分別勤惰照例具奏，昭示勸懲。其用過錢糧、包砌過工程，聽巡按御史核實，逕自具奏施行。

再照先年修理城堡，北虜猖獗，版築難施，各營將士有馬者架梁防護，無馬者躬事畚鍤，日支錢糧，月費不資。今議包砌城工，惟有匠役工食、軍夫口糧，比昔所省數倍，是修守之計正當及時。計工既不宜責效太速，勞累軍民，致妨農業；糜費國儲，致不可繼；尤不宜玩時愒日，坐誤歲月，萬一虜情中變，遂使修守長策竟付空談，甘貽後日之悔，等因。

具題，奉聖旨："該部知道。"欽此。

續准兵部咨，前事，該本部議照，應、懷、山、馬四城俱當虜衝，牆垣低薄，委果不堪防守，以故督撫、巡按官先後建議，無非保障地方至計。今據尚書王□□等逐一勘明會題前來，不煩內帑，相應通行依擬。合候命下，移咨總督王□□，將工價等銀准於班價銀內動支，應用口糧准於客兵糧內支用。行令各該守操、州縣掌印等官將原議工程上緊如法包砌，仍督鎮、巡、參將、兵備等官不時往來監理，務要三年之內報完。修過工程丈尺、用過錢糧數目造冊奏繳，青冊送部查考。如有曠日糜費、苟且了事者參奏究治。其工程有無堅固，錢糧有無冒破，聽巡按御史查核具奏，仍候大臣至日閱視施行，等因。

隆慶六年二月初一日，少傅兼太子太傅、吏部尚書管理兵部事楊□等具題。本月初三日，奉聖旨："是。"欽此。欽遵，備咨前來，已經通行該鎮撫鎮、司道、將領等官查照原議修理訖。

爲議修緊要邊牆伐虜謀以永保障事

據山西布政司整飭朔州兵備參政申佐呈稱，遵臣案驗并節次批駁事理，備行大同府東路通判惠之翰，會同東路參將馬孔英、本道中軍任秉公查勘得，大同鎮東路，西自鎮口堡起，東至瓦窰口堡止，原有壕塹一道，延長五千一百四十九丈一尺，計二十八里零二百一十八步，係先年因本段原無邊牆，被虜騎不時出沒，入城[三]、陽和大川搶擄人畜，權議挑壕塹，阻虜騎。節年被雨水浸灌，披塌既多，虜騎難阻。況瓦窰一帶設在新平堡南，較之鄰虜諸堡尤爲吃緊。該路參將馬孔英議擬壕內加築邊牆一道。職等勘估得，應修邊牆須得根闊一丈八尺，收頂一丈，身高二丈五尺，女牆五尺，通高三丈。以工定夫，每夫日修工六分，以軍夫六千一百三十名，一日共修工三十六丈七尺八寸，約修一百四十日，采稍三日不支行糧、鹽菜，共修一百四十三日可完。每夫六百一十三名該管工把總官一員，共一十員，以夫計食，每官一員日支行糧米二升、鹽菜銀一分，軍夫每名日支行糧米一升五合、鹽菜銀五厘，共該行糧米一萬二千九百一石、鹽菜銀四千三百五兩。

又勘得沿壕見有火路墩臺二十六座堪以瞭守，不必加幫。其舊壕一道，如有淤塞去處，隨工挑浚以遏虜騎。

又勘得瓦窰口堡出暗門前去新平堡，由碓臼溝衝賊要路迤北通二郎山、猴兒嘴、化門兒，賊常潛伏此溝邀撲人畜，或侵犯迤南，永嘉堡一帶受害。應於地名化門兒高山上築墩一座以便瞭望，根闊四丈，收頂二丈四尺，身高三丈五尺，女牆五尺，通高四丈。墩下周圍修築瓮圈牆一道，根闊六尺，身高八尺，上起魚脊。合用管工把總官一員、軍夫五百名，約修十日，采稍一日不支行糧、鹽菜，共修一十一日支可完。官軍照前例日支行糧、鹽菜，共該行糧米七十五石二斗、鹽菜銀二十五兩一錢。墩臺完日撥軍瞭守，應支行糧照例造冊關支。

合將前項邊工分爲五段。每段一千二十九丈零，仍委空閑官一員管理，共該空閑官五員。合將指揮丘賢、劉良瀚、李承爵、霍安，千户胡隆各定派綜工，及委本道中軍任秉公總管提調，每員日支行糧米三升、鹽菜銀二分，共該行糧米二十五石二斗、鹽菜銀一十六兩八錢。并前官軍仍委閑住將官一員總理，量給廩餼。

通共合用行糧米一萬三千一石四斗、鹽菜銀四千三百四十六兩九錢。除行糧於天城廣聚倉客兵糧内動支，其鹽菜銀兩，查得本路陽和等城雖有庫貯團種及變賣牛價共銀二千三百九兩四錢八厘，内除支給新平等九堡包堡工料銀四百五十兩外，實有銀一千八百五十九兩四錢八厘，原係賑貸之數，難以議動。合無將前鹽菜銀，數止四千三百餘兩，查照各鎮修邊户、兵二部分發工銀事例請討。其合用修工軍夫六千六百三十名，本路各城堡除各營有馬并哨備及守城、守堡、雜役并留采柴燒磚官軍外，實定過陽和、高山、天城、鎮虜等四衛并永嘉等一十一堡各出軍夫不等，共四千五百八十六名，尚少二千四十四名，合於別路城堡撥派，隨帶修工器械，委官帶領前來，與本路各城堡軍夫分工協修，緣由到道。

看得通判惠之翰等勘過，沿壕既有火路墩臺二十六座堪以瞭守，及稱舊壕淤塞去處隨工挑浚，無容別議，所據應修邊墩工程丈尺、軍夫錢糧既經各官勘估明白，即應呈請。合候詳示，備行參將馬孔英、楊爾干各嚴督該管城堡守操等官，各將派定軍夫共四千五百八十六名，責令各備修工器械，整點停當，聽候春融土解，委官帶領工所，查照原議刻期興修。其尚少軍夫二千四十四名，合無將鎮城入衛歇班無馬游兵分發前來，輪班修築。如原數不敷，寬以期限，方可就緒。行糧如議動支，鹽菜銀兩一面候具題請討，一面先行通判惠之翰於本路庫貯變賣牛隻、雜糧銀內借支，候正銀至日照數補還。本道不時往來，稽查勤惰，閱驗工程，務期堅固如法，足堪保障，不得苟簡塞責，徒費財力。工完，仍聽奏行巡按察院委官閱視，工程是否堅完，錢糧有無虛冒，議行委官賞罰，如此庶一勞永逸，防禦有賴而地方安堵、耕牧永保矣，等因，覆呈到臣。

案查前歲奉命移鎮之初，照得督屬三鎮地方均係衝邊，俺答諸酋日伺侵擾，兵力既難戰勝，地平無險可守，所恃邊壕、城池高深，方可保障。通行各鎮督責兵備、守巡各道并各參、守等官，備將所管不堪披塌城堡及內外邊垣、邊壕，或應幫築，或應創修，逐一查勘興修以資保障。繼因北虜通貢，邊境熄烽，又經通行各鎮乘暇修飭，及行沿邊將領各將應修緊要邊工，或因先年虜擾未能修築者，趁今亟議修理。及查瓦窰、暗門之外化門兒溝，往歲虜常埋伏溝內誘兵撲掠，并行查議間。

續據該道會同東路參將馬孔英呈勘前來，該臣批，據查踏天城、瓦窰一帶，二邊未可卒復，三邊未修，一壕之外即爲虜巢，以故連年失事重多，其零寇出沒愈難關防，速應來春并工修理。仍查明見在軍夫的數，如擬准支糧、銀，刻期修築以永保障。如該路軍夫不敷，另議調取去後。

今據前因，臣會同巡撫大同右僉都御史劉□□議照，勵兵練武固禦侮之上策，設險樹防乃守邊之急務。歷查大同東路陽和、天城大川南接洪、蔚，西連府川，耕牧既蕃，田土頗厚。該路邊外即黃、擺、兀慎諸酋巢穴，而鎮口、瓦窰一帶又皆通虜要衝，化門兒溝尤滑虜埋伏之所，昔年黠虜狂逞，出沒無常。雖經前任督撫議浚長壕，少阻零犯，繼緣雨水衝淤，虜馬馳騁，以致天城四野、南川諸處軍民歲罹殘擾。各城邊人咸謂宜於壕裏傍築邊牆以爲屏翰，化門兒高築墩臺撥軍瞭守用伐虜謀。但虜勢猖獗，必須動調官軍架梁防護，糜費不資，兼以四時戒防，無暇工作，誠欲修而勢所未能。值今北虜通貢，邊塵無聳，前項吃緊邊工正當乘暇修舉，臣等義急邊圖，未敢少懈。據今計估，邊牆延長幾三十里，約修四個月有餘即可完工，外可絕虜窺伺，內樹天城各堡藩籬，將來縱虜叛盟，亦可據牆爲守。其應調軍夫，今各路各有臣等議修包堡工程，必須酌量定派，每堡各留軍百名，一備哨守，一充打坯燒造，不敷之數取派鎮城入衛步兵，庶軍無偏累，工可兼舉。如再不敷，寬以限期，旬日即可通完。合用口糧亦應查照節年各鎮修邊事例，准於該路積貯多餘客餉照數支給。其鹽菜銀四千三百四十六兩，既經該道查無堪動銀兩，相應題請。

如蒙，乞敕兵部查議上請，如果有益邊防，將前應用口糧准於客兵糧內動用，其鹽菜銀四千三百四十餘兩，計數無多，查照該部節年原議修邊事理，會户部哀益解發前來。聽臣等督令該路參、守并各綜工委官春融土解上緊如法修築，參政申佐不時往來鳩核，務使依期報完，慎戒苟且塞責。事竣，聽臣等分別綜工官員勤惰照例具奏，聽行巡按衙門從公核閱，工程、錢糧有無堅固、糜冒情弊，具奏賞罰。庶不失可爲之時，永固封疆之守，地方幸甚，等因。

具題，奉聖旨："兵部知道。"欽此。

續准兵部咨，前事，該本部覆議，查得先該户部等衙門會議，以後如遇各邊奏討修邊銀兩，以十分爲率，户部出銀七分，兵部出銀三分，仍行各該督撫將修完某處牆垣長短、墩堡大小各計若干，該用銀兩若干，及管理官員姓名造册，送户、兵二部查核。如有冒破，聽會同指實參奏，等因。題奉聖旨："這給發邊費銀兩，你每既會議停當，今後都着查照行，不許推諉誤事。"欽此。

又查得近該大同督撫官王□□等咨稱，大同鎮門等三十七城堡合用磚包，應該工價、灰價及軍夫口糧乞要動支客餉。本部行准户部咨稱，該鎮節省客餉係贏餘之數，相應動支。已經題奉欽依，通行欽遵去後。

今該前因，查呈到部，爲照大同東路大川及鎮口、瓦窯一帶，化門兒溝地方，俱係衝險去處，前項牆、墩亟應乘時修築。所據合用口糧并鹽菜銀兩，既該總督尚書王□□具題前來，相應照例給發。合候命下，本部查照會議修邊户七兵三則例計算，該鎮原討銀四千三百四十六兩九錢，户部該出銀三千四十二兩八錢三分，移咨於太倉庫貯銀內動支，本部該出銀一千三百四兩七分，札行太僕寺庫貯馬價銀內動支，各差官解赴軍門轉發工所應用。其軍夫及管工官口糧，准於該城客兵糧內支給。仍咨總督王□□嚴督該道并參、守等官，乘此春融土解上緊如法修築，務期堅固高厚，足堪防守。工完之日，綜工員役是否勤惰，完過工程有無堅固，用過錢糧有無冒破，通聽巡按御史核實，造册奏繳，青册送部查考，仍候大臣至日閱視施行，等因。

隆慶六年二月初五日，少傅兼太子太傅、吏部尚書管理兵部事楊□等具題。本月初七日，奉聖旨："是。"欽此。欽遵，備咨前來，通行該鎮撫鎮、該道遵依修理訖。

爲遵奉敕諭條議邊務事宜以清夙弊以裨國計事

准兵部咨，戶科抄出，巡按山西等處監察御史武□□題，"汰老弱以濟實用"一款，該本部覆議，合無咨行宣、大、山西督撫等官，會同查盤御史再加酌議，要見大同鎮新軍應否革除；近汰過三鎮老弱等項名數應否免行召補；原增年例銀兩應否省發；嘉靖四十四年會計果否與今相宜；宣鎮、三關主兵既稱未過原額，所汰之數作何清補。逐一計處停妥，會本回奏，等因。題奉欽依，備咨前來。

准此，案查先准戶部咨，爲錢糧百分缺乏，乞申飭中外臣工協心體國以足經用事；又爲懇乞聖明廣延群策，豫處國計等事，該戶科給事中雒遵題；又爲財用至急，講求貴廣，懇乞申敕當事臣工協心共濟以祗承明命事，該都察院題；又爲財賦重務出入無經，懇乞特敕當事臣工通行會計，刊布中外，以圖永濟等事，該戶科右給事中梁問孟等題。節該戶部覆奉欽依，移咨各邊督撫及札付管糧郎中等官通行查處。其在邊鎮者，行各督撫等官及查盤御史，會同將各鎮錢糧備細清查，要見國初某鎮原設兵馬若干；歲用錢糧若干；某年爲某事添設某樣兵馬，係何人題請，即今應否損益，此後作何計處。其各鎮原額兵馬、民屯俱有舊案可查，巡撫會同管糧郎中及督同守巡等官，仍查各處屯田歲收若干，有無拋荒隱占，作何經理；鹽引開中若干，有無占賣壅滯，作何疏通；民運歲納若干，因何拖欠。中間事有可因、費不容已者固不必過爲裁革，其不甚緊要、事勢少緩者務要協同議處，大加節省，以漸復國初舊額。通將應沿應革緣由、已完未完數目奏報，等因。節次備咨到臣，已經通行三鎮撫臣轉行兵備、守巡道并管糧郎中各欽遵查議去後。

續准巡撫大同右僉都御史劉□□咨，據山西布、按二司兵備、守巡冀北道參政申佐等呈稱，會同户部管糧署郎中先任楊愈茂、見任姜密，查得大同鎮軍馬、錢糧先年沿革并鹽引疏通、民屯拖欠各備細緣由，已經撫臣劉□□具題外。内開：嘉靖四十五年四月内，爲議處財用，定經制以垂永久事，該前督撫會查該鎮節年兵額、糧數增減沿革。該户部議覆，通以四十四年會計之數，官軍以八萬二千八百七十四員名，馬、騾以二萬五十匹頭爲準，議將歲用錢糧，除本鎮屯田并各省民運、鹽引等項外，每年議發京運銀二十六萬九千六百三十八兩，計定時估，以十年准折適中之算，有餘者留作下年支用，不足者取諸上年之積，免行逐年會計。其客兵儲餉歲發銀一十四萬兩。自議定經制之後，節年新平等堡共召軍四千三百九名，歲計該用本、折色糧、料、布花銀四萬五千一百五十八兩三錢，雖經前任總督侍郎王□□等請討，户部議准，量發銀三萬兩，未入會計，節年扣除未發。隆慶三年二月内，爲北虜衆强等事，該鎮守總兵官趙岢題，欲復額軍二萬名。户部議擬，量撥軍一萬名、馬二千九百二十四匹，添發京運年例銀一十一萬二百六十六兩五錢。此大同鎮近年議定兵馬、錢糧之的數也。

其查該鎮近年節省之數。隆慶四年，爲減墩哨，慎城守，以濟實用事，蒙總督王尚書、前任巡撫方都御史案驗，看得各邊墩臺多有稍緩無益，相應裁革，通行各道逐一查勘，通共減革過哨備、軍夜三千三百三十八名，每歲共計省主兵糧一萬二千八百二十二石。又爲精選標下官軍，懲游惰，革冗濫，以省軍餉事，該總督王尚書查革過軍門標下執事官軍三百九十員名，連馬發補兩掖缺伍征操，計每年上班六個月，節省廩給銀一百九十八兩、行糧米一千二十三石三斗、料豆二千一百六石、草七萬二百束。又因兩掖陽和軍丁七百六十七員名素居陽和，無異主兵，每遇外路官軍攢營之日，一例全支行糧一升五合，似屬冗靡。案行朔州兵備道，每名裁減五合，准給一升，每年春秋兩防攢營大約三個月餘，共省客兵米三百二十九石四斗。又爲查理防秋兵馬錢糧以省靡費事，蒙總督王尚書并巡撫方都御史案驗，照得本鎮防秋兵馬如遇有警征剿截殺，與夫分布緊要邊腹城堡設伏防駐者，照例准支行糧、料草，其餘雖係防秋時月，各在本城駐防者，錢糧俱應裁革，共省過主兵糧三千七百五十七石八升五合、料一萬五千五百八十六石三斗二升、草五十萬八千二百七十八束。又爲防秋事，蒙總督王尚書、巡撫劉都御史會看得，今歲北虜款塞，邊境寧謐，行令各路將領俱在各城堡駐防操練，節省客兵糧五萬一千二百四十石六斗零、料六萬一千三百二十六石零、草一百一十五萬三千八百三十三束、銀八萬三千三百九十六兩一錢零。并節次督撫清查逃故并汰去老弱軍士共一萬一千八十七名，內汰過未補軍二千五十四名，歲省糧二萬六千二百六十二石七斗、布花銀一千八百四十六兩九分五厘。又節年逃故原額官軍九千三十三名，通計歲該省主兵糧九萬四千八百二十五石六斗、布花銀一萬二百九兩一錢四分六厘七毫，係各年月不等陸續逃故之數。每月復有清補、召補、頂支原糧，其所省糧、銀有難據爲定額。

　　續蒙查盤武御史案驗，據委官布政司照磨楊松等造到點閱沙汰過本鎮老弱幼小并女禁等項文冊，與各道冊內查對出有各道先奉督撫擬汰重名軍，朔州兵備道五十八名，左衛兵備道四百一十名，分守冀北道二百二十名，分巡冀北道三百五十三名，共各道實汰過軍一千一十三名。照磨楊松等復汰過軍五千九百二十名。二項共軍六千九百三十三名。

節因清汰既多，遂致該鎮在庫錢糧頗有積貯。續蒙戶部行文，內開本鎮主兵錢糧積貯頗多，將隆慶五年新軍年例一十一萬二百六十餘兩扣留未發。又蒙總督王尚書、巡撫劉都御史、巡按劉御史看得，該鎮見在客兵糧、料既多，恐致日久陳腐，已經會本題奉欽依，將預發隆慶六年欽買銀八萬兩貯庫，并未發年例召買銀六萬兩亦未請發。

又爲乞討胖襖折色銀兩事，蒙總督王尚書、巡撫劉都御史看得，各該邊墩軍夜并選鋒、通丁舊規一概俱支胖襖銀兩，不無糜費。備行各道，議將正、游等營隨營走報并各衙門軍夜共一千四百九名，每名三年該胖襖、褲、鞋一副，折銀一兩二錢，俱已裁革，共計省銀一千六百九十兩八錢。雖非軍餉之數，亦係大同府屬州縣百姓歲辦錢糧，省一分民可受一分之賜。

爲照本鎮歲出主、客錢糧，先於嘉靖四十五年已該戶部定經制，覆奉欽依，議爲一定之數，俱係正項，委不容已。後有新平等堡召軍四千三百餘名，歲用銀四萬五千一百餘兩，向未議發，查有節年逃故糧賞，通融支給。且大同鎮地處孤懸，與虜切鄰，較之九邊爲最。雖嘗量事節省，如減墩哨、省行糧，汰老弱、去糜費，止防秋、節邊餉，扣逃故、杜侵弊，革胖襖、寬民力等項，搜剔已盡。即今歲戶部扣留新軍年例，督撫、按院請貯欽買銀兩，而主、客軍餉那借支放得免十分告匱者，實藉前項節省與夫近年民屯徵解及時、鹽引漸次疏通之數。其前節年逃故軍士糧銀，或臨散而扣除，解交戶部官庫；或冊內明開，原未領出；或旋復清解召補，即充新軍支領；及充近議優犒真夷、家丁糧石、肉菜之費：以故管糧衙門通融支放，致無多餘之積。至於會計，必當以四十五年議定經制錢糧、兵馬之數爲畫一之規，年歲既未隔遠，支用亦不甚异。今雖邊烽暫熄，但虜性難逆，邊防戒弛，所據京運年例有難輕減。合候裁示，將定經制後隆慶三年趙總兵召募新軍一萬名數內量減一半，即於查盤按院并各道二次沙汰軍士六千九百三十三名之內准除五千，免其召補，作爲裁省。其餘一千九百三十三名并前節年逃故軍九千三十三名，有原籍者照例行原籍清解，無户丁者在邊召選异姓精壯頂補，填實營伍，以固邊圉。其見在精壯新軍，查有一户二三名者即補舊軍之額，仍將舊軍丁倒户絶免行召補，務足裁省五千之數，緣由通呈定奪。

隨蒙巡撫劉都御史批，近驗新軍亦頗精壯，大率汰軍止汰其弱者，不分新舊爲是；新軍在新伍中應汰而比舊軍稍强，則即以汰者補舊軍之額亦便。此繳。

又蒙總督王尚書批，據查汰過新軍數不足五千，即應免補，餘見在新軍即應補舊軍逃亡之數。其新汰舊軍即應在本衛清查餘丁及行原籍照例清勾，一時豈能完解？節月復有逃亡，則減去新增年例之半自可通融湊支矣。其查各道逃亡額軍不在今二三年間，即以前額餉未見積餘知以後年例未可輕減也。除應減新餉之半外，仰道備呈查盤察院定議批示，具由速報以憑會題施行。蒙此，遵依呈蒙巡按山西等處監察武御史詳批，新軍減除五千，年例節發一半，可謂適中矣，依擬。仍查照軍門批示，通詳會題施行，等因。備咨前來，案候類題間。

又准巡撫山西右僉都御史楊□咨，據山西左布政并各兵備等官史直臣、張佳胤等呈，會同三關管糧主事□，查得山西鎮軍馬、錢糧數目，中間歷年沿革并鹽引疏通、民屯拖欠各備細緣由，已經撫臣楊□具題外。內開嘉靖四十五年該前督撫等官會題，户部議定經制，通以四十四年會計之數，山西三關官軍以四萬八千四百五十二員名，馬、騾以一萬七千九百六十五匹頭爲定額，議將歲用錢糧，除本省民運、屯田及鹽引等項外，每年議發京運銀一十二萬三千三百兩，每年不敷支用，那前償後，通融支給，今難議減。其以歲入而較歲用，仍少銀九千二百一十三兩七錢零，并今貢市虜馬三千二十六匹俱補各營缺馬官軍騎操，約該歲用料草銀二萬六百九十七兩八錢四分，俱係年例額外之數，必須請討，庶免告乏。及稱客兵銀內，除各州縣民壯逃亡、事故額扣工食銀一萬兩外，歲發年例銀十萬兩，節年支用不敷，共借過布政司代州庫等銀四十八萬餘兩。況議定經制之後，隆慶二年該前巡撫楊都御史題將河曲守備革去，改設參將一員，原擬除舊有軍馬外，添募軍一千三百四十六名、馬九百二十七匹。又將水泉營改設守備一員，除舊有軍馬外，添募軍六百二十四名、馬二百九十四匹。歲用月糧、布花、料草議在防河客兵所省行糧銀內抵補，原未請討京運。今查二項募軍共該歲用銀三萬三千五百五十二兩六錢八分四厘，內除防河客兵所省行糧銀八千七百七十八兩、存積三分鹽引銀九千六百七十八兩零外，尚少銀一萬五千九十六兩六錢八分四厘，亦應早爲議增。且新軍支給客兵錢糧，事體相背，應該并入主兵項下。及稱客兵支用姑以隆慶四年爲則，防秋、防河、塘馬并陝西入衛等項兵馬，共用過銀一十萬七千六百餘兩。近奉欽依，每年於客餉內動支一萬兩，聽備互市撫賞應用，此歲不可缺，通應議處。

其查今次清汰過三關各營衛所老幼軍八百八十一名，應於各軍在營衛所户內，一面揀壯丁補役，若無壯丁，行三路兵備道；一面將汰過各營衛所軍數、籍貫徑自移文清軍道，行文各原籍勾補壯丁。如原籍丁盡户絕，許令各營所在召補異姓壯丁，各兵備道驗發以補原額之數。如此庶原額不失，而營伍充足，戰守可賴。

又准巡撫宣府右僉都御用史吳□咨，據守巡、兵備各道參議吳哲等呈，會同管糧郎中陳九仞，查得宣府鎮軍馬、錢糧數目，

中間歷年沿革并鹽引疏通、民屯拖欠各備細緣由，聽候撫臣吳□
具題外。內開嘉靖四十五年二月內，該前督撫會題，戶部議定經
制，該鎮官軍以八萬三百八員名，馬、騾以二萬四千二百五十三
匹頭爲額。歲用錢糧，除本鎮屯田、各省民運并鹽引等項外，每
年戶部議發主兵銀十二萬兩，客兵除額派鹽引及欽買銀七萬兩
外，添發銀一十三萬五千兩。

　　自議定經制之後，該巡撫都御史冀□節次具題，將柴溝堡添
募新軍二千名、馬二千匹，歲用月糧、布花、料草共該銀三萬二
千二百一十兩。又新添南山岔東募軍三千名、馬三百匹，岔西軍
一千名、馬三百匹，歲用月糧、布花、料草共該銀三萬七千四百
六十四兩。其南山舊軍二千一百一十名，原有行糧四個月，仍補
給二個月，及新募并撥補官軍六千一百六十員名，計六個月行糧
銀一萬三千六十六兩。隆慶四年該巡撫都御史王□明文，召過充
實行伍新軍共一千八百名、馬二千七百匹，歲用月糧、布花、料
草共該銀三萬四千九百一十一兩。又題於礦兵二千名內摘選一千
五百名，每遇春秋兩防五個月赴南山分布戰守，應用行糧每名月
支主兵糧五斗五升，共折糧銀二千四百七十五兩。中間雖有請
討，未蒙議發，俱於主兵舊額數內支給。又查得原奉總督王尚書
明文，節減過墩哨軍役行糧，歲該省糧二千八百四十五石二斗，
內除加給正兵等營并各路參、守等官馬哨、通丁三百三十九名，
每名月糧外月給行糧三斗，實該減革墩哨行糧一千六百二十四石
八斗。節年督撫各道并近該查盤按院共實減汰過老幼軍四千五百
二十七名，概以每石折銀七錢，通共該省月糧、布花銀四萬一千
八百七兩六錢八分。向因加增兵馬。未議增餉，致將經制錢糧通
融支放，以故并無積貯贏餘。及稱該鎮官軍中間遇有逃故則開扣
糧銀還官，遇有勾補則驗收名糧發伍，倏然而增，倏然而減，數
雖不拘，糧實一定。并各衛所官員折色俸糧遇有事故則住扣在

庫，事完則告准收支，支住雖則不常，要皆不出歲用之數。馬、騾料草收支亦同，似俱未可遽議減省。

查得布花不分邊腹，不分戰守，但係食糧一石之軍概給衣布四匹、花一斤八兩，雖朝廷挾纊之恩當不擇人，而邊腹勞逸之等未可盡同。議將沿邊征哨照舊領給，其餘腹裏城堡支糧一石雜差旗軍，每軍量減布一匹，大約每歲可省銀二千餘兩。又查得各路設有長哨軍夜一千一百六十名，每名加鞋跟銀一錢五分，歲支銀二千八十八兩，即今北虜通貢市，亦應停免。又查得南山聯墩中軍、坐營千總官八員，每員日支廩給五升；把總三十員，每員日支三升。但各官既有月糧常俸，復支廩給，似屬冗糜，以後免行支給，計一歲可省主兵銀一百四十餘兩。其南山軍士八千五百三十四名，內守火焰山極衝者三十五名，每名日支行糧三升三合三勺，其餘每名日支行糧一升五合。每年自四月起至九月止六個月共支客兵本色糧二萬三千一百五十七石九升，十月起至次年三月止六個月共支主兵糧二萬三千一百五十七石九升，每石折銀六錢，共該銀一萬三千八百九十四兩二錢五分四厘。近蒙總督王尚書議，將前軍輪番戍守營墩，每月一半上班者照哨糧例每名准給行糧三斗，下班者免支。其餘官軍夏秋做工時月准支口糧，無工時月免支。計每歲節省客兵本色糧一萬一千五百七十八石五斗四升五合，主兵折糧銀六千九百四十七兩一錢二分七厘。其一半上班者，除守火焰山軍士一十八名照舊每名月支九斗九升外，餘軍四千二百六十七名原舊每名月支四斗五升，今議准支三斗，一歲又省客兵本色糧三千八百二十五石、主兵折糧銀二千二百九十五兩，連前共省客兵本色糧一萬五千四百三石五斗四升五合、主兵折糧銀九千二百四十二兩一錢二分七厘。又因北虜通貢，兵馬絕無調遣，客餉節省頗多。將前上班軍士應支行糧不分四季俱支客餉，其原支六個月主餉銀四千六百五十兩五錢八分八厘亦係存省之數，每歲該用客兵糧一萬五千五百一十三石八斗四升。然據今議，雖節省主餉而費客餉。但查各軍往歲原食客餉半年，日支一升五合，今減五合，即可代充主餉之支。一調停之間，在主餉則歲省糧銀一萬三千八百九十二兩七錢一分五厘，在客餉亦無增費。又查得前巡撫都御史王□原議礦兵一千五百名，今南山既有專將，兩岔又添守兵，近復修飭嚴密，比之昔年似已有備，且礦兵多無盔甲，不堪禦敵，已該總督王尚書查革，其原議糧銀二千四百七十五兩久已開除無支。以上所減布花、鞋腳、廩糧、行糧及原議礦兵糧銀，俱自隆慶六年起以後通應裁減，以充柴溝等營添兵添馬之支。

其該鎮史、車二夷歲有撫夷銀兩，隆慶四年大賞、小賞共用過銀四千五百二十三兩九錢九分。但查原題每年於本鎮主兵銀內動支三千八百二十一兩一錢四分，若以四年用數為準，尚少銀七百二兩八錢五分，相應增加。續蒙總督王尚書切慮內帑匱乏，議將不敷之數即於本鎮題准每年貢市撫賞一萬兩銀內補支，免復請討。

又查得本鎮官軍如遇閏月年分，比常多用銀九萬九千四百八十六兩六錢三分。今歲遇有閏月，當聽管糧衙門先儘本鎮積餘支用，不敷之數另行明白請給，免作常例。其今次汰過老幼軍一千九百四名，原係額軍，近據丁憂撫臣孟□議請，應行選補操練，即應查照原議召補，以實營伍，以壯兵威。其清勾、召補之法亦與山西事規相同，等因，各備咨到臣。

臣查前項兵糧事宜，戶部節經議行督撫，嚴行兵備、守巡各道查議。先據大同鎮參議黃九成等會呈到臣，該臣批，據查各鎮主兵年例增減之數，自四十五年會計之前，雖節有議增虛數，向未全發；其四十五年後議定銀數，每年戶部亦多減解。而該鎮未至缺乏者，一以節年民運之催完及屯糧盡議兌軍，屯額似若通完，軍士并無實支，兼之各項應徵之銀俱即主餉扣軍，而軍數雖未大耗，馬數歲多倒死，節年壅積鹽引設法催完故耳。若即以今年之積爲可省減，則後將不可支矣。其大同新軍之選汰，不分新舊，只求精鋭，查照四十五年原數，或多三五千，庶備戰守。銀減一半，并入歲額，哀益支用，亦可經久。仰呈查盤察院會各撫院、户部定議去後。

今准前因，除各鎮軍馬歷年沿革及鹽引疏通并無壅滯、民屯拖欠立法催徵各備細緣由，節該大同撫臣劉□□、山西撫臣楊□先後具題，其宣府鎮向因撫臣吳□新任，見今酌議已定，聽候徑自具題，在臣無容復瀆聖聽外。所據三鎮見在兵馬額數及節該臣等裁省兵食事宜，查照户部原奉欽依，仍應會同查盤御史具奏，通候户部定議增減，以便遵守。

臣會同巡按山西等處監察御史武□□議照，增兵本爲防邊，減餉適以裕國。然兵、食相須，均屬重務，調停之處貴在適宜。向使兵不選汰，糜餉何益？若獨餉務減銷，兵馬何恃？臣自督臨以來與各共事撫按諸臣，仰思内帑詘乏，恪遵廟堂經畫，每於兵馬、錢糧未嘗不核伍求精以勵戰守，加意節縮，委曲哀益，務求兵糧充裕，戰守可恃。歷查三鎮自嘉靖四十五年議定經制之後，雖各因事增添軍馬，較之國初舊額，數亦頓減，未可復議銷兵。其應支歲用雖節定經制，户部每因内帑缺乏多未全發，各該管糧衙門時以逃糧之扣積即充增軍之月餉，通融支放，庶免脱巾。即如今歲大同新軍年例銀兩，户部扣留未發，該鎮賴有臣等節省，未至十分告匱。且近議各營精健真夷、通丁加犒糧石、肉菜之費，亦於逃糧數内支給。是在各鎮搜括已極，且逃故、選汰舊軍俱係額兵，即應照數召補以實營伍，是以各鎮兵餉委難輕議裁減。

近蒙聖明軫念邊圖，敕差查盤御史武□□躬按三鎮，選軍清餉，憲體肅明，調停衷益，陳議精確。臣會各鎮撫臣，通行部、道各官同心經畫。幸值北虜通共[四]，邊烽暫熄，若即銷兵減餉，自損神氣，萬一虜肆叛盟，邊警孔棘，將何自固？矧禦夷之道安不忘危，萬全之謀當慎厥始。頃蒙輔臣陳謨，本兵議覆，率責邊臣以足食足兵，未容玩寇弛備，自貽單弱之患。各鎮正宜遵照敕旨，乘時選練、清補以壯元氣。

據今三鎮所議，在山西，則謂主兵年例尚少七千有奇，新給貢市虜馬草料銀計該二萬有奇，管糧該道俱議請給，已該撫臣楊□議於舊額數內通融支給。其河曲、水泉增添軍馬歲用支給客餉，事體未妥，仍須於該鎮客餉內改撥銀一萬五千兩以備正支。餘客餉幸今歲有節省，亦可免復請發。在宣府鎮，腹裏布花既從量減，沿邊墩哨鞋脚銀兩、礦兵歲用儲餉、南山坐營等官廩給俱應裁革。及將南山軍士輪班戍守營墩，該班者准支行糧，下班者免支。其撫犒屬夷年例額外尚少七百餘兩，臣已議於互市撫賞餘銀內補支，以後免行請發。其閏月應用糧銀，三鎮攸同。今歲閏有二月，山西鎮先年坐派民運糧草已經計算在內，當聽今歲查照徵解，無容別議。在宣鎮該銀九萬九千餘兩，大同鎮該銀七萬餘兩，以後聽管糧郎中至期先儘該鎮有無餘積，查計明白，另行請發，不必混入逐年額內。其宣府、山西近汰過老弱之軍皆係額內之數，俱應照數勾補。在大同量將隆慶三年總兵趙岢召募新軍量減一半，即於各道并按臣汰過軍內准除五千，免行召補，以抵減去新軍之數。其餘一千九百三十三名，并前節年逃故九千三十三名，俱仍照數清補以實營伍。及查得總兵官趙岢[五]原題增軍二萬名，該前任督撫查議計估歲用本、折糧銀、布花共該銀二十萬九千六百兩，馬二千九百二十四匹，歲用糧草銀一萬九百三十三兩一錢，通共該銀二十二萬五百三十三兩一錢。後部議准復軍一萬名，連前馬匹計算，每歲該用銀一十一萬五千七百三十三兩一錢。當時部議雖於原討銀數内准給一半銀一十一萬二百六十六兩，比之逐軍逐馬計算尚少發銀五千四百六十七兩一錢。據今汰過軍士五千名，應減年例銀兩一半，審時度費，庶可通融轉支。如蒙，乞敕該部查照三鎮撫臣原題并臣今次所議再加裁酌上請，合無將宣府、大同二鎮今次減省錢糧准充節年增軍添馬未議增餉之支，其歲額惟以四十五年經制爲準，免復增減。其三鎮汰過并逃故軍士，令各照數召募、清補以實軍額。山西河曲、水泉二營主兵，即將該鎮客餉内照數改撥主兵項下一萬五千兩，歲解支給。今歲及以後閏月年分，宣府鎮合用軍餉銀九萬九千四百八十餘兩、大同鎮七萬餘兩并山西鎮應用錢糧，聽管糧郎中至期各查照原議先儘該鎮有無餘積，另行請討，不必算入逐年額内。又宣府撫賞屬夷不敷銀七百餘兩，聽容該鎮每年原議客餉貢市撫賞銀内支補。其大同原募新軍一萬，量減五千名，免其召補，其年例主餉即於原准一十一萬二百六十六兩五錢數内免發五萬五千兩，餘銀照舊解發，聽該鎮管糧郎中通融轉支。庶幾老弱冗費汰革而軍餉可省，逃故軍士清補而戰守足備，其於邊防、國計均有利賴矣，等因。

具題，奉聖旨："户部知道。"欽此。

續准户部咨，前事，該本部覆議，除各鎮汰過并逃故軍士召募、清補移咨兵部徑自查覆外，爲照養兵所以固邊，積儲本以待用，若節縮之計不預則匱乏之虞不無。查得宣、大、山西三鎮先年調發絶少，費用不多。自嘉靖十八年以來，各該督撫等官動以增募軍馬爲名請加年例銀兩，所費不資。至四十五年，本部議定年例，稍爲有制。然老弱未汰，逃伍未清，冒濫糜費之弊尚多，以致帑藏虛耗，財用不繼。節該言官建白，本部議覆，通行督撫及敕差憲臣前去嚴加查理，共圖節省。今既督撫等官搜剔弊蠹，調停衷益，一掃疇昔當事拘攣之見，盡除三鎮相沿冒濫之失，據今所省甚多，將來爲利益廣，具見體國之忠、任事之勇，有益邊儲，相應題請。

恭候命下，移咨宣、大、山西督撫及咨都察院轉行查盤御史，并札付管糧郎中、主事，將宣、大二鎮閏月錢糧先於民屯年例數內通融支用，委果不敷，臨時另行請討。其各鎮今次減省之數，准充節年新添軍馬未議增餉之額，若有多餘，留作下年支用。山西河曲、水泉二營兵馬，准於客餉數內改撥銀一萬五千兩，收作主兵項下解發支給。自隆慶六年爲始，每年發山西鎮主兵銀一十三萬八千三百兩，客兵除額扣民壯工食銀一萬餘兩外，發銀八萬五千兩。其宣府撫賞屬夷不敷銀七百餘兩，亦於該鎮貢市撫賞銀內支補。大同量減新軍五千名，即於今歲扣發年例銀五萬五千一百三十三兩二錢五分。至於清解、召補未到軍士及續有逃亡等項，俱要嚴行查扣以備通融支用，不得聽信將領虛糜冒破。其應發三鎮主、客年例，本部俱照議定經制之數解發，悉聽督撫等官經畫用度，加意撙節，年終具數奏報，以憑開具簡易揭帖，進呈御覽，以俟聖鑒甄別。各鎮屯糧、鹽引雖已修舉、疏通，仍要設法振刷，務比原額益增，經久可賴。伏乞聖裁，等因。

隆慶六年二月十七日，本部尚書張□□等具題。十九日，奉聖旨："是。"欽此。欽遵，備咨前來。

又准兵部咨，前事，該本部看得，總督尚書王□□等題稱，查勘過宣、大、山西三鎮歷年主客兵馬、錢糧沿革緣由，內除係干錢糧者本部議覆外，其汰過并逃故軍士召募、清補係隸本部掌行，合咨徑自查覆，等因。備咨送司，卷查原行事理相同，案呈到部。

看得戶部咨開，總督宣、大、山西軍務尚書王□□等題稱，大同鎮將隆慶三年總兵官趙岢召募新軍一萬名數內量減一半，即於各道并按臣汰過軍士六千九百三十三名之內准除五千，免行召補，以抵減去新軍之數，其餘一千九百三十三名并前節年逃故九千三十三名俱照數清補。山西三關近汰過老弱軍八百八十一名，宣府鎮近汰過老弱軍一千九百四名，皆係額內之數，俱應照數勾補，各一節。既該總督王□□等議題前來，相應依擬。合候命下，移咨總督王□□，巡撫劉□□、楊□、吳□，會同巡按并查盤御史，行令各道將三鎮前項汰過并逃故軍士於在營衛所各軍戶內揀選壯丁補役。如無壯丁，行文原籍勾補。若原籍丁盡戶絕，許於各營衛所軍人戶內异姓壯丁選補，務足原額之數以實營伍，等因。

隆慶六年二月二十八日，少傅兼太子太傅、吏部尚書管理兵部事楊□等具題。本年閏二月初一日，奉聖旨："是。"欽此。欽遵訖。

爲恭報修完南山扼險墩牆重陵京以永保障事

臣於隆慶四年六月中奉命移鎮宣、大，切慮宣府東路南山一帶乃陵寢後垣重地，設險樹防，謀貴詳慎，雖經節任督撫相繼區畫，各有定守，但恐已築牆墩日久坍塌，既設險臨未扼虜徑，或牆外重壕被雨衝壞，或虎尾牆低不堪拒守，或水門安置失宜，緩急難恃，即非萬全，已行懷隆該道及南山副總兵官逐一查踏去後。

本年八月內，臣提兵東防，躬親閱視得，先年原議岔西聯墩虎尾牆既不沿山扼險，率多低矮稀疏；岔東節年修有大牆，其諸扼險之口尚多未經剗削。每年調兵費餉，守其所不必攻，而遺險失據，棄其所當守，殊非設險禦虜之宜。行委原任總兵官歐陽安同臣中軍原任副總兵趙伯勛，公同東自火焰山起，西至合河口止，查勘得岔東沙河水口俱係低窪平漫處所，極爲衝要。沙河寬漫，有修墩臺三四座者，有二三座者。水口有修墩臺一座者，尚有未修者。倘遇有警，難以拒堵。應度地勢寬窄，用尖硬長一丈木簽，下鑿小孔，木帶穿連，入地六尺，外顯四尺，安置數層。又各水口原設石梱，年久內多爛損，且止一層，應每處再加一二層，俱要高大，上用棘針蓋頂，方皆阻虜。其平漫山梁去處，但係通賊要路，可挑挖錯縫“品”字賺馬坑五六層。坑長七尺，闊三尺，深八尺。內用堅硬木簽，每坑一根，如前上顯四尺。其尖用油抹火炙，俱要鋒利，安置坑內。上用桁條、秫秸棚搭，與地一同，用土苫蓋，庶虜馬難以侵軼。至於聯墩，雖有小土房一間，俱各破壞，有雨墩軍難以栖止。應用瓦蓋，修補堅固，以便安插。又勘得岔西聯墩設在山下平漫沙灘，墩身高不過一丈七八，并垛口僅有二丈，誠為低矮，如遇賊衆，難以拒守，必須加幫，務高三丈。上蓋瓦房，多備火器，廣蓄水、粟，責令墩軍常川在墩，遵議傳烽。其壕塹、品窖淤塞不堪，亦應挑修，另議呈報。又勘得岔西沙河水口俱係細小木植棚搭，遇有山水暴發漂沒，柴草擁阻，易於衝毀，必須改修高闊，方得堅固，等因，到臣。

該臣批，據踏勘岔東、岔西之修守，雖節年修防已多，中間衝緩之增減、墩牆之補添誠不可不時加整理。其臨警之戍守，須東路捍其外，守兵禦其內，方可恃為固。其岔西聯墩既稱低矮，不足拒堵，逐為加幫，工力甚大，或將各口添修險阻以備警急，各墩量留營城墩壕以備屯守，俟傳烽火。無事則各軍分城分地以便耕戍，有警則據險守口以防侵入，則所守既約而所修亦省。仰懷隆道會趙總兵及各官早為定議工程，來春修築，勿恃昌鎮之內守，但不可使虜由宣境以突入，斯為保陵京之上策，免貽罪累，共濟疆場可矣。須查明原議呈報，勿仍遲疑。

隨據升任兵備右參政鄭洛會同宣府總兵官趙苛呈稱，合無請行歐陽安并南山副總兵李官，再行親歷諸口，著實勘議，緣由到臣。臣又批，南山之設守久矣，在岔東防護陵寢，外有永寧、四海冶之守，内恃茂林峻嶺之險，以前未修土牆，絕無虜窺。邇年自修南山，示虜重地，故不可中撤，須當增修險阻，當設守兵，永護皇陵。其岔西一帶内通昌鎮蘆溝、西山，外雖係宣鎮中路境内，但昔年虜犯京畿，曾由白羊口回奔。若虜犯宣鎮中、西二路，亦可深入。在薊鎮既有山上之邊，在宣鎮當爲山外之守。聯墩守之平地，無險不可禦敵，各山通賊諸口無守，恐致突犯，必須將各通賊處所添修墩寨，或夾口并設，或橫口截堵，或安設水門，或斬截山脚，務足阻防虜騎，勿惜工力費大，須求一勞永逸，守約扼險，於薊鎮山牆爲表裏，各自爲守，庶内可資阻過之功，外可免縱入之罪。其并守之議，該鎮既未依允，似非共濟之良圖，而人心互異，亦難恃同心之利益，可毋復議及矣。仰即會行歐陽安、李官，即日分行岔西一帶，踏勘應修山口工程及應用軍夫、行糧、鹽菜、石土、木料，共估計錢糧、工程的數明白册報，俟來春土融克期興修。應今冬修備者預爲修備，通會撫院會題施行，速勘議報。

　　該道遵依會同趙岢督行歐陽安、李官勘議得，除岔東一帶節年修守，似爲詳密，及勘岔西，東自石崖口起，西至合河口止，中間山險俱不議外，其通人騎行走去處酌量地勢，共修新舊營寨九座，内新修後港口、廟兒港、東西二口、周家溝口、火石嶺東口、兩河口石砌六座，沙嶺口、瑞雲觀口土築二座，共八座；加修大山口原舊不堪一座。應修墩臺六十五座，内大山口、黑衝溝、核桃溝、寺兒溝等處石砌墩六十座，合河口、瑞雲觀等處土築墩五座。梨兒港、柳樹窪等處應修大牆二百八十一丈三尺，幫水峪、西口等處應修中石牆、土牆共三百三十丈三尺，大山口、後港口等處應修石砌、土築共虎尾牆一千九百三十五丈四尺，黑衝溝、火石嶺、板搭峪應斬崖刷坡四千三十九丈，應蓋墩房、營房共一百八十一間，應修石崖口等處沙河水口一十七處，各空數不等。以上合用撥木、橛木四十九萬八百五十九根，築牆把一萬三千一百三十二丈，練把、榆要四千七十捆，石灰一十一萬三百八十三斤。又營房、墩房、水口共用木植一萬七百二十八根、棧條一千八百一十捆。各用夫匠不等，共七十八萬四千八百三十六名，以一萬名爲率，約修七十八日半可完。每名日支口糧一升五合，共一萬一千七百七十二石五斗四升。本邊夫匠俱有本等口糧不支外，如有撥到助工客夫照數支給。其主、客夫匠每名日支鹽菜銀一分，共銀七千八百四十八兩三錢六分。又查得本邊岔東、岔西官軍，除有馬并看守墩臺、營城、神器、倉廠、境門并火焰山守大邊、護口、巡山等項外，實派修工軍五千名，似爲不敷。合無派發各營路城堡軍夫與本邊夫并力修理，方克有濟，等因。通詳前任巡撫宣府右僉都御史孟□，慮恐工程勞費不資，內帑一時匱詘，及昌鎮營有石壁屹如金湯，亦可拒守，宣鎮軍夫勞瘁，有難調發，又恐修設營寨，或議增兵請餉，執議未允。

續該參政鄭洛會同口北守巡各道議得，疆場之事貴乎遠覽，經略之方不嫌通變。據議前項工程總計用夫一萬，三月可成。然地里之險夷有衝緩，則墩寨之修築有緩急，工程之完報亦當有次第，不必責效於旦夕。原議南山應修之工若責一年通完，當如原議，委屬勞費。今查本邊軍士常年戍守，不分冬夏，原支行、月二糧，與各營軍士止支月糧者不同。若以本邊軍夫修本邊墩寨，既有本等行糧之可資，然坐家修守亦非强之以分外之工役。相度緩急，漸次修築，在軍夫既不分派於各營；免支鹽菜，於錢糧亦不煩乞請於內帑。即岔東本年雨壞之工亦得通融修築，不至妨誤。況所築墩寨即以本邊之戍卒移住防守，亦非增兵增餉，以爲不可行之計也。合候詳示，備行南山將官摘撥兩岔軍夫五千名，

先行采打柴木，稍候春融，照議修理極衝之工，務期五年秋前竣
事，次衝、稍衝之工姑俟六年秋前告成。將官往來提調督理，本
道不時巡視稽查，務要修理如法，可垂永久。修完一區，查照鎮
守衙門原議摘撥本邊官軍戍守。通候完日核實造冊，通行回報，
等因，到臣。

　　該臣復批，據議揆度地勢，酌算兵力，工分衝緩，時分先
後，財不費，人不勞，而重險可成，無益之守可省，即應及春舉
事修理，通完之日具題。及屢催修理間。

　　復據總兵趙峀、該道兵備僉事姜廷瑤節呈，前工原議分作一
年修理，今各官沿工鳩督，衝緊之工計日將完。其議六年應修稍
緩之工，乘此秋涼時月，合行新任副總兵胡鎮會同歐陽安，嚴令
綜工官員督勵軍士并力修理，以一歲通完，庶可永賴保障，等
因，到臣。又經批行并修，及令量給軍夫鹽菜以恤久役，完日核
報去後。

　　今據懷隆兵備道右參議吳哲呈，准南山副總兵胡鎮手本，開
稱本職接管以來，勘得瑞雲觀、兩河口原議營城二座俱在低窪，
誠恐受敵。今將瑞雲觀改移立石兒，兩河口改移幫水峪西口，俱
各山勢高聳以成險阻。又廟兒港等口營城七座，原議每座周圍二
十二丈八尺，內蓋房一十二間，委的窄小難行。今每座加增十
丈，四角添蓋房四間以示威壯。又大山口係通昌鎮鎮邊城極衝隘
口，今雖修有上〔六〕牆，不足為恃。況西山高梁一道相離土牆不
遠，誠恐狡虜騎梁為拒，使我守牆受敵難支。今於其梁添修磚砌
懸樓一座，一則以堵其口，一則以護土牆，使賊不能侵近，且臨
近村落，人畜亦可得以趨避。又柳樹窪東山高聳，況狡虜狂逞，
每入必先登高窺我虛實。今於北山添修墩臺一座、圍牆一道，使
虜不能占據。又原議斬崖刷坡并虎尾牆，中間有修理無益者，有
原擬尚缺者，本職俱會同懷隆兵備道并原任總兵歐陽安，隨宜形

勢，酌量增減，督同本營中軍、坐營、千把總等官朱山、郝錦、查欽等，率領原議本山軍夫五千名并續於岔東看守營城軍士內摘撥六百名，共五千六百名，各食本等行糧，量支鹽菜、班價銀，於隆慶五年二月二十七日起工，至本年十月初三日止，已將前項原議二年分修增減工程一歲之間修理通完。本道遵依原批事理，親詣岔西完工處所登山歷險，逐一閱視，工程委俱堅固如法，是堪保障，用過錢糧亦無冒破。

爲照南山北鄰邊鄙，南拱陵京，岔西一帶東西相去八十餘里，內接西山衝口一十六處。先年所築聯墩小牆，柱列山麓，低薄無險，不能阻虜入犯，而設軍二千，止爲接傳烽火，兵餉空糜，無裨戰守。今據險增設營墩，工已就緒，以守則扼險阻要，以戰則處地制人，況高臺壁立，樓櫓縱橫，至於水口之處尤極堅壯。

其效勞官員副總兵胡鎮、原任總兵歐陽安首應優叙。及查原任總兵歐陽安，原係開平衛指揮同知實職，節次功升中軍都督府署都督僉事，推任薊鎮總兵官。嘉靖三十八年三月內，爲因失機邊事參問重辟。本年十月內，欽奉聖諭寬宥，定發陽和衛充軍。三十九年，奉兵部咨送宣大軍門立功。四十年三月內，修築宣府東路南北兩山。九月內，監督三鎮官軍山西載殺，部下斬首一十六顆，生擒一名，本官下舍人歐陽鳳斬首一顆。十二月內，蒙總督都御史李□□題奉欽依，准令冠帶充爲事官，督修宣府北路城墩。四十二年十二月內，跟隨總督江尚書前往關南載殺，督陣有功，欽奉聖旨，賞銀十兩。四十四年，督修岔道邊工及土木、沙城等堡。四十五年，委住馬營，指授方略，修理城工。隆慶五年二月內，委修南山岔西，今完前工。看得本官戴罪以來早夜警戒，所向有搴旗之功，列陣有獻馘之捷。即如南山二年工程一歲并完，不辭沐雨櫛風之勞，凜然臥薪嘗膽之誓，援功論罪，似蓋前愆，似應准贖，量復祖職，以勵人心。

其分理工程指揮等官中軍朱山，坐營郝錦，千總查欽，把總任繼勛、王大鎮、沈國忠、張世恩、劉思忠八員，俱應并叙。高贊、李金、陸應忠、蔣朴、劉相，旗牌劉繼先、郭承勛七員俱應獎賞。

查得各官中多犯邊遠充軍，今各效有前勞，各欲贖罪，應否俯從，本道未敢擅議，已經通呈。蒙巡撫宣府吳都御史批，南山修築工程既經查看明白，其效勞官員叙功贖罪候分別議題。又蒙巡按直隸監察劉御史批，候督撫詳示施行，等因。備將修完工程丈尺、用過錢糧數目、官員效勞緣由開報到臣。

臣會同巡撫宣府右僉都御史吳□議照，王公設險以守國，必因山川、丘陵而後地險可據；邊疆修墩垣以禦虜，必須牆壕高深而後虜騎可阻。然地形必修劖而後險可成，故有險不修與無險同；布兵必扼邊險而後守可固，故邊不可守與無兵同。此古今兵家守邊不易之定論也。我國朝定鼎燕京，卜陵天壽山，內設居庸、山海、紫荆、倒馬諸關，因山列戍以固內垣，外列宣大、大寧、遼薊諸鎮，各路屯兵以禦外鄙，歷代形勝莫加焉。粤自大寧內徙，三衛反側，北虜强衆，東虜跳梁，薊鎮疆場始多事，山陵藩籬始薄。其在宣府一鎮，外臨强胡，內拱陵京，實爲鎖鑰重地。先年戍守大邊，乘障禦虜，雖未能全師全疆，尚藉邊隘藩屏，虜難卒入境內。節因虜勢强衆，大邊撤守，邊垣日就傾圮，城堡每遭攻陷。一遇虜衆糾犯，直抵各路內川，西掠洪、蔚，或東窺懷、永。或陰合屬夷爲嚮導，意圖內逞；或直逼岔道之東西，窺犯南山。迹其庚戌入犯薊門，徑出岔西白羊衝口，直由宣府內地出邊，則狡虜覘覘有素，蓄謀叵測，外既難恃，中須備慎。以故節任督撫、按臣咸慮南山內莫陵寢，義急君父，相繼經略。首築聯墩，中界虎尾小牆，僅可及肩，原議既屬草率，修建初未扼險，平時空示虜以重地，緩急難依墩爲拒守。節年督撫諸臣查得岔東一帶內逼陵寢，次築大牆，加浚重壕，以拱衛陵京。後復議設專將，增募守兵，守備頗密，且山巒層叠，林木叢茂，即成險阻。其岔西內通昌鎮鎮邊城，徑達昌平、蘆溝、西山，中多衝口，咸以土脉乾燥，版築難施，兼以昌鎮內邊既修，先年督臣建議并守，向因內外執議未協，止責宣鎮分守聯墩，接傳烽火。墩牆甚屬低矮，沙河水口寬廠，水門失置，緩急委難拒守。臣當督臨之初即行查議，適值東防懷、岔，躬親閱視得，岔東之修守頗嚴，而中護陵寢，林深山險，外有重兵，內無耕牧，虜可寢謀。岔西內接昌鎮，外通諸口，內近京城，村落富實，耕牧素蕃，虜昔經出，必肆垂涎。雖內邊設守，使山外更設重險，再固門戶，共成掎角，方可永恃保障。即委各官查踏，勿拘已成之案，勿恃固陋之守，務須因山據險，斬崖刷麓，塹山湮谷，增添營墩，用成險阻，期可內衛陵京，外伐虜謀去後。

向因先任撫臣虜[七]滋勞費，執議未同。續據各道定議，工程期以二年完工，估計物料，用費頗省，臣急行督修間。適幸仰仗天威，格虜熄烽，工作無阻。新任撫臣開誠布公，准給鹽菜。總兵、該道協衷共贊，并議催修。新任副總兵及督二委官鼓舞有方，三軍樂於趨事。是以二年之工一歲告竣，且夫無外調，行糧盡爲節省，工務實修堅固，足堪保障。不獨岔西樹屹然之防，即昌鎮內邊亦賴永固，較之先年請帑銀、動大衆、糜費不資、公私告病者萬不相侔。

歷查先年建議、督工各官重蒙升賞，良以係關防護陵京，非他修守所同。所據各該效勞官員，除丁憂撫臣孟□既難其始，見任撫臣吳□力贊成終，近例無容推叙，勞績有難概泯。如鎮守總兵官趙岢，職專總鎮，銳意修防，既能破內外推避之固陋，尤能抗同事執泥之吝嗇。奉檄而親履險阻，不憚跋涉；定議而督率工

程，克成永障。南山提調副總兵胡鎮、原任總兵今充爲事官歐陽
安，或承委而區畫周詳，或修守而督理勞瘁，或身先士卒往來不
憚崎嶇，或賞費資財鼓舞已竭財力。修築扼險，於昌鎮成掎角之
勢；節省糧銀，一歲完兩歲之工。所據三臣勞應首叙。懷隆兵備
道先任參政鄭洛，僉事姜廷珤，見任參議吳哲。在鄭洛經始相
度，大破夙昔之虛糜；執議端確，致忤撫臺而不恤。在姜廷珤督
工有略，既完太半之營墩；在吳哲鼓舞無倦，兼完二年之工力。
履任雖有久近，督工均效忠勤。分理工程原任指揮等官南山中軍
朱山，坐營郝錦，岔西千總查欽，把總任繼勛、王大鎮、沈國
忠、張世恩、劉思忠、高贊、李金、陸應忠、蔣朴、劉相，旗牌
劉繼先、郭承勛，或總司巡視，不辭奔走之勞；或分區督工，同
效胼胝之力。即其經年在工之勞，通應分別賞賚以示激勸。

　　查得趙岢先年因大同失事蒙革都督同知及祖職數級，去歲戰
退大虜免侵宣境，臣遵部例“若能保全地方，不計斬獲功級，得
從優叙”，議請准復職級。近該按臣酌議，兵部議覆，仍待今歲
貢市再完另爲議覆，無非慎重邊功、鼓舞將領之意。今據督修南
山險隘係關陵京重地，若非本官大破推諉之錮習，力抗異議之偏
駁，幾至坐誤工作，似應准復祖職以酬忠幹。

　　歐陽安先年犯罪免死充軍，既蒙恩宥立功，節年督戰、綜工
已荷欽給冠帶。本官年已近衰，勉勵忠勤，備極勞苦。胡鎮原任
左都督，鎮守薊鎮，實職都指揮使，被劾革職聽勘。該前任督臣
用統標兵，節年督戰獲功，已蒙欽免勘問，准復實職。前蒙兵部
推升南山提調副總兵，准授署都指揮僉事。本官以革降實職呈臣
咨部，後該兵部議降實職指揮僉事。節據本官呈稱，節年累級授
官各有明勘，方俟咨議間。今據該道備述修築之勞績，具見二臣
被罪圖報之忠略，一年而克建陵京之巨防，比之先年枉費工力、
不堪拒守者大爲不類，所據歐陽安似應准復祖職，胡鎮應復實

職，以示優勞。

及查南山中軍官朱山、坐營郝錦、把總高贊俱係先年地方失事問發各衛充軍著伍，取回承委督工，似應准給冠帶，開其原伍，聽候立功贖復原職。查欽、蔣朴各因犯贓問發永遠充軍，雖承前督撫衙門委用，修守效勞，例難准贖。

如蒙敕下兵部，再加查議，合無將趙岢准復祖職，胡鎮准復都指揮使實職，歐陽安量復祖職，鄭洛等同加旌賞，朱山、郝錦、高贊俱准給冠帶開伍，查欽、蔣朴准改本鎮充軍立功自贖，仍與任繼勳、王大鎮等同加賞賚，責委修守。其修過工程是否堅固，用過鹽菜有無虛冒，照例行巡按御用史核勘明實，徑自具奏施行，等因。

具題，奉聖旨："兵部知道。"欽此。

續准兵部咨，前事，該本部議照，宣鎮南山岔西一帶內拱陵京，外通絕塞，均係緊要衝險去處，節年雖常多方規畫，竟未得其領要。乃今督撫官王□□等銳意經營，從實修築，二年之工一歲告成，兩鎮之防萬全足恃，功當首敘。其餘效勞文武各官既經甄別前來，係干激勸，相應通行議擬。合候命下，將王□□重加賞賚，吳□同加賞賚，趙岢量復署都督同知，胡鎮量復原職二級，歐陽安量復祖職一級，鄭洛、姜廷瑤、吳哲量加賞賚，朱山、郝錦、高贊俱准冠帶開伍，查欽、蔣朴俱准改本鎮充軍立功，仍與任繼勳、王大鎮、沈國忠、張世恩、劉思忠、李金、陸應忠、劉相、劉繼先、郭承勳聽總督軍門分等犒賞。本部移咨都察院轉行宣大巡按御史，備查前項工程是否堅固，用過鹽菜有無虛冒，造冊奏繳，青冊送部查考，仍候大臣至日閱視。但恩典出自朝廷，臣等未敢定擬，伏乞聖裁，等因。

隆慶六年二月十七日，少傅兼太子太傅、吏部尚書管理兵部事楊□等具題。本年十九日，奉聖旨："王崇古賞銀三十兩、紵絲二表裏，吳兌二十兩、一表裏，鄭洛等各賞銀十兩，趙岢准復署都督同知，胡鎮復原職二級，歐陽安復祖職一級，其餘依擬。"欽此。欽遵訖。

爲恭報督修見完宣鎮各路城堡邊工懇乞甄錄效勞官員以勵人心事

准巡撫宣府右僉都御史吳兌會稿，據山西布、按二司兵備、守巡口北等道右參議吳哲、僉事王汝梅呈，准東路參將白允中手本，開稱督同同知嵇巕，守備李彥勛、李楠，指揮丁松，吏目楊鎮，典史陳騰堯，修完原議官修堡二處，內舊縣堡原議二年修理，今一年修完，自修完堡墩一十九處。又准上西路參將李浹手本，開稱督同通判張鳳羽，守備閻萬石、范恭、王廷臣，綜工官金輔、張學，修完官修堡二處，新河口堡原議二年修築，今包修完東、北二面，自修原議并續勘出應修堡墩八十七處。又准下西路參將賈國忠手本，開稱督同通判柳世謙，守操官馮大威、楊宣、李三極、郭邦、李世隆、劉良璧、王世臣，綜工官陳周等，修完官修堡一處，自修完原議并續勘出應修堡墩五十三處。又准南路參將王國勛手本，開稱督同通判羅許，守備孫氏武、王誥、徐夢勛、倪尚忠，自修完原議并續勘出應修堡墩四十七處。又准北路參將麻貴手本，開稱督同守防等官葉秉中、劉一奎、解一清、張國柱、李鉞、唐彥文、田麒、趙祥、張世臣、靳添顏、楊應昇、張昇、王鐸，修完官修城二處，自修完原議并續勘出應修堡墩七十四處。又准中路參將潘忠手本，開稱督同守操官趙邦憲等，官修趙川堡，原議二年修築，今修完東、北二面，自修完堡城三處。又據通判邊拱、防守王懋賞、綜工百戶仲堂呈開，官修完堡一處。又據宣府前、左、右衛興和所各管屯官王鳳鳴、楊應奎、牛希龍、吳志學呈報，自修完續勘出應修堡寨五十三處。各將采柴、修工、夫匠并架梁防護官軍、馬匹支過口糧、料草、鹽菜等銀并一應督工效勞人員冊報到道。覆行查閱，城堡、墩牆等項工程俱各高堅合式，完報如期。

查得各處原擬官修城堡共支過客兵并上年修工支剩口糧一萬五千六百九十四石四斗二升、料三十三石、草四千四百三十一束、鹽菜等銀九千二百二十二兩三錢一分三厘。及查原議口糧三萬七千一百八十六石九斗五升二合五勺，料六千五百九十九石三斗三升五合，草一十九萬九千九百九十七束五分，鹽菜、工食、物料銀二萬七千一百九十八兩二錢一分。今除未完工程留備今年修工支用口糧六千六百七石二斗、料二千二百六十一石二斗五升、草七萬五千三百七十五束、鹽菜等銀四千三百四兩九錢三分二厘，節省口糧一萬四千八百八十五石二斗三升二合五勺、料四千三百三十七石六斗五合、草一十二萬一千一百一十八束五分、鹽菜等銀一萬三千六百七十兩九錢六分五厘。其支過口糧、料草、鹽菜等銀俱係實用之數，并無冒破，節省前項糧、銀俱留作再議修築墩堡應用，原擬今年應修城堡完日另報。除將隆慶五年修完工程、用過錢糧備細造冊，呈送巡按御史核實外，其督工參、守等官始終效勞，相應甄別賞賚以勵將來。今將完工數目及效勞官員理合開呈到職，備稿到臣。

案查該臣奉命移鎮之初，照得督率三鎮地方均係衝邊，北虜日伺侵擾，兵力既難戰勝，保障全資城堡。但查中間或原設邊垣雖已撤守，尚可阻虜蹴至，日漸坍塌；拒虜邊壕節被雨水淤壞，尚未築浚；或城堡久議增修，財力未充，迄無成績；或先經修葺，後被虜攻，當爲復建；或雖見修，祇緣人力不敷，致工愆期，坐誤保障。俱經通行三鎮各將緊要城堡邊工，應修者逐一查勘，見修者刻期報完。續於隆慶四年十二月內，該宣府前任巡撫孟□、總兵官趙岢備將催修完城堡等工，用過、節省見在錢糧并未完工程，該留口糧、鹽菜銀兩數目緣由各報到臣。

會疏具題，節該兵部覆議，其原議下年應修未完工程待來年土脉融和上緊修築完報，節省見在糧、銀留作下年再議修理城堡應用。

又准兵部咨，爲防秋事竣，查議隆慶五年修築以圖保障事，該臣與巡撫孟□、總兵官趙岢會題，督同各道查勘過應該官修及居民自修城堡該用口糧一萬九千二百四十九石三升，料二千二百六十一石二斗五升，草七萬五千三百七十五束，鹽菜、工食、物料銀一萬三千二百一十二兩，先儘隆慶四年修完工程用剩糧一萬二千八百一十石七斗三升三合、銀一萬一千七百九十兩七錢八分支用外，尚少糧六千四百三十八石二斗九升七合、銀一千四百二十一兩二錢二分，并料二千二百六十一石二斗五升、草七萬五千三百七十五束。除糧、料草仍照節年事規於本鎮客兵數內動用，其鹽菜等銀查催河南班價銀兩應用。節該本部覆議，將該省應解班價銀兩上緊催督，解赴宣府巡撫衙門收貯，以備修工支用。及移文宣府督撫官嚴督各道、參、守、掌印等官，措置器具，候土脉融和派撥夫匠亟行修築。兵備、守巡各道分投監督修理，督撫官仍不時往來調度。工完之日務要躬親閱視，如果高堅合式，將各效勞文武官員分別具奏；如冒破不堪、苟且完事者，據實查參究治。其所議口糧、料草准於本鎮客兵內借辦，通候事完俱聽巡按御史核實，造冊奏繳，青冊送部查考，等因。節經題奉欽依，備咨前來，累經通行欽遵訖。

繼因北虜通貢，邊烽寧謐，正我工作無擾、乘暇并修之時，又經臣再四催行先後撫臣孟□、吳□并總兵官趙岢，嚴責前任兵備、守巡各道參政鄭洛、廖逢節，副使溫如璋，參議何榮、梅友松，僉事姜廷珤及各路參、守、通判等官，遵照廟議申飭事宜，先行聚財飭器，董役綜工，及行前後管糧郎中吳善言、陳九仞放支錢糧去後。據今各報修完工程，臣與撫臣吳□尤恐不的，復批懷隆兵備參議吳哲、分巡僉事王汝梅躬親閱視，工俱如法，足堪保障，真可壯國威而伐虜謀。

臣會同巡撫宣府右僉都御史吳□議照，宣鎮極臨朔漠，拱衛陵京，委爲鎖鑰重地。各路城堡墩牆不惟年久損壞，且多係無事之時建置，勢亦草率，是以臣等乘暇飭備，銳意經營，無非思患預防之計。乃今役不告勞而工遂就緒，財無浪費而用有餘資，委於邊防有裨。除修完工程、用過錢糧，該道備細造册，呈報巡按御史核實具奏，所據攄謀效勞人員，除巡撫右僉都御史先任孟□、見任吳□俱奉有近例不敢褒叙，及參、守官李淶等修防怠緩，已該撫臣參劾不叙外。其總理工程，如總兵官趙岢，存心體國，雅志籌邊，謀始而區畫周詳，董役而稽查嚴密，驅馳不憚乎艱辛，提調不[八]神於邊務。此一臣者勞績茂著，所當首論者也。贊理工程，如郎中先任吳善言、見任陳九仞，節任參政鄭洛、廖逢節，副使溫如璋，參議何榮、梅友松，僉事姜廷珬，見任參議吳哲，僉事王汝梅，或供饋錢穀而出納均平，或監視臨封而督查祗慎。以上十臣雖經升調及初至催查，勞不可泯，所當次論者也。分理工程，如參將白允中、麻貴、潘忠、賈國忠、王國勛，或劈畫山川，冒櫛風沐雨之苦；或出入亭障，躬披堅執銳之勞。以上五臣均效勤勞，所當并論者也。見任同知嵇巔，通判張鳳羽、柳世謙，守操等官閻萬石、馮大威、范恭、王廷臣、楊宣、李三極、郭邦、李世隆、葉秉中、劉一奎、解一清、張國柱、趙邦憲、李彥勛、李楠、劉良璧、王世臣、李鉞、唐彥文、田麒、趙祥、張世臣、靳添顏、楊應昇、張昇、王懋賞，管工等官金輔、陳周、張學、王鐸、仲堂、丁松、楊鎮、陳騰堯，或分之[九]芻餉，或散委經營，人雖殊能，事各底績，亦應并叙者也。

如蒙，伏望皇上軫念修築城堡、墩壕干係安攘大計，乞敕該部再加查議，如果前工委於地方有裨，將總兵官趙岢大加賞賚，郎中吳善言、陳九仞，參政鄭洛、廖逢節，副使溫如璋，參議何榮、梅友松、吳哲，僉事姜廷珤、王汝梅優加賞賚，參將白允中、麻貴、潘忠、賈國忠、王國勛并加賞賚。其同知、通判嵇巔等，守操官閻萬石等并管工官金輔等，俱聽臣軍門分別獎賞。其原議今年應修工程待完日另行奏報。節省見在糧一萬四千八百八十五石二斗三升二合五勺、料四千二百三十七石六斗五合、草一十二萬一千一百一十八束五分、銀一萬三千六百七十兩九錢六分五厘留作今年見議修理城堡應用，等因。

具題，奉聖旨："兵部知道。"欽此。

續准兵部咨，前事，該本部議照，宣府一鎮東則接連薊、昌，拱護陵京；西則唇齒山、天[一〇]，咫尺虜穴。修邊設險，處處均當嚴備。乃今督撫等官王□□等銳意經營，極力修繕。工程完固，地方足保無虞；錢糧節省，國計允爲有補。但中間效勞各官近因南山岔西之工已蒙加恩，如趙岢准復署都督同知，鄭洛、姜廷珤、吳哲俱荷賞賚，難以再議外。合候命下，將孟□優加賞賚，吳善言、陳九仞、廖逢節、溫如璋、河[一一]榮、梅友松、王汝梅、白允中、麻貴、潘忠、賈國忠、王國勛同加賞賚，嵇巔、張鳳羽、柳世謙、閻萬石、馮大威、范恭、王廷臣、楊宣、李三極、郭邦、李世隆、葉秉中、劉一奎、解一清、張國柱、趙邦憲、李彥勛、李楠、劉良璧、王世臣、李鉞、唐彥文、田麒、趙祥、張世臣、靳添顏、楊應昇、張昇、王懋賞并金輔、陳周、張學、王鐸、仲堂、丁松、楊鎮、陳騰堯，聽總督軍門分等犒賞。其應修工程上緊修築完報，節省過糧、料、草束、銀兩准作今年修理城堡應用。本部一面移咨都察院轉行宣大巡按御史，備查前項工程是否堅完，用過錢糧有無虛冒，造册奏繳，青册送部查考，仍候大臣至日閱視。但恩典出自朝廷，臣等未敢定擬，伏乞聖裁，等因。

隆慶六年閏二月初七日，少傅兼太子太傅、吏部尚書管理兵部事楊□等具題。本年初九日，奉聖旨："是。孟重賞銀二十兩、紵絲一表裏，吳善言等各十兩。"欽此。欽遵，備咨前來，欽遵訖。

爲遵詔進香事

隆慶六年六月初六日，該萬全都司差官抄捧大行皇帝遺詔到臣。駐札陽和衛城，祇迎開讀，聞詔悲慟，仰天泣血，日夕率屬哭臨行禮訖。伏睹詔書內開，"各處鎮、巡、三司官，地方攸繫，不許擅離職守進香，差官代行"。欽此。欽遵。伏思臣受命督邊，適當虜王貢市之期，瞻望闕庭，攀號莫及。遵奉詔旨，不敢擅離職守，專差指揮白宗堯賚捧降真香一炷前赴几筵恭進，少輸哀誠，等因。

具奏，奉聖旨："該部知道。"

爲慶賀事

隆慶六年七月初二日，伏睹邸報，該禮部題，本年六月初十日恭遇皇上嗣登寶位，伏蒙詔告天下，合無行移各王府及天下文武官員五品以上各該衙門照例進表慶賀，等因。題奉聖旨："是。"欽此。欽遵，伏候部咨未至。仰思皇上御極已經彌月，臣受命督邊，疆場伊邇，制服勉閱，稱賀久虛，日切冰兢，謹稽首頓首上言。

伏以皇圖肇啓，隆熙開萬曆之乾坤；帝德重華，文命煥九天之日月。仰乾符之丕振，識泰道之彌昌。寰宇歡騰，神人胥慶。恭惟皇帝陛下聰明天授，仁孝性成。承歡先帝，篤周文夙興問待之誠；召對輔臣，邁商宗諒陰不言之習。簡汰庶官而文武欽承，諭戒秋防而疆場振肅。適當聖作物睹之辰，幸際內順外威之會。父作子述，遠孚成康顧命之傳；天與人歸，光纘祖宗燕翼之烈。致太平於有象，圖至治以無虞。臣古職守龍疆，阻嵩呼於閶闔；心懸鳳闕，同華祝於臣鄰。頃承綸綍之頒，胥戴生成之澤。伏願政先體要，近述先皇任賢圖治之弘圖；學務緝熙，仰遵列聖講筵啓沃之丕訓。綿歷數於億載，華夷咸遂阜成；奠宗社於萬年，福壽茂胥昌熾。臣無任瞻天仰聖激切屏營之至，等因。

具奏，奉聖旨："該部知道。"

爲邊腹灾傷重大乞賜照例蠲賦給賑以恤民瘼事

准巡撫大同右僉都御史劉□□會稿，據山西布、按二司兵備、守巡冀北道參政申佐，參議蕭大亨，僉事隨府、許希孟各呈，蒙臣并巡撫都御史劉□□、巡按御史孫□案牌，節據應、渾等州，大同等縣及大同前、後等衛所里老、軍民、餘舍武登山、高榮等告，及各州縣申稱，俱稱去年一冬無雪，今春少得微雨，布種田禾，不意盛夏三伏兩月無雨，狂風日作，秋田旱枯，老稚驚慌，稅糧無從辦納，告乞踏勘，照例蠲免、賑恤，等因。該臣等照得，今歲夏旱酷烈，秋禾枯稿。節據軍民哭訴，事關民瘼，急應查踏，已行各道即委廉幹官員前去所屬地方逐一踏勘明的，分別分數通行呈報以憑會題去後。

節該各道選委通判等官惠之翰、馬宗孝等分投前去各該衛所、州縣，公同各掌印、管屯等官親詣各鄉逐段履畝踏勘得，應、渾、蔚、朔四州，大同、懷仁等七縣，及大同前、後等一十七衛所地方，俱自五月以至六七月天道亢暘，久旱無雨，田苗盡皆枯稿，間有微雨去處，然地脉乾燥已極，不足沾潤，分別灾傷等第前來。惟恐不的，又經行委通判陳寵、蔚州知州張勛覆查前項地方，被灾分數與前相同，緣由到道。

爲照本鎮極臨邊境，地土沙薄，春遲秋早，收穫甚微。不意入夏以來亢陽不雨，田禾枯稿，應微[一二]額稅既無所出，而一切養贍又無所賴，人心惶惶，委當亟處。合無早賜題請，先發帑銀，查照被災重輕賑恤以安邊氓，仍照勘災事例俯賜蠲免稅糧，庶軍民獲更生之望而百姓免致流移，等因。并開已成災、未成災分數呈報到職。

卷查嘉靖三十四年本鎮地方災、虜頻仍，軍民窮困，該前任巡撫都御史王□會同總督尚書許□、巡按御史毛□具題，戶部覆奉欽依，准發帑銀三萬兩，分別被災重輕賑恤，一時軍民俱得少蘇。今查本鎮被災地方，除廣昌、靈丘二縣僻在山隅，間得暑雨，被災三四分者不敢概議外，查得大同前、後等一十七衛所并應、渾、蔚、朔四州，大同、懷仁等五縣，比之昔年災傷尤爲重大。軍民困苦，實不堪命，人情洶洶，甚切隱憂，通應賑恤。但各屬庫藏空虛，各路修防耗費甚繁，似應查照先年事例大破常格發銀三四萬兩，照依災傷重輕分別賑濟。仍行巡按御史查勘被災分數，核實造冊奏請，將應徵民屯錢糧照依勘災事例遞加議免以恤民瘼，等因。

又准巡撫宣府右僉都御史吳□咨，據山西布、按二司守巡口北道副使李堯德、僉事王汝梅各呈，蒙臣并巡撫都御史吳□、巡按御史孫□案牌，節據宣府前等衛所城堡軍餘楊源等告稱，自五月中以至七月中旬無雨，田苗盡行枯稿，又降冰雹，復將旱餘田苗打毀無存，錢糧無從出辦，告乞踏勘，照例蠲免、賑恤，等情。看得今歲入夏以來，天道亢暘，久旱不雨，秋禾枯稿。今據軍餘哭訴，事關民瘼，即應行查。已行各道備行踏勘分數明白，通行呈報以憑會題去後。

隨該各道行委經歷任璽、王茂松等分投前去各該衛所城堡，公同各掌印、管屯等官親詣各鄉村逐一沿丘履畝勘得，宣府前等衛所城堡俱自五月以至七月，天道亢暘，久旱無雨，田苗盡爲枯稿，間有微雨去處，然地脉乾燥已極，不足沾潤，分別灾傷等第前來，覆查相同，緣由開呈到道。

爲照各路城堡地方今夏亢暘無雨，田苗委多枯死，軍餘愁苦，人心惶惶，委當蠲賑，早爲具題，庶人心少安，可免逃竄，等因，備稿咨會到臣。

又據山西布政司呈稱，該省地方灾傷重大，軍民困苦，節蒙臣并巡撫都御史楊□、巡按御史桂□□案牌，通行分守冀寧、冀南、河東各道并按察司轉行兵備、分巡各道委官分投踏勘，向緣地方遼遠，各道缺官數多，向未勘報。除差人守催各司道，勘報至日另行外，理合呈乞，先行并爲具題，庶免稽誤期限，緣由前來。

據此，案查先該臣看得，山西、宣、大三鎮地里相連，豐歉相須爲命。今歲入夏以來，節據各屬差人查審，皆稱天道亢暘，久旱不雨，遠近同聲。臣屢經省愆祈禱及行各屬多方祈祈，未遂沾濡，夏田雖嘗少穫，秋禾率多枯稿，若待秋後勘奏，必致坐誤部例。人心惶惶，事關民瘼，已經咨行三鎮撫臣通行各道委官分投踏勘間。節據大同西路平虜等城并朔州、井坪等衛所各申稱，自夏以來亢暘不雨，田禾枯稿，且邊地旱後七月中復降嚴霜，將餘禾盡皆殺死，寸草無穫，地方危難，乞行查勘，等情，到臣，又經批行該道踏勘去後。

今准前因，除各州縣、衛所灾傷分數、應賑户口，臣仍催行各撫臣及各司道覆行勘審明白，造册奏報，聽各巡按衙門核實議請外。爲照山西一省，外而偏、老、雁、平接連宣、大各路，均屬衝邊；内而太原、平陽、潞安各屬地狹賦重，俱供邊餉。先於嘉靖三十三年、四年，宣、大二鎮適當虜患頻仍，匈荒歲侵，米豆價值四五錢，軍民饑饉，邊腹交困。該前督撫諸臣據實陳請，蒙世皇聖恩盡蠲賦稅，大發帑銀分賑軍民，奠安邊域，兩鎮遺黎至今歌頌未忘。今幸虜患暫寧，去歲開荒萬頃，收穫頗豐，米斗值錢，邊人方遂樂生。今春臣等極力招佃，軍民稱貸官私牛種，偏[一三]布麥谷，方期秋成可增歲額。詎意三春少雨，入夏亢暘，麥禾稍有收穫，穀黍盡皆枯稿。在腹裏山西各府州縣雖被災間有輕重，差繁民貧，閭閻所在蕭條；在沿邊米價頓增，牛種無償，邊氓即思流移。兼之各鎮大築邊工，修砌城堡，軍民終歲勤苦，賑粟所在無多，今冬或可苟延，來春恐難存濟。以故大同撫臣劉□□目擊該鎮災荒特重，軍民困苦日殷，比照先年事例乞請發帑充賑；宣府撫臣吳□因查該鎮東、北二路被災稍輕，乞行勘實蠲賦，候議賑恤；其山西撫按諸臣向因司道勘報未至，兼以撫臣被命候代，尚未奏報。臣督三鎮，目擊民艱，若不通爲議請，恐部例愆違，徵派既嚴，催納轉劇，被災軍民重遭追逐，必致流移轉徙，非惟歲額難完，將致邊餉坐匱。

伏乞聖明軫念邊氓重罹災荒，敕下戶部，思山西爲宣、大根本，邊餉之供歲至鉅萬，偶被重災，例應分等蠲免。軍餉不足，量議補發。宣、大爲京畿藩籬，民屯賦稅原供主兵，今遇災傷，例應通議蠲免。大同極邊重災，軍民量賜賑恤。照例通行撫按各官造冊核實回奏，庶邊腹軍民咸思感戴皇仁，免致流離；新招佃戶初開荒田，各安住守，免復荒棄；一應邊務工作猶可乘時責成修製，臣等庶逭瘝曠之罪矣，等因。

具題，奉聖旨："戶部知道。"欽此。

續准本部咨，前事，該本部案查，先爲極邊重鎮累遭災、虜，十分饑荒窘迫，懇乞聖恩亟賜拯救，普行賑濟，以全民命，以安地方事，該總督尚書等官許□等題稱，宣、大二鎮連年荒歉，今歲天雨異常，平川田苗盡被水衝，高崗去處秋霜早降，人缺糧米度命，馬乏料草喂飼，斗米五錢，糴買不出。乞要大破常格，速發帑銀二三十萬兩，或京通倉米二三十萬石，分發兩鎮從宜賑濟。該本部議得，宣、大二鎮鎖鑰之地，既該督撫、巡按奏稱饑饉之狀甚於往年，合無動支銀六萬兩，分發宣府三萬兩，大同三萬兩，各查城堡災傷輕重賑濟軍民，使沾實惠。

及查先爲申明勘災體例以便徵免事，該本部題稱，各處府州縣、衛所所屬地方遇有夏災限八〔一四〕月以裏，秋災限八月以裏，本管官司踏勘是實，係直隸者具申巡按御史，係布政司者具申巡按御史及按察司分巡官，照例核勘。一面差人具奏，各該巡按及分巡官，近則親詣災所，遠則選委的當官員核實，俱要沿丘履畝從公踏勘，定擬成災幾分、不成災幾分，明白造册，星馳奏繳。本部議擬，照例徵免。其應免之數止許於存留糧內除豁，不許將起運之數一概混免。

及查災免事例，除被災三分以下不免外，全災免七七〔一五〕分，九分者免六分，八分者免五分，七分者免四分，六分者免三分，五分者免二分，四分者免一分。其原奏、原委官員若有違限，及聽憑里書以熟作荒、以荒作熟，受財聽囑增減分數，俱聽巡按御史查訪提問，文職罷職不敘，武職降二級發回原衛帶俸差操。

又查得巡按湖廣監察御史沈一定題，爲條陳地方事宜以備采擇事，一、處屯災以足軍餉。該本部議得，衛所屯糧如遇災傷之年，重者每石折銀三錢，輕者三錢五分，通融作數，抵放月糧。

俱經題奉欽依，通行欽遵訖。今該前因，通查案呈到部。

看得總督尚書王□□、巡撫大同都御史劉□□題稱，宣、大、山西三鎮地里相連，入夏以來久旱不雨，田禾枯稿，今冬或可苟延，來春恐難存濟。乞要將山西被災供邊錢糧分別蠲免，軍餉不足，量議補發；宣、大民屯賦稅原供主兵，今遇災傷，照例蠲免；大同極邊重災，軍民量賜賑恤。通行撫按造册核實回奏，各一節。

爲照蠲賦賑荒，勢非得已，如果灾傷重大，事須曲處。但查得宣、大、山西俱屬邊鎮地方，軍民田土皆糧餉所從出，非若他省各有存留錢糧易於蠲免，若免一分須補給一分。今太倉一歲所入不足供一歲之出，而必欲額外添發，則帑藏空虛，勢將不繼。況宣府、山西雖稱稍歉，灾傷頗輕，大同灾傷雖經查有分數，恐亦不至太甚，若概議蠲免，遽議賑濟，實爲坐困之計。及查嘉靖三十三四年議發帑銀三萬兩賑濟大同，原因連歲灾荒，虜患頻仍，斗米值銀五六錢。又查總督王□□奏稱，大同去歲豐收，爲十數年來所未有，斗米值銀不過一錢。訪得今歲入秋以來斗米亦不過一錢五分，似難援以爲例。但督撫目擊民瘼，具題前來，擬合通行勘議，相應題請。

恭候命下，移咨督撫衙門及咨都察院轉行各巡按御史，即查宣府、山西果否灾傷，如係三分以下例不得免，有司不得矇朧申報以爲緩徵之計，撫按亦不得輕意踏勘以開告擾之門。其大同勘過灾傷是否前項分數，若果原報分數過多，今經勘明，不妨改正。所有應免之數既無存留可免，勢必蠲及軍餉，支放不敷作何計處，務使灾傷無貽累於軍民，而糧餉無貽憂於國計，方爲善後之策。如有承委官員以熟作荒、以荒作熟，任情增減分數者，指名參究。至於賑濟一節，冬末春初青黃不接，米價騰涌，先儘該鎮備賑錢糧酌議賑濟，其不敷之數據實題請，以憑議覆量發帑銀接濟。伏乞聖裁，等因。

隆慶六年九月初四日，本部尚書王□等具題。初六日奉聖旨：“是。”欽此。欽遵訖。

爲大禮克襄仰慰宸衷事

恭惟皇考穆宗皇帝，龍馭上賓，既逾卒哭；龍輴歸陵，倏復旬日。生榮沒寧，已還大造之真；付托際聖，允光作述之善。仰惟皇上純孝哀衷，越十旬而夙夜不遑；憂勤永思，既葬附而哀慕無間。凡我臣民初罷國哀，悲感攸同；恭睹禮襄，慶慰彌切。翻思帝王以光前爲孝，繼體以遵訓爲明。方今天下，宮府内外雖輔弼忠賢，而一日萬幾時勞宸斷；山、陝七鎮幸暫遂外寧，而遼、薊、東南尚多未靖。伏乞皇上思先皇憑几之遺訓，勉抑至情；念祖宗締造之艱難，圖惟化理。正心慎動，綏福履日熾而日昌；親賢遜學，迪聖修時敏而時習。開太平於有象，永收内順外威之隆昌；延曆祚於萬年，永膺月恒川至之豐祉。上慰九廟祖宗之靈，下輸四海華夷之望。臣下情無任瞻天祈望之至，等因。

具奏，奉聖旨："該部知道。"

爲感激天恩辭免録廕自陳哀病乞賜休致以重邊寄事

本年十二月初一日，准兵部咨，該臣題，爲遵奉明旨恭報本年北虜三鎮貢市事竣，乞賜優録效勞官員以溥恩賫事，該兵部覆議得，臣首建大議，力抗群疑。操縱調停，曲盡柔遠之義；撫綏經畫，弘施能邇之猷。毀日至而志不搖，功歲成而心獨苦，例應特叙，等因。節奉聖旨："該鎮貢市事完，虜服邊寧，各官效有勞績。王崇古經略撫綏，功猷尤著，着廕一子入監讀書，還賞銀四十兩、紵絲三表裏。"欽此。欽遵，備咨到臣。臣方巡歷天城衛，隨會同大同撫臣劉□□、鎮守總兵官馬芳，恭率蒙恩文武各官即於公署陳仗望闕恭謝天恩，共矢忠報，恭候頒給銀幣至日祗謝外。

伏思臣本一介寒微，荷蒙三朝隆遇。歷官秦晉，督撫經防九秋；累拜廕升，恩寵已逾三錫。矢思畢力疆圉，未敢顧恤利鈍。竊念臣謬肩貢市之議，始因虜酋乞孫獻逆之請，繼感天朝歸孫錫

封之恩，適際先皇仁聖、輔弼忠謨，臣竽事封疆，仰承廟算，實
非臣綿力所克戡任。今幸兩歲邊烽坐息，七鎮疆場安堵，實仗天
地、宗社威靈呵護，穆皇聖上一德承休，輔弼大臣紆籌遠略。臣
等獲效驅馳，向恃精力強建，庶可應酬諸虜之糾紛；心志堅定，
方能主持百務之叢委。詎意臣福過灾生，分盈氣餒。自去冬至
今，精神疲耗，志慮惶惑。痰暈時作，動至顛仆；健忘日甚，事
每乖違。夏時霍亂吐瀉，奄奄殆盡，三日始蘇；冬來手足麻木，
昏昏兀處，拜起喘急。各鎮將吏具親見知，適因大臣在邊，閱視
方嚴，未遂陳乞。兹荷聖恩廕賚，感深莫報，分當辭免。夫犬馬
猶知報主，何敢自爲身謀？衰駑疲於遠馳，自宜量力知止。若復
居寵而忘畏，終將覆餗而入危。用是展轉悚惶，乃敢仰瀆天聽。

伏乞聖明察臣止足之情，憐臣衰病之苦，收回恩廕新命，容
臣休致回籍，就醫調理。別推素諳虜情、夙負才望之臣代臣督
寄，俾其督同各鎮撫、鎮諸臣遵奉成議，恢廓新圖，經理來歲貢
市，溥慰華夷。臣倘遂苟延餘生，未死之年當與野老共祝萬年之
壽。臣愚幸甚，疆場幸甚。臣不勝感戴天恩泣血哀懇之至，
等因。

具奏，奉聖旨：“卿綏懷夷夏，勛業方隆，豈可引疾乞休，
有孤委托？宜益紓忠誠，督理邊務，并廕典俱不准辭。該部知
道。”欽此。隨該吏部備咨前來，欽遵具疏謝恩訖。

爲慶賀恭上兩宮徽號事

隆慶六年十月內，該萬全都司抄捧皇上册尊兩宮徽號，頒告
天下諸司詔書謄黃一道到臣，臣即陳仗恭迎開讀，通行欽遵訖。

伏以聖王兼倫制之盡，孝先尊親；天子建中和之極，禮崇報
本。矧當重熙繼統之初，慶際仁慈比德之日。聿尊鴻號，允慰皇
情；溥煥金章，式昭懿典。恭惟皇帝陛下膺命履乾，應期開泰。

英姿天挺，彤廷焕協帝之華；睿學日新，紫禁藹明良之遇。孝隆尊養，承顏日侍於兩宮；敬切褒崇，懿册仰闡夫一德。惟仁聖皇太后，至順衍《關雎》之化，應乾道以無疆；惟慈聖皇太后，太和協麟趾之禎，衍天潢於罔極。樹母儀於宮闈，貞并虞嫄；申焕號於朝堂，名同周姒。儀曹恭事，史館摘文。離藻訂自淵衷，琅乎金聲玉振；坤範昭於寶册，熙然日照月臨。鳳旌并舉於雲端，輝騰四陲；龍軸均於天表，澤洽千官。惟二聖垂保護之弘休，斯一人敦立愛之大典。臣古身羈紫塞，莫遂梟趨；心沂[一六]丹墀，祇勤虎拜。伏願道紹虞舜，治享無爲；業并周文，化成有象。鞏瑤圖於億載，兩宮膺福壽之隆；調玉燭以長春，萬曆永熙昌之盛。除具疏恭賀仁聖皇太后、慈聖皇太后陛下外，臣無任瞻天仰聖欣躍屏營之至，等因。

　　具奏，奉聖旨："該部知道。"

爲查議屯鹽職掌改專敕定駐札以一事體 以責成效事

　　行准巡撫山西兵部左侍郎趙□□咨，據按察使鄒光祚會同左布政使史直臣、右布政使董世彦議得，屯政重務，軍國攸關。腹裹屯田已經分屬守巡各道，無容別議。其屯田僉事題奉欽依移駐代州，但查大同距代州三百餘里，應州去省尤爲懸遠，況又有衙門修造、計辦供應之難，則今改駐應州，道里既已適中，供費均便處辦，人情、事體委爲穩妥。該道敕内仍應請增"兼管大同屯田"字樣，庶事權專一，任有責成。其衙門一應帶理公務并賫捧等項差用，縱使缺官，亦不許議委，以免叢剉[一七]。惟事干屯政，不妨文移往復。至於山西撫按出巡代州，照常參候，其餘一應參見浮文并該停免，惟各院交代之時似當就近一見，本官升任臨行赴省一辭以見山西統轄之分，庶職守既有專成，而事體亦不至妨廢矣。

再照腹裏屯田既可責之守巡，若邊關屯政責之三兵備道督理，分定原管轄內疆界，亦於敕內請增兼管某處屯田，則責任既專，糧尤易辦。其大同府原委同知委係冗員，無裨屯務，相應革回該府供職，等因，備咨到臣。

案查隆慶六年正月初二日，准吏部咨，該臣題，為虜眾內附、邊患稍寧等事，該大同巡撫劉□□條陳邊務，欲將大同添設屯田僉事一員，專管屯田。臣看得，該鎮接連山西三關，地里既遠，荒田頗多，守巡、兵備各道各有兵糧、軍民、詞訟，委難兼理。及查山西按察司原設有屯田僉事一員，專管邊腹屯田。在腹裏者巡歷難周，亦屬遙制，即應查照陝西事例行腹裏守巡道各照地方就近兼理；在三關者原係本官職掌，合將該道移駐代州，請敕一道，聽其專管山西沿邊三關及大同鎮屯田一應清查、開荒事務，專責經理，庶北邊拋荒屯田可望漸開，邊儲可冀歲增，等因。具議題請，該兵部議行吏部，覆奉欽依，通行欽遵間。

又准戶部咨，准臣咨，議照山西屯田道原奉敕內尚有山西所屬地方屯田及坐落直隸、河南去處者，緣係先年舊行，與今題准事由迥異，移文另給專敕，以便遵行。戶部咨議，除行內府、翰林院查照新題事理，另請專敕外，等因。備咨前來，又經行令屯田僉事另候專敕至日遵行間。

續據該道僉事藍偉呈稱，該道向奉敕諭兼理本省河東鹽法，既經移駐邊城，事難兼濟。近因賞捧賀表赴京，往返三月，致誤屯務，乞行查議，等情。

臣查得山西河東鹽法委與屯政無豫。先年巡鹽察院議請敕行各省屯田道兼理各省鹽法，實緣該道事簡，可兼巡察。今該道既經移駐代州，兼管大同邊屯，關內地里隔遠，各衛屯田已議分屬各守巡道經理，其鹽法自難遙制。查得按察司清軍道駐札省城，就近兼理鹽法，均係憲職，責任攸同，公私良便。又查得先年大同屯田荒廢，屯糧逋負歲多，比因前任管屯都司坐索常例，致廢法紀。該前巡撫李□、巡按燕□□會題，將大同府同知馬呈書請行兼理屯務，向因都司、該府體統既乖，各衛官文移依違，竟無成效。今既設屯田該道專管，其同知各有清軍職掌，自當免兼屯務。且屯田道初議駐札代州，蓋因切近三關，接壤大同，便於巡歷。節據代州呈議，修理衙門，計處供應，歲費不資。且該道向緣代州尚屬山西地方，該司一應賷捧表賀委署司道，每循舊規概行呈委。又因兼管鹽法，遠赴河東。巡鹽、清軍，撫按各院俱屬親臨，巡歷參謁，日事奔走，坐廢屯務。況見奉敕書未載兼管大同屯田，有礙責成。查得大同所屬應州相去三關僅百餘里，冀北守巡各道同住大同境內，自可免山西各項公私牽制。若將該道改駐應州，免令腹裏奔走，俾其專一經理三關、大同屯務，期臻實效。已經備咨撫臣轉行布、按二司，酌議屯田道移駐應州內外有無安便，大同府同知帶管屯田一節通為定議免復兼理叢挫^{〔一八〕}，與夫敕內應請增添"兼管大同屯田"字樣，逐一會議停妥，咨報軍門以憑會題施行去後。

今准前因，臣會同巡撫山西兵部左侍郎趙□□、大同右副都御史劉□□議照，邊政之經理須職任之既專，而後可責其績緒；邊臣之更置必眾議之僉同，而後可要之經久。山西屯田道僉事改駐、職任，據山西布、按二司各官遵臣督撫案議既已詳明，庶邊關屯務可請專敕經理，而腹裏諸務可免兼懅^{〔一九〕}奔走，無容別議。其查山西沿邊屯田坐落雁門、寧武、平刑三關之外，其地里接連大同朔、應、山、馬各州縣境界，軍民田土互相交錯，先年雖總屬山西屯田道經營，原未身親巡察，故責在邊各道兼管。其北樓口新邊一道向與應州軍民田地參錯，近年互相隱占地糧，開砍山林，各道互分彼此，奏訟終年難結，以致奸豪占種影射之弊不能究除。且三關兵備寧武一道近已裁減，而雁、岢二道各有兵馬、城堡、秋防之責，其岢嵐兵備加以市務孔殷，若使兼理三關屯田，不惟事體參差，亦恐勢難周理，殊非臣等經畫邊屯、開荒濟餉本意。必口[二〇]原議將屯田僉事移駐應州，專管山西三關、大同一鎮屯政，免其帶管鹽法、該司委署、關內參謁諸務。地里既屬適中，巡歷可責周遍，與北樓、應州爭訟不明地糧，奸豪占據山場，軍民俱係該道本管，自可究結；一應清查屯額、糾察奸弊、開荒招佃、及時催徵諸務可克日計功，大濟邊餉。待其數年之後，荒屯盡開，額賦可復，方稱設官移道之職任。其大同府同知向兼屯務，統轄既難，職任叢挫，委應裁去兼懾[二一]屯田，俾從原舊清軍職務。事干更置，亟應會請。

如蒙，乞敕該部再加查議，將山西腹裏屯田查照前議分屬就近守巡各道，河東鹽法責行按察司清軍道兼理，見任屯田僉事准移應州駐札，照舊統懾[二二]山西三關并大同一鎮屯田事務，合用供費，山冬[二三]一鎮查照原議均辦，永爲定規。其總司一切帶理公務并齎捧等項差用不得議委。凡遇事干屯政，止許文移往復。若山西撫按巡歷代州，照常參謁，其餘一應參見浮文悉皆停免。大同府同知原“兼屯政”字樣准議裁減，聽理清軍事務。二鎮沿邊各路通判，就近聽該道督委催查屯務，其屯糧完欠分數，係屯田都司各衛所管屯之責，各有戶部參降事例，無容推諉。屯田道敕內應添“兼理大同屯田”，清軍道敕內應添“兼理鹽法”各字樣，統爲議擬上請，頒給新敕，庶便遵守，用臻實效，等因。

具題，奉聖旨：“戶部知道。”欽此。

續准本部咨，前事，該本部看得，總督尚書王口口、閱視侍郎吳口口議處宣、大、山西屯田官員，在王口口則欲將山西腹裏屯田分屬守巡各道，河東鹽法責行按察司清軍道兼理，屯田僉事專管三關、大同屯政事務，移駐應州；在吳口口要將屯田道仍歸山西，其大同屯務散之守巡各道，或宣、大共設屯田道，駐劄蔚州。爲照二臣議論雖不同，而欲得人以興復屯政，其心俱切。臣等參之輿論，再三籌度，如宣、大二鎮另設屯田僉事一員，固爲專責，但屯政無軍旅之寄則衆不畏服，巡歷實難；山、大二鎮移處山西屯田僉事，固可責成，但地方有分轄之情，則行多掣肘，奔走不免。況宣府屯田較之大同數多，今俱係各道分管，頗稱便益，則大同屯田仍當散之守巡各道照舊兼理，似爲長策。雖稱地里甚遠，荒田甚多，然兵備、守巡共有四員，散處邊鎮，分管數少，清理自易，官軍自服。所據前因，相應酌議題請。

恭候命下，移咨督撫衙門及咨都察院轉行巡按御史，除宣府屯田照舊聽各道分管，山西屯田道仍歸該有兼管三關屯務外，其大同屯田查照先年事體分屬兵備、守巡各道管轄。各官務要講求興廢之故，要見該鎮原額屯田若干，徵收糧草若干；見今實在屯田若干，徵收糧草若干；昔年緣何徵收數多，近來緣何徵收數少。果係權豪隱占，設法清查。如因循畏避以負委任，責有所歸。其臨邊地土先年胡虜充斥，久已荒廢，趁今廣行召募，不拘軍民，許其耕種，無力省〔二四〕處給牛種，定爲年限起科。至於管屯官員侵欺科歛，尤當嚴禁。其餘一切未盡事宜，悉聽各官悉心整理。每年終將收穫過糧草、清查過隱占、開墾過荒田、召種過人戶，分析舊管新收、開除實在，并將各該經管掌印、管屯等官分別已、未完分數具呈撫按衙門覆核明白，照例具奏，造冊送部查考。本部移文內府、翰林院，將大同兵備、守巡道各請給專敕一道欽遵行事，仍特請專敕各一道給山西并宣、大各巡按御史，查照先年屯鹽都御史龐□□題准并今題內事理，督同各兵備、守巡、屯田道一體欽遵施行。至於三關與朔、應、山、馬，北樓口與應州，各軍民互相隱占、奏訟不決事件亦要查理明白，議處停妥，不得偏護，致增煩擾。伏乞聖裁，等因。

萬曆元年三月十七日，本部尚書王□□等具題。十九日，奉聖旨：“是。”欽此。欽遵，備咨前來。

隨該本部院看得，該道駐代以來，山、大屯務次第漸興，一旦議復回省，不惟兵備、守巡各道咸有兵馬、貢市之責，勢難兼理，重恐已興屯務尋致坐壞。一面咨行山西撫院轉行僉事藍偉照舊駐札關外，踏丈大同屯田，一面備行大同撫道從長定議再請間。

續據各道呈，該臣議照，閱視部臣原題與臣意議相成，向使早聞臣等後議，亦可免復指陳矣。户部因見臣等議論參差，恐致該道徒設，難濟閑暇，良時易邁，仍查宣府屯賦既多，俱聽各道分理，議將該道照舊仍回山西，大同屯務仍行各道分理。復經題奉欽依備行臣等，分當欽遵。時方各衛屯田清丈未明，六年額賦徵兌未完，僉事藍偉既奉新命，力難獨任，守巡各道適牽貢市，無暇分理，一時承委各官觀望解體。臣與撫臣雖日嚴督責，但各道分地分屯，田地之荒熟高下既殊，軍餘之開耗[二五]、抛荒迥異，欲遂通融哀益，上下依違，理勢難齊。臣惟扼腕長嘆，將致成績復壞。臣權咨山西撫臣將僉事藍偉免即回省，仍行本官勉完二鎮邊屯查丈諸務，仍咨行大同撫臣通行各道定議呈報，俟議會請去後。撫臣憚違部議，遂未會行。各道恐嫌推避，未敢執議。

臣反覆思惟，邊事匪建議之難而責實爲難，邊屯有興除之幾惟得人爲要。然欲得人以責實效，非乘時專任鮮克有濟。若朝更夕易，甲可乙否，而求復數十年荒廢之屯務，平兩鎮軍民之積蠧，縱能取辦一時，必致旋復陵夷，良以官無定守，政由數易。雖部議嚴切，責成在邊臣，徒煩文具，求以乘時據圖、開荒濟餉，恐終難矣。歷查宣府屯田，先年雖經屯田御史建議，兩鎮共設屯田僉事專管，後因裁革冗員，及見先任該道巡歷難周，兼管鮮效，該先任督臣具議停罷。該鎮屯田近年已該前任撫臣查丈清科，今任撫臣開荒充餉，地無餘利，屯有成籍，疆場輻輳，各道經理無難。若復改行屯田道兼理，非惟一道兼管二鎮，巡察難周，將致該鎮已成之績反致紛更。在山西三關，屯田既與大同各衛地里相攙，其北樓、應、渾軍民仍有占據紛爭之患，該道原係山西憲臣，自宜就近專管。若果各衛額田踏丈已清，分等徵科已定，豪強侵占已盡追奪，奸詭埋沒已俱清退，拋荒餘田已盡起科，應修屯莊挨次修設，期以三年，必致額賦歲增、帑餉漸減，軍民收穫既多，米價必將漸平。渾、應開山之豪徒庶可解散，山場免貽後憂；北樓原募之軍伍可望清補，軍民免復影射；應、朔、平虜各衛應豁虛糧查明請豁。上不負輔臣乘時興舉屯田、永濟邊餉之忠謨，下可免各道分管、參差推諉之夙弊，庶官不徒設，議可經久，不猶愈於該道仍回山西奔走虛糜耶？

　　再照見任山西屯田僉事藍偉，苦心精思，矢力竭誠，雖當奔走疲勞之餘，心切振舉興除之務。催償六年之屯賦，百計清查而積蠹盡革；遍踏沿邊之額田，三冬巡歷而遠險不避。即其勞績，似應優敘；稽其年資，當責久任。

　　伏乞聖明軫念山西、大同邊屯興舉之難，通計屯賦濟邊之利，俯鑒臣等先後建議之誠，敕下該部再加酌議上請。合無將山西按察司屯田僉事藍偉乞從原議移駐應州，專管山西三關、大同一鎮屯務，兼清渾應山場、北樓營伍，詳定職任，請敕一道，令其欽遵行事。地方幸甚，臣等幸甚，等因。

　　具題，奉聖旨："戶部知道。"欽此。

　　隨該本部議照，屯田重務，先年邊餉半所仰給，邇來廢弛特甚。即如大同一鎮，原額屯糧七十餘萬石，見存者止十餘萬石，而又本折相半，以致軍餉不充。節經諸臣建白修復，未臻實效。近該尚書王□□及侍郎吳□□各條議不同。該本部備加詢訪、酌議具題，將大同屯政仍行各道分管，或易施行。今總督尚書王

□□又奏稱，山西屯田僉事藍偉見在本處清查額田，已有端緒，欲留本官仍照前議兼管山、大二鎮屯務。切照臣等所議乃居常久遠之圖，欲其分理而事易；督臣所議以乘時清查之急，欲其統理而事專。隨便立法，因弊起事，既經復奏前來，相應依擬題請。

恭候命下，移咨督撫及咨都察院轉行山、大各巡按御史，將山西按察司屯田僉事藍偉查照督臣先後原議移駐應州，專管山西三關、大同一鎮屯務，兼清渾應山場、北樓營伍各軍民互相隱占、奏訟不決事件，須要親自踏勘，銳意修舉，務使原額可復，百凡停妥，方爲稱職。本部備行内府、翰林院請敕一道，令其欽遵行事。其總司一切帶理公務并賚捧等項差用不得議委。若山西撫按巡歷代州，照常參謁。凡事干屯政，止許文移往復，其餘一應參見浮文悉皆停免。如違，聽督撫參治。每年終將追徵過糧草、清查過隱占、開墾過荒田、召種過人户，分析舊管新收、開除實在，并將各該經管掌印、管屯等官分別已、未完分數，具呈撫按衙門覆核明白，照例具奏，造册送部查考。其大同兵備、守巡道各原請敕書徑自差人奏繳。伏乞聖裁。

奉聖旨："是。"欽此，欽遵。

爲議選軍門中軍標營將官重體統備戰守以維貢市事

案照各鎮總督軍門各設有中軍官員，專司傳宣軍令，備咨訪以贊謀畫，責亦甚重。歷任總督諸臣每選各鎮謀勇素著、才守可用閑住將官充任，有功論薦推用，體統雖重，事權未專，以致各官觀望依違，致誤軍機，或致結怨，將領互相構陷，致乖上下之體。各鎮軍門設有標兵，專備策應各鎮緩急，不時調遣以資戰守，必選經戰謀勇之官方可策用。

查得先年前任薊遼總督、兵部右侍郎譚□咨行兵部，議照軍門中軍職專傳宣號令，贊畫軍機，往往員缺以廢棄官充補，既利害無關，罔知愛惜，而群情不服，甚乖事體。議將軍門聽用原調江西南安把總、署指揮僉事暴以平比照總理練兵都督戚繼光中軍官事理，欲請加升署都指揮僉事職銜，列銜於大寧都司，令管中軍事務，庶見任之官克知砥礪，而體統既正，軍務有裨矣，等因。咨達兵部，依擬題奉欽依，將暴以平授職給札，通行欽遵訖。

竊照臣標下中軍、原任山西副總兵田世威，先因地方失事被問重刑，荷蒙先皇聖恩寬宥發邊立功。連年在邊承委，或斬獲功級，或處降構逆，或面見虜王訂盟貢議，或奔走各市議定市規，誓竭心力，多效忠幹。節該臣具題，兵部覆奉欽依，准復祖職，賞給銀兩，遇缺推用。近該兵部題奉欽依，量授署都指揮僉事，推升臣軍門標下右掖營游擊將軍，統領標兵，見今任事。緣本官謀猷精練，兵略素閑，責之領兵，亦屬相宜。但年逾六十，精力近衰，弓馬驅馳，委所難堪。今值北虜通貢，臣軍門諸凡應酬虜使事務糾紛。世威向任中軍，事頗經諳，每於虜王諸酋講議貢市，虜眾久孚，故每年三鎮互市之時，臣遣本官親赴市場酬應諸酋，虜情大慰。今若用以領兵，在世威驅馳力倦，有難責效；在貢市既已專兵，難復委用。況臣督理邊寄，一切籌度軍務、振肅憲紀固在於臣，其帷幄贊襄、列鎮宣傳必須中軍得人。所據本官相應比照暴以平前例，酌議上請以便器使。

如蒙，乞敕兵部再加查議，合無將田世威准照暴以平前項事例，即以見升署都指揮僉事職銜改列於山西行都司支俸，令管臣軍門中軍事務。以後遇有升遷、事故，聽臣總督衙門坐名咨請，兵部照議推補。其見遺標將員缺，查得大同左衛守備牛應詔、山西平刑關守備王昱俱各年力精壯，材識勇練，即應就近推補，以便交代任事。乞敕兵部查照定推一員，庶貢市、標兵兩有攸賴矣，等因。

具題，奉聖旨："兵部知道。"欽此。

續准本部咨，前事，該本部議照，軍門中軍官員職專傳宣號令，兼以北虜通貢，諸凡酬應委宜得人，方克有濟。既該總督尚書王□□具題前來，相應依擬。合候命下，將田世威仍以署都指揮僉事職銜管理宣大總督軍門中軍事務，改列山西行都司支俸，行令本官到任管事。所遺員缺即以牛應詔量升署都指揮僉事，充總督標下右掖營游擊將軍。本部備查原擬責任，請敕一道齎付本官欽遵行事。合用符驗、旗牌照例就彼交用，具由回奏。遺下左衛守備員缺另行推補，等因。

萬曆元年正月二十二日，本部尚書譚□等具題。本月二十四日，奉聖旨："是。"欽此，欽遵訖。

為督修工程以嚴自治事

准巡撫山西兵部左侍郎趙□□會稿，據整飭岢嵐兵備右參政朱裳、雁平兵備副使劉漢儒、太僕寺卿兼寧武兵備僉事王惟寧會呈，抄蒙總督宣大山西軍務、太子太保兵部王尚書案驗，前事，備仰各道將分轄地方應修工程，舊議者稍俟土融興修，新議者酌量內外邊堡緩急，定派夫役，查照原議丈尺，一面具呈，或應會請，或應徑修，一面督行各官依限修理，務期堅固以圖永久，等因，行間。

又蒙撫院案驗，為查議民壯修工事，仰各道即查分轄參、守界內今年應修零碎披塞工程各的有若干，逐一估算工力、限期；應否止用本界軍夫修補；州縣民壯既奉欽依停班，應否再調。再查三路工程若果緊要，民壯應否徑調，工食作何追徵。既不得妄議添工，亦不得指此誤事，逐一會議，務使欽依不背，邊工有裨，明白定擬，限文到十日內具由作速通詳施行。

蒙此，該岢嵐道行准寧武兵備道關稱，查得中路邊界，東自王野梁起，西至野豬溝止，長一百三十餘里。除寧武、神池二守備分管邊牆土脉黃潤，修築高堅，足堪保障外，其利民、八角二守備分管界內，東自石湖嶺暗門起，西至野豬溝暗門止，雖有先年修築牆垣，近該本道看得，中間有低薄不堪者，有石砌不及丈尺且爛惡者，有地勢低下受敵、受水不足恃賴者，有牆之名，無牆之實。在前長林一帶未築牆垣，賊自平虜地方徑趨長林，南犯興、嵐，則野豬溝迤東似爲稍緩。今長林東西既築新牆，又且高厚，則平、朔之虜不欲南犯出已，犯則必由蕎麥川無疑，其前二守備地方皆其所通道路，南抵三岔、五寨，不半日可至也。今牆垣低薄爛惡如此，則虜馬一踐遂成坦途，雖有長林之牆亦棄物矣。故本道愚見謂利民、八角之邊不修，則長林雖修猶不修也。何也？長林、野豬相去不過跬步之間，不得於彼，即得於此，於虜何礙？於我何益？故野豬迤東之邊似不可以爲緩而忽之也。

但查本邊舊邊牆堡、敵臺共長九千四百四十六丈九尺，每二丈折全牆一丈，共折全牆四千七百二十三丈四尺五寸。每軍壯一名每日修工五分，以四個月算完，共用軍壯七千八百七十二名，合用鹽菜銀七千五百五十七兩零。二堡見有軍夫三千六百九十七名，尚少軍四千一百七十五名。新改邊牆、敵臺共長二千四百七十七丈三尺，每軍壯一名每日修工五分，以三個月算完，合用鹽菜銀三千九百六十三兩零。共用軍夫五千五百名，除二堡見有軍夫三千六百九十七名，尚少軍夫一千八百八名。工多人少，一時并舉，財力不敷，恐難責成，似應酌處。合無今歲先修舊牆，除本界軍夫外，再調民壯四千一百七十五名，自三月終起工，限七月終完報。來歲改修新牆，除本界軍夫外，再調民壯一千八百八名，亦自三月終起工，限六月終完。其應支行糧、鹽菜俱查照西路修工規則、民壯工食追徵事理，行布政司另議。但借用民壯煩請再行酌議，主案會呈施行。

准此，又准雁平兵備道關稱，本道分轄四守備邊，西自王野梁界起，東至平刑關石窑庵盡境止，沿邊工程節年加幫修築堅實，其今歲應修工程止是零碎補葺及去歲北樓界地凍停止續議零工，俟春融督令原議軍夫修築，不必議派民壯，煩爲主案會呈施行。

准此，查得本道岢嵐界內水泉、黃龍、丫角并西黃河邊牆、城堡俱逼鄰虜巢，而水泉、黃龍一帶尤爲緊要。行准鎮守總兵官郭虎[二六]手本回稱，查得原議水泉營城垣窄小，因有互市客商往來存宿，難以容衆，南面應該展拓，東、西、北舊牆低薄，亦應加幫高厚。又要填築舊壕，幫築臥羊臺及圈修井泉，修築墩[二七]敵臺等項，工程浩大。但彼處係極衝邊堡，工當速修，須得人衆，完於互市之先，使夷虜不知，方爲寧妥。及查西路奇、游，偏關、河曲援兵，偏老、岢嵐、水泉營、賈家、三岔、五寨等堡鎮，西衛、偏老、保德三所馬、步旗軍，共有一萬七千五百餘名。內馬軍除公差外，見在者分爲兩班，步軍除守墩外，二項馬、步旗軍約有一萬餘名，調赴水泉營，仍聽副總兵劉鳳翔、參將魏廷臣、游擊葉威、守備李先春分管總理，散委就令各營中軍、千把總督并，本鎮親往督查興修。官軍俱待土脉將融之時調取。其黃龍池工程，待水泉工完，各官徑自照依原議再行修理。民壯應否調用，煩爲酌議施行，等因。各到道。

查得水泉營堡雖係西路地方，而互市乃全晉大事，展拓、加幫必借闔鎮之財力方可就緒。但本省民壯先蒙前撫院題奉欽依暫停上邊，工食就於停免之年暫蠲一年，以後兩年一徵，解布政司另項收貯，專聽修邊支用。

爲照概省民壯必須題有重大工程方可動調。今水泉、黃龍等工實爲緊要，如蒙軫念西路前工係干三晉保障，或賜題請准令動調民壯一半，或查照鎮守衙門議派本路各營馬、步旗軍一萬餘名興修，副、參、游、守官畫地分工，其委官就用各營中軍、千把總管理，庶便責成，且省勞費。仍調東路千總千戶廖升總管。估議其鹽菜、行糧，代州鹽課銀八千七百餘兩，內已准給寧武銀七千兩，尚剩一千餘兩。本道今查有偏、老二倉見貯先年原討預備不測銀五千六十二兩四錢三分五厘，又保德倉收貯各院無礙紙贖等銀一千餘兩，如有不敷，容本道臨時呈請，另行查處。若准調用民壯，每名除日給鹽菜銀一分外，仍該工食銀三分，行布政司通行各州縣照依所解民壯數目徵解，於以後二年一徵數內免徵。如止用本路軍夫，合照隆慶五年修理市場事例，每名給行糧一斗五合，折銀一分五厘，不給鹽菜。工完各委官自行立石，備將原管界止、委官職名一一刻記。仍將修過工程、用過銀兩造冊呈報。其效勞員役容本道與鎮守衙門不時查閱，公同開報以憑獎薦。若三年之內致有披塌者，重行參究。其東、中二路應修工程，遵奉欽依免調民壯，止令各路將領酌量衝緩，督并本界軍夫次第修理。如今歲不完，來年再舉，等因。到職。

　　案照先爲虜衆內附，邊患稍寧，乞及時大修邊政以永圖治安事，據寧武兵備道呈稱，查勘得八角、野豬溝口起，至利民、石湖嶺暗門止，應幫修舊邊牆三十四截、牆〔二八〕敵臺一百八十一座、邊堡五座，三項共長九千四百四十六丈九尺，每二丈折全牆一丈，共折全牆四千七百二十三丈四尺五寸。合用修工軍壯七千八百七十二名，大約四個月可完，合用鹽菜銀七千五百五十七兩六錢。改議新邊牆四截并添設敵臺四十八座，共長二千四百七十丈三尺。合用修工軍壯五千五百五名，大約三個月可完，合用鹽菜銀二千九百六十三兩八錢四分。新舊邊工通共該銀一萬一千五百二十一兩四錢四分，若以今歲一并修築，但工程浩大，人力不敷，難以俱完，待舊邊幫修完日，候下年漸次建修似爲頗易。具由通呈，蒙總督軍務王尚書詳批，利民西路邊牆不係衝邊，上年原未議修，不係應閱之數。仰道備呈閱視部院，候來春經修，工程、錢糧查實，通詳候會請，繳。

又蒙撫院案驗，仰道選委能幹文武官三二員親詣前項邊界，將原報應修幫加并改議新修邊牆、敵臺等項再行踏勘。如果應修，計用軍壯的該若干，行糧、鹽菜銀若干，應於何項銀內動支。如果工程浩大，財力不敷，一年難完，必須分段限年，庶便責成。作速議處明當，具由呈奪。

又據岢嵐等道呈稱：

一、改築邊牆

切見野豬溝起迤北長林、關河口、柏楊嶺至截頭墩止邊垣，內多係溝爲險，半坡斬崖築牆，不堪拒虜。應該改築山梁邊牆二截，共長二千九百七十六丈，內關河口迤北左峰坡起至坐鶯峁迤北石牆止，計八里，長一千五百三十七丈。議該大牆底闊二丈，高連女牆二丈五尺，收頂一丈二尺。空內築靠牆敵臺八座，每座除西面靠牆外，三面周圍一十二丈，高連女牆三丈五尺，收頂八丈。共用人夫三千名，大約三個月零十日可完。又柏楊嶺對正蕨菜峁第四臺起直抵沿山接頭墩止，計七里零五十二步，長一千四百三十九丈。議該大牆底闊二丈，高連女牆二丈五尺，收頂一丈二尺。空內築靠牆敵臺七座，每座除西面靠牆外，三面周圍一十二丈，高連女牆三丈五尺，收頂八丈。共用人夫三千名，大約三個月零七日可完。

一、增添市堡

勘得水泉營堡周圍四面二百八十八丈，委的低薄窄狹，應該加幫高厚。堡外地基臨近溝壕，必須築平。城內雖有空地，坑坎頗多，攤平蓋房，不足容衆，相應展拓新堡一座。估計得舊堡一座，應該加幫高厚，除南面展拓外，東、西、北三面共長二百二十九丈，舊高二丈五尺，頂闊一丈。今議三面幫厚一丈，加高五尺，共高三丈，頂闊一丈五尺，上築女牆五尺，通高三丈五尺，用軍夫一千五百名。又堡城周圍舊敵臺八座，內五座止該加高，不幫外，其三座應該加幫高厚不等。今議俱比堡牆加高一丈，共高四丈，頂闊、周圍、四面每座俱八丈，上築女牆五尺，通高四丈五尺，用軍夫三百名。又堡外東、西、北三面臨溝并舊壕，三面深闊不等，周圍共長二百二十九丈，用軍夫七百名。又展拓新堡一座，除北面靠牆外，東、南、西三面周圍共長一百三十二丈，應該修築，底闊三丈，高三丈，頂闊一丈五尺，上築女牆五尺，通高三丈五尺。東南角、西南角應築靠牆敵臺二座。用軍夫一千名。又展拓新圈井瓮城一座，用夫一千二百名。又新修護井墩臺一座，用夫三百名。通共計用軍夫五千名，各分修不等，共修三十三等日可完。合用鐵料等項臨時計處。

一、修復黃龍池

廢堡原在偏頭關滑石澗適中之處，且地饒水便，委應修設，一則與滑石澗聲勢聯絡，一則兵馬趨緩，有所栖址[二九]。今勘議前堡心高，四角低窊，不堪保障。相離本堡二里許，地形平坦，三面有險，堪築圓堡一座，周圍長一百二十丈。東、南、西三面山險，修築牆垣，底闊三丈，高二丈五尺，收頂一丈六尺，計長九十丈，加女牆六尺，通高三丈一尺。北面平漫，修築牆垣，底闊三丈五尺，高三丈，收頂二丈，計長三十丈，加女牆六尺，通高三丈六尺。共用軍夫一千五百名，大約四十日可完。又堡內添築圓墩一座，用夫三百名，大約二十日可完。

以上三項工程俱屬緊急，但水泉營展拓、黃龍池修復工程頗大，恐財力不敷，一時難以并舉。合將柏楊嶺一帶邊工待萬曆二年再議舉修，合用行糧、鹽菜銀兩俱於代州見貯庫鹽課銀八千七百兩內支給。緣由呈蒙總督軍務王尚書詳批，據議今歲應修水泉、黃龍二堡之工并來歲應接修關河口、柏楊嶺之邊牆，估議軍夫、鹽菜已明，仰備呈撫院，一面調各處民壯，如三月互市先修黃龍池，如三月未市先修水泉，務夏中可完。其委官務選勤勵曾經委修工之官。餘工待今秋修完□修。一面通行具稿會請，具由速報，繳。

又蒙撫院詳批，據呈水泉之展拓、黃龍之舉廢，其鹽菜俱於代州庫貯修邊鹽課見在八千兩內支給。但該道未呈之先，該寧武道呈將代州鹽課支給七千餘兩，已經批允，作寧武修城鹽課矣。若中分之，則兩工俱難成，似當仍以先批作寧武修城鹽菜爲便。二堡鹽菜，該道仍查堪動銀兩，庶不誤事。大抵邊疆備預，不患堡少而患兵寡。黃龍廢堡似當亟修以聯聲勢，但恐財力不敷，無兵戍守，又況堡未修而先擬戍軍，亦爲空談，仰道再爲通加查議。餘如議并呈，若軍門批示不同，仰遵軍門批示速爲施行，由繳，各去後。

今據各道會議，具呈到職。卷查隆慶五年該前巡撫都御史楊□條陳疏內"一、定民壯之議"，該兵部看得，本官題稱先年三關民壯九千餘名守邊，雖似無用，修工實其所長。近日題准止存五千七百，其餘俱發各州縣守城，暫停上邊。但查西路工程自野猪溝起至高八臺止尚未興修，自蕨菜峀起至丫角山止方在修浚，恐一年難完，欲將新題工程築挑完日放回。其停免上邊工食當年准蠲，以後兩年一徵，解布政司收貯，專聽修邊支用，各一節。計處周匝，關南民力真有息肩之期。合無依其所擬，備行該鎮督撫官將見存民壯督發野猪溝等處，修工完日放回各該州縣守城，以後暫停上邊。所有上邊工食就於停免之年暫蠲一年，以後兩年一徵，通解布政司收貯。如遇尋常工程，各兵備道、參、守等官督率本界軍夫隨宜修補。如積多貽累及妄議興修者，聽督撫官查參究治。若工程重大，本界力難修舉，聽巡撫衙門核實，仍調前項民壯協修，即以所貯銀兩支給工食，完日放回，等因。覆奉欽依，移咨前來，已經案行各該司道通行所屬府州縣遵照外。

隆慶六年九月內，該職接管，查得野豬溝起至高八臺止一帶所修邊牆并蕨萊峁起至丫角山止披塌工程，本年十月內俱各報完訖。今照萬曆元年野豬溝起至高八臺等工既完，前項民壯應該遵奉欽依停免止[三〇]邊之期，所有工食亦應暫蠲一年，已經備行三兵備道會議，具呈到職，等因，會稿到臣。

准此，案查先該臣於今歲正月初旬看得，邇年以來三鎮值虜通貢，俱各乘暇飭備，議修邊垣、邊堡，用圖保障。中間舊議之工率有成緒，或原議二三年之工今已告完，或二年可完，或已修將半。已完者應將原有軍夫、錢糧并修別工，未完者應照原議及時督修。其新歲應修之工合用器具、軍夫或未預備，尚有緊要應修之工尚未議及者，時已新正，土脉漸融，通應查議，分別新舊緩急定議督修。已經通行三鎮巡撫、各道各將分轄地方應修工程，舊議者如係用磚包砌，查照軍門原行必須采積窰柴，廣被[三一]柴炭，燒積磚、灰，果足包砌一面或半面之用，方可擇日興修，即以包砌之日啓支行糧，如法修理；如係土築，亦要先期采備把稍，廣備器具等項，稍俟土融克期興修。新議者酌量內外邊堡緩急，務先衝要邊口、人烟眾多城堡為急，分別磚包土築，照前采柴積磚，處備器具，定派軍夫。查照原議丈尺，一面具呈各院，或應會請，或應徑修，一面督行各官一體依限修理，務期堅固以圖永久。如有緊要邊隘、邊城亟應修理，尚未議及者，與夫應修軍民屯堡、墩寨責民自修事宜，俱要一一查議明白，通行修葺以資保障。俱經通行查勘外。

續據岢嵐、雁平、寧武三兵備道先後議呈各屬今歲應修前項緊要邊工城堡緣由到臣，又經節次批駁各道及咨行撫院，速將各工逐起酌議，分別急緩，定議次第完報，并應用軍夫、錢糧計算明白，備咨前來，以憑會題施行，各去後。

今准前因，臣會同巡撫山西兵部左侍郎趙□□議照，山西三
關各路不堪牆壕、墩堡俱當修飭。據今勘報，除兵備副使劉漢儒
所管東路止有零碎并續議工程不多，督令本界軍夫自行修理，無
容別議外，其西路水泉營、黃龍池二堡與中路牆堡工程，兵備朱
裳、王惟寧仍要量調民壯協修，無非爲邊防計也。但查前項民壯
題奉欽依，新工完日停免上邊，工食當年准蠲，已經通行所屬遵
守。今若仍舊調取上邊修工，既已有違欽依，又復失信小民。且
該省地方去年旱災，秋收鮮薄，自冬及春雨雪未降，實爲饑歲。
又本年秋糧除照例蠲免、存留外，起運之數係供宣大、三關軍馬
支用，催徵又不可緩，而閭閻小民輸納甚艱。且民壯上邊修工，
每名例徵工食銀六兩解官，名雖六兩，其實戶丁津貼殆且倍之。
當此災困之餘，正稅輸納尚且不前，又加之以額外之徵，民命其
何以堪？況查水泉營堡工合用軍夫五千名，分修三十餘日可完。
今本路各營見有馬、步旗軍一萬餘名，使其并力修築，不過二十
日可完，以次修復黃龍池廢堡，尚有餘力。其中路地方工程委屬
衝要，本路軍夫不敷，查得平、潞二衛班軍四千六百餘名，除平
陽衛官軍二千六百餘名隆慶六年調修西路野豬溝邊工外，其潞州
衛存留官軍二千四十餘名在衛空閑，相應調發該路今年幫修舊
邊。合用行糧、鹽菜銀七千五百有餘，并無別項銀兩堪動。查得
河東運司額徵隆慶六年修邊鹽課銀一萬兩，比因鹽花不結，迄今
尚未解到，誠難久待，宜爲借處，通應題請。

伏乞敕下該部再加查議，合無將該鎮西路工程責成總兵官郭
琥，公同兵備朱裳督調本路各營官軍一萬餘名，行令副、參、
游、守畫地分工。其合用委官即以各營中軍、千把總管理。先將
水泉營修完，以次及於黃龍池。合用行糧、銀兩悉照該道所議動
支。中路工程除本界軍夫外，再調潞州衛存留班軍二千四十餘

名，總兵郭琥公同兵備王惟寧督調本路參、守各官今年幫修舊邊。合用行糧、鹽菜行布政司查借庫銀七千兩，解送寧武道收候支給，待河東運司解到六年鹽課銀照數補還。其今年該班民壯遵奉欽依免調修工，俱存留本州縣守城。原編工食蠲免一年，以蘇民困。其中路東自石湖嶺起、西至野豬溝暗門止議改邊牆、敵臺并西路柏楊嶺一帶邊工俱係重大，原議萬曆二年修舉，本界軍夫不敷，聽臣等核實，仍調前項民壯協修以節軍困。

再照以上二路工程務要當年完報，中間未盡事宜容臣等臨時隨宜區處。通候工完之日，各道將用過錢糧、修過工程造冊，并甄別管工官員勤惰呈送臣等奏請，仍行巡按御史核實，以行激勸。及照前項牆堡墩臺，各該委官修完，照依原管界止豎碑，備刻管工官姓名，如三年之內披塌者查究重治。如此庶邊工及時修舉，不致積廢；內地民力蘇息，可免災困矣，等因。

具題，奉聖旨："兵部知道。"欽此。

續准兵部咨，前事，該本部議照，山西三關、西中二路最當虜衝，防禦之策修守爲上。今值彼醜款塞之時，正宜整飭邊防之日。所據修築前項牆壕墩堡委於保障有益，既該督撫官尚書王□□等具題前來，相應依擬。合候命下，移咨總督王□□、巡撫趙□，將本鎮西路工程責成總兵官劉國，公同兵備崔鏞督調本路各營官軍，行令副、參、游、守畫地分工，合用委官即以各營中軍、千把總管理。先將水泉營修完，以次及於黃龍池。行糧、銀兩悉照該道所議動支。中路工程，本界軍夫不敷，再調潞州衛存留班軍二千四十餘名，總兵劉國公同兵備王惟寧督調本路參、守各官今年幫修舊邊。合用行糧、鹽菜行布政司查借庫銀七千兩，解送寧武道收候支給，待河東運司解到鹽課銀兩照數補還。該班民壯查照原題免調修工，俱存留本州縣守城，原編工食蠲免一年。其中路東自石湖嶺起、西至野豬溝暗門止議改邊牆、敵臺并西路柏楊嶺一帶邊工，聽照原議候萬曆二年修舉。如本界軍夫不敷應用，聽督撫官核實，仍調前項民壯協修。二路中間未盡事宜，俱聽督撫官臨時隨宜區處。工完之日通聽巡按御史查核，修過工程有無堅固，用過錢糧有無虛冒，并管工官員分別勤惰，一并造冊具奏定奪。仍將管工官員照依原管界止豎碑，備刻姓名，如三年之内有披塌者，悉聽查參從重究治，等因。

萬曆元年三月十六日，本部尚書譚□等具題。本月十八日，奉聖旨：“是。”欽此，欽遵訖。

校勘記

〔一〕“努”，據文意疑當作“劣”。

〔二〕“昇（異）”，據文意疑當作“冀”。

〔三〕“城”前，據文意疑當有一“天”字。

〔四〕“共”，據文意疑當作“貢”。

〔五〕“趙苛”，據文意疑當作“趙岢”。下同。

〔六〕“上”，據文意疑當作“土”。

〔七〕“虜”，據文意疑當作“慮”。

〔八〕“不”，據文意疑當作“有”。

〔九〕“之”，據文意疑當作“支”。

〔一〇〕“天”，據文意疑當作“大”。

〔一一〕“河”，據文意疑當作“何”。

〔一二〕“微”，據文意疑當作“徵”。

〔一三〕“偏”，據文意疑當作“遍（徧）”。

〔一四〕“八”，據文意疑當作“六”。

〔一五〕“七”，據文意疑衍。

〔一六〕“沂”，據文意疑當作“忻”。

〔一七〕“叢剉”，據文意疑當作“叢脞”。

〔一八〕“叢挫”，據文意疑當作“叢脞”。下同。

〔一九〕“懾”，據文意疑當作“攝”。

〔二〇〕“口”，據文意疑當作“從”。

〔二一〕“懾”，據文意疑當作“攝”。

〔二二〕同上。

〔二三〕“冬”，據文意疑當作“西”。

〔二四〕“省”，據文意疑當作“者”。

〔二五〕“耗”，據文意疑當作“耕”。

〔二六〕“郭虎”，據文意疑當作“郭琥”。

〔二七〕“墩”後，據文意疑脱一字，待考。

〔二八〕“墙”前，據文意疑當有一“靠”字。

〔二九〕“址”，據文意疑當作“止”。

〔三〇〕“止”，據文意疑當作“上”。

〔三一〕“被”，據文意疑當作“備”。

宣大山西·籌邊類

爲傳報虜情嚴防範酌撫剿以伐虜謀事

本年三月初七日，據宣府北路參將麻貴差報，本月初二日據龍門所委守黃經差夜不收許國良報，初一日酉時在於邊外地名瓦房溝瞭高，有車夷那亥等説稱，黃台吉、比妓達賊圍裏邊外住的車夷哈計等帳房。又據滴水崖守備解一清報，初一日申時據屬夷那阿出賴報稱，在於柵口墩牆外迎遇車夷哈只奈，説稱："我們與哈計、哈班瞎等在於邊外瓦房溝住牧，有黃台吉下達賊刺八他不囊領着達賊，將我們虜裏。我便跑回，認得是黃台吉下頭兒肯吉布恰、啞石害首領哥。又到地名水克，將車夷禿厮個、免胡累房子亦被圍裏，等情。"本職隨即領兵，至酉時馳抵龍門所。隨據屬夷郎通事報稱，黃台吉下達賊二百餘騎將車夷哈計、哈班瞎、擦哈賴卜肯等并先虜去，今在邊住牧車夷阿不者漢、端公頭目等帳房約有五十餘頂，又將禿厮個、免胡累一把俱被圍裏去訖。本職隨令通丁韓瑾等前去黃台吉、比妓處講問圍裏情由，及查虜去夷人、頭畜數目，待候明確另行呈報，等因，到臣。

隨行宣府撫、鎮及該鎮沿邊東、北、西、中各路參將麻貴、白允中、賈國忠、李國珍、洪國忠各淬兵設備，如果本酋部落再肆近邊侵擾屬夷，即便會兵剿逐，不許觀望，縱虜誤防。一面責差通丁傳諭史、車二夷，見在酋長處各須移住近邊險隘，晝夜防禦，查明虜去部落夷數另報；一面責問黃酋及諸婦勾虜屬夷、反覆變詐情狀。仍會撫臣選差官丁金奉、解宗堯各執書諭順義王，備將其子黃台吉近來在邊不時索擾及兩年二次勾虜屬夷奸詭凶謀，責令本王差夷戒治。如仍不遵伊命，定行革去撫賞，用兵防剿，各去後。

臣會同巡撫宣府右僉都御史吳□議照，夷狄之性雖叛服之無常，而制馭之道貴操縱之有略，固不宜委曲遷就縱虜以損國威，尤不可處置失宜激虜以速邊患。查得史、車二夷原係三衛部落，史夷一枝內附歲久，住牧近邊，向與諸虜為仇，為我藩籬；車夷一枝歸附歲淺，昔被虜眾追搶，畏虜貪撫，眾心未定。臣等去歲因被黃酋勾虜，察其誠偽，已經具聞。但各夷昔謂黃酋之強悍，俱與結親。見今黃酋東住三婦，一係車夷哈不擋之女，一係車夷克臭之女，一係朵顏阿大之女，一係史二之女。先於隆慶六年二月內，哈不擋之女前來，將其父并革固等誘引東去。該撫臣具題計處，見在史、車二夷築堡安插。續因計議未妥，權議於寧遠堡及四海冶邊倚山修築牆垣，及滴水崖等處險峻山嵯，令各夷無事則近邊牧放，有警則收斂藏避。史夷并原留車夷敵壘等俱各遵守約束。其原去車夷阿卜者漢、猛克免等，責令黃酋於隆慶六年四月內令其酋婦送回龍門所邊外，一同乞討撫賞。

臣等議得，阿卜者漢等原係撫賞人數，今既送回，姑准照前撫給以示羈縻。其同來酋婦雖原係車夷一種，但部落頗多，難以一概准給，勒令回巢。黃酋常為酋婦部落窮夷五百名乞照史、車二夷例一體給賞，仍稱彼今亦係屬夷，反不得與各夷同蒙恩賞。臣等查得，五百屬夷小大之賞每年用銀四百餘兩，權許待伊久而效順，為伊奏請，向未濫給。其新回各夷，除革去八不賴等係史二親屬，甥舅相依，其餘阿卜者漢、猛克免等志仍飛揚，一向不聽收斂，遠邊住牧。蓋出柙之虎終非可馴，而夷狄之性難強內徙，恐生窺擾，徐觀其變，俟為另議外。

節該史二赴鎮稟稱，車夷遠邊交連北虜，不惟心不戀主，且恐勾結連累，等語。節經行令東、北二路副、參等官麻貴等嚴行管束收斂，各夷再三推調，不肯近邊。及今果復揚去，明係各夷陰懷怨望，外事勾結，奸謀叵測，恤賞徒費。及查得虜酋黃台吉素性凶狠，貪鄙宣淫，真同禽獸；虛詐無恥，獨異諸酋。占收各枝夷婦二十餘口，不能養贍，縱其沿邊索討衣食，月無寧日，或致外奔，亦不知恥。親生夷子七八人，各不能撫順，致其自相紛奪兵馬，誓不與同居。上忤其父，下仇其子，眾叛親離，窘迫羞憤，無以自解。歲前遣使求臣等勸導其父子，與伊和合，至求自盡。臣權行撫諭，令其聽父撫子，各安職貢。春時感恩遣謝，誓無他志。近於二月二十七日尚住膳房堡邊外三婦帳，屏去諸夷，向原差官通歐陽清等報稱，察罕即土蠻部落糾會花旦都督即三衛屬夷謀犯遼東即薊鎮，彼受天朝厚恩，特先報臣等，見彼忠心。臣因本酋每肆變詐，方疑其外示恭順，內蓄陰謀，或糾土蠻及老把都妻子，聽三衛奸夷謀犯薊遼，已屬撫臣密行薊遼軍門嚴慎哨備，再察動定間。今乃聽奸夷勾虜屬夷，冀自封殖，不思車夷久已內附，分難輕犯。伊父子久不相容，勢難獨逞，明為挾求撫賞之計，實陰肆故違盟約之奸，據法即當究處，伐彼奸謀，難復姑息，縱惡貽患。

其照車夷部落眾至千餘，先被老把都率夷先年搶其孳畜，窮窘為甚。又因史夷歲賞厚於本夷，常懷怨望。近因各枝頭目五樂等先後病死，餘眾雖權立死者之子弟為統，其三五強悍哈計、阿卜者漢等每懷异志，不服統攝，遠住邊外，不復內徙。或以女嫁黃酋，資其養贍；或因親交結各虜，互相為奸。向若原去諸夷外無隨去之情，則在黃酋必難强行勾虜；即今未去者若內得撫賞之厚，則諸小酋可免復存外志。通應酌處，除候臣等差去通丁及順義王宣諭本酋，取具的確虜情回報至日，臣等再加查訪，參酌事幾。如黄酋仍肆凶悍，即將本酋并虜去車夷絶其撫賞，罷其貢市，以昭國威。如敢侵擾，督兵追剿，務使有所懲創。如仍佯示不知别有事端，送還屬夷，悔禍安分，聽將車夷存者量加撫賞，務同史夷一例以免怨望。不足之銀准支該路减哨銀每年三二千兩，與同原議撫賞通融支用，并具册報。去者仍責令黄酋自行拘管，不許仍來内地勾結爲奸。通俟查問明白定議撫剿機宜，另行具奏。臣等誓不敢媚虜損威以養虎貽患，聽擾屬夷致壞藩籬，亦不敢輕舉妄動致有疏虞，以坐壞貢市良圖。伏乞敕下兵部酌議，行臣等從長計處。地方幸甚，華夷幸甚，等因。

　　具題，奉聖旨："兵部知道。"欽此。

　　續准兵部咨，前事，該本部議照，被誘車夷男、婦止於三百名口，似不足爲我有無。但其向背情態關係邊防，則不可稍有輕忽。今被[一]醜情狀在督撫差人責問未回，尚難懸斷，必須仍照原題事理會議畫一，乃爲詳妥。合咨前去，煩將撫剿車夷事情會同酌議停妥。如已去者其心既離，則但加責問不必强索，以中彼要求之計；見留者其勢既孤，則當撫處使之得所以慰其來歸之心。再或釁起黄酋，倡爲首亂，則當絶其貢市，嚴爲防剿。一切機宜俱聽便宜議處停妥，具奏前來，以憑議覆施行，等因。備咨前來，已經通行該鎮撫、鎮定議訖。

爲查議三鎮馬價盈縮分俵市馬均利華夷以免邊腹勞費事

　　卷查隆慶六年七等月，節據宣、大、山西撫鎮咨呈及原委監市各道呈報，本年北虜順義王等、子侄黄台吉等先進貢馬二百五十匹，及本王原授官頭目、各剌麻番僧各隨進馬一十三匹。彼既感恩效順，在我義難峻阻，共進貢馬二百六十三匹。内進上馬三十匹，留邊馬二百三十三匹，分發過大同鎮一百二匹，山西鎮六十六匹，宣府鎮六十五匹。後永邵卜大成及故酋昆都力哈下頭目插漢敖不艮台吉等進貢留邊馬一百五十匹，先後共進貢馬四百一十三匹。其三鎮互市，除民、商易過馬、騾、牛、羊等項不開外，山西鎮官易過馬二千三百七十八匹，內解京七百匹，餘給軍馬一千六百七十八匹，各用貨不等，共該價銀一萬八千六百一十七兩九錢三分零。大同鎮東西二市共官易過馬四千五百六十五匹，各用貨不等，共價銀三萬四千一百六十兩八錢一分。向因該鎮兩班入衛游兵四枝缺馬三千有餘，節年請兌太僕寺馬匹，或議給銀兩，今既以京運馬價易獲虜馬，即應儘給各營以便入衛。宣府鎮官易過馬九百二匹，各用貨不等，共價銀七千四百一十四兩。各報到臣，已經具題訖。

其前進貢馬價，大同鎮於椿朋、馬價銀內取解銀一千七十兩。宣府、山西二鎮於臣原扣留官庫先次京運馬價內，山西支銀七百一十兩；宣府七百兩，并行宣府撫臣就近於該鎮椿朋銀內查支一千五百兩，共二千二百兩。查照五年原議，分別進上、留邊馬全價、半價，與同欽賞彩段、表裏，酬賞虜王各子侄并各夷使領回訖。

臣查得，北虜貢市之期原議春月，六年貢市已完，元年貢期伊邇，其各鎮應辦易馬市貨必須稽今歲支剩之資，度來春應用之數，預爲酌議處備，庶免臨時倉皇。及查兵部二次發到三鎮馬價銀兩，在宣府今歲用數雖少，在山、大二鎮用過頗多，即有下剩銀貨與夫該鎮椿朋，恐不敷今年支用。且大同易過市馬儘給入衛各營官軍，查照節年入衛缺馬事規，應計其馬價如數請發。山西鎮俵京馬匹，查照撫臣題請、兵部原議，每匹應請給官價一十二兩，已俵馬七百匹，該補官價八千四百兩，專備元年市價。其查三鎮各營軍馬連年派給留邊貢市馬匹數多，值此虜烽寧息之時亦頗足用。其元年市易并留邊貢馬若復仍給官軍，不無歲增芻餉，通應查議。咨行三鎮撫臣轉行各道，備查各鎮見在支剩馬價、椿朋、銀貨各若干，查照上年用數，元年果否足用，或應取給該鎮椿朋，或應請發馬價。其大同今歲給過入衛各營馬匹共若干，例應計價請補；山西鎮俵解過太僕寺馬匹，原議馬價即應請發。至於三鎮元年貢市夷馬，在宣、大應否查照山西起俵事體解京聽發寄養，或應變價免復給軍以節芻餉；在山西或應解俵，或應分給該省邊腹驛傳及該年州縣里甲喂養，人情、事體有無安便。通議咨報以憑會題去後。

續准巡撫大同右副都御史劉□□咨，據朔州兵備道參政申佐會同守巡冀北、大同兵備各道呈稱，依蒙，查得六年該鎮東西二市原支京運馬價、本鎮椿朋、原議撫賞及五年支剩，共銀三萬四千三百一十四兩三錢八分零。收買貨物除易馬、撫賞外，存剩銀貨共六千四百八十八兩八錢二分零。元年互市應照六年銀貨預備，除前見在存剩銀貨外，尚少銀二萬七千六百七十二兩。及查山西行都司庫貯見在椿頭、肉臟銀一千二百一十八兩二錢五分零，京運馬價銀七百三十三兩五錢五分，銀億庫見在朋合銀一萬五千八百七十六兩四錢五分，俱應動用，實少銀九千八百四十三兩七錢三分零。其今歲給過入衛四營夷馬二千九百五十一匹，每匹例該價銀一十三[二]兩，共該銀三萬五千四百一十二兩，合無請給馬價，專備元年互市應用。其市獲夷馬如欲解太僕寺俵給，但一時互換，夷馬價值不等，大小肥瘦有差，邊腹水草不服，解俵未便。查得近年互市之期，薊鎮每次差官賫貨易馬給軍。合無將元年市馬准行兌給薊鎮官軍騎操，查照俵給事例，每匹發銀一十二兩，解送本鎮，以備下年互市，似爲常便，緣由具呈到職。

據此，爲照防邊以戰守爲先，戰守以馬力爲尚。往年虜勢猖獗，東征西剿，死馬數多。年年請討馬價，費用帑銀頗繁；歲歲責軍買馬，幫陪之累已極。而入衛之兵補兌馬匹請發馬價，尤爲不資，上下交困。適值兩年互市收買胡馬，該鎮營伍已充，若不及時議處，不無耗費芻餉。今據該道所呈，六年計發入衛四營馬二千九百五十一匹，共該價銀三萬五千四百一十二兩，相應題請照數給發前來，以備萬曆元年市本。除預備市貨不足銀數，應於隆慶六年原議未支窮夷撫賞銀內動支湊買貨物，其元年互市夷馬悉照該道所議俱行兌給薊鎮官軍騎操，每匹照例發銀一十二兩，解送本鎮以備該年互市之用，如此庶內帑頗省而市資可不匱矣，等因。

又准巡撫山西兵部左侍郎趙□□咨，據山西布政司左布政使史直臣等會同沿邊各道呈，查議得隆慶五年互市買貨共借過本司庫銀四萬三千三百三兩四錢一分，本年互市支剩貨物并銀二萬九千一百三兩九錢零，不敷隆慶六年互市支用。又買備貨物共借過本司庫銀一萬七千八百五十一兩八錢八分，本年互市支剩貨物共價銀一萬四百八十六兩三分零，不敷萬曆元年應用。近議動支本司庫銀二萬八千八百六十八兩六分收買貨物，總計隆慶五年、六年共借過本司庫銀六萬一千一百五十五兩零。除將京運馬價并椿朋等銀共四萬九千九百兩補還外，尚少未補銀一萬一千二百五十五兩。又元年預買市貨借支過本司銀一萬三千八百兩零，先後共借過本司未補銀二萬五千五十餘兩，應該請發京運銀兩補還，等因。到職。查得本鎮互市每年大率應備貨物價銀三萬餘兩，今歲除預行該司借湊官銀湊備銀貨四萬三千有奇，內除正項京運及支剩、椿朋、銀貨外，節年借過本司庫銀共二萬五千五十餘兩，即應請發京運馬價充補。

本年二月內又准巡撫趙□□咨，據山西布、按二司左布政使等官史直臣等會同邊腹各道呈，查照軍門原議，本省三府四州所屬州縣俱有里甲走遞馬匹，中間倒死者無處無之，適今夷馬數多，相應分領。合行各州縣遵照，候里甲更替之期暫領舊役之馬代替喂養，應承差撥，一遇夷馬解到，却將前馬歸還舊役，然後照里均給。中間縣治有大小，人民里甲有分當，大縣領三分之二，次則給領一半，又次則給領三分之一，庶夷馬喂養不患於倉卒無人，而地方給領亦次然兩便。又查得本省原設臨汾等四十五驛，每驛各設馬、騾不等，中間歲多倒死，一時不能買補，重累馬户。原有議定民陪官買事例，今值夷馬數多，相應分領。預行驛傳道照依擬定數目責令給領，事畢將民買、官買銀兩通中扣數還官。二項每年共派領夷馬一千九百四十五匹。如夷馬尚多，或召商變賣，或給之州縣富民，亦不爲擾。

又據山西行太僕寺卿王惟寧呈，查得該鎮六年應徵椿朋銀一萬四千二百九十四兩三錢六分，内除用過并詔免外，見在代州庫銀五千二百九十三兩一錢零，見徵未完銀一千一百二十七兩六錢零。萬曆元年正月起至六月止，約扣朋合銀一萬一千六百餘兩，見今查扣，六月終可完，各緣由到臣，案候間。

又准巡撫宣府右僉都御史吳口咨，據守巡口止[三]道副使崔鏞、僉事王汝梅會呈，蒙臣案驗，前事，依蒙，會查得宣府鎮節年庫貯京運、椿朋銀兩，除五年、六年買貨支用外，尚存六年市剩此物共該價銀一萬五千六百九十一兩七錢，庫貯京運馬價、本鎮椿朋等項共銀一萬八千一百二十九兩八錢三分零。議照六年止永邵卜大成兄弟部落赴市，其老把都諸子未到。今年若永、把二枝齊赴市場，夷畜必衆，貨宜多備，大約以買馬三千匹，比照節年事規該用貨價銀二萬六千五百二十六兩八錢，撫賞等貨用銀五千兩。今據各庫見在銀貨似頗足今歲支用，除儘見在貨物外，再支銀一萬六千五百五十九兩，分委各官督同商鋪各處收買，專備今春互市應用。

再照今歲市易夷馬，欲照往年事規分發營路騎操，值此虜烽寧息之時，且連年領印數多，似頗足用，若復仍給官軍，不無徒費芻餉。合無將今歲市易、貢馬二項內挑選壯馬，查照太僕寺兌給各軍事例，儘數兌給薊鎮及各京營游兵缺馬軍士領騎，補實行伍，其餘留給本鎮騎操，或臨時酌量給商易賣，庶夷馬皆得實用，芻餉不致浪費，等因，各先後咨呈到臣。

案查先准兵部咨，爲酌議馬政事宜，以裨邊儲，以蘇民困事，該巡視京營户科右給事中梁□□等題議馬政，大率謂邊計詘於市馬之無資，民生困於養馬之重累，欲捐常盈庫貯積備用馬價一二萬市虜馬給軍，使每歲各邊可免請兑。其直隸、山東、河南各省備用本色馬匹暫徵折色，外結虜心，內充邊騎，暫飾民困，永戒不虞，利有五便而無一害，至宜行也，等因。該兵部議行北直隸、山東、河南，將隆慶六年分應派備用馬匹俱准折色，每匹徵銀二十四兩，解部發寺收貯。以後年分仍聽本部酌量徵派。一面先於太僕寺動支馬價銀三萬兩，大同、宣府、山西各一萬兩，差官解送各鎮巡撫衙門，收買膘壯好馬，給軍騎操。事完各另造册奏繳，青册送部查考，等因。題奉欽依，備咨到臣，通行各鎮撫臣欽遵訖。

本年十二月內又准兵部咨，爲虜衆內附，邊患稍寧，乞及時大修邊政，以永治安事，該臣回奏，輔部原題八議內"收胡馬"一款，議得收胡馬利在中國，但各鎮貢市之馬既多給軍，馬額雖未盡補，亦可備緩急戰具。以後年分市馬歲增，有難盡數給軍，多費芻餉。乞敕兵部定議，每年春請發山西、宣、大三鎮各馬價一萬二千兩，聽易虜馬千匹，俵兌京營官軍騎操，或給户寄養，庶在京以半價而得一夷馬，在邊藉內價而免匱乏，三省之民可久免俵馬之累，太僕寺庫將歲獲餘價之積矣。該兵部覆議得，寄養京營馬俱足用，各鎮馬額多缺未補。候隆慶六年正月本部題發三鎮各馬價銀一萬兩，聽充市本，易買夷馬一千匹，仍給本鎮軍士騎征。事完造册奏繳，青册送部查考。以後年分另行議請。通候大臣至日查閱，等因。題奉欽依，備咨到臣。

行間，復准兵部咨，前事，該本部查將五年酬賞進貢馬價原借過太僕寺椿朋銀五千兩，據臣揭帖即於准發前項馬價三萬兩內照數扣留，題奉欽依，咨差委官進士桑維高扣解銀二萬五千兩到臣。臣隨案發朔州兵備道，將部扣補還椿朋銀五千兩查照五年分發馬數扣計。內進上貢馬三十匹，每匹除欽賞外，半給馬價銀五兩，共一百五十兩，每鎮該除銀五十兩。留邊馬四百七十九匹，內原發過宣、大二鎮各馬一百八十匹，每鎮該除銀一千八百兩；山西鎮馬一百一十五匹，該除銀一千一百五十兩。其見解銀二萬五千兩，應給宣、大二鎮每鎮銀八千一百兩，山西鎮銀八千八百兩。仍照前數扣留六年酬賞貢馬價，大同鎮就近聽支外，山西扣銀一千二百兩，宣府銀一千八百五十兩，案發大同東路官庫，聽候六年查支。餘銀行各巡撫差官赴朔州兵備道照數領回備用訖。

續准兵部咨，爲議處互市胡馬，以圖撫順夷情，以定三關遠計事，該巡撫山西右僉都御史楊□題稱，三關馬數、草料俱有歲額，況三關所先在守，欲將該鎮互市馬匹，除照該部發到馬價銀兩收發三關缺馬營分，其餘馬盡解太僕寺，照馬給價，等因。兵部依擬，覆奉欽依，准將該鎮市易給軍餘馬俵京寄養，每匹仍給官價銀十二兩，專備六年市資。該鎮將六年市馬選俵七百匹解太僕寺交收訖，原議馬價向未領解。

又爲議處互市胡馬等事，准兵部咨，據太僕寺呈，准本寺少卿屠義英關稱，本職巡歷寄養州縣，查驗得山西解俵胡馬羸瘠、瘡癬者十之八九，稍長膘息者十無二三，除疲甚不堪者變賣外，其見在馬匹雖責令喂養，恐亦終難存用，通應議處。該兵部議得，胡馬來自塞外，不服水草，以致未及半載損死數多，徒累馬户，無益軍需。合咨各鎮督撫衙門，以後互市胡馬，行令揀選膘壯者就留本鎮兑給各營無馬官軍領騎。如有餘剩，即發赴[四]近有司變賣，不必再行解京發寄，致滋耗損，等因。題奉欽依，備咨到臣，又經通行各鎮遵照查議去後。

今准前因，爲照互市之議本以均利華夷，夷馬之入本宜給軍操備。歷查遼東建州、海西諸虜每歲貢馬一千五百餘匹，朶顏二[五]衛每年貢馬三百餘匹，及陝西西番各夷僧進馬各有差，俱係留邊給軍，在京、在邊例給酬賞，行之已久，雖所貢之馬壯弱互異，而酬賞之額向無增減。其在各邊月市，夷畜均利華夷，亦無他議。今北虜之強衆既非東西番夷之比，其虜王之貢馬五百，市馬歲至三五千匹，行之未及三載，而三鎮之市資即多缺乏，市獲之夷馬俱憂無養，良以各邊軍民寒苦者衆，即有得過商賈，連年大小互市易獲牛馬奚啻萬計，見今各城堡馬、牛遍野，已足騎耕。關內商民隔遠鮮至，間有市獲夷馬，咸得厚利。向因市期未定，一時有難湊齊，故官司不得不多備官價以慰虜衆之求售。各鎮馬支歲有定額，今二年三鎮留邊貢市馬匹，宣府鎮共三千二百九十餘匹，大同鎮六千九百四十餘匹，山西鎮五千五百匹，三鎮共給軍馬一萬四千五百餘匹，歲費芻料銀四萬餘兩，故撫臣不敢多補馬額，恐致芻餉之歲增。據科部之議，若謂餉非取之額外，馬可壯之師中；在守臣，則計慮增馬之歲支，將貽莫繼之患。

又以二年市資之用數，宣府鎮共用過銀二萬六千六百四十餘兩，大同鎮用過銀五萬一千七百七十餘兩，山西鎮用過銀四萬六千八百二十餘兩，三鎮共用過銀一十二萬五千二百四十餘兩。雖計馬一匹僅費價銀七八兩，然支用已過各鎮椿朋之正額，故不得不預爲定議以求爲永久可繼之圖。臣謬當首事之責，不得不展轉酬度，求貽邊腹軍民之永利也。歷查國制馬政，內而兩直各省歲俵備用馬，每匹民間買馬盤費率費六七十金，一遇歲荒馬死，必至罄家蕩產，民累已極。比至解發，寄養馬戶既吝芻餉，間充騎馱，往往倒死瘦損，兌軍不堪。是括民以備馬，而馬未必盡可用也。各邊歲扣官軍俸糧充朋合買馬之需，官以品級遞扣有差，軍每年銀三錢，并照年遞追死馬椿銀，俱充買馬之用。每鎮朋銀歲各萬餘，椿銀完欠不等，雖死馬多寡追徵難齊，每鎮亦各至數千兩。北虜未貢市之前，每馬一匹議支官價十二兩，給軍自買，必須貼賠五七兩，方可買馬稍堪，一遇馬死價失，必致軍逃伍缺。是累軍以買馬，而馬未必盡堪補也。兼以近年各邊入衛官軍往返疲勞，用馬既多，倒失復倍，馴致民間馬價騰貴，軍士買馬愈難。坐是各邊歲有兑馬之請，僕寺每有缺馬之憂，公私耗費。

今幸北虜納款，七鎮暫寧，歲將貢市胡馬，一備入衛，既免在京兑馬之擾；一補營額，可免官軍貼賠之害。向從科議，各直歲省俵馬之費，僕寺歲收折價之積，邊腹軍民，内帑外厩，利益孔厚，中外共知也。且夷馬性耐寒勞，骨任馳騁，雖大小不齊，均非内地虛驃無力之種可同。惟其性騰躍，素不堪彎勒之羈；慣食野草，不服料豆之溫；兼以内地炎熱，而夷方寒冷。若非調習喂養，必致瘡癬易生。近訪得北直隸、山西各處商販連年市獲夷馬，喂養有節，旋即[六]驃壯，率得厚利。今各邊軍士領獲市馬，壯健既多，倒死已少，皆可類見。二年來薊鎮官軍每遇市期，官私各以銀貨市馬數百匹，歲省官價，歲補馬額，節省財力為多，亦未聞有以夷馬不服内養為諉者，是知夷馬不堪寄[七]養之議原非定論。

今據各鎮撫臣通行邊腹各道詳議前因，除山西鎮原議應給去歲解俵馬七百匹價銀八千四百兩，及連年借支過山西布政司官庫未補銀二萬五千五十餘兩，共三萬三千四百五十餘兩，内除本年該扣椿朋銀一萬二千餘兩，餘銀二萬一千四百五十餘兩，并大同鎮去歲儘給四營入衛官軍馬二千九百五十一匹，該馬價銀三萬五千四百一十二兩，應聽内給外，餘宣府鎮市資雖尚有餘，止因市馬連年數少，以後老、永二枝果齊入市，馬數必增，價亦難繼。

其三鎮市獲之馬，除山西鎮每歲以一千九百餘匹聽給各州縣驛遞走遞，即以官價解邊備市，歲以爲常，以寬民力，以省□〔八〕支。既歲餘貢市之馬不多，即堪補每年各營倒失馬數。其大同、宣府市獲夷馬通應酌議留邊起俵，以省公私煩費。

伏乞敕下兵部，行太僕寺將山、大二鎮連年用過應補市資馬價，山西二萬一千四百餘兩，大同三萬五千四百餘兩，各照數解發，以補官庫及備後支。仍每歲宣、大二鎮各預發馬價千匹銀一萬二千兩，聽同本鎮椿朋銀買貨充□〔九〕。□〔一〇〕年秋深，各將市獲上等馬起俵各一千匹，或送薊鎮軍門俵給各營軍士騎征，或聽京營缺馬官軍赴開〔一一〕兌領騎操，免解京、寺致軍士往返疲勞。其餘剩馬匹儘給該鎮各營官軍騎征，或間從變賣。山西鎮以後聽收獲今年各州縣驛遞馬價并本鎮椿朋銀備貨，以充下年市用。庶在僕寺每年止費銀二萬四千兩，不過原議千馬之折色，在各邊歲得夷馬數千匹，而省軍民貼賠之百萬，公私攸便矣。

再照各鎮軍馬歲支，每年止給半年芻餉，本色十無二三，折色率不稱值。每草一束值銀三四分，止折二分，每料一斗值銀一錢，止給五七分，通計半年止得三四月之實數。其餘夏秋月分率令就場野牧，中間草場之有無、在城之調撥俱無論。以故各鎮馬匹，貧軍不能自養，或依戶丁幫貼，無戶丁、身家者率至餓損倒死，上下付之無何。戶部向未詳察，動以歲額有定爲執，邊臣何容輕議？昔年春秋二防尚多調遣，官軍坐支客餉，猶可借以喂飼。今幸邊無虜患，調遣既停，客餉歲省，以故馬匹秋深草枯即至困憊。臣向議各鎮軍馬每年遇四月青草未長、九月霜寒草枯之時，量給客餉芻料二月以養馬力，免多倒損。該部亦未全依，軍馬未免增困，其夷馬入邊起俵非得及時芻餉，豈能調養免斃？通乞敕下兵部會同戶部定議，各鎮馬支除原額半年正支外，每歲四、九月准支客餉二月。夷馬入邊起俵各支客餉草料，兌給本鎮官軍者免支。以後各鎮馬額雖比近歲稍增，揆之原額尚少十三，不得概議省節以復各營馬額正支，庶市資不患不繼，市馬不憂無養，而邊腹軍民永享福利矣，等因。

具題，奉聖旨："兵部知道。"欽此。

續准兵部咨，前事，該本部議照，宣、大等鎮主兵馬匹料草先年止憑采牧，後因比歲凶歉，暫議量給，年豐仍罷，嗣後遂以為常。宣、大二鎮又添貼料銀兩，在大同既已停止，在宣府仍前支給，殊非均平之法。至於大同新議每月改給本色料一斗，加草二束，山西議於客餉內量動折色料草一月津貼防秋之用，本部因見各邊督撫經理省其調遣，客餉稍有積餘，俱經議行。各該軍士若肯盡以所領料草喂養，馬匹亦自足用，祇緣侵克花費，以致馬有倒損。今欲再議加添料草兩月，查得馬匹支放料草事例，通將本、折截長補短計算，大約每馬一匹月費銀一兩上下之間，通計三鎮見在馬、騾七萬六千四百餘匹頭，計兩月約加銀十五萬餘兩。今客餉雖則有省，而節年修築費用亦多，若盡如所請，則歲增一十五萬兩，又恐將來不繼。臣等再三籌度，除夷馬入邊必需草料無容別議，其主兵馬匹料草既經總督王□□具奏前來，相應酌處題請。

恭候命下，移咨督撫及札付管糧郎中、主事，將三鎮主兵馬匹料草除正支外，每歲每馬加給一個月以資喂養，俱照該鎮時估於客餉內支給。內大同鎮雖有前改過本色料一斗，加過草二束，數目不多，難以議減。其宣府鎮原有加給貼料銀六錢，今止照該鎮時估連前銀六錢通共補足一月之數，不得另行全給。山西鎮先議加給料草，原不為例，今後照例一體支給一月，不許分外復行請討。以後各鎮馬匹但有調遣、按伏支領行料草，前項加添之數即行住支，不得援為定規。至於夷馬入邊起俵合用料草照議支給，其兌給官軍者不許重復冒支。

再照馬匹倒損固當增其芻料，而國計盈縮尤當量爲出入。先年議暫加者今皆以爲常規，則今日加添固易，他日革去實難，省之於調遣者費之於增添，帑藏匱乏，年例浩繁，實有可憂。今既加增草料，須嚴行各該將領督率管軍官員，責令軍士務要依時攢槽喂養以備操戰，如有仍前侵克致有倒損，照例重加懲治，庶屢增芻料不致徒費而將來馬匹亦獲實用矣。伏乞聖裁，等因。

萬曆元年四月二十九日，本部尚書王□等具題。五月初一日，奉聖旨："是。"欽此。欽遵，備咨前來，已經通行三鎮訖。

一、准兵部咨，前事，該本部議照，山西、大同二鎮借支過官庫銀兩及解兌馬匹，共該馬價銀五萬六千八百六十二兩，委應補還。及要再發馬價二萬四千兩，給發宣、大二鎮互易馬匹，要行兌給薊鎮、京營官軍領騎。近該薊遼總督劉□題稱，各營缺馬，補足原額，要行請發馬價。本部議擬，題給馬價銀三萬兩，收買馬匹補給去後。況京營馬額以補足，且夷馬解入內地，水草不便，徒費喂養，軍需少裨，似難再議。所據請發銀兩，既該總督尚書王□□題議前來，相應通行酌處。

合候命下，本部札行太僕寺，於庫貯馬價銀內動支八萬八百六十二兩，差官解送宣大軍門交割。內將五萬六千八百六十二兩轉發山西、大同二鎮，補還前項借支、用過之數，再將二萬四千兩分給宣、大二鎮，同本鎮庫貯樁朋銀兩湊買貨物，專備下年市馬。務擇膘壯，盡數兌給本鎮各營缺馬官軍騎征，如有餘剩，盡發所屬州縣變賣。本部仍咨薊遼軍門、撫院，但遇該鎮缺馬，及時差官齎銀赴彼收買，其價銀仍解本鎮支用，庶互市可久而夷馬不致壅塞矣。其山西鎮每年市馬一千九百餘匹，悉聽給發所屬各州縣驛遞，即照官價每匹一十二兩解赴本鎮備用，似亦穩便。每年終通將三鎮各用過馬匹銀數造冊奏繳，青冊送部查考，等因。

萬曆元年四月初九日，本部尚書譚□等具題。本月十一日，

奉聖旨："是。銀兩准給發。"欽此。欽遵，備咨前來，已經通
行三鎮各欽遵查照補還及凑買貨物備市訖。

爲恭進虜王表文鞍馬弓矢照例請給恩賚
以昭盛典事

據山西按察司整飭朔州等處兵備參政申佐呈繳，給過北虜順
義王俺答，都督同知黃台吉、永邵卜，指揮、千百户等官把漢那
吉等，貢使打兒漢等，各敕賞表裏、衣服、馬價、宴賞等項，及
分給過三鎮并軍門標兵馬匹毛齒花名各數目文册到臣。據此，案
查先准禮部咨，該臣具題，前事，本部覆議得，北虜素稱桀驁，
歲爲邊患。今戴先皇封爵之恩，仰皇上繼統之烈，奉表陳貢，愈
加恭順，則朝廷待之自宜優其恩賚。

查得隆慶五年，順義王俺答先次自進本枝表貢，賞過大紅
蟒、白澤紵絲衣各一襲、彩段一十五表裏，伊妻大紅五彩紵絲衣
二套、彩段四表裏。後次代進套虜吉能表貢，賞過大紅白澤紵絲
衣一襲、彩段八表裏。今歲率其親屬并吉能部下貢獻馬匹，增製
鞍仗，仍應查照上年事例、數目特加優賞，并查照上年事例議賞
都督黃台吉彩段八表裏、闊生絹二匹、五彩紵絲衣一套、木綿布
四匹，指揮使把漢那吉彩段五表裏、闊生絹二匹、織金紵絲衣一
套、木綿布四匹。指揮、千百户等官賓兔台吉等二十九員，每員
彩段三表裏、闊生絹一匹、織金紵絲衣一套、木錦布四匹。夷使
三十四名，每名彩段二表裏、木錦布二匹，內小頭目十名，每名
加賞素紵絲衣一套。河西已故套酋吉能部下指揮同知打兒漢台吉
等二員、指揮僉事把都兒黃台吉等二十九員、正千户卜失兔阿不
害等一十三員、百户討太把都兒拓不能等六員并夷使三十五名，
亦俱照各前例給賞。內貢上馬夷使莊浪土忽赤等七名，內小頭目
一名，遠赴宣、大貢馬，比照小頭目例加賞。及將順義王等仍各

給敕獎諭。其指揮僉事切盡黃台吉、威正恰把不能主張貢市，極效恭順，各加賞彩段三表裏。指揮僉事不他失禮係虜王愛子，又恭進鍍銀鞍轡，比照把漢那吉例加賞彩段二表裏。夷人大都榜實、計龍等六名，在虜書寫、傳報俱效勤勞，比照小頭目例各賞彩段二表裏、素紵絲衣一套、木錦布二匹。其續貢虜酋指揮千户等官永邵卜大成、合羅氣把都兒台吉、插漢敖不艮台吉等七員，貢使二十五名，内小頭目七名，亦各查照前例一體給賞，并給敕書獎諭。内永邵卜既係大枝，比照黃台吉例加賞彩段五表裏、闊生絹一匹。新授官故酋昆都力哈女婿索郎倘不浪，照副千户例給賞彩段三表裏、闊生絹一匹、織金紵絲衣一套、木綿布四匹。首領大威静照小頭目例給賞彩段二表裏、素紵絲衣一套、木錦布二匹。進上馬五十匹，每匹彩段三表裏、闊生絹一匹，仍照上年半給銀五兩，并二次留邊馬價銀，俱於該鎮椿朋、馬價銀内處給。仍差光禄寺署丞一員親詣該鎮頒給，就彼動支官錢，查照本寺規格備辦欽賜筵宴優待，待宴重臣就命該鎮鎮守總兵官。仍將賞過各夷員名并馬價銀兩數目徑自造册奏繳，等因。

覆題，節奉聖旨："是。俺答奉表，增獻鞍馬、弓矢，益徵誠順，賞大紅蟒、白澤、獅子紵絲衣各一襲、彩段二十三表裏。伊妻還照例賞大紅五彩紵絲衣二套、彩段四表裏。其餘的都依擬。"欽此。欽遵，備咨。

隨差光禄寺署丞申用中、鴻臚寺序班佟印管運前項各夷欽賞到臣，俱經案行該道轉行東路通判惠之翰，會同臣標下管中軍事、原任副總兵田世威將貢使賞賚先行給散，及令將欽賜筵宴查照部發各規格擺單辦宴間。據各夷使告乞，願折宴價，以便携帶回營，昭示皇恩。據此，即應俯順夷情，除待宴官上卓三席不折外，每頭目一名中卓一席折銀二兩，散夷二名下卓一席共折銀二兩，共用過撫賞銀八十四兩。臣仍量動官銀置辦酒卓，照議委令大同總兵官馬芳同朝使申用中等領率各夷望闕叩謝宴待。

其應酬進上馬三十匹，每匹除彩段外，仍該半給銀五兩，共一百五十兩，應該三鎮均出。并將二次留邊貢馬共計三百七十匹，查照原發三鎮給軍騎操數目多寡不等，俱係中馬，照臣原定市規，每匹該銀十兩。臣行大同鎮取解銀一千七十兩，及於原留貯陽和庫山西鎮京運馬價銀一千二百兩內動支七百一十兩。其宣府鎮該照馬出銀二千七十兩，除原留貯陽和庫該鎮京運馬價銀一千八百五十兩外，仍行該鎮補解銀二百二十兩。以上共銀三千八百五十兩，俱發通判惠之翰，令其每馬價一分傾銀一錠，并順義王俺答，都督黃台吉、永邵卜等大小虜官各敕賞，俱各另包封，選差官通楊亮等與同各酋貢使分投出邊，逐一頒給各夷，諭令遙望闕庭叩頭謝恩。及令該道事完造冊，以便奏繳。

臣復查得永邵卜大成下子侄正千戶隱克台吉、挨四台吉、挨着兔台吉、挨落台吉，副千戶唐五台吉等五名原係敕封有職酋長，五年均給欽賞，六年大成未另開報，致將各夷職名未具題請，欽賞未給。臣查照各酋事規，動支軍門撫賞銀置辦段布，照依禮部題定賞格俱各補賞，用溥恩賚，亦行道造入冊內，以便後次請給。其河西進貢套虜各該敕賞俱該序班佟印等解赴陝西督撫衙門，聽彼一體頒給，各去後。

今據前因，除青冊咨送禮、兵二部查考外，等因。具奏，奉聖旨。

爲感激天恩遵奉明旨經畫北虜封貢未妥事宜伏乞宸斷以光聖治事

據山西布政司右參政、整飭朔州兵備申佐呈，據大同府東路通判惠之翰呈繳，督同支銷委官張珮造完隆慶六年正月起至本年十二月終止，臣軍門撫賞過各枝進貢夷使并差遣往來講事夷人，用過原調三鎮協濟并軍門地租、夷馬變價等銀數目及夷人姓名文册，到臣。據此，案查先准户部咨，該臣題議，宣、大、山西三鎮每鎮每歲合於節省客餉内量動萬金以備互市撫賞，或一時商販無資，權充商本，令其買貨充賞，得馬給軍，等情。本部覆奉欽依，准行各鎮每歲支節餘客餉一萬兩專充撫賞。其用過銀兩、撫賞過夷人姓名造册奏繳，青册送部查考，等因，到臣，通行各鎮遵依訖。

又爲虜王修貢乞恩，酌議貢市未妥事宜，慰華夷以永安攘事，准兵部咨，該臣題"請給虜酋親屬、窮夷撫賞"一款，該本部覆議，合無行令總督王□□將請給虜親、窮夷撫賞事宜公同撫鎮官再加斟量，定爲畫一之規，既不宜拒之弗予以失天朝無外之仁，亦不宜與之無章以虧中國有常之費。其各鎮原議撫賞銀兩如果不足，准於減哨并原給公費、賞功銀内動支。此外仍聽每鎮再動節餘客餉銀各一萬兩充用。歲終備造文册，開送户、兵二部查考，等因。節經題奉欽依，備咨前來，又經通行三鎮撫、鎮并管糧郎中各一體欽遵訖。

臣查得，互市撫賞在各市者應聽三鎮自辦，其在臣駐札陽和者，東西各枝虜酋遣差進貢夷使并投遞番文講事、賣馬等項，彼去此來，絡繹不絶，應用犒賞銀牌、段絨、梭布等項，查照五年事規於各鎮原議撫賞銀内，宣、大二鎮各調取銀一千兩，山西五百兩，俱發朔州兵備道轉發大同東路通判衙門收貯官庫聽用。續據該道并通判惠之翰呈稱，節選殷實鋪行羅繪等支領官銀，前赴臨清等處置買段絨、梭布、水獺皮等項，及令委官張珮陸續支領前銀，置備茶果、米麵、針綫等類，各貯庫以備撫賞各枝往來講事并進貢夷使之用間。比因前解銀兩不敷，又行委官張珮節次動支臣軍門地租銀四百兩并中軍廳節次夷馬變賣價銀四百一十七兩八錢五分七厘買貨賞盡。該臣議行三鎮，以萬曆元年爲始，宣、大二鎮上年原解銀各一千兩，今各加一千兩，共二千兩，山西原解五百兩，今加五百兩，共一千兩，衰益支用間。該山西岢嵐兵備道預解萬曆元年分協濟撫賞銀一千兩前來，仍行各官置買段綢，與上年支剩貨物通融支賞訖。茲遇年終，例當回奏，又經行令該道轉行通判惠之翰，通將隆慶六年撫賞諸夷用過段綢、梭布并各價銀通查明白，造册呈報，各去後。

今據呈繳前來，除三鎮用過互市撫賞銀兩徑聽撫臣造册奏繳外，今將臣軍門原調三鎮協濟銀兩并陽和庫支剩段匹各數目及撫賞夷人姓名理合造册一本奏繳，除青册送戶、兵二部查考外，等因。

具奏，奉聖旨："該衙門知道。"

爲恭進虜王謝恩表文請頒佛像番經并升效勞官僧職級昭國恩變夷俗以堅貢盟事

本年七月初十日，據北虜順義王俺答將原請發設醮傳經剌麻番僧堅參扎巴等師徒四名并肅州番官指揮馬你卜剌，各酬贈馬匹、衣物，遣差夷使首領恰打兒罕、拖拖等四名由大同右衛邊口以禮送回。仍具印信恭謝聖恩番表一通，內開：伊世居北番，原不知奉佛修善，致作惡孽。荷蒙大明仁聖皇帝陛下容准伊等子子孫孫年年貢市，歲歲頒賞。伊因西番剌麻僧來伊處傳說佛法，乞討剌麻僧傳誦經典。蒙恩遣差二剌麻僧堅參扎巴、星吉藏卜并二徒弟領占班麻、星吉堅剉與伊設醮傳習經咒二年。今年又蒙宣大總督王尚書行陝西取來譯字官馬你卜剌，能知四國番語，曉三家字意，前到伊帳，會同西番原來剌麻欽授覺義哈望噴兒剌，都綱恰打兒罕、公實把實、公木兒把實、大都把實、黃金把實，并未授職鐵暨把實、哈兒見把實、山根把實，及西番藏新到剌麻一名剌八，原永樂皇上大國師之職世襲，有敕，隨同剌麻五名沙乞、板靶、永靶、速奈、公幹剌八，并鐵暨把實、哈兒見把實、山根把實，又隨行善友朝曼兒、薛布喜、剌慎，先後到帳，分發伊子孫各部落傳念經典，教令各懷忠義，戒殺生靈，以歸善道。又伊差西番請經恰台吉、子虎兒害并各官僧在外勞苦，并馬你卜剌各送馬匹以酬出邊勞苦。伏望皇上俯念伊等生居夷狄，不會造佛，乞討鍍金千手千眼大悲觀音菩薩一尊、鍍金餘地主菩薩一尊、鍍金啞瞞答葛十三佛一尊、金字《金光明經》一部、金字《真實明經》一部送發伊等，供佛誦經，保祐兩國永遠相和，不犯邊界。如蒙准，乞將各僧官查照天朝恩例加升官職，各賜敕命，每年春二月令赴伊北番設醮傳教一次，不勝感戴。

又具謝臣番書一紙，內稱本王遵依馬你卜剌傳奉甘肅撫院明文，遣使賷執本王番文告示，要往甘肅邊外傳禁在西分駐各枝頭目賓兔等各守貢盟，免擾番漢地方，并請河西照延、寧二鎮事例一體容市給賞，以免各酋憤怨壞事，等因，到臣。

據此，案查先為虜王懇請剌麻番僧傳習經典以歸善道事，准禮部咨，該臣咨，節據虜王俺答遣使投書懇稱，本王本年二月間要設醮事，乞討剌麻番僧、番經，等因。本部依擬，題奉欽依，查照上年事體，咨發番僧堅參扎巴等四名并金字番經五部、墨字番經五部、經袱二十個，到臣。又據虜王懇乞各樣韃靼番經并會寫番字官一員，以便傳念設醮，戒殺學好。咨行禮部，查得在京所藏經典先年被火焚燒，無憑查發。臣遵奉欽依，咨行甘肅巡撫及遣官通常銳同虜使恰打兒罕等前往甘肅莊浪等處譯辦去後。

續准巡撫都御史廖□□咨，送番官指揮馬你卜剌，原係哈密衛土官，隨帶韃靼番字《孔夫子講書經》《元留經》《文殊菩薩經》《北斗七星經》《釋迦牟泥佛元留經》《十王韃靼經》共六卷，與同常銳并夷使於本年四月二十八日前來。該臣查照上年事體，處給各僧、番官衣物，選差官通賷捧前項各經，由大同左衛仍用漢僧陳烈[一二]法器迎送出邊。又行大同副總兵麻錦動支市稅銀兩，買辦米麵、茶果、調料、蔬菜并紅黃紙張、筆墨等項，加給段、布各數匹，以充各僧自酬虜王贄禮。仍選官通珊瑚、謝寶帶領厨役常住虜營，供備各僧飯食。嚴諭諸僧各矢誠謹，諷誦經典，闡揚佛教，導化虜衆，消暴弭凶，必使虜王與同衆虜漸知作善後膺福果、作惡必積罪孽，歸依佛法，庶副任使。一面先期作書宣諭虜王率衆迎迓以示崇重，責令遵奉佛法，戒殺效順去後。

今據前因，臣隨將原來番表督令譯字官馬繼志譯辯，如式訂正，復遣官通賫赴虜營，用鈐本王印信。及查虜王酬贈剌麻僧堅參扎巴等四名馬二十六匹，并夷人公實把實續送馬三匹，共二十九匹，牛二隻、羊十隻、改機段子五匹、三梭十五匹、鞍鞽二副、銀十兩。酬贈番官馬你卜剌馬二十六匹、紅段過肩貂鼠領水獺邊皮襖一件、鍍銀輕帶一根、五彩達靴一雙、羊羔皮襖一件、鞍鞽一副。隨據各剌麻僧徒并番官各稟稱，各委離家遠寫，夷馬不便携帶，除不堪馬匹各行自賣外，所餘膘壯馬匹懇乞給軍支價，俯就下情。馬你卜剌又稱，本官原奉甘肅巡撫案札，在營傳諭順義王禁制西行搶番各夷無容騷擾内地，今虜王遵依書寫番文，差夷使四名隨同本官欲西赴甘肅邊外傳禁，乞行咨送。及投狀告係肅州衛指揮，有祖原係哈密指揮，後因番王酋奴造叛，卜剌思我國王以圖報效，奉敕投至肅州，三輩管領兵馬征戰酋奴，蒙賞恩典。今思卜剌見蒙委遣教虜夷經，歸順進貢稱臣有勞，不願回往哈密原籍管事，告乞題請改討勘合，准在肅州衛管事以勵圖報，各等情，到臣。

據此，臣即行大同分巡冀北道將馬你卜剌夷馬二十二匹從公估驗，動支官價二百二十兩，又行宣府分守口北道將剌麻僧堅參扎把等馬二十四匹估驗，動支官價二百四十兩，并虜王原給衣物、段布、鞍仗等項照給各官僧收領，馬匹聽各道俵給該鎮缺馬官軍騎操。臣復一面差遣官通吉仲庫等，厚給盤費，同順義王原遣夷使押同馬你卜剌咨送甘肅巡撫查收寧家，定議每年春初遣赴虜營一次，用化虜迷；一面議將河西撫夷容市事宜咨行兵部定議，速行該鎮議行以慰虜情；并將剌麻僧堅參扎巴等四名一體差人伴送赴京，咨達禮、兵各部外。

爲照北虜驕悍，夙尚殺戮。昔年侵擾邊疆，生民惟[一三]其慘毒。幸仗天心悔禍，彼虜慕我華風，三載以來事佛傳經，夷習大變，萬虜歸依，消暴弭凶，即其虜王請乞佛像之心，足稔神道設教之化。所據剌麻番僧覺義堅參扎巴、星吉藏卜，僧徒都綱領占班麻、星吉堅挫兩經出塞，番官指揮馬你卜剌遠涉胡沙，俱各備極勞苦，且能宣布恩威，闡揚佛教。而馬你卜剌尤能書寫諸家番字，諳曉各國譯語，歆服虜王，大慰夷情。與夫在虜已授覺義哈望噴兒剌，都綱恰打兒漢、公實把實、公木兒把實、大都把實、黃金把實，并未授職鐵暨把實、哈兒見把實、山根把實，及西番藏新到剌麻僧剌八，隨同番僧五名沙乞、板鞘、永鞘、速奈、公幹剌八，隨行善友三名朝曼兒、薛布喜、剌慎，西番請經恰台吉、子虎兒害等，各覓經遵教，一體效勞，俱應甄錄。內除已授都綱恰打兒罕等五名，該臣已於貢馬疏內議請改授軍職，哈望噴兒剌頒給賞賚，俱無容別議外，其在內堅參扎巴、馬你卜剌等五名，在外鐵暨把實、剌八等十三名，并佛像、番經既經虜王具表懇請，似應俯從。

伏乞敕下禮部再加查議，合無將虜王所懇鍍金佛像三尊、金字番經二部照數俯賜，并將剌麻僧覺義堅參扎巴、都綱領占班麻等四名，同番官指揮馬你卜剌一體升賞。其馬你卜剌應否改注肅州衛帶俸管事，當候兵部查明徑自定議具請。俱每年春初聽禮部并甘肅撫臣各依期遣發入虜，傳誦經咒，化虜凶頑。其在外番僧剌八、沙乞等六名，善友朝曼兒等三名，各授一僧官職名，仍查照上年恰打兒罕等事例給以誥敕及襌衣、坐具、僧帽等件。其鐵暨把實、哈兒見把實、山根把實并恰台吉、子虎兒害俱照公實把實等各量授百戶職級，仍同貢夷給賞以酬其勞，庶虜王、虜衆益思尊崇佛教，感戴天道，貢盟亦可保無渝矣，等因。

具題，奉聖旨。

爲懇乞聖明早定國是核實邊圖亟賜罷斥微臣以謝人言事

本年十月初一日，伏接邸報，該兵科給事中劉鉉題，爲督臣欺罔朝廷，賄脫重鎮，懇乞聖斷亟賜罷斥以彰明威事，内參臣剛愎傲恨，素不厭乎衆心；放利凌人，屢見斥于廷論。頃緣貢市，誤托驅馳，罔效赤忠，專知媚虜。當智力之既竭，復夤緣而内遷，誣上行私，全身病國。所當亟加擯斥，以爲大臣不忠之戒。奉聖旨："王□□五千金賄屬何人？著從實説來。"欽此。

續准吏部咨，爲感時獻忠，風聞言事，懇乞聖明俯賜洞察事，該本官回奏，明開所言多係風聞，未詳虚的，溷瀆天聰，等因。奉聖旨："言官糾舉不法，須明著日月，指陳實迹，明白具奏，此載之《憲綱》。劉鉉不諳事體，輕聽風聞，污人名節，且不究。王□□著遵新命供職。吏部知道。"欽此。欽遵，備咨到臣。

臣方會同宣、大兩鎮撫、鎮諸臣于陽和城卜吉代進虜王表、馬間，聞報駭異，相顧愕然；伏誦綸音，涕泗交集。竊念臣猥以一介書生，叼受三朝恩遇，自刑部郎署出守皖汝，後因倭患擢任司兵。禦倭江海，躬冒風波；防虜鄜延，身親矢石。向當賄賂公行之時，甘守艱虞不避之節。一官副使，兩任七年，矢不敢降志媚竈，苟求速化。今官階一品，年近六旬，遭際皇上以不世出之資勵精圖治，輔臣方躬飭素絲羔羊之節倡率百僚，一切幸門邪竇

杜塞盡絕。臣雖不肖，顧肯少變初心，甘淪卑污苟賤之行以自負
于堯舜之世？荷蒙聖明洞鑒其枉，即言官亦自謂出于風聞，不知
虛實，臣何敢復行瀆辯？但所論媚虜一節係干邊事，若甘昧隱
忍，恐邊圖因而阻撓，將來代臣者亦無所措其手足，故不得不一
聲白君父之前，冀以定國是、便後圖也。

　　歷查臣於隆慶四年六月自陝西總督移督宣、大，秋初提兵候
援薊鎮，駐兵懷來，至九月間回軍宣府左衛，聞報虜酋孫把漢那
吉率其妻努[一四]來降。臣會大同撫臣方□□定計處降，圖上方
略。既蒙天朝收養之恩，未幾今封順義王虜酋俺答糾其子黃台吉
分道內犯索降。臣禦之境上，頗有斬獲，容其通使以禮懇乞。俺
答遵諭遣使，請封至[一五]爵，永修職貢。臣責令獻逆贖孫，具議
題請。奉穆宗莊皇帝聖旨：“是。虜酋既輸誠哀懇，且願執叛來
獻，具見恭順。伊孫准遣還，仍賞彩段四表裏、布一百匹。其乞
封、進貢一節，著總督、鎮巡官詳議停當具奏。”欽此，欽遵。
是先皇已許其封貢，但行臣等詳議事宜，恐未停妥耳。既該臣會
行三鎮各官以“封貢八議”上請，敕下兵部。隨該本部具題，
大集廷臣會議以聞。其時議者紛紛，未當上意。奉先皇帝聖旨：
“這事情重大，所議未見停當，還再詳議來說。”欽此。又該兵
部覆議具聞，奉先皇帝聖旨：“這事情你每既酌處停當，都依議
行。還著王□□悉心經畫，務要穩妥，仍督率鎮、巡等官比常倍
加防守，毋得因而懈弛以致疏虞。”欽此。臣又聞當該部覆議之
時，該先任大學士李□□等於講筵面奏，親奉先皇帝俞旨許其封
貢。是今日邊臣措注皆先皇獨斷之明、輔弼折衝之略。臣不過奉
揚休命，勉事規畫，期以格虜安邊，仰慰宵旰。迨今三年，山、
陝七鎮虜酋效順，諸虜守盟，烽火不驚，黎庶安堵。凡奉廟謨八
事之議，如節省錢糧、修築險隘、訓練兵馬、整造器械、開墾荒
田、清理鹽法，與夫收胡馬、散逆黨等項，臣累行各鎮撫、鎮、

司、道諸臣乘時經理，終歲不遑，各有成緒。每年終臣等各有奏報，戶、兵各部各有核查，先該閱視大臣核實奏聞，臣何容粉飾欺罔？前該閱視陝邊侍郎王□歷數邊方寧謐之狀，歸功於臣，豈爲臣私？且三年之間山、陝巡按御史交代至再，各有監臨之責，曾無見聞劾奏非計者，是豈皆臣賄囑隱蔽邪？其諸虜撫賞之銀，隆慶五年臣請以各鎮節省歲額客餉內每鎮動支萬兩，次年因各虜求討窮夷撫賞，臣續請戶部議准，每鎮再支一萬兩。今查三年每鎮該動銀五萬兩，今各用過銀僅萬兩，乃於應支之中每鎮復省銀四萬兩，歷年奏繳册案具存。而言者乃謂臣下委官秦學在京五六年，買辦不啻百萬計。宣、大、山西三鎮一歲主、客軍餉尚不滿百萬，而俱爲臣買賣，則此三鎮將士、官軍皆終歲枵腹邪？而所謂"子女金帛惟其所欲"者果又何所指實邪？且秦學原係兵部塘馬官，注名在部已經十年，應役於臣甫及三載，而謂臣五六年間倚爲心腹，又不察之甚矣。

　　夫當議貢之初，仰仗廟堂之紆籌，弘示致人之勝算。及今通貢之後，俯效犬馬之職分，勉竭酬應之愚忠，在臣固不敢貪天之功以爲功，若謂臣專事彌文，罔修實□〔一六〕，則臣死不瞑目矣。昔趙充國言用兵之道當垂諸後世，老臣何嫌自伐不以告之明主？臣歷考前代禦虜之道，謹按祖宗時故事，竊以爲今日貢市羈虜，乘暇修備，誠爲中國禦虜長策。顧今人惡臣者多，日謆謆焉冀望邊釁之起，以幸其言之中而甘心于臣。臣死何足惜？竊恐後之任事者必將用臣爲戒，一切務爲首鼠觀望，避嫌憚難，苟幸自全而不慮國家之患，將使先皇柔遠之餘恩、廟堂制虜之弘略因此阻壞，臣竊惜之。

　　伏望皇上堅定聖心，無搖浮議，使邊關任事之臣不致疑畏解體。特將臣亟賜罷斥，以謝言官，以解衆忌，戎政重寄另選賢任，仍敕宣大巡按衙門將臣三年經用一應撫賞錢糧逐一清查，是

否原册所奏，有無欺罔冒費，則國是可定而邊圖有核。臣倘未即
殞滅，猶得歌咏太平，祝延聖壽。臣不勝感恩激切垂涕懇祈之
至，等因。

具奏，奉聖旨："這事情朕已悉知，王□□著遵旨前來供職，
不准辭。吏部知道。"

爲恭報建元北虜三貢禮成列鎮事竣遵例乞請優叙授策元功泊效勞邊臣以昭聖治事

本年十月十八日，准巡撫大同右僉都御史申□咨，據朔州兵
備道右參政王惟寧、分守冀北道右參議張希稷會呈，東市新平、
守口、鎮門三堡自萬曆元年五月二十九日起，至六月初七等日
止，各市續易過虜酋都督同知黄台吉下部落并指揮僉事擺腰、正
千户兀慎等下夷馬二千九百二十四匹，共用過貨物該馬價銀二萬
一千三百四十五兩二錢，俱給各營官軍騎操外，各城堡商民易過
馬、牛、羊五百八十二匹隻，馬尾二斤十三兩，羊皮、氊片五十
一件，二項官民共易過馬、牛、羊三千五百六匹隻。宴賞夷酋及
撫賞監市各頭目段布、花紅、牛酒并犒賞在市效勞官員、人役等
項共用過撫賞銀九百四兩一錢零。又據分巡冀北道僉事許希孟、
屯田道僉事藍偉會呈，西市得勝堡自本年八月初六日起，至十三
日止，并節續易過順義王俺答部下夷馬四千五百八十一匹，共用
過貨物該馬價銀三萬三千四百四十一兩三錢，分給各營官軍并各
州縣驛站、里甲騎操、走遞外，各城堡商民易過馬、牛、羊一千
二百六十四匹隻，馬尾五百四十五斤九兩、皮襖七十七件、羊皮
一百五十一張，二項官民共易過馬、牛、羊五千八百四十五匹
隻。宴賞夷酋及撫賞監市各夷頭目段布、花紅、牛酒并犒賞在市
效勞官員、人役等項共用過撫賞銀一千三百九十八兩六錢二分
零。各數目并查該鎮二市效勞文武各官備開職名，適值三貢告

成，似應并爲請叙，等因。案候間。

本月二十五日，准巡撫山西右副都御史朱□咨，據岢嵐兵備副使崔鏞、雁平兵備副使劉漢儒會呈，本鎮水泉市查得上年互市後及本年節月各夷續賣小市馬匹俱係召集軍民兩平易買，并無動用官貨。今歲自八月二十五日起，本月二十九日止，官市三日，共易過虜王并多羅土蠻、委兀兒慎等下夷馬三千七百八十八匹，共用過貨物該馬價銀二萬七千四百五十五兩四錢七分零，俱分俵各營官軍騎操并發各州縣驛站走遞外。各城堡商民易過夷馬四百六十匹、大小牛七十八隻、驢一頭、羊四隻、皮襖二十七件、羊皮六十六張、氈六十七件、馬尾三百六十九斤。官民共易過馬、牛、羊四千三百三十一匹頭隻。宴賞夷酋及撫賞監市各頭目段布、花紅、牛酒等項共用過撫賞銀一千七百二十四兩四錢八分零。俵給各州縣驛應納馬價等項候查明造冊，另行呈送外，所據在市文武效勞人員宜當叙録，方候通議間。

十一月十九日，准巡撫宣府右僉都御史吳□呈，據守巡懷隆道參政朱裳等呈稱，本鎮邊外已故老把都妻并子青把都台吉、女太松阿不害、侄銀定台吉等并虜官都督同知永邵卜大成等懇稱，各夷住牧遠近不齊，各有分定應進貢馬，各願陸續納進，隨便各於原分張家口先後互市。節蒙督撫衙門俯從，自本年五月初七日起節月小市，及至九月十六日起，本月二十九日止，共官易過老、永二枝馬四千五百四十三匹，用過官貨馬價銀三萬四千三百九十六兩六錢零。軍民易過馬四千四百匹、牛七十六隻、驟一頭、羊五百八十隻，并皮張、馬尾等項。筵宴撫犒各酋長及監市頭目用過撫賞銀三千五十七兩七錢零。又老把都子虜官指揮青把都台吉、哈不慎、滿五索、白洪大等補進上年貢馬，即於十月二十四日起，至十一月初十日止，本口互市官易過馬四千五百五十三匹，内除薊鎮易馬一千一百四十九匹外，本鎮馬三千四百四匹，用過貨物該馬價銀二萬四千四百二十五兩八錢六分七厘八毫。揀其膘壯者給軍騎操，其餘并官易牛二十二隻，俱應查給軍民變賣價銀收貯，下年備貨買馬之用。民易過馬五十八匹，牛三十九隻，羊三十一隻，皮張、馬尾等項。宴犒各監市酋長用過撫賞銀二千四百四十七兩四錢零，并先後在市效勞文武官員所當照例叙録，等因。

又據三鎮撫臣、各道咨呈，各稱今歲互市仰仗天威，遵臣原行各設黃幃、香案，節該順義王俺答并各酋長陸續至邊，將進貢表文、馬匹、鞍仗遵例納進，仍照連年事規，先令各酋以夷禮望闕叩謝天恩後，令陪宴官宴畢，即容互市。各市華夷咸守軍門榜約，市規整肅，并無喧擾。且虜酋被賞，夷衆得貨，軍民倍利，一時華夷交歡，遠邇同聲。三秋萬寶既登，收穫豐稔，官民舉手加額，感戴皇恩，祝天稱慶。市貨價值高下不齊，夷馬雖分上、中、下三等，其馬價之省比之上年更多。各鎮通計，山西市每馬一匹均攤價銀七兩二錢四分零，大同東、西二市俱每匹七兩三錢，宣府市每匹八兩二錢。查照兵部節年買馬則例，上等十二兩，省銀四兩餘；中等十兩，省銀二兩餘。其買獲夷馬有堪值銀十五六兩者，即省價倍差；十二三兩者，省價三分之一；下者亦僅值原價。官軍免買馬貼陪之累，各營得虜馬強健之用。軍門近議分給邊腹州縣驛遞，充里甲走遞，扣其馬價解邊以備市貨，民間所省尤多，公私良便，等因，各咨報到臣。

准此，案查先准兵部咨，該臣題報，隆慶五年三鎮貢市事竣，各該效勞官通人等，或出入虜營，不避艱危；或奔走市場，克任勞怨。推其忠幹之勞，共收格虜之績，應否叙録，并議題請。該兵部議，行臣將三鎮效勞大小各官及通丁人等分別等第，作速具奏以憑并復，備咨到臣。臣遵部議，逐年分別具題，以溥聖恩，以勵臣工訖。

今遇皇上建元之歲，適當虜王三貢之期，臣自春初一面通行巡撫宣府右僉都御史吳□、原任巡撫山西兵部左侍郎趙□□、原任巡撫大同右副都御史劉□□及守巡、兵備各道，查明上年用剩銀、貨，儘其動支，不敷之數即於元年兵部原發馬價并該鎮樁朋銀內通融支給，選官隨同鋪戶分投置買細段、挨[一七]布、水獺等貨物，俱聽候今歲易馬，免復那借別項官銀，致難稽查。仍各修葺市場，嚴飭邊備。及行大同鎮分巡冀北道僉事許希孟會同屯田道僉事藍偉、副總兵麻錦、北東路參將張元寶，督同鎮羌堡守備李真并原任參將原於天、楊緝等共理得勝堡市務。原任朔州兵備道參政申佐會同分守冀北道參議張希稷、新平參將楊爾干，督同該堡守備曹惟忠并原任參將馮詔等共理新平堡市務。大同兵備道僉事隨府適當兼署朔州二道事務，驗俵夷馬，匡維東西二市。山西鎮左布政使史直臣、右布政使董世彥處備易馬、撫賞錢糧，岢嵐兵備副使崔鏞會同雁平兵備副使劉漢儒、老營副總兵王化熙、西路參將楊振、東路參將范恭，督同守備郝勛，原任參游陳一言、常齡等共理水泉營市務。原任行太僕寺兼寧武兵備卿[一八]王惟寧管俵夷馬。宣府鎮分守口北道參政朱裳會同分巡口北道僉事王汝梅、上西路參將賈國忠，督同守備陳琦并原任參將劉寶、張剛等共理張家口堡市務。懷隆兵備道參議吳哲移駐鎮城，分俵夷馬，督察商民。

又因兀慎、擺腰不與黃酋同市，查照上年，仍准陽和後口守口堡及鎮門堡分市。臣行參政申佐、張希稷會同東路參將王國勛，督同陽和守備魏璋、守口堡操守葉振等并理市務。仍令各查照上年事體，各照分監市場用貨多寡，督委分屬知府、同知、通判、經歷及指揮、千百戶等官，議派職掌，收買市貨，備辦撫賞，整飭器具，以便臨期應虜。一面分遣官通楊亮、金奉、珊瑚、郭斌、安天爵、瓦四、蘇天佑、小厮漢等持書催促順義王俺答及各枝虜官，令將該年應進貢馬務要遵照原議依期修貢。

隨據虜王遵照宣諭累差夷使東西調各頭目會期約貢，及各枝近邊者先期貢市，遠住者相繼貢市。比有河西套虜吉能子侄隱布台吉等將伊各枝應進上馬二十匹，遵依虜王督調先期俱送本王處，仍遣夷使敖兒谷代等赴臣報明。臣隨行賞犒，咨發榆林各鎮分住訖。

本年四月二十等日，據順義王俺答率同各先後授官子孫黃台吉等共遣夷使山根榜實等，將前河西并本王部下表、馬、鞍仗等項由大同得勝堡進邊。臣隨行原任參將原於天會同該路參將驗送。臣住陽和城，候昆、永二枝馬匹代進間。據虜官指揮擺腰、正千戶兀慎等求於五月二十日守口堡、鎮門堡互市。臣行原定各道、將領親詣該口監防市事，及遣標下左掖參將葛奈、右掖游擊牛應詔各領精兵伏防。至本月二十四日市完。

續據都督同知黃台吉自因有疾，差令伊男那木兒台吉、青把都台吉，孫木耳哈不害，伊婦五蘭、比妓，率領部落於五月二十九日赴新平堡互市。臣隨行原定各道、將領親詣市場監督市事，及行大同總兵官郭琥量帶精兵與同標下左掖參將葛奈兵馬住防天城，標下右掖游擊牛應詔量帶官軍千餘與同大同東路入衛游擊任秉公兵馬暗伏臨近保平等堡，東路參將王國勛量帶精兵伏防瓦窑口，宣府柴溝參將李國珍統兵住防臨封西陽河，各聽警策應。又差旗牌官鄭麒、蔡天福賷執令旗、令牌監理市場，通事官楊亮、郭斌、瓦四講議物價。至六月初七日市完。

順義王俺答帶領部落於八月初六日赴得勝堡互市。臣行原定各道、將領親詣市場監理市事，及會大同巡撫都御史申□與同總兵官郭琥各親詣弘賜堡就近督理，及統兵防範，彈壓奸宄。仍行北西路參將尚智移防鄰境拒門等處，游擊吳昆移防鎮川一帶，各暗伏。及差標下把總官常銳、旗牌官胡天福申明貢議，旗牌官駱尚志、趙汝瑚賷執令旗、令牌監督市場，通事官楊亮、金奉、珊瑚、瓦四講議物價，酬應諸酋。至本月十三日市完。

本王復統虜酋多羅土蠻、委兀兒慎等部落於本月二十五日赴山西水泉營互市。臣行原定各道、將領親詣市場督理市事，及行總兵官劉國提兵赴老營堡居重防範，仍行西路參將楊振分防偏關、滑石、寺塲、樺林子、五眼井、樓溝、永興等處，河曲參將李澄清分防沿河樓子營、羅圈鋪、胭脂鋪一帶，馬站堡游擊葉威住防老營堡要衝，彈壓奸宄。又差臣下聽用冠帶官張子度，把總官常銳、胡天福赴彼相機酬應，旗牌官王之股、原任游擊杜繼忠賷執令旗、令牌監督市事，通事官珊瑚、瓦四、蘇天佑講議價值。至二十九日市完。

彼時老、永二枝因防黑夷仇殺，臣會撫臣節差官通及勒順義王責差安克等督催。各酋行至中途，聞報黑夷復搶，永酋同弟合羅氣等奔回防備，遣伊子、婿挨四台吉等同昆酋妻并子青把都、女太松等各率部落相繼於九月十六等日至張家口貢馬、互市。臣行原定各道、將領親詣市場督理市事。仍會宣府巡撫都御史吳□同總兵官雷龍親詣督理，及統兵防範。副總兵麻貴住防左衛，中北路參將李如櫃等各防信地。及差旗牌官白宗堯、薛瑛賷執令旗、令牌監督市場，通事官楊亮、胡天福、安天爵、郭斌主持貢市。至本月二十九日市完。臣隨將順義王表、馬及各鎮貢市緣由會同各撫臣恭進訖。

續據昆酋妻并子青把都兄弟諸酋遵照臣等宣諭并虜王盟約，復於十月二十四日統領部落抵張家口邊補進上年貢馬并乞續市。臣復行宣鎮撫、鎮、各道督同各該將領親詣市場督理貢市，及陳兵伏防。又遣旗牌官胡天福、任自強賷執令旗、令牌監督市易，通事官楊亮、安天爵酬應諸酋。至十一月初十日市完。

臣復將各酋補貢、續市緣由查明，於本月二十九日具題訖。

中間委曲牢籠，多方撫諭，一歲百艱，未敢瀆聞。臣每於三鎮互市之期頒布榜約，備列市規，定估物價，及分遣夜不收各持大牌禁諭軍民，不許夾帶違禁鋼鐵等物，傳泄機宜，私通啓釁。通行沿邊各道及各路參、守、操、防各官，自虜衆臨邊至解市，各安設巡邊官旗，各將官分駐要害，沉機密防。行之三載，各鎮市規整肅，華夷相安。所據三鎮官民易過馬畜并撫賞各夷用過貨物及向來經理市務效勞官員人等，已經通行各鎮巡撫、各道查照上年事規分別咨報去後。

今准前因，查得三鎮四市歲一舉行，責委各道張筵備貨，布兵周防，先期經年料理，臨市旬餘可完，各官之勞績固當優敘。但大市利歸酋長、富夷，其無馬窮夷未沾撫賞，每懷怨望。議令各鎮沿邊衝口各虜分設巡邊，虜中首領一二、各散夷十餘人，容帶領窮夷，每月望後各夷以牛羊、皮張、鹽斤、馬尾約日於各參將駐札城堡附近各暗門邊外與軍民互市米、布，撫安窮夷，免復沿邊騷擾墩哨，竊窺農牧，公無官貨之費，私有倍利之獲。各夷求市之時，即令各參將照信地查審無他，提兵防範，招集軍民互市，每次二三日即完，聊以市稅即充撫賞。行之二年，窮夷數萬各遂生願，原議歲加撫賞每鎮撫賞窮夷銀一萬兩全未動支。近因虜王并各虜酋再四懇討，臣復具題，該兵部議於此已准未動銀內，大同動支二千兩，宣、山二鎮各動支一千兩，聽充各枝窮夷撫賞之用。各鎮沿邊月監小市，文武諸臣酬應、設防均效勤勞，通應查照上年原議題奉欽依事理一體并敘以溥聖恩。至於各枝套虜延住延、寧、甘、固四鎮邊外，近據臣原差官通吉仲庫同虜王差送番官馬你卜剌夷使擺思漢等傳諭西海諸酋部落，免由內地經行及騷擾納貢熟番。各酋遵令，地方免虞。前據甘肅撫、鎮各備咨呈到臣，尤可見虜王之恭順、貢市之利益。陝鎮效勞文武官員，適接邸報，已該三邊督臣具奏外。

臣嘗反復思維，古今經國之臣議事必探其本原，國家賞罰之典要終當優於謀始，故賢臣不敢矜已獲而忘曲突徙薪之謀，大將不敢嫌自伐而墮制勝全疆之績，史册之所紀載，訓典之所昭垂，在朝諸臣耳目咸所睹記，非臣一人之私言也。今照北虜封貢之議起於俺答乞孫之始，方那吉之來降也，在邊諸臣或欲納爲私丁，或欲拒之弗納，何有制人謀國之勝算？既而前撫臣方□□已納其降，會臣逆議處降方略具聞。于時言者尚執議以罪臣，或謂當殺之以雪憤，或謂當置之而遠徙，恐貽疆場之禍也。非仗先皇聖明，溥華夷一視之仁，輔弼協忠，示處降禦侮之略，臣於逢時禍且不測矣。既而俺答、黃台吉擁眾分道索降，幸仗天威遠震，將士戮力，連敗逐北，未遂狂圖。節據虜使傳言，謂僅見宣、大將士之敢戰，始畏中國火器之長技。雖斬獲僅四十餘級，其大炮打死虜中人馬甚眾，與臣後遣出虜官通偵探相侔。既足先奪其心，臣復百計遣諜，示以生全伊孫之恩，誘以通使乞請之道，適以深慰其私。老酋遵諭選使，帳下無一夷敢應命者，其畏疑之情猶我軍也。既遣腹心，垂涕授書，即有乞封通貢、得孫求市之請。臣會逢時詳譯虜情，開具奏聞。于時議者或以爲當遣降而苟目前之安，或以爲不當遣而永以爲質也，疏上經時，迄無定議。向非內閣輔臣決計示臣，必令執諸逆而自獻，方許歸降孫以昭恩，則臣等亦將靡所適從，付之天數已耳。夫虜方擁重兵以臨邊，而內乃撫空質以聽議，萬一虜肆猖獗，別逞侵暴，臣等禍且岌岌矣。是處降購逆之功，荷先皇獨斷之明，賴輔弼贊襄之力，俾臣等幸脫首事之罪，獲獻九逆之俘，雖當時內閣諸臣同事匡維，獨大學士張□□先後手札數四，示臣以處降購逆之略，其設難授策凡數百言。臣心切佩服，奉以周旋，曲中事幾。臣嘗示撫道諸臣，共竊景仰，有非諸臣所預知者。兹貢市之始，在張□□功當首論也。

既奉先皇明旨，敕臣酌議俺答乞封通貢事宜，務期停妥，是

朝廷已許其封貢，比時竊慮老酋得孫逸去，坐受欺侮也。臣復示
虜王以歸降錫賚之皇恩，申諭那吉以中國孝敬祖父之大義。老酋
感激垂涕，誓死納款，初云率彼部落四萬，不犯大同一鎮，其蓄
謀叵測，將以大同爲餌以誘我，而以宣府、山西爲魚肉資虜也。
臣乃執天朝大一統之治，發虜使譎險之謀，務令西糾套虜各枝，
東合老、永諸酋，同盟納款，方爲允奏。同時議事諸臣咸驚异駭
愕，不以臣爲愚，則以爲誕，謂虜勢卒難要同，臣將自貽伊慼
也。臣度套虜近歲被延、寧各鎮軍丁搗剿之擾，久懷悔禍，永、
老二酋素依俺酋爲主，必無敢執拗自逸，當稍待糾會，徐觀誠
僞，再爲定議。詎意老酋先已會集諸第[一九]侄聚兵以索降，既
邃[二〇]得孫，即謀罷兵而求貢，特以言探臣等之淺深耳。既聞糾
合之諭，即遣各酋夷使返報同盟。臣初未敢深信，復議之時不惜
銀幣，分遣官通隨同原使遍詣各酋住帳，察譯□□。乃套酋吉能
即求臣旗二面、執旗四人，一由套內傳各子侄毋或竊犯各邊，二
由沿邊禁延、寧各路免復遣通丁搗剿、趕馬。外使既遣，臣內行
三鎮集議後圖，傳諭各酋恭候廟議。往返兩月，內議者各懷疑
憚，向[二一]無定策；外傳者宣諭各酋，率定盟約。比臣款列八議
具陳，兵部方擬集廷臣會議。適當會試開科，張□□奉命主試，
身居鎖闈，心憂邊計。既命表擬歸忠之賀，期昭王會之休風；復
策士以貢市之略，大集眾思之忠益。諸輔臣日俟張□□之出爲決
策，在廷臣日望科場之畢以定議。彼時諸虜環住近邊，使問絡
繹，絕之適以示弱，聽之無以示信，臣於邊臣日翹天祝望張□□
試完，爲國忠謨，爲邊福利也。向非先皇持不惑之淵衷，張□□
出不二之定見，則諸臣未必不展轉遲回示虜疑形，而虜眾當春深
馬弱亦且懷疑憤去矣。仰仗天心悔禍，宗社垂庥，先皇嚴覆議之
旨，輔弼公講筵之奏，獲定錫封納貢之盟，竟致七鎮三歲邊寧之
利。是豈臣孤忠蚊負所能戡勝？實輔臣張□□從中調護主持之

力。聞當時嘗有思甘心於臣而駕禍張□□者，使其得意，是臣二人且均受其禍矣。

夫輔臣爲朝廷心腹股肱之任，邊臣任封疆安攘之責，職任有大小而義分則均，所處有内外而相須甚切。大禹格苗之化尚恃皋陶之典刑，吉甫於襄之功猶賴張仲之在内。矧兹北虜，實三王所不臣，五帝所不治，而漢、唐、宋歷世所謂禦無上策焉者。我高皇驅逐胡元，復中華萬世之正統；我成祖三犁虜庭，建億載長治之雄圖。當時逐虜遠避則有之，而格虜來庭則未遂；封王錫賚者僅數枝，而空幕稱臣猶未睹。今際聖明御極，承先皇威順之盛治，開明良啓泰之鴻圖，虜王奉職以獻琛，萬虜引馬而趨市，今既三貢禮成，七鎮烽熄，誠千古所罕聞、國朝之盛事。繼自今，果廟堂寬文法之苛責，邊臣守已試之成緒，虜王不死，雖未敢保百歲之义安，亦可期數年之無事。其保全邊氓、節省帑餉將至鉅萬，邊圍城堡之修築，軍火器具之增製，歲計有餘，而培植國家之元氣，振作三軍之威聲，當日益昌泰。即虜有叛盟，與之從事戰守，而常勝之勢當在我矣。

臣竊謂禮當敕下廷臣，大破常格，建典陳詞，報兩郊之玄恩，答宗社之靈貺，俯爲邊民祈貢市以有終，保生靈於無虞，并乞詔告天下，將節年虜王貢表命納史館以光盛典。仍敕禮、兵各部大集廷議，查臣奏内貢市始末艱難情狀，面詢輔臣張□□臣言有無欺誕，推叙元功，特加封癮。輔臣吕□□昔任禮部，定議封貢給印之典；繼晉密勿，同宣安攘克壯之猷。禮應并加廕錫，用報同功。餘先後輔臣應否頒恩，恭候聖裁。其禮、兵部科諸臣義切同舟，心期共濟。擬議嚴明，上可示國體之尊；周恤懇到，下可慰諸夷之望。申飭再三，邊紀允賴肅昭；諭示周詳，虜衆咸知感孚。既成寧邊安夏之功，當示協恭均勞之賞。以顯昭代熙昌之運，度越百王；以彰皇上繼統之烈，功光列祖。我明制虜之道下陋漢、唐、宋以不居，輔臣折衝之謨上追周、傅而無忝，垂之青史爲有光，傳之四夷益增重矣。

前時封貢禮成，嘗荷先皇親灑綸音，加恩輔弼；上年貢市告竣，復蒙皇上煥頒御札，欲報首功。張□□等累疏陳辭，遂復報罷。是先皇、聖上洞知輔臣之元勳，又非待臣今日之表暴。若惟嘉其撝謙之節，坐虛聖明報功之典，恐非盛世公溥明正之治也。伏念臣某昔當遣降獻俘之初，已拜宮保、世廕、金蟒之賜；繼方虜王封貢禮成，重荷一品四世玉誥之封。昨歲貢市再完及閱視諸臣推叙，又蒙敕獎金幣、監胄之廕。受恩高厚，未報涓埃；累辭未俞，日懼負乘。夫以元輔之首功未報，顧俾微臣獨拜寵榮，臣心實未敢一朝安處也。今在臣矢不敢再饗天恩，自招尤侮。

其三鎮文武諸臣先後遷轉靡常，隨市效勞亦異；各撫臣所處之任雖同，其去任、近任之迹有間：通應分別旌錄以昭恩遇，查得宣府撫臣吳□，才優經濟，志矢忠貞；歷任兵曹，久閑邊計。方貢議之初起，兌以督糧藩臣輒陳匡贊之猷。繼擢宣鎮撫臣，適值黃、把二酋跳梁，曲盡撫制之略。日狎虜使，時煩煩舌；每出市場，身安歷險。操縱不遺餘力，每以二酋之順逆爲己任；撫資不惜正費，恒以重鎮之安危爲國憂。況修建邊工既多清完，開墾屯田動至萬畝，廟謨八事之議綽有成績，邊儲三歲之積可支數歲，所宜特加升廕以酬忠勞。

大同新任撫臣申□，以沉毅之度而克任大事，以冰玉之操而不避艱虞。先任朔道，首馴黃酋以入牢籠；繼督諸市，坐制諸酋咸遵盟約。市價、撫賞之省每倍於諸市，收獲驪黃之馬恒甲於諸夷。邇當開府之初，適遇虜王入市。撫禦有方，卒格萬虜歸心；豐儉中節，坐致儲蓄歲省。亮其克壯之猷尚須遠到，假以久任便宜堪慰華夷，所宜優加俸賞以旌賢勞。

原任大同撫臣劉□□，才本揮霍，行近疏闊。後雖聽奸納侮，自損成績；始則矢肩貢議，赤忠自許。今已被言前籍，罪浮其辜。查其二年之間磚包城堡三十餘座，屹然重鎮之金湯；報開屯田十萬餘畝，允矣窮邊之永利。功在封疆，罪似可贖。且被論賕私，原非庫藏之軍儲；窮詰勘問，殊貽撫臣之衆恥。倘可免其勘問，賜之冠帶閑住，庶前功不遺，後罪可懲。

山西新任撫臣朱□，以老成之器，負忠練之猷。先任寧夏經年，兩完清水套虜之市，西夏遺去後之思；近移山西數月，能清三關積逋之儲，關戍慰來蘇之望。甄別在市效勞，深得用人之微權；預處市資召買，坐省商販之滋累。俱應優賞以旌厥勞。

原任山西撫臣趙□□，在任經年，日事修攘之略；候代移時，未忘貢市之謀。臨市駐邊，允藉聲威之振；三時督建，已完百里之邊。雖以引疾而賜休，尚宜優賚以示勸。

山西巡按御史先任桂□□、見任賀□□，宣大巡按御史先任孫□、見任陳□□，河東巡鹽御史張□，山陝清軍御史先任李□□、見任許□，奉命按邊，同事疆圉。或糾察市務，共飭百度之貞；或供課詰戎，弘濟三鎮之急。今幸貢市有成，俱應并加優賞。

甚[二二]三鎮管糧郎中、主事，在宣鎮郎中陳九仞，莅任將及瓜期，籌市已至再四。雅操通才，允抱經濟之蘊；純心偉器，誠預遠大之施。年資既深，所當旌擢。大同郎中李一本，履任經年，出納明允，每緣市務糾紛，多藉忠猷共濟。山西主事薛亨，純心精思，議關餉而錙銖不遺；雅操虛衷，蓄市馬而撙節有略。俱應量加賞賚。

其監市各道，宣府分守口北參政朱裳，先備岢嵐，既督水泉虜王之市；茲調口北，再監宣鎮把、永之場。才猷歷試於盤錯，沉毅素定；勞績既懋於兩鎮，辛苦自甘。山西岢嵐兵備副使崔鏞，昔飭兵於雲左，遣降購逆共矢忠謨；繼督市於初貢，酬虜撫防備極勞瘁。一官三調，隨任稱賢；虜市再監，華夷畏服。虜衆久已知名，深資允宜優敘。大同分巡冀北僉事許希孟，負剛毅之才而出之以明慎，任艱大之務而處之以精詳。身監三年之貢市，撫禦多方；道當雲鎮之繁難，威惠并懋。所據三臣勞績既最於諸道，賢聲久著於華夷，宜加優敘，稍遷內地以均勞逸者也。

朔州兵備參政王惟寧、雁平兵備副使劉漢儒、分守冀北參議張希稷、懷隆兵備參議吳哲、大同兵備僉事隨府、宣府分巡口北僉事王汝梅、山大屯田僉事藍偉，各有協理市事之任，均效矢心共濟之忠。或奔走大市，不避寒暄；或督理續市，曲盡撫禦。年資雖有淺深，勞績俱應并錄。內張希稷、藍偉先後職任，同事邊方，向承恩詔，或緣到任稍遲，或緣兼管內屯，未遂同給恩典，職同恩典〔二三〕，深悲向隅，仍應補給以恤邊勞。

其餘處備市貨，如山西布政司左布政使史直臣，夙負忠猷，素閑邊計。轉濟數萬之市資，裒益多方；籌度二年之市馬，分俵有略。即其共濟之忠，允豫邊撫之選。右布政使董世彥，才猷精練，共效訏籌；器識高明，夙勤邊務。二市均賴周給，萬虜恃以酬應。俱應并敘。

大同府知府王基，清幹之操，調停市貨既多撙節之能；練達之才，酬應供需尤著匡襄之績：相應優加賞賚。

宣府總兵官雷龍，赤心謀國，深達制虜之機權；折節籌邊，恥事沽勇之誇詐。陝邊貢市之議多藉主持，二載榆鎮賴以保安；宣鎮修練之略悉與解更，兩市萬虜咸知畏懾。大同總兵官郭琥，忠實自許，三關酬市二年，威信已孚於虜王；清苦自甘，老營預保孤城，功賞久虛於優敘。當雲鎮軍務廢弛之後，適虜王萬騎赴市之秋，三軍以整練而增色，虜衆以忠誠而推戴。所據二官各歷三鎮，威名久著於華夷；共監三市，勞績真優於俘獲：通應查照原議三年無事特加升廕以酬忠績。

山西總兵官劉國，初年委監宣市，尚懷疑憚；兹歲督市水泉，矢竭忠藎。今既貢市禮成，勞績亦應均賚。

其分理市務等官，大同府同知聶守中、北路通判李志道、東路通判惠之翰、西路通判翟來旬、中路通判蕭雲漢、廣靈縣知縣喬密、大同縣知縣雙鳳鳴、大同府知事馮寅、檢校許從訓、高山衛經歷李希沆、鎮虜衛經歷梁仲選、大同左衛經歷沈應辰、右衛經歷王大化、玉林衛經歷焦應時、威遠衛經歷董雲鶴、原任陽和衛經歷甘貴、天城衛經歷李世寧，宣府上西路通判張鳳羽、在城通判羅士英、南路通判趙可化、中路通判薛惟傑、萬全都司掌印謝天祐、宣府左衛經歷任璽、宣府右衛經歷白守正、斷事蘇克溫、萬全右衛經歷呂應魁、懷安衛經歷傅珪、蔚州衛經歷王茂松、保安右衛經歷趙祖愷、萬全左衛經歷許用晦，山西西路管糧同知劉東魯、岢嵐州知州李愨、判官馬朴、太原左衛經歷王珠、崞縣縣丞王瑶、保德州同知杜御、興縣典史景府、河曲縣典史師君寵、嵐縣典史梁彥和、鎮西衛經歷吳昌昆，在府司各官，先時經理市貨而出納精明，臨時酬應虜酋而操縱有略；在佐貳幕官，或曰狎群虜而較論低昂，或曰司備辦而衷益供需。共保市事以有終，均效忠幹而無倦，通應并叙。據各撫臣逐一查叙到臣，中間有身經三市而始終協忠，有接管經年而年勞并著者，各因貢示[二四]羈絆未遂考滿，或以修防有功已經加秩，各官各以未沾恩命爲懇乞，通應查明年資咨部。已及一考者准令造冊送部，請給應得恩典，仍量與升擢。不及三年者量加俸級，仍通給賞賚以鼓趨事。內甘貴、李世寧月監小市，歲委大市，清丈屯田，稽查軍餉，才識幹理視衆爲優。近各升授藩職，才力可惜，年勞當恤，似應仍補邊任，俾圖補報。

各鎮監市，大同副總兵麻錦、北東路參將張元寶、新平堡參將楊爾干、東路參將王國勛、宣府上西路參將賈國忠、山西老營副總兵王化熙、西路參將楊振，各守衝邊，適當虜市，平時酬應備極訏籌，臨市撫防共輸忠略。內麻錦監市三年，形神勞瘁；整飭邊務，綽有成績。去歲雖加府銜，未足示酬，即應量加廩賚，擢授大將。賈國忠、楊爾干各監市三年，恩信昭孚，修防并懋，通應量升副總兵職銜，照舊分守，永慰華夷，仍加賞賚以示優勸。

其餘分委伏防、檢馬、待宴各官，軍門標下參將葛奈，游擊牛應詔，大同入衛游擊任秉公，邊兵游擊吳昆，巡撫標下中軍游擊王价，山西行都司掌印都司方時春，原任參將馮詔，充爲事官原於天，立功官原任參將楊縉，鎮羌堡守備李真，新平堡守備曹惟忠，陽和城守備魏璋，天城守備劉東，守口堡操守葉振，鎮門堡操守席紹祖，原任守備常銳，巡撫下旗牌李宣、趙梁，朔州兵備道中軍王文臣，宣府鎮副總兵麻貴，萬全都司管屯都司朱永祚、巡捕都司李三極，原任參將劉寶，冠帶官張剛，原任參將程文範，都司周一元、劉承宗，正兵坐營王輗，巡撫標下中軍原任參將陳議，總兵標下中軍原任參將朱瀚，張家口守備陳琦，萬全左衛守備王廷臣，總管正兵前鋒總旗雷尚孝、李文通，原任守備黑曉、杜世勛、張暉、郝世爵，指揮陳鳳岐，百戶賈桂，山西鎮東路參將范恭，三關游擊葉威，原任參將張鐸、常齡，原任游擊陳一言、杜繼忠，原任都司汪應麒，水泉營守備郝勛，冠帶官張子度，正兵坐營李汝華，神池守備魏孔與，岢嵐守備許汝明，利民堡守備陳祥正，賈家堡操守蘇來后，三岔堡防守李聯芳，寺墕堡防守王功，岢嵐道中軍指揮楊一名，雁平道中軍指揮趙承恩，寧武道中軍指揮吳國臣，奇兵營中軍千戶王麒，東路營中軍鎮撫崔允昌，汾州衛指揮王朝卿，滑石澗把總百戶溫天相，奇兵營把總百戶李功，以上各官或提兵伏防要地足伐虜謀，或分委檢馬、待虜各效忠略，或出入虜營而申訂虜盟，或驅馳塞外而按察情偽，均有維市防範之勞，通應并叙。

其三鎮經歲月市，宣府鎮北路參將李如樞、東路參將白允中、下西路參將李國珍、中路參將洪國忠、柴溝堡守備楊宣、洗馬林堡守備尤繼先、葛峪堡守備江昌國、青邊口堡操守李楹、大同北西路參將尚智、西路參將趙崇璧、中路參將奚元、朔州參將濮東陽、右衛守備王江、殺胡堡守備何山、雲石堡守備高徹、乃河堡守備徐恩、鎮口堡操守曹惟恭、山西鎮河曲參將李澄清、老營堡守備王昱、偏頭關守備楊世勛，經年酬應巡邊諸虜，每日防範窮夷互市，在參將效調度撫禦之忠，在守操勉供應防守之力，并應叙録。内李如樞、白允中歲有史、車熟夷之撫防，尤宜量爲優叙、擢用，仍通加賞賫以補恩典者也。

其餘各鎮在市承委，大同鎮守操、指揮、千百户畢景從、程光祖、麻承勛等四十員，宣府鎮都事、指揮、千百户馮允殖、楊應奎、牛希龍等一十六員，山西鎮指揮、千百户、吏目張忠嗣、李道行、馮時等一十九員，俱應查照上年事規，聽臣等分别等第量加獎賞。

再照臣標下欽依中軍官、署都指揮僉事先任已故田世威，自昔遣降購逆，首事驅馳；既歷三年貢市，悉從經略。虜王呼爲老將，每聽裁抑；三鎮依爲主盟，咸邀督市。精力疲於籌邊，一身斃於王事。歷查本官原以實授都指揮同知節升副總兵，先以貢市效勞止復祖職千户，今既例難贈恤，似當復其原授實職以酬死事。

見任中軍官胡鎮，先任薊帥，累以軍功欽升左都督之崇階，雖被論勘，原未革其職級；後委統兵，節以斬獲獻俘已奉欽依免勘。雖都督流官制難復任，其都指揮使實職例得准復。先經推任南山，量准署都指揮使僉事之虛銜；今既欽授中軍，當准實授都指揮使之原職。歷查本官始督標兵，五年斬獲百級；繼委遣降獻俘，備歷艱苦。每以衰疾求閑，志存恬退；適當貢市糾紛，須藉老成。似應量署府銜，以酬其勞，以重軍令者也。

協理軍門中軍官、原任參將張子鯨，發身武科，志操忠勤。昔任廣昌、威遠參將四年，被論非辜；今委協理中軍半載，隨事策免。恭進虜馬，慶表貢之禮成；酬應虜紛，節撫賞之支費。勞宜量賞，資應敘用。

安東衛指揮僉事鮑崇德、高山衛前所副千户李寧，或冒死首入虜營，定遣降購逆之議；或奮身住虜為質，坐收九逆之獲；或同心要定市盟，歲省馬價鉅萬；或共謀訪報奸逆，致獲内叛諸凶。節年奔走諸市，虜眾咸服；終歲酬應貢使，公私攸賴。雖經各授一官，少酬始事之忠；仍應歲加升賞，用報有終之績。

軍門旗牌、原任守備王之股，原任守備、充戍已經奉詔開伍鄭麒，都指揮僉事楊亮，指揮僉事白宗堯、薛瑛，實授百户胡天福，百户趙汝瑚，聽用冠帶總旗駱尚志，總旗蔡天福、馮大柱，冠帶官任自強、吉仲庫，走邊官通總旗珊瑚、安天爵、瓦四，冠帶官金奉、郭斌、蘇天佑、王國鎮，通丁小廝漢，宣府鎮走邊通舍歐陽清、解宗堯、張充實、范江，管隊通丁温月、王鋭，山西鎮走邊通丁厥喇計、厥八、羊羔子，板升陳嘉謨，大同鎮走邊旗牌冠帶官楊安，舍人詹天福、龔喜，朔州兵備道管哨舍人李永禄、吳景、孫汝孝，執旗者宣令巡緝市場，不避勞怨；通譯者經年出入虜營，備極勤苦。各市賴以周旋，華夷恃以無恐，俱應分別敘録。内王之股、白宗堯、胡天福、趙汝瑚堪備守備之選，鄭麒應准復職級，楊亮應升俸級，駱尚志、蔡天福、馮大柱、任自強、吉仲庫、珊瑚、安天爵、瓦四、金奉、郭斌、蘇天祐、王國鎮、楊安俱應量升一級，小廝漢與歐陽清等六名、厥喇計等五名、詹天福等二名各應准給冠帶，仍應通加賞賚以酬年勞。李承禄等三名亦應准給冠帶。

其禮部原請發四夷館譯字序班馬繼志，雅志清修，精藝酬虜。先年譯正番文，鄭重虜王，獲定稱臣納款之盟；兹歲再撰虜表，出入虜帳，能却夷衆非分希望之請。二載赴邊既歷寒暑，三貢美完多藉匡襄，似應仍加升賞以慰邊勞。

軍門塘馬官指揮僉事秦學，三年賫捧表貢，終歲奔走京邊。節經准授衛官，既足酬功；未准世襲職級，難策後步。似應酌議前功，准與世襲一職，仍加賞賫，以備叙用。

其臣軍門書吏韓子懌，宣府撫臣下書吏曾魯、徐文臣，總兵下掾史諸文，大同撫臣下書吏吳有嘉、吳文沛，總兵下掾史黃文都，山西撫臣下書吏吳濠、童國用，總兵下掾史柴汝舟，經歲貢務頗煩，各效書辦勞苦，據邊情雖無購逆獻俘前功，在各役咸有共贊貢市實績，俱應比照前書吏王朝臣等事例准與優叙，免其考辦。

臣軍門寫本舍餘師禮、余龍，宣府撫臣寫本盧龍岐、陳廷孝，大同撫臣下寫本馮哲、馬天祥，俱各書辦效勞，應照上年曹廷龍等事例量給冠帶。

伏乞聖明軫念邊疆七鎮底寧、北虜三貢禮成，敕下該部，首推密勿輔弼之元功，并録部科、邊臣之勞績。將巡撫吳□□特加升廕，申□、朱□優加升賞。原任巡撫劉□□姑免勘問，准賜冠帶閑住。趙□□并御史桂□□、賀□□、孫□、陳□□、張□、李□□、許□并加優賞。郎中陳九仍准議升賞，李一本、主事薛亨量加賞賫。序班馬繼志量加升賞。參政朱裳、副使崔鏞、僉事許希孟特加升賞，稍遷内地。參政王惟寧，副使劉漢儒，參議張希稷、吳哲，僉事隨府、王汝梅、藍偉并加優賞，内張希稷、藍偉遵照詔例准給應得誥命。左布政史直臣循資擢用，右布政董世彦并聽叙遷，仍與知府王基同加賞賫。總兵官雷龍、郭琥應查近議照依擒斬事例特加升廕，劉國并加賞賫。聶守中等三十七員查明年資，准令造册送部，請給應得恩典，仍量與升擢。甘貴、李世寧量准調補邊衛經歷。田世威仍復副總兵職銜，伊孫准襲實職都指揮同知。胡鎮量加府銜。張子鯨、謝天祐、李如櫃、白允中循資擢用，仍同加賞賚。麻錦量加廳賚，俟備大將之選。賈國忠、楊爾干量升副總兵職銜，仍與王化熙、張元寶、王國勛、楊振并葛奈、麻貴、葉威等五十一員一體賞賚。原於天、馮詔、劉寶、常銳、范恭、鄭麒准復原職。周一元、張剛量復職級。楊繼准給冠帶，充爲事官，仍令立功。張鐸改戍本鎮。王朝卿准免調衛。李國珍等一十八員俱加賞賚，内杜繼忠、魏璋、王江、陳琦、何山、黑曉仍量於叙遷。王之股等四員附簿擢用。鮑崇德、李寧俱加升級，查照防邊集議原開擒獲逆犯款例准與世襲。楊亮准升俸級。張子度、雷尚孝、李文通并駱尚志等一十三名各升一級。小厮漢、歐陽清、厥喇計、詹天福等一十四名各給冠帶，仍與鮑崇德、李寧、楊亮、張子度、薛瑛、駱尚志等各通加賞賚。李承禄等三名并給冠帶。秦學酌議世襲一職，仍備擢用。韓子懌等十名免其考辦。師禮等六名准給冠帶。畢景從等七十五員聽臣等分別犒賞。庶皇恩均被，盛典焕班，文武邊臣遂沐浴膏澤，中外華夷同將歌頌至治，斯國是可定，後善可圖，而貢市可保有永，豈惟七鎮邊氓獲樂生成，而四海軍民共享太平之福矣，等因。

具題，奉聖旨："兵部知道。"欽此。

續准本部咨，前事，該本部議照，俺酋自納貢以來迄今三載，貢市恪修，以自古所不臣服之虜一旦就吾約誓，三秋無警，七鎮宴然，坐[二五]齒賴以日繁，修築爲之漸舉，軍需省而兵亦以足，外患寧而内因以安，由今觀昔，可謂得禦戎之上策、固國之兵圖。此蓋仰藉先帝鴻猷，溥仁[二六]以感格；皇上至德，勤聖治以招徠。頗、牧在於禁中，廟謨爲之審固；呼韓來自化外，邊境所以奠安。域内臣民尚難名乎帝德，塞上吏士何敢貪乎天功？顧自隆慶五年以來，每歲貢市告成，督臣查舉效勞人員，均沾激勸之典。今兹三貢禮成，總計上請，誠不可以尋常例論。臣等因而遠稽北虜向背之迹，近觀通貢始末之縣，於以差等諸臣之勞績。大抵當始事之時，虜情叵測，庶言盈庭，機宜不審即禍福懸殊，拒之則至於招兵，聽之則有以速謗。此則決策持議、排衆力任者爲難，而奉行者次之；始終持議與力任者爲難，而相繼與一時任事者次之。臣等因又區別利害之輕重，如論武功則武臣爲重而文臣次之，故功賞亦必以先武臣；修文德則文臣爲重而武臣次之，故功賞亦必以先文職。此蓋其大凡也。

故有若内閣大學士張□□，悦安社稷，憂切邊疆。明獨炳於幾先，一言決盈庭之議；慮每出於意表，八事盡謀國之誠。竭其心思皆尊主庇民之實德，贊之密勿得禦夷安夏之嘉猷。此決策於首事而又始終主持，功當首論者也。

大學士呂□□，同心輔政，協力匡時。始以秩宗舉典禮而風動乎來王之義，繼登樞要承休德而相成乎率服之功，所當并叙者也。

總督尚書王□□，心在國家，信孚蠻貊。折群疑而獨持貢議，卒成款塞之勛；檄諸成[二七]以共守宗盟，尤見體國之實。不顧一身之利害，力任列鎮之安危，故三年賴以匡維，七鎮多所全活。此功所由成，法當特叙。

巡撫宣府都御史吳□，經營得策，坐消猾虜之潛窺；羈縻多方，竟致疑酋之補貢。且戰守兼具，緩急有需，法應優叙。巡撫大同都御史申□，盡心撫馭，聿誠[二八]格遠之功；巡撫山西都御史朱□，殫力維持，克致安邊之績：法當并叙。原任巡撫大同都御史、見革職聽勘劉□□，原任巡撫山西都御史、見回籍養病趙□□，力贊貢市之議，共收賓服之功。在劉□□則修守兼行，在趙□□則撙節獨至，亦當追敘。

大同總兵官郭琥、宣府總兵官雷龍、山西總兵官劉國，并以威名分茬重鎮，均於貢市效有成勞，雖文德之事非大將所任，而防範之密亦與貢市相須，相應并敘。

其餘效勞大小文武官員，總督官知之既真，劑量亦審，相應通行依擬。但内如巡按御史例不敘功，處給錢糧如腹裏左、右布政難與邊臣并敘，與都司不與邊事難與敘功，購逆之事起於處降，功由發縱，而奔走效勞之人與原題事例不合，及兵備、副、參而下所謂奉行與專任一事自與決策發謀、身任利害者不侔，且於内有該閱視侍郎吳□□以八事敘論先嘗頒給恩賚，及王府官例難改調，俱應酌量議擬。

合候命下，將大學士張□□特加异數，吕□□同加异數。總督尚書王□□優加升録。巡撫吳□優加升賞，申□、朱□加升俸級。劉□□録其舊勞，量賜恩宥。趙□□并加優賚。序班馬繼志量加升賞。朱裳、崔鏞、許希孟量升俸級。王惟寧、劉漢儒、張希稷、吳哲、隨府、王汝梅、藍偉并加優賞。史直臣、董世彦、王基同加賞賚。雷龍、郭琥優加賞賚，劉國并加賞賚。聶守中、李志道、惠之翰、翟來旬、蕭雲漢、喬密、雙鳳鳴、馮寅、許從訓、李希沆、梁仲選、沈應辰、王大化、焦應時、董雲鶴、張鳳羽、羅士英、趙可化、薛惟傑、任璽、白守正、蘇克温、吕應魁、傅珪、王茂松、趙祖愷、許用晦、劉東魯、李愨、馬朴、王珠、王瑶、杜御、景府、師君寵、梁彦和、吳昌昆三十七員移咨吏部紀録，仍與甘貴、李世寧并加賞賚。田世威復副總兵，伊孫仍襲祖職正千户。胡鎮升實職一級。麻錦、李如櫃、白允中同加賞賚，仍酌量録用。賈國忠、楊爾干各升署職一級，仍與王化熙、張元寶、王國勛、楊振四員，并葛奈、牛應詔、任秉公、吳昆、王价、方時春、李真、曹惟忠、魏璋、劉東、葉振、席紹祖、李宣、趙梁、王文臣、麻貴、朱永祚、李三極、程文範、劉承宗、王軏、陳議、朱翰、陳琦、王廷臣、黑曉、汪世勛、張暉、郝世爵、陳鳳岐、賈柱、葉威、常齡、陳一言、杜繼忠、汪應麒、郝勛、李汝華、魏孔與、許汝明、陳祥正、蘇來后、李聯芳、王功、楊一名、趙承恩、吳國臣、王麒、崔允昌、温天相、李功五十一員通加賞賚。原於天、馮詔、劉寶、常鋭、范恭准復原職。周一元、張剛量復職級。楊縉准給冠帶，充爲事官，仍令立功。張鐸改戍本鎮。王朝卿准免調衛。李國珍、洪國忠、楊宣、尤繼先、江昌國、李楹、尚志、趙崇璧、奚元、濮東陽、王江、何山、高徹、徐恩、曹惟恭、李澄清、王昱、楊世勛、楊亮一十九員俱加賞賚，内杜繼忠、魏璋、王江、陳琦、何山、黑曉仍量與叙遷。白宗堯、胡天福、趙汝瑚附簿擢用。鮑崇德於見職内通准世襲五級，李寧於見職内通准世襲二級。小厮漢、歐陽清、解宗堯、張充實、范江、温月、王鋭、厥喇計、厥八、羊羔子、板升陳嘉謨、詹天福、龔喜共一十四名各級冠帶，仍與鮑崇德、李寧二員并張子度、雷尚孝、李文通、薛瑛、駱尚志、蔡天福、馮大柱、任自强、吉仲庫、珊瑚、安天爵、瓦四、金奉、郭斌、蘇天祐、王國鎮、楊安一十七名通加賞賚。李承禄、吳景、孫汝孝三名并師禮、余龍、盧鳳岐、陳廷孝、馮哲、馬天祥六名亦各給與冠帶。秦學升一級，仍備擢用。韓子懌、曾魯、徐文臣、吳有嘉、吳文沛、吳濠、童國用七名俱移咨吏部，照例免其考辦。畢景從等七十五員移咨總督軍門分别犒賞。但恩典出自朝廷，臣等未敢定擬，伏乞聖裁，等因。

　　萬曆二年正月初四日，本部尚書譚□等具題。本月初六日，奉聖旨："是。往年虜酋乞降求貢，廷議紛紛。惟我皇考淵衷獨斷，審定廟謨，亦賴有忠誠任事之臣□策宣力，贊成大計。於兹三年，虜酋款順彌堅，邊境寧輯，諸臣勞績深可加尚。輔臣忠勛

簡在朕心，自加優异，王□□著加少保，餘官如故，還廕一子入
監讀書，賞銀五十兩、紵絲四表裏。吳兌升右副都御史，照舊巡
撫，還賞銀三十兩、紵絲二表裏。申佐、朱笈各升俸一級，還與
趙孔昭各賞銀三十兩、紵絲二表裏。劉應箕准免勘問，仍與冠帶
閑住。馬繼志升一級。朱裳等升俸一級。王惟寧等各銀二十兩，
史直臣等十兩，雷龍、郭琥各賞銀二十兩、紵絲二表裏，劉國賞
銀十五兩，聶守中等、甘貴等、麻錦等各八兩。賈國忠等各升署
職一級，還與王化熙等、葛奈等各賞銀六兩。李國珍等、小厮漢
等并鮑崇德、李寧、張子度等各五兩。其餘俱依擬。本兵及禮部
措畫議擬效勞，譚論[二九]升俸一級，賞銀四十兩、紵絲二表裏。
汪道昆、楊巍、汪鏜、丁士美各賞銀二十兩、紵絲一表裏。兵科
都給事中賞銀十兩，其餘的各六兩。職方、主客郎中各賞銀八
兩，其餘的各五兩。”欽此。欽遵，備咨前來，通行三鎮撫、鎮、
各道欽遵訖。

爲遵奉敕旨查議應修險隘工程以圖保障事

准巡撫宣府右僉都御史吳□會稿，職欽奉敕諭內開：“修築
險隘，務堪保障。”欽此。又准兵部咨，爲虜衆內附，邊患稍寧，
乞及時大修邊政，以永圖治安事，該本部覆議，內一款“修險
隘”，合行總督、鎮巡、守巡、兵備等官，各將險隘城堡加意修
築高厚堅實以圖永久。工小者聽居民自處，工大者官爲措處。如
有重大工程，勘實奏請，等因。題奉欽依，備咨前來，已經欽遵
查勘、修築。除隆慶六年勘議修完工程，該兵部侍郎吳□□帶同
司道等官公同閱視明白，并職等俱行奏報外。續准兵部咨，爲懇
乞聖明特敕督撫諸臣修復宣鎮內牆，以防後患，以衛畿輔事，該
閱視侍郎吳□□題議，先年北路龍門等處修有內牆一道，沿長一
萬八千七十六丈四尺五寸，年久披塌，□計修理。合用夫匠□

糧、鹽菜、工食，節該户、兵二部覆議，題奉欽依，備咨前來，行令該道并參、守等官見令欽遵議修。職等復慮本鎮内外邊垣與夫軍民城堡、屯寨，但係當備者俱應一并查議修築。

行據山西布、按二司兵備、守巡口北道參政朱裳、參議吳哲、僉事王汝梅會呈，蒙總督軍門并職案驗，前事，遵依親詣各該分隸地方城堡，公同參將督同守操等官，將各城堡邊牆、墩臺等項逐一遍加查閱。除節年修理高堅、足堪保障及已奉欽依於萬曆元年修理者俱不開外，今勘得工大費鉅，應該官爲協修，内上西路膳房堡、下西路柴溝堡俱逼鄰邊境，極爲衝要，城垣土築，議加磚包。及勘得張家口市場牆垣、敵臺低矮，係虜貢市之區，尤宜加意幫築，務令高堅，方可以壯國威、防不測。其中應該加修牆垣二百五十七丈八尺，敵臺一座、水門橋三空。又中路應修邊牆八百四十丈。上、下西路，其萬全右衞土牆一帶原議幫修，今勘堅厚，止應照舊補葺；其新河、洗馬林未完邊工六千五百六丈五尺，内原議斬崖，今勘應改修牆垣，共八百二十三丈四尺，餘則照舊斬崖。并東路未完邊牆，今勘除靖胡堡所管，東自平、梁二墩起，西至界墩止，沿長二十一里有零，山形險峻，繞往西北，難通虜騎，相應免修。其餘有原議斬崖，今應改修中牆、大牆者，亦有原議大牆，今應改修中牆者。工程既有更易，而錢糧自有增減，隨宜扣算，通融支用，不敢浪費。合用撥木、窰柴，先奉明文已經采打陸續備辦外，其石條、磚、灰并燒造、般運、修理、綜工、管工等項官軍、夫匠總計該用廩給、口糧二萬六百六十八石四斗，工食、鹽菜、物料等銀一萬四千五十三兩二分。

及又勘得工小費少城堡、墩寨并稍緩邊牆，應該本處軍民自修。内鎮城附近堡寨、敵臺二座，中路墩臺、瓮城四座，邊牆、壩口、崖壕一千四百五十七丈四尺，南路堡寨、敵臺、墩壕三十五處，東路堡寨、關厢、柞門四處，責令軍餘自行修築，等因。

呈報到職，查議問。

又准兵部咨，爲虜衆内附，邊患稍寧，乞及時大修邊政，以永圖治安事，亦該閲視侍郎吴□□題，一款“嚴扃鑰以衞陵寢”，該本部覆議，合行宣府督撫官查照所議，先將岔東土牆仿照薊鎮規制建設敵臺一百六十座，期在作速先完。合用工料不敷，具數題請，以憑議發。其他如寧遠之柞口墩、皮布袋衝多爲建置墩臺，岔西大山口於川口建爲營城，改設守備，火石嶺等處加高牆垣，與邊墩之係土築者俱用磚石包砌。合用銀兩若干，在於何項動支，逐一估勘停妥，一并會題前來，以憑議覆施行。其工程大要以岔東土牆、敵臺爲最急，次之岔西，次之寧遠等口及各處邊垣，務令緩急得宜，先後有序，可垂久遠。毋或虚應，等因。題奉欽依，備咨前來。

續准軍門咨，同前事，職復行各道查議，今據兵備、守巡口北道參政朱裳、參議吴哲、僉事王汝梅呈稱，會同各該參將親詣南山，西自河合〔三〇〕口起，東至火焰山止，逐一公同歷險勘議得，南山岔東磚包敵臺一百六十座，以工計夫，每座約用三萬餘工，合用錢糧爲費頗鉅。但其中取料有遠近，修葺有難易，斟酌損益，除本山軍夫照依原題，修工時候不分上、下兩班一齊赴工，准復原額行糧，照舊於主、客餉内支給，不支鹽菜，每座止給犒賞，連匠役工價銀一百兩，共銀一萬六千兩，匠役口糧共一千五百二十八石八斗。又每座該裏門鐵、炭用銀二兩五錢，共銀四百兩。

及照岔西大山口營城、火石嶺等口增築牆垣，見議包臺，又議改築，不無顧此失彼，兩難就緒。合無先設守備管理岔西事務，其營城、牆垣候臺工稍有頭序，次第舉行。且本山軍夫地俱沙石，既無耕作之資；山有禁例，又無采樵之利。向年給有行糧，尚可資贍；近因分班行糧減半，益難支持，逃亡日衆。今議照原題兩班通行上工，給與原額行糧，仍於主、客糧銀内支給，不惟工程有資，而且逃移可止，尤爲便益。及查勘得各路沿邊墩臺概爲磚石包砌，爲費甚鉅，一時難以盡舉。除寧遠之柞口墩、皮布袋衝二處共新築五座，增高舊墩四座，先行包砌，合用口糧八百一十石、鹽菜銀五百四十兩，其餘候邊工告完，續爲議修。

以上工程，合無將修邊包堡并柞口、皮布袋墩臺該用糧二萬一千四百七十八石四斗、銀一萬四千五百九十三兩二分，先儘隆慶六年修完工程用剩糧一萬一千六百五十六石五斗四升九合、鹽菜銀八千八百八十六兩二錢零支用外，尚該糧九千八百二十一石八斗五升一合、銀五千七百六兩七錢七分七厘，就於上年原議未完工程支用數内通融節約支用。如有不敷，仍照舊規，口糧於大[三一]鎮客兵數内動支，鹽菜等銀催償河南班價應用。其岔東臺工匠役口糧仍於客餉内支給，犒賞并二[三二]價、物料等銀一萬六千四百兩，合無題請，照户部題准分發事例，於兵部馬價内解發，緣由到職，等因，會稿到臣。

准此，案查節該臣看得，該鎮東、北、中、西四路俱臨虜巢，而東路延、永一帶密邇陵寢，尤爲吃緊。中間邊垣、城堡及軍民屯寨，或久議增修，財力永[三三]充，迄無成績；或先經修葺，復被虜攻；或雖督見修，人力不敷，致工愆期，坐誤良時。其南山岔西諸險連年修飾，似頗詳密。而岔東紅門諸口雖外列崇垣，仍須查照岔西規度，塹山湮谷，樹險設防，阻絶采牧溪徑，培植叢林，永保陵園。況今北虜款貢，正當綢繆牖户之日，若不從實修理，日後狂虜變態，屬[三四]陰謀，即難議修。臣遵奉廟謨，先後通行撫、鎮、各道將各應修緊要邊垣、城堡、墩寨逐一查勘，刻期修完，以資保障。除隆慶四年、五年、六年修完工程，已該臣等查核具題外，今自元年二月以來又經通行查勘議報間。

續准兵部咨，議得閱視侍郎吳□□題議，岔道東西并寧遠柞口墩、皮布袋衝及沿邊應修城臺俱應經修，務令緩急得宜，先後有序，可垂久遠，毋或虛應，等因。題奉欽依，備咨前來，又經通行撫、鎮、該道一一查勘去後。

今准前因，臣會同巡撫宣府右僉都御史吳□議照，宣府居庸關外，東路延、永之南號稱南山，東出四海冶，接薊鎮渤海之險，西聯懷、保、馬、水，當西北路之衝。先年宣鎮歲有虜警，未敢窺犯南山，一以深入內地，官兵追逐，旋即遁回；一以南山高峻，林木叢稠，溪徑不通。其內深林疊嶂，遠護陵寢，既鮮民居可滋虜掠，絕無道路可恃馳騁，故二百年來宣鎮外守永寧、四海冶之邊，未議南山之內守也。始因二十九年大虜自薊鎮入犯，震驚畿輔，後被官兵追逐，未敢復回原路，乃為內地奸逆指引，由昌鎮內邊突出岔西白羊口，直從宣府西路出邊。後因黃台吉、老把都部落節犯宣府東、北各路，虜騎嘗薄延、永大川，逼近南山，諸將兵力未能拒逐，每延數日，烽火內傳居庸，致驚昌、薊。該前巡按御史李□□、參議張鎬建議，西自南山合河口起，東至火焰山止，建設聯墩，繼築虎尾小墻，深浚重壕，以備宣東之警，示虜有備。嗣後節該督撫諸臣查看得，先年虜中未知南山為重地，向未窺侵。今既示虜為守，其所築墩墻不堪拒敵，恐致誨虜內攻，節次建議增修營城，召兵七千，專設參將，分地畫守。年復一年，內山林莽叢茂，外墻守布已密，可恃保障。每年春秋兩防，督臣提三鎮銳兵趨防南山。雖大虜節犯薊鎮，未敢復出白羊，黃、永諸酋累犯宣、大，亦未敢輕窺關隘，守云固矣。後因盡撤宣、大、山西之外藩，歸重南山之內守，歲費帑銀十餘萬，二十年來，費餉三百餘萬，坐致驕虜窺隙，每秋佯示東行，牽制我兵東援，旋即侵擾山、大，攻城破堡，戰守俱困。節該科部建議，敕行督臣，每歲二防仍駐陽和，守三鎮門戶，控禦諸酉，果虜犯宣、薊，方許提兵東防南山，兼備入援，誠爲忠計。

臣古自隆慶四年六月移鎮宣、大，本年秋報大虜東謀犯薊，臣提三鎮各兵二萬餘移駐懷來月餘，哨明虜旋，即具議題請撤兵西防，良以虜勢有緩急，布防有幾宜，未可守所不攻、舍所必救也。三年仰仗天心悔禍，宗社垂庥，格虜熄烽，內外安堵，正我乘暇自治之日，敢忘代[三五]謀制勝之圖？每思南山爲陵後重地，見在墩墻間有疏矮，仍當增修。但念門户、堂奧，內外攸分，修守緩急，工力有限。故五年先修岔西扼險各口之墩墻，六年繼修宣鎮各路之外邊，正以固南山之藩籬，并修在內之城堡，實以酉[三六]關外之根本。其南山軍夫未或調一人俾修他工，或改修至西險隘，或補修本路山水衝塌之墩墻，用備緩急，亦以地居宣鎮之內，外無門庭之寇，稍俟外邊工完再議重設內險。又慮本山係皇陵來龍正脉，但可因勢設防，有難斬山斷崖，恐有觸犯。

今據侍郎吳□□議照，薊鎮臺規岔東修臺一百六十餘座，雖可示虜壯觀，但恐該鎮工力有難卒辦，尤恐修完無兵分守。其伐石采木，未免將北山林莽斬伐資用，致疏藩籬。顧臣古先年謬議，謂守宣、大邊境乃所以拱護陵京，而株守南山實以棄宣、大以危畿輔也。既該兵部覆議，行臣等酌量緩急，定議修築。節經案行該道查勘前來，通應據實題請。合將南山見在守兵七千餘名，先年除月糧外，仍給客餉行糧，近年臣令分班修工，照班支糧，稍節客餉，今須責令常川赴工，復其舊額行糧，量給犒賞。先儘岔東急要衝口敵臺上緊修築，次及稍緩，并添設岔西守備，專管岔西事務。其大山口等處營城、墻垣，候岔東臺工有緒，并力增修。大邊墻垣與虜相連，虜一背盟，修築自難，工爲最急。原議三年完報者上緊催償，增修、補築者及時營修。至於邊墩，先儘寧遠之柞口墩、皮布袋衝增修、添築九座，其餘稍待邊工告完另議包砌。其在龍門內垣爲勢稍緩，工作、錢糧已俱題准，無容另議，見經量撥軍夫，漸次補葺。蓋外急邊防，圖維恐後；內修重儉[三七]，計慮更周。慎固南山，務期經久，庶宣鎮保障備無不飭，而於輕重緩急之宜亦克協矣。

已經嚴行各道查勘議報，前因，除各路已奉欽依，未完工程照議修理并工小費少堡寨、墩牆等工催督該管官員嚴督軍民上緊修葺，務在今秋完報外，所據勘報官修城堡、邊牆、墩臺等工，臣等已先派撥軍夫趁時分投采辦、燒造，見經修築。合用錢糧既經各道會計前來，臣等覆加查核，通屬節省，難再減削，除將修邊、包堡等項該用口糧、鹽菜先儘隆慶六年修工用剩錢糧支用外，其尚該增用者容於原議未完工程見用錢糧通融節約支給。至於岔東臺工，除南山原額軍夫止照原題查覆舊額行糧及匠役口糧仍於主、客餉內支給，其犒賞并工價、物料銀兩，查得本鎮萬億庫貯先年兵部解到修工、馬價銀七千兩，就行動支，仍該銀九千四百兩。查得臣等先因大虜款塞，遠哨歲省，將各沿邊食糧二石、一石、七八斗哨役盡行減革，每役各照例月給行糧四斗五升，餘糧銀扣收在官，以備撫夷及修工支用，各立文案，銀收官庫。查得宣鎮三年以來各路積貯減哨銀七萬餘兩，已經閱視各官查盤貯庫，即應於內動支，免請帑銀。

伏望皇上軫念極邊重鎮修守爲要，乞敕該部覆議上請，將應修岔東敵臺銀兩准於本鎮見貯先年修邊餘銀及本鎮減哨銀內動支，仍轉行河南撫按，將應解班價催督星馳解運前來應用，聽臣等嚴督各道、參、守等官分投監督修理，臣等不時往來調度。每年冬歇工之日，逐一委官閱視。如果高堅合式，臣等於每年終將一年修過工程、用過錢糧行各道查閱明白，開坐會奏，各該效勞文武官員一并疏名奏薦。若有不堪，據實參究。仍將修過工程、用過錢糧聽巡按御史核實，造册奏繳。其大山口近議添設守備，先行查選相應官員推用前來，以便經理岔西事務，庶一鎮之險隘，不惟門庭孔固而且堂奧更嚴矣。爲此謹題請旨。

校勘記

〔一〕“被”，據文意疑當作“彼”。

〔二〕“三”，據文意疑當作“二”。

〔三〕“止”，據文意疑當作“北”。

〔四〕“赴”，據文意疑當作“附”。

〔五〕“二”，據文意疑當作“三”。

〔六〕“卯”，據明崇禎十一年《明經世文編》卷之三百十八王崇古《議收胡馬利害疏》當作“即”。

〔七〕“寄”，同上文作“内”。

〔八〕“□”，據同上文當作“兑”。

〔九〕“□”，據同上文當作“價”。

〔一〇〕“□”，據同上文當作“來”。

〔一一〕“開”，據同上文當作“關”。

〔一二〕“烈”，據文意疑當作“列”。

〔一三〕“惟”，據文意疑當作“雁”。

〔一四〕“努”，據文意疑當作“孥”。

〔一五〕“至”，據文意疑當作“王”。

〔一六〕“□”，據文意疑當作“政”。

〔一七〕“挍”，據文意疑當作“梭”。

〔一八〕“卿”，此字疑當在前“太僕寺”之後。

〔一九〕“第”，據文意疑當作“弟”。

〔二〇〕“邅”，據文意疑當作“遂”。

〔二一〕“向”，據文意疑當作“尚”。

〔二二〕“甚”，據文意疑當作“其”。

〔二三〕“典”，據文意疑當作“棄（異）”。

〔二四〕“示”，據文意疑當作“市”。

〔二五〕“坐”，據文意疑當作“生”。

〔二六〕"仁"後，據文意疑脫一字，待考。

〔二七〕"戍"，據文意疑當作"戎"。

〔二八〕"誠"，據文意疑當作"成"。

〔二九〕"譚論"，據文意疑當作"譚綸"。

〔三〇〕"河合"，據文意疑當作"合河"。

〔三一〕"大"，據文意疑當作"本"。

〔三二〕"二"，據文意疑當作"工"。

〔三三〕"永"，據文意疑當作"未"。

〔三四〕"屬"後，據文意疑當有一"夷"字。

〔三五〕"代"，據《明經世文編》卷之三百十八王崇古《議修邊險疏》當作"伐"。

〔三六〕"酋"，據同上文當作"奠"。

〔三七〕"儉"，據同上文當作"險"。

宣大山西 <small>後自"遵旨赴任"四疏仍係延寧甘固</small> •
籌邊類

爲懇乞聖明特敕督撫諸臣及時修築重
鎮邊牆以竣大防以永治安事

准巡撫大同右僉都御史申□會稿，卷查先准兵部咨，該閱視宣、大、山西邊務兵部右侍郎吳□□題稱，大同邊牆頹圮數多。本部議覆，合無恭候命下，移文總督王□□、巡撫劉□□，一面將原議三十六城并力包砌，一面查照所議亟行估計，要見朱家溝迤西邊牆頹圮十二三者約用工費若干，頹圮已過半者約用工費若干，合用板畚、夫役作何派撥，糧餉、鹽菜作何動支；先年總督翁□□創修邊牆、城堡各若干，請發錢糧若干，今修其頹廢，補其殘缺，益之高厚，間有沙磧鬆散之處應以磚甃，合用錢糧若干；要衝去處雜建墩臺，相爲掎角，必如何而可使堅久，如何而衆免勞怨；以六百餘里之邊大要可抵內地六十城耳，必圖堅久，不務速成，應用歲月幾何，方可迄[一]工、堡工告竣；何時即可舉事，或先其衝要與以次修築，得寸則守寸，得尺則守尺，孰爲利便。限文到一月內通行議處停當具奏，及時興工。工完之日，仍照閱視格例以行賞罰，等因。

又准兵部咨，爲虜衆內附，邊患稍寧，乞及時大修邊政，以永圖治安事，亦該閱視侍郎吳□□款題"一、處邊城以資控禦"，內稱大同乃河堡近設守備，領兵五百名。該堡地當高亢，不通水泉，當移近水泉去處，再量增兵三百名，以備戰守、應援。平虜衛軍民亦汲水城外，宜亟於城中多爲鑿井，使得藉以生活。及稱大同、朔、應等州縣村落散住，屯堡罕立，其渾源、廣靈土堞頹圮，俱屬可虞。欲要將軍屯、民堡通爲修并，高垣深壕，堪以自守，渾源、廣靈二城仿應、山、懷、馬之制易以磚石，加增高厚，假之歲月，限數報完。該本部議覆，合無備行大同總督、鎮、巡等官，查照所議，將平虜城中多鑿井泉，乃河堡改移近有水泉處所，增兵三百，俱聽徑自施行。其邊腹軍屯、民堡責成守巡各道逐一查議，應歸并者歸并，應修築者修築，務要高厚深闊，足堪保障。至於渾源、廣靈二城，上緊用磚包砌，加增高厚，勒限完報。仍酌量緩急次第舉行，其應用銀兩具奏議處，等因。

又准兵部咨，爲議修衛城以重各邊根本事，該前任巡撫都御史劉□□題，右衛、威遠二城低倭[二]不堪。本部議覆，將二城應修工程并合用軍夫、錢糧行令該道議處停當，俟各堡工完并力修築，務要高厚堅固，足恃保障，等因。

俱經題奉欽依，備咨前來，巡撫都御史劉□□通行兵備、守巡各道欽遵估計間，本官解任回籍。職自萬曆元年八月蒞任以來，不敢以修防爲緩圖，又經復行各道選委老成精練、熟知地理并有心計空閑將官及有司官員分投親詣前項邊垣沿山峻[三]嶺及各城堡逐一踏勘估計云[四]後。

今據兵備、守巡冀北道參政王惟寧等會呈，據委官通判李志道等呈稱，職等會同親詣踏勘過，朱家溝迤東平遠堡所管邊界起，至乃河堡迤西丫角山止，頗堪邊牆五萬七千六丈一尺，合用夫一十八萬三千九百六十八名，該支行糧米六萬八千九百八十八石、鹽菜銀二萬二千九百九十六兩；不堪牆三萬二千一百七十三丈九尺，合用夫一十三萬四千一百五十二名，該支行糧米五萬四百五石六斗一升、鹽菜銀一萬六千八百一兩八錢七分；新築、改修就近并傾頹及右衛城捷徑移修，共邊牆八千四百八十七丈七尺，合用夫六萬一千三百四十二名，該支行糧米二萬一千一百三十五石七斗五升、鹽菜銀七千四十五兩二錢五分；土脉寫遠沙鬆牆一千一百六丈八尺，合用夫三千九十名，該支行糧米一千二百四十三石三斗五升、鹽菜銀四百一十四兩四錢五分；斬崖牆六百三十五丈，合用夫一千二百六名，該支行糧米四百七十六石一斗、鹽菜銀一百五十八兩七錢；石砌牆一千一百一十七丈三尺，合用夫三千二百四十七名，該支行糧米一千二百一十七石六斗二升零、鹽菜銀四百五兩八錢七分五厘；新議添墩二十三座，合用夫一萬一千五百名，該支行糧米一千七百二十五石、鹽菜銀五百七十五兩；改移墩二十三座，合用夫一萬一千四百五十名，該支行糧米一千七百一十八石、鹽菜銀五百七十二兩五錢；幫修并改修等項墩一百二十六座，合用夫二萬五千四百五十名，該支行糧米三千八百一十七石五斗、鹽菜銀一千二百七十二兩五錢；幫復墩四座，合用夫七百五十名，該支行糧米一百一十二石、鹽菜銀三十兩五錢；又於沿邊應當大舉衝要之處共添墩三座，合用夫一千五百名，該支行糧米二百二十五石、鹽菜銀七十五兩。以上頗堪并不堪、爛損邊牆共計沿長五百三十三里八分八毫，折一十萬五百二十六丈八尺，及改移、添修、幫修墩臺各高厚丈尺不等，通共合用夫四十三萬七千六百五十五名，各修日期并口糧、鹽菜不等，共該用行糧米一十五萬一千六十三石九斗三升零、鹽菜銀五萬三百五十四兩六錢四分零。又自行幫修墩四座，裁革墩三座。又外議祁皇山應該添修土堡一座，合用夫八百七十名，該支行糧米五百二十二石、鹽菜銀一百七十四兩。

又勘得外口墩臺，自朱家溝起至寧虜堡界止沿邊墩臺四百八座俱在牆外，原初設墩之意本爲邊牆低矮，賊常竊入，故設外墩，每里一座，以便瞭望，以便拒守。今邊牆幫修高厚，恐軍往還觔[五]取米食、柴水，暗門窵遠，間有由牆越入者，有從牆下剜取小孔行走者，以致通賊出入，及遇緊急烽火不能傳報，似為不便。今議改築在內，庶不惟便於瞭望、傳報，而且便於巡牆拒守。議得每座每面根闊四丈，身高三丈，收頂二丈四尺，女牆五尺，通高三丈五尺。上蓋墩房一間，下築越城一道，根闊七尺，身高一丈二尺，魚脊收頂。每座用夫五百名，計修十日可完。采稍一日不支行糧、鹽菜，每名日支行糧米一升五合、鹽菜銀五厘，共用夫二十萬四千名，共該用行糧米三萬六百石、鹽菜銀十萬二百兩。

以上通共該用夫六十四萬二千五百二十五名，共該用行糧米一十八萬二千一百八十五石九斗三升零、鹽菜銀六萬七百二十八兩六錢四分零。

又勘得三邊一道，自弘賜堡舊九墩起，至滅虜堡圓墩界止，沿長八十一里四分，折一萬四千六百六十三丈五尺，俱在腹裏，堪以瞭守，無容估議。

又勘得瓦窰口堡所管，自朱家溝迤西起，至鎮口堡迤東止，朱家溝迤東至張中溝，北至保平堡鶯嘴墩止，邊牆沿長、高厚七丈[六]已經議准，見今修完不開外，等因。

又據大同府呈，准本府中路通判蕭雲漢牒，據渾源州申稱，該本州知州劉復禮會同守備官王希曾親詣本城備細丈量，周圍共長一千二百五丈五尺，舊牆身高三丈，今議加高四尺，共高三丈五[七]尺，女牆六尺，通高四丈。根厚三丈五尺，收頂二丈一尺。添築敵臺六座、城樓四座、東西舊越城二座，周圍共長一百七十二丈，身高二丈一尺，根厚一丈七尺，收頂七尺，通用磚包，總計合用石條三千六百一十六丈五尺，磚六百八十七萬七千二百七十四個，石灰四萬八千五百二石五斗六升零，石炭一萬八千六百一十車，鹽菜、工價、木料等銀共九千八百六十三兩一錢一分，口糧一萬一千六百二十石六斗五升。該用匠役一百三十七名、夫役二千三百四十名。每年自土脉融和三月起工，至九月終止，計修七個月，大約以三年計算，共修二十一月可完，其合用夫役，州、衛查照舊規均派修理，等因。

又據廣靈縣申稱，該本縣知縣喬密會同守備官程萬里親詣本城備細丈量，周圍共長四百九十二丈，舊牆身高三丈，今議加高四尺，共高三丈四尺，女牆六尺，通高四丈。舊根闊三丈，今議幫厚五尺，共根闊三丈五尺。舊頂闊一丈五尺，今議加幫參尺，共頂闊一丈八尺。通用磚包，總計合用石條一千四百七十六丈，磚二百九十三萬一千八百八十個，石灰二萬六百七十九石七斗六升，石炭七千四百四十七車，鹽菜、工價、木料等銀共四千三百五十二兩七錢，口糧五千八石三斗二升。該用匠役七十二名、夫役一千六百六十名。每年自土脉融和三月起工，至九月終止，計修七個月，大約二年之内可以修完，其合用夫匠查照舊規派撥應用。

又據西路通判翟來旬呈稱，依蒙本職行准大同右衛城守備王江手本回稱，行據右、玉林二衛指揮使司呈，查得本城原額根闊五丈，收頂三丈五尺，身高二丈五尺，女牆五尺，通高三丈。今議包修城身，大牆高三丈，女牆五尺，通高三丈五尺。原修石塊通無行鑿，以十分爲率，内止堪用二分，其餘八分俱用人力打鑿、臺運，添補應用，亦要行鑿。石條、石灰俱備停當，方敢拆修。況右衛石塘在於東山，背運相離本城五十餘里。每軍分故工四分，拆去舊石，從新包築，仍議加高戴帽。土城五尺裏口披塌，土城五百一十丈，高三丈，入深丈尺各不等，應該與舊牆幫齊。每拆一工長六十丈，高連女牆三丈五丈。以官軍并匠役共一萬五千三百六十員名，每年内除春冬天寒地凍并風雨日期外，自三月起，至九月止，一年實算修工六個月，約修三年可完。官[八]工把總官六十員，每員日支廩米二升。軍夫一萬五千名、匠役三百名，俱每名日支口糧米一升五合。計一日共用糧米二百三十九石七斗，共修一十八個月，計五百四十日，通該用糧米一十二萬四千五百七十八石。官軍不議鹽菜，四門、城角等項樓鋪添補木料并燒造磚、灰炭價，匠役鹽菜、工價等項，共用銀八千四百九十九兩七錢。包城合用石條二萬七千二百二十五丈、磚一十八萬一千五百個、石灰二萬九千四十石。切緣工程浩大，前項官軍錢糧委係的用實數。

又准威遠城守備黃國相手本，亦將本城應加、接修、磚包并東、西、北三面靠城土築敵臺等項工程合用磚石包砌，共估約用石、泥、木、窯匠二百名，管工把總官二十八員，軍夫七千名。每年内除春冬天寒地凍并風雨日期外，自二月起，至九月止，一年實算修工六個月，約修二年可完。各色匠役每名日支口糧米一升五合、鹽菜銀一分五厘、工價銀二分五厘，把總官每員日支廩米二升，軍夫每名日支口糧米一升五合，共修一十一個月，計三百三十日，通共該用糧米三萬六千九百一十五石八斗，匠役工價、鹽菜、炭價并物料等項共約該銀三千五百四十九兩五錢。包城合用石條一萬六千四百八十丈、磚一十七萬六千六百八十個、石灰七千八百八十七石四斗。各城俱無堪動官銀，緣由到道。

卷查先爲虜患異常，增修大邊以永固疆場事，該巡撫寧夏都御史朱□題，修完邊牆工程，用過主、客錢糧。戶部議覆，修邊錢糧原係各鎮自行處辦，後因工程浩大始開奏討之端。本部會同兵部議題，如遇各鎮修邊，先儘該鎮贓罰及無礙銀兩，其餘不敷之數以十分爲率，戶部出銀七分，兵部出銀三分湊用。近各鎮修邊往往輒自那借，至軍餉缺乏，却請帑銀抵補，是兵部三分之數俱歸本部，豈能支持？伏望申敕各邊督撫諸臣，今後如遇修築邊牆，務要備查合用錢糧數目，本鎮見在堪動銀兩若干，實少若干，計算明白，先期具題以憑議覆，照例分解應用。若擅將主、客軍餉并節省糧銀徑自動支，難以輕信，不許復行奏補，等因。題奉欽依，備咨前來，除遵行外。

爲照各官勘議前項邊牆、墩臺、城堡二〔九〕程錢糧俱各明悉，即應舉修。但查所用軍夫行糧數至三十六萬三百八石七斗零，鹽菜、工價等銀八萬六千九百九十三兩六錢五分零，且本鎮既無堪動銀兩，客餉又難議擬。合無將前該用銀八萬六千九百九十三兩六錢五分零、口糧三十六萬三百八石七斗零照依見行時估大約計算，每市斗米八升折倉斛一石二斗五升，該銀一兩，共折算銀二十八萬八千二百四十六兩九錢六分零，二項共該銀三十七萬五千二百四十兩六錢零，乞賜會議題請，給發修理以爲邊防大計，緣由册報到職，會稿到臣。

准此，案照守邊以邊垣爲急要，平時可阻零騎之侵擾，遇大舉可阻虜衆之徑進。臣自隆慶四年六月奉命移鎮之初，看得督屬三鎮均係衝邊，東西諸酋日伺侵擾，兵力既難戰勝，地平無險可守，所恃邊壕、城池高深方可保障。連年各鎮虜患剝膚，邊垣傾壞，城堡凋殘，何恃自守？當即通行各鎮督責兵備、守巡各道并各參、守等官，各將所管不堪、披塌城堡及內外邊垣、邊壕，或應幫築，或應創修，逐一查勘興修以資保障。繼因北虜通貢，邊境熄烽，復經節行各鎮乘暇修飭，及行沿邊將領各將應修緊要邊工，或因先年虜擾未能修築者，趁今亟議修理。文移往復，不厭頻數。

節據大同撫臣、各道查勘得，一鎮邊垣及各路城堡向係土築，低薄不堪拒守，以致邊堡官軍絕無固志，日漸內徙，半係空虛。先年原修邊牆厚不過丈餘，高不過一丈七八尺，三十年來風水披塌，水衝沙汲，十僅存五。在東路，邊修山後，墩哨既不能守瞭，虜住前山，兵馬又不能拒逐，坐致天城、陽和大川常爲黃、擺、兀慎諸酋出没之場，耕牧并廢，道路梗塞，洪、蔚近川時被搶掠，輸運歲阻。必須乘此虜貢熄烽之際，先修沿邊城堡，俱應高厚、磚包以定軍民之居。并修東路邊牆，屏障山前、南川以嚴門戶之防。軍民財力有限，待其工完，再議修築大邊以固藩籬。務必高厚，如臣原議陝西邊工事理，厚二丈，高二丈五尺，女牆五尺，通高三丈，外浚重壕、關城，方堪有警督軍拒守，平時阻過零騎。又經會題，將該鎮各路城堡及東路邊垣修築，期以三年報完。

其宣府城堡節年修築已多，未修者二年之間包修已完，邊牆多據山險，中間土築有限，疆圉頗狹。惟南山岔東、岔西雖在腹裏，逼近皇陵，而先年修築聯墩、虎尾小牆不堪拒守。除岔東已經改建大牆外，惟岔西尚守故址。臣已會同撫臣，改修險隘，添築營城，內於昌鎮邊垣聲勢聯絡，緩急頗堪拒守。各路外邊斬山采木，伐石修砌，邊垣、墩臺已完八分之上，來年可以通完。

在山西，臨虜衝邊，西路野猪溝一帶既已修完，中路王野梁溝一帶及寧武城工亦各修完四分之二，且關外黃龍池、水泉營、寧化所、神池、利民，關內代州、繁峙、崞縣等處，各堡寨、墩臺或創修全完，或補茸多半，保障攸資。

今歲大同原議外飭邊堡三十七座，內修鎮、關、懷、應四城已完十分之八，東路邊牆原工既完。臣復議從山前接連山後保平堡界一帶添築斬山土石牆五千二百餘丈，內外唇齒相依，永爲一路藩籬。餘路邊垣向緣工役繁興，督理雖勤，力難兼舉。而渾源、廣靈二城乃臣查勘懷、應四城之時原議以次圖修之數。其他三鎮舊工之補修，舊壕之深浚，節有核查文案，未可煩瀆。上年所完諸工已經大閱，今歲續完諸工見核奏報。其大同各路邊牆既經閱視大臣題議，兵部酌量緩急，體察時力，詳議勘修。臣又經

備開先年修築之始末、工費之數目、疆界之起止，與夫山西、大
同二鎮分修協守之沿革及低薄無益枉費之夙弊、加高幫厚修築之
規制，通行撫、鎮轉行各道，速委老成精練、熟知地理閑住將
官，公同精明有司分投親詣邊垣，沿山循嶺逐一踏勘，原舊邊垣
高厚若干，即今披塌若干，是否原題之數；當時議調何項軍夫、
何州縣民壯各若干，請發京運銀若干，本鎮貼湊銀、糧若干；今
議加高幫厚，雖當補其殘缺，必如天城東路新修邊牆高厚規制，
估計該用夫役若干，口糧、鹽菜各若干；課工定日，約用軍夫若
干，幾月可完；仍查該鎮各路見在軍夫若干，須每夫千名爲一
工，每月約修邊若干，逐段以工程之大小定日期之遲速；該路錢
糧若干，是否足用。每路爲一節，通計不足錢糧若干，除連年積
省客餉外，應否請發帑銀及調別項夫役協濟。況前邊牆六百餘里
并中間衝要去處建設墩臺，工程浩大，若概派闔鎮軍夫并力興
修，不惟動衆勞怨，財力不敷，抑恐諸夷窺知，未免易啓戎心。
莫若查照近議宣府修邊事體，各照本路分段修築，要見某段土脉
堅實，取土便益，修築爲易；某段土脉沙磧鬆散，取土寫遠，作
何修砌。酌定程限，分別次第，計年完報，庶可興工。與夫一應
未盡事宜，俱令并議詳確去後。

今准前因，除乃河、平虜穿井加兵之事備行該道并各參、守
等官，已穿井三四眼，其味甘甜，頗濟居人之用，仍照原題將乃
河堡添軍三百名以備戰守。其軍民屯堡應歸并者查照歸并，應修
理者候來春着令居民自行修理。如人少工大者，臣等酌量撥派協
濟，務期牆高池深，足堪保障。各已預處停妥，不敢一概瀆奏
外。臣會同巡撫大同右僉都御史申□議照，大同地方切鄰虜巢，
極稱要害，所恃以防禦者惟兵馬、牆垣而已。以故先年修築邊牆
原爲阻遏强胡，東自宣府西陽和交界起，西至山西丫角山界止，
沿長六百餘里，該前總督翁□□建議創修，奏請帑銀五十餘萬。

山西與大同派夫修理，分地戍守，繼因大虜潰牆而入，遂議撤兵罷守，即今前牆將幾三十年，風雨摧殘，率皆傾圮。緣節年虜患頻仍，征調旁午，不暇修葺，年復一年，頹廢殆盡，虜騎出沒，無牆可阻。先該臣等建議，先修沿邊城堡，東路邊工候完續議接修各路邊牆間。

又該閱視侍郎吳□□復建修[一〇]舉修，深得未雨徹桑之計。但原題磚包三十七城堡與懷、應、山、馬四州縣及鎮城南關一座，已完者三十一處，未完者止有一十一處，少俟來春調集軍夫先完此工。其今議渾源、廣靈、右衛、威遠四城，亦以來年春融興舉。至於沿邊牆垣，不難於修築而難於高厚，不難於速成而難於經久。今照東路邊垣修築則高厚固久，迥異往昔，且延長五百餘里，工力實爲浩大，若非多集軍夫、寬假歲月難以底績。臣等會議，姑自萬曆三年爲始，以五百餘里之邊分爲八路，責令各該參、守等官督修，先儘極衝，次及稍緩。必須根闊二丈，收頂一丈，身高二丈五尺，女牆五尺，通高三丈。其改修、添修墩堡各照原擬丈尺修理，務期如法，足堪保障。但中間各路邊垣長短不一，軍夫多寡懸殊，聽督撫臨期酌量邊牆衝緩以爲等差，如工多人少者於河南備禦班軍內撥派協修，務期衝緩適均，勞逸各一。

前項工程雖因舊爲新，實同經始，其中舊牆亦有僅存基址者，萬夫板築，胼胝爲勞，若非錢糧充裕，何以激勵人心？今據各道估計，合用口糧銀二十八萬八千二百四十六兩九錢六分零、鹽菜銀八萬六千九百九十三兩六錢五分零，二項通共銀三十七萬五千二百四十兩六錢零，俱係以工計夫，以夫計食，算析明白。其估修工程視舊牆高厚增倍，而應用錢糧視先年減約殆半，實因虜守貢市，可免兵馬架梁防護之支，又時估稍平，視昔貴糴迥異。以後如遇歲豐，而工資所用尚當益省。及查府庫固[一一]連年修理城堡搜括盡絕，并無堪動銀兩，雖客餉少有積貯，數亦不及，近該部議又難擅動，相應題請。

如蒙，伏望皇上軫念修防大計，敕下該部再加詳議，如果臣言有益，將前口糧、鹽菜等銀三十七萬五千二百四十兩六錢零，誠恐各部錢糧有限，一時均難議發，其工程既限數年，召買亦難速辦，聽各部定議，通將前項應用工銀，在兵部者照數議發，在户部者先發銀一半，餘不足之數通俟工興之後，每年查明省貯客餉應存應支之數酌議解發，聽臣等督令各道召買本色并放給折支工價、灰價等項應用。各該參、守、掌印等官查照前議上緊修理，共[一二]邊工限以五年報完，渾源、右衛工程限三年爲期，廣靈、威遠以二年報完，不許曠日糜費，苟且了事。撫、鎮并各道不時往來，督率勸相，勞來鼓舞，務要依期完報。如有玩愒時日，致誤工程者，聽臣等指名參究。每年冬聽督撫將修過工程、用過錢糧查明奏報，即行巡按御史逐年查核，仍會計下年應修應用之數，續請給發施行，等因。

具題，奉聖旨："該部知道。"欽此。

續准兵部咨，前事，爲照大同一鎮沿邊牆垣節年傾圮數多，先該侍郎吳□□親詣閱視，建議修舉，已經題奉欽依，查議去後。今督撫官王□□等勘明會題前來，委應乘時以次修理。所據合用口糧、鹽菜等項銀兩共計三十七萬五千二百四十兩六錢零，以修邊户七兵三則例計算，在本部者該出銀一十一萬二千五百七十二兩一錢八分，在户部者該出銀二十六萬二千六百六十八兩四錢二分，在本部者欲要照數議發，在户部者欲先發一半，餘俟工興之後查明省貯客餉應存應支之數酌議解發，甚得調停之意，相應依擬。但城工雖限二年、三年報完，而邊工則議五年方克就緒，前項應發銀兩亦應酌處。

合候命下，本部查明會議修邊户七兵三則例，將該鎮所請前項銀兩，在本部者札行太僕寺於庫貯馬價銀內動支，分作三年解發，本年與三年解發銀各四萬兩，四年解發銀三萬二千五百七十二兩一錢八分；在戶部者移咨該部，分作五年，仍查客餉通融解發。各差官解赴宣大軍門，轉發工所應用。仍咨大同督撫衙門，行令各該參、守、掌印等官將渾源、右衛工程限以三年完報，廣靈、威遠工程限以二年完報。其沿邊改築墩臺查仿薊鎮之制，每里先騎牆建築一座，每座三層，一層實心，二層、三層蓋屋開垛，俱用磚甃。兩臺中間照議築牆，酌量衝緩，以次興工，務完一段即守一段。俟萬曆三年興工，期於五年通完。中間臺座稀疏，五年之後更議增築。鎮、巡并各道不時往來督理，務要修築高堅，足堪保障。若有玩愒時日，致誤工程，悉聽督撫指名參究。每年冬將修過工程丈尺、用過錢糧數目聽巡按御史核實具奏，等因。

萬曆二年二月十一日，本部尚書譚□等具題。本月十三日，奉聖旨："是。"欽此。

又准戶部咨，前事，看得修邊銀兩既經大同督撫具奏，又經兵部遵照先年議定戶七兵三事例，題奉明旨移咨前來，無容別議。及照該鎮邊工自萬曆二年爲始，又以五年爲期，所據本部分發銀兩欲要五年解運，相應依擬題請。恭候命下，本部查將分出修邊銀二十六萬二千六百六十八兩四錢二分分作五年，每年解發銀五萬兩，至末一年解發六萬二千六百六十八兩四錢二分。先將今歲應發之數移咨總督倉場本部左侍郎郭□及札付管理銀庫主事古之賢照數動支，本部差官解送宣大軍門轉發工所應用。以後每年俱在春夏間解送。其該鎮積省客餉，本部題發年例時另行酌處。伏乞聖裁，等因。

萬曆二年三月二十九日，本部尚書王□等具題。四月初二日，奉聖旨："是。銀兩准給發。"欽此。欽遵，備咨前來，已經通行該鎮欽遵查照訖。

爲遵例薦舉三鎮邊道方面官員以恤邊勞
以昭信賞事

照得山西、宣、大三鎮切鄰虜巢，國初邊患未熾，額設守巡冀北、口北四道各分地分猷經理邊計。繼緣虜勢猖獗，軍務倥傯，節經督撫諸臣建議，添設兵備、屯田各道，或分疆飭兵，或總攝屯政，必須得賢才克濟事。臣自督臨四年，凡一應修邊、修堡、儲餉、製器、練兵、開荒廟議八事俱責各道專理，近年諸虜款貢，其大市小市、歲撫月賞盡責各道監督，一時各官矢心共濟，勞績并懋。中間資及已瓜、曾經奏留者仍應查照先年世皇欽定優叙邊勞事例，僉事三年准升副使二級，副使三年准升按察使帶銜候缺推補。又近經諸臣建議，在邊三年者升調內道以均勞逸。垂之令甲，鼓舞邊臣，允可風世。奈因邇年人情視邊臣爲孤遠，忽明例爲空言，雖有勞績，概不准理，及至叙遷，仍復邊地，公例私情，均屬未便，通應申明以重邊寄。臣今奉命回部，適當大計之後黜陟幽明，所據沿邊存留各道賢勞昭著，俱應核實年勞，遵例爲我皇上陳之。

查得宣府鎮新升分守口北道山西布政司右參議許希孟，清直一節，得之天賦；忠信惟德，自矢生平。克任艱大而不阻不撓，歷試盤錯而有條有理。身監三貢之市，撫馭得宜而萬虜悅服；道當雲鎮之繁，威惠并施而藩將咸憚。履任已及三年，近蒙推守口北。懷隆兵備道右參議吳哲，才優經略，志矢忠猷，歷任久著賢聲，飭兵尤多幹濟。修臺製器，益厚南山之金湯；練卒造車，丕振關外之神氣。資及已瓜，既經撫按薦留；才裕邊圖，即應加銜留任。分巡口北道僉事王汝梅，心地光明，守官潔慎。每攝兩道之務，幹濟獨勞；歷監二年之市，艱危身任。性耻表暴而政務實勝，道駐極邊而不憚驅馳。資俸已及三年，據例即應并叙。以上三臣據撫按之公議率稱一時之選，遵欽定之明例通應加銜，仍留該鎮共維貢市者也。

山西鎮岢嵐兵備道副使崔鏞，忠練之器，潔慎之操。一官三調，各鎮之市易備歷艱危；邊守六年，各虜之酋長咸知敬戴。道當偏、保之衝，修防益備；身任全晉之障，鎖鑰克勝。大同鎮分守冀北道右參議張希稷，德器老成，才猷精練。久巡冀寧，夙抱安攘之略；繼守朔漠，日深桑土之圖。督邊堡州縣之城工，哀益籌度不憚煩勞；練朔將平虜之兵，製器選汰頓成紀律。協監新平大市，既宣共濟之忠；月理本境小市，尤盡撫防之略。大同左衛兵備道僉事隨府，有揮霍之才而不避艱虞，負穿楊之技而身率將士，每蓄滅虜仇凶之志，素矢裹革請纓之忠，在邊三載而修練多方，持憲一路而威棱獨厲。以守貢市之邊，似枉其才力；叙遷用武之區，俟展其雄圖。以上三臣俱應查照年資并議超叙者也。

伏乞敕下吏部，查果臣言有據，將許希孟、吳哲、王汝梅、隨府照例加銜，或仍留本鎮，或改調別鎮，仍充邊任，崔鏞、張希稷先行附簿，需次叙遷，庶諸臣邊勞不致泯沒而朝廷優賚邊臣之恩不致廢閣矣，等因。

具題，奉聖旨："該部知道。"

爲薦舉邊鎮管糧部臣以優邊勞事

照得臣奉命總督宣、大、山西三鎮軍務，兼理糧餉，凡一應主客軍儲、鹽引招納皆督理正務。各鎮各設戶部司屬官，宣、大各郎中一員，山西主事一員，專司出納，皆其正屬，今當奉命回部，例應舉薦。除到邊未久、續用方新者不敢概舉外，查得原任宣府管糧郎中、近升廣東雷州府知府陳九仞，儀度溫雅，學識尤粹。玉質冰操，庫藏之出納嚴明；忠心紆謨，貢市之匱維周至。矢隨撫臣，親歷市場而勞瘁不恤；誼結各道，歲事盤查而出易無滞。歷任三載，該鎮積餉數十萬，陳腐頓更新潔；在邊一考，收支額餉數百萬，軍解咸感公平。青年而德器老成，南産而勉勝邊任，計邊俸已及瓜期，查從前無如其久。今雖循資擢府，似猶未酬邊勞，仍應據實旌薦以俟超叙。伏乞敕下吏部，查果臣言無阿，將本官賢勞附簿，候履新任，倘政績有成，特與超擢，庶邊勞既優而在邊部臣愈深勸勵矣，等因。

具題，奉聖旨："該部知道。"

爲仰遵詔例請行查舉地方廢閑人才以備起用應給恩典以恤忠績事

照得臣祖籍山西平陽府蒲州，奉命總督宣、大、山西軍務，其餘山西邊腹地方均係督屬。即今奉命回部，節奉明例，不分大小職官，但有才力可用、被罪非辜者例得薦舉以嘉恬退之節，以公明楊[一三]之典。當事者每及其通顯而略於寒微，拘於往失而未稽新政，不無仰孤德意。及查得穆皇登極及聖明踐祚，頒詔中外，襃恤先年諫言及被宗藩、權奸誣逮忠賢以恤幽枉，一時擯棄、罪譴諸臣，存者皆得復官升擢以伸往抑，亡者咸蒙贈官錫廕以彰恩遇，澤及枯骨，光被寒灰，誠可休先烈而蓋前愆。但各者一時查核未及周詳，諸臣孤遠，子孫微賤，尚有不能自達，未沾隆恩，獨悲向隅者，殊孤聖朝公溥之恩。及查得國朝祭葬、錄廕之典所以優恤大臣、酬報忠績，明例具存，自應均被。先年逆蕃竊弄威福，率視賄賂爲予奪，坐是有大臣身故應給恩廕，而子孫無力，不遂請給，而科不應給者，或得叨及。節蒙詔例補給、查革，真可昭枉抑幸。

臣籍屬山西，凡四方之遠、見聞未真者，每聞士論，徒切慨嘆。至於本省各屬尚有前項廢閑之臣或耆舊大臣以憂病在告，累經薦舉，或京堂被言，原議調補，久未銓除；或以開府夙望自甘恬退，德業未究；或以方面被忌論斥，懲創日深，甚至以有司孤介著名而反被黜落，曾經言官指薦竟未昭雪；或以州縣升遷獲戾司道，嘗爲撫按勉留：俱應查照近例及時薦用。但臣誼在同鄉，舉嫌親故，通應行山西、大同撫按衙門照例查舉以備録用。

及查得臣同州已故太子少保、兵部尚書楊守禮，原任總督陝西三邊軍務。在邊五年，累督戰功；二品歷俸，已及一考。方具疏請，忽丁母憂回籍守制。世皇三十二年，北虜入犯京畿，蒙恩召起赴京聽用。守禮感恩思奮，星馳急離至京，以直道不容賜還待用。本官歷任清介，家無厚積，七十病故，例得請給恩廕。其子楊凡赴闕陳乞，吏、兵二部查照軍功明例具稿會行間，適凡無力自營，守禮止得量給祭葬，子凡向以布衣未蒙請廕。臣查得守禮先任寧夏巡撫，督修赤木口衝邊，永彌虜患，夏人至今肖像廟祀。繼擢總督，花馬池防秋五載，督兵斬獲虜級數多，累次加職給賞，功烈具存。遺子未沾一廕，流落不能自立。臣於吏部尚書楊□同居一城，均仰前修，恒切慨嘆。臣聞先年當凡奏請之時，吏部查有明例，止緣逆蕃索賄未遂，坐誤請給，似應查例補給，以重邊功，以慰先臣。

又潞安府長治縣原任鈞州知州陳吉，初以進士除授河南均州知州，當時徽王驕橫，指以建醮，苦害州民。吉力爲救正，被該府長史承奉朋奸陷誣，歐掠幾死。仍恐撫按奏聞，乃撥置本王誣奏，激怒世皇，拿解京師，下鎮撫司打問無實，仍謫戍瓊州。徽王買求解官，中途非刑苦拷，萬死而達。其子弟二人咸死配所，一時撫按奏保俱被拿杖。後蒙恩詔，同事撫按各官俱得蒙恩。吉子奏行都察院轉行河南巡按御史顔鯨，自戍所取回勘問，當時均州士民赴省哭訴冤抑，取有辯問文案。吉因自海南感疾，未幾身故，未遂奏請。所據本官發身甲第，志切國民；被忤逆藩，陷罪逮死。推其冤抑，可泣鬼神；原其忠赤，可對天日。查照先年詔例，應給恤廕，本家無力自達，至今生死湮没。

伏乞敕下吏部，將山西地方廢閑諸臣行山、大撫按衙門，不拘大小，查有年力、才器，核實舉薦以備起用。將先臣楊守禮查明先年原議請恤邊功贈廕事例俯賜恩廕，陳吉行河南巡按衙門查明御史顔鯨原辯文案議請恤廕，庶人才咸遂甄録而野無遺賢，忠績溥沾皇恩而幽隱畢達。臣非敢私昵鄉故，冒昧市恩，自招嫌議，思以上昭清朝平明之治，下示臣工公溥之恩，諸臣存没感當含結圖報矣，等因。

具題，奉聖旨："該部知道。"

遵旨赴任恭謝天恩事

臣原任都察院右副都御史巡撫寧夏地方，隆慶元年十一月十九日，該臣賫本承差仇世顯回鎮，賫到吏部咨文，內開十月十一日該本部會同府、部等衙門會題，爲缺官事，照得總督陝西三邊軍務員缺，會推得臣及都御史曹□堪任。十三日奉聖旨："王□□升兵部右侍郎兼都察院右僉都御史總督三邊軍務，寫敕與他，著便赴任，仍帶管寧夏巡撫事，候有官之日交代，員缺即推補。"欽此。欽遵，備咨到臣。臣方抱病夏城，即日强起，掃院焚香，望闕叩謝天恩外，隨准原任總督侍郎霍□備咨，催臣速代。當於本月二十七日力疾趨赴固原鎮城，准本官咨送總督軍務關防一顆，"達"子[一四]二百八號符驗一道，令旗、令牌各十面副到臣，恭收接管行事。仍帶管巡撫寧夏地方，候新任都御史朱□到任交代，及將臣原隨任家人王勤、王慎照例仍帶供事，應支口糧行固原州永寧驛照支外。

竊念微臣蒙先皇造就甄拔之隆恩，竊禄念有餘年；際皇上熙明綜核之景運，撫夏適歷一考。重荷晉秩推封之命，揣分既逾；自憐鬱勞疲病之軀，撫躬當止。已先於十月十九日攄衷陳請，露香遺奏，冀賜生還。詎意承乏總督，重臣謬及病夫，感恩自天，圖報無地，身心狼狽，進退維谷。翻思三邊、四鎮奠西北之藩籬，套虜、番夷關兵戎之輕重，適當邊事凋敝之餘，時值冬防戒備之候，敢因衰病，致誤軍機？誓竭愚忠，義圖盡瘁。輸狗馬之餘力，勉事驅馳；傾葵藿之赤誠，卒志保障。北禦驕胡，西控諸番，期弭全陝夷虜之患；內修戎務，外固邊圉，務底三秦寧謐之休。如果精力不支，容當另疏陳請。伏乞聖明念邊臣任事之難，恤兵家艱危之苦。少寬鞭策，俾肆力於疆場；責效歲月，俟經畫於悠久。豈惟臣愚仰荷天恩，免憂顛殞，庶各鎮邊臣咸得輸忠畢志，共圖報稱萬一矣。緣係前項事理，謹具奏謝以聞。

爲恪遵聖諭條陳邊務以圖安攘事

案照先准兵部咨，該內閣傳奉聖諭：“朕看得東西二鎮虜寇搶殺至甚，防虜之計如何預處，卿等會文武群臣著實詳議來看。”欽此。欽遵，隨該兵部議，合通行在外總督、鎮、巡等官，將前項邊事攄忠殫慮破格講求，各另刻期具奏，等因。題奉欽依，備咨各鎮督撫諸臣欽遵查議。臣先任巡撫寧夏，隨行本鎮總兵官及各路參協、兵糧該道，各攄所見聞，會行酌議。適臣咳血成痾，據實陳請待命間。伏蒙聖恩擢臣兵部卿貳，仍兼憲職，授臣總督四鎮軍務重任。臣力疾履任，義圖盡瘁，隨已具疏陳請訖。重荷聖明不加譴斥，敕臣用心供職，吏部備咨到臣。除焚香望闕叩謝天恩外，歷查前事節奉聖諭及科部申議，與凡邊臣所不敢言、不能爲之事，胥聽內外諸臣建白上聞，累蒙聖明采擇，敕下所司著實舉行，務期外禦強虜，內安軍民，凡在邊臣孰敢不精白一心仰承休德？

竊思天下之勢西北爲首，而夷虜之患全陝爲最。歷考古昔，或建都關中，或定鼎中原，率分天下之全力以事西北，竟未能免夷狄猾夏之患。自我聖祖掃除胡元，蕩平宇内；我成祖三犂虜庭，定鼎燕京，外列九鎮，而陝西實當其四。當時慮全陝兵、民財力不足自守，分河南兵、民之半以協守陝邊，累朝歲發帑銀數十萬兩，歲開淮、浙引鹽數十萬引，以供主、客之餉，慮至遠也。國初，承百戰之威靈，振垂盡之胡種，三邊晏然，四鎮安業，其兵力、邊餉在在充裕，以守可固，以戰多克，故九邊兵馬，全陝稱雄。至成化年間，虜酋火篩率衆西窺河套，而延綏耕牧之利失。至弘治、正德間，益以土魯番之變而哈密之城陷，内有滿四、劉千金之變，外有吉囊、番夷之擾，頻年修邊增戍，每歲防秋防河，全陝之兵力始疲於奔命矣。益以水旱、地震之灾，抽軍買馬之累，河南班軍錢糧十僅解五，以致各邊兵馬之額視國初十僅六七，近邊各郡生計蕭條，民賦視國初歲逋大半。而驕虜種類日繁，河套至不可容，近歲分住河西，侵犯延、寧。零騎竊掠，月無虛日；大舉聚犯，歲無寧秋。兵馬不能追逐，城堡不能自固，其衰憊危急之狀，節該邊臣具實陳報，真可寒心。在甘、寧尚可支持，在延綏凋殘已極。且地當河套之衝，絶無險阻之固，虜騎小入則犯綏、銀，大入則侵延、慶，東渡則犯山西之興、蘭[一五]，西窺則至固原之安、會。每據降報，諸酋垂涎涇原，謀并西番，攻困城堡，阻絶甘肅道路，狡計叵測。蓋自延綏挑選入衛兵馬四枝，寧、固入衛兵馬四枝，每歲更番接換，每年撤去精兵、健馬二萬有餘，而各鎮愈不能自支矣。近年延鎮累遭殘破，并固鎮、寧夏腹心臂肢俱累疲耗，此籌邊諸臣所共知共見而人人能言之也，竟未能極力一拯救焉。年復一年，議論雖多，竟成畫餅，徒責罪邊臣，去者甘心而來者束手，亦何益於安攘大計耶？

　　歷查先年因全陝多事，先皇軫念重地，博采廷議，起尚書楊□、王□先後爲總督，付以便宜之權，言聽計行，凡所議請必敕所司如議給發，無或中阻，故二臣得宣力疆場，多所建設，至今尚藉餘烈。臣至愚極陋，其才識籌謀不逮近時諸臣遠甚，焉望先臣經濟之略？而當此邊事大壞積弱之後，以禦鷗張驕橫之虜，臣固自知莫勝也。然犬馬之力未竟，葵藿之忠未輸，即畏憚而不敢言，其負聖恩而誤邊計，死有餘辜。且臣撫夏三年，仕陝十載，凡三邊四鎮兵、民之務，誓竭赤衷，逐爲延訪，頗有見聞。除分所當爲、力可自辦，如選將練兵、修城繕堡、製器設險、除奸革弊、申軍令、戒貪狃、清邊餉、訓有司，遵照廷議，節奉欽依內事理，逐一通行各邊撫、鎮、內外各道，務省虛文，勉圖實効，一乃心力，共濟時艱。開具條約，責以十事，飭以十戒，有應會議題請者通候議報會請外，謹將凤所經畫、事關軍國各鎮重計者，敢陳固陋，條爲十事，及延鎮切要者五、寧鎮利病者三，共十八事，冒昧陳請。伏乞聖明特賜電覽，如果臣言有據，敕下兵部，會同吏、戶科部逐一查議決計，允行各鎮撫、鎮矢心協力，各輸忠幹，共圖實効，庶全陝重地將來可恃戰守，而延綏要鎮不至日就顛危。疆場幸甚，臣愚幸甚。若仍聽諸司各逞臆説，執議凌眇，因循推諉，不念邊臣之苦，不恤遠地之危，臣亦惟有嘔血待斃已耳，何能有所幹濟以副聖明委任之隆恩耶？謹將條議過開款事宜具本謹題請旨，計開：

一、請給撫臣旗牌以肅軍令

照得全陝四鎮，在延綏、寧夏、甘肅各守一邊，陝西鎮城兼防固靖，欽命都御史四員巡撫各鎮地方，協同各鎮守總兵官調度官軍，督率各路參、游、協、守等官，訓練兵馬，修繕邊城，督理糧餉，糾察奸弊，一應戰守機宜俱聽撫、鎮計議而行，仍聽總督軍門節制，原奉敕諭開載甚明。建設之初，原無統御標兵，故累朝未給旗牌，止容糾察將領之勇怯，不預戰陣勝負之功罪。邇年邊方多事，罪坐撫臣，總兵官所統正兵調遣不時，防秋防冬分布信地，相離撫臣隔遠，緩急不能會行。各巡撫標下選練標兵各不等，多者千餘名，少者五七百名，每遇虜犯，督令衝鋒克戰，頗多奇功。原無設有統兵專官，每以閑住將官權司中軍，臨陣或有退縮，平時或肆驕悍，雖嘗嚴刑責究，原未奉令，擅難以軍法從事，衆心滋玩。且副、參、游、協等官各有欽降旗牌，得以軍法行于部伍；而巡撫重臣因未請頒旗牌，反無威令施於官軍。平時猶可苟延，即今虜勢異常，軍威不振，廟堂之議皆謂法令不行，官軍畏敵而不畏將，總兵之令不行於偏裨，諸將之令不行於部伍，釀成各鎮積弱之弊。既經會議，題奉欽依申嚴軍令，誠可振肅軍紀，奮起怯懦，必須各鎮撫臣頒賜旗牌，俾得會同總兵提督軍務。凡遇戰陣，副、參、游、守等官退怯者先取死罪招由；其各營中軍、千把總等官，軍前得以軍法從事；標下官軍違令，立斬以狗；總兵官姑息玩怯[一六]，法令不行，聽撫臣糾正參治。且撫臣各以憲職，平時當屬豐裁，臨軍必審機略，進止緩急，戰守奇正，使能調度有方，督察無爽，假以朝廷威令，將士自當畏憚，不敢玩愒，自甘刑戮，視總兵之威令精采必倍。

歷查九邊各鎮，如山西、宣、大等鎮，節因諸臣奏請，及近年江南用兵地方，撫臣俱蒙頒降旗牌，督理軍務。所據延綏、寧夏、甘肅三邊及陝西撫臣，雖有邊腹之分，均任兵馬、戰守之責，似應通議改撰敕諭，各頒降旗牌，令其提督各鎮軍務，共濟時艱。如蒙敕下兵部，查照各鎮事例議定職守，行翰林院撰定敕諭，并應給旗牌頒賜諸臣，欽遵行事，庶軍令昭肅，綱維不紊，衆志畏憚，而積弱之勢可异[一七]精強矣。

再照旗牌之制，仰仗朝廷之威令，震肅戰陣之軍紀，原令偶施於行軍之際，未容擅用於無事之時。近年各處用兵，間或付托匪人，恣情操弄，擅殺無辜，上干國典，節經言官指責，法所不宥。今當請給之初，當嚴專擅之禁伏乞嚴旨申飭，俾諸臣奉令惟謹，斯主威益尊而臣無僭忒矣。伏乞聖裁。

一、議設衝邊憲道以飭邊務

照得延綏西路各營堡直底[一八]花馬池，接連寧夏後衛地方，先年大邊未修，皆胡馬出没之場。嘉靖初年，前總督尚書王□建議修築花馬池大邊，議設靈武兵備道，專理邊備及花馬池大小二池鹽法。四十年來，固原近地、寧夏中路歲免虜患。後靈武道裁革，二池鹽法數經更議，弊端日甚。當時修邊，自定邊暗門轉折而南，接連石澇、三山，其舊安邊一帶諸堡孤懸邊外，將不可守。嘉靖二十八年，該總督尚書王□查照先任總督侍郎曾□原議，接修延綏西路邊牆，自定邊瓦楂梁起，沿邊至龍州城止，除節年已完外，尚遺鎮靖堡獲窩山墩迤東四十餘里未完。其已完諸堡，零寇阻絶，農戍永賴。又因節年虜由工頭空處及清平一帶無牆處所直犯延、慶，深入爲患，相去延綏鎮城隔遠三四百里，一時策應不及。西路原設參將一員，兵馬不敷戰守。節該督撫諸臣建議，添設副總兵一員，招募軍丁二千餘名，分守定邊西路；參將專駐舊安邊；及將延安游擊裁革，改設中路參將，調戍鎮靖堡。前歲瓦楂梁失守，致虜突入爲患，又議添設清平游擊一員。通計邊長五百餘里，添設將官先後四員，其修邊防秋，招軍增餉，邊務日繁，經理、覺察獨責靖邊一道、管糧通判一員，巡歷既不能周，間被虜患阻隔，率聽各將官因循專擅，各分信地，恣意推諉，甚至科索扣克，法紀坐廢。又新邊夾道內包田萬頃，俱被豪強招集流亡占種，收租罔利。臣先任鄜州兵備，備呈屯田陳御史，行臣委官清丈，每田一頃招軍一名，納糧六石，守邊供餉，及將延安、綏德二衛隔在邊外屯田照數撥補。近年以來耕牧蕃盛，但流移雜處，堡寨全無，軍民止依窰窨散居，難禦虜患，尚須專官經理。

其寧夏東路，自黃河以東直至花馬池後衛三百餘里，設有參將協同兵馬并小鹽池支挈鹽引。雖有通判一員分理錢糧、鹽法，寧夏兵糧一道遠在鎮城，無暇過河督察，間被通判、把總各官黷利廢法，以致邊儲坐匱，私販盛行，鹽課歲逋，節經問革，莫救耗蠹。且花馬池、定邊二營居延、寧二鎮適中交界套虜出没之衝，先年原議總督、部臣每歲防秋駐札花馬池，調集各鎮客兵擺守大邊，錢糧支用浩繁，請差户部郎中一員專管客餉。近年以來歲計已定，總理既聽軍門，催辦分屬二鎮靖邊、寧夏該道，郎中止有招買鹽引七萬餘，專備客兵擺邊本色之支。中間部僚遷轉不常，意見各異，致各倉場主、客影射，奸詭虚出。各道既難究詰，部僚間被污累。其二池之鹽，雖近年該户部議允，聽分守河西道參議移駐環縣專管，緣該道分管延、慶二府，邊腹多事，有難常川駐彼，法雖徒嚴，事終遥制，以故鹽利歲減，奸弊日增。所據花馬池、東西定邊一帶，既當虜衝，内包榆林"賴"子[一九]號屯田，及新補延綏二衞并夾道招軍屯田數萬頃，又二池鹽利總會，新增將官數多，近雖添設鹽場堡通判一員，止可分理鹽法，難以經理邊事。必須議設憲司，整飭鹽、屯、邊備，糾察各營官軍奸冒、欺隱、推諉之弊，督修各堡大邊、城垣，安插夾道内招住軍民，設築堡寨墩塘，清理奸豪霸占，修舉二池鹽法，禁革官民弊蠹，協同户部郎中及靖邊、寧夏各道，招中客兵鹽引。果事有成績，則户部之差即可省減，軍門每年防秋可免調布、按二司内道，坐誤職務，定邊一帶邊備四時俱藉經理，靖邊道庶得專理舊安邊迤東柳樹澗、永濟、把都、寧塞、靖邊、鎮靖、龍州、清平、威武、懷遠一帶衝堡邊務，不至遥制廢弛。

歷查三邊各路，凡有副、參分守之地必設分巡兵備一道監軍協理，一以副將官調度之不及，一以糾各營耗蠹之奸弊，軍務、錢糧咸藉督察。況定邊、花馬池地係虜衝，除防秋三月外，餘月專聽副總兵、參、協、游、守各官各自爲守。人私其兵，互諉其禍，一應戰守得失絕無覺察，孰肯誓死協恭？多至驕恣剝削，遙制難使。今虜勢復熾，鹽法再壞，若不及時專官督理，將致藩籬日疏，邊儲日耗，邊紀日弛，公私坐困。此先任總督兵部尚書霍□夙親經畫，向因各鎮各將憚於防己，持議未協，方議題請間，適遇升任。臣已面與計度，揆之事勢、邊情，即應首請。

　伏乞敕下兵部，會同吏部再加查議，專設定邊兵備鹽法道陝西按察司副使一員，請敕一道，鑄給關防一顆，駐札定邊營，於副總兵及花馬池參將爲表裏。東自延綏西路舊安邊、磚井、定邊、鹽場、新安邊、新興、石澇、三山、饒陽諸堡，西自寧夏毛卜剌、興武、永清、安定、高平、花馬池、寧夏後衛，及腹裏鐵柱泉、鹽池、惠安、隰寧、萌城各營堡，倉場、邊務俱聽經理。專管大小二池鹽法，一應招中、支掣，聽該道督察二池通判官禁革奸豪、私販，督夫及時撈曬鹽課，查照近議本、折兼收，分發沿邊各倉場，專備客兵支用。定邊一帶大牆內夾道田地及寧夏後衛山屯、鐵柱泉諸水頭山田招軍納糧、修設堡寨墩塘、安插農種諸務悉聽經畫。各倉場奸弊不分主、客一體巡察，邊牆、城堡傾壞隨時督修。查照固原兵備道事規，專聽軍門節制，一應鹽屯邊務、主客錢糧呈議督行。凡遇虜犯定邊、花馬池近邊，聽會副總兵、參將互相策應，毋容自分彼此，致有疏虞。各將領不法、沿邊軍民詞訟俱聽受理。延、慶各府沿邊屬官，查照各道體統俱屬統轄，違者參呈軍門究治。事有當呈延、寧各鎮撫院及會各道者酌議呈請、會行，免東西奔走參謁，坐廢職務。兩鎮務專委托，毋或遙制。該道一應供需行各道議於兩鎮軍需內均撥支用，柴薪、馬夫、俸糧聽陝西布政司將近議裁革陝西驛傳督糧參政、屯田僉事所遺原派數內撥支。其住居公館、應用器具，各道估計價值，即於二池餘鹽及私鹽、紙贖內支用。日用廩給、小菜，吏書工食，俱於二鎮商稅銀內查照供備戶部郎中衙門事例均給應用。

門皂於定邊、花馬池二營軍餘內撥用。仍敕吏部即於附近府官內年資相應、素諳邊務者推升一員，庶地里、鹽法素所經練，即可隨宜幹濟。

其分守河西道原奉兼理鹽法敕諭、關防聽行奏繳，查照近議專理慶陽府屬各州縣分守職務，分管各屬糧草、驛傳、屯田。待該道事有成緒，候戶部郎中具議題請，聽戶部或將本官查照前任延綏巡撫都御史王□議題事理移駐延綏鎮城，專理延綏軍餉；或照該部近議兼理三鎮主、客邊餉緣由改給敕諭、關防，移駐固原各鎮適中地方，巡行各鎮，稽察倉場出納，計度盈縮，會議請給，所遺三鎮原議郎中衙門、供需即可給該道之用。庶官不徒設，費無重派，而邊紀振肅，邊備有賴，鹽法、屯田均可清理矣。伏乞聖裁。

一、重邊選以飭保障

照得全陝四鎮，除西、鳳、漢三府分治腹裏，其延、慶、平、臨、鞏五府俱逼近邊境，各府城去邊不過二三百里。各屬州縣去邊遠者一二百里，近者百十里。至于延安之綏、葭二州神木、府谷、吳堡、米脂、保安、安塞、安定俱接連邊堡，於虜爲鄰，與慶陽之環縣、合水，平凉之固原、靜寧、鎮原、隆德，鞏昌之洮岷、安會，臨洮之蘭河、金縣，各州縣或土塉民貧，丁逃賦逋，或土、漢雜處，風俗頑悍，驕虜素所垂涎，地方久已殘敝。其各處原設帶銜府同知、通判、州同知、州判、縣丞等官，分駐各邊各路城堡，監收邊餉，職任尤重，必得精明廉幹之官方可保安邊腹軍民，清杜出納奸欺。近年以來仕者憚邊遠之苦，銓曹惜科第之才，多以貢行、納粟充選，或以改調及久任有司平常無過者推升，甚至州縣正官經年未補，監收府官累補不赴，所遺民事、邊儲往往委署乏人，職務漸廢。且州縣之官各有城池守禦之責，往歲山西石州之陷實緣守者匪人，坐致辱國戕民。所據沿邊正官通應加意銓補。

近該廷臣會議，務要遴選克任邊方，軍民庶遂保安，適當朝覲考察之後、科貢揀選之年，不堪者必已考黜，待用者庶不乏人。伏乞敕下吏部，命所司盡將陝西沿邊州縣缺官逐一查出，勿拘養缺待補之例，府佐各官或於存留考語才守素優附近有司內推升，州縣及各佐貳於精壯科貢內銓補，務俾一一選補通完，勒限秋前赴任，其以前避難觀望違限之官照例降黜，庶沿邊城邑可恃防禦，而各鎮邊儲可恃清理。若仍襲故叙補，則邊民、邊務日就耗蠹而地方虜患將莫可圖弭矣。伏乞聖裁。

一、久任邊將以定將選

照得陝西三邊延袤萬里，四鎮總兵各司一鎮之安危，副、參、游、協將領分守各路之疆域，必須久任責成，方免夤緣規避。近年以來，地方多事，將選乏人，失事革去者或多可用之材勇，被荐遷擢者未著可紀之功効。地里、兵將方稱相宜，被罪被擢，輒復委去。繼任者或未必賢，即賢非土著而地里未諳，軍情未孚，初至既難展布。遷去者或新任未宜，適遭虜患，往往前功盡棄，竟坐廢黜。或一路一年而遷黜二三，或一鎮每歲而遷轉十數，其送舊迎新之費，士馬奔走之勞，公私煩費，漸不可支。中間東人西任，北產南遷，或虛名無實，或避難就易，無益戰守，徒滋煩擾。

臣撫夏三年，於凡年力可用、才守俱優者俱未嘗輕荐以遂遷擢，而誤事貪猾者隨即論斥，免誤地方。中有一二歷任方新、幹濟方勤者，輒被別荐遷轉，間或代以匪人，重誤地方，殊非用將安邊之略。且諸將失事有輕重，歷任有淺深，必須參酌情法，稽叙年勞，以為進黜，庶可儲材濟用。

合無敕下兵部，今後各邊將領地方縱有失事，查果才勇可用，操守無缺，或歷任尚淺，或概管地方隔遠，或臨期別有調遣，情有可原者，雖經參問，量降職級，甚者革去祖職，充爲事官，令仍原任，聽撫素孚之兵，守經練之地，立功自贖。免即令解任，俾遂脫去，得便私圖。若果策無後効，并治之罪。其餘雖經論薦、歷任尚淺，原無奇功、止騰虛譽者，無得一概叙遷以遂速化之私。俟在任三年，果能保固疆場，防禦無失，或立有奇功，遷擢大用以酬勞績。其餘凡遇各邊員缺，仍須各查附近地方相應人員推補，免以遠鎮素不經練之官推任。庶各邊將領各思畢志封疆，無敢擇地觀望，地方得保障之益，免迎送之擾，而賣勇騰譽之輩可無所售其奸詭矣。伏乞聖裁。

一、請補蠲賦以供邊餉

查得全陝四鎮歲派主、客兵餉，民屯各有正額，京運、鹽引各有定數。自四十三年至今兩定經制，減革工本、鹽銀，無補應給，修邊工銀未發。各邊官軍月糧，榆鎮拖欠二三月；固鎮老家拖欠經年；腹裏官軍除兌給屯糧外，每年止給半年；甘、寧二鎮月糧雖稱照月關支，近因積貯無多，往往拖延過月。各邊每季清填開收邊儲文簿，每歲終奏報積貯冊揭，俱有抄簿在科在部，所司虛心一查，盈縮立見。前蒙聖明御極，念軍民困苦已極，蠲免隆慶元年田租之半，原無屯田不免之文。詔至邊鎮，一時軍民鼓舞更生。除腹裏地方每軍給屯地一分，納糧即充軍支，別無差役之擾，近准戶部咨，議仍令全徵外。其寧夏一鎮孤懸河外，餘丁屯種納糧，官軍征操支用。內孤軍無餘丁屯田者十之二三，派頂屯地而戶無正軍者十之四五，縱有屯軍百數，原議不支月糧。且屯田一分，有挑渠、采草、運草、埋塢、起塢、捲掃、守灞等項雜差，每年須費銀三兩，可當民戶上門之徭役，故軍餘無力承田，逃移歲廣。

臣奉命撫夏，備陳情苦，荷蒙先帝隆恩敕下戶部，准臣將該鎮屯田清丈明白，開除河崩、沙壓之額，議立招佃、折徵之規，貧餘稍蘇。前奉恩詔，將應免民屯糧數查明具題，蒙敕下戶部議允，咨報到臣，聽候查補間。臣隨將各衛半徵糧草嚴限徵完，以充官軍去年秋冬本色之支。至十一月間，復准戶部咨議，屯糧仍當全徵，屯丁驚聞惶惑，咸思逃避。臣隨行該道酌議寬恤，候春中別議折徵，以溥皇上浩蕩之恩，以免屯丁流移之患。

但查陝西四鎮民運蠲免本、折共該銀五十八萬六千八百餘兩，除存留、事例等銀五萬五千八百四十餘兩，尚少銀五十三萬二百四十餘兩，俱係今年正支。歷查各鎮倉場處處空虛，應補錢糧已經前軍門、各院行據布政司查無可補，具實題請，今已經年，戶部絶無解補。春月或可湊支，夏秋將何供餉？且既免應補之數，諸臣題報已明，節有原抄在部，部司諸臣未經吊查，概稱循環造報難稽，又令督撫查造的數，重定經制，往返推延，稽誤歲月，軍士杻腹，虜患頻仍，緩急何賴？

伏乞敕下戶部，查將各鎮隆慶元年詔免應補民運錢糧及拖欠元年京運、二年正支陸續督解，每鎮先給大半。如錢糧不敷，或分三次解發。其通計盈縮之數，仍聽各邊撫臣如議查報。其寧夏鎮屯糧應否量議減折，特示寬恤，議行該鎮查照徵兌。庶邊餉不以文移而稽遲，邊鎮免□恩詔而重困，軍士無脫巾之擾，緩急可用防禦矣。伏乞聖裁。

一、請給入衛馬價以恤邊累

照得陝西延、寧、固三鎮每年入衛兵馬六枝，延綏鎮官軍一萬二千餘員名，該正、餘馬一萬四千餘匹，寧夏、固原二鎮各官軍三千餘員名，各該正、餘馬三千七百餘匹。每年各鎮留兵一枝防冬，榆林二枝回鎮。歷查延、寧、固駐冬官軍經年回鎮，軍士死亡數百，馬匹倒死多者二千二三百匹，少亦不下一千八九百匹。榆鎮防秋二枝，每年倒死馬匹多至千餘匹。總計每歲三鎮入衛官軍死馬八九千匹，每匹價銀十兩或十二兩，計該馬價銀十萬餘兩。每年各鎮地畝、朋合及死馬樁銀徵納不及其半，其給領茶馬、收趕達馬，先儘入衛，次發各營。每遇衛兵起程，榆鎮精兵健馬殆盡，寧、固、銀馬十去六七。十五年來，計用馬價百五十萬，死亡官軍萬餘，其陣亡損失不與焉，坐致三邊兵馬疲耗，戰守俱困，虜患莫支，有由然矣。

　　臣前四十三年奉命撫夏，查得四十四年入衛官軍馬二千餘匹，該鎮馬價支用全無，具實陳請，蒙先皇敕下兵部，議發太僕寺馬價銀二萬兩到鎮。節年臣立法追扣樁朋，催徵地畝銀兩，并前馬價撙節支買馬匹，及將收獲達馬立廠孳牧，領給茶馬挑選兌給。三年來，共給過該鎮奇兵并新舊游兵四年入衛馬匹各不等，共八千餘匹，前銀支買已盡，臣已造冊奏繳訖。本鎮各兵未敢擅動京解銀買壹馬，文案具存。臣自歲前十二月至原鎮，查得今春輪該東路游擊石玉營兵馬三月入衛，該營缺馬二千二百餘匹。除行苑馬寺查兌孳牧馬充餘馬，及行太僕寺將該年陝西西安各衛朋合、地畝，固原道查將追扣各營樁銀，分發各道選買正馬，聽驗給發外，一時馬價不足，又將本鎮修邊銀借支數千兩。其延鎮官軍應補馬匹計當增倍，該鎮凋殘已極，焉能每年當此重累耶？除各鎮各營戰守馬匹，聽臣督會各撫臣隨宜處補外，其每年入衛倒死戰馬八九千匹，應用馬價十萬餘兩，若不議立給發之規，各鎮力不能支，愈將困憊。

　　伏乞敕下兵部查議定規，每年陝鎮入衛兵馬，道路行[二〇]遠，衝冒寒暑，留駐經年，視他鎮為獨苦。其倒死馬匹，除回營、在途仍令各鎮自行處補外，其在薊倒死之數，每於回軍之日聽薊鎮各道查明的數，或兌給寄養馬匹，或照數議發馬價，即聽領兵將官領回該鎮交收官庫，聽撫臣照數收買馬匹，專聽入衛。尚餘不足之數，仍於各營搶[二一]兌。每年將買過馬匹、用過銀數造冊奏繳。庶各鎮每年額徵樁朋、地畝之銀稍可自給，而入衛軍馬可免權湊疲弱充數之罪矣。若仍隨時隨請，權議給發，則年復一年，軍馬俱困，非惟陝西三邊財力不支，而薊鎮入衛兵馬亦將不堪實用矣。伏乞聖裁。

一、優恤入衛兵馬以備戰守

照得各邊入衛兵馬本以擁護神京，防守畿甸，在各邊官軍雖奔走疲勞，公私煩費，分不敢辭；在薊鎮則代守要衝，共固疆場，義當體恤。奈何近年以來該鎮將領不思訓練主兵，中多賣閒私昵，往往凌虐邊兵，視如奴隸，各分信地，日限工程，督發沿邊、沿山絕無栖址[二二]處所。糧餉之給，每日粗米一升，止得七八合，一月不足半月之用。其鹽菜、柴薪俱須自辦，馬匹草料率隔遠工所三五十里。倉場關支，一軍令牧十馬，背馱既難，又無槽鍘、營房。山場各有主守，不容踐踏。軍不見馬，將不見兵，風雨疲勞，疾病倒失，無可診濟。坐致官軍衣鞋破壞，弓矢損失，馬死軍逃，將官莫能自顧，盡將選發精銳漸至疲羸，緩急有警何能衝戰？其分工各道各逞技能，以工多爲上功，不恤邊戍之勞苦；查工委官俱係雜流，百計科索，肆挾持之貪橫。

臣撫夏三年，每遇起送入衛將領、官旗，張筵給贐有差，軍士量給糗炒，預支兩月糧銀充路費，釘造盔甲，買兌馬匹。臨行之日，會同總兵官送餞出郊，哭聲震野，慘不忍聞。比及回營，軍多焦悴，馬半瘡疲，兵仗損失。無馬者衣甲捆載，徒步擔負，呻吟苦楚，目不忍見。甚至死者輿櫬數百，狼藉郊外，妻子悲號，生死可憫，臣每爲設祭存恤，以慰死事。而薊鎮將領乃凌脅領兵各官，挾騙財物，稍不遂私，指以查工，捆打官旗，間至死傷。他鎮或分土工，猶可幫築。寧夏官軍連年分守渤海所一帶，山高石峻，天險可恃。各道未否親歷相度，率聽昌平總兵劉漢逞其驕詐貪刻之性，肆爲斬山修磴之議，逼令軍士自備鐵鑽、鋸錘，日作石工，斬伐林莽，燒山烈石，手足破裂，備極苦楚。以故每年該營馬死二千餘匹，官軍死亡三四百名，皆漢逼遂[二三]致然。且各官軍每年放回，即布秋防。近年遲至七月中方能抵鎮，人馬彫殘，不堪守戰，各鎮坐困。近蒙廷議照察前弊，通行禁革，眾可蘇生。

伏乞敕下兵部，嚴行該鎮督撫通行各道修工，各相度地形，如果山險可恃，道路難通，勿或開鑿山石，斬伐林莽，自壞藩籬。其皇陵一帶，龍脉鍾靈，關係甚重，尤不宜一概妄行斬削。分工須稍寬期程，每軍牧馬不過三匹，各官旗免令做工。人馬糧、料日支，務須及時，俾足食用。屯札處所務近城寨、水草，俾遂栖止。嚴禁各路將官科歛凌虐之弊，嚴督領兵官優恤訓練，養銳候戰。其劉漢之貪淫驕橫、狡詐喪德，應否去留并行查究，以示眾戒。每年放班之期，查果信地無警，各鎮報到後班起程，即將前班預放一月，俾遂徐行早歸。庶各邊入衛官軍咸思感恩報効，而每歲可免兵馬死亡之眾，各鎮不誤秋防緩急之用矣。伏乞聖裁。

一、請量留延綏入衛兵馬以固重鎮

照得延綏入衛兵馬共四枝，每年一枝常住防冬，二枝防秋暫回，一枝在鎮聽征，又薊遼軍門選留各營精銳官軍一千五百餘員名充標兵，共計每年入薊官軍一萬五百餘員名、馬一萬二千餘匹。每年三月儘發防秋二枝赴薊，各營兵馬挑選一空，直至年終十二月，或次年正月中，方能回鎮。是一年在本鎮僅住三月，其在薊、在途往返九月矣。每次兵回，人馬疲勞，不堪戰守。休息未及兩三月，軍士疲病、逃亡者必須選補，馬匹倒死、瘕瘵者必須買兌，是回鎮二營之兵馬，本鎮既不能資其戰守，而反實倍增擾累矣。該鎮每年三四月起發衛兵，挑選調撥各營堡精壯兵馬殆盡，以致城堡空虛，營伍彫殘，擺墻稀疏，戰守俱困。連年驕虜窺知該鎮兵馬半已入衛，每肆侵軼，攻掘城堡，阻絕道路，日見危急。

　　節該前督撫諸臣據實乞請兵部概行薊遼總督軍門查議，在該鎮利害攸關，日思增兵添戍以自固，何暇顧延鎮之急？在兵部恐犯掣兵首事之累，乃權議延、固二鎮招兵添將，各自爲守。查據四十五年添設清平游擊郭鈞呈稱，本營招募二年，絕無應募。該前撫臣王□勒令延、綏、榆、慶四衛軍職，每官出舍丁一名，領給安家銀兩，百計催比，僅得舍丁一千五百餘名，中間拐銀在逃者又四五十名，原議招軍三千，終難完伍。且俱係鄉夫佃僕，技藝不通，戰陣未經，緩急難用。其固原原議招軍三千，該前總督霍□百計派行近邊固原、臨鞏、隴右各道，招選經年，僅足三千，多方訓練。但烏合之衆技藝未習，非假以歲月，何能濟用？是招兵之議真如畫餅，而選衛之衆實已剝骨。此皆邊臣所不敢言而力不能自顧之第一急務也。

　　臣反覆思惟，薊鎮督撫之不允留延兵者，其意有三：一以恐各鎮之援例請留也，而各鎮入衛之兵馬無如延鎮之多，其危困無如延鎮之急，自難概請。一以延[二四]鎮兵馬每年分有信地，去之恐誤防守也。殊不知延兵客兵也，而該鎮之主兵十年養練，原議練有成効，延兵漸次掣放，今豈無三千精壯可用而邊兵一營亦不可減耶？況尚有未布客兵可補延兵之守焉。一以延綏兵馬素稱驍健，可備充戰也。殊不查今各營之兵果皆昔年精壯慣戰否，抑亦多新補未練者耶？歷查連次虜犯，孫臏、趙溙之死，延兵三千枕藉而潰，未聞其有破敵之功也。今次虜入，彼三營之兵果能當一路以輸死戰、獲奇功否耶？如無异他營，是延兵一枝之留否無預薊鎮之輕重，事理甚明。然臣等每行乞留者，非爲留此即可保該鎮無事也。但該鎮各營之兵俱係各營堡挑選，大堡百十名，中堡五十七[二五]名，小堡三二十名，各有衣甲、馬匹，各係食糧正軍。昔黃甫川正兵四五百名盡發各營入衛，致虜窺虛攻陷，往禍當監。若留兵一枝分發原堡，每遇防秋，各布城守，卒遇虜攻，猶可據城發一矢、放一炮以作衆氣，視堡中老弱差勝耳。其該營游擊平日選鋒軍兵，臣近行該鎮將各游擊分路攢營，免每營遍抽各路營堡之兵，致難合練。其減留之兵，即今照路各附營堡，聽各游擊統領。原設游擊革退別用，敕書、旗牌進繳，免滋供億之費。則每年在延鎮得軍三千之實用，可省挑補、逃亡數百之累；得馬二千餘匹防秋之用，可省買補馬千餘匹萬金之價。年復一年，延鎮可漸蘇息，而薊鎮誠不足爲輕重也。其清平游擊營原議招軍可令免行迫促，聽後陸續招選，勿徒苟完，枉費糧賞，不堪實用。比之病者，入衛兵馬衆多係延鎮腹心受禍之原，已至手足痿痺，將不可救藥矣，仍復因循不投苦口，則危亡且立至矣，將來何可救濟耶？

伏乞聖軫念重鎮艱危，將貽全陝之禍，仰廑西顧之憂，敕下兵部，特將延鎮每年入衛兵馬，准防冬、防秋各一枝及薊鎮原選標兵一千五百照常輪番入衛，量留防秋一枝令其自守，庶可弭該鎮意外之虞，邊腹咸賴矣。伏乞聖裁。

一、議復延綏本色邊餉以濟軍民

照得延綏鎮邊餉民運半係延安府屬各州縣夏秋、稅糧，各有正額。西安府屬隔遠，每年徵銀解邊，拖欠數少。其延安府屬臨邊各州縣坐派本色，雖民多逃亡，尚能完及分數，惟鄜州、洛川、中部、宜君、宜川、甘泉、膚施各州縣去邊七八百里，每歲額糧十數萬，十無完五。臣昔任鄜州兵備，巡歷各屬，立法催徵。詢據各處士民告訴，率稱各州縣國初編派稅糧俱係本色，赴沿邊各倉場上納。當時河套未失，邊地耕穫甚豐，百姓各備布、貨赴邊易糧完賦，軍民交便。後自成化年間虜窺河套，移鎮榆林，沿邊耕穫既失，本色輸運艱難，額賦歲逋，民逃地荒。至正德初年，先任文布政查照該年時估，將各處民運每米、豆一石并脚價米折徵銀一兩二錢，豆折徵銀一兩，俱解廣有庫，折放官軍俸月糧料之用。初時民脫挽運，似亦省便。以後歲率爲常，徵銀數多，兼以各地方不通商販，歲豐穀賤[二六]，米、豆每石止值銀三四錢，三四石不能完一石之折徵，抑且無主可售；歲凶穀貴，民皆乏食，何可糶賣？且西、鳳各府腹裏膏腴之地，糧價重者每石徵銀六七錢，輕者折布徵銀三錢。本府所屬山坡地塉，折徵增倍，民貧賦逋，事有由然。其榆林鎮城，四望沙漠，絕無耕收積貯。每歲招商銀易，費價十數萬，鄰境豐收，每銀一錢糴米八九升，一遇虜患、荒歉，每錢止糴米五六升，故該鎮有米珠薪桂之謠。歷年撫臣雖多方催徵，招商糴買，止緣民力既竭，輸運不便，付之無何。該鎮折放軍糧，每月支糧銀五六錢、料銀六錢，遇米、豆貴時，止可得米四五斗、料六七斗，人馬不足半月之用，軍士困憊，何能自贍？且額糧折徵以病民，有賤糴之苦；糧、料折放以病軍，受貴糴之累。通計延安各屬拖欠該鎮糧、料、價銀每年常至數萬，百計難完，官軍月糧拖欠數月，通應立法，改納轉輸，以濟軍民疾苦。

查得延安府城去榆林鎮城六百餘里，去中部、宜君、洛川各縣三四百里，鄜州去安塞、保安各三百餘里，宜川、延長、延川各縣去綏德州各三四百里，俱在腹裏，各有倉場，民間驢駄車挽，自携口糧，三四日可至。綏德州去榆林鎮二百五十餘里，榆鎮招商、銀易俱於該州糴買、運發。延安府去西路各營堡鎮靖、龍州、清平、威武倉場各三百餘里，民間糴買，商販流通，膚施各縣民運半坐運納。議將洛川、中部、宜君夏秋額糧改赴延安府延豐倉上納本色，每正糧一石加脚耗三斗；鄜州、甘泉糧豆改靖邊營倉上納，每正糧一石加耗二斗；膚施、安塞、安定、保安各縣折糧仍赴該縣原坐西路倉場俱納本色；宜川、延長額糧俱赴綏德倉上納，每石加脚耗二斗；延川、清澗折糧俱赴魚河堡倉上納，各免加脚耗。查得該鎮軍民多養駱駝，專備馱運。每駝一隻可馱糧三石，日食草料視馬反少。自延安至鎮城八站，十日可至，每駝馱糧三石，以九斗脚耗之米充費，或官爲督運，或募民轉輸，儘可足用。或准支榆、綏在鎮各官之俸，即以脚耗糧給之，聽其自運充用，各官必能省節轉發，歡然樂得也。

歷查該府地寒，每年夏田六月後方熟，秋田九月即收完。每年七月開倉，十一月止，嚴行各道分委各州縣掌印官在州縣催運，各管糧官領各大户赴各倉交納。納户隨到隨收，每户每名糧不拘齊否，陸續收簿，候通完給由帖，免小民守候之累。候冬月糧完，該府管糧同知查數呈報，該鎮撫院即以脚耗之糧立法轉運兑支。庶該鎮每歲得數十萬之粟、豆，可免銀易、招商之重價；官軍得數十萬之本色，免終歲糴買之艱難；延民免數十萬之拖欠，無賤賣之逼拷。行之數年，榆鎮之穀價可平，延屬之欠糧可完，軍民俱稍蘇矣。

計利者乃謂折徵價高，而折支僅足半，一石之徵足□石之支，殊不計拖欠大半，即可當减支之數。且每歲糴買本色，坐費重價。如本色既完，可省糴買之重價，以充折支，其爲利又增倍矣。而軍沾實惠，民脱實禍，其溥利又實嗇百倍已耶？此在該鎮撫臣悉心哀益，稽數歲出納之中，立一鎮軍民永利之規，督行邊腹各道同心催納，亦可預重鎮之積貯。倘歲支贏餘，該鎮廣有倉得萬石之粟，即有虜患，亦可免脱巾之危。此實關係一鎮之命脈，籌邊者所當深長思也。伏乞敕下户部，議行該鎮定議改徵，軍民幸甚。伏乞聖裁。

一、清恤延綏土軍以實營堡

照得延綏鎮成化年間先臣余子俊建設沿邊二十四營堡，橫當河套口之半。移鎮榆林，比時該鎮兵馬分布不周，題行户部，將延、慶二府屬各州縣抽取免糧土兵軍各不等。原議各州縣民户有每糧二十石者、免其納糧、當差、抽土兵軍一名、分發各堡、協同該鎮老家兵馬防守、所免糧銀充供軍之需。每營堡、每州縣多者三五百名、少者一二百名、一時營伍充實、軍民相安。後因近邊開種"賴"字號屯田、每土軍一名再抽戶丁二名屯種、領地一分、納糧六石。至嘉靖三十二年、又因該鎮挑選入衛兵多、地方空虛、督撫諸臣議於各土兵戶内每名再抽軍一名、各堡防守、是原兵一名累抽至三四名矣。歷查原册、各兵戶丁、糧多寡不一、有糧足二十石、戶丁數十名者、有糧十餘石、丁十餘名者、有糧止五七石、或因比時戶丁之多一概抽撥、原未議買馬也。近年以來、入衛軍馬數多、概將土兵選衛、責令戶丁買馬、或將土兵正馬搶兌與別軍、仍令本戶重買、坐致土兵編戶日逃、糧地抛荒。間有招人佃種者、苦於追倍軍需、亦漸遺棄。此皆該鎮上下不加體恤之故、坐將已抽之軍半就逃亡、重貽民害。

今照該鎮各堡缺軍防守、所據原編土兵即應清解、存恤以備戰守。查得各營堡操守等官以土軍爲奇貨、每年差人執批赴撫院挂號、下縣勾捕、或受成差人科索財物、一軍不解、賫貨空回；或逼買馬匹、軍裝、至堡盡將馬匹兌軍、盤費勒收脱放。以致土軍畏堡如阱、民戶指原地爲禍、軍逃地荒、戶絕無補、良可痛恨。臣昔任河西、備察情苦、議立清解之法及買馬之規。每年如糧果足二十石、人丁尚有十餘者令買馬一匹、如遇倒死、不拘年限、隨即買補；糧十五石、丁十數名買馬如遇倒死、二年賠補二次；糧十石、丁數人買馬倒死、三年買補一次；糧十石以下、人三五丁者、止應正屯軍役、永免買馬。每糧一石、每年貼軍裝銀五錢、二軍均分。戶絕無丁者、清查原地、招人承佃、願當軍照例應軍、不願者每糧一石納銀五錢。各州縣二季徵收、類解廣有庫、專備招軍、買馬之用。詢之軍民、皆稱良便、竟爲各將領不便己私、愚惑前撫臣、不分丁糧、概要每糧一石徵銀一兩以濟軍餉，題行户部，准行徵納。一時土軍半俱逃避，即有佃田之户亦俱棄地不種，遠近騷然。又該巡按董御史條陳民瘼，免徵前銀，仍應原役。至今土兵清解迄無定規，科擾猶踵故習，地荒愈多，缺伍日衆，邊堡空虚。該鎮總兵趙豈不思恤練見伍之軍，乃倡爲兩府抽軍之議，驚惑軍民汹汹逃移，事屬罔悖。

歷查二府土兵，各堡不下數千名。伏乞敕下兵部，議行延綏撫、鎮各官，通行河西守巡各道督行延、慶二府，各將所屬原編土兵册卷責委各府清軍官清查户丁、田糧明白，如臣原議定限買馬供軍之規，嚴禁各操守凌逼科騙之弊，務秋前將見有軍丁清查各堡以備防守。其户絶無丁、田糧有佃户願應軍者一體應軍；不願者每糧一石每年徵銀五錢；無人承佃者招人承佃，各給帖執照，以後永免抽軍。各將清解過見在兵數、派徵過銀數呈臣及該鎮撫臣永〔二七〕照。以後土兵脱逃，各操守官止許呈撫臣行各道提解，不放私差官役擅下州縣提擾。如有仍襲前弊，逼逃土兵者，沿邊各道查明，從重參究，庶原伍之軍可備練用，而妄議抽軍可免驚擾軍民矣。伏乞聖裁。

一、慎選操守以固邊堡

照得三邊大堡各設操守官一員，專司一堡兵馬，防禦虜患；坐堡官一員，管理地方，或兼管倉場。其人之賢否，堡中軍餘之休戚所關，倘遇虜患，堡城地方安危所係，不可不慎也。

歷查各鎮，除欽除守備提調各司一路外，餘操守等官俱係撫、鎮選委。衝險之地衆咸避難，富庶之城人多染指，往往誤用匪人，科擾堡衆，貽患地方，他鎮尚少，延鎮爲甚。先時撫、鎮委用匪人，因堡定值，爲人擇地，或一年而數易一二人，或一人而歷管諸善堡，或濫用納級商販以司倉場，或概以老弱昏庸而守要地，坐致沿邊各營堡生計蕭條，軍丁疾苦，城堡倒損，邊備廢弛，良可痛恨。每遇秋防，或值虜患，百計脱去。往因代者未至，舊者束裝，致黃甫川之陷；少不更練，素不慎防，致筆架城之没：往事可監。雖經前督撫諸臣加意遴選，但官非欽設，人無固志，終難責以効死。必須議立專任之規，付以封疆之寄，方可永杜規避，保守邊堡。

伏乞敕下兵部再加查議，除各邊不係虜衝城堡各照舊規，聽撫、鎮會選操守、坐堡，務年力精壯，操持慎潔，期以三年，方許更代，毋或濫用納級私人，數易滋擾。各將職名咨報臣軍門，聽便查試。後有升遷改用，各鎮守官據實呈報，或貪鄙犯事，各原問衙門具招呈詳以憑懲究。其延綏鎮沿邊各營堡，除原有欽依守備外，餘堡見任操守官俱聽撫、鎮逐一考核，不堪者革退，另選精壯、潔慎官員，各務地方相宜。開具職名，一面題行兵部，查照各邊操守事規各給以部札，即以考選軍政為期，必五年方為另考。一應城垣、守禦、門禁、墩塘、收斂、哨備悉其職守。原統兵馬無多，凡遇大虜出没，概管地方失事，并免概坐。每年防秋畢，聽該鎮撫臣查其才幹優劣，分別舉劾、獎戒，無故不許擅易。坐堡官一體揀選，亦各以三年為期，無容貪緣規避。庶官有定守，地有專責，而邊堡可恃保障，軍餘免憂擾害矣。伏乞聖裁。

一、請給延鎮軍火器械以資戰守

照得火器之製各有式樣，教演之法各有機括。先年內造頒降九邊數多，分發軍中，操演精熟，遇敵巧中，虜知畏怯。邇年各邊軍士，平時操練無法，臨敵驚惶戰栗，雖有火器，鮮克實用。歷查軍中隨營可携遠征者，莫如快槍鳥嘴銃，重不過十餘斤，緩則立馬點放，鉛子中處，人馬俱斃；急則執以打賊，尤愈悶棍。次莫如盞口大炮，重二十斤，高一尺二三寸，可容鉛鐵子百餘、火藥十兩，即近時所謂"涌珠馬腿"，俗謂"一窩蜂"是也。遇虜聚衆攻衝，用以擊打，衆即披靡。餘佛郎機、地連珠、木廂霹霆等炮，雖機發精巧，率非戰陣可携，止宜用以守城，據實地而中遠，亦可却敵解圍。各邊除京降火器，近該工部議行清查，各有册報，中間行軍遺失既多，餘年久損壞、驚炸，不堪實用者大半。各鎮節年各有製造火器，隨宜給用。但應用數多，製發有限，各路城堡星散，邊垣亘長，每遇秋防分兵擺守，率不足用。且火器之點放，多不過三出，即桶熱不可復用，故禦虜攻衝，每軍非多帶二三杆，不敷輪番裝打。

臣前撫寧夏，歷查各軍營、城堡火器，不堪者改造，數少者製發，添造鳥銃二千杆，分給戰兵，選師教演，戰守咸資。近至固原，歷查前軍門節年製造火器數多，分發各兵營，損失大半。除立法追陪，選匠督造，不敢概請外，查得延綏鎮邊長堡衝，每年防秋盡將各處火器搜發，不足擺邊官軍應用。且沿邊城堡正軍俱已調撥城守，軍餘原無盔甲，一遇攻圍，無恃捍蔽。前據總兵官趙岢條奏，請給料價督造火器，止言用備戰技，初不長顧守具。所據該鎮缺少盔甲、火器，通應請給。

伏乞敕下工部，除弓矢、腰刀等件免發外，查將内庫見貯盔甲量發二三千副，各樣火器量發二三千件，硫黄三五千斤，差官運發延綏撫、鎮衙門。盔甲分發沿邊各城堡各百餘副，專備守兵遇警披戴。火器查明堪備戰具者發各營，守具者發各堡，令各領兵、管堡官收入循環，守管稽查，無容損失。各選會手教演精熟，庶衝邊軍士可恃戰守焉。伏乞聖裁。

一、請給延寧主客鹽勘以濟邊餉

照得鹽法名曰飛挽，爲可速濟邊儲，通商利國也。必司計者布大信於遠近，方可格衆心之歸孚；貽美利於商賈，方可鼓泉貨之雲集。苟失其道，則衆心疑散，邊儲阻絶，公私交困矣。近年鹽利寢微，邊商消乏。鹽勘招商無報，故坐派以逼納；商引經年無售，致虧本而賤賣。鹽法壅滯已極，各邊飛挽久失，尚有可以

擠〔二八〕量鼓舞，使商不大苦、邊儲稍濟者，惟有兼搭鹽引，寬減
時估，雖所得窮餉數減，尚可稍濟急用。

臣四十三年秋任巡撫寧夏，歷查該鎮主兵鹽勘，自三十九年
起四年未完。客兵鹽勘，該先任郎中蔡國熙因先年原定時估太
高，當年糧草價貴，商眾逃散，倉場空虛，權議減納，不分年
分，米麥每銀一錢各定七升，豆九升，草每錢六七束。一時鼓
舞，商眾感激，盡將積欠納完，該年防秋客餉足用。次年鹽引有
數，夙逋已無，支用不敷。本官乃愚弄各商，開派數多，除正勘
外，延綏鎮多開過淮、浙鹽五萬餘引。糧草催納久完，支用已
盡，商勘無可填給，本官升任，商本無歸。至四十五年，虜犯瓦
楂梁，調集兵馬數多。該年郎中黃鶴查照前官開派糧草之數，仍
多開派鹽糧四萬餘數，錢糧催完支訖，該年鹽勘僅給其半，坐致
諸商資本空竭，奔號怨詛。今歲客餉無可派納，節據各商赴前軍
門告行戶部見任蕭郎中及靖邊該道，查議開派、支納文案已明，
除將見在鹽勘挨序均填給發外，其餘納過鹽糧七八萬引之數，議
請戶部添給淮、浙鹽勘合七八道填給各商，或將花馬大池鹽課搭
派支給，雖可權酬諸商之負，終非經久之道。且以三年之中較量
盈縮，實因鹽利不通，減落時估，致鹽勘雖完，糧草數少；又兼
連年虜患異常，支用歲多，故至積欠過額。今欲高其時估，則商
畏折本，無肯報納；欲止開正額，則客餉不繼，緩急何濟？故在
花馬池歲額鹽引，除寧夏鎮僅足支用外，其延綏鎮必須歲加淮、
浙鹽勘四五萬引，方可經久不匱。

又寧夏鎮主兵鹽勘，先年歲派存積淮鹽七萬餘引、工本淮鹽
四萬餘引、浙鹽九萬餘引，淮、浙兩停搭派。近議革去工本淮
鹽，以致浙多淮少，每淮鹽千引搭派浙鹽一千七百餘引。淮鹽虧
本尚少，浙鹽虧本大半，連年坐派，本地商人無肯上納。臣于四
十五年冬題行戶部，議待去歲額鹽調停均搭，該部咨稱案候酌

派，前准鹽勘仍舊編派，且額鹽淮多於浙一倍。別鎮專擅淮鹽之利，而寧鎮偏受浙鹽之害，殊非衰益公平之體。臣復請將蠲免應補主餉量給淮鹽數萬引，聽該鎮搭派節年浙鹽給商上納，久未允給。今延、寧二鎮主、客、商困已極，客餉無勘可給，主餉有勘無售，公私坐困。合無敕下戶部，查臣先後題咨及郎中蕭大亨呈請事理，特爲破格調停，給發鹽勘以濟秋防主、客兵馬緊急支用，庶商衆得遂更生，鹽糧可漸催納，而臨秋不至匱乏矣。伏乞聖裁。

一、改設倉場官攢以重主事

照得寧夏鎮各路額設倉場，收支主、客糧餉，大者倉官、大使、副使各一員，攢典一名；小者倉官一員、攢典一名。先年大邊□修，中路自靈州石溝、鹽池、萌城、韋州俱係虜衝，時有主、客兵馬常住，收支數多，及西路鳴沙洲係河東要地，各設有倉場一處，官、攢各一員名。近年增修花馬池大邊，及添築廣武邊垣各城堡包護腹裏，每年防秋、防邊兵馬移發沿邊城堡伏守，除靈州、鹽池各有兵馬駐札、經過外，餘各城止有驛站甲軍及老家官軍，各不過一二百名，絕無客兵按伏。各倉場坐派鹽屯糧草各止數百石，間有積貯舊糧，以致官攢守支歲久。且各城各有驛站印信委管軍職，即可代爲守支，官攢似爲冗員。

其查得大牆沿邊清水營係鎮守總兵官，橫城堡係中路參將，每年防秋駐守，坐派主、客錢糧，收支數萬。廣武營協同駐札，邵剛堡玉泉守備駐札，各有兵馬千餘，每年收支亦各萬餘，各有倉場，原無額設官攢，皆委坐堡軍職及查派堡市中軍餘充庫識以司收支。既無印信，又非主守，往往侵冒、埋沒，坐問重罪，卷無印結，致難稽查，通應改設以重邊儲。

合無敕下吏部再加查議，將萌城驛倉改移清水營，石溝驛倉改移橫城堡，韋州倉改移廣武營，鳴沙洲足用倉改移邵剛堡。各倉照例銓除攢典，行陝西布政司查撥，印記另行改鑄，分發各官、攢領用，原有印記聽該鎮撫臣類繳。原任官、攢仍令守支各倉場，經收糧草盡絕，照例起送。以後各城收支無多，俱行該驛堡官各以印信收支。臣初因清水等城堡倉場收支數多，當議添設官、攢印信。查有各驛堡收支數少，官印可用，量議改設，公私攸便，毋或概議裁減。庶衝邊倉場各有主守可杜侵冒，文案各用印信亦便查盤，而各官、攢可免守支淹累矣。伏乞聖裁。

一、節冗俸以勵軍職

照得官以任事爲職，禄以稱事爲差，古今之通義也。我皇明以武功定天下，聖祖優念軍職，授以世襲之官，給以隨品之俸，著在令甲，恩典優隆，歷代所無。成祖拔奉天征討之功，列聖重首功升授之典，二百年來，軍職之增視國初數倍，每歲常俸之支視軍糧奚啻十倍，而責以戰守之任蓋十無一二焉。世禄之子孫但知叨厚俸以自贍，而不知職業爲何事；夤緣之徒或嘗買軍功以授官，何嘗歷戰陣之艱？據籍計官則每衛千百其人，選任操練則弓矢不通，老幼、殘疾者且半矣。歷查指揮月俸每兼四五軍之糧，而千百户亦各兼二三軍之支，即今邊餉匱乏，軍士貧苦，官日增添而軍歲逃亡，若不大議裒益，何以勵衆節用？且領軍、管軍之官或因死馬、欠糧尚多照例停降，而守城無用者乃得坐享全俸，尤非計廩稱事、優賢黜否之宜。

合無敕下兵部會官定議，通將天下軍職查明國制。原官固不敢削奪，而厚俸或可量議改折；功升固所當授，而老官歷世無功及正枝故絕、弟侄冒襲者或當替降；見任管軍、管事及雖未見任而才力精明需用者固當支本色之俸，而老幼、昏懦不堪任使或當月給食米一石，裁革本色而量給折色；及餘凡奉欽依革回原衛并曾經犯事問發者，據法俱當停俸，或量改折色，以稍示懲戒。務不失祖宗優賚之恩，預今日鼓舞之法，著爲定例，議請通行。庶軍職咸思奮勵，各務習藝立功以得俸，而免偷惰忝竊之習；朝廷省冗俸養閒之費，而軍儲邊餉亦可稍節矣。

議者或謂軍職不當違例裁抑也，殊不察軍職視宗室輕重懸絕。今宗禄尚以歲供不給，先皇采各宗藩之議概從減折，爲久安長治之圖，而軍職冗俸顧不可裁省以濟軍國之急耶？今天下民窮財匱，聖明百計節省，而此輩叨享世禄，不堪策用，亦理勢所當節省以勵世磨鈍者也。不此之務，而徒瑣瑣於一二文職小官之裁革，克意於邊軍月支之扣減，非經國之遠猷也。伏乞聖裁。

一、詳勘覆以信賞罰

照得各邊將領軍職，或統兵失事，或守邊疏虞，或兼犯贓私，節被督撫及各巡按衙門參問，各有正法。若當年勘結，罪罰立判，夫復何議？但中間地方隔遠，人證難齊，或見任未革而事後獲功，或前任本地誤事被參而後任他鎮效忠蒙薦，或年力才勇可用而罪出不虞，或贓私追問無實而參黜誣枉，節因巡按御史交代不常，承委司道先後繼任，坐致功罪無准，枉抑無伸。勘功者方據例擬升，而按罪者乃執議究遣；先任事犯後數年而始參，盡將後任賢勞勿論；原犯贓罪既遇赦革，而不免概以近時新例參罰。在都察院據巡按之參而定罪，在兵部據核功之報而擬升，往往一人而先後賞罰并至，同事而問罪輕重殊科，甚至充軍者復擬調衛，降級者復擬升級，各有題奉欽依，致難并結。科部參駁，不容奏辯；部司遠嫌，不與議贖。每致罪有必罰，功無信賞，誠如兵部所議，論罪者一人焉，録功者一人焉，而惜才者又一人焉，甚非所以重君命而示勸懲也。

合無敕下兵部，會同都察院，今後各處巡按御史勘核過各邊各官功罪到院，如係當年無議者，照常議覆；但係隔遠年分、各官升遷別用者，該道行職方司一查，本官自犯事之後有無獲有功次可以議贖，見今才力堪否策用，被劾之後曾否膺薦叙録，應否降級留任，參酌功罪、才力定擬賞罰具覆。庶功罪有歸，免致先後參差；用舍明當，免復旋革旋用。不惟軍職免覆盆之冤，而朝廷之賞罰必信，自無寢閣之君命矣。伏乞聖裁。

一、酌律例以恤遠調

查得《問刑條例》一款："各邊地方鎮守總兵、副參、游擊、守備，都司、衛所官員，但有科歛軍人財物及扣減月糧入己，贓至滿貫，犯該徒三年以上者，俱改調烟瘴地面衛所帶俸差操。"又一款："沿邊地方總兵、副參、游擊、守備，都司、衛所官員，但有科歛及扣減入己，贓私至二百兩以上發邊衛永遠充軍，四百兩以上斬首示衆。"所以嚴扣克軍餉、科害邊軍之戒，本無容議。但查《大明律》，三流之罪，《大誥》同爲一減，准徒三年，而律應遷徒者比流減半，止徒二年。民間惟犯歐罵本管官司及土豪强橫方擬發口外爲民，餘無遷徙之法。今各邊軍職犯贓一兩五錢即爲滿貫，定例調發烟瘴地面衛分帶俸差操，祖職既亦注遷，家小并當隨住，戶屬仍留本衛，祖宗墳墓遺棄無歸，名爲仍存原職，實則身家俱廢，雖贓犯之徒不足憐惜，而揆之情法不無偏重。且科克滿貫之贓衆所易犯，而萬里調發之罰人莫能赴，坐致積勘難完僉解，遠發勞累無辜，祖職坐革，妻子、戶丁流落，其視軍民犯贓罪例止於充徒爲獨重，執之《大誥》免流之典，在軍職獨不沾被矣。且烟瘴地方軍衛有限，而天下犯贓軍職歲調數多，彼處軍士何辜而該衛且不能容，假如該衛軍職有犯，更將何處調發耶？

伏乞敕下法司，將前二例再加查議，除科克贓重者遵照後例充軍、斬首外，餘贓輕者或於祖職降級，或調發極邊各衛，或本犯革任，令別房子孫降級承襲，或革職爲民，永不許管軍管事，是犯贓者罪坐本人，不至貽累妻子，而官司免解發之累，兵部省題請定調之煩，人情、法理各有攸當矣。伏乞聖裁。

一、寬文法以勵臣節

竊惟人臣以懷義效忠爲職，士夫以貞志正氣爲節。苟不明義利忠邪之辯，不勵高潔剛大之操，非惟不可爲臣，亦非所以語士也，況可負艱大之任、樹安攘之功以報君父之恩遇哉？然上遇大有爲之君，而下非無任事之臣，其所以展轉憂充、飲血腐心而迄不能有所表見者，豈惟時勢之難而成功之不易耶？實緣文法拘縛之過煩，凌眇誹鄙之大卑，責之以力不能辦之功，驅之以身無所容之地。幸而無事，猶搜索小過多方以訾議之；不幸而敗衄，則執以大義，必欲致之刑戮而甘心焉。其兵力之强弱、地方之難易、調度之是非、平生之操履無復體察，迹其參劾之詞、摸擬之狀，非惟邊臣不知忠義爲何物，抑不復知有人間羞恥事矣。蓋緣近時士大夫以搏擊、搜索爲豐裁而鮮忠厚之風，以談性命、道德爲高致而陋民事、邊事爲不足爲。蔑視邊臣爲奔走下流，用之則驅以赴疆場之急，不濟則屛之罪之無所顧惜。平居坐策指授，率謂運籌掌上、致虜目中，而不思疆場幹濟之難；遇警鞭策操切，既稱玩愒時日，縱寇殃民，而不念兵凶戰危之苦。釀成內重外輕之勢，將貽空談實禍之憂。故趙括用而廉頗罔功，玄謨倡而道濟誅死，古今所深惜也，何今之談兵者大易而視邊臣大輕耶？且人各有能，士各有志，既受國恩，孰不欲立功報主以自樹勛名，孰復甘心駢首受戮以輕犯國法，此雖至愚極陋亦知趨避也。

歷觀近時邊臣，或久任而地方無虞則謂才當留用，或繼任而適遇顛危則謂志惰宦成，竟無有能脫禍敗以全身名者。責以才不勝任、數值其厄則有之矣，若謂玩寇縱虜，如諸所指陳，臣敢謂諸臣死不瞑目也。臣之才駑福薄，忝竊逾分久矣，雖抱忠義之志而無經濟之才，雖負粗直之氣而無遠大之略，承乏重寄，力疾經營，誓死不敢再辭。

歷考古之名臣將略，雖忠武如諸葛孔明，亦惟以鞠躬盡瘁、死而後已自效，而成敗利鈍付之天數，蓋力之所能者人也，其不能者天也。功烈如韓琦、范仲淹，而經略西事不能免任禍〔二九〕銀川之敗，蓋二臣之所可調度者已也，而不能必勝者人也。且戰陣呼吸之間兵家成敗所係，慈父不能保其子，而主將又焉能遥制其機略哉？矧陝邊去京隔遠數千里，每遇警報，非半月不能至，比至京而虜或已出矣。若必待科部申飭而從事，鮮不後時債事焉。豈惟内不可恃，即臣在原、在邊，每遇虜犯，近者一二百里，遠者三五百里，而河西、甘肅則相距千餘里，平時之調度分布、訓戒責成，聞警而督催調發、策應覺察，臣之職也。至於臨陣決機，相時審勢，責在諸將自裁決耳，若必待臣指示爲進止，鮮不觀望誤事矣，故申飭之議當嚴於平時，而聞警之督責可免也。方兵戈倥傯之時，正邊臣枕戈卧薪之際，而復震之以雷霆之威，當事諸將鮮不戰栗惶惑，愈無所措手足矣。

　　比見言者責邊臣以不死大義也。夫死有重於泰山、輕於鴻毛者，不可不察。勇士不忘喪其元，一死誠不足惜，若無濟於疆場，而喪師辱國之禍當更烈矣。彼責人者又何容易耶？臣方戒諸將矯飾誇詐之故習，不敢爲要功諉罪之私計，凡期遵廟謨以圖實政，先自治以固疆場，俟兵馬精强，器餉充裕，我力可恃，虜勢可乘，方敢語戰。但邊備廢弛之餘，兵馬凋殘之後，適當驕胡匪茹之會，非假以歲月，給以儲餉，作其志氣，允其請乞，臣亦何能展布，將至重誤邊計，死復何贖耶？

　　臣非不知言出議起，不以爲欺誕，則以爲矯飾，而自速詈謗也。但遭際聖明加意邊圖，勉臣以力不能爲之事，道臣以不敢自盡之言，誠内外諸臣努力盡言之時。若復懼人之議其後也，畏縮而不敢言，是上負聖明下問之恩，下孤將吏引領之望，他日縱有所立，亦不過偶值天幸，隨世就功名者流耳，固非臣之素志，亦非臣平生自勵之節也。

伏乞聖明軫念邊臣任事之難，敕下兵部、該科，察臣愚衷，於凡臣所議請早爲會官議覆，豈惟臣感恩思奮，凡新任邊臣皆得宣忠鼓氣以各思報稱萬一矣。伏乞聖裁。

隨該通政使司類進，奉聖旨："兵部看了來説。"欽此。

續准兵部咨，前事，職方清吏司案呈，奉本部送，兵科抄出，前事，看得總督三邊右侍郎王□□條陳一十八事，除"重邊選以飭保障"等七事移咨吏、户、刑、工四部徑自議覆外，其"請給撫臣旗牌以肅軍令"等一十一事，洞燭利弊，切當機宜，均係備邊要務，合就開立前件，議擬上請定奪，等因。

隆慶二年三月初十日，本部尚書霍□等具題。本月十二日，奉聖旨："依擬行。"欽此。欽遵訖。

爲套虜糾聚西犯河防預發官兵敵回斬獲虜級
收獲戰馬夷器奪回搶虜人畜事

案照先於隆慶元年十一月内，該前總督、今升兵部尚書霍□照得，黄河凍結，固鎮蘭、靖沿河直抵寧夏中衛交界地方，延袤五百餘里，邊腹不分。查照節年舊規，督發固原鎮守總兵官郭震統領該營官軍四千員名，及固原中路游擊吳嵩、環慶守備杜龍各所部官軍，協同靖虜守備楊鰲、蘭靖參將張德各該營人馬，分布沿河一帶一條城、買子堡、積積灘堡，修砌凍牆，鑿打冰溝，擺塘防守。仍督發固原北路游擊哈欽營新募步軍一千五百名、固原守備陳楊所部官軍、陝西原布六城堡備禦官軍分布沿河腹裏乾鹽池、打剌赤、西安州、海剌都各城堡按伏、防護間。

本月二十等日，該臣奉命自寧夏前赴固原交代，行次小鹽池，據莊浪參將湯鼎塘報，松山原住牧大酋賓兔台吉虜營漸移扒沙河一帶，近河住牧。臣即行沿河各將領及河西涼莊、西寧一帶加慎哨備。

臣於本月二十七日抵任，隨據寧夏總兵官雷龍塘報，據威鎮堡收送降人李經供稱，見得河套一克、那言、吉能等三十個頭兒領眾達子說，二十三四過河西，要往山後來搶攻□城堡，等因，到臣，又經通行河東、河西寧固甘涼各將領整兵設備去後。

又據延綏總兵官趙岢、寧夏興武營協同聞三接塘報，各據降供虜情相同，節經申飭，已於十二月初十日并附寧夏月報具題訖。

續據總兵官雷龍塘報，據鎮朔堡收送降人武奴谷赤等供稱，吉能等十四個頭兒領達子三萬有餘於十一月十五日起身，要往蘭靖冰橋過河去搶安、會等處。行至賀蘭山後可可卜剌兔水頭聚兵，聞得吉能大妻死了，一半各回河套去訖。惟有黃台吉、著力兔台吉兩個頭兒兵馬未散，仍要會合賓兔虜酋沿河入搶。臣竊料諸酋去歲三秋未遂窺侵，深冬已經糾聚，必圖擁眾大逞。幸天奪其魄，吉能妻死暫回。其西聚之虜非東犯沿河腹裏，必西犯西寧、涼莊，節行甘、寧、固各鎮、巡及各路參、游、守、操等官、邊兵各道加慎哨備，申嚴城守，分投收斂，預伐虜謀，嚴備待敵間。

臣又慮各營哨丁畏賊，莫敢深入虜巢，未得虜行〔三〇〕，緩急誤事。及查得諸虜素日垂涎蘭、靖接境鞏昌府安定、會寧等縣孳牧蕃盛，又查得寧夏中路半個城一帶接連固、靖沿河地方亦多孳牧，原無兵馬防禦，節行標下游擊尹濂選差中營通事卜羅赤等十五名，督發郭總兵營，監同各營丁夜深哨虜營，務得虜形。仍選發該營左哨千總、原任守備李汝華統領該哨官兵一千員名赴安定、會寧二縣適中按伏，遇警截殺，游擊整搠中、右二哨兵馬待報策應。及行寧夏總兵官選撥巡、正二營官軍、家丁五百名赴半個城按伏，聞虜過河入犯，自西策應間。

本月二十六日辰刻，據總兵官郭震差人傳報，二十二日差通

事卜羅赤等監同本營及守備營家丁，二十四日卯時哨至河西小松
山，瞭見東北來頭哨達賊到鎖罕禿歇馬，後面灰塵約三十里不
絕。差人先報，卜羅赤等仍在彼守瞭動定，等因，到臣。

照得虜形已見，犯河在即，當差旗牌官指揮主國賓執旗牌，
申嚴號令，監督各將領相機戰守，及分差夜役執旗四路收斂間。

二十八等日，節據郭震、楊鰲、吳嵩各先後塘報，西來虜賊
二千餘騎於二十六日自地名迭烈遜步口東南至靖虜城七十餘里，
踏冰過河，苗頭直入東南內地，趨白草原侵打刺赤地方，郭震當
統楊鰲及該營兵馬由腹裏抄迎前賊間。不期各酋過河分兵三路，
一路東南侵白草原，一路窺犯靖虜迤東，一路千餘騎徑奔黑城
子，冀犯安、會等處，各行走。本日申時，郭震、楊鰲迎遇白草
原虜眾，奮勇衝戰，斬獲首級一顆，收獲達馬二匹并夷器等件，
及奪回原虜馬、牛一百三十一匹隻。官軍乘勝追逐，虜騎回奔，
遇晚札營。次日早分兵追賊間，有南犯虜賊因見東虜已被阻回，
亦就回奔靖虜城外暗門一帶行走。被該衛問發充軍原任指揮張
鵬、操備指揮李文瑞聞得虜賊敗遁，星散奔走，意要出城殺賊立
功。該衛掌印指揮朱延齡不能禁止，縱容張鵬等率領軍舍李得林
等共三十九員名出城迎敵，遂被賊眾攻圍撲砍身死。郭震督兵聞
報，自北馳回，復將前賊敵退，斬獲首級三顆，收獲達馬十三
匹、駝二隻并夷器等件，及奪回原虜婦女一十一口，馬、牛、
騾、驢二百二十三匹頭隻，羊一千四百三十二隻，陣亡軍丁五
名。其前奔黑城子達賊西行七十餘里，於二十七日當被吳嵩統兵
敵回，與郭震、楊鰲等兩路夾攻拒退，即於二十八日晚出邊去
訖。斬獲首級二顆，收獲達馬四匹并夷器等件，陣亡軍丁三名、
夜不收三名。除將該衛輕放官軍出城掌印官朱延齡先以軍法責
治，及將奪回人畜招主認領外，等因，具報到臣。

爲照虜酋賓兔連年移住河西大小松山，糾合諸弟著力兔、韋

正歹成及黃台吉諸酋侵擾凉、莊，番漢每被搶掠。不時分遣游騎窺犯寧夏中衛、廣武，節被官軍追剿，輒復退遁。往來賀蘭山後，時由五岔河一帶踏冰浮水，如履陸地，深爲甘、寧二鎮之害。今復糾衆侵犯河防，向非預發官兵分投追逐，幾至深入爲患。雖報斬獲無多，但出沒三日，東西僅百五十里，節被官軍迎堵夾攻，分投敗遁。沿河歛餘孳牧雖有抄掠，半已奪回。虜中人馬多被火炮打傷，通計各營獲虜級六顆，收獲達馬一十九匹、達駞二隻、盔甲二副、夷器共四百五十七件枝、奪回被虜婦女一十一口，馬、牛、驢、騾、羊共一千七百八十六匹頭隻，亦可頓挫狂鋒，坐伐狡謀。但彼謀聚遠涉，未飽豕欲，必思別逞。數日間節據哨報，虜勢移向西南紅城子邊外長山兒一帶屯聚，似有窺犯蘭河、西寧之機。除嚴行河東、河西各路將領整兵嚴備，遇警互相策應，務圖挫虜成功，保全内地。及將前虜經地方殺傷官軍、搶虜人畜有無隱漏，各營斬獲首級是否真壯，分行固原、臨鞏各兵備道委官逐一查核明實，有功、有罪人員參報，聽臣遵照敕諭參問以明賞罰。及行總兵官郭震，將前虜入敵退緣由會同陝西巡撫都御史張□各另具題，聽行陝西巡按衙門核勘外。緣係前項事理，爲此具本謹具題知。

隨該兵部覆議，奉聖旨："是。這虜賊著王□□嚴督鎮、巡等官作速驅逐以靖地方，不許怠誤。"欽此。欽遵訖。

爲遵成議督修各鎮邊工請給欽定工銀以備急用事

卷查嘉靖四十五年，該前總督侍郎陳□□題，爲欽奉聖諭事，查得延綏西段邊牆，先該督撫諸臣建議，該兵部覆奉世宗皇帝聖旨："是。"欽此。欽遵，備咨前來。繼因定邊失事之後兵馬殘缺，原貯本項工銀、糧草節年被延綏鎮主、客兵餉缺乏借支過糧銀共一十二萬餘兩，除户部准作年例二次開銷銀八萬餘兩，尚有該補銀四萬餘兩。屢經該鎮撫臣奏請，兵部覆奉欽依，户部反覆駁查，至今未補，致誤經年未遂興舉。又爲虜患异常，增修大邊以永固疆場事，該臣先任寧夏巡撫，查閱得寧夏東路花馬池一帶大邊，原修未甚高厚，近年每被套虜扒緣攻潰。又因四十一年地震，傾壞數多，補葺未堅，節年隨修隨壞，難恃戰守。議行加高幫厚，永固疆場，請發户部原議地震修邊未發銀一萬五千餘兩，趁時修築。節該兵部覆奉明旨，分發馬價銀一千一百餘兩到鎮。其户部應發銀兩執議未發，案候請討問。

臣奉命總督三邊軍務，節奉廟謨，責以修邊設險之圖，申以務實慎防之議，日夕圖惟，不遑寧處。查得陝西三邊，在延、寧二鎮橫當套虜之衝，別無險阻，惟恃邊垣，三秋調兵擺守以禦大舉，四時分地慎防以遏零寇。其延綏西路未修之工地名麻黄梁係近年套虜出浸[三一]深犯延、寧極衝之處，而寧夏東路加築邊工楊柳泉、芟其溝先年虜犯、地極鹼薄之所，其修築必藉春時，虜馬既弱，天道融和，或套虜遠牧，邊烽稍熄之時，方可興作，免虞他虞。節經諸臣建議，止因錢糧不給，坐致推延三載。今幸套虜分住河西，沿邊虜帳稍遠，所據二鎮原議邊工急應督修。

及查原議邊牆，根闊一丈五尺，收頂一丈三尺，高二丈。女牆根闊二尺，收頂一尺，高五尺。昔年虜雖驕悍，尚未知鈎杆攻扒之技。近歲虜謀益狡，每攻城堡，輒用二丈餘長杆攀緣攻扒，往往陷城潰牆，深入爲患。故臣在夏定議，修築邊牆城堡務須增築高厚，底闊二丈四五尺，身高二丈七尺，女牆外高五尺，厚三尺，内高三尺，厚二尺，庶伐虜謀，可恃防守。

及查各鎮做工軍民夫役、架梁兵馬，據寧夏撫、鎮各官咨呈，查議得該鎮兩班備禦官軍七千員名，除原派中衛、平虜、廣武、花馬池官軍各修守本路邊堡外，餘鎮城官軍共五千餘員名暫免替班，通留做工。及該鎮正、游兵并東路各營堡步、守官軍共二千餘名，架梁正、游兵官軍，巡、正二營家丁，共一千員名。專委原任參將孟鷟督理工程，中路參將何其昌、寧夏游擊李勛架梁防護，總兵官雷龍往來提調，寧夏兵糧道僉事方岳巡行督察工程，處備錢糧，委官糴買支放。其延綏鎮邊工視寧夏幫修之工爲重大，節年原議修邊，延、固二鎮軍夫各八千名，勳調延、慶二府民壯共一千三百八十餘名，内除定邊營歲派軍夫二千五百名，聽副總兵劉濟及委原任總兵、今充軍姜應熊協修定邊營迤西先年被虜拆壞沙梁一帶邊牆，兼防本境外，臣復添調定邊次班備禦官軍二千三十八員名，及行延、慶守巡河西各道，查調延、慶二衛屯夫各數百名，共計軍夫一萬九千餘名，定委聽用原任副總兵李震、延綏閑住參將劉定分管工程。及行延綏總兵官趙岢統領本營官軍三千員名，固原中路游擊吳嵩統領該營軍丁一千員名、臣標下中營軍丁一千員名，鎮靖參將陳堂統領本營有馬官軍八百六員名，各架梁防護，通聽趙岢分布調度。專委靖邊管糧道副使楊錦經理錢糧，督催工作，分委延安府同知等官孫黃等分投招買挖運糧草，支放鹽菜。各擇於三月初十日興工外。

其原議西、鳳等府内地民壯免調修邊，每名徵三月工食銀三兩六錢接濟工用。除節年徵解支用外，後因工停，該巡按董御史條陳免徵訖。今照全陝民力困憊，民壯各有防禦正差，前項工食原派太重，臣權議每名減徵六錢以示寬恤，咨行陝西巡撫都御史張□，通行布政司清派催徵以濟鹽菜之支。

臣初慮各鎮原議本項錢糧，户部聽該司搜索以前各鎮邊儲簿内帶收節年民運拖欠錢糧，不查後月支放盡絕，概稱贏餘，咨行抵補，是以紙上虛數以當實用，臨工必至缺乏。今歲若將邊工仍復停止，非惟秋防虜患愈難支持，將來虜衆回套，窺擾工作，修防愈難，上孤廟堂建議之忠謨，下失臣等封疆修攘之職分。在户部未察邊地之急，謂非正支；在臣於各撫臣責任封疆，難復推諉。節經咨行都御史李□□、朱□儘將二鎮官庫見在錢糧不分主、客及各項修邊、修堡、賑恤、欽賞、贓罰、商稅銀兩盡數搜括，分發該道招買本色糧草，專備工興支用。其招買不及者，聽臨工催徵民壯工食，與同鹽菜折支，令軍夫自行糴買食用。

隨據延綏鎮除原有本項工銀該銀一萬四千六百餘兩、糧料五百餘石、草四萬六千餘束外，湊發各項銀三萬兩，寧夏鎮除原有本項銀糧共該銀三千五百餘兩外，儘發各項銀七千餘兩，俱行各道分投招買折支。通計兩鎮工銀僅足原調軍夫兩月支用，候修至五月中旬，聽臣酌量天道炎涼、虜勢緩急議行掣放。若原議未完工程或難通完，聽秋防大兵調集，再議接修。其修過工程、用過錢糧，聽各撫臣嚴行各道查閱工程是否堅完，錢糧有無冒破，各另具題，請行巡按衙門閱視外。

爲照臣先任撫夏，節年清修各路邊工，或原議工銀數多而工完僅支其半，或原議工銀數少而扣計不敷正支，蓋因計算之時，或工程查丈未的，或當年時估高下不一，故臣議照邊工之修，不難於估計而難於及時，不難於督理而難於便宜。若錢糧充裕，糴買趁時，則得糧數多，百兩可充百五十兩之支；虜患無警，架梁省調，則一年可修二年之工。此皆臣身親經歷已試之明驗，節經奏報，往案俱存。必如戶部之議，則似邊工爲不急之務，諸臣請討若不知搏節，不體內帑缺乏之難，欲求趁時招買、及時修築以永固疆場，吁，亦難矣！

臣今督行各鎮盡將庫貯各項之銀儘修緊要之工，在臣非不恤各鎮匱乏之憂，在各撫臣非不知請補之難，誠以身任封疆，害均剝膚，義切共濟，故各同急先務，不遑後顧，一時雖可完工，將來愈難湊濟。仰惟聖明在上搏節御用，加意邊圖，朝議訏謨，聽各鎮督撫伸縮便宜，共責實效，何忍視邊臣困逼苦心至此極耶？

歷查延綏西路邊工，先年諸臣建議估計工銀六十一萬餘兩，原有支剩內帑銀十六萬二千九百八十兩，節年派徵過全陝內地六府民壯工食，除拖欠、別用外，已解邊銀一十一萬五千餘兩通融支用。內除節年延綏鎮借支主、客抵充戶部年例題行開銷銀八萬餘兩，今復借支過四萬餘兩，通共該鎮主、客正餉借支修邊銀十二萬餘兩。是該鎮以前十餘年修邊三百六十餘里之支用俱係坐徵全陝民壯之工食，而戶部先年原發支剩之工銀俱充該部節年歲額之正支矣。是果邊臣冒費帑銀以充工費耶？抑果戶部勒欠邊餉以阻誤邊工耶？今當重鎮殘破之餘，虜患危急之際，司國計者略無體恤之念，操策籌者概逞胸臆之私，兵部之題議已極明悉，聖明之俞旨累示嚴切，而戶部之寢閣如故，臣等終將付之束手坐待禍患已耳，更將何恃展布耶？除該部原查各鎮節年收支錢糧，聽各鎮撫臣查明至日，會請戶部堂上官一員隨帶該司委呈郎中，前赴各邊清查節年軍餉有無贏餘、冒破，以後應否增減，議定經制，免致中外异議，坐誤邊計外。伏乞聖明軫念邊工督修之難、邊臣窘迫之苦，特敕戶、兵二部將二鎮原請節年應補應發、累奉欽依邊工銀兩，或於太倉，或權借馬價，先賜請發，以濟萬夫在邊供用，以補二鎮借過主、客秋防正支，臣與諸臣庶可協忠共事，免憂後虞，邊方幸甚。臣不勝激切懇乞之至。緣係前項事理，爲此今將徵調軍夫數目、興工日期、督發各官職名具本謹具題知，伏候敕旨。

校勘記

〔一〕“迈”，據文意疑當作“邊”。

〔二〕“倭”，據文意疑當作“矮”。

〔三〕“峻”，據文意疑當作“循”。

〔四〕“云”，據文意疑當作“去”。

〔五〕“舦”，據文意疑當作“馱”。

〔六〕“七丈”，據文意疑當作“丈尺”。

〔七〕“五”，據文意疑當作“四”。

〔八〕“官”，據文意疑當作“管”。

〔九〕“二”，據文意疑當作“工”。

〔一〇〕“修”，據文意疑當作“議”。

〔一一〕“固”，據文意疑當作“因”。

〔一二〕“共”，據文意疑當作“其”。

〔一三〕“楊”，據文意疑當作“揚”。

〔一四〕“子”，據文意疑當作“字”。

〔一五〕“蘭”，據文意疑當作“嵐”。

〔一六〕“怯”，《明經世文編》卷之三百十九王崇古《陝西四鎮軍務事宜疏》作“愒”。

〔一七〕“异（異）”，據文意疑當作“冀”。同上文作“易”。

〔一八〕“底”，據同上文作“抵”。

〔一九〕“子”，據文意疑當作“字”。

〔二〇〕“行”，據《明經世文編》卷之三百十九王崇古《陝西四鎮軍務事宜疏》當作“紆”。

〔二一〕“搶”，據同上文作“俵”。

〔二二〕“址”，據文意疑當作“止”。

〔二三〕“遂”，據同上文當作“逐”。

〔二四〕“延”，據同上文當作“延”。

〔二五〕“五十七”，據同上文當作“五七十”。

〔二六〕“賊”，據同上文當作“賤”。

〔二七〕“永”，據文意疑當作“收”。

〔二八〕“擠”，據《明經世文編》卷之三百十九王崇古《陝西四鎮軍務事宜疏》當作“劑”。

〔二九〕“禍”，據文意疑當作“福”。據《宋史》卷三百一十二《韓琦傳》、卷三百一十四《范仲淹傳》，韓琦、范仲淹曾并爲陝西經略安撫副使。

韓琦令環慶路副總管任福率兵出擊，任福貪功冒進，軍糧不繼，人馬乏食，於好水川中西夏軍埋伏戰死，折兵萬餘。

〔三〇〕"行"，據文意疑當作"形"。

〔三一〕"浸"，據文意疑當作"没"。

延寧甘固·籌邊類

爲遵議責實修攘以固秋防事

卷查先准兵部咨，爲嚴飭邊臣慎重秋防以彌虜患事，職方清吏司案呈，看得虜賊故智，先年不過散搶，其慾易盈。年來中國奸民甘爲外夷腹心之用，或肆爲教誘，或潛行窺探我之虛實，一無所隱。是以攻堡不已，遂致攻城，爲謀叵測，日甚一日。臣等每一念及，不遑寧處。防秋伊邇，各該當事臣工所宜臨淵履冰，臥薪嘗膽，若有一毫自懈之意，皆不容於聖明之世者。該司所呈無非先事預防之意，相應題請。合候命下，本部馬上差人齎文交與總督王□□，嚴督各該鎮、巡、副、參、游、守、兵備等官，回思責任之孔艱，仰念秋防之甚重，當狂虜匪茹之際，正矢心圖報之時，往事可以戒懲，今日不容再誤。諸凡未盡防守事宜聽各督撫諸臣條奏，臣等不敢遥制。各鎮巡撫、總兵等官各會本具由回奏，等因。題奉欽依，備咨前來，隨經通行陝西、延綏、寧夏、甘肅各鎮、巡各具議回奏去後。

近准該部咨，該兵科都給事中張□等題，爲申廟謨，獻愚忠，以預飭防秋大計事。奉聖旨："吏、兵二部看了來説。"欽此。隨該吏、兵二部覆奉聖旨："你每説差官巡邊，各鎮推諉，恐誤大計，一應戰守事務只著各該總督官嚴督所屬用心幹理。如故虛息，吏、兵二部并科道、巡按御史即便指名參劾重治。"欽此。欽遵，備咨前來。

臣方戒備秋防，反覆祗閱，部科之議已極詳明，節奉敕旨督責嚴赫。臣受命督邊，敢容偷惰疏虞，自速罪譴？每思漢臣有言，爲政不在多言，顧力行何如，而兵家定論率以兵難遙度，備貴先圖，神而明之，責在主將。今當虜勢異常，秋防屆期，若平時未務力行，未修實務，凡其先爲不可勝以待虜之可勝，先備不可攻以禦敵之來攻者，籌畫無具，即使臨秋千言，何濟緩急？臨敵若非號令素嚴，誓師同心，使守也而虜不虞其可戰，戰也而虜莫測其所守，則雖屯兵數萬，何能決勝？故狃目前因循之見，聽諸將狡懦之談。謂邊垣長而守兵散布，守不可固；謂虜衆强而我兵寡弱，戰不可勝。是皆上負國恩，下挫士氣，不忠不勇，罪當首論者。若不察地形、虜勢，不論衆寡强弱，徒事操切，調度失宜，舍當守之并力而概從不急之守，乏料敵之勝算而徒督無算之戰，則無濟疆場，無益戰守，罪復何辭？若臣等督撫諸臣果能勢[一]竭心思，廣集衆慮，審勢審敵，調度有略，而諸將或故違節制，自致疏虞，或安於畏怯，不克戰守，則國典具存，罪有攸歸。

臣仰遵先時廷臣集議及今該部、該科之議，奮思上報君父知遇之隆恩，圖彌全陝異常之災變，自蒞任以來臥薪枕戈，日不暇給，節將四鎮邊腹城堡、兵馬、芻餉、衣甲、器具、墩塘、哨諜一應戰守事宜極力督理，幸十完七八，時日、財力有限，期以秋中才可通完。飭練四鎮官兵，除布守信地外，躬率延、寧、固三鎮官兵於七月初一日馳赴花馬池一帶大邊，或照舊規分牆擺伏以禦套虜之攻潰，或布諸將分屯要害以禦延綏中、東二路無邊之虜衝。仍留陝西參將及入衛初回固原游兵各一枝，蘭岷參將、固靖守備各營兵馬專備河西賓兔、黃台吉諸酋，以防浮河竊犯。除分馬、步以定戰守，張疑兵以更夙玩，修城垛、壕塹以便瞭守，稽火器、定教習以備長技，嚴夜巡以防虜襲，嚴哨探以察虜形，慎烽火以預斂備，察地形以決戰守，定衆志以破群疑，查糧餉以充軍食，禁貪冒以節客餉，稽塘馬以速傳報，恤疾厄以清藥餌，緝奸盜以嚴牆守，共一十四事，刊具條約，通行四鎮文武諸臣一體經理。其腹裏府衛州縣城堡、團練、防禦、盤詰、收斂、傳報事宜，選委空閑將官分投各路駐劄適中城堡巡行督理。及開具條件，刊發告示，每城一二道，省諭軍民遵照自守，通行各道一體巡行申飭，共固秋防，仰慰西顧。臣不敢徒循故事，止爲文具，煩瀆天聽外。責在四鎮撫、鎮諸臣同心恊力，隨機應變。陝西三司，守、巡、邊、兵各道，近邊各府、衛、州、縣，各鎮副、參、游、恊、操、守等官，各以職掌各務實心實政，共效忠勇，上畏天變之頻仍，下圖消弭之職任，雖未能保胡虜之不至，各思恃以待虜者爲有備。幸天心悔禍，秋防無虞，臣亦可藉免鰥曠之罪。

今將分布官軍，申嚴軍令，修繕過邊城、器具，預定過戰守機宜四事開列前件，遵議條奏。伏乞敕下兵部，查臣議行事宜，如果可濟邊圖，申飭各鎮撫、鎮各官一體責實施行。如或自分彼此，驕抗誤事者，容臣遵照勅旨具實參治。臣不勝憂危激切之至。謹題請旨，計開：

一、分布大邊擺守伏空官軍畫地戰守

查得延寧大邊，東自延綏新築龍州薺草溝墩起，西抵寧夏橫城馬頭鎮河墩止，共計五百一空半，各布官軍不等，二鎮各分三段。延綏東段自薺草溝墩起，寧塞營小蒜澗墩止，共布守牆馬、步官軍三千一百七十餘員名，伏空馬、布〔二〕官軍一千八十二員名；中段自小蒜澗墩起，舊安邊、安遠二墩止，共布守牆馬、步官軍四千二百三十六員名，伏空馬、步官軍一千四百二十四員名；西段自安遠二墩起，鹽場堡定北二十二墩止，共布守牆馬、布官軍五千六百六十九員名，伏空馬、步官軍三千三百七十四員名。寧夏東段自定北二十二墩起，安西十一鋪止，共布守墙馬、布官軍三千四百八十八員名，伏空馬、步官軍二千五十五員名；中段自安西十一鋪起，"清"字六鋪止，共布守墙馬、步官軍三千七百八十一員名，伏空馬、步官軍九百三十員名，餘炮馬六十一匹；西段自"清"字六鋪起，橫城馬頭鎮河墩止，共布守墙馬、步官軍四千三十七員名，伏空馬、步官軍一千三百六十七員名，餘炮馬六十二匹。各分信地，搭蓋窩鋪，隨牆修挑營盤，各携軍火、器具。自七月初一日嚴督延、寧、固三鎮總兵、各路參、協、游、守等官，各統所部官軍，遵照臣原布條約晝夜伏守，仍聽沿邊各道不時稽察，一應戰守機宜俱聽臣隨時調度。

一、分布四鎮官兵以備邊腹戰守

（一）延綏西路既有大墻伏守，其中、東二路邊墻未修，并西路各營布剩官軍，已行撫、鎮通行各副、參、游、守等官，除擺伏大牆外，游擊陳銳兼防清平，與中路參將吳嵩兵勢相聯。吳嵩兼防龍州城，與西路參將郭鈞并守備孫朝棟兵勢相聯。郭鈞兼防把都河、柳樹澗堡，與定邊副總兵劉濟兵勢相聯。游擊竇淮統領有馬官軍一千五百五十餘員名駐札懷遠，兼防威武、波羅，與陳銳兵勢相聯。鎮城游擊胡立家統領有馬官軍一千四百六十餘員名駐札響水，督同保寧守備王通兼防魚河、歸德，與竇淮兵勢相聯。總兵官董一奎統領正兵營有馬官軍三千九百二十餘員名，在鎮城適中調度，兼防常樂、雙山，與胡立家兵勢相聯。東路有警，即統兵趨高家堡；中路有警，直赴鎮川堡；西路有警，由西川清涼寺預赴威武堡，隨賊截殺。高家堡守備徐綱統領有馬官軍三百餘員名駐札本堡，兼防建安，與董一奎兵勢相聯。分守東路參將高天吉統領有馬官軍六百二十員名駐札神木堡，兼防大柏油、柏林、永興，與徐綱兵勢相聯。分守副總兵牛秉忠統領有馬官軍八百餘員名駐札孤山堡，督同清水營守備王廷政兼防鎮羌、木瓜園、黃甫川，與高天吉兵勢相聯。如果東路哨明虜聚，聽巡撫督發標兵及正兵千名專官統赴高家堡駐札，東援孤山。副總兵南防柳樹會、葭州、府谷各府縣。

各官務要無事嚴加操練，振揚兵威，差人遠哨；遇有警報，酌量虜勢小則本枝兵馬自行堵剿，大則各枝鄰兵不待調遣馳赴合營，相機拒戰。萬一虜衆潰牆及由響水一帶入犯，各該將領各取捷路抄出虜前。胡立家兵馬直趨鎮川堡拒墻邀堵，竇淮兵馬直趨清凉寺、雙廟兒、石人坪，中路參將直趨筆架城、蘆關嶺、紅石峁、臥牛城一帶，清平游擊直趨黃草塔、小滴溜、白洛城，各擇東西兩川要險，會同各守口官軍設伏拒堵。安邊參將直趨順寧巡檢司及金湯川、吳旗營，定邊副總兵直趨石涝、三山、饒陽，各相度虜勢向往，協同內地伏守官軍及走馬城原布固原游擊、甜水堡原布環慶守備兵馬相機拒剿。不許迁避，致虜深入，自干法典。其各城堡官軍調遣、差撥數多，在堡所遺步軍寡弱，不敷城守。各守把等官預將本堡見住不分軍餘、舍丁、客戶，但係精壯者編派成隊，量給器械，認定垛口，平居各便生業，遇警督發上城，各照信地與同堡軍協力擺守，俱聽操堡官管束提調，有功呈報，一體陞賞。秋畢，聽明文挈放，不許指以查點科擾堡人，妨廢生業，致滋嗟怨。違者查告得實，定以軍法重治。

（一）寧夏鎮除河東大牆分布擺伏外，其河西、西北二路廣武、玉泉協守各營兵馬無多。原留入衛初回奇兵除擺墙外，尚餘馬、步官軍一千一百餘員名，并正奇、兌馬、餘炮，馬、步軍相兼分布沿河、沿山防守。沿河步口自顯聖廟起，新邊馬頭墩止，分爲三段，查照舊規定撥正奇營兵五百名、官二員分防上、中二段，平虜城參將營軍二百名、官一員分防下段。各步口量撥哨船數隻，及定撥哨河、巡邊奇兵二營家丁，監同北路夜丁船隻，每十日一哨，省嵬沙嘴、苦水河一帶有無大虜沿河住牧，以便東西防禦。沿山關隘及腹裏城堡各分南北二段，各照舊規分布官軍，責令參將崔廷威、守備張應祥各委千把總提調，副總兵總理督查。平虜北長城新邊自馬頭墩起，至鄰山堡止，共三十八里，亦分三段。每段撥軍不等，共官軍五百五十名，定委千把總官二員分段擺守。有警參將住札威鎮堡，相機截殺。西、南二路廣武、中衛各新舊邊關延長三百餘里，西路參將分布石空寺官軍二百五十員名、把總官一員，協同本堡操守官專防本堡。本營布剩兵馬，參將統領，酌量緩急分布鎮靖、宣和、鳴沙州、威武、柔遠、新舊寧安等各堡按伏。廣武營協同分布棗園堡備禦官軍一百五十員名、委官一員，與同本堡操守官兵駐防本堡。本營布剩兵馬，協同官統領，及布張恩堡收斂十名餘聽警截殺。

已咨行撫、鎮督行副總兵、參、協等官，將原布各段堡兵馬，無事合營操練，振揚兵威。如報山後有虜未入口，各拒關循牆，督同原守關官軍扼險拒守；虜或入關，分發各堡防禦。副總兵將有馬布剩選鋒官軍、家丁聽南北哨明虜踪，如北路有急則駐札周澄堡，沿河有警則駐札李綱堡，西路有急則駐札大壩堡，各聽警就近策應。仍將巡邊營家丁聽巡撫督行中軍官分布沿山、沿河各段，每月上、中、下三旬分番監哨水頭，及乘船監同北路哨丁下哨五岔河、石嘴兒、鎮遠關有無夾河住牧及東西虜賊浮渡踪迹以察虜形，相機戰守。靈屯五堡及紅寺堡、半個城仍行參將何其昌及拘集報效軍丁分布防守，專官提調。并將奇兵布剩無馬步軍每堡預定三五十名，聽警過河策應，及於沿河接近西路寧、安各堡紅古城地方設塘防哨。賀蘭各山口查照節年原議委官監督，仍令原發武生將貯各堡火炮安設待虜。果山後虜勢重大及北路有警，作速報臣，聽發鎮守官兵西渡截殺。一應塘馬、收斂、城守之規，督行地方、屯田各都司、各衛掌印官遵照節年議行事宜加慎防範盤詰。

其河東靈州、沙井、石溝、鹽池、韋州、鐵柱泉、隰寧、會安、萌城、後衞、山屯、張貴堡，或原無兵馬，或兵馬盡調擺邊，行總兵官將各擺邊官軍各照地方預行分撥，大城二三百名，小城百名，各定委一官，各認信地。無事行各驛遞、操堡官申嚴城守，盤詰收斂。萬一虜或入邊，即督各官各統兵馬取道急趨各城堡協力防禦。所遺牆空酌量緩急，并守墩鋪，務內外有備，東西兼防，無致疏虞。總兵官仍將分布過兵馬、委官職名册報查考。各官兵不許觀望畏怯，致玩寇弛防，自干重典。

（一）甘肅鎮孤懸河外，番虜交侵。今秋大虜七枝見駐莊、涼山後，春夏屢肆掠番，秋來必侵內地，已行撫、鎮通將鎮城正、奇、游三兵及各路副、參、游、守備禦官軍，哨明虜踪，相度緩急，聯絡分布，扼險拒守。仍行各營精挑選鋒、慣戰軍丁及巡撫標下家丁攢成隊伍，專委勇敢精練知兵官員統領，專備衝戰。及各營無馬、弱馬官軍分布各城堡、險要，委官操練，外振兵威，內固城堡。

莊浪兵馬單弱，查照前巡撫都御史石□□議題事理，督行都司及坐營官，應添撥者速與添撥，應召選者即與選發。如虜駐扒沙、蘆塘、小松山一帶，本營官軍慎防信地，涼莊游擊陳愷統兵於紅城上下駐札應援，西寧參將吳鳳選鋒兵馬移駐碾伯，兼防巴暖、三川上下川口。臣先已調河州參將駐札私化寺，兼防張塔等臺。蘭靖參將沿河聽警，如虜犯莊、浪，即統兵過河，於潛麻灣、紅城一帶策應；如虜駐大松山、黑馬圈一帶，除涼州副總兵鄭印兵馬慎防本境城堡外，陳愷兵馬移駐黑松驛上下。甘肅游兵駐札古浪、高臺，奇兵移駐永昌，各遇警互相策應，專防大川耕牧城堡。如虜營移西，住牧山丹鎮番山後，各城參將、守備兵馬各防本地，甘肅游兵移駐永昌，奇兵仍駐高臺。鎮守分兵一哨出屯平川，餘兵在鎮城居中調度，防禦大川城堡，預期收斂屯餘家口入堡，聽留壯丁在田耕牧。如虜移營西海，肅州、西寧二參將兵馬分布附近城堡，深哨嚴備，以防不時窺犯。鎮城正、奇官軍相賊聲勢，先趨近地，聽警截殺，仍報臣處，聽行洮河一帶各將領一體戒備。

查得該鎮將領昔皆貪懦成風，爲虜所易。今去者見蒙參究，代者各係選補新任，須各奮忠勇，撫恤疲軍，精練技藝。遇虜入犯，或出奇扼險，或邀擊搗剿，互相策應，共固疆場。不許觀望逗遛，避難推奸，及輕率寡謀，陷賊誘伏。仍修繕墩壕，選發深哨，預得虜形，免致突犯。臣今遠駐花馬池，一應軍機有難遙制，俱聽撫臣隨宜調度施行。遇警一處一事，止許一人傳報。各官勿亂差多人，致擾塘驛，舛報虜情。仍不許隱罪要功，虛張虜勢，查訪明實，定拿中軍重責，將官參治不貸。

（一）陝西鎮原設腹裏，每冬河凍，靖虜沿河外接莊、涼，始布河防。近年賓兔諸酋分駐松山，不時往來沿河，乘虛浮犯寧、固內地。冬深踏冰，謀搶固靖、安會，西過大通河，侵掠蘭靖及張塔諸臺，沿河千里即成極邊。今秋虜衆分駐河西，恐窺我兵赴邊乘虛竊犯，未免外顧內疏。除擺牆、伏空官軍各布信地外，正兵營量留官軍六百名，專委把總官二員，分發安定、會寧二縣，專備有警收斂人畜，防守城池。靖虜守備袁世威所部兵馬分布沿河上下各墩塘，防禦沿河浮渡零寇，分番遠哨小松山、蘆塘湖、一撮毛等水頭，如有虜聚馳報。西路游擊統兵沿河并力防禦過剿，務於寧夏西路參將營會同接哨，必得虜形。蘭靖參將兵馬專委原任游擊陳力署管整練，內將無馬、弱馬次撥官軍分布一條城二百名，買子堡二百名，窄道兒二百名，各專官一員提調，沿河巡守。該營有馬選鋒軍丁合營操練，不時分道輪差丁夜夾河深哨。如虜賊聚犯莊、浪、西寧，統兵於紅城一帶迎剿；如犯沿河，隨賊聲勢，或沿河扼堵，或抄出賊前邀擊；如虜犯河州歸德所、弘化寺一帶，即於河外各臺賊經川口邀截歸路，務遏深入，保全內地。其河州參將兵馬三秋移住弘化寺，專防本境，兼修沿河原議各臺城堡以備冬防。洮岷參將兵馬屯札洮州，無事仍在本境練兵餵馬，督率西、固、階、文各守備官軍，遇各路番賊出沒，督各守備官相機防剿。不時差人河西深哨，如報大虜住牧西海，窺犯西寧河外歸德堡熟番，即於接境地方擇地扼險屯兵以防深入，仍與西河各參將兵馬聲勢聯絡以伐虜謀。固原西路游擊楊鰲兵馬入衛初回，士馬疲勞，除分布西安二司，於涇州、宜禄一帶內防外，餘二哨兵馬暫住西安州休兵息馬，間日操練。定差塘馬，一哨下馬關，一哨靖虜衛各守備處，一哨固原鎮城陝西參將處。如報有大虜入犯消息，即統該營兵馬隨賊向往抄前迎堵。北路游擊哈欽營，無馬一哨留駐靖虜城，隨同守備袁世威兵馬分布沿河防守；餘有馬二哨原布走馬城、越樂城一帶駐防。慶陽東川內地預撒塘三哨，一哨定邊營，一哨靖邊營，一哨花馬池。如報有大虜入犯，即北援石澇、三山，東援保安、安塞、鄜州、西川、隆益、張村、邵莊、合水一帶，西援白馬城、彭陽城固原西路一帶。如虜由下馬關入犯海剌都迤西，本官即統兵會合陝西參將兵馬於鎮戎、平虜、黑水苑一帶截殺。環慶守備兵馬駐札甜水堡，外哨花馬池有警，內援紅德、環縣、慶陽西川一帶城堡。如東西有警，各隨賊向往截剿。固原守備兵馬仍駐下馬關，外哨花馬池，北援韋州，南援平虜、鎮戎，西接紅古城、西安州各信地。如報虜犯蘭靖，仍會諸將分路迎堵以遏深入。陝西參將張傑兵馬，除步兵分布一哨擺邊外，餘二哨駐守固原鎮城。如報各路有警，聽撫臣調度，馬軍會合各游、守兵馬隨賊截殺，步軍仍分布鎮城及附近苑監各城堡協力防守。

各枝兵馬雖布有信地，數既不多，地復遼遠，山川隔阻，城堡星散，必須諸將各於信地遍履城堡，查閱門橋，派定城守，預分收斂之兵；嚴明烽火，擇高阜山岡安設柴塘；相度扼險，虜所必由道路挑挖溝塹，安置火炮。無事不許亂傳，驚疑軍民。果哨明虜入，一面領兵截剿，仍於各山放炮張疑，分投收斂人畜。各地方官各固城守，各道於各兵馬駐札處所行各倉場多備棋炒。各官軍自備雨具、水袋，每調出兵，各給棋炒三五升、馬料五七升，以備軍馬食用。每日操演弓矢、銃炮，遇警毋或倉皇畏怯，務出奇扼險，遏虜衛民。如有迂道避虜及輕率寡謀致有疏虞者，定以軍法重究不貸。

一、申明例以嚴督察

卷查先該前總督侍郎霍□條陳，每歲防秋議定榆林管糧道移駐高家堡，靖邊管糧道仍駐靖邊營，係延綏鎮東西適中之地。靖邊管糧道仍提調邊墻，東自鎮靖獲窩山墩起，西至舊安邊關門二墩止。寧夏兵糧道移駐清水營，提調邊牆，東自“興”字三十八鋪起，西至橫城馬頭鎮河墩止。餘舊安邊關門二墩迤西至鹽場堡責之布政司防秋道，駐札磚井堡。其鹽場堡至興武營迤東責之按察司防秋道，駐札安定堡。各分地稽察伏守官軍以嚴門戶之防。分守河西道移駐環縣，分巡河西道移駐延安府。分守關西道仍駐涇州，有警移駐平涼府。固原兵備道仍駐固原，有警移駐鎮戎所。分守隴右道仍駐鞏昌府。分巡隴右道仍駐秦州，有警移駐會寧縣。臨鞏兵備道仍駐蘭州。守巡關內道仍駐省城，有警分守移駐耀州，分巡移駐邠州。潼關兵備道有警移駐白水縣。無事則嚴督所司及時修守，聞警多方隄備以謹堂奧之防。

及稱邇年人心積玩，邊備久弛，先期不行設備，臨警方事收斂，及失事罪責不及，彼且諉之將領傳報不速、發兵不早，通應嚴加申飭。各道務要同心戮力，共圖保障。候防秋事完，果能督理有方，勞績茂著者據實疏薦；若照常玩愒疏防，誤事者照例參究，等因。該兵部覆奉欽依，備咨前來，通行欽遵外。

今歲秋防，查得鎮靖之東新築邊牆、大溝四十餘里，磚井迤西、興武迤東，本部議請添設定邊兵備道，行催將至。沿邊四道各有分定信地，按察司防秋道已免赴邊，宜各照信地責成提調。如該道秋前尚未到任，仍令布政司防秋道代管延西、寧東各段邊牆，仍駐花馬池，往來協同各道巡視督察。其臨鞏道沿河多警，仍於河州平灘堡上下沿河往來巡視，督修邊垣，慎固河防。洮岷兵備道仍駐洮州，巡行階、文、西、固，協同參將防剿番寇。河外有警，督發官兵於西寧、河州接境策應。涼州、西寧、甘肅、莊浪各守巡、兵備等道各駐信地，聽撫臣調度，督同各將領整兵儲餉，專備西寇。

歷查各道各有邊腹地方之責任，節奉廷議，責以修守防禦之實政，誤事者嚴以失守并逮之罪譴。先經前軍門分定信地，兵部覆奉欽依，本部節經申飭，凡修繕邊垣城堡、選練軍馬鄉夫、置造軍火器械、預定傳報收斂、儲備芻糧、盤詰奸細，文移已至再三，督責每過嚴切。各道務須仰遵明命，俯思職業，務恊心力，共事安攘。勿以奔走迎送坐誤邊計；勿洎升遷解脫徒事虛文；勿因循姑息而違道干譽；勿畏難憚勞而養重疏防；勿輒逞愛憎而低昂將領，致混功罪；勿承望風旨而搜索邊情，致亂名實。防秋三月，節有各院巡歷承委，亦須明白申呈，亮能輄念地方，不妨續理。於凡臣謬議一應邊腹防禦事宜，各須檢閱參酌，通行各屬一體遵照幹理。沿邊各選差官舍於各將領處，腹裏選撥兵快於近邊各道及各城堡，各訪報虜情。如各將領有賣放官軍、扣克行糧、防守不嚴、遇警觀望逗遛情弊，聽揭報軍門懲究。內道訪明虜踪及地方兵將情節，具由呈報，勿得輕聽訛傳，屢行收斂，致妨農惑衆，及揭呈各院邊情互异，致奏報异同，自戾直道。如有防邊禦虜長策、扼險遏敵英略，應議呈者呈報，應自處者隨宜裁處。秋防畢日，果有安攘奇績、憂勤實政，容臣具實旌薦。或違慢怠弛，不屑邊務，法例具存，責有攸歸。通呈撫按衙門知會，各將遵行及到信地甘結繳查。

一、申嚴軍令以振紀律

伏睹臣原節奉敕諭："臨陣之際觀望退縮不用命者，自都指揮以下許以軍法從事，軍衛、有司有犯，指揮、知府以下俱許就便拿問，依律處治。敕內該載不盡者，俱聽便宜處置而行。"欽此。及查近該廷臣集議"一、申軍令"，內開凡係領兵官，不分總、參、游、守，臨陣之時但有部率退縮者，許各即時斬首。其領兵官臨陣退縮者，把總以下，許總兵及副總、參、游即時斬首，呈總督奏聞；參、游、副總，許總兵官取具死罪招由，呈總督奏請。中間如有懷挾私讎、臨陣報復者，聽督撫、巡按御史指實參究，從重治罪，等因。題奉欽依，備行遵守。

隨該臣題，爲恪遵聖諭，條陳邊務以圖安攘事，內"請^{〔三〕}撫臣旗牌以肅軍令"，查得陝西四鎮撫臣建設之初不預軍務，原未頒降旗牌。近年邊方多事，添募標兵，一應軍馬、戰守胥責撫臣調度，緣未奉令，擅難以軍法從事。且副、參、游、協等官各有欽降旗牌，得以軍法行於部伍，而巡撫重臣因未請頒旗牌，反無威令施於官軍。平時猶可苟延，即今虜勢異常，軍威不振，廟堂之議皆畏法令不行，官軍畏敵而不畏將，總兵之令不行於偏裨，諸將之令不行於部伍，釀成積弱之弊。既經會議，題奉欽依申嚴軍令，誠可振肅軍紀。必須各鎮撫臣頒賜旗牌，俾得會同總兵提調軍務，凡遇戰陣，副、參、游、守等官退怯者先取死罪招由，其各營中軍、千把總等官軍前得以軍法從事，標下官軍違令立斬以徇。總兵官姑息玩怯，法令不行，聽撫臣糾正參治。且撫臣各以憲職，平時當屬豐裁，臨軍必審機略，進止緩急，戰守奇正，使能調度有方，督察無爽，假以朝廷威令，將士自當畏憚，不敢玩愒，自干刑戮，視總兵威令精采必倍，等因。該兵部覆奉欽依，蒙將各鎮撫臣改降敕諭，各頒賜令旗六杆、令牌六面，欽遵行事。

今照秋防孔棘，官軍已經分布，若非紀律整肅，號令嚴明，何能守固戰勝？且今時守邊將帥多不知兵，兵不習戰，號令不明，紀律久廢，一遇虜賊，相率避匿。間有敢戰之將，而無效死之軍，及至將官被罪，略不究士卒以正軍法。以故軍士前進多思畏敵避死，而退却反遂逃刑偷生，求畏將不畏敵、敢進不敢退如古法難矣。除平時撫恤之恩、訓練之法節經申飭稽察外，今遇秋防，大小將領無事督率官旗操練技藝，稽察糧餉，攢喂馬膘，禁治游惰，務使恩信昭孚；臨敵務遵近日會議欽依新例，申嚴號令，賞罰必公，進止有律。但有官旗退縮者，輕責[四]割耳穿箭，重則梟首徇衆，逃避者捕獲解臣，照例處斬。偏裨怯懦疏防，總兵官即具死罪招由呈臣參究。若總兵官依違不能行法，致三軍玩肆，坐誤軍機者，聽臣遵照節年兵部題准明例，先取死罪招由參究正法以懲庸懦，庶軍令嚴赫，士氣振肅而戰守可恃焉。

及查兵部申明事例，凡遇虜賊止以血戰為功，不以損傷為罪，真可勵戰功而懲苟全。但勘者每計殺擄而略戰功，有違欽定成例，通應申明遵守。今後或有大虜率衆深入，或攻潰牆守，除信地將領隨機邀堵，各鄰近大小將領哨探本境無事，不待調遣即馳赴策應，務要各奮智勇，戮力拒剿，或乘夜劫營，或設伏掩殺。果能拒回大虜，保全地方，倘行損傷，容臣照例題請，仍錄功論賞。若信地不能固守，鄰近不行策應，虛張聲勢，掩飾罪過，貽患地方者，副、參、游、守以下定照新例以軍法從事，為首軍丁綁送軍門斬首以徇，庶奮勇者可免疑懼，而奸懦者難遂巧脫，戰功可立，保全可望焉。

再照《兵法》曰："所患於軍者三，不知軍之不可以進而謂之進，不知軍之不可以退而謂之退，謂之縻軍。不知三軍之事而同三軍之政，則軍士惑矣；不知三軍之權而同三軍之任，則軍士疑矣。三軍既惑且疑，則諸侯之難至矣，是謂亂軍。"言軍機當審，軍令當一，庶戰勝可圖也。若知進而不知退，以弱犯强，以寡敵衆，冒山川之險以輕進，喪師辱國，死有餘辜；知退而不知進，避敵偷生，縱寇養亂，觀望逗遛以輕退，則不忠不勇，法所必誅。責在將領審勢審敵，知進知退，能勇能怯，以威敵全師也。若不知其事而同其政，不知其權而同其任，各屬威嚴，未合機宜，則令出多門，軍無定志，而戰守俱困，故軍令必嚴而主令須專。且陝西四鎮隔遠數千里，臣提兵赴邊，各鎮分布調度，既竭駑鈍，中間虜情變詐日夕异態，兵馬調遣遠近難齊。撫、鎮各官各駐邊地，既奉旗牌，廷議許以便宜調度。各該將領，臣雖分布畫地伏守，復申以臨警不待調遣互相策應。若有觀望誤事，聽巡按御史勘明參問，軍法自難輕貸。如各院相離隔遠，聞報有警，遠地將領或一時策應難及，或本境各有虜患者，可免概事調遣，致奸猾推諉，勞師費餉，進退無濟。往失可監，後患當虞，臣不敢依阿緘默，自墮法守。伏乞勅下兵部，會同都察院通行申飭，庶令專而衆志可定、例明而功罪有歸焉。

一、修繕邊壕城堡查製軍火器具以責實效

臣去冬十二月蒞任，節奉欽依、廷議，查得全陝近邊城邑北虜素所垂涎，腹裏郡縣鄉村堡寨盜賊乘間竊發，俱宜高城深池以戒不虞。邊墻連女墻務高三丈二三尺，頂闊丈餘。城堡務高三丈五尺，頂闊丈四五尺。城壕務闊三丈，深二丈。平地壕二道，遇山坡或近河各一道。扼險道路各築關墻、券門，兩傍築墩臺。并各路邊墩、河西邊壕、墩榨[五]，已經通行都、布、按三司、守巡、兵備等道，嚴督各府州縣、衛所掌印、操守官，各將所屬城堡、墩臺、窰寨選委精勵官員踏勘，趁春修葺，至秋通完，以固保障。若工大夫少，應作何協濟，并犒賞、器具，照依廷議事理，量動官庫收貯司道、府州縣紙贖銀兩通呈支用，事完册報查考。其守城軍壯亦要逐項清查，有無堪用、缺少，酌議增補，逕自施行。節經咨行各鎮撫院一體經催，及累行各道分投委官派夫，克期督工閱視去後。

近據榆林管糧道册報，修完所屬綏德、米脂等州縣常樂、雙山等城堡共二十五座，山寨、崖窰、地洞九十六處。靖邊管糧道册報，幫修過延綏西路邊墻各段不等共六十五里零二百六十步，修葺過清平等城堡二十一座、墩臺八十三座，添築墩臺九座。分守河西道册報，修過慶陽府環縣内外城及所屬劉家等城堡二十四座，委官原任都司張麟圖催修完分巡河西道所屬延安、綏德等城堡二十一座。分守西寧道册報，補修過所屬大中墩一帶邊墻九十八丈二尺，幫築過涼州衛上古城等堡墩一百五十五座。分巡西寧道册報，修完所屬平川一帶邊墻九百二十丈。敵臺一十三座，上蓋鋪舍一十三間。暗門二十座，每座蓋小房二間。洮岷兵備道册報，修完所屬岷洮、西固等衛所城堡、墩臺三十五座。西寧兵備道册報，修完所屬西寧、伏羌等城堡一百二十五座。臣委官原任參將胡燦修完固原道所屬西路城堡五十七座，原任參將施霖修完固原北路城堡四十一座，指揮文徵會同長樂監監正周崇政修完長樂、靈武二監各苑城堡三十七座，固原州同知李星修完隆德、靜寧、莊浪、青家驛等城堡四座，原任游擊祁棟修完慶陽東西兩川并寧州曲子驛、賈家驛、水鉢遞運所等城堡四十八座，原任守備陳天福催修完合水、安定等縣隆益、張村等城堡一十二座。固原兵備道册報，修完所屬甘州群牧所城堡一十五座。其餘腹裏守巡各道各呈報應修城堡數多，興工日久，文册雖未造到，向因夏旱、地震之災，民生艱苦，工力有限，工大者量在七月終可完，工小者計在旬日内完報。

其軍火、器械，先該臣查得，省城、各鎮節年京降軍火器械及各衛所額造數多，各城堡多有官發及民間自置槍銃不等，久無稽查，率被經管庫役侵賣，通應查明以備秋防之用。已經咨行各鎮撫臣通行都、布各司，守巡、兵備各道，將各城堡見貯軍火、器械及各官民自置防秋器械逐一委官查驗，堪否應用，有無侵盜、損失，應追賠者就便究追，應改造者責令改造。如有缺少，各道呈動官銀，上緊製造，務堪實用。每城門二三將軍大炮、三四位快槍，手把銃各三五百杆，鐵鉛子各數千，盔甲各百副，火藥各三五百斤，庶緩急足備城守。

臣又查得陝西各衛所軍器料價節年派有定額，設有局匠，造有定數，節被管局官侵欺銀料，買閑局匠，指以軍民拖欠，百無一造。間有成造柴弓竹箭、薄甲鈍刀，不堪實用。先該總督侍郎霍□通行各道清查有緒。臣復催行查明，除究追外，行各道、衛所定委附近府州縣清軍官監同打造，勿拘年例，務補殘缺。各選匠三四名呈送臣處，督發固原軍器局，定式打造鋼甲、大弓、柳杆、大鏃、鋼箭，涌珠、鳥嘴等銃，藥弩等器仍發或督造，每季聽各道門列已未完件數呈報去後。

近據西寧兵備、分守西寧、榆林管糧、靖邊管糧、守巡隴右等道各呈報，所屬府州縣、衛所城堡見貯銅鐵火器、手把銃、斧、大刀、鐵骨朵、鉛鐵子、盔甲雖各有處備，恐仍因循誤事，又經催行各鎮撫臣、總兵官督催造發，務如臣原行之數。其榆林鎮屬各城堡軍火、器具缺少，先該臣議請，該工部覆議，蒙欽依准發共二千五百件。該鎮久已差官赴領，計亦將至，可備分給。除將臣督造鳥銃五百杆、藥弩四百張、新甲三百副、斬馬刀二百把、各武生製造火庫伏炮分給固鎮各兵，各鎮官軍聽各撫臣查給盔甲、器具、火藥、鉛鐵子，務足防秋應用外。其固原附近四路監苑、城堡數多，先年原發軍火、器械多被奸頑堡隊長侵隱損失，已行各委官查明，各另追究。仍將固原庫貯軍火、器具及臣新造火藥二萬餘斤、火綫十萬餘酌量分發，選委各路提調空閑將官施霖、胡燦、祁棟、文徵及守備丘岳、袁世威、陳揚，各照依原布信地，選帶教師巡行各堡，教習射打。

查得每年舊規，總督於春初即行各道修繕城堡，夏中行各道整備鄉夫、軍火、器具，秋初催行斂備，各道各有冊報，率循故事，原未躬親巡察，冊報雖早，絕無實績。臣自蒞仕，即行踏勘城堡，務各見舊基低矮尺丈，增新高厚若干，坐派軍民夫役，計工計日完報。盔甲、器具、火藥綫分別舊貯、新置、堪否。比至夏初，因勘報參差，恐誤秋防，沿邊分投選委各官，給以盤費，逐堡逐城會同各地方官勘議工程，克期修繕。及咨行各撫臣，責行各道一體催修。各道聞臣委官查催，亦各親巡察，幸完十分之七八。惟固原外城、平涼府關城工力浩大，雖督派軍民夫役萬餘經修三月，尚未通完。係近邊會城、重地，原未高厚，傾壞歲久，必須如臣原議尺丈修築，庶一勞永逸，預伐虜謀。應候陝西撫臣赴原防秋，督并參將營步軍，平涼、安東二衛新清屯軍，及防守軍校并原派軍民夫役，速行修築，務秋深通完，以備冬防。

除將各道已未完工程、已未製發器具通行查閱明白造冊，分等請行賞罰外，今將責實督修過城堡、器械總數先行開報，以備采查。

一、酌定戰守機宜以策將略

查得兵部集議內一款"明戰守"，謂用兵當審地形。各鎮形勢各別，戰守不可不辯。雖指薊鎮、山西而言，其陝西三邊延袤數千里，中間山川扼險、邊垣高厚之處即當布兵，如薊鎮之擺守；餘山川平漫，原無大邊，則當備兵，如山西之待戰。此兵家不易之定論、各鎮防禦之要機也。故有險不修、有邊不守於無險無邊同，養兵不戰、督兵無略於無兵無戰同，求以衛民威虜難矣。

今照陝西鎮蘭靖西臨大河，河外多係虜巢，冬深無險可據，三秋尚恃河阻，虜患稍緩。寧夏鎮河西外環賀蘭山險，北路極衝，東臨黃河，北據新邊，西路僻狹，修有新邊，率可扼守。甘肅鎮孤懸河外，山溪盤薄，南番北虜，中夾一路，川原無幾，沿山各有通賊溝道，沿途止設哨瞭墩壕，近雖間修邊垣，稍拒零寇，其大舉虜衆無可拒守。延綏中、東二路沙漠平漫，沿長七百餘里，舊邊淤没，各路官軍數少，勢難自守。惟延、寧大邊橫當套口之衝，四時非依牆哨備則零寇之出没難支，三秋非畫地擺守則大舉之攻潰莫禦，當責原布將領并力固守。倘遇虜衆攻牆，果能多方拒敵，俾虜無所恃其強衆，是能以逸待勞，以靜制動，方爲上計，其保全之功當受上賞。寧夏河西各路果能防範周密，使虜衆無侵，亦當并叙。其延綏中、東二路於甘肅各路當責原留各枝官軍，平時各須哨探嚴明，兵馬精練，遇虜入犯，或扼險邀擊，或合兵迎戰，果能大挫賊鋒，遏回強寇，是能以寡敵衆，以主勝客，兵獲勝算，雖有損傷，尤須論賞。如守者疏防失守，戰者避虜怯戰，縱寇深入，殘壞内地，罪坐不宥。是三鎮戰守之大略也。

然守牆者不可止徒株守信地，須練馬軍以備潰墻之合戰；修戰者不可輒忘守具，須扼險阻以防零寇之突侵。此戰守互用，使虜攻則莫克，戰則失利，方稱萬全。但勝難預期，兵貴多算，且驕虜深秋擁衆窺隙，或於邊牆溪澗難守之處，或伺風雨掣兵之時，或乘無牆衝要之區，潰牆深犯，計我伏守、策應兵馬不足當虜之半，是虜以衆強而臨我寡弱，欺我難備，奪我所恃，虜爲計得矣。我兵不量衆寡強弱，猝犯狂鋒，不知避銳避強之戒，每致覆師資敵之禍，是不知不可戰而督之浪戰，戰爲非計。或虜已入犯則猶事沿邊無益之守，或地不可攻而概布官兵徒資勞費，是守爲無策。臣今已謬行各鎮官軍一如前議，各分戰守，各奮忠勇，務期成功，勿甘罪譴外。

翻思大虜擁衆深入，必以精兵在前以迎敵我軍，其大衆必擇地安營，輕騎方四散搶掠，是虜之故智。沿邊各將官審果衆寡不敵，除差人分投傳報收斂外，即各率精兵，莫與決戰，各擇虜入要路邀出虜前，扼險拒堵，擇地列營，勿致圍困。各路各有拒戰，則虜衆自不能深入。如虜已散搶，內外將領各選精銳分投各城堡、山溝，遇零騎摽搶，則督同鄉兵奮力迎剿。使虜進不能前，散無所掠，或夜驚其營，或會擊其惰，庶可收保全雕剿之功。

夫虜之初入，以衆凌我之寡，我之各兵隨處與戰，則無所不寡而俱受其凌。虜之散搶，則彼衆已分，我之與戰者約矣，庶可撓其衆。虜若合兵來攻，我復拒險拒城，勿與輕戰，虜將坐困自歸矣。若仍循襲故套，三五合營，聚衆迎敵，使虜得合精銳攻衝我兵而縱零騎四散搶掠，非惟兵馬坐受圍困，必致地方大遭搶擄，亦何用於戰兵哉？且虜計千狡，或伏精銳於邊外而以零騎近邊誘我之追逐，或露空帳、馬、駝於水頭而伏精兵於近地誘我兵之出搗，或以一枝攻我之東而以大衆窺其西，或晝陽兵以東行而夜率衆以西犯。除深哨定形外，責在諸將，勿貪近利，勿輕遠追，勿因虜稍去而輒怠弛，勿見虜攻衝而懷畏避，自足伐謀全師而不戰屈人之兵。無論古迹，即往歲郭江之陷沒，失在不知彼知我，輕率浪戰以資虜耳；黃演之殞喪，患在不審勢審敵，貪功窮追以陷虜伏耳；瓦楂梁之失守，罪在時變因虜聚於西而自疏防守耳。此邊人所共見共憤者。監往圖新，責在諸將臨敵決策以自靖獻。臣已逐一開示地形向往，預授戰守方略。仰仗皇威明懸賞戮，如有故違節制、失誤軍機者，令典具存，臣不敢輕貸。伏乞敕下兵部，特請申飭諸將，勿容浪戰損威、怯戰避敵，務須出奇制勝，弭患威虜，臣亦可藉免憂懼矣。隨該通政使司類進，奉聖旨：“兵部知道。”欽此。

續准兵部咨，該本部覆議得，本部院條議分布大邊擺守、伏空官軍，分布四鎮官兵，申明舊例，申嚴軍令，修繕邊壕、城堡，酌定戰守機宜六事，均係目前秋防要務，合就開立前件，議擬上請定奪，等因。該部尚書霍□等具題，奉聖旨：“依議行。”

爲套虜猖獗衆强兵馬寡弱重鎮孤懸懇乞天恩俯賜增兵馬廣儲積効愚忠以圖戰守等事

卷查先准兵部咨，該本部題，據先任鎮守延綏總兵官趙岢題，前事，奉聖旨：“兵部看了來說。”欽此。欽遵，抄送到部。看得本官題稱，本鎮邊長一千五百餘里，套虜盤牧河套，日見猖獗，兵馬寡弱，戰守不敷，條上邊務五事。除閫外之事責在總督，不必另遣大臣以滋紛擾外，其餘“抽垛軍民”“充裕糧餉”“買補戰馬”“製造火器”等事皆目擊時艱，情詞剴切，具見本官實心任事之意。但未經督撫官會議，事干兵馬、錢糧更革事宜，據難輕擬，相應酌處。合候命下，移咨陝西總督王□□、延綏巡撫李□□備將趙岢前項條議事情作速審度時勢，從長計議。要見兵馬作何增加，錢糧作何措處，草料、馬價節年何故扣減以致累軍，軍民抽垛有無人情樂從，不致騷動，其分等補軍之法、製造火器之費，逐一采酌歸一，條分縷析，務求人心允愜，事體經久可行，上緊會本星馳具奏，以憑覆請施行，等因。題奉聖旨：“是。該鎮兵馬、糧餉事宜，著王□□會同鎮、巡作速計處停當具奏。”欽此。欽遵，備咨到臣。

看得本官條陳添兵增餉，必須酌其時勢難易、軍民良便，誠如該部所議，人情允愜，事體經久，方可議請。且該鎮軍士自有原額，逃故之數例常清勾。延慶土兵近多逼逃，臣先已條議清恤。其買補戰馬、製造火器，亦當先儘該鎮歲額孳牧、茶馬、樁朋、地畝、料物、料價查補造給，至於增添馬價、料草，據該鎮先年權宜支放之規，委屬虛冒。近該東路副總兵牛秉忠呈議，已批榆林東道查議，事在彼中，難以遙擬。通應再行會議酌處，已經移咨巡撫延綏都御史李□□，會同總兵官趙岢，將本官條議"抽垛軍民""充裕糧餉""買補戰馬""製造火器""增加馬價、料草"數事，查照兵部所議并臣近議逐一從長計議明白，必須酌量地方時勢，洞察軍民情苦，務可安内自治，徐圖守固戰勝，方爲確論。虛心延訪，備行各道定議咨報以憑會題，及屢催去後。

　近准延綏巡撫都御史李□□咨報到臣，會同議照，總兵官趙岢憤虜勢之猖獗，因軍馬之寡弱，思欲添兵增餉，用以破虜充戰，固爲將之勇略。但該鎮孤懸沙漠，延、慶府衛各屬乃其根本之地，連年招軍買馬，供饋轉輸，軍民貧已徹骨，逃亡十存四五。其沿邊綏、葭、米脂、吳堡、府谷、神木各州縣，延、慶、綏、榆各屯，地荒丁逃，將致空城空屯。内帑錢糧歲額不足歲支，司農百計籌畫，無可後繼。必如本官之議增兵添餉，歲費二十餘萬，招軍、置器、買馬一時費將三十餘萬，非惟公私無可處給，抑非歲月所可卒辦。其查本鎮先奉欽依招募清平游擊營兵三千，三年止得二千，復多逃亡。今欲抽軍數千，買馬數萬，其事勢、人情難易自見。所據本官之議雖足美聽一時，可估忠勇敢戰之名，要其務實安攘，公私良便，終非經久可繼之計。且兵貴精而不貴多，將貴謀而不恃衆。即衆可立辦，本官果能滅胡破虜以報國否乎？臣實未敢知也。若謁[六]軍民之財力，費帑藏之供億，而甘心於一逞，則尤非萬全之略。所據岢原議事理既經守巡、管糧等道參議等官劉一麟等僉同酌議前來，相應開立前件，隨款登答上請。伏乞敕下該部再加詳議，改募清平未募之兵以充正兵之戰，量添閣鎮馬匹之支、量增朋合買馬之價以濟軍困，清勾主兵、土軍以實營伍，清查歲造軍火、器具以濟後用，庶衝鎮兵馬、器具稍恃戰守，而内帑免給發之難，軍民無激變之虞矣。通候明命行臣等遵奉施行，謹題請旨。計開：

一、邊遠兵微不敷戰守

總兵官趙岢所題，延綏一鎮，東自黃甫川堡起，西至鹽場堡止，邊垣延綿，兵馬不敷，乞准延綏有馬官軍伍萬，除各總、副、參、游統領之外，餘兵再行會議添設參、游統領。如果五萬卒時難增，至少先以三萬爲率，搜查見在正、奇、參、游等營并標兵官軍各不等，共有馬一萬二千七百七十員名，無馬三千八百七十九員名，軍少一萬三千三百五十一員名。若發銀招募，此時人人俱不樂從，合於各營招集家丁二千五百名，尚少一萬八百五十一名，乞於本鎮各城營堡并延、慶二府州縣，不分軍民人户，每三五丁内抽一人，就赴鄰近城堡著伍。其馬匹除各營見在馬并明歲該鎮茶馬二千匹之外，舊操官軍内短少馬一千八百七十九匹，新召募家丁并抽選軍士該馬一萬三千三百五十一匹，共該馬一萬五千二百三十匹。每馬一匹價銀十二兩，共該銀一十八萬二千八百六十兩。軍器、盔甲、弓刀、撒袋各一萬三千三百五十一頂副把件，箭四十萬五百三十枝。乞敕兵、工二部照數查發，差官解邊。其新抽之兵每名量給銀二兩，少資營房之用，并歲增合用月糧、料草銀兩，令巡撫徑自奏討。至於各堡缺少守禦軍士，行令各守把官各將該堡逃故軍士限半年以裏，或拿户丁，或招异姓，或招家丁，務足各堡額數，隨到即行收糧，不許延遲以致逃竄，庶兵威自振，套虜自畏矣。

前件，臣等議得，延鎮切臨套虜，先年警報稍緩，兵馬僅足防禦。自選調入衛游兵四枝以來，年復逃亡、死傷，選補兑給，漸致城堡空虛，營伍殘缺。及今虜勢猖獗，戰守委屬不敷，故總兵官趙岢欲增兵給器，立法清勾一節。今查得正兵營，除各堡老家有馬官軍六百三十五員名係各堡之數，原非正兵不計外，實有官軍、家丁三千七百員名，内見在有馬二千九百四十員名，無馬七百六十員名。巡撫標下原議官軍、家丁三千員名，内見在有馬一千五百四十名，無馬五百五十一員名，短少家丁九百九名。鎮城游擊胡立家營原額官軍、家丁二千六十一員名，内見在有馬一千五百二十六員名，無馬四百八十員名，逃故五十五名。入衛游擊王國武營原額官軍三千員名，内該入衛有馬二千七百員名，已經買補完足，督發入衛訖；内留無馬三百員名，在鎮各堡防守。東路副總兵牛秉忠營原額官軍三千員名，内見在有馬一千一百二十六員名，無馬六百二十一員名，逃故五百四十一名，短少七百一十二名，原係西路龍州等城堡額派聽調之數，因該營移住孤山，隔遠動調不便，議令本營陸續募補。東路參將高天吉營原額官軍二千九百員名，内見在有馬四百六十三員名，無馬一千二百一十七員名，逃故一千二百二十名。中路參將吳嵩營原領〔七〕官軍二千員名，内除先該總督侍郎霍□經略題允，發回延安衛城操軍五百七十名外，實見在有馬九百八十員名，無馬三百五十員名，逃故一百名。清平堡游擊陳銳營原議有馬官軍三千員名，已完二千員名，見募未完一千名。以上各營共計原額官軍、家丁二萬二千九十一員名，見在有馬一萬三千二百七十五員名，無馬四千二百七十九員名，見募一千七百一十二名，逃故一千九百一十六名，短少九百九名。今以增三萬之數計之，除前見在、見募、逃故二萬二千一百八十二名外，短少八千八百一十八名，似應議補。

　　但查延、慶二府州縣地土瘠薄，糧差繁重。成化年間因移鎮榆林，兵馬分布不周，於二府各州縣抽取免糧土兵。後因近邊開墾屯田，每土兵一名又抽户丁二名屯種納糧。至嘉靖三十二年，又因挑選入衛兵馬數多，城堡空虛，復於土兵户内每名抽軍一名，是原軍一名節已抽至三名。沿邊營堡各衛屯餘先年屢次抽選軍丁，每戶亦不下四五名，所存殘丁供辦糧差尚難，今又令其抽軍，委於人情未妥，恐有意外之虞。且以今查短少軍八千八百餘名，計用營房銀一萬七千六百餘兩。新舊該馬一萬五千七百餘匹，除見領茶馬二千匹，尚該一萬三千七百餘匹，計用馬價銀一十六萬四千餘兩。軍器八千八百餘副，歲用月糧、料草銀一十五萬三千一百餘兩。值茲內帑告匱、邊餉急缺之時，竊恐難於處發。

各營兵馬數雖多寡不同，而守援緩急稍異，除標兵營已有三千有奇，短少之數應候陸續召集，入衛游擊王國武營馬匹已經處補入衛，俱無容再議。其東路奇兵，東、中二路參將，鎮城游兵，四營各有逃故之數，應令清勾頂補，與夫奇兵短少之數另行陸續募補外，正兵營軍馬係總兵官所統，東西援截，今止三千七百員名，似屬單薄，應增足五千之數。查得清平堡游兵營既有已完官軍二千員名，稍足守援，尚有未完馬軍一千員名，委因該堡寒苦，召募卒難如數。今應改議，行令靖邊管糧道將原發未募軍銀五千兩并馬價銀一萬兩、軍器一千副照數改發正兵營，嚴限召買，及於榆林衛五所故絕軍伍撥補，聽召異姓壯丁三百名，以充正兵五千之數。緣鎮城總會之地易於召集，即得濟用。其前各營并各城堡逃故軍士，不分免糧土兵抽選、老伍召募等項，但係各州縣者，俱照軍門近日題准事規，各將官查明開呈撫臣，責成守巡各道督行各府責委清軍官清查提解。其附近城堡地方，許各中軍、守把等官給批差人赴巡撫衙門挂號，著落所司嚴加清勾。有戶丁者拘各戶丁補伍，如果故絕無丁，准招異姓壯丁頂補，務足額數，隨到即行呈收月糧。限以半年，如有未完，以十分為率，中軍、守把等官比照管屯官催糧不及分數事例，未完三分以上降俸二級，完日照舊支俸；未完五分以上降俸三級；未完七分以上降一級，仍發邊方立功，三年滿日回衛，帶俸差操。府州縣清軍官比照管糧官催糧不及分數事例，未完二分以上住俸；未完五分以上起送吏部，降級調簡僻用；未完七分以上，照罷軟事例革職閑住。各該掌印官另行參究。其各營并各堡所缺馬匹，除免糧土兵亦照軍門近日題准事規，應自買補者自行買補，應官給馬償者俱聽本鎮陸續湊給茶牧、朋合、地畆根兩買補騎征。軍器亦聽各衛所、州縣軍民歲辦料物、料償製造給用。仍將改募過正兵軍人姓名、買給過馬匹、用過銀兩數目造册，聽撫臣核實奏繳，青册送部查考。如此庶兵馬不求於額外，錢糧無繁於請討，而邊腹軍民不致騷動矣。伏乞聖裁。

一、資料草以濟窮邊貧軍喂養官馬

總兵官趙岢所題，延綏設在萬沙之中，背居套虜，寒苦萬狀，無日無警，素有米珠草桂之謠。先年秋後草枯，馬不下場，月支料九斗、草三十束。後自賊首火篩等入套，不敢牧放，該前撫鎮官題准，不論四季秋青草枯，月給料四斗五升、草價銀伍錢。先議之時年豐賊遠，稍可足用。即今賊勢猖獗，每日在邊騷擾，但聞烽炮即出追敵，軍日不解甲，馬日不卸鞍。止得料豆四斗五升只可半月之用，草價銀五錢只勾十餘日之用，尚少半月之料、二十日之草無從措處。即以後月料豆兑賣與人以供馬用，月料不足又賣後月糧銀，人既無吃，馬亦瘦損，支持既難，只得棄馬逃走。養馬之累莫過延綏，極難於萬萬也。乞要將草價量增至六錢，除家丁之外，闔鎮每馬日得料二升，少存貧軍，邊地有賴矣。

前件，臣等議得，摧鋒破敵，馬力為先。延綏各路營堡地多沙漠，五穀不殖，芻餉艱匱，皆賴內地轉輸，比之別鎮委不相同。查得先年本鎮軍士操馬，始以虜未入套，邊外有牧馬草場，止於冬、春二季月給料九斗、草三十束。繼因虜酋據套，牧放不便，議令不論四季，每月給料四斗五升，草價銀鎮城者五錢，各堡四錢五分，是以半歲之需分爲一年之用，相沿至今。近年虜住臨邊，非時侵犯，兵馬馳逐，日無休暇，加之頻罹灾荒，料草視昔尤貴，以致馬匹瘦損，倒死日多，買補不能足額，誠爲惜輕費重。今總兵官趙岢欲將鎮城草價增至六錢，各堡草價照依常例，除家丁外，閤鎮料豆日給二升，無非恤軍養馬之意，今雖錢糧艱匱，亦難吝惜。但草價不獨鎮城爲難，而各堡攸同，如東、中二路各堡較之鎮城無間，西路各堡既有大邊，較之東、中稍可采辦。折支月糧則例，每石在東、中路折銀七錢，西路則折銀六錢五分。今料草之增近[八]應酌議以恤軍累，除料係本色，原無异議，應一例增給，而草束折價仍應分別等第。合無將該鎮軍士馬草價銀俱於原數之外，鎮城并東、中二路各堡每月每匹俱量增一錢，西路各堡每月每匹量增五分。料豆，閤鎮馬匹每月每匹量增一斗五升，通應准給六斗。其家丁料草先年已量增給，今應照舊。通計本鎮見在軍馬一萬四千七百八十三匹，共歲增料草銀三萬九千七百二十一兩八錢，係出上年會計額外之數，今應增入戶部年例，照數給發。此非敢爲市恩，蓋先年虜營頗遠，官軍尚有牧馬采草之時，猶可節省草料。近年虜勢猖獗，近邊住牧，出没不常，軍馬無可休牧，草料價復騰貴。及今不量加增，愈致馬瘦軍疲，戰守俱困，誠蕃[九]時酌勢之不容已者。歷查各鎮馬匹料草未必皆係半支，何獨榆鎮重苦疲軍？如蒙，乞敕該部查議上請，將前馬料、草價銀兩先行照數發解以濟緊急，以後年分如數增入年例，隨同預發，分給應用，庶馬力有賴，軍困可蘇矣。伏乞聖裁。

一、買戰馬疲累貧軍

總兵官趙岢所題，延綏買馬舊規，官軍出備朋合銀兩給軍，每十兩買馬一匹；京運原發銀十二兩，買馬一匹。因馬匹數少，不敷騎征，照依本鎮朋合事例，摶節均給十兩之數。但延綏人家不養孳生，每經買馬俱至固原地方收買，如十兩易買一匹不堪騎征，須得十三四兩或十五六兩方堪騎戰。有戶丁者量行幫貼一二兩，無幫丁者兌賣一年月糧有之，七八個月有之，甚有賣兒女者。月糧賣盡，無從叵〔一〇〕處，只得遺馬在逃。相應比照宣、大事例，不分朋合、京運，亦給十二兩，稍免軍士逃竄，少蘇幫陪之苦，亦是舊規，非出額外。

前件，臣等查得，延鎮買馬舊規，朋合、地畆馬價每十兩買馬一匹，京運馬價每一十二兩買馬一匹。自嘉靖四十年以來，因每歲入衛倒失馬匹數多，本鎮朋合、地畆有限，發到京運馬價數少，權宜比照朋合事例亦給十兩，原爲撙節湊補買馬之意。但延鎮臨邊州縣委不産馬，雖間有收獲入官達馬印給，數亦不多。凡遇買補，俱於陝西固原，山西興、臨各處産馬地方收買。緣十兩之馬率多矮小，必求堪戰馬匹，不免自出幫價，委屬累軍。今總兵官趙岢欲將馬價比照宣、大，不分京運、朋合，一例給領，似爲相應。合無以後本鎮凡買補馬匹，不分京運、朋合、地畆，每匹給價一十二兩，無拘兒、扇，惟求堪以騎征，庶官價均平而軍士幫貼之可免矣。伏乞聖裁。

一、請造火器以便破虜

總兵官趙岢所題，本鎮自造毒虎將軍、三眼快槍裝打便益。先年神木、鎮靖之圍，若非此器擊打取勝，豈能得解？今以三萬兵練一萬火器，他日勝賊在此也。合應請發毒虎將軍一千位、三眼快槍九千杆。在京或無此器，量發價銀於産鐵潞安府收買，在鎮委官親視打造，給軍應用，庶營伍得濟，戰守有所賴矣。

前件，臣等議得，禦敵之要莫先於火器。延鎮先年節蒙頒降各樣火器，數原不多，應敵年久，損壞過半。邇來雖量製造，隨宜給用，緣各路城堡星散，邊垣延長，歲復分兵防守，應用日多，製發有限，故總兵官趙岢以三萬之兵欲練火器一萬，請討前項毒虎將軍、三眼快槍等器。今查近該臣□因延鎮邊長堡多，器具不敷，題奉欽依，該工部給發盔甲一千副、鳥嘴銃一百把、快槍二百杆、碗口銅銃二百個、鐵佛朗機三百杆、連珠炮二百位，并各隨用火藥、鉛彈什物，硫黄一千斤，已差指揮聞金赴部關領未回。若復再行議請，恐京庫收貯有限，給發不敷。

合無候前項軍火器到鎮，酌量各城營堡衝緩、見貯器具多寡，定數分發以備戰守。登入循環，按季齎報巡撫衙門倒換稽查。如有損失，究治追陪。其不敷之數，照依臣□近議，將各衛所見貯軍需銀兩、料物查明的數，及酌量歲辦軍器多寡，或委府佐，或責掌印官，照臣□發去樣甲、鳥銃、腰刀等項，估計明白，如法督造，務足額數，件件合式堪用。其以前年分管局官侵欺冒破、打造不堪及軍民拖欠之數，通行各道嚴究追造，聽撫臣以次查發缺少城堡，正、奇等營，給軍教演，務期精熟以備緩急，庶營堡各有禦虜之技〔一一〕，京庫亦免紛討之擾矣。

奉聖旨："兵部看了來説。"欽此。續准兵部覆奉聖旨："依議行。"

爲套虜東西糾聚窺犯邊腹督兵伏禦斬獲酋衆首級奪趕達馬夷器事

據寧夏兵糧道僉事方岳呈報，查勘、紀驗過寧夏巡撫標下家丁把總指揮哱拜等八月二十三日北路山後邊外青山麻黄溝邀擊西旋虜賊，斬獲首級九顆，俱各真正強壯。內虜中頭目首級一顆，即令續後投降真虜辯認，執稱小頭目撒兒太恰是的。餘各分首從，解赴巡撫衙門紀驗、犒賞，候另題請核勘升賞。議係邊外邀擊強虜、斬獲酋首奇功，呈乞題請叙録，等因，到臣。

案查臣於七月初一日自固原督兵赴邊，分布延、寧、固三鎮官兵擺守大邊，分屯要害，修築水衝、牆口，選丁分番遠哨套虜向往，酌議戰守。除前月東西虜情節經各鎮撫、鎮照例半月、十日一報，及臣揭報兵部、兵科外，八月初一等日，據陝西總兵官郭震等節次塘報，屢遣丁夜分番出邊，哨得套虜各移帳近邊，在柳門兒、長湖一帶住牧。又據標下游擊尹濂報稱，本月初四日有達賊三十餘騎突至長城關外修墩工所，隨該本官統兵追逐出邊去訖。十四日，據擺守鹽場堡邊段固原游擊王紹勛收回降人徐畫童供稱，套虜吉能糾眾酋聚兵，要過河西，由靖虜沿河浮渡深犯審實庫，即固原地方，等因，到臣。

照得虜酋吉能自去冬踏冰過河，謀犯固原未遂，冬春節遣部落分住河西，冬、夏二次侵犯，被沿河官軍拒堵，未遂深入。今見各鎮官兵盡調守邊，內地空虛，糾謀出我不備，犯我脅腹，狡謀叵測。除臣原留固原西、北二路游兵四千，蘭、陝、西、靖參守兵馬四枝，及撥發固原正兵一司，分布沿河蘭靖、邊腹安會伏守，誠恐眾虜果肆內侵，原布兵力不敷戰守，即督陝西總兵官郭震將在邊固原正、游二營選鋒官兵分撥一千員名，責委原任參將楊津統領，由寧夏中衛沿河西行，及調原布走馬城固原北路游擊哈欽統領該營官兵二千員名，各馳赴靖虜，會同蘭靖署參將陳力、守備袁世威兵馬分駐沿河要衝、渡口伏守哨備。及咨行陝西巡撫，督發陝西參將營及固原守備各兵馬內地防禦。

隨據楊津塘報，承委統兵由寧夏中衛沿河揚兵，行至五方寺，選差丁夜浮過河西，哨得蘆塘湖住歇達賊三百餘騎，將本湖野草盡行殺倒，一半赴松山老營，一半由山後東旋。寧夏西路參將蕭文奎塘報，選差丁夜深哨得岡子嶺西來達賊灰塵不絕，往東行走，節經塘報到臣。

看得套虜吉能部落統帳近邊，遣騎窺工撲哨，似有糾聚倅犯之謀。西住賓兔、黃台吉諸酋屢過莊、紅搶掠番族，分兵移住蘆塘，殺倒野草，仍有乘虛浮渡之跡，務須東西分防，哨明虜踪，無〔一二〕可決策戰守。屢經通行延、寧、甘、陝四鎮各鎮巡官，嚴督各該大小將領整兵明堠慎防。并行寧夏巡撫標下中軍、原任游擊曹伸及原留河西副總兵張德，北、西二路參將崔廷威、蕭文奎，選差丁夜遠出北長城，沿河及分路於賀蘭山後西赴大小松山，接哨套虜有無過河，西虜送回孳畜各遠近踪迹。仍行擺牆各將領更番選哨套虜臨邊營帳多寡、虛實、向往，務得的確，飛報以憑調度。如機有可乘，即選精銳軍丁出奇邀擊，或奪趕孳畜，或掩殺虜級，俾虜懼遠徙以固邊圉。又行尹濂選差通事隊長卜羅赤等五十名，及調寧夏標下臣素選練該營千把總官鄭晹、阿木尚統領家丁一隊於安定堡按伏，各分番出邊，一體哨探。

續據卜羅赤回報，役等從定邊暗門出邊，哨至花沙子，達賊營帳在彼住牧，收趕達馬六十匹進邊。

本月十八日，據寧夏總兵官雷龍塘報，查照軍門鈞帖，選差家丁張敖霸等八名及興武營協同錢炳、家丁楊大斌等二名，從興武營暗門出邊，哨至敖忽洞，俱有達賊營帳，各役收趕大小達馬二十八匹進邊。

同日，又據阿木尚報稱，蒙軍門督發，本營把總鄭晹同職會差家丁那阿太等三十九名從安定堡暗門出邊，哨至敖忽洞，迎遇達賊二十餘騎，撲砍一處，賊敗退散，奪獲達馬一百二十二匹，中傷家丁一名單計時，射死官馬六匹，進邊。

二十七日，據曹伸塘報，蒙總督軍門鈞帖，前事，仰職選丁山後更番伏哨間。節據西路參將蕭文奎、協同葛臣哨報，西住虜賊邀趕馬、駝、牛、羊數千陸續東回，已過寺耳山、蒲草泉一帶，將近賀蘭山諸口。蒙寧夏巡撫朱都御史看得，大賊近邊行走，必圖侵犯，行職即照軍門原行，選差家丁把總指揮哮拜統領本營官丁土谷赤等，及行副總兵張德選發該營家丁紅花等，共二百員名，於本月二十一日由歸德口外出哨間。續據北路參將崔廷威哨報，西南達賊二起約八百餘騎邀趕馬、牛往東北行走。又該朱巡撫照得，賊數漸多，恐各原發家丁不敷衝戰，責差本職統領丁夜一百五十餘名馳赴本口策應。二十三日，哱拜等行至山後大青山按伏。本日早，出山至麻黃溝口，去邊二百餘里，有西回精兵達賊二百餘騎邀趕馬、駝、牛、羊二三千餘往東行走，見兵執打坐纛撲來迎敵。哱拜督兵對敵數陣，斬獲首級九顆，内哱拜奮勇當先斬獲頭目首級一顆，奪獲明盔甲十副、達馬五十六匹、本酉原搶回皮箱四個、銀頂坐纛一杆及番字兵書一本、各項夷器，陣亡家丁一名佘相中，中傷家丁饒兒等六名，射死官馬九匹。各賊輸死力戰，及將馬、駝分衆邀趕先走，望見曹伸兵馬馳赴前來策應，慌遁西北去訖，等情，到臣，隨經案行該道查勘紀驗明實回報去後。

　　續據總兵官雷龍塘報，本月二十六日，蒙軍門鈞帖統兵赴河西，據北路參將崔廷威差夜不收羅二，二十四日瞭見暖泉兒河東北來達賊五百餘騎，邀趕馬、駝二千有餘，往西北去訖。二十七日，又據本官塘報，丁夜吳回住報，二十五日哨至青山，瞭見西來灰塵三股往東北行走，沙子壩西來達賊新行馬、駝、牛、羊踪迹二萬有餘往東北行走。回至青山夾道，迎遇西南達賊二十餘騎撲來，將丁夜嚴雷等原騎官馬四匹射死，各役奔跑上山，得脫回營。又據該營出哨丁夜周敬等報稱，二十五日哨至王圮口，瞭見河東石嘴兒迤南俱有達賊營帳往牧。二十六日哨至野馬川小口，東北達賊新行馬踪約三千餘道出口往西北去訖。又哨至麻黃溝，瞭見東北來達賊新行馬、駝踪迹約二千有餘往西去訖，又爪見南來達賊新行馬、駝、牛、羊踪迹一千餘道往東北暖泉兒步口過河東去訖。

　　蒙軍門鈞帖，會議副總兵張德統領標兵四百餘員名駐玉泉營，千總官來臣統兵二百駐大壩堡，把總官保承恩統兵二百赴北長城，正兵把總官韓鋐統兵一百五十駐平羌堡，管隊官馬思中等統兵一百五十駐鎮北堡，各相兼原布按伏官兵防禦。本職統布剩官軍、家丁一千餘員名適中調度截殺，遇有警急相機截勦，等因，呈報到臣。

　　爲照陝西三邊，先年延、寧專備套虜，甘肅專備西海達賊、各種番夷，固原鎮設在腹裏，每秋移兵防邊，遇冬專備靖虜防河，各有定守。近年套虜賓兔諸酋分住河西，侵掠甘、凉番漢，終歲無寧。在套吉能諸酋冬春分遣零騎窺擾近邊，秋深糾眾潰[一三]牆深犯。分布官兵四時戒防，僅免内侵。今歲吉能見牆守戒嚴，知難潰犯，思固原官兵調出外防，狡謀乘虛潛渡河西，犯我固靖。臣因西虜夏中浮犯靖虜，即慮乘秋復犯蘭河，已經留布官兵沿河防守。及據降供，復調在邊精銳馳赴内顧，及行陝西撫、鎮嚴督蘭河、固靖參、守，寧夏撫、鎮嚴督中、西二路參、協，各於沿河内外選哨設塘，添墩修險，加慎防禦。近據興武營收回降人周兒供稱，吉能諸酋因先年遣騎糾合瓦剌一枝見住西海，尚有黃毛一枝未附，糾眾於八月初五六起身，由暖泉兒渡河。黃台吉諸酋半已回套，仍隨吉能於二十三四日陸續浮河，復去山後黑鹽池聚兵。餘西住虜賊俱止住不回，等因。

　　臣料各酋前謀西搶凉莊，浮犯固原，今雖降供西搶黃毛，狡謀未的。節據哨報，虜眾既已過河，見駐賀蘭山後，恐乘虛侵犯寧夏河西諸口，已行總兵官雷龍將所部守邊精壯有馬官兵抽選一千五百統領過河，督同副總兵張德，西、北二路參協、守備官兵，沿山防範，張疑伏炮，示虜有備，伐彼侵謀。仍發臣標下官軍一千員名，專委原任參將吉慶統赴清水營，暫代雷龍伏守衝邊。及馬上差人飛報凉莊副、參、游、守等官加慎哨備，通行甘肅撫、鎮預行肅州、西寧，或各虜果由川底直出海上，聲勢重大，聽臣督發蘭河各參將兵馬過河策應，仍行延、固、寧三鎮將領及游擊尹濂分番選銳哨明套虜營帳遠近疏密，果機有可乘，俟督在邊官軍分道出搗巢穴，牽虜內顧，以解甘肅之危急，以伐深犯固靖之凶謀外。

竊照虜勢猖獗，虜謀狡黠，防禦既難，逆算未易，兵力有限，邊地遼遠，非隨地兼防無以自固，非選丁深哨莫窺虜形。虜每避實窺虛，兵難拘方畫守。今歲套虜東西分披侵擾，四鎮官軍奔馳防禦，月無寧日，視往年專備牆守艱苦百倍。幸秋時逾半，沿邊、腹裏旱餘薄田俱已收穫，水衝各路邊垣俱已修築完固，雖近邊時有零騎窺伺，隨被官兵拒敵退遁，可免深入。惟河西甘、凉衆虜糾聚，向往未定，幸降報預知，節行斂備，庶緩急可恃防守。

除候秋完通將各鎮將領斬獲功級、修過邊工及有無失事，分別功罪另行查報，今次各丁趕獲達馬給賞給軍外，所據哱拜等斬獲酋首，功委奇特，既經該道驗審明白，即應優賞以勵戰功。歷查酋首視衆虜不同，虜中搶獲綢段衣物必送酋首，衆莫敢私。凡酋首出外，行必攜帶衣包什物，止必插立小帳，盔甲、馬匹俱異常等。今次所獲衣箱、綢幣既多，兼有兵書尤異，所披盔甲乃紅漆綢、金獅象，造製精巧，軍中罕見，非他概稱酋首、別無證驗要功之比。且本官原以夷種投降，蓄養年久，累立戰功，升授今職，尚有未并功次，應授都指揮使。臣前撫夏三年，嘉其忠勇，優以把總，令與同起把總百户鄭賜分管標兵，遇有降虜分部管練，既能撫衆同心，復能決策取勝。所據各官真千夫之雄，為各鎮之望，若非大加恩賚，何以鼓衆却敵？前因陝西巡按衙門勘報鄭賜、哱拜及該營同起隊長土谷赤、阿木尚等累次親斬功級，照例以領兵官不准敘錄。各官役私竊憤怨，臣近至邊，赴臣投訴。以賜等雖優以千把總名色，止因功多勞久，授以冠帶以攝服衆志，原非軍職。領兵實有官軍一千五百名之數，其所斬功級仍功^[一四]親敵戰，亦非各千把總提調官軍，未親臨敵之比。且原例千把總官不叙親斬之功，以防各官私奪部下功級夙弊。若將各丁親斬功級不叙，衆將灰心罷戰，何以得其死力？所據各丁難拘常例，應録親斬之功，免叙部下之獲，庶爲明當。已經咨行兵部查議未示，伏乞敕下該部并議優録，庶各官益勵忠勇，奮力殺賊，衆丁咸知鼓舞，戰功可策，而地方永賴矣。緣係前項事理，爲此具本謹題請旨。

爲秋防事竣恭報斬獲虜級招回降人收獲馬駝預飭冬防以禦河西虜患事

臣猥以菲劣承乏邊寄，適值全陝邊腹地道屢震，災旱相仍。其甘肅冰雹雨豆，榆林旗杆火光，鞏昌天鼓數鳴，星辰殞墜，胥兆兵象。夏末秋初，延、寧大邊雨水暴發，衝崩邊垣數多，藩籬大壞。臣日夕憂危，不遑寧處，節經具聞，督行邊腹撫諸臣省躬責實，急圖修弭。荷蒙聖明恪謹天戒，蕭祀嶽鎮，皇誠昭格，神人輔佑，幸地道漸寧。

臣遵照節年成議，於七月初二日躬督延、寧、固三鎮正、副、參、游各枝官兵，及調發復^[一五]裏衛所官軍擺守延、寧大邊，并分布四鎮各路將領各守信地，互相策應。嚴督沿邊各道定委防秋將官督修水衝邊口。及將腹裏守禦事宜，如修繕城堡、預備糧餉、添造軍火器具、安設墩塘、嚴定收斂一應防秋事宜，自四月間督行近邊各道定委閑住將官分路經修、提調，及將戰守機宜、應題事理條列具題。隨該兵部覆奉欽依，通行各鎮文武各官欽遵，共固秋防，消弭災變，仰紓西顧。

在邊節准戶、禮、兵各部咨，一爲欽奉聖諭事，内閣傳出聖諭：“秋防期到，不知各邊整理如何。去年邊臣誤了事，朕不曾重處他，聞今内外的官還只是口説徇私，不實心共幹。卿等可傳示兵部，説與譚綸等，各要著實防禦。若似先時虛言誤事，縱虜深入的，朕定重處不饒。"欽此。該兵科執議，兵部議覆，節奉聖旨："各邊督撫等官，如有不遵論[一六]實心能幹及才力未稱的，防秋畢日縱無失事，你每還指實分別具奏。"欽此，欽遵。又一爲嚴飭邊臣慎重秋防以弭虜患事，又爲申廟謨，獻愚衷，以預飭秋防大計事，該兵科都給事中張□等具題。又爲秋防在邇，懇乞聖明申飭軍政機要，預定安攘大計以隆聖治事，該兵科左給事中顧□□具題。節奉欽依，備咨到臣，俱經通行各鎮邊腹文武諸臣欽遵防禦間。

臣查得招降事宜節經廷議申飭，各邊遵行未廣，乃親撰近俗直言，大示皇朝威德及虜中苦楚，諭以恤降厚恩、忠義大道，官製長柄木牌，每鎮各三五百面，分發各將領，嚴督出哨夜丁分投插立各水頭，每月一二次，諭令虜中識字者傳語中國人及傳語被虜黃毛、西番，共仇驕虜，隨便投降。

又查得節經兵部議給各鎮將領賞功銀兩，令其操賞軍士以鼓戰功。陝西四鎮向未題請，無以激勵將士。及查有固原州庫原貯先年總督右都御史賈□□原請發賞功銀七千兩，除節年已支外，餘剩銀一千五百九十六兩零可備支發。臣謹遵原議，四鎮總兵官各給銀一百兩，副、參、游、協各銀五十兩，餘守備等官各三十兩，通發各道轉發該營，專聽秋防分番深哨效勞官丁之賞，事完册報。

七月間，節據延綏各路哨報、降供，套虜大酋吉能糾調河西原住賓兔、黃台吉諸酋回套，謀犯近邊。及據臣原差山西哨探夜役回賫偏關參將方振報稱，河東俺答老酋聚兵兔毛河川，降供謀搶山西。又據寧夏西北路及固靖河外各報稱，松山原住虜營漸移沿河，陸續起營東回。臣慮各酋向往未定，蓄謀叵測，節經申飭邊守深哨嚴備。

至八月間，初據降供吉能避我牆守，糾合在套諸酋要赴河西，由靖虜沿河浮犯固原。又據靖虜沿河哨得，大虜屯住蘆塘湖，將湖草殺倒，沿河窺探。臣隨將原布慶陽西川防禦固原游擊哈欽兵馬二千督調赴蘭靖一帶防禦，及將在邊固原正、游各兵選鋒一千員名，責委原任參將楊津統赴寧夏中衛沿河楊[一七]兵，直下靖虜，以伐虜謀。隨據各官各到臨河哨得，河西各虜知我有備，統移營帳，一半回套，一半仍往松山莊涼山後住牧。

至八月終，又據延、寧收回降供，西住虜酋黃台吉、白馬銀錠大小酋眾既回套內，糾會吉能大酋，復謀浮河西搶瓦剌。又據山西哨報，俺答部落於八月二十五以後由河外漸次西行，會合套虜盡赴河西，收搶黃毛、瓦剌，窺犯甘肅，等因。臣慮狡虜聲東犯西，緩我牆守，隨行延、寧近河深哨虜蹤，務見明的，仍差人馳報甘肅撫、鎮預行斂備，如果大虜俱西，嚴行本鎮官兵相機戰守，聽發兵策應。又慮虜眾果西，必由賀蘭山後，恐窺寧夏河西內地，即行總兵官雷龍分兵二千統赴河西沿山防範，及發臣標下官兵一千代守雷龍清水營一帶邊牆。

臣復思套虜大勢果已西行，在套虜賊無多，必須遵照節年議定明例督兵分道出搗巢穴，振揚國威，牽虜回顧，以解河西之危急。即行延、寧、固三鎮總兵官，各將在邊各營兵馬挑選精銳，合成司隊，及分委原任總兵官姜應熊、徐仁各將原委提調牆段各副、參、游、守兵馬一體選練，餘步兵分守牆空，築打衝壞及增修高厚邊垣。各仍深哨虜營遠近虛實，聽臣約期分道，延綏由響水、清平，固原由磚井、花馬池，寧夏由安定、清水，共分六路，各列營出邊，分搗巢穴，以攻必救。續據各官將兵馬選定數目及哨沿邊虜情回報到臣，仍行靖邊、定邊、榆林、寧夏各道各就近會同諸將相度機宜，克期進剿間。

九月初旬，節據各鎮收回降人供報，大酋吉能由河北西行至賀蘭山後，因寧夏家丁遨斬西回。虜酋及被各路哨丁深入虜巢收趲馬、駝，先遣哨虜回套，傳諭在套虜眾加慎防備，後將西回虜酋綽力兔、小黃台吉、銀錠、克力個四酋及馬少虜騎復遣回套，備我搗剿，仍謀糾搶近邊糧食，等情，各供報到臣。

臣即行諸將，虜既預知哨備，我兵未宜輕出。如果糾聚東犯延綏各路，則寧、固官兵即西出搗剿；西犯寧夏近邊，則延、固官兵各東出搗剿。續據降供，各酋因獲深哨丁夜，審知沿邊選兵出搗，老小畏懼，在套四酋各將所部營帳統那遠徙二三百里，擇地團住，日夜撒塘嚴備，未敢窺犯近邊。臣戒諸將毋或輕出，陷虜誘伏。通計秋三月，延綏東、中二路初有零賊二三百近邊，被原布官兵及總兵官董一奎合兵追剿。寧夏北路大虜經行，被巡撫督發標下官丁遨擊。河西大虜分道窺侵，被各路軍丁敵斬。四鎮共斬獲虜首三十五顆，各邊招徠降人一百五十一名口，在陣奪獲并哨丁及降人收回馬、駝、牛畜共五百一十九匹隻，并獲夷器數多，該臣及各鎮、巡類入月報具題訖。

九月二十等日，節據甘肅撫、鎮揭報，大虜一枝於九月十二日出鎮羌驛，直過官路，屯駐西寧邊外沙塘川，尋搶西番無獲，徑奔西海駐牧。大勢虜眾於九月中糾聚鎮番山後亦林真水頭，各於十七八等日分道挖倒邊塹，西搶番族，屯駐黑河北高臺、鎮夷境上，聲言分掠番漢，方去西海收搶瓦剌。虜勢重大，該鎮兵力不敷，乞要調發勁兵二三枝并力防禦。又據莊浪參將李世威報稱，松山東來虜眾二千，屯駐近邊。臣思在套虜酋既知畏兵出搗，未敢窺邊，秋盡冬初，沿邊草枯雪落，士馬寒苦，客餉將匱，例當挈散休息。河西大虜分道駐邊，甘肅孤懸重鎮，兵馬疲耗，急宜發兵策應。蘭靖沿河河冰相凍，松山虜眾尚多，尤須分布河防。延、寧二鎮官兵除各守信地外，仍議留延綏鎮正、奇、參、游官兵七千四百餘員名，寧夏正、游等營及備禦官兵四千一百五十員名，各分布沿邊衝要城堡協同各路官軍，量留軍火、器械，并防狡虜窺伺掣兵侵軼。臣仍留標下游兵一千、固原中路游兵一千，責令游擊尹濂、王紹勛分駐定邊、花馬池防禦，東西有警策應。餘原調守邊官軍俱待十月初十以後漸次掣放。

臣於本月初七日仍回固原適中調度，行至下馬關，隨遣旗牌官劉梁督發游擊哈欽統領該營有馬官軍二千員名馳赴河西莊凉一帶，會同本鎮官兵并力截殺，仍行署蘭靖參將、原任游擊陳力整備該營兵馬，聽莊浪有警過河策應，俱聽該鎮撫、鎮相機調度。又行河州參將張翼、洮岷參將聞三接各整備兵馬，聽援西寧及防大虜由西海窺犯洮河近邊番漢孳牧。仍將固原正、游各兵預行總兵官郭震分布蘭靖沿河及近邊城堡，專候冬深鑿打冰橋，澆修凍牆，設塘防守。其哈欽兵馬既發河西，原布信地酌量虜勢緩急即於見在各營通融分撥代守。通候河西大虜，如果西住海上，急行撫、鎮嚴督各路將領歸并堡寨，修製器具，以備虜衆攻衝；選丁深哨虜形，設策出奇以撓虜營。或諸酋不遂西搶，分屯近邊，聽臣仍速調留邊標兵馳赴河西應援。如沿河有警，仍調寧夏奇兵一千及靈州參將兵馬分駐河東鳴沙州、半個城一帶，延綏游兵一枝馳赴西安州，聽禦踏冰南北深犯。

歷查俺答老酋統率子弟把都兒、辛愛、黃台吉諸點虜及招誘板升叛逆向住河東宣、大山後，吉能係吉囊長子，統領弟侄十三四枝分住河套內外，每秋窺擾九邊，歲無寧時。今乃糾聚河西，謀搶瓦刺，擁衆十數萬，遠出數千里，聲勢異常，凶狡難測。若得志於番虜，必將屯住西海，分擾近邊；若番虜遠避，不遂收掠，必將大肆搶掠，洎飽豕欲。所據冬深甘肅，春初寧、固地方均當戒備。

伏思全陝邊腹灾變異常，多兆虜患，節奉聖諭，責實修攘。臣睹變憂惶，聞命悚栗，誓思裹革疆場，仰報君父。今幸三秋無虞，全陝底寧，旱餘軍民免遭虜患，萬仗皇威遠振，廟謨訏籌，臣獲奉驅策，免速罪戾。但大虜糾聚河西，該鎮兵馬不敷戰守，客餉缺乏，調兵莫給，一應防禦事宜，臣已咨會該鎮撫臣另議具請。其各鎮斬獲功級數雖不多，正值秋防虜勢猖獗之時，各將領各有血戰保全地方之功，遵照廷議，通應照例優録，誠恐勘報衙門視爲微功，執議寢没，無以鼓舞戰功。伏乞敕下兵部，查明節奉欽依明例及各鎮獲功原報，立限類行陝西巡按御史，將各獲功撫、鎮、參、游等官特賜優録，以信朝廷之賞格。仍將河西防禦事宜查照先年俺答屯住西海及虜犯瓦楂梁事例，酌量薊鎮緩急，定議發回寧、固各鎮入衛兵馬二枝，或量留明春接班兵馬，以備來歲春夏大虜回犯寧、固之防，庶各鎮兵將咸思奮勵，而甘肅孤懸重鎮可藉内援免憂他虜。除將防秋效勞文武各官及分修邊腹工程有功人員查核明實另議具題外，緣係前項事理，爲此具本謹題請旨。奉聖旨："兵部知道。"欽此。

該兵部爲照，陝西四鎮切鄰套虜，侵軼無時。今歲灾變，邊垣半壞，虜勢猖獗，甚屬艱危。總督王□□乃能省躬責實，殫力周防，督率各鎮、巡、將領協共濟之忠，爲萬全之慮，即今三秋告竣，邊境晏然。且追奔却敵，斬獲數雖不多，亦足以挫驕虜之鋭，其功委可嘉尚。據稱虜賊擁衆數萬西搶瓦剌，聲勢重大，回犯之舉誠難逆料，所據各鎮宜嚴戒備。合候命下，將各防秋效勞并獲功員役行巡按查勘，分等升賞，仍咨總督王□□嚴行各撫、鎮、兵備、將領加謹防備。

奉聖旨："是。"欽此。

爲恭謝天恩事

隆慶二年六月十四日，准兵部咨，先該臣題，爲大虜分道窺邊，預飭兵將搗剿迎敵，斬獲首級，奪獲達馬、夷器事，查報本年二月十六等日，延綏總兵官趙岢會同巡撫都御史李□□、甘肅副總兵汪廷佐，承先任都御史石□□及總兵官劉承業調度，各因大虜窺犯督兵出塞，斬獲虜級共六十七顆，各報到臣，據實陳報。隨該兵部覆議得，臣預嘗指授諸將進止方略，各鎮、巡咸奮忠勇，獲有前功，請給恩賚。節奉聖旨：“王□□賞銀三十兩、紵絲一表裏。趙岢准復祖職，還同李尚智、石茂華各賞銀二十兩。汪廷佐等各十兩。”欽此。該臣賚本承差陳忠賚捧到臣，即日祗迎公署，望闕焚香叩首恭領訖。臣身羈邊圉，無能面謝天恩，例當具本陳謝。臣誠惶誠恐稽首頓首。

伏以《詩》稱“玁狁匪茹”，當盛世而外猶未寧；《易》贊“丈人師貞”，示中吉而兵當以律。故出節制之兵而宣有名之撻伐，功可期成；若容貪憤之帥而逞無算之狂圖，患將立至。雖勝負為兵家之常，而紀律實行師之要。臣以書生濫竽兵寄，驅馳南北，年逾五十；謬事陝邊，秋防八歷。虜情萬譎，夙所覘聞；兵將勇怯，時力方甄。別思乘春出搗，雖奉廟謨訏算；其避銳擊虛，須俟臨敵決策。嘗因套虜近邊，戒榆帥以慎重，期驕虜志而弛其外防；繼緣西寇掠番，督神將以搗巢，泊懾虜魄而牽其內顧。仰仗國威遠振，山川效靈，將士同心，俘馘頗衆，我師未多損傷，驕胡稍知畏懾。實皇上英武布昭，遐邇承風；廟堂機宜預授，文武效力。幸茲小捷，臣復何功？重荷聖恩汪濊，寵錫金幣駢蕃，歡騰四鎮，慶洽三軍，揣分既逾，撫躬增報。臣敢不服衣拜賜，被寵光以宣挾纊之仁；珍襲銘恩，彰君賜而溥散廩之惠。戒驕戒惰，尚期諸將之協謀；示弱示強，務伐群胡之狡計。共效涓^{〔一八〕}糜之職分，慎飭秋防；少答晉錫之隆恩，保安疆圉。

臣無任感激仰戴天恩之至，為此具本奏謝以聞。

爲遵成議修完延綏衝要邊工請照例閱視工程清查 支用錢糧甄録效勞文武各官以重邊計事

行據陝西按察司靖邊管糧道副使楊錦呈，准軍門委官原任副總兵李震、參將劉定手本，及據延安府同知孫黃、署延綏西路管糧通判事安塞縣縣丞竇珊呈繳，隆慶二年三月二十一日興工，五月初二日止，修完鎮靖堡獾窩山墩接舊邊牆起至龍州城牆頭墩止大牆長一十一里零一十五步，共一千九百八十七丈五尺。又牆頭墩起，由河槽就天溝險阻斬崖深高，沿溝畔上築牆一道，至龍州城東界薋草溝之灣環，長二十八里零一百一十七步八寸。内省原議邊牆土工八里零五十一丈九尺二寸，幫築墩臺一十四座，新築墩臺五座。

查得先年修邊支剩銀、糧、料草，除浥爛見追、借支未補外，實在銀一萬四千四百四十七兩七錢五分零、米麥六百五十五石六斗三升零、棋炒五十九石六升、料一千一百七十三石七斗六升零、草五萬三百三十一束。續該延綏巡撫衙門准軍門咨議差官張大韶解發借動廣有庫各項銀三萬兩，陝西布政司徵解西安、鳳翔、平、鞏等府民壯工食銀一萬三千九百七兩。本道就用前各項銀委官買完粟米二萬六千九百四石七斗六合，又煮湯犒賞緑豆四十石、棋炒二百二十石、料一萬四千六十九石一斗六升零、草三十一萬一百六十二束。蒙軍門徵調延、固二鎮軍、民、屯夫共一萬四千六百一十一名，坐委提調督工、經放錢糧文武各官共六十四員，架梁延、固中、正、游、守等項官軍四千九百九十六員名、馬五千二百五十四匹，專委延綏總兵官趙岢催督工程，兼統固原游擊吳嵩、參將陳堂官軍出邊架梁、采打梢把。自工興至完日，廩糧、鹽菜、料草折支，共支過銀三萬七千三百八十四兩三錢六分零、糧米一萬五百五十八石三斗二升、煮湯緑豆三十石，

給賞架梁、深哨軍丁棋炒九十九石六斗，馬支料豆七千九十五石
四斗五升、草二十三萬六千五百一十五束。支剩見在延綏鎮原
發、借動各項銀七千六十三兩三錢八分零、民壯工食銀一萬三千
九百七兩零、銀買米麥一萬七千二石一升零、綠豆一十石、棋炒
一百七十九石四斗六升、料八千一百四十七石四斗八升零、草一
十二萬三千九百七十八束，俱候防秋兵馬至邊及來春修築原議喎
口等堡并幫築、添築墩臺等項支用。

　　及稱延綏總兵官趙岢不時選差家丁、通夜哨探、采打梢拗。
虜賊屢欲搶工，本官多方設計邊外按伏，遇賊對敵，節次斬獲首
級三顆，奪獲達馬、夷器數多，逐虜遠徙。本道遵照原行運造戰
火車三百輛、夯杵二千五百把、石窩三百五十個、磁缸三百個、
椽五百根、麻繩五百條、草繩四千條，俱運送工所應用。又造棋
炒以供出哨家丁之用，分給綠豆日每煮湯以濟軍夫困渴，多合藥
餌，撥醫隨工調治軍夫疾病。又蒙延綏巡撫李□□明文，造重一
分銀牌一千五百面，送趙總兵查賞勤苦軍夫。又造釘板五十片以
塞衝險道路，行文大鹽池取鹽一百石分濟軍夫日用。又蒙督撫、
部院行文，本道動支各理紙贖銀四十六兩五錢，本道又呈動自理
紙贖銀五十兩，犒賞修工、架梁官軍、夫役。本道仍不時親詣工
所，往來查閱勤惰。

　　今幸修築報完，查得延綏西段邊牆係三秦之門戶、一鎮之藩
籬，節經先任督撫、各部院以守備爲本，築塞爲要，題奉欽依，
延綏邊牆分爲三段。自定邊起至龍州城東界止爲西段，連年虜營
入固原、平、慶必由之路。自嘉靖二十九年起，節年調夫儲餉，
自定邊暗門起至鎮靖堡獷窩山墩地名麻黃梁止，已完十分之八。
往因架梁不慎，被賊搶工，殺擄頗多。麻黃梁迤東平山墩極衝之
地，因邊牆未修，虜賊節年一由平山墩入，攻陷鎮靖堡；一由平
山墩入，攻陷筆架城；一由平山墩入，直越蘆關嶺，掠安塞縣，

犯延安府。六七年來雖議修築，首以内帑缺乏、工銀未發，繼以地方衝要深慮虜患，又以人心未齊、議論不一，以致歇工數年。府縣營堡因無牆而受荼毒，總兵、副參、守把等官因虜搶而罹軍辟，其地方受害已極。今邊牆六旬而舉，一旦告成，實軍門、撫院主議調度，不惑於艱大之異議，總兵官趙岢承委竭忠，親冒矢石，露宿營盤，備歷艱苦，以致官軍聽命，努餉雲集。職與文武將吏、地方軍民咸遂樂觀厥成，及將督工、架梁官軍分別到工遲速、修工多寡，開具職名，分等造册，到臣。

卷查嘉靖四十五年，該前總督侍郎陳□□題，爲欽奉聖諭事，查得延綏西段邊牆未完，急欲修舉，題奉世宗皇帝聖旨："是。"繼因定邊失事，兵餉缺乏，致阻前功。臣奉命總督，正值春融烽熄，區處錢糧，動調軍夫，乘時興築，具本題訖。

續據總兵官趙岢揭報，據委官原任守備陳保呈，據龍州城軍餘年老知事黄忠、張隆等告稱，今築邊牆若從舊邊牆嶺四岢墩、營兒岢墩、三道梁墩、龍州墩、水腦墩、井澗墩地界築打，常年起沙壅埋，水遠無險，難以拒守。若從牆頭墩由化窑寺河漕寧遠三墩、寧遠二墩、沙嘴墩、土崖墩，有天溝一道據險，從此相度地形，剗削溝堰，量築溝牆，方可據守，等情。會同靖邊道副使楊錦并管工原任副總兵李震等帶同黄忠等親詣工所逐一相度，龍州城牆頭墩東空起，由舊邊至井澗墩地界止，延長二十九里。若從此築打，委屬平漫積沙，且缺水無土，貪無益之沙衝，舍有益之險要，一時既不能完工，每年風沙壅漫，終難扼守，各軍餘所告深爲有見。其牆頭墩起，若由河漕至清平地界止，延長二十餘里，有天溝一道。其溝有水，溝崖有深五六丈者，有深八九丈者，甚至一二十丈者，溝底有土崖者，有紅石崖者。從此溝堰築打牆一道，底闊一丈八尺，頂闊一丈三尺，高七尺，上築女牆高六尺，通高一丈三尺。臨外牆再挑壕一道，深一丈八尺，口闊一

丈七尺，底闊五尺。下將沿溝係土崖者用力剗削，係石崖者用尖
钁、鈗錘打鑿，務俱高聳陡峻。沿溝酌量添築墩臺，足堪保障，
深得地險，不枉工力。如再議築修中段邊牆，從龍州河漕地界
起，由紅寺兒從威遠透出，仍接舊邊往東懷遠一帶，尤為徑捷。
況河漕之北雖係我境，實為沙窩虜場，且無堪種地土。其舊邊牆
頭等墩照舊瞭守不棄，外得眼目，內得牆險，防秋擺守，烽火易
聞，等因，到臣。

卷查先年督撫諸臣原議延綏西段邊牆，遵照先臣都御史余
□□原牆舊址相接修復，自定邊起至龍州止，內除天溝九十餘里
并省工九里，實築牆三百一十二里零。今查揭開由河漕隨溝築
打，固為省工扼險，然舊邊一帶墩臺修設已久，或因地高，或據
要路，可備遠瞭。今欲隨溝修築，前項墩臺若仍舊撥人瞭望，則
孤懸窵遠，未免人心忌畏；若舍邊就溝瞭守，則烽火逼近，趨避
為難，仍恐有棄地促疆之患。又該臣查得，先年議由柳樹澗天溝
省工九里，但沿山高下不齊，內牆剗削不堅，往往虜攻難守。其
龍州天溝雖非沿山內剗，亦恐不時崩陷，未堪經久。必預期查理
相度明的，庶幾不枉人力，不誤時日。又經通行靖邊管糧道會同
趙峃并各官親詣相度，龍州天溝相去舊邊幾里；隨溝築打既非舊
址，地形果否扼險；其舊邊內外有無棄地可惜；原設墩臺應否存
舍，作何瞭守。沿溝工雖徑直，其溝外環曲之地恐一旦棄為虜
巢，愈難哨守。修防之初，必須審度詳明，方可定擬。逐一議處
停當，備由呈報。

隨據趙峃會同各官覆行相度，議稱柳樹澗一帶天溝係沿山剗
修，外山既高，內牆復低，山角剗修，間被壅漫，故多難守。今
龍州天溝係山水衝流平地，延長數十里，寬窄不齊，虜馬難下。
節年墩軍因邊外難守，亦多在溝伏哨，等因，據呈到臣。

該臣看得，所呈龍州天溝之險夙所稔知，但大邊修設年久，

今雖沙磧難守，先年相度亦係拒高可瞭之地。今修溝以固內守，須存邊墩以備外瞭，庶免促疆退守之責。仍行趙岢會同靖邊道一面剗修天溝，仍加幫邊墩以存故址。建議之初勿憚煩勞，又批行本官會修去後。

續據副使楊錦呈稱，本職依蒙親詣工所，會同趙岢等閱視得，自鎮靖堡牆頭墩起，由河漕隨溝築打牆垣、剗削溝崖委果扼險易守。內省工八里零五十一丈九尺二寸。天溝相去舊邊有二三里者，有十餘里者。雖舊邊內外地土俱係沙漫，不堪耕種，河漕之內地土無數，居民可耕，將舊邊墩臺不棄，照舊守瞭，有警相接傳報。在我既無棄地促疆之患，而新牆有拒險扼要之功，既該趙岢會同巡撫李都御史審度詳明，修築工程委屬良便，等因。

又該臣看得，工修已完如儀〔一九〕，真可省工扼險。既無棄地，須勿棄墩，方為內外交備矣。如棄墩不守，則虜至溝難測也。仰靖邊道即行各堡操守官將舊邊各墩時加修茸，撥哨伏軍夜照常瞭守，各誤事重究。俱經通行遵照修守外。今據前因，通計工興五十日修完前項工程，既可塞虜騎極衝之要路，蔽延、慶各州縣之外門，兼得據天溝之險以廣邊堡之農牧。行據該道將修過工程、用過錢糧及議修扼險天溝省過工力逐一閱驗，工程俱各堅完，錢糧俱無侵冒。其效勞官軍冒暑露宿，勞苦萬狀，先已會行巡撫都御史李□□動支紙贖銀數十兩及副使楊錦呈動自理紙贖銀五十兩，隨工犒賞，鼓衆興作，工完量動民壯工食銀分等犒賞外。查得節年各鎮修邊事例，工完應將原議工程、錢糧、委官職名各造冊奏繳，候行巡按衙門閱視賞罰。臣昔巡撫寧夏，查得該鎮各路各起邊工原議或數十年未完，舊工半傾，新工未築，工程、錢糧致難稽考。議行兵部，除以前工程、錢糧通候工完查明奏繳，聽行閱視外，合將以後經修工程、經支錢糧每年具數奏報，請行就近閱查，免後混淆，節經兵部覆奉欽依，通行在卷。

今照延綏西段邊工，嘉靖二十三年該督撫諸臣建議估計工銀六十一萬餘兩，原有支剩。總督曾□奏討内帑銀十六萬二千九百八十兩，節年徵派過全陝内地六府民壯工食銀，除拖欠、別用外，其陸續解邊銀十一萬五千餘兩，二項共得銀二十七萬七千九百八十兩零。内除節年延綏鎮借支主兵，抵充年例，題行開銷銀四萬兩，節年各倉場浥爛、水衝、侵欺，今應追陪糧、料、草束并今歲支剩前項糧、銀，可備未完喎口堡及添修墩臺支用，是工銀止用原議三分之一。其工程延至二十年之久，一時估計米價、夫數既難預期，節年修築虜情、兵力尤難逆料。今幸大工速完，實仗聖明威德遠播、廟堂謨議僉同，套虜畏搗剿而遠徙，官兵乘春時而效力，雖未能永絶虜侵，後庶可扼險拒守。臣古與巡撫都御史李□□奉命督撫，職任當修，玩愒當戒，一歲之時日、兵力課功有限，各鎮之邊堡修守尚多未周，何敢言勞？其修過工程、支用過錢糧，若待通完方行閱視，未免耽延時月，無以稽弊懲勸。除效勞各官通候敕下兵部，勘行陝西巡按御史責委別道憲臣，將今歲修邊支用錢糧通行閱查，工程果否堅完，錢糧有無虛冒，明白分等具奏。

所據總兵官趙岢，初雖誤聽衆言，謬議修邊爲難；既乃洗心遵令，奮身邊工自任。統兵日出塞外，逐虜采梢，備歷艱危；相工跋涉山溝，懲怠勸勤，多方鼓率。甘茹粗糲，各屬絶一菜之供；夜宿營盤，風雨冒兩月之苦。卒致邊工克完，疆場永固，功當首論。靖邊管糧道副使楊錦，夙負忠猷，克任勞怨。周恤犒課，鼓萬夫荷鍤之如雲；除器餽糧，歷三時經畫之匪懈。兼督各堡之修防，分工、給餉綽有成績；稽考念年之邊牘，工程、錢穀舉無遺算。充其揮霍之雄才，允稱開府之任；究其清勤之雅操，足振邊紀之弛。所據二官查照各鎮修邊近例即應厚加恩賚，以爲邊臣任事之勸者也。

其總管工程原任副總兵聽用爲事官李震、原任參將閑住劉定，承委督工，備歷艱苦。巡行版築，風雨無避；稽察工作，日夕靡寧。即其相度調度之精詳，足觀將略；勵其忠誠果敢之志行，可備干城。分管錢糧延安府同知孫黃、署延綏西路通判事縣丞竇珊，才俱可觀，守咸潔慎。稽工供餉，勞瘁既多；召買轉輸，裒益有略。以上四官亦應量賞以勵邊工。

及照原議本項工銀，除未解外，其連年該鎮主、客借支過修邊銀兩已准開銷四萬兩，未補銀四萬九千餘兩，先該督撫諸臣建議，兵部覆奉欽依，戶部向未清補。臣因工興又經揭報兵部咨行戶部，查解銀二萬兩今尚未到。餘欠銀兩可將巡撫都御史李□□原湊解各項欽賞、賑濟、修堡等項銀，聽戶部准與開銷。支剩該鎮借支主、客糧銀七千六十三兩零，已行該道解回該鎮庫存正支。其該鎮中、東二路邊牆應否接修，候將西段未完堡墩防秋兵馬到邊責令接修完日，容臣會同巡撫李□□通將以前工程、錢糧造册奏繳，另行估議外。緣係前項事理，爲此具本謹題請旨。

奉聖旨："兵部知道。"欽此。

該兵部看得，鎮靖、龍州俱當虜衝，三月之間接修邊牆十有餘里，地方收保障之功，錢糧無侵冒之弊，效勞官員委應并叙，等因。

覆奉聖旨："是。"欽此。備咨前來，通行欽遵訖。

爲大虜分道窺邊預飭兵將搗剿迎敵斬獲首級奪獲達馬夷器事

案查隆慶二月正月以來，節據延、寧二鎮收回降人大敖壩、崔六十子等供稱，套虜吉能、白馬台吉等酋十數枝在套，近黃河東岸分住者逼近榆林東路，要移帳延綏近邊，圍掏沿邊墩臺；近黃河西岸、逼近寧夏平虜城邊境者各選馬曬肉，糾過河西與賓兔、黃台吉等合兵謀犯涼州可可川地方，等因，各塘報到臣。

　　竊料套虜去歲三秋未肆搶掠，冬深糾犯靖虜，被我兵追逐，未遂大逞。吉能先於十一月內糾眾過河，因妻死復回，部落屯住榆林東路，時遣精騎撲哨窺邊。餘揣力兔、韋正歹成等酉春初糾眾自套踏冰西住涼莊山後，再犯莊河。蓄謀既深，春防當嚴，節經通行延、寧、甘、陝各鎮、巡嚴督副、參、游、守等官，各要整搠兵馬，鋒利器械，晝夜十分加謹，深哨嚴備。在延、寧，申戒諸將勿或貪利妄動，陷虜誘伏。必待二月中狡虜志驕馬弱，方可相機搗剿，逐虜遠徙。在固靖、涼莊，屢行副、參、游、守信地各官必須預行斂備，時防侵軼。遇虜侵犯，相機邀擊，以保護農牧。及行榆林、靖邊，守巡西寧、莊浪等道，一體相機申飭諸將，無事整練兵馬，蓄銳深哨，務得虜情；遇警奮勇遏剿，以保地方。又慮河西各營哨丁畏虜撲殺，莫敢深入，虜情未窺，先後選發臣標下家丁曹加、神保等一百三十名前赴莊涼一帶設伏監哨去後。

　　二月二十三日，據延綏總兵官趙岢塘報，二月十六日選差通丁周東等哨得，沙葱河兒達賊營帳在彼住牧，伏路精騎往來打踪，離邊七十餘里，當報巡撫延綏都御史李□□并趙岢。議照軍門屢行方略，今已春深，虜馬將弱，虜備漸弛，勢有可乘，挑選各營官軍、家丁一千五百員名，分為三哨。內五百員名令標下中軍等官姜顯宗等統領於左，五百員名令正兵營中軍千總官倪英等統領於右，又五百員名令千把總官甞秀等統領於中，俱在前行。趙岢統領游擊高天吉、尹繼祖、竇准[二〇]、王國武，各營中軍、千把總王輗等兵馬，仍分三哨，繼後聲援。於本月十七日二更時從榆林永靖墩出邊，十八日寅時馳至沙葱河兒，忽有伏路達賊瞭見兵馬，急奔北走，當燒號火，糾合精兵達賊三百餘騎迎衝前來，被我官兵驟馬齊擁向前撲砍，斬首奪馬敵戰間。其賊漸添七八百騎，我兵且戰且行，誘至黃沙梁，趙峁伏兵四起衝戰，又斬首奪馬，餘賊敗遁北去，收兵仍從原路回城。查得各營在陣斬獲首級三十七顆，奪獲戰馬并孳牧馬七十匹、駝二十隻、牛羊三百二十五隻并夷器等件，陣亡家丁三名，中傷官軍一十八員名，射促死操馬二十二匹，等情，到臣。隨行榆林管糧道查勘斬獲首級是否真正，陣亡、損傷有無隱匿，急候具題間。

三月初二日，據清平堡游擊陳銳塘報，二月二十日辰時，達賊七八十騎從本堡滅胡墩進入。本職聞報，統兵追至地名九里灘畔，與賊對敵，斬首六顆，奪獲達馬六匹并夷器等件，射死軍人二名，中傷軍人五名，其賊敗北去訖。又經案行靖邊管糧道查勘前賊入犯有無搶掠，斬獲是否真正，陣亡、損傷有無隱冒，結報間。

本月初三日，據甘肅總兵官劉承業塘報，節蒙總督軍門鈞帖，屢據各鎮哨報，達賊漸次移帳住牧大小松山及莊涼山後，嚴督本職通行各路將領加慎哨防，或相機撲剿。依蒙，通行副、參、游、守等官哨探設備間。二月初六日，據鎮番夜不收報稱，東來達賊分移彼處，近邊壕外住牧，遣騎撲掠塘墩守哨人役。本職會同巡撫甘肅都御史石□□議發家丁、勇士二百名，委把總官吳珊等管領前去鎮番賊經緊要山口設伏。本月十六日，該營據哨役哨報，達賊七騎從東山嘴行來。吳珊等督并各丁驟馬前至長湖兒地方，見得先遣尖哨家丁克守兔等八名身尸被賊砍射在彼。忽有湖內突出達賊二百餘騎撲喊前來，各丁奮勇鏖戰數合，就陣斬首一十四顆。本月二十一日。蒙石巡撫節准軍門咨稱，大虜屯住莊涼山後，聲勢甚重。莊涼、西寧兵將怯弱，不堪戰守，催調甘州總兵官統兵前赴涼州一帶，嚴督各路將領相機截剿以伐虜謀。本日，總兵官劉承業自鎮領兵一千五百員名赴涼莊策應間。

二十二日，據參將湯鼎報稱，軍門原發家丁曹加、神保等十名出哨至地名站川兒，迎遇達賊二十餘騎，各丁奮勇敵戰，斬首二顆，奪獲達馬四匹。

本日申時，劉承業兵至峽口，迎據涼州夜不收劉章章走報，達賊三千餘騎從土門兒挖壕過路，由雜木山等口南去搶番。一面傳令暫代涼州副總兵汪廷佐、暫代甘肅游擊事都司胡立家各差人襲哨前賊向往、歸路，及傳調涼莊游擊陳愷星馳應援，又分發官兵各莊堡設伏。二十三日，劉承業馳至馬蹄溝口，瞭見前哨達賊將原差哨家丁胡鑾等九名射死，大賊從本口卒至。本職督兵混戰一處，連敵數合，射打死達賊數多。見得點放火器不絕，未敢散搶，各賊登山，瞭見滾壩兒山口有汪廷佐、胡立家人馬，賊分四五百騎馳去，與各官兵對敵。至申時，賊見兩處兵馬夾攻，起營往北行走，汪廷佐、胡立家合兵追擊。賊見兵眾，徑奔過壕，出境去訖。查得各營在陣斬首八顆，通計先後各營共斬獲首級二十四顆，奪獲達馬一十八匹并夷器等件，陣亡軍丁二十一名，殺死出哨軍丁一十七名，重傷軍丁十名，射死官馬四十匹，等因，各先後具報到臣。

照得套虜吉能弟侄部落十四五枝，生齒日繁，河套不能容牧。近年駐套者侵擾延、寧沿邊；分駐河北、河西者每窺寧夏廣武、中衛、甘涼、莊蘭近地，冬深踏冰窺侵固靖、安會腹裏地方。各鎮兵馬千里分防，四時戒備，未敢少弛。在延綏，官兵昔稱驍健，每窺虜虛，間行搗剿，致虜防範日嚴，時或臨邊趁草住牧，日則撒塘遠哨，夜則舉火巡更，仍多方伏誘。官兵輕出，輒被損傷，甚至殞將折兵，得不償失，每犯兵忌。甘肅兵馬素多脆弱，每遇虜侵，望塵迎送，任其搶掠，絕無格鬥。兼以西番孳蓄，虜素垂涎，瓦剌遺種，虜每仇殺，往往阻絕道路，攻掏墩壕，為患日深。故駐套之虜在延、寧搗剿之舉當審機宜，西犯之寇在甘、固防禦之兵須嚴哨備。臣自受命督邊，適當虜勢分披，東西警報旁午，日夕圖惟，心力俱竭。每行各邊撫、鎮協心計度，審勢戰守，嚴督各路偏裨各輸忠勇，努力捍禦，務期保全疆圉，挫虜伐謀，仰紓西顧。文移申飭每數十次，旗牌督察各四五遣。今據二鎮一月之間節次斬獲虜級六十七顆，收獲馬、駝、牛畜數百，亦可少挫狂鋒，稍振兵威。即今延綏龍州、定邊二路邊工既興，萬夫在邊；甘肅莊涼一帶山後虜營散住，窺擾耕牧。其架梁防工、分兵防農一應戰守機宜，通行各撫鎮、偏裨、督工、領兵等官，勿因小獲輒恃疏怠，務策忠勇，共保萬全外。所據各鎮將領怯懦失事、貪橫誤邊者，臣已節行參究。其奮勇獲功、出奇制勝者，若非特請優資，何以鼓舞將吏以策後功？

議照延綏總兵官趙岢，昔以驕縱被參，懲創已深；後蒙聖恩宥錄，感激思奮。日矢裹尸圖報之忠，屢收出邊俘獲之績。據連年在雲在延斬獲將及百級，察原劾罪狀贓私後功例可准贖，雖都督顯官難議，即復其原襲祖職，或可量授。伏乞敕下兵部，將趙岢量復一官，仍加賞資以鼓勇略。

其岢所部游擊、千總等官并劉承業、汪廷佐各先後獲功首從人員，通行都察院分行陝西、甘肅各巡按御史，查照各撫、鎮原題事理，遵依近限委官查勘，所獲功級是否真壯，地方、官軍損傷有無隱匿，分別功[二一]作速議請，速行明示賞罰。其二鎮撫臣調度、經略之勞應否叙錄，統俟兵部查照近議定擬上請，庶功罪昭明而戰守咸勵矣。緣係前項事理，爲此具本謹題請旨。

奉聖旨："兵部知道。"欽此。兵部覆議，職與各撫臣調度有功，奉聖旨："是。王□□賞銀三十兩、紵絲一表裏。趙岢准復祖職，還同李尚智、石茂華各賞銀二十兩。汪廷佐等各十兩。"

爲查參貪橫將官玩寇剝軍貽害重鎮乞賜究革以肅邊紀事

照得陝西四鎮各設鎮守總兵官，優以都督之尊官，隆以挂印之制命，俾其統率偏裨，整飭戎務，外禦夷虜，内固封疆，任至重也。必負智勇之才、勵忠潔之志方可恤軍率屬，必諳韜鈐之略、決勝負之算方可沉機制虜，世固難其選矣。伏思其次，或清慎潔己，仁信御下，弓馬精練，志氣勇敢，亦可鼓衆戰守，保安邊圉。如其不然，即非大將之選，河〔二二〕堪專閫之寄哉？

臣奉命總督全陝軍務，每思三邊表裏朔、銀，四鎮逼鄰戎狄，兵馬久已凋殘，戰守每憂交困，思以共圖安攘、折衝禦侮者惟選將練兵、策勇懲玩是急。履任三月，亦嘗開具約束，飭以革故鼎新，戒虛務實，仰遵廟謨，勉修職任。適當套虜糾衆踏冰屯住河西，先犯蘭靖，再犯莊凉，督戰戒防，月無虛日。除獲功、誤事各官節經參報候旨處分外，竊慮甘肅一鎮孤懸河外，自金城西抵嘉峪遠出千七百里，自西寧東至洮河環繞百數十城。西番、土人雜處山谷，時肆剽掠；套虜、回夷占據海潯，歲常侵犯。雖設有各路副、參、游、守等官分守信地，必須主將得人，申嚴紀律，身率將吏，方可鼓舞却敵，遠近攸賴。

訪得見任鎮守甘肅總兵官劉承業，本以狡猾之奸，素屬貪饕之欲。夤緣重任，狼籍以自封殖；濫叨閫符，狐媚以欺上下。科斂軍士，則正兵三千每軍科銀三錢，令百户陳奉肆行收送，何恤軍士之困窮？縱放操軍百餘名，每月納銀三錢，容正軍張胖子等永不隨征，忍致營伍之空缺？濫用旗牌四十六名，每名索要見面銀一兩，爲首聶欽等明爲斂送；占役牢伴五百名，每名索定差銀五錢，班頭朶元帥等分班科收。其克剝屬官，或指以失事捆打，勒受各堡操守官大堡二十，小堡十兩，依虜人以爲利，闔鎮將至千金。又縱家人劉文漢索要守備張邦正、柳承祖、孫賢，操守王守中等各見面銀五十兩，縱屬官之科斂各城奚止數倍？其占種屯田，則差旗牌王佐、操軍張友才等九名强奪高臺所軍田三頃，收稻九百餘石，仍散該所貧軍，每石勒稻米四斗，共得米三百六十餘石，不恤衆怨之切齒；又差旗牌馮條兒等占種童子渠、土關兒、板橋、四壩各軍田五十餘頃，每年收麥二千餘石，屯糧仍逼正軍包賠，忍使屯役之含怨？其侵冒軍餉，則開報隨征家丁五十名，絶無正人，每名月支折糧銀七錢，每月侵冒三十五兩，俱家丁吳珊爲之支收，何恤軍餉之坐耗？又禦虜莊浪，指以失事，縱劉文漢勒指揮包龍、夜役張賢扣涼州馬軍銀一百七十兩，忍使軍馬之困餒？其侵罔市利，則勒取商人席景春等布五百餘匹，差旗牌譚真撒散各堡蓻牧之家，每布要羊二隻，給屠行郝瘸子等，每羊勒價一兩，行同屠販而不耻。其違禁通番，則差家人陸傑駝載私茶入番，勒易馬百五十匹，責旗牌吳忠私役官軍數十牧放，每匹扣馬價銀十二兩，仍勒各軍貼頭三五兩，害及番漢而不恤。率弟劉承志等三人每日入帥府，喚樂婦輪番唱飲，絶無禮義之防。縱旗牌宋經挾取商人朱堂銀二百兩，指勒不償，恣行嚇詐之惡計。履任未及二年，地方失事數次，未聞敵戰之功，每事彌縫之詭。軍士貧累日深，咸思逃移；邊防破壞已極，道路時阻。致套虜窺虛而肆侵，縱番夷剽掠而莫禦。業方佯佯自得，倡言侮衆，曰：“身爲大將，分願已足。縱或去官，家業可過。”推是心也，何知捐軀報國之忠，將釀養虎遺患之禍。故一時該鎮偏裨諸將觀望成風，貪狡同習。張彌肆虐於涼州，朱清科索於西寧，率無忌憚；朱勛飭詐於肅州，湯鼎畏避於莊浪，共事貪緣。雖各官罪孽之自作，實承業貪橫以倡之也。即今套虜六枝屯駐河西，東自沿河，西至西海，山後近邊虜營充斥，屢據降供，尚俟馬壯。在套吉能等酋俱思西渡，合謀深犯，聲勢異常。其甘涼重地，兵馬素稱脆弱，久無恤練；將領俱屬新任，威信未孚。城堡稀疏，耕牧星散，良可殷憂。所據劉承業既無將略，久失士心，亟應罷斥，免誤重鎮。

再照近年軍職犯贓滿貫，數或不多，照例遷調，身家俱廢，受禍爲烈。各鎮貪橫將領贓私動至千萬，剝削害及萬家。或被參劾，每止革任；恃其錢神，尋復起官。己身既挾厚資，享田宅聲色之奉；子孫仍得世官，受富貴安榮之遺。視身親戰陣、偶有損失，身死鋒鏑、罪議辟戍者，其禍之輕重、情之苦樂懸絕殊甚。以故武流貪風愈熾，清節鮮勵，剝削扣克之例雖嚴，竟未見謫一戍、戮一人以正法者，其視文臣近議提問追贓之例反輕，何以飭將略以恤軍害耶？今劉承業橫肆貪饕，甘去脫禍，若止照常革任，適得所願，無以誅奸萌以雪眾怨。且該鎮一時被參各官共犯科索扣克之例，贓私各有指實，計獲動至千數，通應從重追問以肅邊紀。

參照甘肅總兵官劉承業，世受國恩，身叨重任，絕無報國之忠，惟事營家之私。冒軍餉，占屯田，貪財而甘犯明例；通番夷，科營伍，罔利而故違憲章。縱虜騎之憑陵，絕無捍禦；任墩塘之虜殺，坐失周防。官軍怨既入骨，緩急難用；營伍凋殘已甚，戰守何資？查科克贓私數千皆官軍之脂膏，計侵冒邊儲數百胥帑藏之正支，律例既屬故違，據法即應追究。原任涼州副總兵張弼、分守西寧參將朱清、分守肅州參將朱勛，各以廢棄行伍之流，濫叨偏裨將領之任。同污相濟，俱有剝軍包辦之贓；怙惡成風，節被軍門監察之劾。罪狀不止罷官，贓賄通應究追。

伏乞皇上軫念邊鎮被貪橫之害，虜患由怯懦之召，清朝之法例宜嚴，武弁之靡風當振，敕下兵部，將劉承業亟賜革任，并張弼、朱清、朱勛通行陝西巡按御史拘提，各參內有名證犯逐一追問科克過送之實，查照新例從重參究，追贓決發，使各邊將領咸知貪饕者難遂溫飽之私，玩寇者不容於清明之世，庶貪風可息，奸詭知懲，而邊防攸賴矣。

及照甘肅去京數千里，即今秋防逼近，虜勢臨邊，必須就近推代，方可早圖戰守。查得見任寧夏副總兵楊貞，生長河西，習知夷險，忠實潔慎，精藝健力。昔任甘涼參游，累騰薦章；擢副夏鎮入衛，頗收斬獲。原任甘肅總兵官呂經，清惠之操，軍士戴如父母；忠實之性，上下絕無怨訾。昔年禦虜獲功，委無大失；誤被風聞參革，事狀已明。往失懲創已深，年力正屬可用。即今河西將吏累遭貪夫虐害，日思本官撫御，如望雲霓，即其得士之深，可固封疆之守。所據二官即可推代以備急用，通乞敕下兵部，就近推用一員以備秋防，地方幸甚。緣係前項事理，爲此具本謹題請旨。

奉聖旨："兵部知道。"欽此。該兵部覆題，奉聖旨："是。劉承業革了任，還同張弼等着巡按御史提問具奏。"欽此。隨該兵部會推楊貞充總兵官交代訖。

爲恭報各邊官軍遵令拒剿犯邊虜級保全地方申明賞格以勵戰功事

卷查先於隆慶二年二月初三日，據寧夏總兵官雷龍塘報，該鎮北路平虜城收回降人李喜兒等供稱，在虜營聽得本帳房達子說，大頭兒領衆達子一二萬，待三月間要攻寧夏城堡，搶挑渠、種田人夫。又哨得達賊一千餘騎到黑鹽池畔行走。該臣查得，寧夏地方每年春調集屯丁修挑各渠，萬夫在野，虜每窺犯。即帖行本官及咨寧夏巡撫衙門，通行各路參、協、游、守等官查照節年分兵防範事宜，沿河沿山多撥兵馬設伏，仍選鋒深哨虜營遠近，如機有可乘，就便出奇搗剿以伐虜謀。

本月二十一日，又據陝西總兵官郭震呈稱，據原發靖虜衛按伏把總吳廷用哨報，鎖罕禿前來達賊灰塵三十餘里，俱在金莊水、壓腰山一帶住牧，離黃河不遠，河水窄淺易渡，原發兵馬三百不足防禦，合再選家丁三百名，責令千總蔣松統領，前去靖虜并力按伏截殺，等因，到臣，除批行選發訖。

該臣照得，套虜春來分枝西住賀蘭山後沿河一帶，時遣精騎累犯寧靖、莊蘭地方。在套諸酋移帳近邊，窺隙侵擾農工。節行各鎮將領、操守等官加慎哨備。出奇搗剿。除二月中延綏總兵官趙岢等、甘肅總兵官劉承業等及臣標下原發河西家丁卜羅赤等節次斬獲虜級六十七顆，堵回大虜，保全地方，已經具題訖。

三月初十日，據臨鞏兵備、分守隴右等道揭報，河西紅城子收回降人供稱，從松山出來，在虜營聽得衆達子說，每人砍木椽一根、備水袋一個找筏，要從一條城渡河，搶安會、蘭靖地方。又經通行各該將領、兵備等道嚴慎防範，循環差哨，但有浮河入犯消息，先期傳諭收斂，相機隨勢過剿。臣料猾虜春深河開馬弱，大舉浮河爲難，其聲東擊西，零寇浮犯，乃其故智。竊慮寧夏中衛接境靖虜、蘭河，地里疏遠，河西莊紅參、游、守備兵馬單弱，不敷防禦，督行總兵官雷龍於中衛、半個城一帶撥兵按伏，以防迤北虜騎浮河南犯。及發中營把總李昫統領家丁一百員名前赴莊紅，與先發官丁陶染等一百三十餘員名合營，監同彼處兵馬設伏防哨。又發固原正兵營把總買春等官兵一百員名前赴靖虜迤東鎖黃川一帶哨備，督調蘭靖參將張德統領所部官軍移駐一條城防禦，及行總兵官郭震、標下游擊尹濂整搠各營官兵，輪日操演箭、銃射打，聽警策應間。

二十九日，據莊浪兵備道揭報，據走回原虜番僧札什他等供稱，達賊五個大頭兒各已捉馬，要搶西寧、碾伯、涼州地方。又經申飭設備去後。

三月以來，節據甘肅、寧夏、陝西、延綏各總兵、參、游等官塘報，初八日紅城子守備鄭經報稱，本日本管邊境嚮窑洞舉燒柴堆，當有軍門標下原發管隊官陶染等率領通丁大阿都赤等一百三十餘名，同鄭經官軍驟馬至水槽溝新邊，迎遇達賊八十餘騎，撲砍一處。各官丁奮力對敵，奪獲達馬三匹，各賊未得侵犯地方，即時堵回原路去訖。陶染當差通事宿害、五奴骨只等六名跟踪爪哨各虜向往，三更時至沙坡，遇伏路達賊二十餘騎，將各役趕散，內五奴骨只至今未回。又據靖虜守備楊鰲報稱，初九日靖虜河北大沙溝前來達賊一百餘騎到岸札立，楊鰲會同蔣松選發家丁阿都赤等於張家溝設伏伺擊。初十日前賊內十騎浮河間，當有阿都赤等撲砍射打，各賊未遂過河內犯，即時敵退回北去訖。十三日據莊浪參將湯鼎等塘報，有紅城邊境塌寺兒前來達賊一千餘騎，三運過壕行走。陶染等聞報，率領通丁同鄭經官軍馳至觀音洞，與涼莊游擊陳愷合兵拒戰。各虜從大柳樹撲來對敵，自午至酉，血戰數陣，賊被射打傷衆，陳愷營陣亡并回營身故軍丁四名。賊見兵勇退遁，因晚在彼札立相持。各虜未得撒馬，一半分兵西向，由莊浪教場溝突出，逼近莊浪城外，被參將湯鼎預備火車、火器拒敵，打傷賊騎數多。賊見官路收斂，無搶東西，兵馬堵截，十三日巳時起營過邊，復回原路訖。

又據延綏總兵官趙岢塘報，十六日延綏威武、鎮靖邊外四五十里，達賊營帳在彼住牧，往來游窺龍州邊工。趙岢會同督工委官原任副總兵李震選發把總馮大賢統領官軍、家丁八十員名，於本日二更時分從鎮靖郭家峁墩出邊伏剿。趙岢統領鎮靖參將陳堂、清平游擊陳銳同李震繼後。馮大賢等至四更時馳到小河頭，見得賊帳在彼，督率官兵撲入賊營亂行擊砍，死傷達賊數多，未曾斬首，佯往南誘。當有達賊百十餘騎趕來馬圈溝，趙岢等伏兵齊起，合營奮戰，就陣斬獲首級二顆，奪獲孳牧大小達馬七十一匹并夷器等件，中傷家丁二名，射死操馬九匹。賊見有備，奔北去訖。

又據寧夏總兵官雷龍差人報稱，二十等日節據哨丁哨得，邊外河東、河西達賊移帳沿河住牧。會同巡撫朱都御史議照，本鎮渠工正興，萬夫在野，先據降供，虜酋要待挑渠窺犯，情的不虛，況虜形已見，即應照依軍門節行事宜設伏、搗剿以伐虜謀。選發標下把總哱拜、鄭晹，正兵家丁總甲李大虎等，帶領官軍、通丁五百員名，於二十一日寅時從平虜境歸德口出邊，沿山深哨，繞出虜後。本日夜至討兔兒，遇賊一百五十餘騎撲來。哱拜等督令官兵奮力敵戰，就陣斬首三十五顆，奪獲達馬三十六匹、駝七隻，中傷軍丁二十一名。

又據署靖虜事原任守備陳天福報稱，二十五日達賊一百餘騎到靖虜北地名哈思吉札立，思欲浮河犯河南地方，內遣二十餘騎先浮過河窺探，當被紅溝按伏把總買春襲烽領兵迎擊，射傷虜眾，追逐過河。陳天福、蔣松聞報領兵前來，賊見有備，往西去訖。中傷家丁二名。

又據總兵官雷龍報稱，本月二十八日河東達賊二十餘騎從毛家步口浮渡過河，當有平虜參將崔廷威原發按伏家丁來伏等一百名撲追夾河灘中對敵，斬獲首級三顆，奪獲達馬三匹，各虜敗從原路去訖。重傷軍丁二名，等情，各先後據報到臣。

查得先該總督宣大侍郎翟□題稱，虜賊擁眾入境，官軍奮勇遏敵，雖無首級，地方保全，應錄其功。驍將勇卒奮不顧身，與賊鏖戰，互相殺傷，應原其罪。該兵部議准，若奮勇迎敵，殺敗虜賊，雖是斬獲賊級數少，官軍陣亡數多，仍須論功升賞，不許摘引律內"損軍"字樣妄議治罪，等因。題奉欽依，刊布條例，遵行已久。但近年各邊核勘功罪止計功級為升賞，計損傷為罪罰，其血戰拒敵、保全地方之功更未叙及。故擁兵自保、縱虜深入者反得脫禍，而奮勇輪死、拒虜損傷者每蒙罪譴，無以勵戰功而作士氣。臣先任寧夏巡撫，查明參將牛秉忠拒虜伐謀、迎敵損傷，指揮哱拜邀虜邊外、率衆却敵各功罪，遵例請錄其功，被巡按御史執議參駁，竟致血戰之功未錄，忠勇之氣消沮，甚非所以遵明例以重戰功也。今虜勢異常，非時分道侵犯，調度分發，責在臣愚，而臨敵效勇，全恃兵將。若非分別勇怯，核實戰否，申明成例，請示賞罰，用昭懲勸，衆將習故退避，何以却虜伐謀，保全疆圉？除將節報虜情及各官兵迎敵斬獲功級分行各道查勘是否真壯，有無隱匿，通候核勘外。

案照臣自去年十一月抵任，適遇套虜糾衆踏冰西犯固靖，嚴督陝西總兵官郭震、游擊吳嵩、靖虜守備楊鰲等沿河防禦。十二月二十六日，大虜三千餘騎於靖虜南地名迷列遜踏冰過河，分兵三路，牽制我兵，一枝南犯安定、會寧，一枝東犯乾鹽池、打刺赤，一枝北犯海刺都、黑水苑各地方。郭震統領官兵即日追至白草原、展家山，將東犯虜衆敵回。次日，北犯虜賊聞東虜敗遁，收兵由靖虜城外奔走。有該衛充軍原任指揮張鵬率領本城舍丁三十九名，聞虜敗走，希追襲獲功贖罪，該城掌印官朱延齡失於禁阻，致陷虜伏，各被殺傷。郭震統兵自東襲烽馳至，戰敗虜賊，奪獲人畜，分兵迎擊南犯大虜。被吳嵩於二十七日自南迎擊夾功〔二三〕各虜，續於二十八日盡追過河。大虜出沒三日間，郭震、楊鰲擐甲露宿，連戰數次，火器打傷虜騎頗多，各營斬獲真壯虜級六顆，奪獲原虜人畜一千七百九十餘，達馬、駝二十餘匹隻，盔甲、器械數百件。雖沿河斂餘人畜間被搶掠，半即奪獲，内地保全，未遂深犯，實各官兵迎敵血戰之功。臣節行臨鞏、固原各道二次差官查核已明，已將各官兵分別犒獎，陣亡軍舍量行優恤，據實具題訖。

比時前巡按御史房□按住秦州，相去靖虜七八百里，本月三十日聞報虜入，隨行各道趨赴安、會防禦。不知臣先於二十三日選發標兵於二縣按伏待虜，聞警各官兵襲烽迎堵，共成過虜之功。本官仍調洮、河二參將領兵各赴安、會迎戰，時大虜久已出境，各官兵正月半方至二縣，計已後時。本官繼行赴代，至鳳翔府聞報張鵬等被傷，去邊愈遠，不及核查各枝官軍拒敵之詳，概稱虜入殺傷官軍，乞懲玩縱，等因。具題，隨該兵部覆奉聖旨，敕臣嚴督官軍追剿，咨行到臣，計虜出邊已月餘。據巡按之報，若地方無備，虜尚在邊，至塵西顧。其云殺傷官軍，若總兵官臨敵敗衄，損傷士馬云者。原未知張鵬等之陣亡乃其違禁出城，自陷虜伏，既非總兵之部兵，亦非各官之調遣，罪在衛官擅放出城，死由張鵬貪功誤衆，事壯[二四]甚明。臣雖將陣亡隨行官舍嘉其忠勇，量行優恤，仍將朱延齡責治聽參，委於郭震無預。其郭震等拒戰大虜，傷亡軍丁數名，乃矢石交攻，彼此互傷，即應照例優錄血戰保全地方之功，免坐摘用損傷官軍之罪。但恐將來勘者止據原參詞語，概坐諸將以玩縱、損傷，而不察血戰保全之明例，未免泥案求合，將至以功爲罪。

今據各邊官軍節報拒虜搗剿之功，在延、寧，總兵官雷龍、趙岢等各沉機效忠，襲虜邊外，既無損傷，又多斬獲，例當優錄。在固鎮，總兵官郭震率衆奮擊，逐虜揚威，斬獲雖少，保全實衆，功應并錄。游擊吳嵩，先後靖虜守備楊鰲、陳天福，涼莊游擊陳愷，紅城守備鄭經，按伏臣標下把總李昫，隊長陶染，正兵千總蔣松，把總買春，雖無斬獲虜首可紀，實有拒虜保全地方當錄。向非各官兵分伏防禦，聞警奮勇，或迎敵於大衆過壕擁犯之初，或追襲於精騎浮河窺伺之際，仍襲前失事參將湯鼎、朱清、薛奎、劉霈等退避迎送、各圖苟全故智，則河西巴暖、三川必復大被搶殺，河東沿河一帶亦將時遭竊掠，縱寇殃民，罪死何益？及查得河西官兵脆弱，素爲虜輕，若無李昫、陶染等夾持迎敵，則陳愷之游兵幾至覆沒，而莊涼之大路時或阻絕。節據各道查報到臣，功罪各有攸當。

即今春防已完，通計先後四鎮斬獲虜級一百一十三顆，奪獲被虜馬、駝、牛、羊三千餘匹隻，收獲夷器千餘件枝，各枝虜酋屢被挫傷，各鎮內地未遭虜患。仰仗聖明振飭之明威，俯藉諸將感奮之勇略，臣不敢蔽抑顧忌，不爲暴白功罪，上負廟堂作養將材之忠謨，下孤將士翹天之依望。除誤事、貪懦將領臣已節行參治外，伏乞皇上俯念邊臣血戰拒虜之功，敕下兵部，查照臣先後議題及各撫、鎮原題事理，將延、寧、固三鎮總兵官趙岢、雷龍、郭震特賜優賚，各守備、千把總等官楊鰲、陳天福、鄭經、蔣松、李昫、陶染、吳廷用、買春等量行給賞，以作忠勇，以勵戰功。其斬獲首級是否真壯、地方有無隱匿失事餘情，通行各該巡按御史遵照近例，勿拘原案，照例核勘。各鎮撫臣調度防禦，勞績并懋，應否叙錄，一體議奏。庶激勸大明，功罪有歸，而忠勇咸勵矣。緣係前項事理，爲此具本謹題請旨。

奉聖旨："兵部知道。"欽此。該兵部覆議，內除總督王□□先給欽賞外，寧夏撫、鎮應議賞賚，固原總兵官血戰保全地方之功催行勘報，等因。題奉聖旨："是。雷龍、朱笈各賞銀二十兩。"欽此。通行欽遵訖。

校勘記

〔一〕"勢"，據文意疑當作"誓"。

〔二〕"馬、布"，據文意疑當作"馬、步"。下同。

〔三〕"請"後，據文意疑當有一"給"字。

〔四〕"責"，據文意疑當作"則"。

〔五〕"墩榨"，據文意疑當作"墩柵"。下同。

〔六〕"謁"，據文意疑當作"竭"。

〔七〕"領"，據文章疑當作"額"。

〔八〕"近"，據文意疑當作"似"。

〔九〕"蕃"，據文意疑當作"審"。

〔一〇〕"叵"，據文意疑當作"區"。

〔一一〕"技"，據文意疑當作"技"。

〔一二〕"無"，據文意疑當作"庶"。

〔一三〕"潰"，據文意疑當作"潰"。

〔一四〕"功"，據文意疑當作"躬"。

〔一五〕"復"，據文意疑當作"腹"。

〔一六〕"論"，據文意疑當作"諭"。

〔一七〕"楊"，據文意疑當作"揚"。

〔一八〕"涓"，據文意疑當作"捐"。

〔一九〕"儀"，據文意疑當作"議"。

〔二〇〕"寶准"，據文意疑當作"寶淮"。

〔二一〕"功"後，據文意疑當有一"罪"字。

〔二二〕"河"，據文意當作"何"。

〔二三〕"功"，據文意疑當作"攻"。

〔二四〕"壯"，據文意疑當作"狀"。

延寧甘固·籌邊類

爲遵議督修各鎮城堡核報完工請行閱賞事

據固原、臨鞏兵備，守巡河西、隴右、關西，榆林、靖邊、寧夏兵糧，守巡西寧，莊浪兵備各道參政等官梁明翰等，各呈繳核實過各道自隆慶二年二月起，九月終止，各修完所屬沿邊各路營堡及近邊各州縣、監苑城堡、墩臺、門樓、壕橋及各邊窰洞、墩榨等項丈尺、數目文册。內固原道本營[一]固原鎮城原議應修工程，已完緊要十分之七，未完稍緩三分；分守關西道本管平涼府內外城垣俱已修完，惟關城尚有未完月城十分之二，等因，到臣。

卷查准兵部咨，爲欽奉聖諭事，該各衙門集議"一、繕城堡"，合無通行薊、昌、陝西、延綏、寧夏、甘肅諸鎮各督撫官，嚴督各該守巡、兵備、有司，速將所屬鄰邊衛所、州縣及鄉村、市鎮，但係虜騎可通去處，原有城堡而低薄不堪者即便增修高厚，原無城堡者即行相度創築。至於城守之具，火器爲先，總督、撫按作速議動官銀，精選匠作如法製造，選取神器手演習精熟，轉發各城堡教習防禦，等因。題奉聖旨："是。這所議著二鎮諸邊總督、鎮、巡等官著實舉行。如有仍前欺怠的，兵部、科道及巡按御史即便指名參奏重處。"欽此。欽遵，備咨前來，通行欽遵查閱、督修去後。

至隆慶二年二月，臣看得時已春融，正係工作之際，雖經屢行各鎮鎮、巡督率寺、道諸司修理，誠恐蹈習往年舊套，不行著實委官、立法、課工，濫委陰陽、醫生、老人等役，徒增騷擾，難責實效。除腹裏城堡嚴督各道責成有司勒限閱修，查得沿邊近地俱係虜素垂涎，似難照常延待。臣復選委閑住原任副總兵陶希皋、任勇先後經管，平涼府城參將胡燦、施霖分管，固原東西路游擊祁棟分修慶陽東西兩川，都司張麟圖分修延安府衛各州縣，指揮文徵分修苑馬寺二監各苑圍。會同各道督同軍衛、有司各掌印及延綏二路城堡同知、監苑各地方官，遍歷各該城堡，逐段查閱原舊城垣高厚若干，今應加幫若干，各處附近軍民分別上、中、下三等派夫若干，墩、敵、門臺若干，壕、窯深闊若干，計夫扣工幾十日可完，定委職名，選撥本處有力堡長、堡副克期興工。務城垣連女牆通高三丈二三尺，頂闊丈餘；墩、敵臺務高三丈五尺，頂闊丈四五尺；壕塹務各二三道，各闊三丈，深二丈。與各城守器具、防禦軍壯逐一查點、分派，巡行教演、補造。

至六月間，節據各官冊報修過工程、派過城守、修製過器具各數目前來。查得所開雖有未完，數各不多，惟固原、平涼城垣廣圍十數里，工力浩大，時值夏旱，軍民夫役缺食，秋月難以通完。一面督催各該委官上緊完築以備秋防，一面移咨陝西巡撫，將前固靖等各府州縣、監苑城堡等項并行查閱，中間工大民力不敷，與夫添製器具及應犒賞、鹽菜等項，該城堡無從出辦者，遵照部議量動撫臣原留贓罰官銀，聽該道酌議呈請支用。

臣惟秋防在邇，邊腹俱當戒嚴，於七月初一日督兵赴邊，分布擺守延、寧大邊，仍調撥軍夫督修大雨衝壞邊口，外嚴門戶之防。仍咨行陝西巡撫都御史張□，嚴督各道催行各委官并修未完城堡，及將陝西參將營步軍摘撥協修固原城工，以固堂奧之守。開具條議，備將督行各道及各委官踏閱趁春修葺已、未完城堡工程，製造已、未完器具，開具總數，議候通完造冊，分等請行賞罰。已經具題，隨准兵部咨，覆奉欽依，備咨前來，又經欽遵通行催修，冊報到臣。

查得固原、平涼各城垣周圍各十餘里，原城低薄壞損，無可拒守，今已加幫高厚，工力浩大，軍民萬夫一歲修築，力難通完。其要急門臺俱已先完，可據爲守，餘稍緩處所應候來春接修。腹裏城堡工原不多，與各添製器具曾經閱驗，俱各堪用。向因各鎮地方隔遠，沿邊、近邊各路工程雖各報完，未經核實，恐或捏報，有礙回奏，又經通行各道逐一委官覆閱去後。今據備繳，到臣。

查得陝西鎮近邊各道修閱完城堡六百五十九座、墩臺四百五十三座、窯洞三百五處；延綏鎮靖邊、榆林二道修閱完邊堡六十五座、墩臺五十座；寧夏鎮兵糧該道修閱完邊堡四十座、墩臺三座；甘肅鎮守巡西寧，甘肅、西寧、莊浪兵備五道修閱完本路邊堡二百八十七座、墩臺八十七座、團莊六十九處、沿邊壕榨〔二〕一萬一千八百四十六丈一尺。通計隆慶二年二月起至九月止，各鎮各道修完邊腹城堡共一千五十一座，墩臺五百九十三座，窯洞、團莊三百七十四處，邊牆、壕榨一萬一千八百四十六丈一尺，餘隨堡護門、墩角敵臺不與焉。

臣會同巡撫陝西都察院右僉都御史張□議照，全陝各府今歲適當夏秋大旱之時，邊腹城堡節經地震、暑雨傾壞之後，臣等恪遵廷議責實修防。伏蒙聖明銳意邊圖，奉旨嚴赫，各該文武諸臣誓竭心力，軍民丁壯勉輸財力。修築挑浚，荷鍤如雲；土木磚石，造運恐後。以故半載之間沿邊四鎮城堡一新，邊腹千里墩堠相望，雖未能保虜患之坐消，庶可伐虜謀之攻陷。所據效勞文武各官，除管修各堡及工程無多，該臣會同各鎮撫臣分等量行獎賞，中有一二惰工、科克、僨事官役以法懲究，修過工程類冊奏繳，青冊送部查考外，今將布、按二司各道及原委、見任廢閑將領，府衛、州縣、監苑等官分別等第疏名奏請。伏乞敕下兵部，查照原議及臣冊報工程定擬賞格上請，恭候恩賚。其一二未完餘工并已完工程，通候來春仍行各道專委原經修員役乘春踏勘修葺，務俾已完者不至損壞，未完者克期通完，庶一勞永逸，軍民免憂虜患矣。

奉聖旨："兵部知道。"欽此。

該兵部議照，陝西四鎮邊腹城堡、墩臺、窰洞、邊牆、壕楗節因地震、雨水傾壞強半，今修一新，保障攸賴。所據總督、鎮、巡等官運籌經始，實多調度之功；守巡、兵備等官戮力督工，各盡綢繆之職。邊隘奄然告成，秋防恃以無恐，俱應優賞。內除總督、鎮、巡近已欽賞外，其餘咨行總督王□□動賞功銀分別獎賞，仍將一等文武官紀錄推用，等因。

題奉聖旨："是。"欽此。

爲酌議分官催徵本色邊餉以濟軍民事

卷查先該臣奉命總督三邊之初，條議興革內一款"議復延綏本色邊餉以濟軍民"，查得榆鎮邊餉半係延安府所屬州縣民運供應，國初編徵本色，赴沿邊各倉場上納。後因大虜住套，套內耕牧既失，本色輸運漸難。該先任文布政照當年時估，每米一石并腳價折徵銀一兩二錢，豆每石折徵銀一兩，俱解廣有庫交收。初時民脫挽輸，軍得折支，似亦省便。以後歲率爲常，徵銀數多，該府地方山溪盤薄，商販不通，米無售□[三]。在各處民有賤糶之苦，在邊鎮軍受貴糴之累。民糧拖欠，歲至數萬，鎮城米斗值銀一錢二三分，官軍欠糧數月，軍民交病。議將各州縣夏秋糧草查照國初俱改復本色，各以地里就近運赴三四百里倉場上納。如洛川、中部、宜君改赴延豐倉，每石加腳耗三斗；鄜州、甘泉改赴靖邊營倉場，膚施、安塞、安定、保安各仍赴原坐西路倉場，宜川、延長改赴綏德州倉，每石加脚耗二斗；延川、清澗、綏德、米脂改赴魚河堡倉，葭州、吳堡、府谷、神木等州縣俱赴鎮城及該路附近各照舊規上納，各免加耗。及查該鎮軍民多養駱□〔四〕，專備駝運，每隻可馱米三石，以九斗脚耗之米充費。或官督運，或募商轉輸，或准在鎮各官之俸，即以脚耗給之，聽其自運充用。庶該鎮每歲得數萬之粟豆，可免銀易招商之重價，官軍得本色，延民免拖欠，行之數年，其溥利奚啻百倍？

已經具題，蒙敕户部議得，延綏鎮民運錢糧額派西、延、慶三府。先年原係本色，故軍士沾惠而兵馬强盛。自布政文貴奏改折徵而軍餉始虧，巡撫馮□因之盡改折色而米價騰貴，致有“米珠莩桂”之謠。該鎮坐視困憊，以致本部給發銀兩歲有加增。欲處糧餉，相應查復本色之舊。今該總督侍郎王□□條陳議復延綏本色邊餉，正與本部所議相同，且親歷地方，所稱改派州縣倉口道路適均，而折色改復本色民間又便，脚耗之增損調停，轉運之官民有法，議處曲當，鑿鑿可行，相應依擬。恭候命下，移咨總督并陝西、延綏各巡撫衙門，合照所議督行陝西布政司，查將西、延等府額派延綏鎮夏秋稅糧、馬草俱改徵本色，所據州縣倉口悉依今議，量其地里就近上納。該道嚴督州縣掌印官催運，各該管糧官率領大户運赴各該倉場交納，通候糧完呈報撫院，仍以脚耗之糧立法轉運兑支，等因。

覆奉聖旨：“依擬行。”欽此。欽遵，備咨前來，通行徵輸去後。

續據布政司呈稱，除延安府州縣隆慶二年秋糧改派本色，赴各原定倉口上納，西、慶等府相距榆鎮幾二千里，山溝險遠，舟車不通，本色糧草十倍不能運納，必將拖累難完，仍應照舊折價。查與臣原議相同，已經批行該司將西、慶二府該鎮稅糧仍舊折徵起解，聽撫院隨宜折放。

續據守巡河西道呈，據各州縣議稱，民以運納爲難，官以折徵爲便，無非聽奸豪大户安於拖欠、慣賴邊糧之頹風，循不才有司苟圖私便、憚於徵輸之故習。各道、該府既無徵派之法，又乏通變之議，何以示官民更圖遵守？臣又經開具一切徵輸、轉運事規，責行守巡該道會同榆林、靖邊四道酌議停妥詳報去後。

隨據各道會呈，該分巡河西道督同延安府知府郭文和面加講求，該府屬田多在山，民惟務農，菽豆之外，他物不産。道路崎嶇，商販不至，顧使其轉鬻以納價於官，貰所有以責其所無，彼此貿易之間，民病於賤糶，軍苦於貴糴，加以所納價銀視正供糧數又倍重之，小民困苦逃移，有司督責降罰，何時可已？故便民裕軍，俾國儲無損，民生獲益，誠莫過於議改本色。其催徵、轉運之法誠如軍門原議條規，即可通行。今各道議將“置總撒册曆以稽上納之實”“定改派倉口以明輸運之便”“定支放規則以免轉送之勞”“查荒熟地畝以袪隱占之弊”“減額外加徵以復國初之制”“嚴拖欠律例以遏奸頑之風”“明勸懲重典以飭有司之職”列款七事，覆議具呈，合無督行該府各州縣查照遵行。

其改派倉口實徵秋糧，除膚施等縣俱上納本色，遵行已久，無容別議外，其鄜州、宜君、洛川、中部、宜川、延長、甘泉、膚施等處原派榆林鎮各邊遠倉口竟以運送遙遠改徵折價一兩二錢，經今年久，厭苦太重，仍改本色，民心實皆樂從。但原議酌量道里之宜改運就近倉口，非令直送榆林也。官吏安於故常，愚民不知上意，習聞原派倉口，不明改近之便，多生畏憚。今若預定就近倉口，使民曉然通知其便，孰有不樂於輸納本色者哉？將原折價一兩二錢糧石，洛川縣、中部縣、宜君縣每石加脚耗三斗，俱改赴延安府延豐倉；鄜州、膚施、甘泉三州縣每石加脚耗二斗，俱改赴靖邊營利益倉；宜川、延長二縣每石加脚耗二斗，俱改赴綏德州廣盈倉；安定縣原起運廣儲倉，今既改赴宏皋倉上納，應照膚施縣事例亦加脚耗二斗，各納本色米豆。以上道里相去不過三百里，駄運既不甚艱，而本色米豆又民間所自種之物，免變價之勞。應咨陝西撫院轉行布政司，查照開款改派徵納。其各州縣夏稅內改本色麥豆，自隆慶三年查照今議秋糧倉口上納，仍行各道一體遵行。其綏德州、延安府轉運之法，在延豐倉者責令該府督運、兌留，而廣盈倉者如或官軍支運不及，聽延綏巡撫衙門隨宜酌處，等因。前來。

臣看得延安府屬地方山程延袤，綿亘二千餘里，該府原設管糧同知一員，職專督催。然府屬地里相距窵遠，計徵納之時在秋冬數月，巡歷比查不及周遍，一過春時，即成凰逋，坐使糧草拖欠數多，雖屢行參降，勢難取盈。且改運本色之初，必須專官督催，方克懲奸清弊。查得榆鎮東、中、西三路近設城堡同知二員，分管沿邊州縣軍民城堡，責專修理，事務頗簡，且秋後冬月工作既停，時多暇豫。其榆林道屬綏、葭、米脂、府谷、吳堡、神木各州縣俱屬東路同知，靖邊道屬安塞、保安、安定三縣俱屬西路同知，各係沿邊州縣，各有本色邊糧，即可就近兼督，庶修理、催科兩得兼濟。又經備咨延綏巡撫衙門查議會請去後。

會同巡撫延綏都察院右僉都御史李□□議照，邊餉本、折徵派每因時因地以便軍民，設官督糧、修築因邊餉、邊城而分職任。在榆鎮既以餉匱爲艱，在延民復以折徵爲累，是當通變以宜民。其管糧官既苦於巡歷之難周，而各城堡官各安於簡便而閑曠，尤當分理以共濟。況當立法更化之初，必須得人任經理之責。所據延安各屬夏秋糧稅既復本色徵納，即應分路督催，庶府官無添設之煩，邊餉有兼濟之益。既經該道查議前因，揆之事體、法守允爲良便，乞敕吏部查照今擬，將延綏東、西二路城堡同知邵世禄、高持更議職任，容令兼管各路府屬糧務。東路分管綏德州、葭州、清澗、米脂、神木、府谷、吳堡各縣，西路分管保安、安塞、安定各縣，其餘鄜州、膚施、甘泉、延川、延長、洛川、宜川、中部、宜君各縣仍聽延安府管糧同知邢化經管催徵，各給札付令其欽遵行事。每年終聽臣等查照戶部欽依查參事例，分別分管各屬已、未完糧草分數，照例請行賞罰。其管糧、城堡各官各有定職，不許各院各道概行差委，致誤修築、催徵，庶責成既專而邊儲、邊城咸有攸賴矣。

　　奉聖旨："吏部知道。"欽此。該吏部覆奉聖旨："是。"欽此。

爲地方重遭旱災乞賜蠲賑以廣聖恩以恤民命事

　　准巡撫陝西右僉都御史張□會稿，據陝西布政司呈，准守巡等道各咨牒，據委官同知等官蘇璜等踏勘過西安、鳳翔、慶陽、平涼、延安府屬州縣及境內衛所隆慶二年分秋田，除成災四分以下不開外，乾州，寧州，醴泉、韓城、白水、澄城、武功、咸陽、高陵、臨潼、鎮原、莊浪、安化、鳳翔、岐山、扶風、宜川縣，慶陽衛，鳳翔守禦千戶所各成災九分，耀州，邠州，涇州，商州，蒲城、富平、涇陽、同官、三原、淳化、三水、興平、永壽、咸寧、長安、鎮安、華亭、崇信、平涼、汧陽、麟游、洛川縣，平涼衛，安東中護衛，西安左衛、後衛、前衛、右護衛各成災八分，固原、綏德、鄜州，隆德、靈臺、真寧、合水、郃縣、寶雞、米脂、中部、宜君、甘泉縣各成災七分，華州，隴州，華陰、渭南、朝邑、洛南、商南、山陽、藍田、郃陽、環縣各成災六分，靜寧、同州，盩厔、鄠縣、延長、吳堡、神木縣各成災五分，金縣成災七分，各應徵、應免糧石核實造冊并應賑饑民丁口數目到司。

　　看得今歲秋災，西安居最，鳳翔、慶陽、平涼、延安次之。臨、鞏二府夏田雖旱，秋禾頗登，惟臨洮、金縣一處與西安三十六州縣、四衛，鳳翔八州縣、一所，慶陽五州縣、一衛，平涼十州縣、二衛，延安十一州縣，各被災有差。

爲照陝西當番虜之衝，而窮困視別省爲甚，罹此灾旱，人民饑饉。時尚收秋之際，米價已漸騰貴；若至來春青黄不接之時，其價增高可知。既懷流離饑殍之憂，又有民貧盜起之懼，據各道所議，乞要蠲免糧草，議處賑濟，情詞逼切，勢不可緩。

查得本司廣積庫續收原開報查盤趙御史自本年三月十五日起、四月終止收貯户部事例、度牒、缺官俸糧、羊皮、富户税契、贓罰，兵部缺官柴薪、馬夫、齋夫，南京户部駁册、紙贖，本省支剩、絹折、年例、羊價、盤纏、均徭等銀，共一萬五千八百四十七兩零。報後又自五月初一日起、十一月十三日止續收各部前項銀一萬七千五百八十四兩零。以上通共銀三萬三千四百三十二兩零，於内遵照户部勘合暫留一半抵補王府不敷禄糧，其餘一半該銀一萬六千七百一十六兩零係解京之數，合無奏留，與各府州縣倉庫糧銀相兼賑恤，并蠲免錢糧以紓目前之急，等因。造册呈繳，到臣。

會同巡撫陝西都察院右僉都御史張□、巡按陝西監察御史王□□議照，陝西今歲先已地震被灾，後復夏秋連旱，除臨洮、鞏昌、漢中三府得雨雖遲，秋成稍可，不敢復議，其西安、鳳翔、慶陽、平涼、延安五府各中有被灾四分以下者亦不敢概奏外，惟成灾九分以下、五分以下[五]者亦止查據大都，至於軍民之迫於饑寒恐填溝壑者蓋有不能勝數。查得今歲存留秋糧已蒙恩詔蠲免三分，而臨、鞏、慶陽三府存留夏税又該户部照灾分數覆允減豁，據今西、鳳等五府秋灾，臣等陳乞亦自惶悚。但民生窘迫已漸流移，延至明春必多餓殍，況秦俗多悍，山谷阻深，不逞之徒易於嘯聚，惟今負租者乞蠲，枵腹者望賑，仰思内帑詘乏，罔敢妄覬。除各被灾州縣分數文册，該撫按諸臣造報奏繳外，伏望皇上軫念邊方殊於腹裏，乞敕户部查議上請，合無將西安、鳳翔、慶陽、平涼、延安五府所屬州縣及境内衛所今歲秋田灾傷分數應免糧石於存留秋糧數内查例蠲免，及將布政司庫貯事例等銀一萬六千七百一十六兩零存留免解，是即皇上内帑之賜，庶相兼各府州縣倉庫見在糧銀，待來春青黄不接之時，聽臣等督同司道委官分投放賑。如銀糧不敷，或議激富民量爲勸借。敢有假公濟私，詐欺失實，容臣等痛加查究，以爲貪忍負國之戒。通候事完，備將賑濟過人户丁口、用過糧銀數目聽撫臣造册奏繳。如此庶幾蘇顛連之殘息，消愚獷之邪心，地方之安皆聖恩之賜矣。

該户部覆奉聖旨："是。"欽此。

爲東西大虜糾衆搶番經窺甘肅邊境預圖儲備以固疆場事

據甘肅總兵官楊真呈，蒙臣鈞帖，照得秋時節據各鎮降哨，套虜吉能糾合河東俺答大酋，自八月二十五六等日陸續起營，北由河外川底經行。吉能糾率在套諸酋，各統精兵浮河，由賀蘭山後各赴河西，前後俱至涼、永境外亦集乃等水頭集兵。一半直由高臺、鎮夷拆壕越邊，西出肅州嘉峪關；一半由肅州境外天倉、毛目徑赴哈密北山會兵搶番。仰職即會撫院，一面嚴行各該將領選差的當通夜更番西出嘉峪關四五百里之外，哨探虜賊果否西掠瓦剌，或屯住甘肅上下河地，狡謀勢向是否垂涎圖掠，或出西海住牧，務得的確虜情，星馳飛報以憑調度。一面酌相聲勢緩急，就近查議某處係當虜衝，該路兵馬堪否戰守，應該督發某枝官兵協防；某路墩塘疏遠，舉傳不便，應於某處加添柴塘烟竃。與夫一應戰守事宜，并合用主、客兵餉有無足用，會同撫院逐一議處呈報。依蒙會行巡撫王都御史通行各道查議，及行各該將領、操防等官各選差丁夜嚴加哨備。

續據肅州參將湯希韓呈，據來降番婦隴速等供稱，俺答大酋領小頭目八個，帶領達子五六萬到哈密北山，內挑好漢達子往西搶黃毛達子去了。有把都兒、黃台吉達子一半還在苦峪南邊白芿其灘打圍住牧。又據西寧參將吳鳳呈報，紅帽兒番夷完卜和尚哨見五個頭兒達子約有五千餘騎，在海腦、鹽池川一帶住牧。及審據鎮番衛呈解降人陳天祿等供稱，賓兔達賊在鎮番紅山寺、雙黑山、沙窩住牧，等情。所據各該降番供稱虜情亦真。

看得肅州、鎮夷、高臺、甘州、洪水、黑城、花寨、古城、板橋、平川、鎮番、涼莊、古浪、西寧、碾伯、巴暖、三川、弘化寺等處地方，俱係前項各虜圖掠之地。及照俺答、吉能二酋盤據河東、河套，聲勢重大。若收黃毛、瓦剌得勝，從川底回套；若不能勝，仍從原路前來，必侵我境，其肅鎮高臺、甘州、板橋、平川、山丹地方尤為吃緊。西海住牧之賊如犯東南，必掠西寧、南川、西川；如犯西北，必由大通河腦透明番水、關匾路口、白石崖，高透洪水、甘州，低透永昌、涼州。賓兔之賊住牧紅山寺、雙黑山，東行可犯寧夏、蘭靖，西出由紅城子地方，高透弘化寺、巴暖、三川，低透西大通、碾伯地方。欲將涼、莊、永、鎮兵馬調援，恐妨海寇及賓兔之患，未免顧此失彼。合無行令肅州參將湯希韓、西寧參將吳鳳選差丁夜速為襲哨俺答大酋，但有復回動犯我境消息，一面歸并城堡，收斂人畜，一面星夜差人通行飛報，會合鄰近兵馬，酌量賊勢衝緩，協力分兵戰守，不許互分彼此。本職領兵隨賊調度策應，如果賊勢重大，兵馬單弱，呈請軍門裁酌發兵應援。仍行各該將領、操防、備禦等官，各將所管墩塘、隘口每處加添大柴堆十座、小柴堆三十座、火把五十把、烟竈五個，務要設置完備，不許虛應故事。仍諭守墩甲軍用心瞭望，嚴明烽火，不許怠忽，等因，呈報到臣。

看得大虜哨明西去已遠，冬春勢不可回。來年夏秋草高馬壯，若西搶番夷得飽豕欲，或由川底回套，亦必遣精騎擾我近邊以防邀堵；若失意空歸，必將泄忿於我境以遂搶掠。一應戰守、修防事宜正當乘時整飭，思以待虜，毋致臨時倉皇，如秋時之態。其賓兔虜營已駐賀蘭山後，窺河游牧，似有回套之機。若河開不回，又將移住大小松山，窺犯涼莊。其海上零賊，近據吳鳳哨報，已遠鎮七百餘里，由河腦昆侖山一帶西犯松潘。西寧事勢稍緩，已將原發固原游兵調回蘭州河防。河西莊紅、西寧、三川有警，仍令會同蘭河參將馳赴策應。除批行本官遵照整飭，再加哨明虜犯真踪，一面差人馳赴蘭河調援，一面呈臣督發外。隨據本官塘報，隆慶三年正月初六日，肅州收回降人把都卜剌供稱，大虜頭目黃台吉去年九月內到於卜隆吉河腦白艻其灘，挑了精兵達子五六千搶黃毛達子去了，丟下一半瘦馬達子三四千。有黃台吉十二月裏差人來説，已搶了黃毛達子兩個頭兒，別的黃毛達子往西去了，把瘦馬達子亦調著去，説還要往西跟著搶去裏。又説搶了黃毛達子，到今年八九月一半從這裏過來，一半從南山後過去，等情，到臣。

議照北虜、西番均屬夷狄，分住要荒，互爲勝衰。自漢武通西域以斷匈奴之右臂，始開河西之疆場，歷代番虜轉相仇殺，竟未全從爲中國患。國初建置甘肅一鎮，招撫西番諸國，許以納馬易茶，優以年例貢賞，百十年來，番虜絕交通之患，邊域賴茶馬之益，誠爲撫夷扼虜之弘圖，制盡善也。邇年北虜俺答、吉能諸酋恃其強衆，累糾搶番，過往必經甘肅邊境，游騎每肆搶虜人畜，擁衆動至十數萬。該鎮兵馬寡弱，戰守不支，延住更歷歲月，年例主、客軍餉緩急莫給，雖稱夷狄相攻爲中國利，其番族窮苦，反肆窺道交侵，實重貽中國之害矣。

節據降供各酋西去數千里，計春初馬弱難回，必待秋高馬壯，將復擁衆東旋。其經過甘肅邊境，勢既難於阻遏，備須預圖

萬全。臣自秋深百計籌畫，發兵申令至再至三，節行撫、鎮急圖
預防機宜。隨准巡撫都御史王□揭報，兵馬、錢糧疲耗太甚，請
兵、請餉道遠難濟，欲選補見在之營伍，召募標兵及莊、寧各路
之土兵，請給馬價、茶馬，議改民運本色，預給下年鹽引，湊支
見在銀兩，無非目擊虜勢重大，戰守無資，竭力幹[六]旋，力難
自贍，不得不仰鳴君父，懇乞援濟也。在兵部必將允覆，臣竊慮
戶部近年每以內帑缺乏，凡邊臣請餉率事裁削，非執往案以責
駁，必行各鎮以自處，莫恤窮邊之急。兵部以馬價無多，先年已
將該鎮馬價減革，坐致馬額漸耗。在延、寧、固各鎮，兵馬輪番
入衛，日漸疲耗，既無勁兵可調西援；在陝西各府，災旱餘民方
行賑恤，何能責積逋完解濟用？其西番各族迫於虜勢，或陰順陰
逆以要賞求和，或移帳近邊竊掠經行。今大虜雖未回犯，其分枝
屯住西海，窺擾西寧、洮河、肅州之境。賓兔狡酋留牧山後，侵
犯涼、莊、蘭、河諸路。河西危急之勢真如壘卵，臣雖誓竭心
力，日夕籌畫，兵馬、錢糧有限，各鎮道里隔遠，勢難兼濟，必
須戶、兵各部破格周給，庶封疆之臣可恃展布。前經撫臣議請月
久，未見各部議覆，欲候欽依勘至具請，恐往返稽誤儲備，謹將
河西防禦事宜條為四事披瀝上請。伏乞敕下該部，查照巡撫王□
原題事理，酌議具請，敕下臣愚，督行該鎮撫、鎮諸臣急為儲
備，恃以待虜，庶孤懸重鎮可免危困而番虜之患可藉防禦矣。

計開：

一、增選兵馬以備戰守

照得甘肅一鎮設有正、奇、游兵四枝，各路分守副總兵、參
將兵馬五枝，原額河東備禦班軍實在四千餘員名，及各操守兵
馬，平時分守信地，往來策應，若可自支。近年逃亡十三既無清
補，疲累十五久未練恤，遇茲大虜，戰守俱困。近該都御史王□
選汰既嚴，臣節行總兵官楊真及副、參、游、守等官，禁革役

占，嚴究買閑，立法操練，加意撫恤，行伍漸充。又該撫臣仰遵制令，分委原任副總兵張世俊於涼州，原任參將吉慶於西寧，各選募標兵，及鎮城中軍所統新舊標兵，將至三千，土官魯東選練本家兵實在七百員名，揆之前時，兵氣稍振。近據撫臣之議，欲添募游兵二枝，一駐莊浪，撥甘州中護衛官軍一千五百名，餘募附近土民；一枝駐山丹，俱聽選募。臣查得護衛之軍原充各營備禦選衛，絕無空閑可撥。各路土人祖居河西，分地耕牧，統以土官，家自爲守，止可督令各備戰具，互相斂備，有能殺賊獲功，一體給賞以作其氣，庶藉防禦。今若募入兵籍，必將月糜糧賞，且驕悍之性舊習難馴，將官法令驟施未服，一時糧餉不給，將脫巾喧呼，如昔年莊浪、西寧土兵之變，良可深鑒。

臣愚乞敕兵部查酌撫臣原議，如令添設游兵、召募土兵，必須預處兵餉，務求可繼；嚴立法制，令各服習。莫苟一時借以防禦，務俾後日免憂跳梁，方可經久。若有事用之爲游兵，無事散歸各營，恐非良便。如免議添兵，乞敕下撫、鎮各官，將各營見在官軍嚴行選練，開除占役、老幼，清勾逃亡、餘舍，縱不能速復原額，各務足額數八分之上。其新募標兵立爲三哨，選委謀勇將官統練，分備各路策應。其甘肅馬匹節年減價責買，軍累徹骨，馬皆矮小，且一營官軍無馬殆半，何恃馳逐？前撫臣議俵陝西苑馬寺馬一千匹，臣即行該寺各苑清查馬冊，絕無堪俵之馬，每歲量給固原入衛游兵充駄馬尚多不堪。乞敕兵部量給馬價二三萬兩，遣官速賜運發，聽撫臣分發各營，定以十兩之價，督買堪戰壯馬，秋前可完。俟秋深大虜果盡由該鎮官路經犯，容臣督發固原游兵一枝策應涼永，蘭靖參將兵馬過河聽援莊紅。西寧有警，河州參將兵馬馳赴弘化寺，分援巴暖、三川。庶省募兵之費，充營伍之額，緩急攸賴矣。

再照虜自西回，首犯甘肅，次經寧夏。寧夏兵馬額數視他鎮僅半，每年入衛二枝，更替往返，半年在道，每遇春夏，該鎮僅餘正、奇或游兵二枝。河外、山後延袤千五百里，緩急不敷防禦。昔年俺答西住，議調寧夏奇兵莊涼策應。今虜勢視昔增重，該鎮兵馬歲減，豈惟涼莊無可調援，而該鎮亦自難支。臣於去歲秋完已嘗冒昧陳請，乞留寧、固二枝入衛兵馬以援河西，未蒙允議。伏乞敕下該部查臣原議，除固原游兵仍發入衛外，其寧夏輪班游兵量留一年以備大虜回犯，以濟兩鎮危急。以後大虜既回，仍輪番入衛。伏乞聖裁。

一、請給銀鹽以預儲備

照得甘肅一鎮孤懸河外，南番北虜，中通一路，每遇番虜窺道，行旅阻絕，旬月不通，必各城堡積有數月之芻粟，方免緩急困斃之患。在甘、涼、西寧大川耕牧頗多，買運尚便。其莊、紅、鎮、永之間山溪盤薄，道路崎嶇，轉貯尤難。近據撫臣之議，該鎮主、客兵餉節年虛籍未開，坐致京運歲減，各處倉場俱無二月之支。臣前督發游兵一枝西援，經過城堡或有糧無草，或有料無糧，秋後尚然，春時愈匱。民運歲有逋欠，京運減額未補，該鎮別無堪動錢糧。止有肅州路軍伍多缺，歲額頗裕，節年稍有積貯。近據該道副使張蕙揭報，各路連年借支過肅州各倉糧銀數萬兩，今大虜壓境，乞要查補以備糴買。該路地處西極，尤稱險遠，若非積貯素豐，何以係屬民命？先年額賦稍寬，誠為深長之慮。但今各路支用尚缺，何可查補？其查該鎮額派鹽勘，隆慶三年鹽糧已經預開，催納支用將盡，故撫臣之議乞敕戶部預發帑銀十萬或五萬兩，預開下年鹽引，行陝西布政司查解堪動銀兩以濟匱乏，及將臨鞏府屬民運改徵本色，運納蘭州另議轉輸。

臣反覆思惟，戶部歲額之減，先年以虛籍積貯既多，故可裒益。今議查復，必清查見貯歲用不敷之的數，方可請補。除候撫臣查明另議外，備查陝西布政司向無堪動錢糧，近該查盤御史趙

□搜括已盡，各項續收贓罰無多，見議充賑，無可湊發。今大虜屯住河西，經犯勢所必至，錢糧若無預儲，調遣客兵既難馳援，城堡守兵且將困斃，干係朝廷、疆場，誤事非淺。

伏乞敕下戶部，查照撫臣原議，破格請發帑銀五七萬兩，預開該鎮歲例、隆慶四年鹽引，差官運發該鎮，聽撫臣督發各道，於兵馬經屯城堡召買糧草，務足數千兵馬二三月之支。鹽引責納本色，免議折價以滋嫌累。在今日本色為急，而河西各商積糧頗多，但時估不至太高，即可飛挽以備正支。待大虜既回，或由邊外經行，地方無虞，仍查積貯錢糧以充下年支用，戶部原銀聽抵以後額餉。其臨鞏本色，河外險遠，輸運萬艱，民情、驛站均屬未便，比之延安府屬腹裏經行事勢迥異。且隆慶二年之賦見已折徵，聽行各道催解，仍議今年正賦應否改徵另報。至於該鎮各倉庫見在之銀，不分各衙門各路項下，俱容撫臣那移支用，明立文案，通候事寧本項查補，庶積貯可預而主、客兵馬可免困斃。如仍執案查駁，往返數月，虜將壓境，萬一城堡缺食而失守，兵馬無支而困餒，疆場之禍臣將不知所終矣。伏乞聖裁。

一、議處熟番以昭威信

照得河西熟番族種繁雜，強弱不齊。富者占據山場，耕牧自給；貧者竊窺官道，搶虜為患。國家治以不治，許以易馬，實羈縻之良法。其甘肅兵馬本以自固封疆，非為諸番衛護也。近年各番數被北虜搶殺，力不能支，每以從虜構患，挾求撫賞，甚至群聚搶劫，拒敵官軍。先年建議督兵搜剿，宣布恩威，非可率事姑息，聽其狂肆也。近據紅帽番族始以俺答招彼挾求近邊住牧，繼言遣子入虜會請求和，畜謀叵測。臣雖批行該道聽近依住，仍加防範，以破奸欺。其餘諸番或避虜遠徙，聲援阻絕，或被虜搶劫，不能自贍，節據請乞，委屬窮迫，故撫臣之議乞准近邊百里自修城堡，厚加撫賞以固忠順，誠憫熟番之害，慮交通之患，思弭意外之憂也。但夷狄之性，危則求援，安則思驕。平時插帳趁草，山溪阻隔，去邊尚遠，縱有竊犯，猶可追逐。若使近邊扼險，各建城堡，則盤據勢成，志意驕橫，攻逐既難，撫賞莫繼，貽患將來，尤當慮始。前歲虜搶西寧熟番，西寧兵馬越境難禦。該道副使周國卿構陷將官，謬議勘呈，欲將殺虜番族人畜比照境內損失參議該路將領之罪，一以長諸番挾持之奸，一以貽兵馬冒險之害。且大虜往返經過邊境，將官不能阻遏，尚計兵馬、虜勢之強弱，若以搶番人畜論罪，殊非國家設兵守邊之法紀。又土魯番王速壇馬速先年自立謝恩，部議已准五年通貢，各貢使尚未到京。去歲春初據肅州道副使張蕙呈稱，續有新立土魯番王馬黑麻速壇兄弟八人投遞番文，內稱已將馬速王子拿送西去，伊兄弟自立爲王，求請通貢。事屬悖逆，臣駁行撫、鎮、該道執義阻回，俟查彼中爭國實迹，另議容否，延久未報。竊照各番狡詐百端，貪橫叵測，必須執義裁抑，方可懾服夷心，永絕禍階。

伏乞敕下該部，酌議各番應否容其近邊修築城堡，及目前恤賞之規、以後被虜之罰應否與境內殺虜人畜通論將領之罪。如果逐虜報効獲功，比照官軍，必須重加優賞。其土魯番後次奪國求貢之使應否容阻，定議行該鎮撫、鎮遵行，以定華夷之分，以昭威信之施，庶免貽將來殷憂焉。伏乞聖裁。

一、嚴哨備以酌調遣

照得虜謀詭秘，非深哨無以窺形伐謀；虜勢猖獗，非守固無以出奇決戰。故兵家以知彼知我、戰守互用爲要機，以全師全城、行間選諜爲上策。若虜既至而方備，敵未至而莫窺，何以預調遣以待虜哉？竊照去歲秋防，臣深慮俺答、吉能夾河屯住，聲勢相依，謀犯山西則套虜必移兵東渡，如西犯延、寧則東虜必分衆西行，須遠哨虜踪方可預圖防禦，嘗選夜住哨山西偏關，輪番西報。其俺答八月後西行，臣幸先得東報，續據延、寧降供相同，即馳報甘肅撫、鎮申嚴斂備，故虜衆雖經犯肅境，而地方免被搶掠。若虜至彼而始聞，則地方驚擾且甚矣。今既分屯西海，遠過哈密，節據降供秋深方回。但虜欲無厭，虜謀詭秘，雖大衆之行踪迹難掩，而精騎馳驟疾若風雨，誠恐各酋秋高馬壯，或未遂搶收番虜，必將遠奔追襲。二酋未可即回，或遣精騎送還虜掠，回顧巢穴。其海上、山後賓兔諸酋接引聲援，窺犯該鎮各路。是不待秋深衆虜盡回，而春夏甘肅之防不可時刻疏急。

臣已節行該鎮將領各選丁夜、番土壯丁，優其賞犒，深哨虜形三二百里之外，務窺動定，預行斂備。節據各官塘報，虜情頗明，必須各路兵馬各分戰守，預布適均，遇虜猝犯，一路自爲戰守，無徒往返奔馳，首尾難及，庶免顧此失彼。且虜衆十數萬騎，牽馬匹并搶獲番夷孳畜且將百萬，須趁水草廣闊方足飲牧。甘肅境內地方鄙狹，衆將莫容，必分衆邀畜由川底經行徑赴河北，或選銳仍入嘉峪窺擾我境。該鎮兵馬衆寡既分，強弱難敵，惟有歸并城堡，預積糧芻，多備火具，堅壁清野，并力固守，使虜進無所掠，野無資食，自難久持。仍扼險出奇，邀擊其惰歸；或分兵選銳，奪趕其孳畜。虜方萬里遠回，思歸志切，且將急旋。若不量兵力、虜勢，不察戰守機宜，或首膺銳鋒，或坐受圍困，無以威虜，適以資敵，重誤地方，罪復何逭？

伏乞敕下兵部，嚴行該鎮撫、鎮將該鎮見在兵馬，除各路守兵外，酌量地方緩急、道路遠近，查照臣累行咨議戰守事理，勿執意見，務中機宜，挑選營伍，分別戰騎、守兵，示以扼險邀擊之略，優其深哨番夜之賞，共固疆場，仰紓西顧。如或故違節制，規避觀望，致誤軍機，國典具存，容臣指實參究。

竊照臣奉命總督三邊，三時駐札固原，秋防督兵居塞，相去該鎮東路莊涼千五百里，西路甘肅三千餘里，傳報、調遣委難速濟。前據撫臣揭報請兵，臣計虜志搶番，行恃馬力，必難持久，時方各鎮分布防秋，無兵可發，縱發兵必不及事。後因海上、山後之警始發兵，西至凉州，虜已遁去。撫臣亦自能言之，非臣敢忘策援也。今議虜回，必須該鎮哨虜明的，預期馳報，容臣酌量督兵援剿，及行寧、固各鎮一體戒備。在臣固不敢怠緩後時，自干罪累，在撫、鎮務須沉機先略，每事預聞，庶便調度。如或矯飾依違，厥罪惟均。通乞廟謨申飭，永肩共濟，地方幸甚，臣愚幸甚。伏乞聖裁。

奉聖旨："該部知道。"欽此。該兵部覆奉聖旨："依擬行。"欽此。

爲剿平地方賊情事

准巡撫陝西右僉都御史張□會稿，據陝西按察司副使楊錦呈報，本職自隆慶二年十一月十五日帶管河西分巡道務，奉總督、撫按各院案驗，催剿道屬宜川縣夾河流劫有名群盜，節會潼關道拿獲勘合有名韓城縣賊首吳良宰等一十一名、夥賊張三吼等八名，本道拿獲宜川縣賊首衛大清等五名、夥賊郭對兒等三十名。其餘各賊約四百餘人懷懼，俱上宜川縣蛇頭嶺、盤古山聚結，執迷不聽招撫，壘砌石牆，以圖拒敵。本道慮恐縣衛巡捕軍兵未經戰陣，賊眾勇悍，恐難撲滅，議呈軍門督調靖邊道家丁二百名，鎮靖參將營家丁、尖兒手二百名，選委謀勇閑住將官劉傅統領，會合延安衛、該縣官軍圍剿首惡，仍招撫脅從。隨蒙總督侍郎王□□一面督調官兵克期會剿，及咨行山西巡撫楊□督發官兵，行河東分巡道住札鄉寧，及行潼關道遵照撫院原行統兵赴韓城縣約日會剿。

據各官報稱，本月初四、初五等日前到賊處，相機進攻間。初七、初八日，賊下山對敵，官兵勇猛追攻上山，斬獲賊首三顆，生擒三名。初九日，原委指揮劉傅等統領原調家丁俱到，并力圍攻。賊見官兵勢衆，遂黑夜潛從山後小路遁走。初十日，官丁齊攻上山，直抵賊穴，方知遁去。選差本地鄉夫引路，追至黃河邊麤泉、香爐岩等處趕上。各賊六七十名，結陣張弓厮射，用虎尾鞭迎敵，被各家丁奮勇爭先，各用弓箭、火器一齊射打。各賊力不能支，内一巨賊身中二十餘箭，向前就陣斬首。通計官兵擒斬八十餘名顆，除墮岩落河不計外，奪獲槍、刀、虎尾鞭等器數多。餘賊奔藏各山，官兵、地方各於要路夾山搜捕擒斬，及用火熏，拿獲從賊家屬男、婦共一百餘名口，俱送延安府查審，賊巢已空。

又據潼關兵備道副使范以作呈報，委官潼關衛指揮黎自新等統領官軍同韓城等縣巡捕官兵在野狐川、禹門鎮等處屯住緝捕各賊，除陸續擒獲外，正月初四等日會行河西道進兵攻捕。本道又委千户潘維浙添發官兵五百餘名在於楊家嶺等處堵截，於本月十二等日將蛇頭嶺奔散賊首郭孟行擒獲。又追至野狐川鑿開口山洞，擒獲夥賊李偏頭、吳景宿等男、婦百十餘名，盡將野狐川搜捕寧静，各等因，到臣。

會同巡撫陝西都察院右僉都御史張□、巡按陝西監察御史王□□看得，賊首衛大清、郭孟行、吳良宰等共謀爲盜三十餘年，實一方巨寇，兩省共患。及今動兵擒捕，其夥賊仍敢倚山結聚，拒敵官軍。幸仰仗天威振疊，官兵用命追剿，計前後擒獲勘合有名賊人二十四名，斬首九名，夥賊男、婦一百七十餘名口，斬首四十餘名，墮岩落河身死難計的數。據渠首俱擒，禍本已除，間有二三逃匿，然已奪魄潛踪，官兵尚在搜捕，地方可無遺患。除將已獲賊犯究問明白，并議獲功員役另行具奏，及該撫臣會行山西撫按將彼處賊首李九經等一體剿平外，謹具題知。

爲冬防事竣地方無虞乞録獲功官兵以勵戰功事

案查臣於歲前十月初七日，秋防已畢，撤兵回駐固原。

照得時方冬初，節據甘肅總、副、參、游等官哨報，河東大虜俺答、吉能糾合黃台吉等分枝，一起見住西海，二起由高臺、肅州直出嘉峪關收黃毛、瓦刺，已過哈密。蘭靖參、守屢哨，河西蘆塘湖、金莊水接連大小松山，賓兔各酋移帳往來，虜踪未定。寧夏北路平虜城、西路廣武中衛各哨報，河套山後虜眾住牧，游騎窺邊撲哨，降供要搶本鎮。延綏東路副、參等官報稱，黃河將凍，東西不分，夾河大虜往來糾合，蓄謀叵測。所據延、寧東西固靖、蘭河，甘肅莊、寧各路俱無防範，除先督發固原北路游擊哈欽統兵二千過河赴凉莊駐扎，隨勢協力策應，及將固原正、游各營兵馬分布蘭靖沿河各城堡分地防禦，督行署蘭靖參將、原任游擊陳力整備該營兵馬，聽莊、浪有警過河赴援，及行河州參將張翼整兵統赴弘化寺，洮岷參將聞三接整兵聽援西寧各川，及防大虜侵犯莊浪、紅城，窺伺洮河近邊番漢孳牧。河外有警，聽臣督發標兵馳赴應援；寧夏西路有警，仍調寧夏奇兵一千、靈州參將兵馬分駐河東鳴沙州、半個城一帶，及行延綏撫、鎮將游擊高如桂兵馬一枝整搠，聽援固靖內地警急。仍并行寧夏撫、鎮添撥正、巡二營家丁百名，協力於沿山沿河設伏防範。俱經備本具題訖。

十一月初旬，河水漸凍，臣即督發各枝官兵各赴原分信地，鑿打冰橋，澆修凍牆，沿邊添設柴塘，內堡加添守兵，分行沿邊各道一體督察守具，供備軍餉。仍行各將領將各營選鋒官軍、家丁沿河操練，振揚軍威，示虜有備。及行甘肅撫、鎮，一面選練兵馬，歸并城堡，采打秋青，揚兵燒荒，一面選哨賞番，遠哨虜踪，相機戰守去後。

　　續據肅州參將湯希韓塘報，節蒙臣帖文，本年十一月初六日，差哨通夜李安等在邊外地方大草灘遇賊對敵，斬獲首級一顆，奪獲達馬一匹。

　　延綏總兵官董一奎塘報，遵臣帖文，會行巡撫分布標、正選鋒、家丁按伏該鎮東西近堡。本月初十日，本官選差正兵并標下官通常漢、劉子都等分路出哨，至地名樺林兒，塔常漢等收獲達馬五十四匹。行走間，忽遇巡邏達賊二三十騎喝來對敵，且戰且行，誘至柴墩兒窪，當有劉子都等伏兵齊起，連戰數陣，斬獲首級三顆，奪獲達馬三匹并夷器，中傷家丁五名。

　　十六日，據延綏東路參將高天吉塘報，本官遵照臣帖文，分布軍丁各堡按伏，專防踏冰虜寇。本日有達賊五六十騎從大柏油、黑峰子墩空進入。本官襲烽統兵攔至三峰墕，與賊對敵，斬獲首級二顆，奪獲達馬三匹并夷器，陣亡尖兒手劉清，射中家丁五名。

　　又據董一奎塘報，十七日達賊四五十騎從鎮西保寧堡施家海子進入，當被標、正營原布本堡設伏家丁把總李還等突起夾攻，其賊潰亂，當陣斬獲首級一顆，奪獲達馬一匹并夷器，中傷官一員。

　　又據甘肅總兵官楊真塘報，肅州參將湯希韓遵帖選差屬夷阿都剌等哈密傳事，行至襖池蟒，遇賊二騎趕馬牧放。各夷向前撲砍，斬獲首級一顆，奪獲牧放馬匹，當被後賊復奪去訖。湯希韓又選差丁夜哈剌灰等三十名前去赤斤爪探，瞭見大虜火光，向前哨走，迎遇達賊七騎撲來對敵，斬獲首級二顆，奪獲達馬二匹，中傷家丁二名。隨據肅州兵備道副使張蕙查報相同。

　　又據董一奎塘報，據高天吉報稱，本月二十六日，達賊三四十騎撲至東路王畫梁，當被高天吉統領本營中軍官喬淮保等迎戰，斬獲首級一顆，收獲夷器等件，中傷軍丁四名。二十八日，延綏巡撫選發通丁魯大朝等十六名從常樂堡出境哨探，至大畛畦，見得賊帳在彼，收趕達馬一股行走，當有達賊十七八騎追來，一半將馬仍奪去訖，一半與各通丁對敵，斬獲首級一顆，射死家丁姜保中，中傷通事二名。三十日，達賊十五騎從響水堡界石墩進入，當有撫、鎮原布標、正家丁把總程剛等馳至魏家梁，與賊對敵，斬獲首級二顆，奪獲達馬三匹并夷器，中傷家丁六名。隆慶三年正月十四日，參將高天吉選差軍丁楊達子等出境哨探，至木頭溝，收獲達馬八十九匹，後有達賊二三十騎趕來對敵，斬獲首級二顆，奪獲戰馬二匹，中傷軍人一名。本月十六日，達賊四十餘騎從鎮羌堡斬賊墩夾道進入，延綏東路副總兵牛秉忠當發領軍指揮馮時泰帶領官軍、家丁三百餘員名馳至守口墩，爪得前賊在斬賊墩札住。十七日卯時到彼，賊見兵馬直衝前來，本官身督軍丁向前撲砍，追至邊外地名團城兒，斬獲首級五顆，奪獲達馬五匹并夷器，陣亡家丁二名，中傷一十三名。

又據董一奎塘報，據高天吉原差夜丁哨得，地名長草灘離邊四十里，達賊營帳在彼住牧。本官料賊帳離邊不遠，遵照軍門原行如虜住近邊，逞狂不備，有機可乘，選銳搗剿，逐虜遠徙，以收奇功事理，即發該營選鋒、家丁沙澤等八十五名，從神木堡出邊搗剿，本官統領中軍喬淮保等五百員名在矬峰子設伏策應。二十日寅時，沙澤等馳至長草灘，各賊知覺，出帳迎敵。各役奮勇撲砍一處，當陣斬獲首級一十二顆，奪獲達馬一十二匹并夷器，陣亡家丁高達等二名，中傷軍丁六名。

又據寧夏總兵官雷龍塘報，收回降供，套酋賓兔台吉移帳賀蘭山後宿嵬口，要搶寧夏地方。會同撫院督令中軍原任游擊曹伸選差把總哱拜帶領家丁一百三十名在赤木口按伏。本月二十日從本口出境，哨探至蒲草泉，迎遇達賊一百餘騎撲來對敵，斬獲首級六顆，奪獲達馬六匹并夷器，中傷家丁四名，各等因，先後具報到臣。

通計冬防三月，各鎮斬獲虜級三十九顆，收獲達馬、夷器、駝、牛數多，節經案行近邊兵糧、兵備各道查驗功次明白，別無隱匿損傷、失事餘情，結呈到臣。

爲照陝西各鎮東西距河，西自積石關、河州、蘭州、固靖直下寧夏中衛，南北轉折，至平虜城二千餘里，流向迤北，紆環河套，東至黃甫川，復折南流，由偏關、石綏、保德六百里，切鄰虜境。每遇冬月黃河凍結，蘭靖河外接連寧西山後俱係虜巢，而寧夏橫城、馬頭至平虜北長城南北八九十里無險可拒，尤係套虜出沒之衝。延綏黃甫川迤南道鄰山西，東西大虜往來踏冰，日夕侵擾。每歲分布冬防兵馬，邊腹多至二萬餘，支費客餉數萬，莫禦侵軼之患。去歲東西大虜擁衆西行，分兵移營，環繞河外，聲勢異常，踪迹詭秘。臣日夕憂危，不遑寧處，屢行四鎮選哨設伏，拒險防剿，嚴禁宴樂，分道燒荒。及行沿邊各道巡行、督察，月每再三，量發犒恤，申嚴號令。幸仗天威遠震，廟謨恢張，撫、鎮同心，將士效力，驕胡未遂憑陵，游騎每遭挫折。即今河冰已開，春農將興，西去大虜未回，在邊虜馬將弱。臣方督修延、寧大邊，竊恐虜或窺工侵擾，嚴行延、寧、固各鎮、巡、副、參、游、守等官各選銳兵，及督發臣標下選鋒、軍丁一千三百員名，責令游擊尹濂統赴沿邊花馬池、定邊一帶工所，哨明虜帳，分道出師，直搗巢穴，逐虜遠徙，克期興工外，所據各鎮獲功官丁、損傷通夜通應照例賞恤。近准部咨，各鎮月報奉旨停免，各官功次必須早行核勘，庶可鼓舞戰功。

查得數內延綏東路參將高天吉四次獲功一十七顆，俱係本官親臨戰陣，輸死效勞。本官先因瓦楂梁失事被參當辟，後該本鎮撫臣薦用，准以爲事官立功。分守衝路，戰兵不滿千餘，前時已數奏功，今冬尤多斬獲。且該路孤懸殘破，行旅阻絕，糧運艱難，本官努力驅馳，地方攸賴。寧夏巡撫標下中軍原任游擊曹伸督同把總哱拜秋冬屢立戰功，中復斬獲酋首。所據高天吉、曹伸似應通論，准贖前罪以勵後效。

伏乞敕下兵部再加查議，速將各官功次查照各鎮原報首從類咨都察院，分行陝西、甘肅巡按衙門照例核勘明實，將高天吉、曹伸通查秋冬三防先後所部獲功，量議敘贖。肅州參將營原差夷兵所獲功級，除首從外，并將本夷頭目厚加賞賫，以固忠順，以示激勸。被傷、陣亡官軍、通丁照例優恤。庶功罪有歸而華夷咸思奮勵矣。謹題請旨。

爲恭謝天恩事

准兵部咨，爲欽奉聖諭事，隆慶二年十二月二十一日，該司禮監傳奉聖旨："今年邊境寧謐，醜虜遠遁，各該總督、鎮巡官修守戒備，效有勤勞，宜加賞賫以示激勸。兵部開具職名來看。"欽此。傳捧到部，隨該兵部備將各邊總督、鎮、巡職名開具上請，節奉聖旨："總督官各賞銀三十兩、紵絲二表裏。"欽此。該承差李登瀛賫捧欽賞銀三十兩、紵絲二表裏，內大紅織金獅豸紵絲一表裏到鎮，臣即日祗迎，望闕叩謝恭領。

臣惟皇祖開疆列鎮，嚴華夷制馭之防；列聖選將授節，建文武并用之道。慮驕胡技惟恃馬，每高秋以窺邊；念王者守在四夷，恒乘垣而列戍。昔歲邊圉不戒，致廑宸憂；去秋奉命有嚴，重煩廟謨。臣猥以書生叨承兵寄，伏念陝邊四鎮當套虜、番夷之衝，關塞百城適灾變、旱荒之後。兵民生計蕭索，敵愾之氣頓消；遠近修置頻繁，財力之用殆竭。日夕憂危，顚殞用懼。萬仗聖德感昭，格天心之悔禍；仰惟皇圖鞏固，懾夷虜以銷魂。或遠涉河外，構西戎[七]以互攻；或竄伏套中，避我兵而潛牧。三秋既遂熄烽，萬旅共獲解甲。顧臣駑劣，罪免曠瘝，重荷恩綸，傳宣襃錫。金分內藏，溥九鎮以騰歡；錦出在筍，爛五紽以襲慶。緋袍獮豸，濫被華袞之榮；白鍪范金，叨荷陶鎔之澤。恩同湛露，遠逮邊臣；寵邁解貂，感深將吏。臣敢不服緋拜賜，誓圖裹[八]革以效驅馳；韜[九]器珍藏，永屬堅貞而頒錙銖。共祝聖壽無疆，九圍享無虞之治；勉冀邊圖有永，三邊遂有備之依。臣無任瞻天仰聖激切感戴天恩之至，此具本奏謝以聞。

爲嚴飭春防仰仗天威恭報捷音事

隆慶三年正月內，該臣議得，冬防事竣，春備方殷，正猾虜近邊住牧、誘伏窺犯之時，誠恐各該將領貪功妄動致虜陷沒，及弛備觀望致賊竊犯，況延、寧大邊工興在即，必須哨明虜踪，逐虜遠牧，方可卜吉興修。已行延、寧、陝西三鎮鎮、巡嚴督各該將領等官，各要嚴明烽堠，循環差哨，多方設備，慎固封疆，仍鼓作士氣，督喂馬膘。如遇虜賊近邊，別無侵犯聲勢，始須任彼住牧，慎勿輕動泄機。查照臣節次原行於邊外各水頭遍插招降牌面，如有來降人口，察審虜情，馳報恤賞。俟虜志已驕，虜馬疲弱，如機有可乘，密選精銳，出其不意會合搗剿以收奇功，或邀趕馬匹以張兵勢，務使驕虜不得恣肆久住，近邊窺道窺工，驚擾春農。毋或坐視觀望，及輕率寡謀，致有疏虞，去後。

臣又看得，時已春仲，土脉融和，延、寧二鎮增修邊工，兵夫先已調集，俱當興築。隨經行令各鎮鎮巡官并各該兵糧等道會同將領徵派軍夫，擇吉工作。臣竊慮二鎮副、參、游、協等營，步兵盡派做工，所遺馬軍無多，架梁防護不足恃禦，先遣標下通事隊長卜羅赤、曹加神保選統降虜、家丁三十名，分投延、寧河東沿邊監同各營哨丁深哨虜營遠近。議將固原正兵并臣標下官軍各挑選一千三百員名，責令游擊尹濂、千總原任游擊汪一元統赴花馬池、定邊等處，會同分守延綏西路副總兵劉濟、參將郭鈞，寧夏東路參將王國武、中路參將何其昌，各挑選該營選鋒官兵合營防剿。仍行各官選差丁夜分番哨探套虜，如果臨邊住牧，窺伺工所，督發官兵，或撲搗巢穴，或邀趕孳畜，務期成功，懾虜遠徙，以便修築。及通行延、寧撫鎮，定邊、寧夏各道，各相度機宜，處備糧餉，督兵合剿。仍慮各枝官兵心力未齊，分差臣標下旗牌官朱經、王詔賚執令旗、令牌宣布軍令，凡出邊臨敵務要同心協力，奮勇克敵。如或觀望退縮，軍前割耳穿箭，記名解臣，軍丁定以軍法處斬，將領參治，去後。

　　續准兵部咨，爲嚴飭邊臣預防虜患事，奉聖旨："春防屆期，虜情叵測，你部裏便行與各該總督、鎮、巡等官，務要加謹隄備，毋因目前無警遂致疏怠誤事。"欽此。欽遵，備咨前來，又經通行各撫、鎮申嚴哨備間。

　　三月初二日，據延綏總兵官董一奎塘報，據原差家丁劉臣等報稱，哨得邊外地名蛇井梁、樺林兒河北離邊一百二十餘里，達賊營帳在彼住牧。本職會同巡撫李都御史查明軍門申飭春防，俟虜志驕，機有可乘，發兵撲搗以收奇功事理，當選指揮姜顯宗、張一正，原任守備徐執中，統領官軍、家丁五百餘員名於二月二十一日戌時從雙山堡鎮胡墩出邊撲搗賊帳，及差旗牌官陳俊、吳顯等監哨催陣。本職統領延綏游擊胡立家、高如桂、楊經、何遵化，坐營都司侯服遠等，選定官軍三千員名相繼應援。姜顯宗等二十二日寅時馳至蛇井梁、樺林兒河，彼有各帳達賊見兵驟近，當有精騎三四百餘迎衝前來。各官申嚴號令，奮勇擁前敵戰，賊即潰亂，當就斬首奪馬，一半撲入帳內砍殺間。其賊吶喊漸添，穿戴盔甲，往來衝突。我兵收營，下馬列陣，且戰且行。至黑灘畔，當有本職統率諸將驟馬馳援合營，各賊陸續添有一千三百餘騎。本職身先士卒，嚴令官兵各用弓矢、槍炮齊力直前射打，戰至未時，死傷賊人、戰馬數多，當又斬首奪馬，我兵乘勝復追。

賊見勇猛，遁北去訖。查得在陣各營共斬獲首級七十一顆，奪獲并收孳牧大小馬一百二十八匹，駝一十四隻，牛羊二百六十七隻，夷器、盔甲、達箭二千八十四件枝，陣亡軍丁張大經等一十名，中傷軍丁張聰等三十九名，射促死操馬五十四匹，等情，到臣。隨准巡撫延綏右僉都御史李□□咨報相同，覆查間。

續於初三等日，節據標下游擊尹濂、定邊副總兵劉濟、花馬池參將王國武、固原正兵千總汪一元塘報，先蒙臣鈞帖，會同定邊道嚴督各該督工官員，催并夫役克期幫築該路大邊。仍督令各路參、游等官各將原議架梁兵馬整搠齊備，統赴工所，晝夜加慎防範，更番差哨。如果虜住近邊，機有可乘，即選精銳分道約期隨宜督發，出其不意，搗其不備，務期成功，逐虜遠徙以便工作。若虜帳雖住臨境，聲勢詭秘，賊數衆多，防我嚴切，不許輕忽妄動，寡謀墮計，敢〔一〇〕有疏虞。臨陣之際，若官兵怯懦不前、逗遛誤事者，各該將領會同旗牌官，應拿治者拿以軍法從事，應參呈者據實指名參呈軍門，以憑遵照敕諭處治。依蒙，擇於本月初三日興修大邊，節據哨得大虜營帳屯住邊外艾蒿梁，去瓦楂梁工所百餘里，時遣精騎邊外打擾，恐阻工程。隨該定邊兵備道張僉事會同花馬池管糧戶部蕭郎中議，須出邊搗剿，逐虜遠徙，庶便興工。當選定邊營軍丁八百名、郭鈞營軍丁三百名、王國武營軍丁二百名、游擊尹濂統原發本營官軍一千三百名、千總汪一元分統本營軍丁一千三百名，催戰旗牌官王詔、朱經兵分二路監督，於初一日戌時出邊。張僉事、蕭郎中就於定邊暗門督統步兵列營迎堵。各營各選銳爲前鋒，分兵爲殿後。比因月黑風急，邊外道途紆遠，兵馬行聲遠聞，致虜聽覺，各將孳畜、家口藏避沙窩，分遣精銳百餘人披甲騎馬、駝團聚迎戰。至天明時分，劉濟身先士卒，督領各枝官兵撲至帳前，各虜迎衝，混砍一處，斬首奪馬，王詔斬獲賊首一顆。續有沙窩突出披甲精兵達賊百五十騎迎衝前來，各官軍下馬步戰。王詔往來提調，致賊將本官射重身死。劉濟原騎馬亦被賊射死，濟換馬督戰，且戰且行間。游擊尹濂等督領後營官軍迎前策應，將賊衝射砍死達賊人馬數多，衆賊號哭奔回。查得各營當陣先後斬獲虜首三十四顆，奪獲達賊原騎馬、駝五十餘匹隻，因官軍下馬衝戰，遺棄邊外，止見在馬一十三匹、駝四隻，收獲夷器、坐蠹、盔甲、弓箭共六百五十杆件枝，各營陣亡官軍、家丁二十九員名，射重官軍五十六名，戰促死操馬八十五匹，等因，各先後馳報到臣。

仰惟天心助順，聖武布昭，旬日之間延、固二鎮文武諸臣恪遵調遣，接踵出邊，直搗虜巢，深入虎穴，將士鼓勇效忠，軍士輸死血戰，斬獲虜首一百五顆，死傷虜衆無算，奪獲馬、駝數百，夷器千件，震驚氈裘之心，預伐猰㺃之謀。其正、二兩月內延綏東路參將高天吉、寧夏巡撫標下千總哱拜節次出邊，斬獲虜首共二十餘顆不與焉。內可伸中國照伐之威，外可懾驕虜憑陵之漸。實仗皇威遠振，嚴命赫如雷霆；廟算恢張，戒備預合時機。連致克捷，少紓西顧。臣待罪地方，幸免疏虞，何敢貪天之功？所據當事諸臣獲有前功，通應先請恩賚以鼓戰功。

議照延綏總兵官董一奎，年力精銳，勇略優閑。向緣驕奢不檢，每被參罰；凤荷聖恩矜錄，克自懲艾。潔己恤軍，勉守約束而頗得士心；鼓勇運謀，能遵節制而動合兵機。秋冬設伏逐虜，既多俘獲；乘春率衆出邊，大致克捷。充其敵愾之氣，允稱干城；即其悔悟之深，足蓋前愆。部下得功既多，似應照例准復祖職以責後效。分守延綏西路副總兵劉濟，朴忠天賦，勇敢性成。平時選鋒練兵，每抱吞胡之志；乘春派夫興築，常懷固圉之圖。臨敵出衆獨前，統銳兵而斬獲既多；得勝棄馬殿後，收衆兵而追奔尤力。所據二官得功既最各營忠勇，俱應首錄。

固原標下遊擊尹濂、分守延綏西路參將郭鈞、寧夏東路參將王國武，均承調遣，各效驅馳，得功雖各未多，險難已同冒罹。延綏入衛游擊高如桂、胡立家，能隨主將以出邊，共效勇力而却敵。内尹濂統兵策應，斬獲虜酋，逐虜遠遁，保全士馬，視郭鈞、王國武等頗爲優異。以上各官通應分別賞賫。

延綏巡撫標下中軍官姜顯宗、張一正，正兵標下中軍官徐執中，或奮勇先登，不忝千夫之長；或冒險血戰，允爲百夫之雄。臣標下旗牌官寧夏前衛指揮朱經，躬冒矢石，親督戰陣。通應量賞，姜顯宗等仍俟勘明部功，照例升録。

督理延、寧糧儲户部郎中蕭大亨，二年居塞，夙抱安邊滅虜之忠謨；四時清儲，懋著剔蠹充庚之偉績。且躬提兵將，冒險臨戎，既獲膚功，勞應優録。

定邊兵備陝西按察司僉事張守中，忠貞之性百折不回，果銳之力千鈞克任。決機督兵，身出塞垣而罔憚；嚴法清儲，躬盤倉庾而日勤。鹽場、儲餉整飭維新，兵馬、邊垣修練有緒。所據本官任雖未久，勞實克任。近該總理屯鹽都御史龐□□追叙本官昔任密雲兵備，勞績懋著，被罪非辜，請行追録。似應并議復其原職，責以久任，以慰忠勤，以勵後效。

陣亡臣標下旗牌官延綏綏德衛指揮王詔，承遣傳宣軍令，效忠特奮先登。既以斬虜獲級，卒被箭傷殞喪，身膏草野，功棄沙傷[一]，衆目共睹，將士同傷。比之尋常陣亡，忠烈爲奇，相應加等優恤以慰忠魂。

其餘獲功人員及陣亡、中傷軍丁，臣已分行各道先行賞恤，仍通行延綏撫、鎮及游擊尹濂分別首從造册題報，候核升賞外。

及照延綏巡撫都御史李□□，夙承簡命，撫制衝邊。選將練兵，夙夜匪懈；運謀援略，戰守咸飭。凡兵將之獲功，悉撫臣之調度。近例督撫雖不得互相稱援，其勞苦功高，臣何敢不據實請録？伏乞敕下兵部查果功緒無疑，將巡撫都御史李□□特賜優録。總兵官董一奎、副總兵劉濟并議升賞。董一奎應否准復祖職與各獲功人員仍聽陜西巡按衙門核實議請。張守中應否准復原職，仍與蕭大亨、尹濂重加賞賚。郭鈞、王國武、高如桂、胡立家量加賞賚。王詔特請贈官優恤。

題奉聖旨："兵部知道。"欽此。兵部查例，覆奉聖旨："該鎮出邊斬獲數多，各官功委可嘉。王□□廕一子入監讀書，董一奎准復祖職，住提，還各賞銀三十兩、紵絲二表裏。李尚智升俸一級，賞銀二十兩、紵絲二表裏。劉濟、尹濂各二十兩，蕭大亨等各十兩，郭鈞等各五兩，其餘俱依擬。"欽此。

爲仰仗天威續報捷音事

案查節奉明旨預飭春防，臣節因延、寧邊工將興，督發標兵并行各鎮選發銳兵相機出邊搗剿，逐虜遠徙，免擾農工。該總兵官董一奎、定邊副總兵劉濟等共計各營斬獲虜首一百五顆，已於三月初九日具本恭報訖。

本月十六日，據延綏總兵官董一奎塘報，會同巡撫都御史李□□看得，延綏東路近邊住虜因我官軍搗剿遭挫，那營北移。西路臨邊游騎不時窺擾，致妨耕牧，一面申飭大小將領嚴加隄備，一面遵照軍門帖行防剿事理，會發標、正官兵一千員名於波羅、懷遠等堡按伏，哨得黑河子離邊五十餘里，達賊帳房在彼住放[一二]回報。把總劉鏊等當統官丁二百員名於本月初四日夜二更時從高峰子墩出邊，陳九成等統兵繼後。劉鏊等初五日寅時馳至黑河子，遇見賊帳，撲入斬首間。隨有各處達賊知覺，當糾百餘騎與劉鏊等對敵，且戰且行。陳九成等督兵接應，與劉鏊等合營一處。其賊漸添二百餘騎，衝突前來。我兵各用弓矢、槍炮等器射打數陣，斬首奪馬。賊見兵馬勇猛，退北去訖。收兵回堡，查得斬獲首級一十二顆，奪獲達馬八匹，收獲夷器、達箭四百二十八件枝，中傷軍丁王堅、牢兒等八名，射促死操馬一十二匹。

同日，又據標下游擊尹濂塘報，節哨達賊日遣輕騎在於伏羌等梁往來游窺。本職議發本營通丁卜羅赤、曹加神保等四十名，於本月十二日從花馬池長城關出邊哨探。十三日三更時至地名九塔兒，離邊三百餘里，當從沙窩突出伏路達賊十四五騎，撲喊前來。各通丁奮勇射砍一處，就陣斬獲首級十顆，奪獲達馬十匹，射死操馬四匹，餘賊奔北去訖，各等情，具報到臣。

議照乘春出搗，節蒙廷議，伸中國撻伐之威；趁草窺邊，時肆憑陵，乃驕胡貪狡之性。益以延、寧二〔一三〕東西四路增修大邊，萬夫赴工，暴露原野。臣反覆憂危，寢食不遑，屢行各該鎮、巡及沿邊督工、架梁將領出奇逐虜，保護邊工。幸今浹旬之間，各路官軍先後出搗，共斬獲虜首一百二十七顆。節據降哨報稱，虜營遠徙二三百里之外，馬弱不能近邊，軍夫得安工作，邊氓獲遂耕牧。實仗皇威遠振，廟謨恢張，卒至將士奮勵，虜魄銷沮。所據獲功將領、軍丁，節據在邊各道揭報，別無隱匿未明餘情，通應并議。

伏乞敕下兵部，查臣先後恭報捷音事理，將延綏總兵官董一奎、標下游擊尹濂并行叙錄，其餘獲功人員并所獲功級速行巡按衙門核實，奏請升賞，以勵戰功，以鼓衆志。

題奉聖旨："兵部知道。"欽此。

爲仰仗天威慎防邊工三獻捷音事

准巡撫寧夏右僉都御史沈□□咨，准總兵官雷龍會稿，節蒙總督陝西三邊軍務兵部右侍郎王□□鈞帖，節據伏河官役各報稱，套虜綽力兔、小黃台吉俱統那營帳，沿河東岸住牧，聲言乘此河水淺落分道浮渡，要搶農工，等情。職會巡撫都御史沈議發副總兵張德正兵晝夜防範，又會議得套虜移營沿河住牧，俟隙浮犯，既已分布官軍拒守，示我有備，若避實乘虛，潛出河東沿邊等堡，指以巡工爲名，相機哨剿，庶可威虜。一面會選中軍曹伸、參將何其昌爲統領，巡、正二營把總指揮哱拜等帶領家丁八百餘員名爲前鋒，千總原任指揮劉棟等帶領選調各營官軍一千四百八十餘員名爲後援，又遣旗牌官監催。職遵照總督軍門原帖方略，統領前項官兵於本月十六日前到河東清水營住札，分遣知路丁夜沿邊深哨間。本月十七日，職統兵至興武營，迎據走回降人張四兒等供報，套虜移在地名敖忽洞、可可腦等處聯營屯住，時遣零騎近邊窺探，會兵要搶，查與先哨官丁阿木尚等探報相同。職統領官軍、家丁於二十一日寅時由興武營暗門出邊。職恐人心不齊，預編五人爲五，宣諭軍法，一人有功，五人同賞；一人失事，五人同罪。如有逗遛躲避不行進兵者，先用令箭穿耳游營，回營即時斬首示衆，不入軍營。得利先回者，縱有斬獲，仍捆打一百。及傳諭官軍務要同心協力，交戰之際各宜彼此相顧，左哨被戰，右哨援擊；右哨被戰，左哨援擊。不許輕率失律。斬獲旋兵，擁營徐行，弱者居前，精壯殿後以待堵敵。二十二日巳時，哱拜等馳至敖忽洞，哨見營帳在彼。達賊看見兵馬逼近，當有精兵三百餘騎迎衝前來。各官丁齊力奮勇向前撲砍一處，賊即忙亂，就陣斬首多半，又撲入帳房砍殺間。賊騎陸續漸添，恐墮賊計，收兵回營。賊隨調集數百，披戴盔甲，在後跟趕，往來攻衝。我兵下馬列陣，且戰且行。將至老營，伏兵兩傍突起，職督官兵當先堵遏，申嚴號令，各用槍銃、弓弩、悶棍拼命射打，連戰數合，賊勢敗亂，乘勝斬首奪馬。其賊死傷數多，盡割不及，俱被扶馱號泣奔遁去訖。我兵回營至邊。本日申時後有達賊七騎襲踪撲至暗門，當被設伏官軍奮勇對敵，斬首一顆。查得陣前共斬獲首級一百一十三顆，奪獲戰馬七十六匹見在，駝四隻，收獲夷器、盔甲、弓矢等項共一千六百一十五件枝，中傷軍丁哱羅氣等五十七名，射促死官馬三十八匹，中傷十五匹。及推叙總兵官雷龍功當首論，參將何其昌、原任游擊曹伸功應贖罪，并各營千把總官李憲、羅鑒、劉棟、哱拜、鄭暘等功應并叙，等因，到臣。又據總兵官雷龍呈報相同。

案照本年正月間，該臣遵奉明旨申飭春防，預圖逐虜遠徙，便興邊工，寧夏撫、鎮會發標下把總官哱拜等率衆山後巡防，斬獲虜首六顆。臣又督調延、寧、固各鎮官兵沿邊相機出套搗剿，三鎮節次斬獲虜級一百二十七顆。恭報捷聞，荷蒙聖明覃恩優異。將士鼓舞，咸勵先登破虜之勇；文武協恭，各懷修邊固圉之圖。臣思賞罰明信，既荷朝廷優渥之恩；策力群集，庶幾殲虜鳩工之會。臣隨嚴行原議委官各專督該鎮軍夫修築各塞低薄邊牆，仍相度虜情緩急，會同各路將領窺機戰守，務捏[一四]虜保工以張國威去後。

今據會報，雷龍督兵出塞，斬獲虜首百十餘級，一丁未失，逐虜二百里外，不敢仍住近邊，邊工既遂興築，沿河免憂窺擾，此豈臣等兵力所能，實仗天威震動，聖武布昭。賞不逾時，鼓將士捐軀報國之忠；謨[一五]恢張，授邊臣便宜宣展之略。三輔協心，敷折衝萬里之洪圖；本兵訏謨，豫運籌帷幄之勝算。兵垣無苛察操切之議，建白動合機宜；按臣溥同舟共濟之公，邊務每勤振飭。臣愚及各鎮撫臣[一六]庶得精白承休，策駑自效。除嚴督各路邊工，至本月終避暑停築，分行各道閱視完過工程果否堅完、支用錢糧有無虛冒明白，仍候秋防大兵至邊分段接修，歲終類報，請行賞罰外。

其甘肅鎮一應防禦西虜事宜，節經臣議題，奉有欽依，督行撫、鎮各官修繕城堡，選練官兵，儲餉買馬，布兵扼險，專備西海、山後駐虜窺犯，及大虜秋深東旋，相機戰守。節據該鎮各官塘報，各路選鋒出哨，微有斬獲零騎。海上駐虜近於四月間南渡河腦，搶虜生番，窺犯河州邊外歸德所境。官兵拒回，斬首一顆，旋復駐海。延、寧、固三鎮秋防事宜查照節年議行事理，外布牆守，內顧城堡，一應戰守機宜通行酌議，預圖申飭戒備外。

仰思輔部大臣功在邊圉，臣固不敢違禁獻譽，揆之先朝推叙之典，有難概泯。其該鎮所獲功級，臣即行寧夏、定邊各道查驗明白，別無隱匿未盡餘情，通應分別議請優錄。除各獲功人員首從姓名、願升願賞，該鎮巡官備細造冊具報外。

議照寧夏總兵官雷龍，操持才略不忝名將，沉機決策允合韜鈐。守邊三載，俘獲計逾二百，夷虜咸憚威名；秋冬五防，修築已遍百城，重鎮恃爲屏翰。事督撫篤共濟之誠，絕無驕誕；御偏裨誓同心之節，痛戒貪殘。勇效力而智獻謀，將士思奮；上既信而下咸服，文武協恭。茲當夏月草盛之時，鼓衆出邊二百里之外，斬獲百十餘級，一丁未嘗損失，卒致沿河虜營畏憚北遁，山後賓酋聞風西行。實緣避實擊虛，在我既得勝算；攻所必救，在虜坐伐狡謀。迹其勞久而功高，宜請加恩升廕；資其衆懷而事練，尤堪久任朔方。靈州參將充爲事官何其昌，昔陷非辜，節經衆辯；守靈二載，累樹勛庸。兵馬整飭一新，克任勞怨；邊垣增修數十里，不避艱虞。經年出搗二次，計斬獲將及四十。似應准贖前罪，昭雪凤枉，量復原職，俾勵後效者也。原任游擊今爲民曹伸，坐問枉抑，方聽辯理；志節忠憤，允可策勛。御標兵二年，衆心咸孚；統銳丁出塞，累建奇功。部下先後斬獲計將七十，似應准其辯贖以重使過。原任守備李憲、指揮劉棟，前罪累經詔赦，統兵克效勇略，部下斬獲既多，據例應議贖叙。巡撫標下把總指揮哮拜、百戶鄭暘、正兵選鋒隊長李大虎，平時練丁督哨，允爲千夫之雄；出邊鼓衆先登，克獻百級之捷。通應特加升賞，以優忠勇。其餘獲功、監戰各官，既該撫、鎮諸臣查明題請，通應照例叙錄。

再照臣標下中軍原任副總兵李震，遵令巡防邊工，協謀分地戰守，雖無出搗斬獲之功，實著周防掎角之績，亦應并叙以旌持重。原任巡撫寧夏右僉都御史朱□，任夏經年，撫職修而勞績并懋；調任數月，春防飭而兵將仰成。春初累督標兵，越山逐虜，既多斬獲；赴代嚴戒邊工，選銳出奇，坐收全捷。其始也繼臣愚而選丁練武，先後同心；其去也會主帥以設策獻俘，文武協謀。且行未出疆，功成大速，推其始事忠勤，應受發踪上賞。新任巡撫寧夏右僉都御史沈□□，久任陝邊，威名素著；既受撫節，豐裁振揚。入境而百度咸飭，旌旗改色；初至而督兵出塞，克壯其猷。標兵斬獲既多，奇功即應并叙。寧夏兵糧道僉事方岳，養兵肅紀，綽有年勞；督工運籌，共成奇捷。督理延、寧二鎮糧儲戶部郎中蕭大亨、定邊兵備道副使張守中，月前定邊之役共親戰陣，今次興武之捷同效驅馳：通應并叙。

伏乞聖明軫念邊外獲功之萬艱，文武諸臣協恭之忠績，敕下兵部，查照各邊近議事例，將雷龍特賜升廕，先後撫臣朱□、沈□□并行叙錄，該道僉事方岳并副使張守中、郎中蕭大亨一體并叙，同事副、參、游擊、千把總、指揮、千百戶等官李震、何其昌、曹伸、李憲、羅鑒、劉棟、哱拜、鄭暘、李大虎分別賞賚，准與贖叙，并各獲功首從人員，仍行巡按陝西監察御史照例核實升賞，以勵戰功，以作衆氣。臣不勝感戴天恩之至。緣係前項事理，爲此具本謹題請旨。

奉聖旨："兵部知道。"欽此。

欽遵，該兵部議照，寧夏地方孤懸朔漠，三面受敵。即今調集兵夫修築邊堡又值耕作之候，虜酋綽力兔等乃敢糾衆住牧橫城沿河一帶意圖窺犯，若無先事之防，難免內侵之患。乃今當事文武諸臣督率官兵出邊搗剿，斬首一百一十一顆，耕牧者得免驚擾之虞，版築者無復撲捉之患，功應優錄。及照總督王□□，才識先人，忠誠許國。號令嚴而隨事爲之戒備，允稱鎖鑰之司；指授當而所向賴以成功，無忝長城之倚。先次延綏之捷固已稱奇，今兹興武之勛尤爲特異，所宜優録，等因。

覆奉聖旨："該鎮出邊斬獲數多，功委可嘉。王□□升右都御史，雷龍升署都督同知，還各賞銀三十兩、紵絲二表裏。朱笈、沈應時各升俸一級，賞銀二十兩、紵絲一表裏。方岳等各十五兩，哱拜等各十兩，何其昌等并李震各五兩，其餘依擬。本兵調度有功，霍□賞銀三十兩、紵絲二表裏，曹□□、曹□各二十兩、一表裏。該司掌印官十兩，其餘各五兩。"欽此。

爲恭謝天恩事

隆慶三年五月初七日，准兵部咨，爲嚴飭春防，仰仗天威恭報捷音事，該本部議得，本年二、三等月二十一等日，該臣遵奉明旨嚴飭春防，督發延、固各鎮官兵出搗套虜巢穴，節次斬獲虜首一百二十七顆，收獲馬、駝、夷器，等因。覆奉聖旨："該鎮出邊斬獲數多，各官功委可嘉。王□□廕一子入監讀書，董一奎准復祖職，住提，還各賞銀三十兩、紵絲二表裏。李尚智升俸一級，賞銀二十兩、紵絲二表裏。劉濟、尹濂各二十兩，蕭大亨等各十兩，郭鈞等各五兩，其餘俱依擬。"欽此。該臣原差賫本百户何極領賫欽賞臣銀三十兩、紵絲二表裏，内大紅織金獅豸紵絲一表裏至固原鎮城，臣即日望闕稽首頓首叩謝天恩訖。

恭惟帝王御世，《書》嚴蠻夷猾夏之防；聖哲中興，《詩》頌玁狁于襄之烈。漢宗空幕南之庭，發舒華夏之氣；唐臣築受降之壘，坐扼朔漠之衝。蓋北狄之患自古由然，而撻伐之兵攻心爲上。仰惟聖祖一掃腥膻，文皇三犁虜穴。國威夙振，胡虜久已銷魂；天驕種蕃，邊鄙遞遭侵軼。責在封疆，憂貽君父；兵乏勝算，計歉萬全。恭遇聖明御極，文武聖神，荷皇天之眷祐；聰明睿智，纘祖宗之鴻休。山陵塵近邊之慮，武備諭申；春秋嚴綸綍之頒，邊圉歲飭。賞不逾時，作戰士效忠之氣；罰必當罪，懲比[一七]將玩愒之風。神氣丕振於九邊，天聲遠攝夫四夷。去秋陰山瀚海，胡酋糾衆西奔；茲歲雲谷朔銀，兵將連奮北伐。捷音累奏，慶洽臣民；恩命煥頒，感同文武。顧臣一介庸愚，叨恩萬逾高厚。緋金三錫，累渥華袞之榮；廕襲再延，世沐衣冠之寵。臣敢不恭率群僚，思珍襲以銘恩；誓督諸軍，效損[一八]糜以報國。務期三秦八郡，邊腹絕虜寇之警；四鎮九秋，遠近遂平寧之慶。戒驕戒惰，晶撫、鎮以同心；布威布恩，策文武以共濟。伏願天心助順，祐國運之昌隆；聖德日新，格萬邦之永懷。內順治而外威嚴，丕建中興之大烈；戰必勝而守必固，光昭繼述之洪圖。臣無任瞻天仰聖感戴天恩之至，具本奏謝以聞。

爲保留給由方面官員并請查議王親事例以惜才賢以全器使事

據陝西按察司會同布政司呈，蒙臣批，據布政司呈，准本司左布政使栗永祿咨稱，本職由進士歷官州正、府佐、藩臬諸司升授布政司左布政使，三年任滿，例應給由。本官因係王親，呈乞致仕，等因。通詳督撫、巡按各院，俱蒙批獎勉留，行司查例通詳。隨該本司右布政使曹金查議得，本官性行忠純，謀猷精練，揚歷所至循良有聲，清修一節始終無間。匪隨匪激，獨持風裁於外臺；不吐不茹，懋著旬宣於西土。茲以二品，歷俸三年，資望俱深，考績宜最。但查本司原設督糧、驛傳二道近已裁革，分守關內左參政一員缺補未至，見今在司止有本職一員，管理清軍，帶管督糧、驛傳、黃冊，分守關內等道，其餘參政、參議俱在各本管地方住札，去省隔遠。本官係掌印官員，出納錢糧，責任匪輕，況今防秋期近，各邊軍餉正在經理，又當輪編驛傳重差。即今宜預爲查議，本官似難摘離，相應照例保留以濟地方多事。

其王親事例，查得《大明會典》內一款："凡文職本身并族屬有女爲王妃或爲夫人，男爲儀賓等項，俱各見在及有子孫者，不許升除京職。若已亡故及無子孫者，行京官或原籍官司保勘是實，一體除授轉升。"欽此。又查得近奉奏准頒行《宗藩條例》內一款："除係王親同祖親枝外，其不係同祖與係同祖而妃與儀賓、郡縣鄉主君已故者，一體升除京職，以爲定例。"欽此。除欽遵外。

今照本官咨稱，有兄栗永爵次男栗崇訓爲沁水府鎮國將軍儀賓，配山陰郡君，俱至四十三年四等月內相繼病故。兄長女配潘府世子，未及受封，於隆慶二年十一月初一日病故。惟其女見爲輔國將軍夫人。

看得本官前項府親，若以先年事例固在所禁，若以近行條例似不相妨。蓋參詳先例，明著"或爲夫人等項"，而近例則上專言王，下專言妃，無"夫人等項"之文，良以親郡王爵尊權重，原設有護衛、儀衛軍校，故禁以防微。其將軍以下爵祿漸減，又無軍校，所以廷議近例無"夫人等項"之禁也。先例禁及子孫，而近例則止言"已故"，不言及"無子孫者"，又豈非以子孫爵世愈殺，情義漸疏，不足爲有無耶？又近例"王親仕格"本條內云："民間連姻宗室本爲榮寵，宜人之樂就也。近乃多方規避，雖苦宗室之需索，亦以一屬王親，則例不得任京職故耳。"其近例無"夫人等項"之文云者，正以斟酌舊例而稍爲調停開廣，使人樂就耳。本官見今事體正與近例所謂"妃與儀賓、郡縣鄉主君已故"相合，而其女爲夫人，雖係見在，則近例之所不載，似無相礙。

又查得弘治三年十一月內，爲災异陳言事，該各衙門會議一件"將軍夫人之親在外，同城軍職通不調衛"。夫軍職乃掌兵之官，尚許同城不調，則文職且遠在京師者，其不足禁尤可見矣。今近例無"夫人等項"之文者，無亦有見於前例而推廣其義乎？

又查得弘治八年原任通政司右通政王傅，係陝西盩厔縣人，有妹爲將軍夫人。比因有詐爲詭名鄭鸞建言，有例文職王親不許爲京官，遂致論傅改調鄖陽府知府。比傅曾具本力辯，祖宗列聖朝原無王親不許京職之例，而又備指本朝故事，在景泰、天順時鴻臚寺卿齊政，成化年間鴻臚寺右少卿齊佑，俱係代府親；掌尚寶司事左通政李溥係趙府親；弘治初年工部右侍郎孔鏞初任江西新建縣知縣，與寧府結親，後歷任巡撫貴州右副都御史升侍郎。以上俱王親任京職者，歷歷有據。比時竟未查明，直擬改調，至弘治十五年纂修《會典》始著爲令。後王傅有子元凱、元正同登正德六年進士，元凱任兵科給事中，元正任翰林院檢討，是正德六年去弘治十五年方及十年，正《會典》初頒之際，王傅之子俱任京職，是將軍夫人之親在正德初年已不之禁矣。王傅疏卷在吏部可查，今近例不言"夫人等項"意相符合。

爲照本官府親已故者既明與近例所載相同，而見在夫人似不在近例應禁之內。緣本官雅尚恬退，一向嫌於干進，不欲自白，今已任滿，例應給由，所以直請致仕。若使如其所請，則本官當精力强壯之年，抱經濟揮霍之略，一旦畀之投林，雖本官高尚之志遂矣，恐非聖朝立賢無方之意也。即使暫爲全陝多事保留供職，而前例未明，終爲進退無據。合無備將前後二例及本官事體俯賜參酌，特爲申剖，庶本官進取有階，大器不至於久淹，而條例愈明，銓衡益有所持循矣。

又查得，先爲酌議考課之法以肅吏治事，該兵科給事中邢守庭具題，吏部覆奉欽依，其在外方面府佐照舊赴京，有事地方照舊保留，除遵依外。

爲照左布政使栗永禄歷俸三載，委無別礙，例應給由。既經右布政使曹金將前考滿與府親事例查議明悉，相應呈請。合無將本官考核并王親事例查照具奏，一面行令照舊管事，仍將任内行過事績攢造牌册，差人賫繳，等因，通呈到臣。

又該臣詳批，據呈，栗布政資深望隆，績最譽孚，適地方荒餘、邊腹多事，例應會請留任。其王親事例既該本司查議明悉，即應并議請豁。但事關法例，不厭詳確，仰會按察司將王親新舊典例查明速報，以憑會請施行。

依蒙，備行到司。該本司按察使劉曰材等會同議照，左布政使栗永禄忠誠體國，敬簡臨民，其履正奉公之節、任重致遠之才節蒙軍門、撫按各衙門考核明備，兼以地方多事，允應會留，無容再議外。爲照王親新舊事例，該司備查亦已明悉，其建議於弘治之間載諸《大明會典》如前所禁者乃一時別嫌之微權，及奏准於先帝之朝頒諸《宗藩條例》如今所行者實當代會通之要典。本官事體似祗當以新奉《條例》爲準，而《會典》以前之舊例均非所論，等因，會呈到臣。

除批行該司，備行左布政使栗永禄照舊任事，聽臣會同撫按諸臣遵例奏請，明文至日造寫牌册賫繳外。臣會同巡撫陝西等處地方、贊理軍務、都察院右僉都御史張□，巡按陝西監察御史王□□、潘□□、李□□議照，陝西布政司左布政使栗永禄，早發解於鄉閭，繼飛黄於甲第。自民牧而漸陟藩臬，堅持冰蘗之操；歷南北而職殊兵民，夙貞[一九]文武之憲。年方五十，力勝千鈞。贊均田之議，蘇千百家之追賠；查失額之糧，窮數十年之始末。久任秦藩，旬宣迹最，據其年資，例應給由。但歲值荒歉之餘，時際編站之會，益以儲需匱乏，俱資本官綜理，况當秋防籌餉，委難聽其離任。且志耻甘進，引例乞休，雖本官自明出處之義，揆之朝廷需才任事之典與近議分别王親遠近親疏之例，通應議請。

歷查布政爲外藩二品之官，非不可展布才猷以濟時行志，但過此則推升巡撫、卿佐，尤可懋建勛庸。先年拘於王親不任京職之例，每將負才抱器之賢沮抑，不獲究施，而中人之性思無上達之階，多甘污下自棄，久爲人才、士風之病。荷蒙先皇聖明，篤念人才當從蓄養，藩親宜選士族，俯聽廷臣之議，大豁禁錮之條，去夫人以下疏遠之姻戚，除已故、所生子女之世禁，別嫌止於親郡王親，計避止於同祖近枝，使士類樂就王親，達才不至終棄，誠聖主立賢無方之盛典，昭代親親賢賢并用之盡制也。但舊例相沿已久，多有前時應禁而今例應豁者，各官嫌於甘進，耻事自明；銓部據其初籍，無從查豁。嗣後國祚萬年，天潢億派，若非申明定例，溥示大公，衆將觀望疑畏，憚結王親，致孤新例。所據布政栗永祿其女爲將軍夫人，見在兄女爲潘王世子妃及爲儀賓娶郡主俱已故，查與新例應避者相繼殞亡，見在者例不應避，似應除豁王親，一體升授京職。

伏乞敕下吏部，查明本官歷俸緣由，照例考核，准留在任供職，仍容撰填牌册送部，請給應得恩典。仍會同禮部、都察院將王親新舊條例再爲申明，如本官所結王親應否除豁明示銓曹，或行本官原籍官司查結議豁，仍通行各省，凡有舊係王親拘於前例者俱得據新例申豁，上不孤先皇甄錄人才之弘仁，下可免藩府徒姻市民之下賤，凡登仕籍而有王親者皆可砥礪思奮，不至洱[二〇]抑擯棄矣。緣係前項事理，爲此具本謹題請旨。

奉聖旨：“吏部知道。”欽此。

欽遵，該吏部行准禮部咨，查得王親事格載在近行條例，同祖親枝與見存而未故者，本官不得除授京職，無容別議。若其文止言王及妃，則不過矔括其辭，蓋凡連姻宗室通謂之王親，而言妃及郡縣鄉主君則夫人自在其中，非獨爲夫人可以另議也。所據左布政栗永祿之女見爲輔國將軍夫人，其親視同祖尤切，而夫人見存又不在已故之科，本部似難議奏，等因。咨覆吏部。

看得左布政栗永祿開豁王親一節，既經該部查擬格例明白，本部無容再議。其本官三年考滿并加級等例，仍候牌册到日查照考核奏請，等因。備咨前來，案行布政司轉行本官遵照間。

續據該司呈稱，本官女爲夫人於本年六月內病故，又經咨部議行開除訖。

校勘記

〔一〕"營"，據文意疑當作"管"。

〔二〕"壕榨"，據文意疑當作"壕柵"。下同。

〔三〕"□"，據文意疑當作"主"。

〔四〕"□"，據文意疑當作"駝"。

〔五〕"下"，據文意疑當作"上"。

〔六〕"幹"，據文意疑當作"斡"。

〔七〕"戍"，據文意疑當作"戎"。

〔八〕"裹"，據文意疑當作"裏"。

〔九〕"鉊"，據文意疑當作"銘"。

〔一〇〕"敢"，據文意疑當作"致"。

〔一一〕"傷"，據文意疑當作"場"。

〔一二〕"放"，據文意疑當作"牧"。

〔一三〕"二"後，據文意疑當有一"鎮"字。

〔一四〕"捏"，據文意疑當作"攝"。

〔一五〕"謨"前，據文意疑當有一"廟"字。

〔一六〕"巨"，據文意疑當作"臣"。

〔一七〕"比"，據文意疑當作"裨"。

〔一八〕"損"，據文意疑當作"捐"。

〔一九〕"貞"，據文意疑當作"負"。

〔二〇〕"洱"，據文意疑當作"沮"。

延寧甘固·籌邊類

爲感激天恩辭免加秩俯圖報稱事

准兵、吏二部咨，據臣先題爲仰仗天威，慎防邊工，三獻捷音事，兵部覆議，節奉聖旨："該鎮出邊斬獲數多，功委可嘉。王□□升右都御史，還賞銀三十兩、紵絲二表裏。"欽此。欽遵，抄呈兵部，咨行吏部，議授臣以都察院右都御史兼兵部右侍郎，照舊總督陝西三邊軍務。題奉欽依，備咨到臣。臣方慎戒秋防，恭聞寵命，感懼交集，即日露香望闕叩謝天恩外。

竊思臣猥以書生叨膺兵寄，雖鞠躬盡瘁，誓效驅馳，顧番虜在邊，未遂寧謐。春夏仰仗天威，幸遂俘馘，臣愚適屈群力，因人成事。受恩三錫，方思居寵之危；拜命晉階，益深乘負之懼。且臣官歷卿貳，方及二年，驟陟右臺，允處非據。功微賞優，揣分越逾；福薄位高，撫躬赧側。伏乞聖明察臣知足之義，鑒臣滿損之憂，收回成命，容臣仍以原職從事疆場，勉圖報稱。伏候敕旨。

奉聖旨："吏部知道。"欽此。該吏部覆奉聖旨："王□□著遵新命供職，不准辭。"欽此。

爲嚴飭秋防預督各鎮官軍血戰拒回番虜斬獲首級奪獲馬駝夷器請行核賞以勵戰功事

案照本年夏月，臣竊慮今歲夏閏秋早，河套、河西虜勢猖獗，洮河、邊外番虜屯住，恐乘秋時分道窺犯，遵照明旨及部科申飭事理，將延、寧、甘、固各鎮一應秋防事宜稽之往規，揆度虜勢，預布官軍分地戰守，仍行各撫、鎮、副、參、游、協、守、操等官，邊腹兵備、守巡各道，務各同心責實，共固秋防。及查陝西鎮蘭靖沿河先年止是河凍布兵防守，秋時河西無虜，依憑河險，并未分兵防禦。去歲今秋，節據哨報，套虜漸移河西蘆塘湖、一撮毛等水頭住牧，并凉莊山後原住賓兔等酋時遣精騎沿河窺伺，所據秋防布兵難襲往規。臣頂[一]留固原北路游擊哈欽統領有馬官軍二千五百員名駐札靖虜衛，會同蘭靖副總兵張傑，督同靖虜守備李昫各官兵專防沿河，兼備甘鎮凉莊上下有警襲烽策應。洮岷參將聞三接、河州參將張翼各整兵馬。張翼三秋移駐弘化寺，防禦本境兼修沿河原議城臺。聞三接仍駐洮州，哨防各路番賊出沒及西海南搶松茂番虜窺犯該路邊境，聽督令各守備、按伏等官相機逐勦。仍不時差人河西哨探，如大虜窺犯西寧、河州、歸德近境番漢，即擇適中扼險屯兵以防深入，與西寧、河州各參將兵勢相聯。固原東路游兵入衛初回，士馬疲勞，即行新任游擊侯邦靖將西安等衛二哨布守腹裏城堡，餘平、慶二司本官統駐走馬城就糧內防，哨援延、固東西內地。陝西參將錢炳官軍，除分留漢南征勦山寇外，餘聽本官統駐固原鎮城，哨探各路有警，聽巡撫調發策援。俱經具議題請及刊布條約通行遵守訖。

臣於閏六月二十八日提兵至花馬池營，查得延綏東西各路邊牆水口多被本月十三四等日暴雨水衝，即行定邊副總兵劉濟統領本營擺牆步軍巡行本路迤東各水口，督同各參、守等官撥軍克期修築。仍行陝西總兵官呂經統領本營選鋒官軍移駐磚井，代守劉濟邊牆。續據各官報稱，各水口工將漸完，各仍信地防守。

七月初八等日，節據寧夏安定堡收回降人阿兔赤供稱，套虜殺羊捉馬，會聚各酋，已往東去搶七八日了。據莊浪參將李世威

塘報，收回降婦吳氏供稱，松山後住虜收拾皮袋，已去三四日，
不知搶何地方。臣料河套、河西各虜降報起身，在套者必窺延綏
邊垣及龍州迤東無牆處所，莊浪山後賓兔狡酋既備水袋，非謀南
犯黃河，侵擾安會、固原沿河，必圖西渡大通河，侵犯西寧、三
川、弘化諸臺。一面傳諭沿牆擺伏官軍加慎防守，以備乘夜突
犯，一面通行原留防河副、參、游、守等官張傑、哈欽、李昫專
扼黃河，及行西寧參將吳鳳、河州參將張翼分兵大通河拒險
堵截。

　　節據寧夏總兵官雷龍塘報，選差巡邊營家丁尹谷赤等出哨，
至舊古城回遇達馬七匹；寧夏游擊王國差哨家丁孫虎等出哨，至
跨馬梁撞遇達馬四匹、牛十二隻；寧夏正兵并興武協同差哨家丁
張山等出哨至本梁，回遇達馬七匹：俱收趕前來。

　　初十等日，據靖邊管糧道副使劉應時、定邊兵備道副使張守
中會呈，本月初九日晚，各道巡行至柳樹澗堡，夜至四更時分，
有大勢達賊二千餘騎乘夜突至臨近本堡二十里把都河口邊外。比
因本口新被水衝十餘丈，修築方完，尚未剗把。該段守軍半撥并
修附近沙梁墩，當夜未回，在牆伏守軍四十餘名，不敷戰守。當
有軍門原布本段提調原任游擊李光祖統領親丁十五名夜住平夷墩
下防守，被守墩軍人劉九聽得邊外草響馬嘶走報，李光祖即率各
丁登牆，督同見在守軍拒堵間。比因空遠軍疏，夜昏虜眾，遂被
各虜自新築牆把攀緣上牆攻衝，官兵力不能支。李光祖率眾登墩
射打，差人飛報東西將領統兵策應。虜遂沿牆用鍬钁剗削斜道，
陸續過牆五七百騎，內外札立，希待天明盡入深犯。五更時，本
段提調安邊參將郭鈞駐札柳樹澗，會同二道起行，中途聞報虜
入，郭鈞統領該營軍丁馳至本口，各官軍奔走未齊，被虜賊擁眾
圍衝。郭鈞誓死督戰數陣，軍火、器械傷虜人馬數多。虜復輪番
攻衝，自寅至卯，郭鈞身被數箭，官軍輪死力戰，李光祖仍拒墩

射打，賊恃强衆未退。當有原布東段擺伏閑住游擊陳鋭、寧塞守備孫朝棟統領有馬官軍四百餘名自本口東山馳馬舉炮吶喊下山夾擊，安邊營閑住原任參將劉定自該營督領步軍百餘從内迎敵，原布東段原任參將劉文燁亦統馬軍三百遠馳西進，劉濟統領所部官軍沿邊東來。賊見各路兵馬灰塵大起，炮喊雷震，虜氣漸奪，懼我奪口難出，携衆即由原口出牆北遁。各營收獲達盔三頂、弓三張、箭數百枝、鐵鑔二把，打死在口達馬三匹，死傷虜賊人馬數多，未能斬首。陣亡軍丁二名，中傷軍丁三十餘名，射促死操馬十四匹。各道立馬近山督戰，大虜未遂越壕馳騁，旋即敗遁。同赴戰場，查驗傷亡軍士，即行賞恤，督軍修砌牆口。及稱參將郭鈞奮勇誓衆，身先士卒，提數百之孤軍，敵千騎之强虜，躬冒矢石，以寡敵衆，幾被陷没，保全地方，查照近例，忠勇當錄。游擊李光祖孤軍拒虜，傳調策援，身被圍困，邊賴保全；游擊陳鋭、守備孫朝棟聞報輸忠，策兵却敵；參將劉定不避艱危，奮身助戰：俱當并叙。郭鈞營奮勇當先軍丁通應厚賞以勵戰功，等因，到臣。

查得把都河原係郭鈞分守信地，誤被虜入，責固難辭；血戰却敵，功當勘叙。隨將李光祖、劉定、陳鋭、孫朝棟先以銀牌、段布獎賞，各營陣亡軍丁分給銀、布恤賞，郭鈞仍行各道會勘明實，聽行請叙。仍將該段伏守誤事官軍即行劉濟查明，解赴臣軍門，各以軍法捆打示衆。及照前賊未遂入搶，必思別犯，時方月明，即日通行各沿邊將領各將未完水口作急并修，沿邊擺伏官軍。仍令副總兵劉濟統領親丁沿牆巡行，直至大牆盡頭，安置火炮，查點軍丁，指受□將戰守方略，宣布軍令。仍出木牌傳諭各段將領，各選差丁夜出邊，哨明前犯虜衆回遁，見在何處聚結，曾否分散，務得實迹以便防禦。每五日深哨一次，每夜除沿牆伏夜外，仍短哨近邊水頭有無潛窺虜迹，加慎巡警。及行延綏總兵官，一面嚴行東路副、參、守備等官加謹哨備，一面統領正兵官軍馳赴適中威武、波羅等堡駐札，防虜於無牆處所突衝，便於東西援剿。

本月十一日，據參將郭鈞塘報，哨見褡連湖達賊馬踪約二里寬，從西往東北訖。又據守備孫朝棟塘報，哨得紅柳河梁離邊五十餘里馬踪掃除，徑往東北訖。臣料此虜掃踪北移，必係統遠帳房，糾謀入犯，隨又通行總兵官董一奎及該鎮中、東各路總、副、參、游等官加謹哨備去後。

二十日，據總兵官董一奎差人報稱，本月十五日未時，達賊四十餘騎從響水界石墩進境，當被按伏延綏游擊胡立家統兵截堵出邊。十七日五更，復至波羅沙溝墩，又被董一奎統兵敵回。本日卯時，又三百餘騎撲至定遠墩捋田，見得董一奎等人馬前來，復回原路訖，等情，到臣。

照得達賊捋田，犬羊往年故智，必伏精兵多賊於大邊內外，以零騎捋田，誘我兵馬，圖遂狡計，必須設伏銳兵，扼險雕剿，庶遭挫折，免復侵擾。隨經通行董一奎、胡立家并清平游擊倪英差人哨探各虜向往聚散，選兵埋伏險要，如再突出捋田，相機雕剿以靖地方。

本月二十二日，據陝西總兵官呂經塘報，本職遵照軍門條約，統兵前赴延綏定邊、寧夏花馬池一帶提調伏守邊牆。本年七月初八等日，節蒙軍門傳牌示諭戰守功罪賞罰號令，行職及擺伏各營將領曉諭官軍遵守。及諭近日虜賊擁眾攻潰把都河牆口，雖彼官軍當即拒回，未遂狼貪，必圖別逞。各該將領務要加意提調，晝夜警心，常如賊在目前，期在三秋保障邊腹寧謐，斯為良將。每五日差人深哨一次，每夜於近邊水頭短哨一次。蒙此，選哨間。

又蒙軍門紙票，照得定邊副總兵劉濟近已督行查閱定邊迤東各段擺邊、伏空官軍，點驗火器，本官所守牆空雖行該營中軍等官提調，誠恐顧理不周，疏虞誤事，行職統領正兵移駐磚井堡，暫代劉濟伏守，仍選丁深哨，前犯把都河口眾虜曾否解散、向往，務見實踪以便防禦。俟本官閱完回守磚井，方許回赴定邊信地。依蒙，移駐該堡，遵照原行遣哨。慮恐猾虜近邊伏塘撲哨，各營差哨兵寡，每被撲殺，必須勢眾方可深哨。當選正兵營慣戰官軍、家丁盧濟倉、呂進祿等二百五十員名，於本月十九日從磚井堡暗門出境。仍將軍門軍令傳諭各軍丁，深哨前犯把都之虜，或散歸巢穴，或聚駐東西向往，務得之踪，馳報防禦。如哨報不實，定以軍法從事。盧濟倉等於二十日午時哨至地名長湖，離邊二百餘里，撞遇住牧達賊百十餘騎撲來對敵。各役奮勇劈斫一處，就陣斬獲首級二十五顆，奪獲達馬五十八匹并夷器等件，陣亡家丁二名，中傷家丁八名，射促死操馬十五匹。於二十一日進境，隨將斬獲首級、達馬呈解到臣。

二十三等日，據總兵官董一奎塘報，本營遣差家丁崔天才等從威武堡出邊，於本月十六日哨至尖山兒，瞭見達賊營帳統那西行，後有四賊牽馱帳房。役等齊撲向前，射砍二賊落馬，斬獲首級二顆，收回夷器等件。二十日，本鎮東路達賊三十餘騎進至水草溝木瓜園，操守官原發聽征軍丁李彥、王安等迎賊對敵，斬首一顆，收獲夷器等件。二十一日卯時，達賊五百餘騎從沙溝墩進入，本職統兵與游擊王廷政官兵夾攻，迎追出邊。馳至石寺兒山溝，突出精兵達賊千餘，合營撲來對敵，追至小灣兒河，斬首一顆，奪獲達馬二匹并夷器，陣亡督陣旗牌官徐國、軍人白資，中傷軍丁七名，射促死操馬七匹。其賊敗從原路去訖，等情，到臣。

案查本年閏六月十七日，據寧夏總兵官雷龍塘報，先蒙臣鈞帖，看得近報山後各虜移帳臨邊，陽示住牧，陰圖乘隙搶掠，行職會同巡撫嚴督河西參、協等官，選差丁夜遠出山後，東西哨探，機有可乘，選銳出剿以伐虜謀。依蒙，於本月初五日選發巡、正二營把總等官兵共二百名，由鎮遠關出邊。初十日，哨至張佛水，爪見達賊新踪西南行走。哮拜等在彼埋伏，選差家丁跟踪，哨至宿□，迎遇達賊百餘騎，各役急回。其賊趕來本水，彼有哮拜等伏兵突出，與賊對敵，就陣斬首五顆，內巡邊營四顆，正兵營一顆，奪獲達馬五匹并夷器等件，中傷家丁一十五名，射促死并中傷官馬十八匹。其賊遁回原路訖。

又據參將聞三接塘報，閏六月初九日，本職據原差夜不收報稱，瞭見巴舍山穿甲馬、步番賊約三百餘騎在彼伏藏。據報，即統官兵驟馬至古爾占，迎遇土官楊臻、昝震下番兵合營，因天晚札立。初十日寅時，本職一面差軍夜王什等爪探前賊向往，一面統兵且哨且行。至哈路鐵，據王什走報，前賊從巴舍山口前來。本職馳至洮河邊底思，迎遇各賊撲來對敵，將本職右腿射中一箭，仍嚴督官軍，宣諭軍門殺伐號令，奮勇血戰。就陣土官楊臻等斬獲番賊首級三顆，奪獲盔甲、夷器等件。賊見兵勇，慌奔入山、浮河去訖。中傷軍丁六名，射死操馬三匹。拒賊境外，未及入邊搶奪，等情。

七月十五日，據塘報，邵綱堡收回降人靳銀哇子供稱，在虜營時見得衆達子每人殺牛一隻、羊二隻，已將肉曬乾。有頭兒賓兔弟著力兔、新吉起身走了三日，過黃河又走了三日，往西南去訖。又據寧夏北路參將崔廷威塘報，哨得三道路東來馬踪約一萬餘道，往西南行走，各等情，到臣。

查據莊浪收回降供，山後賓兔等酋收拾皮袋，狡謀必浮黃河侵犯。今寧夏降供，賓兔二弟又復西行，勢似糾合伊兄，若非垂涎固靖、蘭河，必係圖掠莊紅、西寧。一面申飭河東、河西各該將領加慎哨備，及思虜漸西移，聲勢頗衆，雖有議留防河官兵，但地里遼遠，分兵無多，即議發中軍原任副總兵白允中統領標兵一千，由寧夏中衛南界沿河揚兵，直至靖虜一條城上下，會同游擊哈欽、副總兵張傑、守備李昫嚴哨河防。如虜窺犯莊紅一帶，即發哈欽兵馬遵照原令過河，駐札莊涼策應，張傑移駐紅城子，白允中暫駐蘭州，隨賊聲勢相機截殺。本月十八日，據李昫塘報，收回降人賈仲僧保供稱，有主兒達子杻帶跟隨賓兔部落搶了銀洞，說與達婆子熟皮袋，要渡黃河入搶，等情。

看得賓兔既備水袋，要渡黃河入犯，旦夕難測，又恐沿邊兵馬不敷戰守，隨發原布擺牆固原西路游擊楊鰲統領該營戰兵一千六百名，由鹽池下馬關徑奔紅古城駐札，西安州、走馬城按伏；固原游擊侯邦靖統領有馬官軍由白馬城馳赴固原，會同參將錢炳，內防城堡，外援河防；及調固原守備陳揚統兵移駐紅古城，防禦靖虜上下渡口，并援中衛、半個城一帶。仍通行原留防河及續發各該副、游、守、操等官，遠出河外哨虜向往，酌量緩急，分兵戰守。并行固原、臨鞏等道，即今虜勢西行，備拿水袋，意要渡河入犯，已經調發官兵內外防禦，所據應用客餉俱當多為預備，聽候支用，毋致臨敵匱乏誤事。

本日，又據莊浪參將李世威、莊浪兵備僉事劉時舉各呈報，瞭得賓兔虜酋擁兵逼近本路山後住牧，每遣精騎窺路，欲肆侵掠。節據降供，要待月上攻圍各堡。當督原布各堡官兵各照信地防守，收斂人畜，停阻經行間。本月初九日午時，達賊一千餘騎，執打坐纛五杆，從大石灰溝進境，一半分投沿路各堡攻衝，各被防守官軍拒堵，堅壁清野，無可搶掠，隨即分兵直抄莊浪近城，意在堵門阻塞兵馬。當有參將李世威統領土漢官軍迎衝奮勇對敵，斬獲強壯前鋒哨馬達賊首級二顆，奪獲達馬二匹并夷器等件。虜勢頓挫，即收兵仍由本口遁去。該道呈稱，時當日午，戰場去城伊邇，城上眾目共見斬獲虜首，到城口眼尚動，等因。

二十日，據文縣守備徐勛呈稱，閏六月初七日，番賊侵犯本境。職領軍夫朱子注、何應魁等迎鋒對敵，斬首三顆并夷器等件。又據總兵官雷龍塘報，遵令差家丁陳棟等出邊，哨至敖忽洞，收獲大小達馬五十九匹進邊。又據標下游擊石玉呈報，選差通丁卜羅赤等出邊，哨至跨馬梁，撞遇大小達馬一十八匹，收趕進邊。

二十一日，據郭鈞塘報，差家丁李節等出邊，哨至長湖，回遇趁草大小達駝二十七隻，收趕進邊。

二十四日，據鎮靖參將吳嵩呈報，本營差哨家丁撒剌虎等至邊外總管灘，回遇趁草大小達馬十匹。同日，又據寧夏游擊王國塘報，本營差哨家丁劉天六等至邊外克苦力，回遇大小達牛二十二隻，各收趕進邊。又據副總兵張傑呈報，紅柳溝坐塘軍夜占保保等收回降人馬平安等六名，共騎牽達馬十一匹。

二十五日，據守備李昀塘報，本營差哨通丁劉天河等至河北小松山東，遇大小達馬二十四匹、牛五隻，收趕過河，等因，各呈報到臣。

議照今歲春夏陝西四鎮沿邊番虜窺擾，月無寧日。臣方督修邊工，竊慮窺工侵擾，節行寧、固三[二]鎮分道出兵，撻伐威虜，先後斬獲二百四十餘級，其各鎮各路零斬及哨丁收獲馬、駝不與焉。節經奏報，荷蒙聖恩大賜升賞，文武諸臣咸誓死報。其河西甘肅涼莊各路，俺答、吉能擁眾屯住哈密北山，時遣精騎往來甘肅川底，送回孳畜，傳調各部落西赴會搶。該鎮每遣深哨通丁，多被撲殺。西海原住番虜數千南窺松茂，西窺洮寧，向往未定。山後賓兔各酋春時分住賀蘭山諸口，謀犯夏鎮未遂，秋初移營小松山、一撮毛、石廟兒各水頭，糾引在套弟侄綽力兔、銀錠、把都等酋，既搶邊外銀礦，首犯莊浪被挫，各備水袋，思窺我虛，浮犯蘭靖內地。套東威振虜酋及吉能諸幼子部落，各選銳近邊挦田紛擾。在延、寧、固沿河、沿邊通應戒備，在甘肅鎮西自嘉峪東至金城俱當嚴防。

近據山西傳報，大同總兵趙岢生擒真虜供稱，俺答被困於番夷，調其子黃台吉領衆數枝西去救援，查與春時延綏降供吉能被番虜敗衄，調在套諸酋西赴仇救先後虜情相同。本月中旬，節據寧夏哨丁哨至平虜迆北五岔河、鴿子洞，渡口俱有套虜浮渡河西數千馬踪，其賀蘭山後三道沙、鎖麥兔，離山三百餘里，又有萬馬經行，及數十里灰塵西向之迹，則河東黃台吉、河套諸酋西赴應援似真。其在西二酋秋冬勢難即旋，惟套內、山後所遺守帳精兵三秋必將移帳迆北，張勢馳騁。除河西援兵固原北路游兵一枝行駐近河，候西報虜踪警急馳援涼莊訖，近發標下及固原西路游兵分守沿河，臣督延、寧、固各鎮官兵慎固邊守，分修邊工。但虜馬秋高既壯，虜謀深秘莫測，即如近犯把都河之寇，二日前深哨二百里外絕無聚結，一夕數千乘夜突至，幾遂深入。其遣哨夜丁數少，每被撲殺，勢難遠出，非深哨無以得虜形踪，非兵多無以禦彼零寇。又經嚴行沿邊各將領選哨出奇圖剿驕虜外。

今當秋防伊始，各鎮官兵仰仗天威、廟謨，咸能奮勇拒敵邊外，保全圍中。通計兩月之間斬獲番虜首級四十二顆，奪獲番虜馬、駝、牛二百五十餘匹隻。查照兵部近題，若能拒敵邊外及血戰拒虜，雖無斬獲，仍以功論，或奮勇血戰，雖獲級數少，損傷數多，仍錄其功事例，其獲功拒虜諸臣通應優叙。

除延綏總兵官董一奎督各路官兵分堵零寇，斬獲虜級，寧夏標下千總都指揮哱拜深哨斬獲五級，通候秋完并叙外。其陝西總兵官呂經，承調代守衝邊，遵令遣哨有略，出邊二百餘里，斬獲虜級二十五顆，收獲達馬五十餘匹，揚威塞外，算虜目中，本以忠義之實心，能鼓官丁之勇力，功當首論。延綏安邊參將郭鈞，孤軍橫當強虜，誓死先登；將士身被重傷，力保邊圍。莊浪參將李世威，奮勇擊斬驍騎，拒虜旋即敗遁。洮岷參將聞三接，統兵信宿出邊，迎斬逆番數級。俱能拒虜之潰犯，保沿邊之耕牧，功應并論。延固提牆委官閑住游擊李光祖、陳銳，閑住參將劉定、寧塞守備孫朝棟、郭鈞侄指揮郭淮，協守莊浪都指揮魯東，或奮身拒虜，不避艱危，或聞警馳援，共阻虜患，俱應并敘。

其查呂經先任甘肅總兵，虜犯平川，被御史雷□□風聞參論，革任聽勘。衆惜非辜，鎮多去思，事久未結，致難展布。伏乞聖明俯念秋防孔艱，各將忠勇當錄，敕下兵部，將呂經查照都察院覆議催勘報、恤枉抑事理准與辯結，俾得安位行志，勉圖後效，仍與郭鈞、李世威、聞三接特賜賞賚。李光祖、陳銳、劉定各准敘錄，仍與孫朝棟、郭淮[三]、魯東量行給賞，以勵戰功，以作士氣。其各地方獲功首從、有無隱匿失事，仍聽各撫、鎮類報至日，分行各巡按御史核實升賞，庶秋防將士咸思輸死效忠而番虜之患可圖防禦，諸臣幸甚，地方幸甚。

奉聖旨："兵部知道。"該兵部議覆，奉聖旨："呂經等各賞銀二十兩，李光祖等各十兩。其餘依擬。"

爲續報東西大虜浮河窺邊預督官兵迎擊敗遁節有斬獲首級奪收馬駞請行核議恤賞以勵戰功事

案照本年七月十五等日，節據延、寧各鎮降供，套虜綽力免、銀錠等酋糾衆窺犯把都河口，當被官兵拒戰，敗遁邊外，東西分路回帳。綽力免糾率弟侄數枝，留精兵守帳，餘衆浮過五岔河，由川底直赴松山，會合賓兔虜酋，各備水袋，窺犯蘭靖沿河內地。銀定[四]、塔不能各酋糾聚榆林東路高家堡邊外大河掌、長草灘，各備皮套、口袋，謀犯神木堡、高家堡內地，捋田搶虜，等因，各報到臣。

隨預發標兵一千，行臣中軍官原任副總兵白允中統赴靖虜，沿河分地扼守。仍慮西虜强衆，沿河地方廣遠，兵馬不敷戰守，隨發擺守邊牆游擊楊鰲統兵一千六百馳赴内援。又將固原守備陳揚兵馬移駐紅石城，聽警策應。仍行原布慶陽東川固原東路游擊侯邦靖統領有馬官軍八百馳赴固原城，聽警會同原布陝西參將錢炳有馬官軍迎剿。已於本月二十八日備將虜情、預備緣由具題訖。臣查延綏總兵官董一奎，先調統兵赴威遠堡駐札，防剿前犯懷遠、威武衆虜，慮恐東路失援，預期催發本官仍回鎮城，會同巡撫都御史李□□，督發選鋒軍丁千名赴高家堡應援。臣又督發該鎮原布響水堡按伏游擊胡立家統領所部戰兵八百，由柳樹會直赴高家堡迎堵。

　　八月初一等日，節據白允中差夜役馳報，本官於七月二十五日沿河行至靖虜，分發各營步軍晝夜伏守，以防零騎浮犯。又因河西莊浪傳報虜謀西犯蘭河，議發哈欽統領馬軍一千四百前赴一條城分防，聽河西有警策應。本日，蒙臣軍令，選差通丁分爲三路，瞭見觀音洞、五方寺上下俱住虜帳。各役旋遇達馬二十匹、牛五隻，收趕前來。當有達賊三十餘騎追趕至河浮渡，被原布官軍用槍炮打回。本月二十九日申時，白允中等據沿河傳至烽火整兵襲烽，撒塘迎堵。據五方寺夜不收報稱，大舉達賊於本日黎明時在五方寺對河札立，先有賊二百餘騎浮河，被原布守口步軍用槍炮打回，虜衆分爲三股，一齊浮渡。白允中、李昫當夜聞報馳至水泉兒，哨報前賊順河在邊塹外往東奔哱羅溝行走，各官即發把總姚斌等統領選鋒軍丁三百餘名徑往迤東抄截，白允中、李昫統兵馳西趨青沙峴邀堵。三十日辰時，楊鰲統兵馳至合營，恐賊越過邊塹，侵犯打刺赤、乾鹽池，各官迎至鹽池川，截住前賊約二千餘騎，穿戴盔甲，執打坐纛，内精兵二三百騎撲來。白允中、楊鰲、李昫督令官兵一齊向前，奮勇對敵，射中達馬二匹。其賊倒西往哈家壩奔走，各兵取徑抄至前路馬營兒。賊衆撲來衝攻，各官相地列營，白允中、李昫於路北坡，楊鰲於路南坡，與賊夾攻數陣。因晚，我兵合營防禦，達賊奔往打剌赤、教場坪下營。八月初一日早，賊衆撲至打剌赤城，周圍旋繞。寅時分，各官恐賊攻城，將馬收在營內，攢營步行，追至教場坪。衆賊撲來，對敵十餘陣，官軍用涌珠、連珠、鳥銃等器射打，自寅至巳，死傷賊人賊馬數多。其賊敗遁石頭溝口，向河北旋，前遇游擊哈欽統兵從西迎敵，賊敗，徑由本溝回走。初二日未時，至溝口，迎遇原差哨丁回報，大賊回到五方寺、沙金坪各河口浮渡。有殿後精兵達子三十餘騎，邀趕零搶沿河撒灘牧收[五]斂餘牛三十隻，行至劉家寺石匾，當被原發各營家丁楊亨等二百名，一半撲截匾路，一半在山上滾石拋打。各賊棄牛衝來，與各丁對敵，就陣斬首二顆，奪獲賊馬四匹并前牛隻。其賊多半打落河內，不能斬首。餘五六騎連馬撲入浮過河北，投入大營，沿河札立，至初二日未時方解營過石山往西北去訖。查得連日在陣共奪獲達馬六匹、坐纛一杆，收獲達箭四百一十二枝，陣亡軍丁四名，中傷軍丁七名，射死官馬十五匹。

本日，又據哈欽塘報，職遵蒙軍門鈞帖，領兵移至一條城。七月二十九日戌時，聞報大賊從五方寺渡河，本職即統兵馳至靖虜，由紅柳泉取徑迎堵。三十日巳時，至打剌赤、毛卜剌川口，迎遇前哨精兵達賊百餘騎，對敵一陣，往東奔訖。本職督兵追至黃毛溝、三條峴，前賊撲來對敵，各用火器射打，退回欲奔。與白允中等合營，行未二里，達賊添約五七百騎撲喊前來。本職督率官軍奮勇射打，死傷虜賊人馬數多，其賊慌奔打剌赤大營訖。比因天晚，就彼安營。八月初一日黎明時，大虜約二三千騎張弓持刀一擁衝來，本職嚴令官軍拼命射打。賊見兵勇，去馬步衝。本職當先，嚴并官軍各用火器奮勇鏖戰，自寅至午，就陣斬獲首級一顆，奪獲坐纛一杆，收獲達箭二百餘枝。本職身被連射七箭，中傷右膞二箭。殺死哨軍一名，中傷官軍、家丁五十六員名，射死官馬二十八匹。其賊退敗，由溝川去訖。各官俱稱賊過河，被官兵尾賊邀擊，野無可掠，賊馬疲困，致將原帶狗隻及打死馬肉燒食，慌奔河口訖。

初四日，據守備李昫呈稱，查得原布沙金坪隘口設伏提調千戶于添福等三十員名，於七月二十九日與浮河達賊對敵，被賊圍殺二十四員名，射死操馬六匹。又被賊殺死沿河提墩百戶常繼文并各墩塘爪哨、傳火旗軍李時夏等共一十八名，俱係分布沿河塹外，并無搶虜腹裏人畜。

本日，又據總兵官董一奎塘報，蒙臣調職統兵回赴鎮城，會同巡撫李□□選發正兵一千員名馳赴高家堡防禦。七月三十日，據本堡守備徐綱報，據□□[六]哨丁報稱，本堡邊外蓮花河大勢達賊殺下祭神馬一匹，隨即起營入犯，等情。本官整兵設備間。二十七日卯時，達賊從靖虜墩進入，本官督軍擺守城垣，安設火炮，統領馬、步官軍馳出東門，當有前鋒達賊五六百騎執打坐纛吶喊衝突城門。本官申嚴軍門號令，督勵官兵齊用火器、弓矢射打二陣，死傷賊人賊馬數多，俱被拉去。各賊復往南門衝攻，徐綱督兵赴彼擊打，退遁東山，往馬家梁捋田。辰時，當有李真等官兵迎至川畔，與賊對敵數陣，追至高石崖，因天晚各札營。二十八日卯時，賊見東路參將高天吉并正兵把總趙世勛等兵馬前來，慌從新寧墩空出邊訖。收獲達箭二百一十二枝，中傷軍丁四名、官馬六匹。

初六日，又據董一奎塘報，本月三十日卯時，達賊五六百騎從平安墩進入，續後灰塵不絕。本職統兵馳至十里鋪，前哨達賊窺見兵馬，吶喊衝來。職將原布各路兵馬合營，齊力向前，各用涌珠大炮夾攻射打，相戰數合，彼此各有重傷。官軍抵死血戰，賊眾驟至劉虎兒廟，當就奪馬。又有東路副總兵牛秉忠領兵在架山堵擊，未敢四散，至未時旋從原路出邊訖。查得在陣奪獲達馬一匹，中傷家丁一名，射死官馬二匹。

又據牛秉忠塘報，本月三十日，達賊二三百騎張打旗纛，從磨家溝口突出。本職統兵馳至暗門川，迎遇前哨精兵達賊拍馬撲來。本職申嚴號令，督勵官軍各用火器、弓矢、悶棍奮力拒堵，連戰數陣，射打死傷達賊人馬數多，賊衆慌退迆南及東山回走。職選前鋒三百員名，責令把總李二等統領馳赴東山邀堵。賊見兵馬，仍退大川，與本職兵馬衝敵。又有本營原布把總潘雲等統兵從單家川馳馬夾攻，賊慌收營，至未時，追從原路出邊訖。查得在陣奪獲達馬二匹，中傷軍丁三名。

又據延、寧二鎮各路塘報，靖邊管糧道差家丁張信等出邊，哨探至跨馬梁，回遇達馬三十五匹，收趕進邊。中營通事卜羅赤等出邊，哨探至沙子梁，遇達駞二隻，收趕進邊。靈州參將尹濂差家丁小思漢等出邊，哨探至討速兔，回遇達馬八匹、駞二隻，收趕進邊。寧夏正、游、協同等營差家丁火力者等出邊，哨探至可可腦，回遇達馬五匹；鎮靖參將吳嵩并委官原任參將楊津差丁夜鄭海等出邊，哨探至打狼河，回遇達馬十匹：各收趕進邊。

八月初四等日，據寧夏總兵官雷龍塘報，巡邊營差丁夜八里台、吳回住等一十四名赴北路乘船哨河，至紅柳灣，迎遇東來達賊五十餘騎，從大方墩步口浮過河西，望船撲來齊射。比船正在中流，各役撐使不及，被賊將船二隻并八里台等一十三名俱虜去訖。

莊浪參將李世威塘報，收回降婦石金花等供稱，在賓兔兒子瓦斯帳內住坐，聽得河東達賊已到賓兔帳房會了兵，要搶一日半漢人地方，又説俱要在這裏住坐過冬。寧夏西路參將蕭文奎塘報，本月初二日中衛鎮關墩收回降人郭三頂等供稱，跟隨頭兒賓兔台吉領衆達子過河，往靖虜地方去搶，留下精兵守口，三頂等乘便順河騎馬八匹前來投降。

臣復慮寧夏沿河係套虜東西浮渡之地，節經該鎮選丁乘船深哨，被猾虜潛伏柳林，夾河攻射，人船遂被虜去，若非沿河搜剿，無以通哨懾虜。隨行總兵官雷龍會同撫臣挑選標、正軍丁五百，臣選發標下軍丁二百，協同沿河搜剿去後。

本月初十日，據雷龍塘報，蒙臣鈞帖，選發官丁七百餘名，由橫城暗門出邊，哨至野馬川對直紅墩，有瞭梁達賊七八十騎，看見兵馬，慌奔省鬼夾河內急過。官兵趕上，射死賊數騎，順水漂流，不能斬首，收獲大小達馬一百六十八匹。

十七日，據涼州副總兵鄭印呈稱，節蒙軍門、撫、鎮帖案申飭哨備，會同分守西寧道差遣丁夜把吉木等一十五名出邊，哨見莊浪山後野松林有烟，各役探入，撞遇達賊數騎，奮勇射打，當就斬首一顆，奪獲達馬四十三匹、牛二十四隻并夷器。紅城子守備鄭經差夜不收梁三保等出邊，哨至寬蘆溝，收回達馬一匹、牛十四隻。同日，又據延綏西路參將郭鈞塘報，選差本營通丁敖巴等一十二名出邊，哨至地名總管灘，迎遇伏路達賊九騎，撲斫一處，就陣斬獲首級五顆，奪獲達馬三匹并夷器，餘賊敗遁往北訖，等因，到臣。

爲照達虜乘秋窺犯乃其故智，各鎮分地戒防已經議題通行防禦，詎意套虜各酋窺犯把都河被挫，不遂內侵，復謀東西分披會合深犯。仰仗天威遠振，神人協謀，各鎮降哨預泄虜情，臣督調官兵，或掣牆守以固河防，或分西兵以援東堡。兵方集邊，虜即犯境。各該將領感恩思奮，畏罪輸忠，督率軍丁，效死血戰。大虜各被挫衄，邊腹藉免搶掠，斬獲虜級雖少，傷虜人馬實多。且虜酋擁眾數千，越邊逾河，圖飽豕欲，若非將士奮勇力戰，豈甘輕退？或復致喪師縱寇，仍蹈覆轍，焉能逐虜境上，保全圍中？且一月之間各鎮哨丁趕獲虜中牛馬數百，虜勢頓挫，未敢近邊住牧。

及查黃河自靖虜界轉折北流，外有米峽、紅寺、石山，內有雪山、紅石諸嶺，灣環三百餘里，繞至寧夏中衛邊境，圖志稱爲小河套，河北俱係虜地，河南地名鎖黃川，中有長流水頭。弘治、正德年間，大虜住牧其中，窺犯固靖。先臣總督秦□，西至靖虜，東至寧夏萌城，斬山湮谷，修設邊塹一道，紆環四百餘里以固防守，至今塹外俱係荒山沙磧，塹內分爲各堡牧地。故虜過五方寺河南至邊塹二百餘里，自二十九日早陸續浮渡，至午方盡，急趨雪山、紅柳溝，至三十日午，二日始入塹內。各枝官兵分道邀出虜前，二日五戰，夾擊敗遁。通計自虜浮河，四日往返奔馳五百餘里，多在邊塹之外，絕無莊堡農牧，所掠斂餘靖虜河灘撒放牛隻無多，旋被奪獲。其犯榆林高家、柏油各堡之虜，殺馬祭神，明欺各堡兵馬無多，始則直趨高家堡門橫肆攻圍，繼則分道突出山溝縱騎深入。向非副總兵牛秉忠，參將高天吉，守備徐綱，正兵千把總李真、趙世勛等，或出堡迎擊伐其狡謀，或左右夾攻堵其前路，非惟深入莫禦，必致邊堡坐困。即今時方中秋，虜欲未遂，在西各酋向往未定。節據山西偏頭關參將方震塘報、彼中降供，俺答老酋西搶已回威寧。延綏各路降供，吉能差人傳稱身由河上先回，搶獲馬、牛待河凍送過。其甘肅、哈密哨報及據降供，半由川底潛還，半仍屯住西海。惟山後賓兔諸酋西北逼近寧夏中衛、廣武邊境，臣已行該路參將蕭文奎、協同葛臣及原布該鎮西防副總兵張德布兵防哨；西南可犯固原、蘭靖、河州一帶，仍行白允中、楊鰲、哈欽、李昫及蘭靖副總兵張傑、河州參將張翼加慎哨防。果各虜回住大小松山，仍逼甘肅涼州、莊紅諸路，或如前降供，謀浮大通河，圖犯西寧、巴暖、三川，臣已馬上差人通行副總兵鄭印，參將李世威、吳鳳，游擊陳愷分地畫守，仍令張翼、吳鳳分守大通河上下川口，扼河拒防，早斂農牧，聽警截殺。及行延綏總兵官董一奎等，照臣節行條件晝夜防守，輪番哨探各路馳報，聽臣隨機調度，期伐虜謀，仰舒西顧外。

所據輸忠血戰、拒虜固圍各官，除副總兵牛秉忠、鄭印，參將高天吉候秋完并敘，參將郭鈞先因虜犯把都河已經具題議賞，今部下復獲前級，通候并敘外。臣標下中軍官原任副總兵白允中，監戰旗牌官寧夏左屯衛百戶何極，固原北路游擊哈欽，西路游擊楊鰲，靖虜守備李昫，高家堡守備徐綱，延綏正兵千把總官李真、趙世勛，或身被箭傷誓死力戰，或分兵扼險斬獲虜級，或宣令鼓衆保全內地，或血戰挫虜不避艱虞，通應量行賞賚，以作士氣，以勵戰功。

及查白允中先任肅州參將，繼升甘肅副總兵，因肅州曾經虜犯，致被參革。近行該道查得當時已有斬獲功級，似應准贖。今次承調統兵，嚴督游、守各官分道邀擊，力扼大虜，雖諸將之同功，實本官之調度。且年力方強，勇略素優，即應并議勘結，及時錄用以備將選。陣亡千戶于添福，首提孤軍，迎拒強虜，傷虜效忠，力屈身亡；提墩百戶常繼文，巡嚴烽火，被虜撲殺：通應照例優恤以慰忠魂。謹題請旨。

爲套虜乘秋東西糾聚累犯各鎮仰仗天威督兵出邊伐謀血戰恭報奇捷事

臣恪遵明命慎戒秋防，嚴督各官各誓忠勇，仰圖報國，已經具議題請及刊布條約通行遵依去後。節據各路降供，套虜大酋吉能西搶番夷未回，原留在套各枝精兵東西糾聚，侵擾各邊。幸降哨早聞，臣預飭官兵，或鄰境就近互相馳援，或掣牆顧河內外兼備，藉兵將努力聞警襲烽，如期赴敵，虜方至境，兵已迎前，未遂深入，頗多俘獲，地方保全。節經據實具題，俟命核賞間。

　　九月初十日，據莊浪參將李世威塘報，收回降人劉帖住供稱，主兒達子在松山地方住坐，聽得眾達子說，待黃河凍了要搶河那邊內地。又據延綏總兵官董一奎塘報，初八日高家堡收獲降人白三元等供稱，塔不能等四個頭兒已聚兵捉馬，要在二三日內入搶，不知搶何地方。又據沿邊安定堡及舊安邊營收回降人擺月、戶住等供稱，各酋移營近邊白城子屯住，去邊僅二百里，各謀聚犯，等因，到臣。

　　臣思各酋三秋累逞，未飽豕欲，多被挫折。在套者必思糾眾，如先年故智，窺我掣兵仍圖大舉；在西者待河冰已結，必將踏犯固靖、蘭河。降供已明，往失當監。臣督同陝西總兵官呂經、寧夏總兵官雷龍及副使張守中、劉應時，僉事方岳，竊料諸酋營帳滿套，春夏分兵哨守，秋深移住近邊，各路哨丁每被撲殺，其在外糾聚，形踪難測。守牆官軍冬早寒冽，三秋凍餒，勢難久戍。必須選銳出師，大張撻伐，牽其內顧，伐彼凶謀，庶便掣兵，議戒冬防。帖行總兵官雷龍會同寧夏巡撫都御史沈□□，挑選巡邊營官丁五百員名，正、奇、參、游兵營官軍、家丁一千五百員名，及行臣標下游擊石玉精選官丁二千員名，總兵呂經選調在邊該營官丁三千員名、花馬池參將營官丁五百員名、定邊副總兵營選鋒軍丁三百名、舊安邊參將營家丁一百名、靖邊道家丁一百名、寧夏游擊王國守牆有馬官軍一千五百員名，各到花馬池營，會選各營選鋒精壯慣戰官丁三千名，責令臣中軍官原任副總兵李震為主帥，選取原委提牆閑住參將劉定、原任游擊陳銳為左右裨將，仍分正、奇左右哨，專備縱馬撲剿。專委千戶鄭暘、把總官王昱等共列一營，為接戰。及差旗牌官百戶王保賷持令旗、令牌隨軍監督，選差丁夜執臣令箭、斬刀，嚴令官軍，但有退縮、紛亂者，軍前聽李震割耳穿箭，回營以軍法從事。仍令游擊石玉、陝西正兵營中軍原任游擊曹伸、游擊王國各統該營軍丁一千名，副總兵劉濟、參將王國武各統該營軍丁三百名，共合一營，專備中途應援。餘留各營弱馬及步兵三千餘名，聽總兵官呂經、雷龍統領，出邊三五十里，依舊邊札營爲殿後老營，緩急調度策應。預布號令，指授方略，誓衆同心。前鋒衝擊者不許爭功紛擾，退怯回奔；中營接戰者不許開營貪功，專備虜至迎戰，臨陣收兵；中途策應者不許觀望逗遛。各總兵官務各申嚴紀律，酌量緩急，調度進止。卜吉本月十二日，自花馬池長城關出師撻伐，務將營帳撲滅，孳畜盡收，牽虜内顧間。

臣仍思塔不能諸酋向駐延綏東路，恐仍由該鎮中、東二路無牆處所入犯，先期咨行延綏巡撫李□□，帖行總兵官董一奎及該鎮沿邊副、參、游、守各官，一面哨明虜帳遠近，如機有可乘，選鋭合營，分道出邊搗剿，以伐聚搶虜謀，一面申嚴收斂，以防大舉突犯。

臣親督各官兵於本日未時仍申嚴前令，宴送各官出關。寧夏標、正官丁哱拜、鄭暘、李大虎等緣臣養用有年，恩信頗孚，鼓率各營官兵各奮勵踴躍出邊，分列三營，聯絡繼發，至舊邊外去關三十里，後營暫住，前營馳進。五更時分，去白城子虜營約四十餘里，李震等仍申令分哨各官軍縱馬撲剿間。因軍馬衆多，形聲雷震，當夜被瞭梁達賊知覺，傳報各帳。虜賊驚起，各將老小騎趕馬、駝遠避，仍燒起號烟數處，召集臨近虜營精兵救援，止留精鋭五六百，一半據帳死守，一半披甲躍馬迎敵。李震、鄭暘等嚴率官軍迎戰，當陣斬獲驍騎首級數顆，中傷虜賊人馬數多。虜賊敗哭，旋繞攻衝。哱拜、李大虎等分領各營軍丁搜帳搗剿，遠近追逐，共斬獲精壯虜首二百餘級，射死虜賊人馬衆多，收兵回營間。

東西各水頭住虜聞報，各騎牽馬匹陸續馳到，先後約虜一千餘騎，吶喊死戰。李大虎馳馬出營，追斬一賊，下馬斬首間，衆賊撲來，將大虎原騎馬驚跳，被賊捉去裂尸。本官先斬獲首級三顆俱懸馬上，被虜連馬搶去，薛土谷赤撲救大虎，亦被衆賊射中陣亡。各虜將兵馬四面環圍，自辰至申，攻衝數十陣。哱拜、鄭暘并卜羅赤等各奮勇出陣，斬獲披甲達賊各一騎，虜勢稍退。李震等下馬札營，將馬收入營中，分列步隊臺營，且戰且行。至歹苦灘，被虜四面因風縱火焚燒軍營。仰戴天心助順，反風回火，各官軍冒火衝擊，得離草灘，遂致聲勢阻絕。

總兵官呂經、雷龍聞報，督發次營各參、游官軍馳赴應援。行至二沙子，去前營三十里，炮火聲聞，各虜始漸回遁。李震等督令官軍騎馬馳回，仍議哱拜、鄭暘率各營精壯官丁爲殿後。行至舊鹽池畔，離邊五十餘里，尚有虜賊數十騎遥喊襲追。劉定率領親丁出營追擊，賊見兵來，旋即遠遁。官軍至四更時方回舊邊大營，人馬轉戰一日二夜，困渴疲憊。

臣在邊城督同郎中蕭大亨、副使張守中終夜憂危，預運水漿，添發火器，連催官軍馳援，至十四日午時兵馬入關。節據李震呈報，在陣斬虜數多，除陣前射打死賊不及斬首并被虜攻衝遺棄邊外、陣亡軍丁爲虜奪去，軍中共見者，約有五七十級見在各營，通計共斬獲虜首一百七十六顆，就陣奪回達馬二百三十五匹，見在一百二十四，射重倒死一百一十五匹，收獲達駝一百二十隻，達牛一百五十八隻，夷器盔八十頂，甲一百二副，弓箭、腰刀共一千五百一十件枝，皮襖、蹋蹄共五百二十八件，陣亡官軍、家丁共四十四員名，中傷官軍、家丁二百六十一員名，射促死各營官馬二百四十三匹。臣隨督令定邊兵備道會同各總兵官逐一查驗明白具報間。

本月十五日，又據靖邊管糧道副使劉應時呈稱，斬獲虜首一顆，奪獲達馬一匹并夷器，等因，通呈到臣。

臣伏思扼吭搗虛者兵家之勝算，嚴防預待者守邊之長策。陝西四鎮邊長備廣，番虜交侵，分兵戍守，無所不寡，選銳備戰，兵力難合，以故戰守俱困，積弱成習。防秋三月，勞師費餉，守邊數百里，幸虜不至，苟延時日；一遇聚攻，每被潰入，攻城破堡，殞將陷兵。未能挫虜衞民，率至損威傷重，臣夙切憤惋。今歲秋月，套虜大酋吉能搶番未回，傳語在套諸酋移帳近邊，留馬待搶。七、八兩月之間，各酋糾犯延、固、甘肅通計十次，避我牆守，窺我内虛，虜計得矣。我兵徒守長邊，莫能一奮撻伐，避彼散牧，待彼聚衆，無以宣國威以伐虜謀，作士氣以振夙懦，誠爲失策。方會文武諸臣集議出師，適總理各鎮屯鹽都御史龐□□巡歷至邊，臣與反覆籌度，憤思驕虜擁衆侵擾，我兵誠難與爭鋒，彼或散牧勢分，春深馬弱，誠不可坐失時機，任其恣眇。春時臣嘗督各鎮官兵三出搗剿，頗多斬獲；秋來每遣精銳出邊邀擊，節有俘馘。兵氣頗振，豈容苟延，聽其凶狡？嚴諭諸將當思報國盡忠，軍丁各宜奮勇效力。幸將士踴躍，時日協吉，適當聖駕大閱之昌辰，克奏邊外之撻伐之奇捷。是豈臣菲薄孤力所能制勝，實仗宗社威靈，鬼神效順，我皇上聖武布昭，賞罰明信。輔弼協恭，贊廟謨之恢張；部科訏籌，飭秋防之玩愒。臣奉命誓師，祈神鑒祐。始賴將士振勵，各奮維揚之武；繼荷山川效靈，共瞻回火之風。虜勢大遭挫折，百帳咸空邊外，威聲丕震，千營頓徙。查照先朝典制，似應告謝宗社，仰答靈貺，頒恩輔部以光勞績，載在令甲，臣不敢僭擬。所有撫、鎮獲功諸臣遵照兵部題行有能出邊伐謀、建立奇功升賞事例，通應分別奏請。

　　照得巡撫寧夏右僉都御史沈□□，精敏之才允裕籌邊，嚴明之度尤克振懦。鼓練丁壯，既成彪虎之雄；誓師同心，大破氈裘之膽。標下獲功伍十，功應首論。

　　巡撫延綏右僉都御史李□□，撫邊三載，茂著勛庸；戒防九秋，既竭心力。練武修垣，衝邊之戰守攸資；鼓勇節財，重鎮之將士允孚。部將獲功數十，功應并論。

巡撫陝西右副都御史張□□，雅負壯猷，新承重寄。興疾趨防，既亡身以徇國；布兵顧河，期外威而內寧。籌邊供餉，列鎮咸資；犒士協恭，三軍鼓舞。鎮兵獲級既多，論功即應并叙。

總理屯鹽都御史龐□□，懋著忠猷，欽承重任。巡九邊而驅馳萬里，屯政之經畫多方；歷四司而衷益疏通，邊司之鹽政報績。國計、邊儲永恃裕清，商竈、官軍咸沾惠澤。且所過而閱武飭兵，鼓舞士氣；至邊而決策共濟，膚捷由成。績著邊陲，美應篤嘉；功緣協謀，勞當并叙。

寧夏總兵官都督同知雷龍，忠專報主，志存樹勛。策勇勵兵，夙諳韜鈐；鼓衆決機，獨任危險。軍丁獲級百十，功應廳賚。

陝西總兵官呂經，忠誠清練，累著勛庸；肅紀勵兵，思振積玩。初秋已獻俘馘，今次共成膚捷。通計歲中部下斬獲七十，功應并議叙錄。

臣標下中軍官、原任寧夏副總兵李震，忠實果毅，臨大敵而不沮不怯；清正老成，統三軍而有嚴有略。以選合各營之兵，當精強憤激之虜。轉戰二百餘里，備極艱危；獲虜百七十餘級，功應首論。查得本官先任游擊，降級謫戍。臣嘗歷查後功，題行兵部准贖前罪，蒙以爲事官，咨臣標下立功。三載修邊統戍，淡薄如寒士；年來司幕御軍，嚴正如憲司。各鎮之將吏咸孚，半生之勞苦獨最。似應復其原職指揮僉事，俾資俸以養廉，及時錄用以盡其才者也。

延綏鎮原任參將劉定、游擊陳鋭，各負兼人之勇，夙抱吞胡之志。被革而懲創既深，承委而臨敵血戰，共成出塞膚功，通應叙錄優賚。內陳鋭昔因率兵出邊損折三丁，致被論革，近已勘明，似應准贖。

分守延綏定邊副總兵劉濟、分守寧夏東路參將王國武，出兵信地，同效驅馳，部下獲功，通應并賚。

臣標下游擊石玉，新統標營，克振積玩，選銳勵兵，斬獲二十三級，功應優叙。但查本官原任都指揮同知，先任守備，失事謫戍，後因入衛獲功，准贖副千户。今次斬獲既多，似應准復原職。

總理糧儲户部郎中蕭大亨，清忠之操克任邊勞，果毅之行堪司兵寄。清儲給餉，士馬飽騰；鼓衆協謀，成功咸賴。定邊兵備道副使張守中，實心實行，不沮不撓。衝邊之屯田盡開，招徠有略；二池之鹽法修舉，掣中無壅。雅抱滅虜之志，贊成出塞之功。靖邊管糧道副使劉應時，夙抱經綸之略，克勝險難之司。忍目疾以督邊工，風日無避；盡心力以籌邊計，巨細咸飭。既選壯丁隨營以獲級，復率裨將深哨而奏功。充其激昂之氣，允稱折衝之選。寧夏兵糧道僉事方岳，任將及瓜，苦節自甘；防已九秋，勞績并懋。春時力疾督工，既報膚[七]馘；秋來鬱守邊城，贊成再捷。所據各官同事封疆，共效驅馳，均當優叙以慰邊勞。

陝西布政司右布政使曹金，學優經濟，才富安攘，歷官勵正直之操，司憲懋貞肅之度。遠赴秋防，不恤家難；累贊兵籌，允爲國謀。翊成撻伐之功，適慰忠勤之素。查係疏遠宗親，例當昭豁大授，仍應并叙，用賚同功。

寧夏衛都指揮哱拜，家丁把總千户鄭暘，管隊千百户土谷赤、阿木尚、虎卜亥，陣亡正兵營把總百户李大虎、管隊官薛土谷赤，臣標下管隊卜羅赤，發身降虜，誓志吞胡，仰思報國立功，俯願酬恩宣力。臣昔撫夏畜練有年，每以恩義結其忠勇。各官感激同心，誓死協力。節年累立奇功，保護重鎮；今次出邊威虜，獨擅英發。當其虜騎衝擊，衆勢披靡，向賴鄭暘、哱拜躬率健丁輸死血戰，或直入虜營斬其驍騎，或別營殿後聯其潰奔。東衝西擊，兵恃以爲保障；摧堅却敵，衆仰有如神兵。李大虎斬獲三級，仍追强虜，卒被裂尸之慘。薛土山谷赤獲級趕馬，仗義救長，并遭箭射之傷。諸將痛惜，臣爲殞涕。夫以三千之精銳當千騎之强虜，非諸忠勇，幾至損傷，質之衆將，咸謂莫及，所據各官功應優叙。且鄭暘、哱拜原係同營，哱拜功多，已授都指揮職銜；鄭暘齒長，計功當授指揮同知。二人惟情義相結，無論官階，但同功之人應受一體之賞，所據鄭暘似應准照哱拜例優以都指揮體統，俾其同效忠勇以衛重鎮。其土谷赤、阿木尚、虎卜亥、卜羅赤各查有原報未并功級，似應照以奇功事例各准升二級以示優勸。陣亡李大虎計功當授指揮同知，似應准贈三級，收其幼子優給。薛土谷赤准贈一官，以慰忠魂。

伏乞聖明軫念邊功血戰之萬艱，各將吏勇勞之當錄，敕下兵部，將撫、鎮諸臣及李震、鄭暘、哱拜等特賜優錄，郎中蕭大亨，布政曹金，副使張守中、劉應時，僉事方岳并議優叙，府同知孫黃、通判楊時芳等均給賞賚，獲功、陣亡官旗准行超格升[八]恤贈，賴以勵戰功以鼓衆氣，邊疆幸甚。

再照臣受命督邊，職司調度，累因將士獲功洊拜恩錫陟廛，誓圖報稱，未效涓埃。今次誓師出邊，本期威虜伐謀，非敢要功生事。臣非不知少延旬日可完秋防，惟圖仰報君恩，遑恤微軀利鈍？幸仗天威獲奏膚功，少紓西顧，臣實不敢貪天之功希叨恩典。但戰危兵凶，成敗倏忽，算期萬全，虜多變詐。臣當官兵出塞未還、勝負未決之時，遙見邊外火光數十里，即欲奮身赴敵，生死與共，恐喪師辱國，未敢輕進。刺心飲血，中夜露香叩天，仰祈神祐。幸反風熄火，保全士馬，天地星月實共鑒臨。比各官兵備述苦戰形狀，臣爲腐心垂泣，衆咸感憤涕泠。邊臣憂危，臣所獨罹，誠恐傍觀不察，將以安處爲持重，以出兵爲輕舉，甚或指爲構怨，易爲巢擊，裁抑戰功，再挫衆氣。臣身不足恤，恐三邊將士聞而解體，以臣爲戒，積弱勢成，虜患將莫禦矣。適聞河東虜酋糾犯應州，是果誰構誰怨耶？近十四等日，節據降供，沿邊虜衆因遭劫殺移帳北去，庶便掣兵，蓋虜志搶掠，虜畏殺伐，夷性固然，節有明驗。伏願聖明特賜照察，敕下該部早爲議覆，臣不勝感激披瀝懇乞待命之至。緣係前項事理，爲此具本謹題請旨。

奉聖旨："兵部知道。"欽此。

該兵部議照，搗巢之事在冬春易，在秋高難。今宣威於沙漠之外，功收於指顧之間，數十年所未有者，功委嘉尚，應先優錄。及照總督王□□，憤醜虜之縱橫而選將出師，大振維揚之武；運帷中之著畫而攄謀決策，遂犁黗虜之巢。九秋令不厭乎五申，一歲功能奏乎三捷，所宜特錄，等因。

覆題，節奏聖旨："該鎮搗巢獲功，王□□先賞銀四十兩、紵絲二表裏。所獲功次着巡按御史從實勘明具奏。"欽此。欽遵訖。

爲議留事例銀兩專備寧固入衛兵馬往返內地支用事

據陝西布政司呈，准分巡河西道牒呈，查得固原入衛官軍三千一十員名、馬三千六百匹，節年原議自固原起由慶陽所屬城堡經過，除原有倉場客餉外，至鄜州隆益驛起至河西驛止共計一十二程，原無客餉，并鄜州、綏德二州歇馬各住支一日，共支十四日，官軍日支米、料草，共該銀二千三百三十八兩。一年往還，通該支銀四千六百七十六兩。隆慶元年借過延綏鎮民運銀四百八十兩，二年借過延綏主兵銀一千兩。靖邊管糧道牒呈，查得寧夏入衛官軍二千五員名，正、馱馬三千五百一十五匹，照依新改途程寧塞、保安、園林、安塞正、帶支共五日，一年往還，共計十日，支糧、草料共該銀一千五百四十九兩四錢。定邊兵備道牒呈，查得寧夏入衛官軍經由本道所屬興武營起至舊安邊營止共六處，并花馬池歇馬、點兵四日，一年往還，該支廩米、口糧共九百一十一石二斗，料二千一百一十四石四斗，草七萬四百八十束，俱在客兵鹽銀易買本色糧草內支給不缺，等因，到司。

先該本司准河西道牒呈，查議寧、固二鎮入衛兵馬經由去處應支錢糧，每年大約用銀五千兩。先年奏留事例止三千兩，分發各道召買糧草支給，節因不敷借支主兵、民運等銀一千八百三十兩。即今年例停止，原無正項，無從支補，議將司庫見在事例銀動支三千兩解發各道應用，并將不敷及借過未還之數通議呈詳。總督右都御史王□□、先任巡撫張□、巡按陝西監察御史王□□批允，依蒙查支事例銀三千兩，解送分巡河西道二千兩，靖邊管糧道一千兩，各召買支用，及通行各道逐程查估回報間。

續蒙總督王□□批，據延安府申，同前事，蒙批，據呈固原兵馬經過該府應用如所議，亦不太多，但所估以上年荒歉故耳，若豐年則米可每兩二石，豆三石，草二百束。仰司查補夙欠，定議給發，繳。又蒙張巡撫批，據分巡河西道呈稱，查得本年三月內寧夏入衛官軍到綏德州并義合驛住宿、歇馬共三日，六月內寧夏回鎮官軍至該州驛住宿、歇馬及帶支雙廟兒、臥牛城共五日，并固原官軍入衛回鎮應支糧銀，除發下銀七百兩，共借過客民糧米時值銀一千二百九十八兩七錢九分六厘。查得延安府庫收貯撫按、司道贓罰銀一千五百一十七兩五錢零，合無動支補還借過客民之數，餘銀就發兵馬經行去處召買糧草支用。

呈詳該院及巡撫延綏李都御史，蒙批，查議除定邊兵備道所屬倉場入衛兵馬往還應支二鎮年例、客餉、鹽糧，無容別議外。爲照分巡河西及靖邊二道查稱，寧、固二鎮入衛兵馬經過腹裏各州縣原無例備客餉，每年兵馬四枝，照依時估共該支銀七千七百四十四兩八錢，蓋以歲值荒歉，米價騰貴，故議估前數，若遇豐年易買，且將倍差。大約豐歉衰益，每年得銀五千兩，似可足供入衛兵馬往還之費。但苦無正項，且全陝頻罹灾荒，倉庫搜刷匱竭，以致東那西借，告討紛紜。爲今之計，欲請內帑，恐無可給。查得户部近開新例，招農納銀，解部聽發邊用。所據前項兵馬支用錢糧，合無查照先年事規，早爲會題，將應解户部事例銀兩自隆慶四年爲始，每年留銀五千兩，分發分巡河西道三千八百兩，靖邊管糧道一千二百兩，糴買糧、料、草束，專備寧、固二鎮入衛兵馬往還支用，年終各道各將支用過數目造册，呈報陝西巡撫衙門咨部查考。其河西道上年借過邊兵民運銀一千八百三十兩，綏德州借過商民銀一千二百九十八兩七錢九分，合無將延安府庫貯前各衙門贓罰銀准動補還借過之數，尚少銀一千六百一十一兩二錢三分，亦乞奏留於司庫收貯事例銀內支解該道補還，如此則解運免往返，而客兵行糧有賴矣。通詳到臣。

　　卷查先該前總督侍郎魏□□准户部咨，該巡撫陝西右副都御史殷□題，爲乞討入衛回鎮兵馬錢糧以濟緊急缺乏事，內具議寧、固二鎮入衛兵馬經過延安府屬內地，原無應用錢糧，請行議給緣由。該部覆奉欽依，自嘉靖三十七年正月爲始，將本省應該延綏鎮推廣事例銀內量扣三千兩，解發分巡河西道委官召買，專備入衛兵馬支用，不許別項花銷。如或不敷，查於延安府屬贓罰銀兩凑用緣由。備咨前來，行令該司遵照挨年支解應用外。

　　今據前因，會同巡撫陝西都御史張□□、巡撫延綏都御史李□□、巡按陝西監察御史王□□議照，各鎮入衛兵馬本圖拱護京陵，在延、寧、固三鎮雖士馬疲耗，選發莫敢不急；在沿途邊腹各縣驛，既公私煩費，努餉委當夙備。歷查各鎮衛兵每年往返七枝，延綏三枝徑由綏德過河，該鎮自行供備。寧、固離河千餘里，寧鎮二枝議由沿邊行至寧塞，無警仍由延綏西川經行，有警轉由保安、安塞、清澗內地；固原二枝皆係西安、平慶、固靖各衛官軍，由綏德直趨內地延安、鄜州、慶陽，各回原衛。除沿邊及慶陽各城堡原有客餉外，其餘內地原無倉場錢糧。自嘉靖三十七年該前督撫衙門據司道呈議會請，蒙敕戶部，准留陝西布政司原開延綏事例銀每年三千兩，裒益支用。十年用過銀三萬餘兩，尚多不敷之數，該道隨宜湊借各院司道府贓罰及官民積貯以濟支用。今照該鎮事例已停，連歲時值荒歉，兵馬經過程有常支芻餉，儲備歲無定額，以致逼擾官民，困斃士馬，公私交病。所據該司查有戶部見開事例解部銀，與先年原留事例銀事規相同，即應照例會請。

伏乞敕下戶部，查明先年定議，除隆慶三年已經扣發外，仍自四年始，每年議留開納事例銀三千兩，聽該司每歲秋時分發分巡河西道二千三百兩，靖邊道七百兩，各趁時召買本色糧草，及量留折支，專聽寧、固二鎮兵馬經過前項縣驛支用。如有不敷，准動延安府屬收貯司道、府州縣贓罰湊支。每年終將用過錢糧查明，冊報陝西撫院咨部查考。其原有客餉去處，除寧、固所屬倉場自支外，其寧夏兵馬經過定邊道屬延綏鎮四倉，固原兵馬經過慶陽府屬五倉，俱以各鎮年例之客餉供應。本省入衛之官軍，自當查照山西、宣、大供餉陝西各鎮官軍事體，聽其經行支用。勿得如前延綏各道偏狹之議，輒以不係該鎮該路駐防客兵不容過支，一省自分秦越，鄰境阻近就遠，不恤士馬疲勞，反致客餉多費，有失共濟之體。通候入衛停止之年，前項客餉免復支備。如事例停止，准於花馬二池鹽課銀內每年動支三千兩，如議分屬各道支用。庶官軍經行無匱乏之苦，沿途官民免逼擾之患矣。緣係前項事理，爲此具本謹題請旨。

奉聖旨："戶部知道。"欽此。

該戶部議得，入衛官軍已該兵部議減延綏一枝，每年土兵以次招補，客兵以次減調，較之往歲供費不同，則所議銀兩似難增給。合於該省府州縣贓罰銀動支，各道毋得似前自分秦越。

題奉聖旨：“是。”欽此。備咨轉行陝西撫院，另議請發訖。

爲參究怙惡貪暴主將以安重鎮事

竊惟爲將之道，古稱仁、信、智、勇、嚴缺一不可。必須蓄忠君體國之誠心，方可鼓衆協恭；勵節用愛人之實行，方可得士盡力。若或貪淫驕奢，務爲溫飽之謀，即爲國念輕，何知致身之義？甚至酷暴凶殘，惟張跋扈之勢，即視下草芥，何知恤士之仁？縱有機變强悍之資，適濟舞智賣勇之悖，其要功誣罪，陵人害物，且將無所不至矣。此固近時債帥狡悍之氣習，始或猶可欺世盜名，久則上下仇怨，罪惡貫盈，不至殞軍喪生，必將激變貽患，上孤朝廷選將固圉之任，下失邊鎮恃將立命之托，誠不可不急爲究懲以肅國紀也。

臣不武，仰承恩命，竿督秦邊，勉竭赤誠，訓飭將吏，雖無神謀秘計之將略，誓勵開誠嚴潔之臣節。先督撫條禁秋冬戒防，三令五申，務期諸將各奮清忠，仰報君父，省察往咎，共圖維新。思公帑之缺乏，糧餉務充軍用，戒科扣之私圖；思馬匹之難繼，買補必求膘壯，務芻料之充足。雖不能於士卒同甘苦，亦須體恤軍情，不至咈衆心以從己欲；雖不能百戰以百勝，亦須度勢審敵，求奮積懦以振國威。一時四鎮上自總、副、參、游，下至操、守、司、衛，各官人品不同，多知策勵，兵氣稍振，積玩稍飭。近時遇虜獲功，適驅群力；節蒙聖恩嘉賞，衆愈感奮。乃有背恩怙惡之凶，敢肆貪暴無忌之行，如延綏總兵官董一奎者，尚可一日容流毒於窮邊，貽患於重鎮哉？

歷查一奎先任山西鎮守，拆邊樓以營私室，扣軍資以充麋費，贓私鉅萬，罪狀百端，已該先後撫按諸臣勘究明實，法當究遣。荷蒙聖恩俯采群議，宥其重辟，姑降級以責改圖；推守延綏，冀立功以贖前罪。爲一奎者，正宜感恩誓節，卧薪嘗膽，永絶驕泰之淫志，勉收桑榆之後功可也。乃於初任前罪未結之時，强爲裁損矯飾之行，收凋殘戀土之軍丁，仇强横狡險之故帥，一時人心頗歸，諸務未壞。臣每嚴訓迪，數行戒諭，一奎若勉從，臣即嘉奬，尚期共濟疆場，責效使過。詎意一奎於今歲二月幸獲膚功，重叨恩賚，免其提調問，復其祖職，乃遂志得氣盈，玩恩稔惡。受犯罪未結、僞札詐官徐執中銀二百兩、銀臺盞十副、金箱[九]牙箸四十雙，即收爲中軍，聽其撥置而大開賄局。納千總王輗伊親充軍馬昂銀二百兩、紵絲綾綢三十匹，擅給冠帶而共事交通。依管家羅杰、于明、董雄、郝谷利爲爪牙，索受各堡操守張潮、趙武銀各一百兩，金蘭八十兩，張繼、王以平各五十兩，餘二十四堡各索常例數十兩，衆至千金。勒盜修邊條草官劉堯銀六十兩、陳秉秋銀五十兩、犯奸尹千户男尹愛民銀一百兩。并違例濫受詞訟，批行都司，中軍每月呈解紙贖不下百兩，通計一年科罰將逾萬計。出邊獲功七十餘級，聽徐執中遍訪富室，勒家丁承賣五十餘級。如高照買楊達子，袁名買羊羔兒，劉佑買來定，其餘王讓、紀應孫、劉世伏俱原未隨營，盡買功級。買者索銀二十兩，賣者十兩，徐執中五兩，計五十級，共得銀千兩。敢肆捏報核册，大拂戰士之心。節次軍丁趕獲達馬十不報五，既隱匿大半，收藏各堡，復勒買給賞軍丁群馬，半給價值，大失通丁之望。

該鎮馬價原例十兩，每年入衛三營死馬數多，軍士買馬陪累，公私交困。臣先爲議請，每馬增價二兩，每年聽兵部查在薊倒死馬的數，請給太僕寺馬價，聽回營選買壯馬，餘仍本鎮選補，專備入衛，冀蘇疲軍，得壯馬以重入衛也。一奎不念士馬疲累，聽徐執中主持，反將隱收老小達馬充數分給，游擊楊經、高如桂營各三百餘匹，胡立家營一百餘匹，各堡發馬二百餘匹，正兵驗馬二百，盡扣太僕寺原發官價，每馬十二兩，共馬千餘，扣收官價一萬二千餘兩。重勒官軍貧富不等貼價銀二三兩，共索銀三千餘兩。執中亦驗馬百餘匹，扣銀千二百餘兩。仍以各營落印舊馬欺官充驗，致使入衛之馬途多倒死。又差官劉彥中、劉成、成震分領官銀二千兩，減價買馬百六十匹，扣送一奎銀六百兩、馬五匹，徐執中銀百兩、馬一匹。被該道驗馬不堪，姑退官銀三百兩。其餘旗軍已買好馬者，仍聽執中撥置，反驗不堪，重勒官價，仍給達馬，馬剪鬃尾，軍罹重刑。軍士入衛者邀牽瘦馬，徒步長途，在鎮者典賣妻子，追賠馬價、椿朋，怨恨入骨。遂致秋防各營馬匹半皆不堪，何恃防禦？

該鎮各堡原編延、慶各州縣免糧土軍，各戶丁糧多寡不齊，原議止令守堡、屯田。近被該鎮貪橫將官勒令買馬騎征，一年一二次。又將別軍及收獲老弱不堪馬匹責令各軍下戶換買，致累糧戶逃亡，田地荒蕪。臣方議查原糧見丁，分等定限，禁革操堡搶馬、換馬之奸弊，立各州縣清解招佃之事規，以蘇軍民。一奎仍聽徐執中等不遵新議，敢襲舊惡，通行各堡操守官選土軍有戶丁、身家，每堡多者十餘名，少者五七名，或給達馬，或責令換馬，每馬要銀二十兩。如歸德堡蕭見等換馬，總甲沈訪催提，人馬俱斃於鄜州，操守賀承業可查。官私馬價盡入私囊，各堡土軍，延、慶兩府軍戶騷擾殆遍。

又榆林鎮城素稱缺草，軍丁每月出邊打草數次，專備馬飼。一奎聽各奸撥置，始則月餘不容打草，致軍丁之抱憤私出；繼聞守備之傳報，乃將原報夜役連責五十即死，向非撫臣聞而撫輯，幾至變作；繼容闔鎮軍丁采草，每次乃令旗牌先占豐草，盡役墩軍打捆數百，完即回軍，不恤衆軍之無采。間有誤采所占草苗者，聽各官妄報，遍拿衆軍，即草地捆打百餘，死者七八人。軍士抱恨喧呼，至欲投夷。後將打獲草束二萬堆積新修邊內，逼賣於各軍，每束收價一錢，共得銀二千兩。

又將造完角弓千五百張散與營軍，每張索價一兩，共得銀一千五百餘兩。酷以濟貪，行同豺狼，不恤衆怨。其他占種邊內軍餘承佃之新田，攘奪民利，收租三千餘石；占役營軍充匠作，專供織綉製造，多至五百餘名；家丁司人馬逃亡全無清補，每月冒糧草銀百分；各營千把總官營求會委，每名索銀三五十金，歲至千餘；妻妾多至三十餘人，娼優、達婦之兼收，絕無廉恥；衣服、器飾之奢靡，率用彩綉龍鳳麟蟒，僭擬王公。

臣先已訪聞，因事戒飭，繼聞恣肆，節行撫道禁防。一奎陽若警憚，陰肆貪緣，差人遠赴臣鄉，詐稱撫臣差遣，賫執不知何物，計思點污臣家。被臣家人查知，即欲執送有司，其人旋復逃避。臣聞不勝痛恨，遂即通行各鎮，明示禁約。蓋因一奎慣事貪緣，夙善結納，不思贓私狼藉，尚欲苟免參革，法既難容，例應參究。

參照延綏總兵官董一奎，驕淫成性，貪暴肆行，全無報國之忠心，專事營家之私計。違明例而扣克馬價萬餘，何恤營衛之疲耗；禁采草而打死報事夜役，幾至三軍之激變。受犯罪徐執中、充軍馬昂之重賄，擅給冠帶，聽其撥置而科騙百端；依千總王軌，管家羅杰、于明爲腹心，容其交通，故違明例而構訟四出。一歲得贓二萬餘兩，半係馬價、邊儲；邊外杖殺采草數軍，皆係無辜受戮。三軍怨聲載道，咸願不與俱生；重鎮日就顛危，行恐再至激變。所據本官先後罪狀，負主忘恩，罪不容誅；侮上虐下，法難輕貸。但其素恃錢神，拜認義父；駕言驍勇，每歲逃刑。

伏乞聖明念重鎮三軍被其毒荼，將生他變；查本官志行久已縱肆，原非忠勇。敕下兵部，將董一奎先賜革任，請敕錦衣衛拿送法司監候聽勘，免致獲携厚資逃避他鎮。仍行山西、陝西各巡按御史，查提本犯先今事内有名人犯，從公究問贓私、人命真的，各具招由，參行都察院會議應得罪名，覆議請旨，明正其罪，以爲將官負國背恩、貪酷稔惡之戒。其賣功、冒功人犯，備行陝西巡按衙門將先次原報功册逐行該道查究，原買、原賣正犯照例問遣，以清軍功。其該鎮以後買馬規例、土軍易馬禁例，查照臣先後條議事理，專責撫道嚴爲經理。别選清忠勇略，不拘本鎮，素負才望總兵一員，責以撫恤疲軍，收拾人心，維持重鎮。地方幸甚，臣愚幸甚。

再照各鎮總兵官原係五府帶銜，職居一品、二品，兼奉制敕，專司閫寄，名位、事權本屬隆重。向因任非其人，往往犯罪被參，概行各省巡按衙門提問。彼方聞報之初，不分本城外鎮，各擁親丁虎視出城，衆莫敢問。比及逃避之後，投托别鎮，提不能獲，在巡按致積勘之難銷；轉行司道，彼方眇勢力之莫制。犯者揚言，謂曾任專閫，死不受地方官之陵辱；居者觀望，謂彼罪當結，但可惜衙門之體面。卒至事久計行，旋復起用，視明旨提問爲虛文，以逃避貪緣爲得計，參劾亦付空言，國法漸至陵夷。雖各犯敢肆奸横，亦處置尚未嚴重耳。積玩成習，弊極當革，乞敕下兵部、兵科再加查議，以後將官有犯事重者，敕下錦衣衛拿送法司，聽行巡按御史勘問事狀，議請歸結。上以申朝廷之憲紀，免聽巡按轉行司道拘提；下以重將官之體統，使知職本貴重而各思保守。罪有必罰而難復逃刑，斯處置得宜而御將敕法并行不悖矣。臣目擊昧弊，不勝憤惋，故於一奎今次罪狀特請定議拿解究結，免復仍行巡按衙門提問，俾遂携資逃回後營巧脱也。緣係前項事理，爲此具本謹題請旨。

奉聖旨："兵部知道。"欽此。

該兵部議照，總兵官董一奎貪肆無忌，罪惡多端，據其所犯，委難輕貸。既該總督王□□參論前來，相應依擬題請。合候命下，將董一奎先行革任。本部一面移咨延綏巡撫李□，先委將官一員暫攝總兵事務，即將董一奎就近拘禁；一面移咨轉行陝西巡按御史速將本犯拘提，并行山西巡按御史各將先今事内有名人犯通提到官，從公究問贓私、人命真的，各具招由參奏，明正其罪，以爲將官貪酷不忠者之戒。其賣功、冒功人犯，聽陝西巡按御史將原報功册逐行該道查究，原買、原賣正犯照例問遣。其該鎮買馬、易馬規例，查照軍門先後條議事理，專責各道嚴爲經理。如本犯敢有抗違不服及貪緣逃避等情，聽巡按御史奏請，敕下錦衣衛拿送法司究問，則計無所施而罪不能逃矣，等因。

覆奉聖旨："是。董一奎貪肆無忌，贓私數多，本當拿問，姑著巡按御史即便嚴提究問具奏，不許遲縱。"欽此。

備咨前來，轉行延綏撫院，先將董一奎兵務選委老成將官署管，仍將本犯拘繫公所，聽巡按衙門提問，毋容携贓逃回。其親丁、家口發回原籍，中軍等官徐執中等杻械牢固監候，其奏内有名人犯預行拘獲，通候巡按衙門取問，以正國法。其買馬、易馬規例，查照本院原題改正，不許紛更，致滋奸弊，欽遵訖。

爲酌議改駐户部管糧司官照例專理重鎮軍餉事

准巡撫延綏都御史李□□咨稱，先准兵部咨，該臣題，爲恪遵聖諭條陳邊務以圖安攘事，内開：一、議設衝邊憲道以飭邊務。照得延綏西路各營堡直抵花馬池，接連寧夏後衛，先年大邊未修，皆胡馬出没之場。嘉靖初年，前總督尚書王□建議修築花馬池大邊，議設靈武兵備道，專理邊備及花馬大小二池鹽法。四十年來，固原近地、寧夏中路歲免虜患。後靈武道裁革，二池鹽法數經更議，弊端日甚。又因連年接修大邊，添設副總兵、參將、游擊兵馬三枝，其修邊防秋，招軍增餉，邊務日繁。經理、覺察獨責靖邊一道，巡歷既不能周，間被虜患阻隔，率聽各將官因循專擅，法紀坐廢。其寧夏東路，自黃河以至花馬池，設有參將協同兵馬，并小鹽池支挈鹽引，雖有二路通判分理，寧夏道遠在鎮城，無暇過河督察，間致各官黷利廢法。先年原議總督、部臣每歲防秋駐札花馬池，調集各鎮主、客官兵擺守大邊，錢糧支用浩繁，請差戶部郎中一員專管客餉。近年以來，歲計已定，總理既聽軍門，催辦分屬靖邊、寧夏二道，郎中止有招買鹽引，二鎮各七萬餘，專備客兵本色之支。中間部僚遷轉不常，意見各異，致各倉場主、客影射，奸詭虛出。各道既難究詰，部僚間被污累。其二池之鹽法、榆林"賴"字號屯田及新補延綏二衛新邊夾道招軍屯田，必須議設憲司，整飭屯鹽、邊備，禁革官民弊蠹，協同郎中及靖邊、寧夏各道招中。果事有成績，則戶部之差即可省減，軍門每年防秋可免調布、按二司內道，坐誤職務。合無專設定邊兵備鹽法道陝西按察司副使一員，請敕，鑄給關防，駐札定邊營，東自延綏西路、寧夏邊腹各營堡、倉場、邊務俱聽經理。專管大小二池鹽法，一應招中、支挈聽該道督察，以備客兵支用。屯鹽、邊務、主客錢糧呈議督行。待該道事有成緒，候郎中具議題請，聽戶部或將本官查照前任延綏巡撫都御史王□議題事理移駐延綏鎮城，專理延綏軍餉；或照該部近議兼理三鎮主、客邊餉，移駐固原適中地方，巡行各鎮，稽察倉場出納，計度盈縮。

　　已經條陳題請，蒙敕兵部覆議，依擬添設定邊兵備鹽法道陝西按察司副使一員。一面移咨吏部，就於附近相應官內推升，一面移咨禮部，鑄給關防。本部定擬責任，請敕令其行事。俟該道事有成緒，戶部郎中具議題請，聽戶部或將本官移住延綏鎮城，專理延綏軍餉，如薊遼、宣大之例，統候定議。本官敕諭、關防，該部徑自題請改給施行，等因。覆奉欽依，備咨欽遵訖。

　　續准吏部咨，同前事，推升新設定邊兵備道副使張守中前來，駐札定邊營，遵奉敕諭，查照原擬責任，整理屯鹽、邊備已經年餘，邊備、鹽法各有成效。爲照延綏邊長虜衝，兵馬錢糧浩繁，比之寧、固二鎮不同，歲計京運、民屯、鹽引、主客本折糧銀六十餘萬，俱各路通判出納。雖有各道督理，均有整飭邊備、問理刑名之責，事務繁劇，顧理不周。及查花馬池郎中分理者止各鎮客兵鹽引，皆轉責各道召買；原管大小二池鹽法，亦已改屬定邊兵備副使專管報績。其户部郎中似應遵照前議題請移住延綏鎮城，專理本鎮軍餉，如薊遼、宣大之例，定議責任，改給敕諭、關防，令其欽遵行事，庶綜理既專，邊儲有賴，等因，咨報到臣，查議間。

　　又准總理九邊屯鹽都御史龐□□題案，條議延、寧屯鹽急務，内一款“更置管糧衙門”：查得榆林孤懸塞外，輸挽甚難，“米珠草桂”之謠其來久矣。每年主、客本折錢糧凡七十餘萬，原係榆林兵糧道職專出納，本有攸司。若果計畫得行，何患應酬不及？但恐勢出艱危，則一時之所調停動多掣肘；事分彼此，則諸路之所給發每致愆期。怨嫌易生，往有明鑒。若撫臣重復奏討，每留難於計部；那移給散，恐取議於浮言。別嫌明微，若將浼己；苦心極力，日懷隱憂。謂增户部司官一員，如宣、大之例，則地方缺乏得以徑達於部堂而隨事借籌，兵食之仰給裕如矣。但事經創始，遽難取必。臣至花馬池會管糧郎中，因詢其職掌事宜，乃知每年所司者惟延、寧東西路派納客兵鹽糧共一十四萬引，酌時佑[一〇]查收驗、支放皆委各路通判隨地分理。若延、寧、固三鎮年例、民運及屯糧止催督冊籍，於年終具數造報而已。惟監督二池鹽法，因時綜核，規畫具存，以通敏之才如郎中蕭大亨者坐籌其間，本不勞餘力，實枉其任也。況數年前原無新設邊兵備道，則管糧衙門誠不可少。今查該道職掌，東屬榆林，西屬寧夏，其一應防秋錢糧指顧受成，悉能分理。若派中客兵鹽引，自有延、寧各道可以兼攝，照常規遵行。臣會總督軍門彼此酌議，不謀同符，且經先年具題增議定邊道亦曾建言及此。今移管糧衙門改駐榆林，專理兵餉，提督屯種，另行題請，換給敕諭，凡一切事宜悉照宣、大事例一體施行。況該鎮原有空閑衙門，不待創建，而花馬池每年供應原係榆林朋辦，今移此給其費，所增幾何？臣於撫臣業憶籌之熟矣，等因。已經具議題請，備揭到臣，行據原任花馬池郎中蕭大亨備查本官建置沿革以便酌議。

　　隨據揭報，先於嘉靖十七年，該兵科給事中張守約、禮部主事許論題稱，花馬池地方實延、寧二鎮之咽喉，西、慶、固、靖之要路，醜虜内侵，月無虛日；屢舉入犯，歲無寧秋。各鎮動調兵馬浩大，錢糧費用不可勝計，出納之間關係甚重，誠在乎所司者得其人耳。今之二鎮管糧則有按察司僉事及通判等官，然僉事有地方之責，既非所專，且總督、撫按衙門不時公委，邊地險遠，動經旬月，勢自難於兩盡，且以全不經手付之通判，官卑則又不皆才且賢也。錢糧日弊，軍需日虧，每每告給内帑，致塵宸衷，職此之故。查得宣、大、薊州、甘肅等處俱有管糧郎中，甚爲便益。伏乞敕下該部查議，將榆林、寧夏二鎮照奏遣部屬官各一員前去駐札，以理其事。題奉欽依，轉行總督并陝西、延綏、寧夏各撫按，節經會議，延、寧二鎮總設管糧郎中一員，捧領敕諭、關防，駐札花馬池適中，專一整理各鎮客兵糧草及催督各鎮民屯夏秋稅糧，每半年造册呈報户部查考，節年部差郎官遵敕整理間。

　　至嘉靖三十一年，該先任郎中張子順蒙本部札付，爲比例乞賜預開鹽引等事，議得各邊鹽引，凡開中并勘合稽考文簿，有郎中去處郎中收掌，節經題奉欽依，相應照舊遵行，札仰本官將開去延、寧二鎮額准、浙鹽各七萬引，會同各巡撫督同守巡各道定議時估，召商報中，上納本色糧草，專備二鎮客兵支用。不許折收折色，以客作主，那移浪費。原發勘合號簿查照填報。

三十二年，又蒙本部札付本官，爲稽考邊儲事，該部議得，各鎮客兵糧草弘治十一年三月内題准事例，凡兵馬出百里之外按伏截殺，總兵官先將總數用印公文送管糧官處比對營伍册數相同，方許行倉支給廩糧、料草，於原發勘合内逐一明白填注。其不出百里并往來迎送、防護、巡視等項雜差出外官軍，不許擅自關支。如違，聽管糧官提問侵盜之罪。

三十五年，又該先任郎中洪遇蒙本部札付，爲清查鹽法以濟邊儲事，本部題奉欽依，改添敕諭監理靈州大小二池鹽法事務，凡挂號、截角、支掣、巡捕等項事宜會同該道處治。其引價、卧引、私鹽、餘鹽等項銀兩發慶陽庫收貯。如二鎮客餉緊急缺乏，聽巡撫衙門咨部動用，具數呈報本部查考。

四十五年，又該先任郎中黃鶴蒙本部札付，爲責成邊臣清理軍餉等事，本部題奉欽依，監理延、寧、固三鎮主兵軍馬錢糧收放之奸弊、見在之盈縮，每半年一查册報，緣由備揭到臣。

卷查先該臣督臨之始條陳邊務，已將議設衝邊憲道專理屯鹽，及俟有成緒另議，花馬池管糧郎中改移延鎮督餉，已經兵部允議覆題，節奏欽依欽遵案候間。今准前因，會同巡撫延綏等處地方、贊理軍務、都察院右僉都御史李□□議照，花馬池户部郎中之請差起自嘉靖十七年，各官建議以大邊初修，每秋調集各鎮防秋官兵數萬，歲用客餉鉅萬，開派鹽引數萬，原無專官經理，各鎮各路通判等官職卑權輕，人品不齊，致多耗蠹，故議專設部郎以司邊計。以後增議就近兼理二池鹽法，專司客餉鹽引，三十年來客餉、鹽法攸賴。後因鹽法分屬河西道，彼此遥制，既無專理之責；客餉折支分屬靖邊、寧夏各道，動多牽制之嫌。以致鹽販肆行，鹽法阻壞，商攢主客影射，倉場侵冒弊叢。前任郎中蔡國熙奮思整頓鹽法，條議數事，多礙通行；克意清理倉場，減估召納，積蠹尚多未結。近該升任郎中蕭大亨會同各道，不分主、客，無拘先年、近歲，隨案究理，逐倉清盤，節年客餉奸盜既革，以前多開通勘清補已完。其二池鹽法，該臣請設定邊兵備副使張守中履任經年，遵照臣撫夏原會軍門、各院題議事理，凡修防、挈支之規，巡禁、撈曬之法，逐一經理。二池牆壕高深，已成巨防；私販巡緝盡絕，商脚鹽利疏通。任計一年，二池挈放鹽引幾至三萬，視先年將多一倍。行之既久，可復二池四萬五千之原額。

　　其二鎮客餉，除帑銀歲解各鎮撫臣，臨秋查照調到客兵應用折支及先期召買本色，俱由各道轉呈延、寧撫臣照數動支，郎中衙門原不經管，止是戶部原發二鎮客兵鹽引各七萬引，聽會各道派催，比之先年建設之初事簡職分，委屬徒勞。雖近年戶部題准，本官通將延、寧、固主客錢糧經理清查，邊地隔遠，收支紛錯，巡歷既屬難周，收支各屬撫道，每年各經巡按查盤，本官雖取造歲册，文移枉費，遙制無益。先該臣建議及會同總理屯鹽撫臣龐□□定議，延綏鎮京、民歲餉至六十餘萬，雖分屬榆林、靖邊、定邊三道經管，然解納鎮城廣有庫，遇有各路支發，必須榆林道轉呈撫臣定撥，以致各道每以盈縮遲速爲歎，而榆林道仍以出納稽考爲累。比及缺乏，撫臣之請討，戶部未即允依；而邊餉之盈縮，戶部已難逆料。必須照宣、大各邊事例，將花馬池郎中移設該鎮，專司邊餉出納，一如宣、大職掌請敕行事。其原管二鎮客兵鹽引仍給本官，每年秋九月通行延、寧二鎮各道查明各倉場見在、支剩本色之盈縮，較數歲之支爲下年鹽糧坐派之多寡，聽各道招商報納，完取實收。延綏鎮者仍赴本部填給勘合，寧夏鎮者合將分定勘合分發撫臣，聽照該鎮主兵鹽勘一體就近填給。

其花馬池大小二池鹽引價銀改貯定邊道官庫，專備二鎮或有非常虜患，調兵數多，相持日久，原額年例、客餉不足，聽軍門咨部動支，勿容各鎮私相借用，庶備緩急匱乏，免請討遲誤之患。本官仍稽考盈縮以俟呈支。

其西、漳二縣鹽銀，近該臣查得陝西鎮客餉缺乏，近年蘭靖一帶西虜盤據，秋冬戒防，無可支用。已經咨行戶部，以後應改貯蘭州郎中衙門官庫，專聽陝西鎮沿河一帶客餉不敷接濟支用，經造蘭州邊儲簿內稽查，本官免行經管。

其寧、固二鎮主兵錢糧，各京運不過四五萬兩，本官既駐延鎮，相離隔遠，糧務浩繁，勢難遙制，枉費文移。應照先年舊規免令經查，專聽撫臣督同各道經管，每年照近例聽巡按衙門清查。如戶部必以錢糧當聽部官稽考，則固原鎮者，蘭州管糧郎中既經分管蘭、河、西、古四倉，應將閣鎮各倉場錢糧聽一體就近查理；寧夏者仍聽本官兼理。

其本官衙門公署既有見在空閑官廳，即可修葺住止。一應供需聽照花馬池事規，除掣回該鎮歲例半年之支外，量於該鎮商稅內補足一年支用。原議寧夏分給半年之支聽掣回，以補定邊道支用。供事人役，撫鎮衙門隨宜撥送。其榆林、靖邊二道先年奉敕分管糧務，今既專差部官，各道止宜遵照節年定議，各兼理附近州縣分巡及催督各州縣、衛所民屯糧草，整飭各路邊備，凡兵馬、城堡選練修理俱屬專責[一]，本路倉場一切收支奸弊俱聽覺察。郎中專司鎮城分發之盈縮，各道分糾倉場營伍之奸欺。如遇開派鹽引，召買銀易，仍會查時估，定議通呈撫臣，會同郎中分撥坐派，無容彼此推諉，致滋奸弊。則部臣總理有綱，各道免出納之嫌；憲臣分理精嚴，倉場杜侵冒之弊。每遇主、客軍餉缺乏，郎中呈達，戶部既可據憑，撫臣亦免請討之難，重鎮邊儲永有攸賴矣。

通乞敕下户部，查照宣、大各鎮事例，其各道敕諭應否改撰，一并議請施行，庶部官不致徒勞，而鹽法、邊餉法有定守焉。緣係前項事理，爲此具本謹題請旨。

奉聖旨："户部知道。"欽此。

該户部爲照，延綏兵馬錢糧支費繁劇，較之寧、固二鎮不同，且二池鹽法與折、支客餉既屬各道，而郎中委屬事簡，既經督撫酌議題來，相應依擬。恭候命下，移咨總督、撫按查照所議，將花馬池郎中改移延綏鎮城駐札，總理該鎮各項錢糧一應供需。本部移文翰林院請換敕書，及咨禮部改鑄總理延綏糧儲關防，費付郎中趙大倫欽遵行事。督同都、布、按三司管糧、管屯官，將各府州縣坐派延綏一應軍需錢糧及時催解發到，京運主、客年例銀兩并開派鹽引照數收受，呈撫院會該道召買糧草分貯城堡，專備主、客兵馬支用。其寧、固二鎮主兵錢糧并寧夏鎮客兵鹽引、糧草，仍聽本官兼理。其大小二池并西、漳引價銀兩改貯定邊道官庫，如二鎮客餉不足，准動支作年例。仍改撰敕書，付榆林、靖邊二道，照依所議兼理附近州縣、衛所，催督民屯糧草，整飭邊備，選練兵馬，修理城堡，覺察奸弊，等因。

覆奉聖旨："是。"欽此。備咨前來，轉行郎中趙大倫查照欽遵訖。

遵議條陳用人理財要務自陳督邊無策乞賜罷斥選賢代任事

隆慶三年七、八等月日不等，節准吏、户、兵各部咨，該户科給事中溫□題，爲懇乞聖明修實政以圖治安事，內開"人才缺而無計能振，財用匱而無計能理，武備弛而無計能整"，及稱九邊任事之臣惟薊、遼頗號得人，山、陝各鎮所恃無策，等因。

該吏部覆議，以後督撫、卿佐到任，一年以後各薦一人自代，有不當者於所舉之人一體議罰。户部覆議，通行在外撫按等官，將財用歲入不敷歲出之數各陳所見，如何爲開財之源，如何爲節財之流，何者爲經久之計，何者爲權宜之術，民運何由得完，京運何由得省，山澤遺利何以興之，公私冗費何以革之，及屯鹽都御史應否且留俟效，督撫、兵備官應否兼屯田，一并從長計處，務使年例可以漸減，武職不至終濫，屯田不至久廢，如該科所陳。一切事宜推類詳列，明白簡當，在外限兩月以裏，或徑具奏，或開揭送部，以憑類總酌議題覆。兵部覆議，以後各邊督府〔一二〕等官，如果用當其才，行令久任，不妨數考。本部備查功次大小，奏請加恩。如或罪非重大，止擬量降俸級，不得輕易改遷，致滋勞擾，等因。節奉欽依，通行到臣，遵照議報間。

又准兵部咨，該總理九邊屯鹽右僉都御史龐□□題，爲儲養邊才以圖安攘實效事；又該巡按直隸監察御史陳□□題，爲條陳邊方要務以責實效事。該部覆議，合候命下，本部查照都給事中鄭□□所奏廣儲邊才之議，催行各總督、撫按各將所知堪任邊方督撫、兵備、守令及异途中可作佐貳者，分別南北，不拘內外大小，不論親故、仇嫌，略其細疵浮議，人各一疏，坐名奏薦。以後歲一舉行。覆奉欽依，備咨到臣。

臣方督兵駐邊，通行各鎮撫臣、司道查議，累催未報。竊照給事中溫□指責山、陝各鎮爲無策，臣之菲劣濫督秦邊，從事本官鄉土，其經略無策，本官見聞已真，即當避位讓賢，俾圖邊防上策，以昭知止之義。顧時屆秋防，恐甘避難之嫌，靦顏策駑，勉事秋防。幸仗天威，既獲竣事，方思攄衷陳請間。

續該户科給事中劉□□等題，爲財用至急、講求貴廣等事，內開：用人、理財均爲國家大政。用人一事，內外各官各有疏薦。理財一事未有定議，等因。該户部覆議，合無本部催行在外衙門，各據所見作速條列，次第具奏。覆奉欽依，通行各省撫按官欽遵查議。隨准陝西巡撫張□□備咨到臣，除催行各鎮撫臣廣集衆思，摭所見聞，查照該部催行各官建議事理各另具奏外。臣反覆思惟，采度輿論，謹陳固陋，仰副各部虛懷延訪、共濟時艱之意，伏乞聖明采擇焉。

竊惟人才、財用，朝廷需以輔治制用之具；用人、理財，國家恃爲勵世導利之經。古昔聖王當天下治安之時，未嘗不以用人爲急，理財爲要，況當四方多事、世乏真才、公私匱歎之時，而顧可不求所以掄才豫養之道、生財舒用之方乎？伏自皇上踐祚三載，凡群臣之言用人、理財者奚啻百數？其揚明拔幽、括地竭澤奚啻萬言？真無遺論矣。而竟未能責效尺寸、裕財錙銖者何也？語用人者空言而未究其行，論財者舉小而或遺其大也。稽古唐虞用人之制，敷奏以言，明試以功，而後車服以庸之。至孔子之論觀人，曰：“始吾於人，聽其言而信其行；今吾於人也，聽其言而觀其行。”《易》曰：“言行，君子之樞機，不可不慎也。”此固古今觀人、用人於士人之所以自獻其言以成其信不易之道也，何今之世不然也？善議者不任其事，而責人者不責之己。即其平時談兵論人，料敵決勝，率以爲制虜目中，運寇掌上。故其責罪邊臣，皆指爲不忠不知、無識無能焉，甚至以前月之陳章即執爲後月之遲慢，不暇計其文移之至否，自信其言，以爲必可措之行而責效旦夕也。必其素負忠義之氣，豫韜鈐之略，抱吞胡之志，而真見邊臣之莫己若也，故其言剴切激憤，恨不能即致之用。以此輩而當事焉，必能踐其言以允蹈其行，發舒素蘊以樹立勛名，可計日待也。即當超其資叙，直以邊方督撫重任付之。又其次者，亦宜需補邊地兵糧司道，以明試其功而服庸之焉，則能言者皆獲見之行，而責人者亦將思以自反之躬矣。

不此之務，而復責言者舉人以代行焉，亦何貴於能言耶？況邊務惟艱，非經涉無以知山川之險易，非服習無以耐風霜之艱苦，非督戰無以知兵力之勇怯，非見敵無以知虜勢之強弱，故有不可戰而責以必戰，可攻而顧謂以不必攻云者，當事邊臣真莫知所適從矣。議論日多而成功日鮮，執此故耳。矧虜勢聚散靡常，而兵家勝敗倏忽，賢智如諸葛亮，尚以成敗利鈍為未敢逆睹。臣歷任南北兵備，叨受督撫重寄，征倭禦虜，百艱俱歷，誠不敢以己所不能自保於勢所不可預度者責人自代，重誤時賢也。

伏願陛下敕下吏、兵二部，不必遠求多薦，即於近時條議邊事諸臣，除迂誕不經、肆言無稽者姑置外，其議論有章，責人有據，察其年資深者某某堪任邊方督撫之選，初進有志某某堪備邊方兵備之擢，逐一疏名上請，需次遇缺推補，令其未用而考究邊事以豫致用之資，已用而實踐其言以究平生之蘊。更將近日諸臣所薦各官，不分見任、廢閑，查其曾歷邊任、習知邊事、誠與才合、老成精健者，雖嘗恥於輕談，要可責之實行，勿拘眾好之同聲，勿遺特立之勁節，一體選用。如臣歷任既久、績用罔效，年力既衰、籌邊無策者，既該科臣鄙厭，速腸〔一三〕罷斥，無容久誤邊計，將見議論漸省，實效日臻，而邊才不患乏人矣。

其理財之道，費出有大小，省其大則小者可并省，大者費則小者雖省無濟也。歷查邇年戶部之議邊費，率謂嘉靖初年止五十九萬，至二十八年加至二百二十一萬，至三十八年加至二百四十餘萬，四十三年又加至二百五十一萬矣，以致歲入不給歲出，是誠然矣。其內府、京倉各項之正支視嘉靖初年之增損，該部所悉也，中間豈無大費可省而小費可節者乎？此非邊臣之敢預聞也。至于各邊之增費，大都十分，在薊鎮十七，在宣、大、遼東、山西十二，而陝西四鎮惟延綏因增入衛兵馬之支稍增十一，其甘、寧、固歲額京運視嘉靖初年原數非惟未增，抑尚多減革、拖欠未解也。歷查陝西四鎮見定額餉，甘肅鎮歲額京運五萬一千四百九十餘兩，嘉靖三十六年以前則歲發銀一十萬五千二百兩，今減其半；寧夏鎮歲額主、客四萬五千兩，嘉靖十八年以前則歲發銀七萬兩，二十八年以後歲有減發，至三十八年始定今數，歲減銀三萬兩；固原鎮歲額主、客五萬兩，嘉靖三十年以後則歲發銀七千三千四百餘兩，至四十五年減去二萬兩，近年益以召募游兵一營糧、料、草銀四萬，共九萬兩，視舊額增兵馬三千，止加銀二萬兩；延綏鎮嘉靖四十四年以前因挑選入衞游兵四枝，歲發主、客兵銀三十一萬九千八百六十餘兩，四十五年減主兵銀一萬二千六百餘兩，共歲額主、客二十九萬七千二百餘兩。通計四鎮歲額止當薊鎮之半。

陝西三邊東自延綏黃甫川，西抵甘肅嘉峪關，西南抵洮岷，遠接四川松茂，延長數千里。各鎮兵馬總計兵四十餘萬、馬十餘萬匹，以分守紆遠之邊，無所不寡。南番北虜，四時戒備，而防秋防冬之調遣，守關守墩之行糧，一歲之費芻糧數百萬計，除京運外，皆取足民屯、鹽糧，視它鎮之半請帑銀者不類。通查陝西八府二都司各衞、民屯邊餉，一年該民運本色糧一十四萬八千一百二十餘石，折色糧銀八十二萬九千七百八十餘兩，本色草八萬六千五百七十餘束，折色草銀四萬二千一百餘兩，各衞所屯糧八十八萬二千七百五十餘石，屯草二百四十三萬四千七百八十餘束，中間其存留四王府祿糧、官吏師生俸折，各項倉糧、驛草視邊餉尚增倍差不與焉。是陝西民屯稅糧，視各省爲獨重。軍民終歲勤苦，除每歲全完外，其拋荒、災傷、疲累縣衞雖歲有拖欠，則老家步軍經年無支，或僅支數月，未或別有請補，或將京運妄有撥給也。

各鎮事規不同，芻糧貴賤互异，本色半年，每月軍或六、七、八斗，而全石支者無幾也；折色半年，或四、五、六錢，而計所糴，貴者僅得五、六、七斗，賤者亦不滿石。是軍士之支視他鎮月支全糧，仍有行、月二糧兼支者，多寡迥异也。馬支在邊各鎮僅半年，以夏秋就牧而冬春始支草料。其陝西鎮有終歲無支，責之屯丁供養，遇調遣始支客餉者。雖固原中、正二營聽征軍馬，冬春止支料價每月三錢，而草亦終歲無支。延綏草料俱無本色，議支折色銀有差，近雖量議稍加，率不足易買每馬日草一束、料三升之數，視他鎮歲馬全支者所省尤多也。

其各鎮客兵之支，遠調數百里外，日支行糧一升五合。本鎮近調百里外者，日支糧一升，馬匹草料既支客餉，即省正支。擺邊之月本折兼支，步軍半月之米僅折銀一錢二三分，不足買米一斗，稍過者攜有些須盤費，尚可補湊充食，而貧者食不充腹，凍餒不禁，視薊鎮客兵日支銀五七分及糧數升者，苦樂何如也？是九邊之中陝西四鎮之費帑銀之數少，而他鎮之費爲更多。陝西之軍士歲經戰陣，日與虜臨，芻糧支少，寒苦爲獨罹，視他鎮或經歲無虜，或芻糧充裕者，尚爲安便也。今當與其費之多者查議節省，不宜復於少者而仍計減削以重苦之也。

又邊腹之費，惟軍職冗濫爲尤甚，軍不加多，而官增數倍，俸增鉅萬，一官之俸，數軍之糧也。故各邊軍有逃亡而糧無附餘者，冗官食之也。臣愚於受命督臨之初，亦嘗條議"一、節冗俸以勵軍職"：

照得官以任事爲職，祿以稱事爲差，古今之通義也。我聖祖以武功定天下，篤念軍職，授以世襲之官，給以隨品之俸，著在令甲，視歷代爲優厚。成祖拔奉天征討之功，列聖重首功升授之典，二百年來軍職之增視國初將倍差，每歲常俸之支視軍糧且將數倍，而責以戰守之任，蓋十無一二焉。世祿之子孫但知旴厚俸以自贍，而不知職業爲何事；夤緣之徒或嘗買軍功以授官，何嘗歷戰陣之艱？據籍計官則每衛指揮、千百戶各百十人，選任操練則弓矢不通，老幼殘疾者且半矣。歷查指揮月俸每兼五七軍之糧，而千百戶亦兼二三軍之支。即今邊餉匱乏，軍士貧苦，官日增授而軍歲逃亡，若不大議裒益，何以勵衆節用？且邊鎮領軍、管軍之官，或因死馬欠糧尚多照例停降，而腹裏守城無用者乃得坐享全俸，尤非計廩稱事、優賢黜否之宜。

合無敕下兵部，會官定議，通將天下軍職查明國制，原官固不可削奪，而厚俸或可量議改折；功升固所當授，而舊官歷世無功及正枝故絕，弟侄冒襲者，或當替降；見任管軍管事及雖未見任而才力精明需用者，固當支本色之俸，而老幼昏懦不堪任使，或當月給食米一石，裁革本色而量給折色；及餘凡奉欽依革回原衞并曾經犯事問發者，據法俱當停俸，或量改折色，以示懲戒。務不失祖宗優賚之恩，預今日鼓舞之法，著爲定例，議請通行，庶軍職咸思奮勵，各務習藝立功以得俸而免偷惰忝竊之習，朝廷省冗俸養閑之費而軍儲、邊餉亦可稍節矣。

議者或謂軍職不當違例裁抑也，殊不知察軍職視宗室輕重懸絕，今宗室尚以歲供不給，先皇采各宗藩之議概從減折，爲久安長治之圖，而軍職冗俸顧不可裁省以濟軍國之急耶？今天下民窮財匱，聖明百計節省，而此輩叨享世禄，不堪策用，亦理勢所當裁抑以勵世磨鈍者也。不此之務，而徒瑣瑣於一二文職小官之裁革，克意於邊軍月支之扣減，非經國之遠猷也。

已經具題，該户部覆議得，臣所陳議亦是務節用以寓激勸之意，但軍職世襲、月支俸米皆祖宗舊制，其比試、考選軍政激勸之法未嘗不備。若遽如所議更變、減折，恐武職官員貧寒者多而益不能自立也。且俸米雖出本部，而職掌專於兵部，可否宜在該部議覆。若以事體重大，擅難輕動，臣則以爲宜從舊制。通候兵部再議施行，等因，備行在卷。

今該給事中温□、劉□□及建議諸臣亦皆以軍職之冗食當革爲言，而户、兵二部未即允行者，誠以在京武職之衆，議論之多，憚于定制而不敢輕議也。臣嘗以宗藩禄米今值不繼尚可於祖訓之定制量議減折，而軍職獨不可於不堪策用輩議減折爲言矣。誠如該部之議，是視軍職反優於宗藩矣。若果京衛、侍衛軍職原無加增，可免另議。其在外各省各邊新官既衆，舊官不堪策用者量議減折，則每歲減支糧若干，即可省邊儲、京運之數，不猶愈於裁減一二雜職文官以無損益於邊儲爲得計耶？

伏乞敕下戶部，悉心檢查各鎮邊儲之報，某鎮視嘉靖初年爲增多，而兵馬是否已增强衆；某鎮視以前年分爲仍舊、爲既減，而兵馬僅未消耗；某鎮兵馬之支爲獨重，可量議裁減；某鎮客兵之支爲獨費，可量議節省。勿以地之遠近而异其支，勿以議論利害而忘其實，將見費之大者漸省而少者可無煩剝削之苦，官之冗食既節而歲省將不下數萬，帑藏庶可繼供而各鎮咸遂袞益矣。緣係前項事理，爲此具本謹題請旨。

校勘記

〔一〕"頂"，據文意疑當作"預"。

〔二〕"三"，據文意疑當作"二"。

〔三〕"郭准"，據文意疑當作"郭淮"。

〔四〕"銀定"，據文意疑當作"銀錠"。

〔五〕"收"，據文意疑當作"放"。

〔六〕"□□"，據殘存筆畫及文意疑當作"原差"。

〔七〕"膚"，據文意疑當作"俘"。

〔八〕"升"後，據文意疑當有一"廒"字。

〔九〕"箱"，據文意疑當作"鑲"。

〔一〇〕"佑"，據文意疑當作"估"。

〔一一〕"貴"，據文意疑當作"責"。

〔一二〕"府"，據文意疑當作"撫"。

〔一三〕"腸"，據文意疑當作"賜"。

延寧甘固·籌邊類

爲督修陝鎮邊險城垣工完請行閱賞事

據固原臨鞏洮岷兵邊、分守隴右各道及平涼府副使、參議等官張昇等各呈繳核實過修完上年原剩城工及新築邊險等項丈尺、數目文冊到臣，卷查隆慶二年，該臣遵照廷議通行陝西、延寧、甘肅各鎮巡官，嚴督守巡、兵備、苑太等官及分路坐委閑住將官，將各該城堡、墩臺、門橋等項查閱，低矮坍塌不堪者乘時派夫修築，各月日不等，俱陸續修理通完，冊報前來。

查得惟固原、平涼城垣廣圍十數里，工力浩大，時值夏旱，軍民夫役缺食，難以通完。固原鎮城應修工程已完緊要十分之七，未完稍緩三分，平涼城垣俱已修完，惟關城尚有未完十分之二，俱候今春接修。并將各督工效勞文武官員分等疏名造冊具奏。該兵部覆議，陝西四鎮邊腹城堡、壕榨節因地震、雨水傾壞強半，今修一新，保障攸賴。所據總督、鎮、巡等官運籌經始，實多調度之功；守巡、兵備等官戮力督工，各盡綢繆之職。邊險奄然告成，秋防恃已無恐，俱應優賞。除總督、鎮、巡近已欽賞外，其餘咨行總督王□□動賞功銀分別獎賞，仍將一等文武官紀錄推用，等因。覆奉欽依，備咨前來。欽遵，已經移咨各鎮巡撫將各道擬獎折幣銀各一十二兩，文武官一等者十兩，二等者八兩，賞犒訖。

今歲春初，臣思固、平二城未完工程應該照議接修，并上年已曾查閱、估計而因料物、錢糧未備者，蘭州窄道兒、河州弘化寺一帶邊牆，與河州、洮州、臨洮府各城垣、關廂、門樓等項應築工程，俱經督行分守、兵邊各道及參將等官各照原議，乘其今春融和，酌量工程大小，以爲派撥軍民夫役多寡，擇日興築。應用錢糧、料物估計明白，具呈撫臣動支應用。務期堅固垂久，勒限完報，以備秋防。工完，將修過工程丈尺、用過錢糧數目，聽各道核閱明實冊報，以憑具奏賞賚去後。

今據前因，議照陝西地方延寧、甘肅各邊逼近虜巢，沿邊城堡、邊壕先應急修。其固原洮岷、蘭河一帶雖去邊稍遠，而虜一入犯俱可蹴至，狡虜志在内攻，城堡尤當慎防。但一歲之工力有限，邊腹之緩急應分，且工力有大小，本處軍民夫役有衆寡，故有上年先完急要，今歲始獲通完，前歲未及核報，今應并議閱叙，庶效勞各官不致激勸互異而工程、錢糧先後均有稽察矣。除腹裏各州縣城堡及各邊垣雨水衝塌隨時補修工程，應聽各鎮撫臣遵照舊議年終類報外，所有經臣遵議督修完近邊各城堡、邊塹仍應通類造冊完報，聽行核賞以勵臣工。除備造奏冊繳報，青冊送部查考外，今將督工兵備、參議等官分別等第疏名奏請。伏乞敕下兵部轉行巡按衙門，將各修過工程、用過錢糧核勘明實，并督工效勞官員分別具奏上請賞賚以示激勸。緣係前項事理，爲此具本進繳奏聞，伏候敕旨。

爲遵明旨議處包磚城以重省會復洪堰以興水利事

准巡撫陝西右副都御史張□□會稿，據陝西布政司呈，蒙職批，據守巡關内道左參政陳一松、副使張一霽會呈，行據西安府知府邵畯、同知宋之韓呈稱，親詣本省城垣，督同管工人員覆勘丈量，除敵臺、瓮城原係磚包并東面包修已完，續該布政司與邵知府議發庫貯附餘并設處銀六百三十二兩，接修南面八十丈不開外，未包城工，南面一千一百八十六丈三尺，北面一千九十三丈七尺，西面八百二十四丈三尺，共三千一百四丈三尺。城高三丈四尺，照依東面估用磚包。每磚厚二寸五分，長一尺二寸五分，每丈長用磚八個。從底至上三節包修，共一百三十二層，底闊四個，一十二層；中闊三個，上闊二個，各六十層。共用磚二千七百八十四個、石灰一十二石。通共用磚八百六十四萬二千三百七十二個。每燒磚一千個該窑匠工食銀一錢，用柴與炭三千七百斤，共用柴、炭三千一百九十七萬四千二百九十斤。於韓城縣易買石炭一千萬斤，分派同、華二州幫運。藍田、盩厔、鄠縣易買柴二千一百九十七萬四千二百九十斤，分派咸陽、醴泉、咸寧、長安、乾州、興平等六州縣各幫運。柴、炭每千斤價銀五錢、脚價銀八分。計工食、柴炭、脚價共該銀一萬九千四百九兩八分八厘二毫。共用石灰三萬七千二百五十一石六斗，於耀州、富平縣易買，每石價銀四分，脚價銀七分，分派三原、涇陽、高陵、渭南四縣幫運，計灰、脚價共該銀四千九十七兩六錢七分六厘。每城三十丈定爲十工，十工并興，大約一月可完十工。每一工合用軍夫一百五十名，於西安左等四衛城操軍内輪撥應用，不給工食，每名每月量給鹽菜銀四分五厘，共一百四工，該銀七百二兩。泥水匠六名，每名月支工食銀六錢，共銀三百七十四兩四錢。搭材匠二名，每工縛搭三日，每名日給工食銀二分，共三百一十二日，該銀一十二兩四錢八分。每四工用麻索一百斤，共用麻二千六百斤。每百斤價銀一兩二錢，共銀三十一兩二錢。總計該銀二萬四千六百二十六兩八錢四分四厘二毫。

批司，查得司府庫貯堪動支剩修城、贓罰、賑濟，減退馬、騾、鋪陳各項，還官朝覲盤纏、司道府州縣贓罰，扣除均徭支剩里甲丁銀、缺官柴薪、商稅等項，銀共二萬二千二百九十兩一錢，尚少銀二千三百三十六兩七錢四分四厘二毫，合將西安府屬州縣拖欠餘剩站價銀兩通行查催轉用。其管工官於西安四衛所千百戶及雜職文武內相兼選用，仍委知府邵畯、同知宋之韓總理。

又據該司呈，蒙職批，據陝西按察司清軍兼理水利副使李臺呈稱，查勘得涇陽縣地方古有洪堰，始自先秦創建，以及漢、唐、宋，引涇水灌田，世享厚利，載在史冊，世爲美談。至我朝，巡撫陝西都御史項□題請開鑿廣惠渠，上引涇水，從大龍山下穿過，下接篩子洞，倒流諸泉入渠，澆灌涇陽、醴泉、三原、高陵四縣居民田地，各不下千百餘頃，所以衣食充盈，錢糧易辦。後至嘉靖十三年，涇河大水泛漲，衝崩堤岸，致將引流涇水并接龍、篩等洞，泉水俱反流歸河，及將水磨溝以下、天澇池以上通濟等渠山傍開鑿深長故迹淤塞不通。惟自飲馬池以下尚有數眼泉水入渠，然源不深大，水勢微細，灌田百不及一，致使膏腴之田日見磽薄，富庶之民日見貧窘，衣食不足以自給，徵輸無怪乎難完。合將龍洞以下、天澇池以上衝壞堤岸、渠中淤塞急爲修浚，疏引龍洞、篩子洞諸泉之水盡歸入渠，灌溉四縣田地，誠爲惠民大利。

其修岸用方面大石塊，鐵銀錠貫定，酒米麻灰灌縫，挑浚下見石底，如古迹高深，方得堅久。隨令匠作估計得，應修龍洞西岸，篩子洞西岸，王御史南口、北口西岸，二節天、澇池西岸，大龍口西岸，通濟渠西岸，白公渠南口、清兒泉西岸，渠堤工程合用石塊、酒米等料各不等，共計用石一十一萬一千六百二十五尺、酒米一百七十三石五斗四升、石炭八十七石七斗七升、麻一萬七千三百五十四斤、石灰一千七百三十五石五斗、生鐵五千四百八十八斤、藍炭二千七百四十四斤，共該料價、工食銀二千四十四兩七錢五分。又於水磨溝、飲馬池橫修石橋二座，接引山水入河，與砌堤、立閘木石、物料，匠役工食及各委官日用供給，大約共用銀四百九十八兩三錢八分。總計該銀二千五百四十三兩一錢三分。

批司，查得司府與涇陽、三原等縣庫貯堪動先年修堰餘剩并商稅、水利、贓罰、還官、支剩、賑濟等項銀共二千五百三兩一錢三分，并巡茶李御史批助贓罰銀四十兩，以足前估之數。其臺石并挑浚淤塞石渠、土渠夫役，合照節年挑修事規於四縣受水居民照地起派，每地百畝起夫二名或三名，臺石則計名分運，浚渠則量地分挑。委官涇陽縣主簿王三聘、興平縣縣丞張舜民、三原縣主簿孟仁分理，西安府同知蘇璜總理，等因，通呈到職。

接管，卷查先准兵部咨，爲欽奉聖諭事，該五府、九卿、科道等衙門集議一款「繕修城堡」，合無通行各鎮督撫官，嚴督各該守巡、兵備、有司速將所屬鄰邊衛所及鄉村、市鎮，但係虜騎可通去處，原有城堡而低薄不堪者即便增修高厚，原無城垣即行創築。其修築之費，將各撫按贓罰免其解京，同各屬贓罰銀兩支用。題奉聖旨：「是。這所議著二鎮諸邊總督、鎮、巡等官着實舉行。如有仍前欺怠的，兵部、科道及巡按御史即便指名參奏重處。」欽此。欽遵。

又准户部咨，爲國計甚匱，民瘼可憂，敬陳安民理財先要，以濟時艱，以挽回國家元氣事，該户科都給事中魏□□等條陳一款「廣築浚之政」，本部覆議，恭候命下，移咨浙江等省、南北直隸各巡撫都御史，及咨都察院轉行各巡按御史，嚴督守巡等官督令守令，凡所屬田地有歲患旱灾并北地少水之田，若水利可興，或引泉源，或疏河流，或鑿陂池，踏勘料理，并加疏浚。一應工役等費查照民多少去處定擬分數，官民并出，不得獨累小民。題奉聖旨：「依擬行。」欽此。欽遵，俱備咨前來。

該前任巡撫都御史張□看得，省城乃根本重地，尚係土城，累經地震，類多崩頹，終非保障永計，必用磚包，可垂經久。又查得涇陽縣迆西舊有洪堰，始自先秦創修，引水澆灌涇陽等四縣民田，爲利甚溥。即今堤岸衝決，渠口淤塞，以致前水散逸，小民失利，徵輸不前。隨會同總督、巡按衙門案行布政司，議將東面城工動支官銀修理，及行水利該道議修洪堰間。本官奉命回籍聽調，該職接管任事。看得前項工程尚未就緒，難於中輟；業已造端，所當亟圖。已經各道查報前來，批行該司查議堪動銀兩，呈報到職，等因，會稿到臣。

卷查先准原任巡撫陝西右僉都御史張□會稿，議照陝西省城原係土築，累經地震，既多崩頹，相應用磚包砌，以垂永久，等因。前來，已經會行布政司估計料物，查動官銀，編派夫役，議明通呈到臣。詳批該府縣，既查有官銀見在，即可克期儘修東面，餘不足工銀查追以前各府屬拖欠修邊民壯工食銀，仍行三司以禮具啓親藩，及將各王府臣積宗室、民間富室、城市大店房量行處勸助工，庶彰具美，共圖保障。

又據陝西按察司清軍道呈，爲興復水利事，呈稱洪堰之水灌溉涇、醴、三原、高陵四縣田地，利其廣厚。岸崩渠塞，水流微細，相應修理，緣由到臣。詳批，四縣水利之修，該道搏節工力，估計詳明，即應如擬，行蘇同知躬率各縣官着實經修。民田之派已有定數，不足之費，官司當爲處補。仰呈巡撫查將涇陽及各縣商稅或今次丈地有應徵價者量動千兩，以備不足之用。其運石浚渠仍須令民照地出夫，百畝二三，五十畝一名，自備飯米，俱用精壯經修，又可省派銀也。仰道逐爲經理，以永民利，各去後。

今准前因，臣會同巡撫陝西等處地方、贊理軍務、都察院右副都御史張□、巡按陝西監察御史王□□、楊□議照，會省外控三邊，內統八郡，乃親王藩封之所、胡虜切鄰之地，土城雖曰高厚而坍塌易見，識者隱憂。其洪堰爲衆水流匯之地、萬民衣食之源，故迹猶存而崩塞日久，民生鮮濟。臣等仰遵明命，議增堅深，皆本其已然之故，非敢爲無益之舉。況累不及民，制可垂久，輿論僉同，官民稱便，相應題請。如蒙，乞敕該部查議上請，合無行下臣行督同司道及各該委官，查照所議興工修築，通候事完查閱明實，仍將修過工程丈尺、用過錢糧數目并效勞官員分別應獎應賞等第，聽撫按造册奏繳，青册送部查考。如此庶城守益堅而保障有賴，川流不息而灌漑足資矣。緣係前項事理，爲此具本謹題請旨。

奉聖旨：“該部知道。”欽此。

該兵部爲照，陝西省城乃三邊八府總會之地，而涇水又四縣生民粒食之源，所據議包磚城、修浚洪堰委於地方、軍民有益，俱應依擬。

覆奉聖旨：“是。”欽此。備咨，轉行布政司通行委官欽遵修浚訖。

爲冬防事竣類報各鎮官軍逐虜獲功預
飭春防慎圖邊工事

案查去歲冬初，該臣看得秋防既竣，歲餘冬早，套虜三秋東西分披累肆窺逞，未遂內侵，頻遭外剿。節據降供，吉能大酋久搶西番，待河凍回套。西住賓兔諸酋分屯西海、松山及鎮番北境。河東俺答大酋及套內吉能部落夾河散住。所有延、寧、甘、陝四鎮冬防事宜雖各有節年成議，聽撫、鎮自爲經理，但虜勢异常，兵難襲故，臣謬司督寄，通應戒備。且兵難慮勝，患當預圖，秋冬時勢既疏[一]，四鎮地險各异。查得固鎮蘭靖、河州北境，寧夏橫城迤北，榆林東路切鄰黃河，甘肅莊紅、西寧逼近大通河，每歲冬深冰結，內外不分。故先年西虜於靖虜沿河踏冰侵犯安、會內地，套虜西由橫城踏冰直犯寧夏，河東虜酋糾合套虜由延綏孤山一帶侵犯山西河曲、興嵐，往失可監。

查將蘭靖河防行陝西總兵官呂經沿河查閱，酌量衝緩，分布固原西路游擊楊鰲統兵駐窄道兒，北路游擊劉葵駐一條城，西安等衛千總施濟民駐平灘堡，蘭靖副總兵張傑馬軍遇警東西策應，步兵擺邊，斷絕冰橋。總兵官呂經統正兵二千駐適中靖虜衛，聽沿河有警應援。守備李昫馬軍隨總兵截殺，步兵專守城池。仍於沿河什字川等七堡分布秦、鞏等衛馬、步官軍，大堡五七百名，中堡三四百名，小堡二三百名各防守。仍布東路游擊陳揚統兵駐紅古城，環慶守備祁棟駐海剌都，固原守備仍駐下馬關，各近河適中城堡，聽東西有警截殺。復於河內腹裏西安州等四城堡及附近鎮戎等三城堡分布正、游兵馬，衝者三五百名，緩者二三百名各守禦，有警聽發，扼險堵截。及去河稍遠腹裏安、會、金縣并沿途郭城等六驛分發正兵及鳳翔所步軍，多者五百名，少者二百餘名，內備城守。臣標下游擊石玉統兵三千員名分駐固原鎮戎所，備急應援。河州參將張翼步兵分守該城河外二十四關隘，馬軍統駐弘化寺，有警西援西寧、巴暖、三川，東援蘭州窄道兒、渡口。洮岷參將聞三接仍駐洮州，督西、固、階、文四守備，西北哨防海上、鹽池川虜警，東南隄備各路番賊。及行寧夏總兵官雷龍，除河西沿河自橫城馬頭至平虜城上、中、下三段分兵照常防守，仍分發家丁協防及發標、正官兵五七百名分防中衛及河東半個城、河南靈屯各堡。延綏黃甫川一帶邊堡，除該路分守副總兵牛秉忠原駐孤山堡，參將高天吉原駐神木堡外，仍行撫、鎮會發該路尖兒手、官軍數千，游擊胡立家營官軍一哨分駐高家等堡，聽警策應，專防東西虜酋踏冰東犯山西，互相掎角。仍備咨山西巡撫都御史靳□□，查照舊規分布官軍慎守河防，或打冰斷河以防踏犯，或分屯要險以防內侵，去後。隨准回咨，已將沿河各段分地戒防具題，等因，回報到臣。

又思海上諸酋擁衆數多，冬深非西犯甘肅，東犯西寧，必分衆南犯洮岷境上番漢，防範機宜皆當預圖，布置官兵難循舊套。通行延、寧、甘三鎮總兵官各會撫臣，於榆林東路，寧夏平虜、中衛沿河莊紅、西寧上下城堡，洮河沿邊一帶各關隘，酌量衝緩，俱要分布兵馬，據險按伏；嚴謹墩臺，晝夜哨守。臣又慮將領多不知兵，士馬多不慣戰，守具不備，戰兵無策。勇者恃血氣而無勝算，聞警狂逞，中虜誘伏；怯者苟偷安而無遠略，閉門避虜，坐失事機。又經通行四鎮撫、鎮嚴行各將領，務要彼此同心努力，選銳布兵，申嚴紀律，或扼險設伏，使虜進退狼狽，或澆修凍牆，使虜騎不能馳騁，或安設伏炮，疑虜不能深入，或分列火具，使虜不敢攻窺，務俾戰守有略，緩急有備。并將防冬緊要事宜開列條件，通行遵守，速赴信地加謹防禦，一面備由附秋防事竣具本題報訖。

續據各撫、鎮等官回報，遵照臣原行各將兵馬分布原擬地方，及摘撥兵馬設伏要險，遇警截殺，選差丁夜循環遠哨以備不虞，緣由在卷。

十月十五日，據延綏總兵官董一奎塘報，本月初五日，達賊七八十騎侵犯東路常樂堡。正兵官軍迎敵，斬首一顆，奪馬一匹，中傷家丁一名。又據本官報，本月初六日，達賊五十騎侵犯東路鎮羌堡龍泉墩，操守張元輔統兵對敵，斬首一顆，奪馬二匹，中傷官軍四員名。

據甘肅鎮番參將王孟夏報，本月十二日，差通丁深哨獨青山，遇賊對敵，斬首二顆。各丁掣回，前賊跟趕，傳報本職統兵馳至鵝頭山，又斬首八顆，奪獲馬、駝、夷器。

本月二十日，據該鎮紅城子守備鄭經報稱，哨見紅溝口達賊一千餘騎西南行走，高透紅城子、苦水灣，低透蘭州地方。該臣看得前賊既移近境，非越大通河侵擾弘化寺、西寧、三川，必南犯張、拓諸臺及沿河踏冰內侵，通行各該將領隄備，及發游擊劉葵統兵過河，聽警馳援。

十一月初四日，據陝西總兵官呂經塘報，初一日辰時，瞭見達賊二三千騎，火光十數里，在靖虜沿河各步口札歇。初二日，達賊八騎將近河硝水墩攻圍。該臣看得賊勢頗大，既住沿河，狡謀叵測，即日選發中營慣戰家丁二千員名，多帶火器，行令協管中軍、原任副總兵白允中監同標下游擊石玉統領前去，沿河撒塘哨探，相機迎剿。及行呂經移住打剌赤，設伏扼堵以防南侵。

本月初九日，據延綏總兵官董一奎報，十月二十日，正兵千總高爵會波羅堡操守官選差尖兒手王用等出境深哨，至柳海子遇牧馬達賊，斬首二顆。

又據延綏靖邊道副使劉應時揭報，本道因見清平、威武一帶達賊撲路，會同游擊倪英發兵設伏間。本月初三日，威武堡桑澗兒達賊二十騎撲搶，各兵迎敵，斬首五顆，奪馬七匹。

又據甘肅鎮莊浪參將李世威、協守土官指揮魯東報稱，本月初八日，達賊十四騎偷窺官路，侵犯四眼井。各官統兵追敵，斬首二顆，奪馬四匹。

本月十一日，據甘肅總兵官楊真報，十月初二日，肅州參將湯希韓差夜役深哨威遠地方，遇賊，斬首二顆，奪馬三匹。

本月二十二日，據寧夏總兵官雷龍報稱，本月初旬以來，河西達賊零騎往來鎮遠關，河東住虜砍開凍牆，撲捉夜役。該臣看得，套西各賊住近寧夏沿河，撲捉哨役，審我虛實，窺犯決在旦夕。隨行各將循環差哨，整兵待剿。

十二月十八日，據陝西總兵官呂經報，降供達賊待月明了齊來河上撲搶，當發守備李昫統兵五百於紅澇池，正兵營銳兵五百在大浪口，戰兵五百在迭列遜，本職統兵一千踏兵〔二〕過河，於虜衝處各設伏。十三日，達賊三四百騎奔河行走。本職督兵衝戰，斬首一顆，奪馬一匹。賊見伏兵漸近，奔回原路去訖。

又據延綏總兵官董一奎報，本月十四日，達賊三四十騎從大柏油神樹梁墩進入。東路參將高天吉督兵迎敵，斬首二顆，奪馬二匹，收回夷器，中傷軍丁七名。

又據涼州副總兵鄭印報，瞭見北松峽達賊，一股到柳樹口，一股到臺水溝。又瞭見大賊駞帳邀畜到槍鋒嶺各歇下。臣看得，下帳之虜必係常山兒住賊，覘知莊紅、蘭靖無隙可投，移營西向，若非糾合山後住賊或吉能大酋搶番回衆，窺年圖掠甘、涼等處，必將潛會海上諸酋侵擾西寧、三川。申飭各將領嚴明烽堠，加慎城守，遵照敕諭申戒，年節宴樂，常如虜在目前。如遇侵犯，出奇截剿，以保地方。

隆慶四年正月初七日，據延綏總兵官董一奎報，本職會同李都御史遵照軍門咨帖，會發把總李還帶領軍丁二百五十名於波羅堡防禦間。十二月二十日，達賊約二三十騎由廣武山墩進入。李還會同操守金蘭統兵追敵，斬首三顆，奪馬三匹，收回夷器，中傷家丁七名。

又據該鎮東路副總兵牛秉忠報稱，本職遵照軍門冬防條約，督發把總張爵領兵沿河防禦。十二月二十日，達賊七八百騎從孤山堡石窟墩進入南行。本職得報，料賊必侵河東，統兵取徑馳至獅子城，即發張爵踏冰過河，與山西官軍李錦等合營拒堵。其賊窺見本職兵馬，即於牌樓塢簇立，內二百餘騎踏冰侵過河東，即被張爵等堵回，被按伏軍人武孜等遇零賊對敵，斬首一顆，奪馬一匹，中傷軍丁七名。餘賊奔營，遙見游擊胡立家與參將高天吉兵馬迫近，旋即遁北。本職督兵追逐出邊訖。

又據陝西鎮洮岷參將聞三接報，本月初九日，達賊約一千餘騎搶掠境外番族頭畜。西路千總指揮孫承恩督同土官、民夫拒敵，斬首一顆，奪馬七匹。

又據延綏總兵官董一奎報，本月十二日，達賊二三十騎到雙山堡守口墩東空掏牆。按伏正兵營把總趙世勛等統兵對敵，斬首一顆，奪馬三匹，中傷尖兒手一名。

又據臨鞏兵備道揭報，三冬和暖，黃河冰橋間斷消流。據報看得，即今冬盡春初，防河官軍寒苦備極，雖經臣於新年分臣餘廩量給牛酒、糗炒犒賞，各衣甲破損，形神疲勞，既報河開，即應掣放，稍示休息。且冬防錢糧無多，支用將盡，亦應節省。但恐猾虜覘知掣兵，窺隙突犯，即行總兵官呂經再哨，虜營果遠，河冰間消，先將原布腹裏各城堡、隘口步兵漸次掣放，以省供需。馬軍暫留，照舊慎防，候冰大泮，具議酌放。隨據本官呈稱，河冰漸開，仍留陝西西路游擊楊鼇統領所部戰兵一千五百名駐札西安州，北路游擊劉葵統領選定入衛靖虜附近官軍八百名仍駐靖虜，會同蘭靖副總兵張傑，督同靖虜守備李昫，分哨沿河各步口，慎防零賊竊犯。本職統兵於本月二十六日回鎮，呈報到臣。即行延綏各路、寧夏沿河沿邊，勿恃河開，遂忘戒備，各仍選通丁接哨，整兵秣馬，以防猾虜窺犯。

查得冬防三月，陝西四鎮共斬獲番虜首級四十五顆，收獲馬匹數多。內西寧先任參將吳鳳誤聽防守指揮莫倦因海虜侵犯，將熟番妄殺二級冒功，致構番患。吳鳳又割取虜殺死尸首級三顆妄報。已該西寧兵備道先任副使侯東萊查訪明白，及被害告發，揭報到臣，隨行該道究問外。其陝西鎮階、文各守備斬獲番賊首級八顆，已該各撫鎮官節次題報，候行各巡按衙門核行賞罰。其獲功將領、軍丁，臣已節行各道查明，先動臣原發各營賞功銀兩量行獎賞，奮勇、中傷軍丁各行優恤以鼓士氣外。

臣照得河套、山後虜酋歲前屢遭搗挫，冬初遠徙匿形，比及河凍，乃復分住東西沿河，或扼險阻哨，或窺隙內侵。套東黠酋果肆踏冰，窺犯山西。套西諸虜節潰凍牆，竊犯夏境。西海住虜分兵東犯西寧，南犯洮州境外。向因邊腹戒嚴，零騎雖嘗撲擾，節被按伏官兵追斬，大衆未敢狂逞，抱憤蓄謀，凶狡叵測。即今春日漸融，塞草將萌，牛羊孳乳，虜馬漸弱。賔兔狡酋秋冬屢糾窺伺，俱被官兵隨處迎遏，見屯松山北尾，陽若住牧，陰謀窺犯。在套諸酋沿邊撲哨，審我虛實，必將趁草近邊，窺機竊逞。海上諸酋分住西寧、洮河境上，春時必謀侵掠番漢。其西掠大酋吉能，節據甘、寧哨報，川底、山後雖有數千馬、駝東回之踪，往據降供，本酋遣取妻小西域隨住，秋深方歸，虜情向往，尚無的據。臣方思遵成議接修延、寧大邊，萬旅在野，防護當周，所有春防事宜尤當早圖。

再照各虜往歲春月連遭搗剿，蓄憤既深，今歲春深馬弱，若畏我搗剿，則必遠徙營帳，遣騎巡警；若復移帳近邊，必係僞帳設謀，誘兵伏銳，冀圖報復。其在我機宜必須示弱蓄重，戒輕戒貪，庶得萬全。所據今春搗剿之畧難蹈往轍，虜既警心防我，豈可輕易貪功，自陷兵忌？且兵法云：“多勝則銳兵挫。”連歲督兵出搗，雖多斬獲，亦間損傷，茲當蓄銳待虜，以全取勝。除通行四鎮總兵官即會撫臣嚴督各該大小將領等官，務各遵照將該營該屬兵馬及時選練，攢喂馬膘，教習技藝，兵分戰守，哨分遠近，烽火嚴明，農作防護。在延、寧勿以套虜屢搗被挫而志驕，在甘、陝勿以山後、西海諸酋春時馬弱而解嚴，各須晝夜十分加謹設備，更番遣哨，務得虜形。果賊營遠徙，止宜蓄銳練兵，以逸待動。若或狡虜移營近邊，遣騎撲哨，伺隙窺犯，各該將領尤宜比常加謹，或分兵險要設伏邀擊，或揚兵塞上以示有備，勿窮追遠出，致有疏虞。聽臣分督官軍，仍照上年定議，工分四段，隨地修築，務及春和克期興作。其甘肅、陝西二鎮邊腹城堡、邊壕各行撫、鎮查將接修，未完邊垣、壕榨及各路城堡責行各道分路閱修，三春務完。延、寧二鎮果至春深，虜志已怠，虜馬盡弱，趁草弛備，降哨明的，機有可乘，算得萬全，方出奇伐謀，威虜制勝，或不戰而屈人之兵，或先發而奪人之心，是在諸將加意熟畫，共圖保障。不許違玩逗臆，輕發精銳出邊游哨及貪趕孳畜，致中虜伏，損傷士馬，縱有斬獲，仍聽臣從重參究。及行各撫臣、邊腹各道一體嚴飭外。

伏乞敕下兵部，將各鎮斬獲功次查照各撫、鎮原題首從，催行各巡按御史速行勘報，照例升賞以勵戰功。其吳鳳、莫倦殺番冒功情罪勘實，從重參究。凡臣春防謬議，申飭四鎮撫、鎮諸臣，嚴督各該將領查照遵行，仍多撥兵馬於境外架梁防範，選差通夜深哨戒備，以保農工。庶邊功速明而人心不至觖望，戰守有略而耕作可免疏虞矣。緣係前項事理，爲此具本謹題請旨。

奉聖旨："兵部知道。"欽此。欽遵，隨准兵部咨稱，除行各鎮撫按查照所題事理逐一遵行外，移咨前來，仍行各鎮撫、鎮禦防訖。

爲套虜猖獗衆强兵馬寡弱重鎮孤懸懇乞天恩俯賜增兵馬廣儲積效愚忠以圖戰守事

准巡撫延綏右僉都御史李□□會稿，據陝西按察司管理延綏東、中、西三路糧儲、邊備分巡道副使劉應箕、劉應時，定邊兵備鹽法道副使張守中呈，據東、中、西、北四路管糧通判王堯弼、陶玠、楊文璧、辛淵呈，會查得嘉靖三十四年，爲稽考邊儲事，該前總督都御史賈□□、巡撫都御史王□會計，查得本鎮新舊官軍六萬八千八十九員名，事故、逃亡九千九百九員名，的有五萬八千一百八十員名，并守哨犯人、效力家丁、文職官吏，共計五萬八千八百二十九員名。歲支俸廩、月口糧不等，共該本色糧二十二萬九百七十六石七斗，折色糧銀三十二萬六千一百七兩七錢一分五厘。新舊馬、騾四萬二千五百五十三匹頭，倒死一萬二千七百七十八匹頭，的有二萬九千七百七十五匹頭。内入衛三營馬一萬一千二十八匹，往還本鎮住四個月，與在鎮馬、騾一萬八千七百四十七匹頭，各支料草不等，共歲支料一十二萬一千八百六十九石九斗、草二百九十一萬五千四百六十五束。歲派民運實徵本色糧二萬六千三百七十一石四斗五升一合、料六千三百九十四石九斗三升九合、草一萬二千八十八束，折色糧、料、草銀二十六萬七千二百四十三兩八分七厘二毫。屯運實徵本色糧六萬三千九百石七斗六升、草六萬九千五百五十五束。京運年例銀二十九萬六千五百三十二兩六錢五分。以前項歲用本色除民屯糧、料、草束外，歲少糧一十三萬七百四石四斗八升九合、料一十一萬五千四百七十四石九斗六升一合、草二百八十三萬三千八百二十二束，照依時估易買，三項共該銀三十萬一千六百三十二兩八錢一分，并折色糧銀三十二萬六千一百七兩七錢一分五厘，除前歲派京、民運銀五十六萬三千七百七十五兩七錢三分七厘二毫外，少銀六萬三千九百六十四兩七錢八分七厘八毫，固以每年開派鹽一十五萬六千四百八十二引，該價銀六萬七千六百二十五兩五錢抵補。但鹽引無商報納，亦是拖欠不實之數，若遇閏月，又該本、折銀六萬七千四百六十餘兩，通爲短少。題行户部，因本色馬料與折色草價分析未明，致將前項歲支料一十二萬一千八百六十九石九斗止計三萬四千五百九十七石八斗，少計八萬七千二百七十二石一斗。又將短少歲用本色糧、料未查價之高下，每石糧止以七錢，料止以六錢折算，以此減去京運年例銀一十萬一千四百五十二兩六錢七分，止發銀一十九萬五千七十九兩九錢八分。此外開派工本鹽六萬三百五十六引，該價銀三萬一百七十八兩，相兼事例等銀，通融轉處支用。

嘉靖三十六年，爲預計防邊事宜以彌虜患事，該主事張時募完入衛游兵軍一千五百名，歲該糧銀一萬二千六百兩；馬一千五百匹，歲該料草銀一萬三千八百六十兩。該前巡撫都御史石□止以放班回鎮半年料草計算銀六千九百三十兩題行本部，俱未准給。

嘉靖三十九年，爲懇乞天恩更正遺議，折料銀兩早爲補發，以重邊疆事，該前巡撫都御史孫□查將前項少計料豆約算價銀五萬二千三百六十三兩二錢三分具題請補。本部以前工本鹽價銀三萬一百七十八兩抵充，再補銀二萬二千一百八十五兩二錢三分，增入年例，仍短原減年例銀四萬九千八十九兩四錢四分。

嘉靖四十年，爲虜患緊急，預圖戰守以保邊圍事，本鎮召募守牆軍一千五百名，該前總督都御史郭□、巡撫都御史孫□會議題准，歲增糧銀一萬二千六百兩。

嘉靖四十一年，爲欽奉聖諭事，西路奇、參二營召完家丁一千名，買完馬一千匹，歲該月糧銀八千四百兩、料草銀一萬二千兩，亦經具題請討，未蒙議發。

嘉靖四十四年，爲修舉鹽政利弊以圖補報事，本部議將前工本鹽引停止，是又減去歲額銀三萬一百七十八兩。

嘉靖四十五年，爲議處財用，定經制以垂永久事，該前巡撫都御史王□查將本鎮軍馬、錢糧計議題行。本部復以行查各衛缺伍軍士未報，將前新增召募守牆軍士糧銀一萬二千六百兩減革，不蒙給發。

又爲重鎮危急，敷陳末議，以圖久安長治事，本鎮添募游兵軍三千名、馬三千匹，歲該糧、料、草銀五萬八千二百九十三兩二錢一分。該前總督侍郎陳□□、巡撫都御史王□具議題請，本部覆議，止准增發年例銀三萬兩，尚少二萬八千二百九十三兩二錢一分未准增給。

前項年分共計增募軍丁七千名，添買馬五千五百匹，共該歲用銀一十一萬七千七百五十三兩二錢一分。止蒙加增年例銀三萬兩，尚少八萬七千七百五十三兩二錢一分，并前減短年例銀四萬九千八十九兩四錢四分、工本鹽價銀三萬一百七十八兩，共少銀一十六萬七千二十兩六錢一分。加以民屯逋負，以致積欠官軍月糧，馬、騾料草，東、中一路七個月，西路八個月。該前巡撫都御史胡□□因無從措處，停舊給新，所停積欠之數至今尚未補給。

又查得隆慶二年春季，實在官軍五萬七千一十員名，馬、騾二萬八千九百六十三匹頭，內有東、西二路奇、參四營并高家等堡家丁及清平游兵軍士共三千三百九十二名、馬三千五百二十九匹，俱係近年召買。保寧、鎮川二堡及綏德、府谷州縣防守官軍共一千七百八十七員名，俱隔別遠在廣有等倉庫關支錢糧。潼關、西安等衛所班、操官軍四千二百二十二員名，輪班更換，數有出入，入衛備冬游兵一營并薊鎮選留標兵馬共三千八百三十七匹時正在薊，輪番游兵二營馬四千六百四十九匹時方下班。以上官軍九千四百一員名、馬一萬二千一十五匹，彼時各倉官攢造報稽考軍儲文冊，相沿謄錄舊數，將前軍馬俱未收入冊內，以致報部簿內止造官軍四萬七千六百九員名，馬、騾一萬六千九百四十八匹頭。

及查咨開，三十四年以後加選土兵三千五百名、馬三千五百匹，係三十一年挑選，先已計入三十四年數內，不係會計之後額數。況前會計歲用錢糧，部議未准全給，節次增募軍馬，加發年例，亦未足數，中間雖有逃亡、損失扣除銀兩，截長補短，那輳支用，尚屬不繼，并無多餘之數，亦無侵冒情弊。

又查得戶部咨開，本鎮額徵屯糧八萬九千六百九十六石九斗四升零、屯草八萬九百四十五束四斤。內延、綏、榆三衛糧六萬四千八百五十二石五斗六升六合、草四萬三千四百一十六束五斤，除拋荒外，實徵米二萬六千五百一十四石三斗六升六合、豆二萬五千四百五十九石七斗一升六合、草四萬一千一百二十五束四斤一十二兩。其慶陽、環縣二衛所屯糧二萬四千八百四十四石三斗八升八勺、草三萬七千五百二十八束一十四斤，內止歲撥本鎮三山等倉上納米九百八十五石七斗一升八合、豆四百三十三石七斗一升八合、草五千六百五十五束八斤，其餘俱供該衛所及固原鎮軍馬支用，在永盈、環慶等倉出納，與彼鹽易等項錢糧屬之該鎮經理，原非本鎮歲用之數。

又查得今歲額該新舊官軍、家丁七萬五千五百八十九員名，事故、逃亡一萬五千一百九十九員名，實有常操官軍、家丁五萬五千六百一十七員名，班操官軍四千二百七十三員名，共五萬九千八百九十員名，并文職官吏、效力家丁等項六百二十五員名，通共六萬五百一十五員名。內有支加添口糧墩軍、夜不收、通事九千九百三十八名，各支本、折俸廩、月口糧不等。共歲支本色糧二十三萬八千三百六十八石，折色糧銀三十二萬九千六百六兩二錢四分。新舊馬、騾四萬八千五十三匹頭，倒死未補二萬五百八十八匹頭，實有二萬七千四百六十五匹頭。內除入衛備冬游兵一營馬二千八百八十三匹、薊鎮選留標兵馬九百五十四匹俱在該鎮關支料草外，應在本鎮支料草馬、騾二萬三千六百二十八匹頭。內入衛輪番游兵二營馬四千七百匹在鎮休息四個月，與常川在鎮騎操馬、騾一萬八千九百二十八匹頭，各支料草不等，共歲支本色料一十一萬九千五百九十五石六斗、折色草價銀一十二萬七百五十五兩二錢，議加料草尚未計算。

及查歲入民屯實徵并鹽引三項共該本色糧一十三萬二千二百一十六石二斗一升六合，料五萬五千六百三十七石九斗九升一合，草五萬一百四十五束一十兩，民運折色糧、料、草價銀一十九萬六千五百四十六兩七錢九分，布四百匹，京運新舊年例并補存積鹽價共銀二十六萬七千五百五十二兩八錢六分，通共銀四十六萬四千九十九兩六錢五分。前項官軍馬、騾歲支本色糧、料以歲入民屯、鹽引本色充用，尚少糧一十萬六千一百五十一石七斗八升四合、料六萬三千九百五十七石六斗九合。年歲豐凶不等，較中爲常，以銀一錢買米八升、買豆一斗三升爲則，共該糧價銀一十三萬二千六百八十九兩七錢三分、料價銀四萬九千一百九十八兩一錢六分。其民屯草五萬一百四十五束一十兩，每三束抵銀一錢折放，共抵草價銀一千六百七十一兩五錢，比前歲用草價少銀一十一萬九千八十三兩七錢。以上三項共少糧、料、草價銀三十萬九百七十一兩五錢九分，并前歲用折色糧銀三十二萬九千六百六兩二錢四分，共六十三萬五百七十七兩八錢三分。以前歲入折色京、民運銀四十六萬四千九十九兩六錢五分并布四百匹折銀一百二十兩抵充，尚少銀十六萬六千三百五十八兩一錢八分。若遇閏月，又該本折糧、料、草銀七萬二千餘兩，通爲短少之數。

考究其源，蓋緣昔年虜未入套，兵馬錢糧皆有定額，邊外又有牧馬草場，是以兵食充足。自虜盤據套中，草場盡廢，加以挑選入衛，漸次抽募軍丁，增買馬匹，雖經請討年例，俱未如數給發，致將三路常操、班操官軍月糧止給本色三斗，其餘較以地方饒瘠，分等量給折價。節因民屯逋負，年例減短，復致積欠數月無補。近又遵奉廟堂集議清勾召補，軍丁益添，歲入未增。延安府屬民運雖改本色，官省易買，數亦無增。近因支用難繼，又將三路常操官軍月糧改給本色二斗，餘俱給價，尚屬不敷。如隆慶三年，一歲之中搜括那借庫貯賞功、班價、朋合、地畝、募軍、馬價等銀九萬一千三百九十一兩四錢八分，無從補還。即今士馬張口待哺，脱巾告討，勢非得已。合無早爲題請，將前歲少糧、料、草銀一十六萬六千三百五十八兩一錢八分并原議增添料、草銀三萬九千七百二十一兩八錢，自隆慶四年爲始增入年例，照數給發。一面將借過賞功等銀九萬一千三百九十一兩四錢八分先行解發，以補各項支用，等因。并造官軍、馬、騾歲支糧、料、草銀等第及歲入本、折數目文册到職。

案查隆慶二年十一月內因准戶部咨，爲虜患異常，增修大邊以永固疆場事，該臣查將本鎮該年實在軍馬歲用錢糧計算歲入不足支用數目咨行本部，未蒙議處。

續准本部咨，前事，該職會同總督陝西三邊軍務侍郎王□□款題"一、資料草以濟窮邊"。本部覆議，查得嘉靖三十四年，該前總督都御史賈□□、巡撫都御史王□會計，該鎮的有官軍并守哨犯人、效力家丁、文職官吏共五萬八千八百二十九員名，馬、騾二萬九千七百七十五匹頭。以後加選土兵軍、馬三千五百名匹，又新募游兵軍、馬三千名匹，故節次加發京運銀兩以足歲用。又隆慶元年准巡撫陝西都御史楊□咨稱，該鎮額徵本色屯糧八萬九千六百九十六石九斗四升零、屯草八萬九百四十五束四斤，亦比舊數增多。今查隆慶二年春季該鎮軍儲簿內開報，實在官軍止四萬七千六百九員名，比舊額少去一萬七千七百二十員名，馬、騾一萬六千九百四十八匹頭，比舊額少去一萬九千三百二十七匹頭，則計所歲入應扣月口糧、料草銀兩，當不止於今所加銀三萬九千七百二十一兩八錢。況軍士逃亡，馬匹損死，皆逐漸消耗，因而冒破者豈必全無。所據馬匹加給料草銀兩，相應准令查照扣除兵馬失額餘銀內支銷。

合候命下，本部移咨總督陝西三邊軍務侍郎王□□、巡撫延綏都御史李□□，將增添軍馬料草銀兩准照所議，查於每年發去年例及該省民屯數內，自三十四年之後遞年損失馬匹若干，及照今實在的數之外，多餘銀兩通融扣給喂養。此外合計歲支之外餘剩若干，仍要明白開報，充作下年年例之數，仍以見在歲用擬定具題定奪。其節年逃故軍士，倒死馬、騾仍逐一備行清查的確數目，及欺隱冒破情由從實查參究問以警奸貪，等因。題奉欽依，備咨前來。查得年例、民屯等項錢糧原無多餘，議增軍馬料草無從加給，隨行各道會查計議間。

又准總督侍郎王□□咨，准戶部咨，同前事，合咨前去，煩將增添馬匹糧草銀兩，查照該部覆議於每年發去年例及本省民屯數內，自三十四年之後遞年損失馬匹若干，及照今議實在的數之外，有無多餘銀兩堪以通融扣給。仍查照該鎮原造該季軍儲簿內見在兵馬因何比原額多寡不同，是否經造錯誤。及除去入衛之數，除歲支之外有無餘剩若干，應否充作下年年例之用。其節年逃故軍士，倒死馬、騾逐一清查的確數目，中間有無欺隱、侵冒情弊，有罪人員從實究問查參，明白具稿過部以憑會題施行。准此，又行各道會查去後。今據前因，等因，會稿到臣。

會同巡撫延綏都御史李□□議照，延綏逼鄰虜巢，地多沙磧，五穀不產，兵食其艱。歷查先年每蒙年例之外量為增發，或以事例等銀協助，支費稍盈。嘉靖三十四年會計之時，儘其歲入京運、民屯、鹽引全完計之，僅可足供歲用。比因少計馬料并本色糧料少折，共短年例十萬餘兩。雖料價續以工本鹽引并增京運補充，而工本繼復停止，加以節年增募軍丁七千名，買馬五千五百匹，尚有未增糧、料、草銀，通計減短年例一十六萬七千餘兩。雖軍馬間有逃亡、倒死，而清勾、買補日復相繼。況近遵奉廟堂集議，嚴加清補，軍士益增，芻餉不足。臣向咨部議處，未准復請。及今舊欠月糧既久未補，邇年復將本色三斗權宜減給二斗，餘俱折價，猶為不敷，去歲仍借別項銀九萬餘兩，無從抵還，欲望其扣除多餘之數以增給料草之需，何可得也？況今計前項歲入之數，亦以京運、民屯、鹽引無欠而言，倘或歲有荒歉，出於意外，又不免告匱。頃該部題行清查兵馬，稽核支費，定擬歲用，誠裕國籌邊至計。臣等待罪地方，凡可以節省者敢不盡心籌畫，圖報萬一？但延綏“米珠草桂”之地，支用委屬不足，士馬甚爲艱困，且減給本色雖出一時應變，軍心實不樂從。所據短少年例、應增料草、失造軍馬數目，既經各道會查明白，議呈前來，臣等反覆查酌，短額數多，實難措處，審時度勢，萬非得已。伏望皇上軫念極邊重鎮，敕下戶部，早賜議覆，將前歲少糧、料、草銀一十六萬六千三百五十八兩一錢八分并原議增添料草銀三萬九千七百二十一兩八錢，俱自隆慶四年爲始增入年例，以爲定額，如數給發。一面將借過各項銀九萬一千三百九十一兩四錢八分先行補給，差官解運前來，聽臣補還各該本項支銷。

再照前增添料草，誠爲資養馬力以濟征戰。但前歲用短少數多，竊恐内帑缺乏，計處爲難。合無將增添料草暫爲停免，姑照舊例支給，待後錢糧豐盈另行議發，庶兵食不匱，戰守有賴矣。除將官軍、馬、騾歲支糧、料、草銀等第及歲入本、折數目，該撫臣備細造册送部查核外，緣係前項事理，爲此具本謹題請旨。

奉聖旨："戶部知道。"欽此。該戶部查議，庫藏空虛，難以措處。除布政司解事例銀三萬六千餘兩外，合補游兵并存積鹽銀共二萬三千二百餘兩，差官運送，等因。覆奉聖旨："是。銀兩准給發。"欽此。備咨轉行延綏撫院查收訖。

爲嚴備秋防分兵設伏官軍斬獲首級保安地方事

准巡撫甘肅都御史王□會稿，據守巡西寧，甘肅、莊浪、西寧兵備等道各呈報，查勘過甘肅鎮各路自隆慶三年五月起至十月止，河東、套内大虜西搶瓦刺諸夷，及大小松山原住套酋賓兔等節次經過甘、涼、莊、紅地方撲掠西番，各該信地大小將領等官累經督兵邀逐，斬獲功級通計三十一顆，并奪獲孳畜數多，與各疏防誤事官員情罪取具招由，參呈督撫、巡按衙門通詳，等因。

該職議照，防禦在審戰守之機，臨敵貴明彼己之勢。本鎮孤懸極西，兵馬單弱，土脉疏鹹，城垣低薄。自隆慶二年虜酋擁衆糾搶番夷，聯絡結營，道經內地，聲勢重大，自來未有如此之甚者。職督行各道修浚重壕重牆，拓展遠牆，阻虜騎百步之外；增添烟墩烟塘，厚賞深哨，探賊踪千里之遠。故賊之未動也，揣隱情於旬日之先，預嚴斂備；賊之既動也，得露形於百里之遠，伏塞便途。顧慮寡弱之分數，亟圖固守之周防。軍門申飭軍令，多至一十餘次，督發應兵，前後連接二枝，隨警奔馳，協力策應。故自七月以抵十月，虜賊突犯，時逾三月；自莊浪以抵甘肅，更番侵陵，地盡五郡之遠。居人震恐，軍馬奔疲。幸隱謀泄於哨探，譎情傳於降供，以是軍馬隨在設備、按伏，挨地策應，或斬先鋒之強酋以奪其氣，或預塞必由之道路以疑其心。是以虜賊一入，軍馬齊出，營堡號傳，火炮聲應，或因堵遏而隨回，或生疑畏而臺營，未遂豕突之狂，徒勞虎視之眈。瞻顧壕牆，鈎杆無用；躊躇清野，皮袋空駝。雖無斬獲之多，頗遂保障之謀。蓋非人力之所能致，實由我皇上肇臨大閱，孰詰戎兵，神武布昭，靈威震叠。特允部科申飭之議，開諭血戰以勵積弱之氣；嚴明賞罰之行，優諭拒堵以激保障之勇。仍之以軍門之督諭，詳之以防禦之條約，以致天心助順，明神庇翼。職督同道司協力肅將，贊理整飭，夙夜匪懈，冀叨天功以攄愚赤。故三犯於莊浪，沮寧河之四毒；屢犯於甘涼，免番漢之搶掠。三軍奮勇於邀擊，一鎮庇賴於保安。若夫襲掩零級、尾後觀望積年之舊套，此番將士之所未有也。且該各道呈稱，血戰之例不論損傷，防範之密不下首功，部咨昭明，人心聳動。

及稱該鎮總兵官楊真，忠勇首倡，勞當居最。協守副總兵汪廷佐、涼州副總兵鄭印、莊浪參將李世威勞當次論，鎮番參將王孟夏、管標兵中軍官張勛、蘭州副總兵張傑、先任固原游擊哈欽、協守莊浪都指揮魯東、管理涼州標兵原任參將裴尚質勞當并論，先任涼莊游擊陳愷策應追逐，似應免究。

及稱前項諸臣勤勞雖有可嘉，律以大義，職分當爲。但當積弱之久，正值虜勢异常之時，振奮果毅，大异往時。就中責任不同，勤勞互异，就一時之施爲，覆衆論之公同，據法原情，相應并議。况准部咨，奉有欽依，止以保全血戰爲功，不論損傷之罪，已該職屢行督飭。古人論軍機，重賞之下必有勇夫。各官久戴朝廷廣厚之恩，倘蒙雨露之澤，敢有不自樹立者哉？

及參稱山丹守備魯相、永昌守備彭廉、石峽口備禦都司王策、新河堡防守官張繼芳均有地方之責，同係賊入之路。既該各道查明烽火未失，收斂先時，兵馬寡弱，虜勢衆大，原無邊牆，難以拒堵，既無攻毀，又鮮搶傷，似應原情量加罰治。甘肅游擊田尚塘畏縮遲緩，亦應罰治以責後效，等因，會稿到臣。

案查先節據各道呈詳，查勘過各屬地方虜賊經由本境，將領效力、誤事功罪招由前來，已經批候會題去後。今准前因，除各地方誤事軍旗情罪招由、獲功首從已經巡撫都御史王□備疏陳請，仍候甘肅巡按衙門核實造册行奏報外。

議照甘肅一鎮孤懸河外，番虜交侵，素稱艱危。自隆慶二年八月間河東俺答糾合套酋吉能率弟侄部落擁衆數萬西搶瓦剌、黑番，分兵突入甘肅邊境，聲勢叵測。臣初據降供，預傳撫、鎮嚴行斂備，虜雖經行數日，西出嘉峪關，沿途幸免疏虞。二年四時，節經撫臣王□會同總兵官楊真，嚴督各將、司道各官春夏修防，秋冬哨備。請兵請餉，未遂允給；東調西援，備極區畫。俺答老酋去秋七月窺知内地戒嚴，已由川底東旋，尚留餘孽分駐西海。吉能諸酋今春三月已至關外，知我有備，方驅牛馬絡繹回套，復分二枝同牧海上。節據降哨供報，二虜大衆東旋，誠非人力所能驅遣，萬仗天威遠振，保全絶塞軍民，臣於撫、鎮諸臣均切感慶。即今海上、山後雖有原駐賓兔、黃台吉部落時肆窺侵，既無萬衆壓境，猶可隨地策防。

及查得先因撫臣題請援兵，臣議將山、永以上虜果入境，應聽本鎮正、奇、游兵及涼鎮副、參兵馬就近西援，涼、莊以下虜入，聽臣督發蘭河副、參并定發固原北路游兵過河馳援。去歲七、八月，賓兔黠酋糾合西回諸虜，勾引套中綽力兔諸酋聚牧河外。初犯固靖，被官兵拒回。兩犯莊浪，再犯大通河，三犯涼境，臣督蘭靖副總兵張傑二次襲烽渡河，固原游擊哈欽統兵西駐，兩月數戰，河州參將張翼三秋西修大通河邊，扼虜千貫臺，以故虜入輒遇衆兵，疑畏未遂狂逞。所據地方各官血戰全疆，枕戈守圉，經年士馬無休，千里驅馳罔怠，雖無斬獲多級，實有保全真績。部議累經申飭，核勘宜准議録，既經臣等督行各道勘議明白，委應請下部議，通行甘肅巡按衙門甄别請叙以作士氣。

及照巡撫甘肅都御史王□，老成壯猷，夙諳邊圖；召起撫甘，感恩思奮。適士馬凋殘積怯之餘，當大虜糾聚西行之會。身督將士，分道伏防；夜宿戍樓，坐忘寢食。既逼大虜之西行，未遂侵軼；再懾各酋之東旋，遠不入境。回視先年俺酋西住地方殘破之狀，實為萬全。且兵馬之選練精明，城堡之修築高厚，足貽重鎮之永賴；倉場之夙案頓清，各路之邊壕修浚，既極二載之憂勤。總兵官楊真，承貪殘之後，勵清惠之施。效力宣忠，既協寅恭；血戰臨戎，志存報國。涼州副總兵鄭印，忠勇夙負，戰守咸資；力摧強胡，親斬繞[三]騎。鎮番參將王孟夏，哨得虜形，設伏預待，既伐狡虜，復斬十級，其視莊浪參將李世威拒敵城下、斬虜先鋒戰功均同。副總兵張傑，二次聞警馳援，既切同舟之義；四時東西伏哨，深得協守之宜。河州參將張翼，經年修守弘化寺，奠西寧犄角之勢；秋時督守下川口，阻巴暖諸堡之侵。原任固原北路游擊哈欽，二年三渡河西，莊浪之策援恐後；累次遇敵血戰，虜衆之疑畏殊深。

及查得臣先年條議河西防禦事宜，通候事寧，分别該鎮及附近應援各官功罪請行賞罰，今既大虜東旋，通應據實議請。除李世威先因臣秋防類報已蒙欽賞銀二十兩外，伏乞聖明軫念甘肅孤危之鎮，適被東西大虜之侵。預報策援，在臣愚固未敢後時；隨地禦防，在諸臣既竭心力。茲幸地方保全，別未增兵費餉，上寬聖明西顧之憂，下慰五郡番漢之望，雖諸將職任之當爲，實朝廷懸賞所鼓振。特敕兵部再加查議，將巡撫都御史王□、總兵楊真厚加優賚以慰忠勤，副總兵鄭印、張傑，參將張翼，游擊哈欽查照先次李世威恩一體請行賞賚，其餘獲功、有罪各官仍行巡按衙門核勘議覆，請行賞罰，庶輔部近議撫臣之邊勞可示優遇，而兵部節議保全之邊功實見叙錄，文武邊臣咸知感勵矣。緣係前項事理，爲此具本謹題請旨。

奉聖旨："兵部知道。"欽此。

該兵部議照，甘肅地方番虜交侵，三面受敵，最爲險要。上年虜酋俺答等擁衆數萬西搶瓦剌，今已東旋經過邊境，地方保護無虞。所據巡撫都御史王□與總兵等官楊真等分兵拒守之功，既該總督右都御史王□□分別議題前來，係干激勸，委應叙錄。及照總督王□□，先事分部將卒，每事必中機宜，奔走運籌，心力俱瘁，致有保境全功，通應議擬賞賚，等因。

覆題，奉聖旨："是。王□□賞銀二十兩、紵絲一表裏，王輪、楊真各十五兩，鄭印等各十兩。"欽此。

爲條議陝西各鎮善後事宜以圖疆場永利事

竊惟天下之事，謹始者當務要終，而慮終者方可永利；疆場之任，善謀者未必能成，而既舉者每憂輕廢。故有始或勉圖而終沮於時力之不逮，謀或克舉而後廢於遷代之無常，卒致事罔底績，謀成空言，何以責實修攘，貽疆場之美利哉？臣自嘉靖三十八年除授陝西按察司副使，整飭鄘延兵備，駐札近邊，歷升陝西

布政司參政、按察使，奉命巡撫寧夏，先後十二年，經防九秋，
叨授督寄，又將三載。其於陝邊各鎮興革事宜，詢察輿情，翻閱
往牘，外而修防番虜，内而撫安軍民，及調停糧餉，糾察奸弊，
邊腹急要軍務隨時督理。事應請命者節經條議具聞，奉有部議，
遵照修舉；餘分所得爲者，咨行撫臣督行各屬從宜整理。除已有
成績者不敢概瀆外，中間尚有制當更議、行有成案者，臣雖去
陝，有難終廢，重滋奸玩，極知代臣忠賢必能大振宏圖，顧臣愚
昧夙所經畫不欲貽累後人，特敢逐一條列具聞。伏乞敕下該部再
加查議，如果有裨邊務，通行督撫諸臣繼爲考成，共圖軍民、邊
腹之永利，庶臣犬馬未盡之忠獲遂自獻，免貽僨罔無成之尤悔，
地方幸甚，臣愚幸甚。緣係前項事理，謹將議過條件開坐具本，
謹題請旨。計開：

一、增修延寧大邊，永固疆場

照得延、寧新舊大邊橫當河套之衝，係二鎮之門户，爲全陝
之藩籬。平時阻零寇之侵擾，保沿邊之耕牧，可裕公私邊餉；秋
高犒大虜之聚犯，預邊腹之收斂，以衛全陝軍民。以故每年秋
高，總督、部臣調各鎮官兵分段擺守，慎備秋防，已有成績。歷
查西自寧夏橫城馬頭起，東至定邊暗門止，通計四百餘里，係總
督尚書王□建議，督行延、寧各鎮分修，爲舊牆。又自定邊暗門
起，東至龍州城蓍草溝止，係總督侍郎曾□、尚書王□□建議，
接修延綏西段邊牆，共四百餘里，至隆慶二年，臣始修完，爲新
牆。但先後建議之初套虜未慣攻牆，故原議牆高不過二丈，厚不
過丈餘，兼以四十年延、寧沿邊地震，舊牆傾壞既多，每年修葺
未堅，新牆節年被原任延綏總兵官李輔、固原總兵官曹世忠等虛
費錢糧，畏懼邊險，工多因山因溝斬削幫築，或僅城牆形，或原
未高厚，節年雨水衝崩，風沙壅埋，存者高不及丈餘，没者止遺
墩址，不堪拒守，每被攻潰。

臣前巡撫寧夏，已將夏鎮舊牆查勘明白，衝要應急修邊牆共一萬一千九百七十一丈，次衝尚堪拒守、續修邊牆六千七十一丈，又近時倒塌牆一千五十丈。通議加高牆身二丈七尺外，女牆五尺，共高三丈二尺。底厚各二丈餘，收頂一丈七八尺。每一里敵臺一座。自隆慶元年起，節年除該鎮請發户部原議地震修邊銀一萬兩及先年支剩銀五千餘兩，臣於隆慶二、三年查發固原州庫前總督都御史程□原派地震寧、固修邊民壯工食銀一萬五千兩，通行撫、鎮及寧夏兵糧、定邊兵備各道，三年春秋共增修過緊要邊牆三千七百八十丈零，尚有緊要牆八千一百丈零。節年支過及見在錢糧，節經撫臣年終查明工程、錢糧題請覆核。餘未完工程，見今調軍接修。

延綏鎮，除臣隆慶二年督總兵趙岢接修鎮靖、龍州新牆十六里，高厚如議外，節經臣督行靖邊該道委官查閱得，該路新牆不堪衝要寧塞等段牆二百九里八分，應添敵臺七十七座，定邊南北二沙梁不堪舊邊牆二十餘里。查有支剩原發京運及節年徵派陝西西安等六府修邊民壯工食等銀三萬七千一百三十二兩零，及各倉場見貯糧、料、草束并節年借支應扣補修邊糧一萬一百三十石九斗零、料七千五十一石四斗零、草一十萬三千一百一十八束，堪備後支。隆慶三年春秋，增修過定邊、寧塞各段邊牆三十八里零，支過糧銀節經臣及撫臣查明題請核查。餘衝要牆三十二里零，見今各段調軍接修。

通計二鎮大邊已增高厚者庶可拒守，未經增修者愈見不堪，必須通完，方可免套虜攻扒潰牆之患。原議每年春三月調集軍夫經修，至五月中止，防秋三月，照段接修。計二鎮之工，在延綏鎮銀糧尚可備二年之支，在寧夏鎮今歲發銀僅供今春支用，以後接修無銀可支。查有臣先年在夏摛節、原議修廣武邊工銀九千餘兩，係留接濟該鎮中衛邊工支用，尚可通融湊支。計工，寧夏再二年可完，延綏再須三四年方可通完。倘遇春秋虜住近邊，即礙興築，一段不完，猾虜即可窺隙攻潰。

歷查延綏接修之邊，原議該鎮沿邊中分三段，除已修西段外，以龍州城起至雙山堡爲中段，以建安堡起至黃甫川止爲東段，各三百餘里，候西段工完接修。今西段之工延累二十餘年，自嘉靖四十年套虜犯工之後，當事諸臣畏難停工者凡九年，致虜由牆頭每肆入犯，損將陷堡，莫可扼防。臣於履任之初嚴督總兵趙岢調兵處餉，方行完築。查有已修不堪之工，難以工畢苟且完報。

歷查以前支用錢糧，延綏鎮原發帑銀二十萬兩；節年督撫諸臣查徵陝西西、鳳等六府民壯參月工食銀，每名三兩六錢，每年不等，徑解臨工延、慶二府庫，聽靖邊管糧道呈支，糴買糧草及鹽菜等項支用，歷年共徵解銀一十三萬八千二百餘兩。修邊正支過銀五萬二千七百餘兩，及被延綏先後撫臣孫□、胡□□等借支過銀四萬六千九百餘兩，已達戶部准補京運年例開銷銀三萬三千餘兩。近該臣查明，咨行撫臣定議，應補銀二萬四千二百餘兩，止餘見在本項銀糧，僅止前數。向緣各民壯銀支解未經督撫清查，以致司道派支兩無稽考。除各州縣全完外，餘拖欠、侵没，中多未明。臣先於工完督行陝西布政司查明節年原派的數，分行各府委官清查已完未完、應免應解的數，究明奸欺，已有成案。除遇蒙隆慶元年恩詔停免外，尚有應追、侵没工銀聽陸續追解，專備修邊正支。其延鎮借支過銀兩俱係延、慶府屬節年拖欠民糧，各府權借工銀湊解該鎮支用之數。那移拖欠之罪，以前府官俱已去任；催徵扣補之文，見任府官當年糧稅尚不能完，以前逋負難望徵補。雖有虛文，終成畫餅，以後邊工既不可停，錢糧恐復不敷。時方京帑缺乏，難議請給。其民壯工食，臣念民累既久，已行停徵三年，以後錢糧支盡，須待豐年，量照臣隆慶二年減徵則例，每名量徵銀三兩，均備二鎮接修支用。

再照二鎮邊工必須通完，方可永恃，臣已定議，修有成緒。以前錢糧清查既明，以後收支歲有查閱。伏乞敕下兵部，責成繼任督撫勿惑於浮議，勿阻於利害，共圖有終。通候工完，備將前後工程支過錢糧造冊題報請閱，餘延綏中、東二路邊工方可俟照前議請行續修。其寧夏中衛邊工，查照臣原行每年接修，庶疆場永固而前工不至虛矣。伏乞聖裁。

一、議處功臣草場，佃戶徵糧抽軍，備入衛以省帑餉

案查嘉靖四十五年，節因陝西各鎮每年入衛兵馬數多，致地方失事，該兵部議奉欽依，固原鎮召募游兵三千，專備輪班入衛，回班防守本境，部發安家銀每軍五兩。後該督撫諸臣會請正、駝馬三千七百五十六匹，各價銀不等，共馬價銀四萬二千三百三十二兩。每年各官廩給、軍士月糧、馬匹料草，有閏月，共該銀四萬一千二百六兩六錢九分，節該戶、兵二部議允，解發到鎮。前軍門遵行各道，除召募固靖附近軍民二千名外，臨、鞏各道當年召募無投，坐派各州縣民壯及各衛守城軍一千名，各有軍民正差，重累難堪。臣於隆慶二年五月內通行各道，選退民壯，歸并營伍，止存原募軍二千四百餘名。節行陝西總兵官及固原該道召補原伍，二年無人投募。其原募之軍中有素無田產、身家之徒，間多逃亡，虛費安家銀兩，不堪練用。今歲入衛尚少原額兵五百餘名無補，除權行總兵官撥補外，本年京運銀扣存官庫。

近該戶部議覆，巡撫陝西都御史張□題稱，陝西各王府祿糧，韓府積欠為甚。查得平涼府、固原州境內地名楊郎中堡、蔡祥堡、今佛兒、楊名堡、石城兒、張玄堡、沐家營等處皆係國初欽賜黔國公草場，已經委官丈量者有二千六百餘頃，未丈量者二千餘頃，自來召人佃種，本爵相去遼遠不知。每地一二頃止納羊一隻，丁銀上門一兩二錢，中門八錢，下門六錢，每十年一次差

官前來徵取，俱係把總家人沐住、何邦正、張世傑、張本仁、何奉、楊大湖等收管。租銀數多，任意克減；地各隱匿，未報的數。其各佃戶別無差賦，安享富饒，比之本地軍民優閑已久。況黔國公鎮守雲南，世享不資之富，而各宗貧者不如其佃僕之安飽，則前租在該府不足以爲有無，得租以補缺祿，亦足以濟萬一，等因。題行戶部。

議照黔國公沐朝弼世守滇南，莊田計一百七十四處，律以今議在京公侯等爵田土，其所得亦甚多矣。且陝西去雲南萬里，中間照管、徵收勢自不能，其把總、佃戶人等任其侵克，不無可惜。合候命下，移咨巡撫陝西都御史，及咨都察院轉行巡按陝西監察御史，督行司道備查前地係何年欽賜，原有若干頃畝，即今見在若干，每年約該租銀若干，應否歸官接補欠祿，查明酌議具題以憑覆請，等因。覆奉欽依，備行見任撫按各院通行固原兵備道查勘。

爲照前地，臣先因固原前項游兵召募不及，京運歲費不資，且召收無産之徒，難免逃亡之累，議將黔國公前項莊田佃戶，比照楚府海剌都群牧所及肅府群牧所軍丁抽軍備衛事例，戶抽一軍，各給地二頃，照固原屯額每頃徵糧六石，即供本軍月糧，庶營伍可充，京運可省，已行委官清查間。

續該前因，催行該道呈委原任參將施霖、固原州同知李星查丈得，黔國公原於洪武六年奉命征進寧夏有功，欽賜草場，坐落撒都、新圈、武延川、花川共四莊。原額上册熟地一千五百六頃，每頃歲納銀五錢，共銀七百五十三兩。今清丈出餘外熟白、山川地，各莊不等，共一千六百三十一頃六畝二分五厘。佃戶，撒都莊楊翰林等一百二十七戶，新圈莊馮連等一百六戶，武延川莊蘇世福等八十五戶，花川莊張璠等六戶，共三百二十四戶。并各戶侵占官民屯田，俱經照界退歸本主。及議稱前項田地中間平川肥饒者十之七八，山坡稍薄者不及二三。佃戶每戶數十丁，俱係精壯，且邊地住居年久，虜情熟知，略加操練，即可充衛，等因。并具丈過地畝、應召軍戶文冊，到臣。

議照黔國公先年皇祖欽賜草場係國初一時特恩，後本爵鎮守雲南，相離陝西萬里，節年被各家人、佃戶開成田地數多。內石城兒周圍原係滿四叛亂之地，應禁山場亦被各佃戶侵開，例應入官。其原納租銀止憑各家人供報，原無的據，本爵隔遠不知，各佃僕坐享厚利，徒擁虛名，亦無實用。近該戶部查議功臣田土，俱要量行減革，前項田地即當裁革還官起科以佐軍餉。

及查先年奉欽依召募游兵，尚缺五百餘名。黔國公各佃僕當照楚、肅二王府軍餘抽選衛兵事例，人充軍役，地充屯田，量與折半起科，即充各軍正餉，每年可減京運三千六百一十餘兩。在本爵聞之，必思先國家之急，共輸忠報，而不暇計歲入之微利矣。若議起科補充宗祿，非惟無以服本爵之心，且其佃僕數百戶既不屬本爵經管，又未隸軍民定籍，其間藏奸爲非，將無歸著，徵租交官，何人催辦，俱屬未妥。其久住家人沐住等居業日久，難復遣發，相應免其抽軍，量撥本莊地五十頃，聽其自種養贍。已經移咨陝西撫臣，督行布、按、都三司從長會議去後。隨該撫臣批行該道，應照臣議會請。其原議韓府歲少額祿一千餘石，聽布政司另查各府新丈餘地湊補。

伏乞敕下戶部，將查丈過黔國公前項莊田照以今議，田分三等，定徵租糧。佃戶各照戶丁多者每戶一二軍，少者兩戶朋抽一軍，俱屬固原衛帶管，各堡莊選編保伍，楊郎中堡添設防守官一員。田收屯冊，糧充軍餉，每年應減本項京運銀三千六百一十餘兩，聽戶部歲免解發。庶營伍既充，京運稍減，而公私攸利矣。伏乞聖裁。

一、遵舊制、定寺屬以公憲紀，清查牧地、牧丁，復摯牧以飭馬政。

照得國初建設平涼苑馬寺，議立監苑孳牧，專備三邊戰馬俵用，規制甚廣。當時軍民稀疏，邊地空闊，故始立二十四苑，地連延慶、臨鞏、河西。後因設立州縣、衛所，軍民生齒日蕃，民屯互列，疆域既分，苑圍漸革。至弘治、正德年間，止存兩監六苑，制屬陝西巡撫衙門經理。

又國初設漢中屬城固各縣茶園，及四川通江、巴縣茶課運洮河、西寧茶司，頒金牌於番族，招番納馬給茶以羈縻西番。每月差行人一員巡禁私茶。後每年差御史一員巡視茶馬，各有職掌，於苑馬、太僕二寺初未相統攝。後因撫臣事繁，巡歷鮮至，平涼虜患頻仍，牧馬多被搶虜，牧軍漸已逃亡，牧政坐廢，各邊取俵無資。弘治十七年，延[四]臣建議專敕前任總督楊□□清理苑牧，添設武安苑，清查六苑荒熟草場地十二萬八千四百七十三頃有餘。其原題本內明言，中間干礙欽賜王府、功臣草場及軍民有糧地土，明有徵據者悉仍其舊，寧失牧地之數，不失衆庶之情。三歲之間，百務咸興，萬馬蕃息。牧地既有定數，各立坐落界限。牧軍分恩充、選發各項，各有戶級丁口。苑圍築城垣，各選防禦操丁，查給月糧、軍火、器具。孳牧有群頭責駒，點驗有定法賠補，差役有定額，三邊責俵有定數，牧政既飭。繼該科臣建議，將巡茶御史停差，并行楊□□兼理茶馬，增買茶斤，多方招番，茶馬頓增。議行招番運茶之規，歲定三司易馬、四鎮給俵之數，仍以餘馬發苑孳牧，載在《馬政志》及本官奏議，歷歷可考。若任苑寺、茶馬者遵行無廢，隨時損益，興利除弊，自可百年經行。

後因楊□□升任總督，軍務浩繁，漢中、洮河地方隔遠，巡察難周，本官乃以苑牧、茶馬二事并具議請復差巡茶臺臣，兼理苑牧，部議允覆。初差巡茶二年，尚聽軍門考成茶易、孳牧馬匹多寡，請行優錄。後楊□□既去，良法漸弛。牧卒侵占軍民田地，依巡茶爲怙恃，不聽撫按、司道約束，軍民依撫按、司道爲親臨，每與告爭田土，馴致各院互生嫌較，司道間被罪責。

至正德十年，巡茶御史王□□額外誤收牧地二萬餘頃，節被軍民告爭。巡茶御史李□，巡按師□□、王□互相執奏至去。巡茶視邊民爲寇仇，以牧軍爲赤子，各私其屬，各執己是。牧軍依巡茶丈勘爲准，軍民以巡按題議爲是，議請部職清理。後該兵部議差部官會陝西撫臣清查，各按職不得干預，頻年竟無定籍，政體遂致偏淆。

至嘉靖三十七年，巡茶御史梁□□誤聽苑寺各官之偏議，受奸豪牧軍之指告，大開投牧之門，明受投獻之地，盡將苑圍界至內田地不分軍民、王府及不近苑圍但有指告盡收牧冊，執議奏請，軍衛、有司莫敢違阻。軍民橫罹刑責，多逼失業喪生，伸訴無門，戀地投牧，糧差兩辦，二十年來累苦不堪，縱奸滋訟，貽害地方，莫此爲甚。節年督撫諸臣避嫌未理，遂致撫按一省之中、軍門督臨百里之內，分土分民，法令不行，奸宄肆出，窩盜藏奸，召亡納侮，官民交病。既非國家大一統之治，究其所牧之馬則視楊□□當年十減四五，原招選之丁則十逃二三，而原立牧馬草場則被豪強招住流亡開墾殆盡，其占種軍民田地、王府山場又十倍往昔。至於每年取俵軍馬則十無二三，堪用孳生馬駒則歲僅百數，盜賣損失，經年陪補無完。豪強領地而無馬，群種、兒馬多而騍馬反少，見在之馬皆瘦疲瘡老，不堪給俵。每年易解西寧茶馬及各州縣給銀招買之馬苦累軍民，買解至苑，既無草場可任騰牧，復無芻祿加意喂養，旋多例[五]死，尤非祖宗設立苑寺、孳生馬匹以濟邊，楊□□請隸巡茶以肅憲紀之本意。臣久任秦中，具悉情弊，近叨督寄，按住固原，節據軍民告訴，稽查苑監馬冊，日切扼腕。

及查延綏近邊綏、葭二州，神木、米脂、府谷、吳堡、清澗、保安、安定、安塞各縣，尺籍十存二三，邊餉半逋。奸民互相招引，俱逃各苑，倚投豪户，擅開牧場，侵奪軍民田土，間投牧丁，代爲耕牧，有司莫敢追捕。監圉官貪受外户常例，轉相占吝。每於巡茶御史交代之初，牧軍糾選慣訟數人，駕稱王府、軍民侵占牧地，苑寺官不能作主爲詞。苑寺各官或聽奸識開揭贊稟，率致准信。非惟軍民冤抑莫伸，雖道府一爲昭雪，每逢嗔怒，釀致偏護，縱養奸豪，勢重難返，弊極當更。

往歲陝西巡撫張□因户部參查該省田糧失額，及巡屯都御史龐□□奉命清屯，通行司府均丈軍民屯地。臣思各苑牧地與軍民田土相連，互爭無休，亦當清丈，各定版籍，備與前巡茶御史李□□指言夙弊。本官夙亦查悉，行該寺遵行，清丈牧地，查踏草場，及被委官貪狡受囑，竟未詳確。臣隨選委本寺寺丞杜朝貴，平涼府通判劉維藩，固原州同知李星，閑住將官施霖、孟宋等分投會丈，并將各州縣、衛所軍民節年告爭不明及民屯田地各照疆界，查照總督楊□□原册逐一清丈，分别川坡、山地，造册到臣。中間除軍民丈出餘地，照例均糧起科外，其牧地視原額數計增十倍，見有丈册可據。而原留草場盡被開耕，牧軍雖查有舊籍，其正户、朋户上中下丁力未經清審，仍有正户無地，被豪强吞占，逃移近處者，未經清查招撫。馬雖有定數，而一兒四顆[六]、立群責駒之法未復原規。侵占軍民、王府鄰地雖查明，而奸豪尚多霸種，向未吐退，甚至轉相告訟未結。流亡奸民雖經示諭各回本土，其投托豪强爲朋佃、投召募營爲牧軍者尚思憑藉未回。一切夙弊積蠹，若非大加清理，何以肅牧政以定衆志？

但各牧軍生齒日繁，原給地土或不能養贍，必須以餘地量爲加增。逃亡數多，必須於久住游民已投牧籍者每户量留數丁以充牧苑。其不堪常種應留草場，必須嚴禁私開，蓄草充牧。其餘成熟川坡，上地應起地租，查照地之高下量議起科，以備買馬。應吐退軍民田地，必須開其牧籍。因地投牧者收其馬匹，查給牧丁，各立界址，各給由帖，以杜後爭。一應審丁、立群、責駒、定俵之法，查照先年楊□□原議，斟酌近時情弊逐一更定。其監圉各官每年指稱該寺科索供需，挾取點查常例，痛行禁革。

西寧茶易馬起解累軍，馬死累牧，沿途糜費錢糧，公私交病。甘肅添設茶司，徵運川課，苦累川民，沿途官運重擾驛遞，招惹番患，利害既懸，既該科臣建議，即應停罷。臣前據布政司查議河西茶司沿革，已經批行該司通呈巡茶衙門酌議，即以西寧司每年俵剩之茶馬充甘肅鎮之給軍，取回川課之折色及該鎮原議每歲脚價之銀，以備該寺買馬。近該巡茶御史楊□議以爲然，通候定議會請。

適遇苑馬寺卿侯東萊、少卿黃襄各原任憲職，遴選升授履任之初，正牧政解更之始，臣已備行該寺，逐將前項清牧地、定草場、增地額、議徵租、正疆界、退奪占、審牧丁、分戶級、定領馬、立群牧、責騍駒、稽招募，散逐流亡、招撫逃移、查給租地、定造牧冊、議均起俵、立序領牧，一應禁革奸豪、糾察官邪、清杜告爭事宜，令其逐開前件，通加詳議，備呈巡茶御史楊□及臣軍門詳定。中間應委官分理者選定府佐、州縣正官，應該寺、太僕寺、附近該道分按者議定附近各苑地方，通呈巡茶衙門及臣，催委分理清查。應聽該寺自行經理者，仍會太僕寺卿酌議督理。務使總督楊□□之良法美意不至湮沒，以後諸臣之條議可行可止、可因可革，不妨因時裁定，勿拘成案，勿憚解更，勿仍事因循，勿襲弊偏護，具議通詳，克期詳行，以副前御史李□□議請選任寺卿及臣與見任御史楊□共圖維新牧政之意，以立苑寺、馬政之永利，以濟三邊緩急戰馬之取俵。及行延安府行令各州縣將逃移民丁各查明里甲，造冊呈報，仍選差知音里老齎冊前赴苑馬寺，聽行起發復業，以實邊地。庶有治人而治法可立，無分土分民而憲體公溥，已經備行查報去後。

隨據該寺呈准，委官清審牧軍戶級，定立群牧，及議要附近守巡、兵備各道分投清理間。臣適奉命總督宣、大，各苑奸豪間有將近時各官問斷已明、吐退過田地復行霸占，造捏虛詞，指誣委官，輒赴巡茶衙門告訴。雖未即允行，然刁風悍俗蔽錮已深，若使奸欺復肆，將來不惟軍民受害，流亡招聚愈多，法紀愈廢，養癰待決，重貽地方之害。

再照苑寺牧政，國初定制原與巡茶職務無干。先年巡茶敕諭專司巡禁私茶，招易番馬，一年爲滿，分住漢中、臨鞏，巡行西寧、洮岷，開茶巡禁，招番易馬，職務甚繁。太僕寺點茶[七]各鎮之馬，徵收各衛地租、椿朋、馬價，專備各鎮買馬，俱係督撫職掌。正德以前，總督原無定設，巡撫不出巡歷，致牧政之廢弛。近年專設總督，經年住札固原。巡撫防秋，按住固原三月。軍馬正務，苑牧、軍屯本同一體，職司專理。巡茶御史每年巡歷平涼一次，調點牧馬，不過旬日，何能周知弊源，坐考成緒？每遇出巡，漢南、洮河相離平涼數千里，二寺官奔走參謁，公私煩費，文移往返，動至經時，馬政急務中多稽誤。夫以親臨住札者失專制之法，隔遠暫過者執遥制之柄，止因先年停差巡茶御史，敕都御史楊□□并理茶馬。後任軍門議請復差巡茶，遂將苑、太馬政議聽御史并理。彼時指以茶易之馬即可充牧，事體相沿，欲借憲臣分理馬政。詎意歲久流弊，頓失初議，致分軍政、馬政爲二途，督撫之職任既乖；判牧卒、軍民爲各主，按臣之嫌議互起。釀成偏護之禍，頓違國初牧政之制。今遇先後巡茶御史開誠布公，協臣清理，固可大懲往失，但恐以後代者惑於浮議，或各執意見，未免復致更張。且先年巡按、巡茶諸臣執議互攻，既非憲體，近時督撫、巡按諸臣目擊弊蠹，避嫌未理，尤非正法，必須查復舊制，方可定衆志以一政體。

伏乞敕下兵部，會同都察院查明國初原制及以後諸臣建議、近時弊端，不惜解更，將苑馬、太僕二寺各官專屬本省督撫、巡按各衙門統屬，一切牧政、軍政聽督率各寺官各以職務經理。二寺出納錢糧，聽巡按衙門每年於軍餉一體委官查盤。巡茶御史專司茶馬，一年分住漢中，清理茶園；巡行川北，禁革私茶；回住臨鞏，招番中馬。免遥制苑寺，偏護牧軍，致滋弊蠹。仍將苑圃牧政專敕陝西巡撫衙門，防秋三月住札固原，就近巡察，一聽軍門一體督理，務俾軍門[八]安業，孳牧蓄息。每年終將太僕寺收貯馬價、苑馬寺孳牧馬匹，聽撫臣奏報兵部稽考，專備四鎮買俵之資，量省京運、馬價之請討。歷查遼東已有苑寺，山西已設行太僕寺，俱係撫按專屬，自無偏涫弊患，即應查照一體改正。如以為巡茶職掌業有成議，仍乞專敕督撫諸臣，聽其兼理牧政、巡茶，敕內明言毋容各持意見，偏護牧軍，互生異議，致滋奸欺，貽累軍民，庶憲體公溥而馬政可望肅清矣。伏乞聖裁。

一、清屯額以裕邊餉，定疆界以杜紛爭

照得陝西各鎮衛所屯田，每軍給地不等，徵糧多寡亦異，各有定額。在腹裏地多膏腴，糧多完徵。臨邊田地大半沙鹹山磧，兼近邊慮患，屯地抛荒，額糧多逋，軍餉坐匱。近年欽命都御史龐□□巡行清理，臣已預行各道委官查丈地分荒熟等第，清豁虛額，糧分本折、新舊，衰益歲支，務足原額。間有新增，地議均給，永恤包陪。

除寧夏各衛所屯地經臣清查，田糧有定籍，水利有成規；延綏鎮衛所一應開墾、招撫事宜，沿邊夾道田地，臣先行題設定邊道，會同靖邊道招種有緒，巡屯龐都御史已具疏請；甘肅鎮本官清有成案，雖未遂題請，然開墾、招佃、恤包陪、均歲支等項既有定議，其西寧衛先年議收土人李氏新增糧四千二百一十餘石零、草六百六十束，連歲無納，反滋土人抗玩，應議開豁：俱聽撫臣一體經理、議請外。惟固原鎮邊腹各衛所屯田，臣已會同撫臣催行各道查議。節據固原兵備，分守關西、隴右各道各將清丈過固靖、平涼、洮河各衛所，固原各所堡屯田，靖邊、定邊二道各將道屬延綏新邊夾道及寧夏山屯各地土荒熟的數及分等徵科額數，冊報到臣，俱應題請徵納，以定歲額，以濟邊餉。固靖衛所屯地中於苑馬寺各苑，楚、肅、慶各王府錄[九]地、牧場相攬，節被各軍民互相侵占，既經丈斷明白，通應給各管業以杜後爭。

查得固原兵備道呈委官員清丈固原衛原額屯地一千四百九十一頃五十畝九分，該糧七千八百一十一石三斗零、草一萬一千七百一十七束零、地畝銀一百五十五兩六錢零。嘉靖四十年，屯政御史陳□委丈出新增地二百五十七頃零，今查係虛籍，俱在各百戶內陪納，相應除豁，原拋荒地奉例減納糧。屯地內除故絕軍人陳趕狼等三名，又李萬倉等一十七名查係重名，俱應開除外，實在地六百二十八頃八十畝。召募新軍五百二十四名，每軍給地一頃二十畝，中間厚薄不等。今議內上地軍五十八名，該地六十九頃六十畝，每頃納糧六石；中地軍一百七十二名，該地二百六頃四十畝，每頃減納糧三石；沙薄下地軍二百九十四名，該地三百五十二頃八十畝，每頃減納糧二石。又原給屯軍胡悅、盧智等二十八名鎮遠[一〇]縣雙屯里地二十八分，止屯軍盧智承種一分，餘因該縣相離本衛隔遠，原地向係縣民占種，屯糧半係包陪。今查明胡悅等二十七名，內軍張深在長城原自開平地三頃七十八畝，軍黃宗義、黃良瑞、黃進孝在華亭縣乾海子自開山地八頃，俱准作各軍屯地，每分一頃二十畝，納糧三石，造入中地項下。餘山地寫遠，合免起科。今議將丈出本百戶附餘地內撥補胡悅二十名共地二十四頃，造入下地項下。無地軍李俊等四名亦於本百戶餘地內撥補四頃八十畝，造入中地項下。其鎮遠縣遺下屯地二十七分，議令每石徵銀五錢，解固原州倉上納以充正餉。二十八分地之外丈出餘地二十四頃四十七畝，仍准作餘地幫納正糧，免外加增，致虧正額。鎮原縣原地行縣收冊，各給帖案外。

今清丈出餘川坡地共三千八百五十三頃二十五畝五分，係各屯軍用力隨屯開墾，生齒既繁，相應量增原額，給各承種，幫納額糧。議照延安土軍事例，每屯田一分丈出餘地自五十畝以下免增租糧。各所地不等，共計給過各軍幫糧前餘地六百三十七頃六十畝九分，原不堪耕種荒山、鹼薄餘地六百一十九頃二十三畝留作軍民草場，實在餘地二千五百九十六頃四十一畝零。川地四百一十一頃四十五畝零，每二頃折地一分，徵豆糧三石，共歲增糧六百一十六石五斗。山坡地二千一百八十四頃九十六畝零，每二頃折一分，徵銀三錢，共該銀三百二十七兩七錢五分零，各於本軍名下帶徵。

西安州前千户所百户屯軍共三百員名，額地三百分，原無頃畝，每分屯糧六石。今除拋荒糧草折價外，歲徵糧五百七十六石、草八百六十四束、地畝銀三十兩。嘉靖四十年，該屯政御史陳□委官清丈出地五十四頃五十九畝，每頃議徵地畝銀一錢。今丈出熟白地六百三十九頃一十畝零，內中地五百一十一頃五十三畝零，每二頃折一分，納糧四石、草六束、地畝銀六分六厘五毫七絲；下地一百二十七頃五十七畝零，亦每二頃折一頃[一一]，納糧二石、草三束、地畝銀三分三厘三毫三絲五忽。共歲徵糧一千一百五十石六斗四升、草一千七百二十五束零、地畝銀一十九兩一錢七分零。

平虜千户所百户屯軍共三百員名，共額地三百分，原無頃畝，每分額徵糧六石。今除拋荒糧草折價外，歲徵糧五百二十八石六斗一升、草八百六十束、地畝銀三十兩。又屯政御史陳□清丈出餘地二十六頃五十三畝零，新增糧各不等，共一百五十六石三斗一升、草二百四十束零、地畝銀二兩六錢五分零。今除拋荒折價外，實徵糧七十八石一斗零、草一百二十束零。今清丈出熟白地八百三十三頃六十八畝三分，內中地三百頃六十八畝三分，每二頃折一分，納糧四石、草六束、地畝銀六分六厘五毫七絲；下地二百三十頃，亦每二頃折一[一二]，納糧二石、草三束、地畝銀三分三厘五毫三絲五忽；沙薄地三百三頃，每頃納銀一錢五分。本所各官下舍人九名，原無頃畝額地九分，每分徵糧八石。今丈出地四十二頃五十畝，內中地二十五頃，每二頃折一分，納糧四石五斗、草六束一十三斤八兩、地畝銀七分四厘九毫七絲；下地一十七頃九十畝，亦每二頃折一分，納糧二石五斗、草三束一十三斤八兩、地畝銀四分一厘六毫五絲。通共該糧九百九石九斗九升一合、草一千三百五十九束零、地畝銀一十五兩二錢零。

　　鎮戎千戶所百戶屯軍共三百名，額地三百分，原無頃畝，每分屯糧六石。今除拋荒折價外，實徵糧五百六十四石、草八百四十六束、地畝銀三十兩。嘉靖二十年新增地名孔骨都屯田五頃，召募新軍李恭等五名。四十一年又新增固原州民桶彥，其地五十畝。今除拋荒外，歲徵糧三十三石、草四十九束八斤、地畝銀五錢五分。四十四年，該撫按衙門坐增荒地三十六頃三十八畝，歲增銀三兩六錢三分八厘。今清丈出熟白地五百四十二頃一十八畝零，內中地五百三十八頃二十三畝零，每二頃折一分，納糧三石五斗、草五束四斤八兩、地畝銀五分八厘三毫一絲；下地三頃九十五畝零，亦每二頃折一分，納糧二石、草三束、地畝銀三分三厘三毫三絲五忽。通共糧九百四十五石八斗六升零、草一千四百一十二束零、地畝銀一十五兩七錢五分零。

　　固原衛所屬白馬城，先年都御史楊□□原議給本城額地，坐落東至萬安苑桃林坡三十里，南至清平苑草場三岔口二十里，西至群牧所天城山二十里，北至阿思藍嶺峴三十里各為界，通該地

議徵折銀不等。先該屯政御史陳□清丈出新增地一千八百四十五
頃七十八畝零，原議每地一頃徵糧六石，每石折徵布一匹，共布
一萬一千七十四匹零，又增地畝、馬價銀二百八十二兩零，向因
地多虛額，布無全徵，軍丁受累，通應除豁。今議原布俱准折
銀，每匹二錢五分。又該先任巡撫陝西都御史楊□查出絕軍地六
百三十一頃二十畝，召過軍五百二十三名，軍不堪用，亦應免役
省餉。今清丈出虛報地六百九十六頃九十八畝零，該折布糧四千
一百八十一石九斗零，地畝、馬價銀共六十九兩六錢九分零，通
應除豁，免存虛籍，遺累官軍。

　　及查該衛屯草除備軍馬月草外，見在步軍并絕軍草共二萬九
百八十一束，每束折銀一分八厘，共銀三百七十七兩五錢零，并
新增地畝、馬價銀二百一十二兩九錢零，議要准補本衛官軍俸、
月糧，餘銀十三兩三錢九厘零，候新官、新軍支用。與各官軍分
別馬、步、操、匠月糧等第，屯田遠近地里、分徵本折，緣由到
臣。詳批，查議屯地、屯糧既有差等，各項官軍月支已區別明
白，即應會題，永爲定規遵守。屯糧原額本色而附近上、中、下
三等原在府城百十里之內，應聽徵本色，下等者准照議折徵，餘
百里之外及遠屯二百里者俱准徵折色。屯草同之。各官之俸除三
石以上支銀五錢外，餘七石以上可令三等折色均支，餘銀備新
官、新軍之支。新召地軍即應除豁。其各官軍折色俸糧，布政司
知無可支，難即停免，官不藉此，各軍既無每月一石之全糧，亦
歲給折色數錢示恤。可將新增地畝銀查明，即充折色之支同，不
足之數即屯草折色補完。批行該道，再爲定議呈詳，依擬批行收
支訖。

　　又據分守隴右道呈稱，行據河州知州矗守中呈，查丈得河州
衛除境外歸德所糧草遞年俱完，地無拋荒外，查丈得該衛六千戶
所屯田原額每軍一頃，今少者見種有五六十畝或八九十畝，多者

甚至二三頃或七八頃，止照原額一分，每年各納屯糧六石、草折糧六斗三升，多者欺隱，少者苦累。今已清丈明白，相應酌議，田分三等，上地每畝派糧五升，中地四升，下地三升，共派糧一萬四千三百一十二石一斗零，尚少原額拋荒無徵糧三千六百七十二石。議將上、中二等每畝各加糧一升，比舊加增糧二千七百四十一石六斗零。再於地少屯餘倪約等八百一十一名，每名查給附近堪種荒地，務足一頃，共該地一百六十二頃，明開四鄰坐落，止照下地徵糧。扣足原額屯糧一萬七千九百三十八石七斗零之數，不許額外多增。餘荒山不堪耕種地准行開豁。造册回報，到臣。

該臣詳批，據查丈河州衛之屯田不均之甚，以故節年屯糧拖欠殆半，而該衛軍士、舍丁隨參將營征操，既無一月一石之全支，每至整年累月之拖欠，公私交病。今既查丈多占豪家，法應問追花利，姑照例免行深究，其分等派糧，免其追奪，衆將何辭？諭衆通知。其原田不足屯餘，既照等減科，亦可示恤。復撥給荒地，令其自開，仍照近例三年後起科，各照下等徵納。備造魚鱗屯册，一存衛，一存道，一送撫院、布政司，一存州，以防隱沒。各給屯田屯丁執照。其不堪應豁之田，既額徵無減，即可明白開除虛籍、新收實徵以定屯籍。

又據該道呈稱，委官臨洮府同知原森呈，查得臨洮衛原額屯地每百畝爲一分，納糧六石，新增地每五十畝爲一分，亦納糧六石，經歷司地每七十六畝爲一分，納糧四石六斗三升零，多寡不一，俱應議處。合將該衛五所、經歷司見今拋荒地共六百八十九頃五十三畝，該糧四千一百三十七石一斗八升，無人承種，糧久無徵，議給該衛指揮七員，每員三頃，鎮撫、千百戶七十二員，每員二頃，邊軍一千四百五十二名，各三十六畝二分二厘五毫，俱自隆慶四年開墾，照例待三年，至隆慶七年起科，每頃該糧六石。其五所成熟地二千七百七十四頃五十畝，內與邊軍，每名仍給一頃，搭前荒地共一頃三十六畝一[一三]分二厘五毫，該糧八石一斗六升七合五勺，遞年免其納倉，俱准扣兌各官軍俸月糧石，不敷之數在倉補支。其餘五所熟地一千三百二十二頃五十畝與新增并經歷司地糧通融計算，均以每百畝作爲一分，徵糧六石二斗一升六合八勺，給各舍人、餘丁領種，照舊該倉上納。該衛查照荒熟田界，開填給帖執照以杜後爭，等因。

該臣詳批，據議以拋荒屯地均撥見在官軍，令其開墾，折充俸月糧，一時分搭入冊，似若可據。但支糧之軍多非種屯之戶，而拋荒之田必非全可耕之區，且各所百戶、旗甲必各有拋荒，其分屯分境，各或相去百里，遠者數百里。若照冊各軍撥田三十餘畝，近者亦未必開，而遠者必難尋墾。田好者或佃之他人，或即付近屯軍丁，尚可量得歲租。其不堪山岡、沙磧，即近而亦[一四]必可墾，官收完額之虛，通關而軍受無糧之實害。且恐拋荒之田或未必果見荒棄，或被官豪奸軍以熟作荒，坐享厚利，衛屯各官受其浸潤而未覺發者尚多。今既清丈一番，凡可開虛額、墾拋荒、治豪強、清屯額之務，俱當查照原行分投委官沿屯履畝，清丈有無餘田，是否荒熟如冊。就近者本屯本旗即可均搭見在軍丁，聽其開墾，折充月糧；隔遠者立法召佃，三年起科，以充屯額；不堪山岡、沙磧及水崩鹹薄者應議減徵。中間豈無肥田大家開墾餘出，量應加徵以補原額。其各官之撥給拋荒折俸，尤須查明某百戶某處拋荒地幾分，各給由帖，聽其自開。毋容概衛官各揀上田，或以見納糧熟田捏荒占種。通行委官丈明冊報，定議徵免，覆行委官查議間。

據靖邊管糧、定邊兵備二道呈報，清丈過各屬延綏西路新邊裏夾道屯田，延綏鎮除原額地畝應徵米麼[一五]糧銀，召募軍士見今徵納、應役外，今該道二次清丈出餘地共一萬五千八百一頃四十八畝零。內堪種地一萬四千三百八十頃八畝，每二頃折一頃，每頃徵細米糧一石二斗，共八千五百八十四石八斗零；次堪地九百二十一頃四十七畝，每畝徵糜糧一升二合，共一千一百五石七斗零，以待三年後照畝徵納。二頃共糧九千六百九十石五斗零。內一頃九十三畝徵糜糧共折銀二兩四錢一分，召軍地五百七十頃零，每五頃召軍一名，該軍一百一十四名。

寧夏鎮寧夏後衛原額山屯地畝、糧、草見徵外，今清丈出新開餘地共三千一百頃六十五畝。內四百三十五頃一十二畝，每頃[一六]徵米糧一升，餘每二畝折一畝，每畝徵米糧一升。二頃[一七]共歲徵糧一千七百六十七石八斗八升零，等因，各先後冊報到臣。

爲照三邊各鎮屯田原係各鎮撫臣督同各道就近經理。先年議聽總督軍門每年終稽查額糧完欠分數，參治管屯軍職以示懲勸。近來專設巡屯憲臣，按歷各鎮，臣已會行清理。節該原任都御史龐□□將延綏、寧夏各鎮清查酌議過事宜條奏，户部准爲議覆，應聽各鎮撫臣查照清徵。惟陝西鎮邊腹各衛屯務方俟查清定議，屯院近已停革，通應據實會請。節據各道議呈，已完者批行照議定徵，未完者節行催查間。

臣今奉命移鎮，難待通完。除腹裏各道經管西、鳳、漢、寧、秦、西各衛所，節該撫臣催行完報，洮岷道經管洮、岷二衛西、固、階、文各所見行清丈俱聽撫臣議請外，其附近固原各衛所，節經臣督行各道查有成案，各開除抛荒之虛籍，新收開墾之實徵，額糧無減，歲租額增，即以各衛之本、折歲充官軍之俸糧，開收各有明案，衷益各有定數，臣皆反覆詳批，更番始定，庶可定屯籍以裕邊儲。其以前守虛籍、責包陪以病屯丁，聽兼并、任拖欠以耗邊儲夙弊俱可清杜。其延綏夾道新舊田地，除補足榆林該衛額徵外，近年新開地共一萬五千八百一頃零，折徵租糧不等，共該徵租糧米糜九千六百九十石零，專備各城堡主兵本色之支，以補該鎮歲額不敷每年拖欠軍糧數月之數。

固原衛各城堡，除正額屯糧向因田地被豪牧侵占及屯丁逃亡，地土拋荒，每年逋欠額糧數多。今經丈斷召佃，各有承納，每歲額糧可充所堡正軍數月之支。其先年總督楊都御史原立白馬城撥給附近山地，近被武安苑牧軍侵奪數多，今已丈還，額糧可充該城原有及近歲招募正軍月糧。餘各堡原立騾頭徵租田地，原備各城堡歲買騾、牛及供草料，過往扛擾、迎送雇夫之支。先該楊都御史建議，查得固原附近四路城堡接連，各邊原無驛站，每城堡相離百里，設走遞騾、牛各三四十頭隻，以供往返運送軍需、傳報過往。近年軍務浩繁，各路公使絡繹經行。租地未清，租銀額減，苦累軍丁雇覓夫馬，以致各城堡原額軍戶逃竄殆半。近因支用不敷，議行布政司歲發站銀四百兩，專備各所堡募夫。今既清給租地、召人開墾數多，應照先年原議分等徵租，收貯議^[一八]衛，專備各城堡買養騾、牛，供備廩糧，并布政司站銀通融雇夫迎送，各立循環，赴固原兵備道稽查。凡遇缺乏，呈請軍門支用。

其慶、韓、肅、楚四府山場、祿田各已查丈明白。慶府除讓給苑馬寺召募營投充牧軍高秉行等三十七戶毛居士井一帶川白地二千一百二十餘頃外，餘牧軍及平虜所軍侵占該府草場各斷給該府管業。楚、肅二府原爭奏大南川一帶田地，連年爭訟未結，近已嚴令起那侵占，各歸本界。韓府祿地各給條段地冊，行固原道各立碑碣，永爲遵守。

歷查固原近地，國初俱係苑寺、各王府草場，每經虜患侵擾，後因添設總督，建設州衛。該前尚書秦□議題，請借慶府山場札立鎮戎、平虜、下馬關各城堡，以便軍馬經行。節經總督尚書楊□□、王□建議，築修延、寧大邊，橫當黃河套口，每年調兵出防，阻虜遠出近邊。生齒日繁，山地盡開，耕牧歲廣。但土燥地寒，暖遲霜早，每年二三月始種麥、穀、雜豆、蕎麻，八九月始收，一遇早霜，終歲無獲，故軍民貧苦，糧差逋負，比之腹裏田地膏腴，軍民各有經營，苦樂頓殊。今次查丈、歸斷屯牧租地，據冊累數萬頃，計官私收獲，豐年僅或供一歲之用，荒年即上下交困，若非體恤寬貸，何能安輯軍民，充實邊地？向因延、固二鎮主、客邊餉歲額不敷，每致老家官軍拖欠月糧、常俸，經年累月無支。今幸清丈、召墾邊腹餘地數多，計徵糧將至萬石，庶可備邊腹各城堡官軍每年數月之支。

伏乞敕下户部，通行新任總督都御史王□□督同各鎮撫臣，將近日都御史龐□□查議各鎮屯田事宜及臣今次清查過各衛所地糧逐一催完，定造屯冊，照議開徵。各衛所官軍俸糧如議定支。其清丈未定、議處未盡事宜悉聽各撫臣及時催議，以定屯籍，以裕主餉。庶侵占欺隱之奸豪不敢復肆，包陪失業之軍丁可漸復業，而屯政一清矣。伏乞聖裁。

一、汰冗食，哀益近邊兵馬，歲支改貯鹽銀以裕邊餉

照得養兵以備戰守，未應養耕牧以耗屯餉；派徵當稽歲支，難以拘舊規而失哀益。查得全陝各衛正軍下屯者原無支糧，故絕軍户抛荒屯田例應召人佃種納糧，免抽軍役，致阻承佃。各鎮各路兵馬各有京、民運額餉，當計見在多寡、虜勢緩急扣計主、客，通融定支。臣近年查得，固原鎮各衛所及苑馬寺各苑有新舊屯軍、操丁之冗食；洮河各參將兵馬之數多寡既懸，布政司每年坐派錢糧哀益未均；蘭靖、河州各倉原無客餉，近年虜住河西，侵犯河州邊境，四時戒防，應議處備。

行據陝西總兵官吕經查報，固、靖、平、慶、環縣等衛所，近年前任巡撫陝西都御史楊□行文各道，清出各衛逃亡、故絕軍屯地：平凉衛一千五百三十九頃六十畝，内除撥給無地中、游二

營馬軍四百二十四名、新軍三百三十三名外，餘地六百三十一頃二十畝，每一頃二十畝召軍一名，共召軍五百二十三名，見在四百八十四名，久逃三十九名。固原衛逃絕軍地五百三十九頃，召軍五百四十四名，見在五百四十三名，病故一名。靖虜衛故絕徵、拋荒軍地一千五十七頃，應召軍九百一十餘名，召完見在軍四百二十名，餘地荒蕪，久召無投。慶陽衛故絕軍地八百一十三頃，每二頃召軍一名，共四百四名，見在三百三十二名，續逃七十二名。環縣千戶所故絕軍地三百二十二頃，每二頃召軍一名，共見在一百三十名。原議每年各給本衛屯糧不等，俱令秋月防守城池。

又據陝西都司查報，巡撫楊□清查出西安左、前、後、右護四衛逃絕軍屯地共六千三百一十九頃六十一畝，召軍三千五十一名，每名給地一頃。每軍照城操軍每年給糧三石六斗。餘地三千二百六十八頃六十一畝，荒熟薄厚不一，合照官地起科，或另行召補，等因。

爲照前項各衛屯地，如果荒蕪、隱匿、奸豪私自開占，原未起科，是清理不爲虛勞，召軍給地各屬情願，責以守禦，誠爲良便。臣歷查前地，雖有拋荒而糧稅多係本所旗甲包陪，及先年議徵拋荒折減銀兩以充見在該衛官軍正支。西安右護衛屯田坐落腹裏膏腴，軍因先年議革護衛縱逸逃絕，田被王府官校佃種納糧，原額未逋，專備西安左等衛無地軍支。其田地半已有主，原非額外之田、無徵之數。當時委官清查，未經根究荒隱之源及糧石收支之實，止憑屯籍開係絕軍，照地拘佃，即令應軍。亦有奸猾希圖奪占各佃成業，希思賣屯地投募冒糧者。各官遂遽爲功，造冊呈報，增軍添糧，似若可據，撫臣據爲具題。名雖以地召軍，實則抽佃爲軍，濫費屯餉。

往歲分布秋防，臣切慮虜住近河，恐垂涎內地平涼府城，行令原任副總兵任勇將前清出該衛召募屯軍調集操守，慶陽府城亦留本衛屯軍防禦，責衛官調操。續據各官揭報，拘提至再，竟無全軍到城，有名無人，隨到隨逃。所據各軍縱如原議見在，皆係召佃農牧，老弱疲脆，終無實用。以數千頃之膏壤、數千石之屯糧濫養千餘名之農夫，浪費何益？且秋防時月正係農忙之期，往返拘留，坐誤農業，將致佃逃地荒，反逋額糧。且軍民佃地之户各有本籍正差，先年多係用價私買屯地，承納屯糧。雖例當追奪，今既無正軍可給，佃户各畏應軍，或棄地就荒，或雇傭冒糧，將致各衛所屯額反耗，正軍歲支不繼，通應清汰以安佃户，以補正支，庶免貽害公私。已經移咨陝西撫臣及行分守關西、河西，固原兵備該道將西安、固原、平慶、環縣等衛所各清出屯地、召募過軍人逐一查議，要見原清出田地是否逃亡、絕户遺荒，節年有無召佃納糧，召過軍人是否原逃正軍及投充冒糧，曾否開種原地。如係原逃正軍，應收伍差操，准支正糧。如係佃户，不樂拘遣，必將棄地逃避，軍糧將成虛籍，即應免其應軍，照近議地分等第，一體徵科以濟軍餉。

及查苑馬寺各苑，先年該總督楊□□因花馬池大邊未築，套虜每肆內侵，議題於開城等四苑共選操丁一千名，給以軍火、器械，編立隊伍，每遇秋防，守把本境城池，別無征調。原議每名支月糧六斗，每斗折銀四分，俱於固原衛軍餉內通融關領。節年逃亡、隱諱、埋没，今據食糧冊內見在開城苑三百一十八名，清平苑一百九十四名，廣寧苑一百七十八名，黑水苑九十一名，共七百八十一名。各丁皆係疲脆牧夫，武藝不識，戰陣未經，歲無團操，於各軍民城堡保甲實同，各防己業。今以防秋三月之守，費七百餘軍之餉，以致該衛老家官軍月俸積欠二年半以上，無從補給。前項操牧既非正軍，誠為虛糜，相應革去月糧，照各城堡保伍事理偏伍分城，有警防守，無事應當苑圉常差。各苑城中有衝要，照依黑水等苑事體，每年秋防聽陝西總兵官會同撫臣派撥官軍，督同編定保伍，責各圍長平時統練，遇警擺守，秋畢撤放。所省糧餉補給衛軍積欠之支，庶冗食可革，軍餉少濟，等因。除咨行撫臣通行司道清查裁革冗食軍丁，清徵正額屯糧間。

及查得河州參將營兵馬原係嘉靖三十八年因大虜移住河西，前總督侍郎魏□□議將河州守備改設參將，招選該衛官軍、土人、舍餘補足三千，兵馬加添，錢糧未議請補，以致軍舍有每月止支三斗行糧，或四斗五升口糧，或支糧六斗、八斗，馬匹絕無料草。布政司原坐派該倉民屯錢糧每年通完，尚不足數月之供，別無客餉堪備調遣支用。近年賓兔虜酋盤住河西，四時侵擾河州邊境，兼以該衛歸德一所遠設河西萬山群番之中，去衛七八百里，番虜接壤，道路艱險，防禦爲難。近歲臣督行參將營官軍春秋修守大通河、張拓諸臺、弘化寺，專防番虜，冬時拒守窄道兒一帶河冰，防踏冰內侵，備臨鞏門戶，勞苦百倍，縱無客餉可處，當備主餉預給，庶可調遣。

及查洮岷參將所屬西、固、階、文四守備兵馬及該路倉場坐派民屯錢糧額頗盈餘，雖歲多拖欠，尚間供官吏、師生存留之支。已行臨鞏、洮岷二道悉心會議，計各路兵馬錢糧歲額、歲支應增應減之的數，聽布政司自隆慶四年衷益坐派，務各足一歲之供。不足之數，呈撫臣添發京運及分撥鹽引接濟折支。其河州參將營拖欠以前二年之糧，查岷州庫見貯積餘之銀儘發一萬兩，通補數月，餘備今春正支。通將分派、補支過緣由附入固原鎮蘭州管糧郎中邊儲數內，報部查考。

其陝西西、漳二縣鹽引銀每年止二千餘兩，向因本鎮無用，議解花馬池郎中衙門，聽延、寧客餉不足之支。今本境錢糧缺乏，虜患頻仍，即應改貯蘭州郎中衙門，專備客餉。且二官皆係戶部正差，二路皆係督撫本境，以本省之鹽課充本鎮之邊餉，事理攸宜，公私良便。臣已具議題請，戶部執不允發，甚非通融濟邊之宜。且前銀積貯在邊，原備二鎮客餉歲支不敷之用，當時原議深慮套虜之患不可預度，歲備擺邊錢糧恐不足用，故留此花馬池大、小二池及西、漳二縣鹽銀以待不時之需，免臨警請討解發、遠不及事之難，先年部臣籌計甚遠。近因帑藏不敷，該司百計裁削，未查原議，莫恤邊困，即本省之錢糧亦復遙制，不容通融湊支，緩急何恃自贍？

伏乞敕下戶部，通行新任總督王□□會同陝西撫臣，將各項新召屯軍及苑馬寺操丁免行拘役，裁革月糧以充正餉。洮河二路兵馬錢糧，照臣原議會定經制，通融派撥，務均歲支。西、漳鹽銀改貯蘭州郎中，接濟該路秋、冬二防客餉。庶冗食多省而邊餉稍裕，支派適均，主、客餉備而兵馬無偏累矣。伏乞聖裁。

一、嚴稽歲造軍器，杜侵冒以備戰守

照得禦戎固先於兵馬，克敵尤先於甲冑、器械。若甲冑不堅，器械不利，古稱"以卒與敵"，何恃戰守？況中國以火器為長技，製造須如法，多備方可濟用。查得陝西各邊腹衛所各有額派軍三民七軍需料價，各衛設有管局軍政官、各色局匠，歲造盔甲、弓矢、牌刀有差。若使歲徵歲造，堅完如法，自可隨處足用。節因軍民拖欠料價，有司、衛所官玩愒催徵，其或將已徵價銀、料物侵費，減半給軍自造，軍匠包辦賣閑，經年不行開局團造，甲冑薄脆，弓矢粗惡，徒應故事，未堪實用。臣在邊督查各該總、副、參、游等營步軍及調到擺邊腹裏衛所官軍，俱係各衛所、城堡抽選，中間盔甲、器具全備堅利者十無二三，其有盔無甲無擘手、有弓無矢、有刀而弓矢什物不堪者十常八九，甚有赤身止持一悶棍赴邊防禦。以此軍裝，自身不保，焉能克敵，良可痛恨。

先該總督侍郎霍□立法督造，即固原衛開局團造，歲製有限。臣履任之初已將督修軍火事宜刊布條約，通行布、都二司，守巡各道，清查軍三民七料物，督匠製造。據各册報，歲造軍器節有支領，比至驗軍，披執全無堪用，顯是司道原無稽查，任憑各衛印、局官通同經造人員虛捏冒破，係干軍需，法當嚴究。節經責行各道選委附近府縣清軍官監造，通行各衛所每年乘春夏閑暇選買料物，查照臣撫夏打造規則，製造鋼甲、麻札刀、寬刀斧、樺弓、柳杆大鏃箭，務每軍各一副，及爲銃、藥弩、涌珠、連珠、快槍等炮，每城堡各數十杆。各衛各發盔甲、弓矢樣器一件，及行布政司查解庫貯熟鐵於臨邊河西守巡靖邊、定邊各道各一萬斤，鉛各五千斤，查給邊腹官軍冬衣、布花、銀布，一年補湊料物，召集軍民、匠作開局團造。移咨陝西、延綏及甘、寧各撫臣，通行守巡、兵備等道，各將所屬衛所、州縣軍壯通行查出，要見選入某營征進若干，某鎮備禦若干，見在城操若干，逐一點驗某軍披執盔甲、弓刀、什物堅利全備，某軍有盔無甲，或有甲無盔，或有盔甲而少擎手，或有弓無刀，或弓、刀朽鈍，或有盔甲，葉薄窄短，不堪禦虜。備細查驗明白，應該官司全給者就於該衛局年例造辦之數查給，應該各軍自置者立限責令或新製，或改造。中有給軍年久損壞或自製短窄不堪披執者，務審的實，照依近年臣議寧、固釘甲事規，每官軍給甲葉三十塊，餘令本軍買紅褐或紫花青布甲面添補製造。務要人人執戴鮮明，伍伍焕然壯觀，軍容既整，軍威自振。防秋之日，各道點驗明白，方許起發。各城堡防守官軍聽各道差官閱驗，在邊者聽軍門行沿邊防秋各道親查。如仍舊態，定將領兵官及各衛印、局官提究。該司道造驗完備火器分貯各城堡，置簿稽考，如有盜賣、損壞，責令陪補。其支用過銀料、造過軍器，仍造册呈報軍門備照。如缺少數多，局料不敷，或一歲製造難完，須要先其正、游，次及副、參、守、操、備禦，雖月計不足，歲計有餘。今已經造二年，各道各有循環呈報，仍須歲時稽考，方可經久完造。

伏乞敕下兵部，通行陝西、延寧、甘肅各鎮撫臣，責成各道將臣原議發及歲徵軍需料價，嚴督軍衛、有司照額徵造，務依原式，無容草率，日省月試，務期通完。數年之後，將見處處有武庫之積，可資戰守，可免請討京庫軍器矣。伏乞聖裁。

隨該通政使司類進，奉聖旨："兵部知道。"欽此。

該兵部看得，總督右都御史王□□條陳六事，除"議處功臣草場佃户"等三事移咨户部，"嚴稽歲造軍器"一事移咨工部，"遵舊制定寺屬"一事容臣等會同都察院各議覆外，其"增修延寧大邊"一事委係全陝地方保障要務，合就開立前件，議擬上請定奪，等因。

隆慶四年五月十二日，本部署印左侍郎曹□等具題。本月十四日，奉聖旨："是。"欽此。欽遵，內開：

一、增修延寧大邊，永固疆場

該本部看得，前事，大率謂延綏定邊、寧夏橫城等處大邊節年雨水衝崩，風沙壅埋，累經督撫諸臣建議，處備錢糧，調集軍夫，見今分工修築未完，欲要責成繼任督撫，勿惑於浮議，勿阻於利害，共圖有終。通候工完，備將前後工程、支過錢糧造冊題報，請行閱視，無非慎固封守之意。合無依其所擬，備咨新任總督王□□、延綏巡撫何□□、寧夏巡撫沈□□備將二鎮應修邊牆，查照原議督委廉幹官員統率軍夫速行修築，其錢糧照依所議處辦應用。先年那移拖延、侵没未明等弊逐一照卷完追濟工，無容怠緩。通候工完，備將前後工程及支過錢糧各數目一并造冊題行本部，轉行巡按御史查閱明實，分別具奏，以憑覆議勸懲。其餘延綏東、中二路邊工，亦照前議聽督撫官請行續修。寧夏中衛邊工，查照原行每年派撥軍夫分工接修。俱要完固，足堪保障，務臻實效。備咨新任總督王□□查照遵行訖。

一、該工部題，前事，准兵部咨，該總督三邊右都御史王□□條陳六事，內"嚴稽歲造軍器"一事係隸工部掌行，備咨本部。

爲照該鎮邊腹軍衛、有司額有軍三民七料物，各衛設有管局官督匠打造軍火、器械給軍應用。近年以來，軍衛、有司任軍民之拖欠而漫不催徵，侵料物以自肥而不行歲造。及至開局打造，又通同作弊，虛捏冒破，以致各色器械不堪實用，遇有缺乏，未免請討京庫軍器，殊非事體。今本官條陳前因，酌處周悉，具見經邊遠略，相應依擬。

合候命下，移咨新任總督及四鎮巡撫都御史，將各軍衛、有司額徵料銀每年徵完，收買料物，責成兵備道委官照依總督王□□原定規則，將鋼甲、麻札刀等項如式打造。各道仍要日省月試，刻期造完，不得草率，無裨實用。防秋之日，各巡撫官通行守巡、兵備等道將所屬衛所、州縣軍壯通行查出，逐一點驗，盔甲、弓刀、什物堅利全備，方許起發，毋仍舊態，徒應故事。其城堡火器，每處分發數十杆，置簿稽查。如有盜賣、損壞，責令看守員役賠補。各該鎮巡官務要著實舉行，要使軍需充足，堪以捍禦，等因。

題奉聖旨："是。"欽此。備咨新任總督王□□督行四鎮欽遵訖。

一、該户部題，准兵部咨，前事，該户部看得，總督王□□條陳"議處功臣草場佃户"等三事委與邊餉有裨，相應開立前件，議擬明白，上請定奪，等因。

覆題，奉聖旨："依擬行。"欽此。

計開：

一、議處功臣草場，佃户徵糧抽軍，備入衛以省帑餉

該部議照，黔國公莊田原議補充宗祿，但佃户無所歸著，徵

租難以催辦，委屬未安。所據今議，田入屯册以充饋餉，人收軍伍以備防守，似於邊方有益，相應依擬。合候命下，除楊郎中堡添設防守官員聽兵部議行外，本部移文撫按，嚴督該道查明所議，將黔國公莊田除給家人沐住等五十項，聽其自種養贍外，其餘田分三等，定徵租糧，照各户丁抽軍，應徵屯糧即抵軍餉施行。

一、清屯額以裕邊餉，定疆界以杜紛争

該部議照，陝西各鎮屯田先年足供軍餉，後因屯政廢弛，以致邊餉告匱。節經言官條議，本部題覆，俱有成案。今本官又覆清查前來，相應議處。合候命下，移咨總督都御史，督同各鎮巡撫，將都御史龐□□查議各鎮屯田事宜及今總督王□□清查過各衛所地糧與各項官軍月支務要區別明白。其附近屯糧分爲上、中、下三等，原在府城百十里之外[一九]者聽徵本色，下等者准照議折徵，其遠屯一二百里之外者准徵折色。屯草同之。各官之俸，除三石以上支銀五錢，餘七石以上許令於三等折色均支，餘銀以備新官、新軍之支。其各官軍折色俸糧，布政司如無可支，亦量處數錢給軍以示體恤。倘折色不足，查將新增地畝銀與屯草折色補完。定造屯册，其未經清丈者速行查催。如有抛荒、虛籍地糧，查明改正，無致陪累。中間未盡事宜，聽撫臣查議，仍將查過屯田頃畝并王府禄地各應徵糧草數目造册奏繳，青册送部。

一、汰冗食，衷益近邊兵馬，歲支改貯鹽銀以裕邊餉

該部議照，國家養兵以備戰守，今新召屯軍并苑操丁既皆疲脆，且戰陣未經，徒費月糧，無益實用，委應裁革。其西、漳二縣鹽銀既經本官屢次具奏前來，其於中間事體聞見必真，相應依擬。合候命下，咨行督撫查照所議，將各項新召屯軍及苑馬寺操丁免行拘役，裁革月糧以充正餉。其清出西安等衛所屯地，如係原逃正軍，即收伍差操，准支正糧；如係佃户，即免應軍，分等

徵科以濟軍餉。其苑寺操丁照各城堡編伍分城，有警防守，無事應當常差。各苑城內有衝要，每年秋防撥軍擺守。其衰益、均支等項，查照原議施行。其西、漳二縣鹽課銀兩改貯蘭州管糧郎中衙門，專備客餉，附入固原邊儲簿內以便查考。

一、該都察院咨，准兵部咨，開總督王□□條陳六事，內“遵舊制定寺屬”一事係干憲體，合行會議。該陝西道御史查得，總督王□□題稱，欲將苑馬、太僕二寺專屬督撫、巡按衙門，巡茶御史專司茶馬，免遙制苑寺，或專敕督撫兼理牧政一節，無非欲補偏救弊以飭坰牧之意。但馬政、茶法事體非二，巡視、督理政務相關，茶司之所易即苑監之所牧，苑監之所牧即官軍之所給，非惟不相悖而實相為用也。先臣楊□□督理建議俱已明悉，巡茶御史奏奉專敕管理數十年來職掌已定，今欲議將苑、太二寺專屬本省督撫衙門，在巡茶御史不得干涉，恐彼此牽制，有礙更張。其間如道里遠近、政務繁簡、事體便否俱在彼中，難以懸斷，相應酌處。合呈本院移咨督撫，札行巡按、巡茶御史，公同會議，虛心講求，孰為便，孰為不便，俱明白聲說，毋得含糊偏執，務使畫一，可垂永久。作速徑自會奏，以憑議覆施行。

以上四條俱咨行新任總督王□□欽遵施行訖。

為旌薦地方耆舊人材以備存問錄用事

照得人材之出處關世道之隆污，耆舊之存亡係地方之盛衰。必朝廷弘翕受之仁，庶在野可無遺賢；惟聖明崇存問之典，斯耆成均沾寵庇。我國家優禮舊臣，敷求賢哲，例行督撫、巡按諸臣事竣之日，各得查舉所屬地方先朝耆舊及閑住賢能，俟議存問、起用，制甚善矣。臣久督秦邊，凡三秦里居耆舊之健衰、生平之履歷、仕者之進退、人品之賢否頗得其真，茲將移鎮，特敢遵例旌薦，恭俟聖明采擇焉。

查得原任太子太保、南京吏部尚書、今致仕王用賓，三朝耆德，二世孤卿。敬事先皇，致位宗伯，清謹而特承恩眷；止緣一疾，調官南部，考最而陞授宮孤。往以衰病乞恩賜閑，自安止足之分；每思義關休戚，受恩深重，不忘畎畝之憂。居鄉則溫厚和平，可勵薄俗；問政則上下今古，允裕典刑。年方七十，精力未甚衰頹；志安恬退，召起情必固遜。原任總督薊遼、都察院右都御史兼兵部右侍郎何棟，三朝舊彥，四鎮邊勞。夙負壯猷，撫雲督薊累立邊功；早任水部，開河通濟續存運道。昔忤權奸，思陷罪而未能，式昭出納之素明；謝病家食，累經薦而不出，克全出處之大義。年逾八十，紀聞尚精；眼見四朝，邊圖夙諳。允矣國之典刑，碩焉秦之耆德。所據二臣各任宮保、臺卿，俱以理休致，查照國制，應議存問者也。

查得原任提督南京糧儲、都察院右副都御史楊宗氣，負氣剛大，歷任艱虞。自諫垣漸陞藩臬，聲實并懋；由撫晉移督南儲，憲度肅貞。止緣去晉而邊圉虜侵，致滋追論；既解官而累經勘結，部擬賜環。即其壯猷直道，未宜投閑；察其年力邊勞，應聽內召。原任南京應天府府尹王鶴，初使高麗，不辱君命；繼歷諫垣，雅著直聲。由卿寺而致位京兆，清議咸推；因僚佐而致坐改官，操履未墮。家居數載，請謁不入公門；國器久閑，赴補恥嫌甘進。察其被罪之枉，應免外補之罰；究其充養之素，允稱撫綏之選。原任遼東巡撫、都察院右副都御史魏學曾，壯猷雅抱，文武兼資；偉績雄圖，安攘巨臂。惜以勞瘁歲久，卒致沉疴；既荷恩賜調攝，旋當復健。蓋人生精力有限，窮則不支；而人臣義分莫逃，生當奮起。但本官回里未久，病勢未復，宜假歲月，俟需徵辟。以上三臣皆三秦之重望、盛世之耆英，在鄉可範俗以立德，在朝可翊運以弘恭。

伏乞敕下吏部再加查議，如果臣言無阿，將王用賓、何棟特賜存問以溥聖明優老念舊之恩，楊宗氣、王鶴及時起用，魏學曾稍俟病痊，聽撫按奏請召用，庶光國家遵賢任人之典，達才不致淹没而士風咸勵矣。緣係前項事理，爲此具本謹題請旨。

校勘記

〔一〕“疏”，據文意疑當作“殊”。

〔二〕“兵”，據文意疑當作“冰”。

〔三〕“繞”，據文意疑當作“驍”。

〔四〕“延”，據文意疑當作“廷”。

〔五〕“例”，據文意疑當作“倒”。

〔六〕“顆”，據文意疑當作“騍”。

〔七〕“茶”，據文意疑當作“查”。

〔八〕“門”，據文意疑當作“民”。

〔九〕“録”，據文意疑當作“禄”。

〔一〇〕“鎮遠”，據文意當作“鎮原”。據《大明會典》卷之十六《州縣二》，平凉府有鎮原縣。下同。

〔一一〕“頃”，據文意疑當作“分”。

〔一二〕“一”後，據文意疑當有一“分”字。

〔一三〕“一”，據文意疑當作“二”。

〔一四〕“亦”後，據文意疑當有一“未”字。

〔一五〕“靡”，據文意疑當作“糜”。

〔一六〕“頃”，據文意疑當作“畝”。

〔一七〕“頃”，據文意疑當作“項”。

〔一八〕“議”，據文意疑當作“該”。

〔一九〕“外”，據文意疑當作“内”。